20세기, 유럽을 걷다

유럽사 산책

❶

IN EUROPA by Geert Mak
copyright © November 2007 (sixteenth print run) by Geert Mak
Korean translation copyright © 2011 by Okdang Books, Inc.

All rights reserved.

The Korean language edition published by arrangement with
Uitgeverij Atlas through MOMO Agency, Seoul.

이 책의 한국어판 저작권은 모모 에이전시를 통한 저작권사와의 독점계약으로
도서출판 옥당에 있습니다. 저작권법에 의해 한국 내에서 보호를 받는 저작물이므로
무단 전재와 복제를 금합니다.

**Nederlands letterenfonds
dutch foundation
for literature**

This publication has been made possible with the financial
support from the Dutch Foundation for Literature.
이 책은 네덜란드 문학재단(Dutch Foundation for Literature)의
재정 지원을 받아 출간되었습니다.

20세기, 유럽을 걷다

유럽사 산책

①

옥당

일러두기

1. 이 책에 나온 인명과 지명은 원서인 네덜란드판을 기준으로 삼되, 각 도시에서 사용하는 언어에 따라 달리 표기하였다.
2. 이 책 본문에 언급하거나 인용한 도서명은 《 》, 신문과 잡지는 〈 〉, 영화와 노래는 이탤릭으로 표기하였다.

한 남자가 세계 지도를 그리기 시작한다. 무수한 세월 동안 그는 이런저런 지역과 왕국, 산, 만灣, 배, 섬, 물고기, 방, 연장, 별, 말 그리고 사람까지 한 공간에 그림으로 그려 넣는다. 죽음을 맞기 직전 그는 끈기 있게 그려 낸 선의 미로가 자신의 얼굴 위에 그려진 걸 깨닫는다.

— 호르헤 루이스 보르헤스 Jorge Luis Borges

민중의 목소리를 담아낸, 사람 냄새 나는 유럽사

1945년 8월 15일, 우리는 광복을 맞았다. 그날 19세였던 한 청년은 태극기를 막대기에 달고 광주에서 땅끝마을인 고향까지 뛰어갔다. 며칠을 뛰었는지 모른다. 포장도 제대로 되지 않은 흙길을 뛰었다. 그 청년은 여러 마을을 지났고, 많은 사람이 태극기를 들고 뛰는 청년을 보았다. 그 청년은 어떤 생각을 하며 그렇게 뛰었을까? 사람들은 그 청년을 보고 무슨 생각을 했을까? 정치와 별다른 관계가 없던 평범한 사람들은 해방을 맞으며 무슨 생각을 했을까? 또 그 후에 닥친 정치적 우환 속에서 그들은 무슨 생각을 하며 어떻게 살았을까? 우리 역사에는 이에 대한 기록이 없다. 역사가 정권을 잡은 사람들의 입맛에 따라 씌어진다면, 그것은 완전한 역사일 수 없다. 땅의 주인이 민중이라면 민중의 시각에서 본 역사의 모습, 민중의 목소리에 대한 기록도 있어야 하지 않을까?

우리는 흔히 20세기를 피로 물든 전쟁의 세기, 냉전의 세기라고 말한다. 그리고 그 중심에는 유럽이 있었다. 역사학자들이 말하는 20세기의 유럽이 아니라, 유럽이란 땅에 살며 다양한 사건들을 경험한 유럽 민중들이 말하는 20세기 유럽은 어떤 모습일까?

이런 궁금증을 기자의 관점에서 풀기 위해, 어떤 의미에서는 기자의 눈으로 유럽의 20세기를 다시 쓰기 위해 헤이르트 마크Geert Mak가 나섰다. 그는 네덜란드 일간지 〈NRC 한델스블라트〉의 지원을 받아 1999년 1월부터 12월까지 20개 이상의 국가를 돌아다녔다. 그는 1999년 1월 초에 암스테르담을 출발했다. 20세기 말의 유럽이 어떤 모습인지 알고 싶다는 목적도 있었지만 유럽의 20세기를 포괄하는 역사 여행이라는 주된 목적도 가지고 있었다.

그는 1년 내내 역사의 현장들을 찾아다녔다. 베를린에서는 벙커를 보았고, 부쿠레슈티에서는 엘레나 차우셰스쿠의 화려한 옷장을 보았다. 체르노빌의 버려진 보육원에서는 장난감 자동차를 보았다. 역사의 중심에 있었던 사람을 만났고, 역사 기록을 참조했으며, 20세기의 굵직한 사건들을 겪은 민중을 만나 그들의 얘기를 듣고 기록하기도 했다. 시간이 많이 흐른 탓에 이미 늙고 병든 증인들도 많았다. 마크가 그들을 인터뷰하지 않았더라면 영원히 잊히고 말았을 민중의 목소리가 다행히 남겨지게 되었다.

이 책은 2004년 네덜란드에서 처음 출간된 뒤 40만 부 이상 팔렸다. 물론 독일, 이탈리아, 스페인, 프랑스, 영국 등 유럽의 여러 나라를 비롯해 일본과 중국에도 판권이 팔렸다. 역사학자들은 "이 책은 역사적으로 새로운 것을 보여주지 않았다"라고 논평하며 평가절하했지만 언론의 찬사는 뜨거웠다. 특히 〈파이낸셜 타임스〉는 "마크는 우리 모두에게 필요했던 역사 교사"라고 호평했다. 반反네오콘 역사학자로 널리 알려진 존 루카치John Lukacs는 마크를 유럽의 자화상을 그리는 화가이자 민중의 마음을 읽는 사람이라고 칭찬했지만 이 책은 그 자체로, 달리 말하면 저널리즘과 여행기의 결합체로 받아들여야 한다며 역사적 평가에 대해서는 유보하기도 했다.

역사학자들은 간혹 이 책의 오류를 지적한다. 하지만 앞에서도 말했듯이 헤이르트 마크는 언론인의 관점에서 역사에 접근했기 때문에 "내 책에는 언론의 글쓰기 기법newspaper tricks이 가득하다"라고 말한다. 그는 스스로 "이 책은 과거, 특히 과거가 우리에게 남긴 영향, 분쟁과 무지, 역사와 두려움, 가난과 희망에 대한 책이며, 새로운 유럽을 분할하고 연결하는 모든 것을 다룬 책이다"라고 평가한다.

우리도 20세기에 많은 사건을 겪었다. 경술국치, 해방 그리고 한국전쟁을 겪었다. 그때 우리나라의 민중은 어떻게 살았을까? 이제 시간이 별로 없다. 역사학자들이 말하는 학문적인 역사나 이념에 매몰된 역사가 아니라, 민중의 목소리를 담은 역사를 써낼 수는 없을까? 학자들처럼 역사의 발전까지 분석하지는 못하더라도….

2011년 5월
충주에서 강주헌

차례

1권

옮긴이의 글 | 민중의 목소리를 담아낸, 사람 냄새 나는 유럽사 · 6
프롤로그 | 20세기 유럽의 흔적을 따라가는 황홀한 역사 여행 · 16

1부 균열의 시작, 드레퓌스 사건   25

01 암스테르담, 20세기를 꿈꾸다 28
역사의 길 위에 서다 | 인간이 만들어낸 환상

02 파리, 신세기의 새벽 34
유럽 전역을 뒤흔든 드레퓌스 사건 | 현대 도시국가의 전초지 | 시골 냄새 나는 대도시 | 프랑스의 미래 | 하늘을 나는 거대한 벌레

03 특권의식과 평등정신이 충돌하는 곳, 런던 56
'유럽의 할머니'의 죽음 | 세계의 중심, 브리타니아 | 낙오자들의 도시, 런던 | 영국인의 골칫덩이 | 이상적인 유모, 버지니아 울프 | 바람둥이 장관님 | 여성 참정권론자, 에밀리 데이비슨 | 과격 여성운동단체의 활동 | 인형의 집과 현실의 집

04 야심만만한 신생국가의 수도, 베를린 81
빌헬름 2세의 소장품 | 왕권 회복의 꿈 | 만들어진 신화 | 바이센부르거 슈트라세 25번지에서의 삶 | 런던 따라잡기 | 황제의 성당 | 절도 있는 도시 | 바빌론의 창녀 | 반유대주의의 뿌리 | 독일인의 상징, 군부

05 **20세기 문학·예술·정치사상의 출발점, 빈** ········· 110
빈으로 향하다 │ 합스부르크제국의 중심 │ 과시적인 소비 도시 │ 늘어버린 도시 │
빈의 상징 커피 하우스 │ 상상 공동체의 심장 │ 빈껍데기로 남은 제국 │ 괴물 같은
건축물 │ 유럽을 주름잡은 정치사상의 모태 │ 히틀러가 오스트리아에 남긴 것

2부 스페인 독감, 1차 세계대전을 죽음으로 내몰다 141

06 **황태자 암살 사건의 전말, 빈** ········· 144
이르판의 집을 찾아온 북소리 │ 사라예보의 테러리스트 │ 유쾌한 애국심 │
낡은 세계의 끝 │ 전쟁의 이유 │ 시시각각 짙어가는 전쟁의 그림자 │ 피로 물든 제복

07 **영국과 독일의 격전지, 이프르** ········· 165
참호의 노래 │ 한 점의 파스텔화 │ 전쟁의 양상 │ 피 흘리는 유럽 │
전장에 핀 꽃 │ 치마 입은 군인 │ 아직 끝나지 않은 전쟁

08 **악몽으로 남은 곳, 카셀** ········· 185
2차 세계대전의 예고편 │ 운명을 뒤바꾼 사람들 │ 전쟁의 기억 │
인간성의 상실 │ 전우를 위하여

09 **군인들의 무덤, 베르됭** ········· 198
망자를 위한 소등나팔 │ 관광 상품으로 변한 전쟁의 흔적 │ 처절했던 솜 강 전투 │
살아 있는 유령 │ 모든 것의 종말, 베르됭 전투 │ 적막한 불모의 땅

10 **불평등한 평화 협정의 장소, 베르사유** ········· 211
전장에 꽃핀 형제애 │ 항명의 물결 │ 스페인 독감 │ 미군의 참전 │
종전 선언 │ 전쟁의 상흔 │ 베르사유 조약

3부 볼셰비키의 선전, 동유럽에 빨간색 물이 들다 239

11 빌헬름 2세의 안식처, 도른 242

12 레닌과 독일의 커넥션 장소, 스톡홀름 250
    레닌의 발자취를 따라가다 | 복지국가의 초석을 놓다 | 생각하는 양심 | 검은 거래

13 소련과 서구의 경계, 헬싱키 269
    폭풍우의 밤 | 작은 나라의 생존법 | 퇴역군인들의 노래 | 헬싱키의 이방인 |
    최후의 승리자 | 독일과 손잡은 레닌 | 레닌 일행의 최후

14 볼셰비키 혁명의 요람, 페트로그라드 289
    혹독한 러시아의 겨울 | 그들만의 나라 | 들불처럼 번져가는 혁명의 기운 |
    시골스러운 대도시 | 혁명의 전조 | 위대한 세계 혁명의 발발 |
    혁명가들의 보금자리 | 예수가 된 레닌 | 겨울 궁전을 휩쓴 폭풍

15 유린당한 도시, 리가 331
    유리 돔 안의 삶 | 발트 3국, 그 수난의 역사 | 발트 3국에 흐르는 긴장감 | 과거에
    집착하지 않는 사람들 | 죽음으로 가는 길 | 한 라트비아 여인의 삶 | 다시, 전쟁

4부 준비된 잔혹함, 나치에 중독된 유럽 363

16 나치의 싹이 자라다, 베를린 366
    망명자들의 도시 | 독일 속의 소련 | 한 편의 희곡 | 흐지부지된 베를린 혁명 |
    잔혹한 내전 | 카프의 폭동 | 암살당한 라테나우 | 600억 마르크짜리 신문 |
    폭풍 전야 | 나치 돌격대의 치명적인 매력 | 급부상한 나치당 | 히틀러, 정권을 잡다 |
    대탈출 | 나치가 사는 세상

17 나치가 준 자비로운 선물, 빌레펠트 433
　안네 프랑크의 사진 ｜ 치밀하게 준비된 유대인 대학살 ｜ 반나치주의자의 운명 ｜
　나치의 업적 ｜ 자비로운 죽음, 안락사 ｜ 베텔 요양소의 숨겨진 진실

18 나치스의 본거지, 뮌헨 453
　나치의 흔적 ｜ 생체 실험의 현장, 다하우 강제수용소 ｜
　나치의 먹잇감, 〈뮌헨 포스트〉 ｜ 히틀러를 만들어낸 뮌헨 ｜ 갈색의 저택 ｜
　암흑가의 전쟁, 장도의 밤

19 나치에 열광하다, 빈 484
　히틀러의 요새 ｜ 나치를 환영하라 ｜ 프란츠 야거슈테터의 외로운 투쟁 ｜
　칫솔질하는 유대인

5부 무솔리니의 파시즘, 스페인 내전으로 꽃피다　501

20 파시스트의 집, 프레다피오 504
　무솔리니의 고향 ｜ 열등감, 파시즘을 낳다 ｜ 무관심의 시대 ｜ 이탈리아의 구세주 ｜
　고마워요, 무솔리니

21 스페인 피난민의 도주로, 라마네르 529
　가난한 시골에서 벌어진 사건 ｜ 스페인 내전의 배경 ｜ 내전의 그날 ｜
　병들어가는 스페인 ｜ 막을 수 없는 혼란 ｜ 프란시스코 프랑코와 호세 안토니오

22 스페인 내전의 격전지, 바르셀로나 562
　조지 오웰, 스페인 내전에 뛰어들다 ｜ 미국인 의용군, 밀턴 울프

23 폭격당한 도시, 게르니카 578
　바스크인이 꿈꾸는 나라 ｜ 바스크인 대 바스크인 ｜ 누가 게르니카를 폭격했는가 ｜
　침묵하는 사회

24 평화를 가장한 뮌헨 협정 596
   굴욕이냐 전쟁이냐 | 상처뿐인 영광

6부 예고된 전쟁, 2차 세계대전 속으로   605

25 평화를 소망하다, 페르몽 608
   보병의 꿈, 페르몽 요새 | 소련과 독일의 비밀 협약 | 가짜 전쟁 |
   초고속 항복 | 종말의 시작

26 참담한 패배의 현장, 됭케르크 629
   전투의 향수 | 텅 빈 생블리몽 | 프랑스-영국 연합 결렬 | 무기력한 프랑스 |
   이상한 패배 | 됭케르크의 기적

27 처칠의 공장, 차트웰 645
   전쟁광 처칠? | 차트웰을 찾아온 손님들

28 영국 공군의 목로주점, 브라스테드 660
   전쟁의 기운 | 영국과 독일의 공중전

29 대공습의 현장, 런던 665
   폭탄 비가 내리다 | 런던 중심가에 핀 야생 꽃 무더기 | 세계를 움직인 비밀 공간

각주 · 677
찾아보기 · 685

2권

7부 2차 세계대전, 인종 대청소의 현장

30 인종 박멸 사업의 중심지, 베를린
31 순수한 독일인의 도시, 히믈러슈타트
32 돌아올 수 없는 곳, 아우슈비츠
33 절망의 몸부림, 바르샤바
34 포위된 레닌그라드
35 공포정치에 휩싸이다, 모스크바

8부 악의 축, 나치스 독일과 함께한 전쟁의 기억

36 2차 세계대전의 전환점, 스탈린그라드
37 독일군을 막아낸 영웅 도시, 오데사
38 케말 아타튀르크의 이름으로, 이스탄불
39 시체의 바다 위에 떠 있던 섬, 케팔리니아
40 쓰라린 역사가 깃든 곳, 카시노
41 산산이 부서진 무솔리니의 환상, 로마
42 패배주의와 현실주의 사이, 비시
43 레지스탕스의 영웅들, 생블리몽

9부 비인간적인 전쟁의 끝, 철의 장막이 드리워지다

44 노르망디 상륙 작전의 교두보, 베누빌
45 무모한 마켓 가든 작전 현장, 오스터베이크
46 무차별 폭격이 가해지다, 드레스덴
47 나치 최후의 순간, 베를린
48 명백한 역사 왜곡의 장소, 뉘른베르크

49 짓밟힌 민주주의의 꿈, 프라하
50 헝가리 혁명의 그날, 부다페스트

10부 비틀스, 젊은 혁명의 선봉에 서다

51 폐쇄적인 유럽의 수도, 브뤼셀
52 1960년대 문화 격변에 휩싸이다, 암스테르담
53 폭력적인 반문화운동이 전개된 곳, 베를린
54 산업 노동자들의 거대한 파도, 파리
55 성모 마리아의 도시, 루르드
56 소외된 그곳, 리스본
57 20세기 종교전쟁, 더블린

11부 체르노빌 원전, 공산주의를 폭발시키다

58 넘을 수 없는 장벽, 베를린
59 자본주의의 찬가, 니스키
60 낡은 공산주의에 죽음을, 그다인스크
61 시장 경제는 행복을 가져다주었을까, 모스크바
62 1986년 4월 26일, 체르노빌

12부 코소보 사태, 20세기에 마침표를 찍다

63 과대망상증에 빠진 도시, 부쿠레슈티
64 순수한 세르비아 건설을 위해, 노비사드
65 무슬림이 사는 섬, 스레브레니차
66 보스니아 내전의 현장, 사라예보

에필로그 | 지금 유럽은 어디로 가고 있는가?

20세기 유럽의 흔적을 따라가는
황홀한 역사 여행

그 마을에는 바다를 본 사람이 한 명도 없었다. 네덜란드 사람들과 면장 그리고 전쟁 중 그 마을에 들어온 요제프 푸스카를 제외하고는. 작은 시내를 따라 집이 들어섰다. 노랗게 변한 아담한 들판과 푸르른 채마밭, 빨갛게 익어가는 사과나무, 자그마한 교회, 늙은 버드나무와 떡갈나무, 곳곳에 둘러진 나무 울타리. 닭과 개, 어린이, 헝가리 사람과 슈바벤 사람 그리고 집시.

황새들은 이미 오래 전에 마을을 떠났다. 굴뚝 위에 빈 둥지만 덩그러니 남겨졌다. 저녁놀이 여름 하늘을 물들였다. 읍장은 읍사무소 앞 잔디를 깎으며 땀을 훔쳤다. 기계소리는 어디에서도 들리지 않았다. 개와 수탉과 거위가 울어대는 소리가 마을을 뒤덮었다. 수레가 삐걱거리며 길을 지나갔고, 면장이 낫질하는 소리가 들렸다. 오후가 저물어갈 무렵, 화덕에 불이 지펴졌다. 푸른 연기가 지붕에서 가늘게 피어올랐다. 돼지가 꿀꿀대는 소리도 가끔 들려왔다.

천년시대의 끝을 서너 달 앞둔 때였다. 나는 1년 내내 유럽 전역을 돌아다녔다. 내가 일하는 신문사 'NRC 한델스블라트'에서 유럽 여행을 제안해왔다. 그리고 내가 쓴 기사를 매일 1면 오른쪽 하단에 싣기로 했다. 이 원대한 계획의 목표는, 20세기를 마무리 짓는 이 시점에 유럽 대륙은 어떤 모습을 하고 있는지 살펴보는 일종의 최종 점검이었다. 또한 가능한 범위 내에서 20세기 역사가 남겨놓은 흔적을 따라가는 12개월간의 역사 여행이기도 했다. 그 과정에서 나는 수많은 증거를 찾아냈다. 솜 강에서는 풀에 감춰진 포탄 구멍을 보았고, 베를린 오라니엔부르거 슈트라세에서는 기관총이 설치된 문설주를 보았다. 빌니우스 외곽의 눈 덮인 숲, 뮌헨의 신문 보관소, 바르셀로나 근처의 언덕 비탈, 아우슈비츠에서 찾아낸 작은 샌들도 역사의 증거였다. 이번 여행은 나 자신과도 관계가 있었다. 나는 경계를 벗어나 국경을 넘나들며, 안개처럼 모호한 '유럽'이란 단어의 뜻을 헤아리고 싶었다.

1999년 한 해 동안 나는 '유럽은 누구나 쉽게 시간의 흐름을 따라, 때로는 거슬러 올라가 여행할 수 있는 대륙이라는 것'을 확인했다. 20세기의 여러 시대가 겹겹이 혼재한 땅이었다. 이스탄불의 연락선에서는 1948년을 맛보았다. 리스본은 영원히 1956년이었다. 파리의 리옹 역에서는 2020년을 보았지만, 부다페스트 청년들의 얼굴에선 아버지의 얼굴을 보았다.

헝가리 남부 바사로스베츠에서는 시간이 1925년에서 멈춘 듯했다. 1999년에도 그곳의 주민은 200명에 불과했다. 게다가 4분의 1이상이 집시였다. 그들은 한 달에 60유로에 불과한 실업 수당으로 근근이 살아갔다. 여자들은 집집마다 돌아다니며 정체를 알 수 없는 물건들과 바구니를 팔았다. 집은 금방이라도 무너질 것 같았고, 문은 길게 드리워진 천이 전부였다. 때로는 문틀을 뜯어내 불을 때며 한겨울의 추위를 피하기도 했다.

이동식 목조 주택을 끌고 간혹 마을을 찾아오는 루마니아 집시는 그들보다 훨씬 더 가난했다. 그들보다 가난한 사람은 알바니아계 떠돌이 집시였다. 그들은 가난한 사람에게도 버림받은 자들이었다. 유럽을 술통에 비유할 때 가장 밑바닥에서 허우적대는 사람들이었다.

나는 친구 부부네 집에 머물렀다. 친구 부부는 마을의 이발사 요제프 푸스카가 세상을 떠난 후, 그의 집으로 이사했다. 그들은 다락방에서 작은 공책을 하나 찾아냈다. 푸스카가 1945년 봄부터 연필로 쓴 일기와도 같은 것이었다. 올보르그, 뤼베크, 슈투트가르트, 베를린 등 낯익은 도시의 이름이 눈에 띄었다. 누군가 몇몇 구절을 내 친구에게 번역해주었다.

> 하게나우, 전쟁 포로수용소에서. 오, 하느님. 이 세상에 제가 아는 사람이 한 명이라도 남았을까요. 고향에 돌아가면 저를 반겨줄 여자가 한 명이라도 있을까요. 저는 멀리서 지저귀는 작은 새 한 마리에 불과합니다. 그 작은 새를 돌봐줄 어머니도 없습니다. 오, 하느님. 제가 집에 돌아갈 수 있도록 도와주소서. 아버지와 어머니 곁으로 돌아갈 수 있도록 보살펴주소서. 고향에서 아득히 먼 곳에 떨어졌습니다. 내가 아는 모든 이에게서 너무 멀리 떨어졌습니다.

나는 마을 한복판을 가로지르는 진창길을 따라 걷다 비바람에 그대로 노출된 콘크리트 덩어리를 만났다. 기사騎士 같은 인물로 장식된 초라한 기념물이었다. 꼭대기에 1914, 1918이라 새겨져 있었다. 그리고 그 아래에는 마을 카페를 가득 메웠을 청년 36명의 이름이 새겨져 있었다.

1999년은 유로화[1]가 출범한 해였다. 휴대폰 사용이 확대되고, 누구나 인터넷을 즐겼다. 그리고 노비사드의 다리가 폭파되기도 했다. 암스테르담과 런던의 증권시장이 뜨겁게 달아오르고, 9월이 기록적으로 더웠으며, 1월 1일에 밀레니엄 버그가 모든 컴퓨터를 마비시킬 거라는 공포가 조장된 해였다.

바사로스베츠에서 1999년은 고물장수가 수레를 맨 말을 끌고 마지막으로 마을을 순례한 해였다. 그 역사적인 날, 나는 운 좋게 그곳에 있었다. 그 후 고물장수는 트럭을 몰고 나타났다. 같은 해 봄에는 고물상에서 해고당한 4명의 집시가 흙길을 닦기 시작했다. 이번에는 아스팔트가 깔릴 예정이라 전해 들었다. 또 교회 종지기가 면장 어머니의 연금 수표를 훔쳤다는 이유로 해고당했다. 그 일도 1999년에 있었다.

나는 카페에서 면장과 약간 정신이 나간 마리아, 치아가 하나도 남지 않은 노인(그는 '간첩'이라 불렸다), 마을의 술주정꾼, 집시 그리고 젖소와 함께 산다는 우체부의 부인 등을 만났다. 퇴역군인은 소개받지 않아도 한눈에 알아볼 수 있었다. 우람한 체구에 서글서글하게 생겼지만, 은폐복을 입고 술과 불분명한 풀 담배로 그 시절의 악몽을 억누르는 가련한 사내였다. 동네 사람들의 말로는 그가 프랑스어를 능숙하게 구사한다고 했지만, 내가 그의 입에서 들은 프랑스어는 '마르세유'가 전부였다.

그날 저녁 늦게, 새로 임명된 종지기와 쓰레기 수거꾼이 오래 전부터 전해지는 노래를 불렀다. 모두 테이블을 두드리며 박자를 맞추었다.

우리는 숲에서 힘들게 일했지
새벽녘부터
해가 떠도 이슬을 머금은 안개는 걷히지 않았지
우리는 불 탄 트럭 사이에서 힘겹게 일했지
비탈길에서, 말도 힘겨워했지.

우리는 부다페스트에서 페치까지 철로를 깔았지
반짝거리는 새 철로를 위해
바위를 뚫고 페치까지 터널을 놓았지.

1년 내내 유럽 전역을 여행하면서, 나는 낡은 페인트를 벗겨내는 기분이었다. 몇 세대 동안 단절되었던 탓에 동유럽과 서유럽을 갈라놓는 껍데기가 더욱 두꺼워졌다는 사실을 실감할 수 있었다.

유럽인에게 공통된 역사가 있을까? 물론 누구라도 별생각 없이 로마제국, 르네상스, 종교개혁, 계몽시대, 1차 세계대전[2]과 2차 세계대전[3] 그리고 1989년이 공통된 역사가 아니겠느냐고 말할 수 있을 것이다. 그러나 유럽인 개개인이 경험한 역사는 엄청나게 다르다는 점을 간과해서는 안 된다.

폴란드의 한 트럭 운전자는 역사적 상황 때문에 어쩔 수 없이 4개 국어를 배워야 했고, 한 독일인 부부는 집이 폭격당해 쫓겨난 후 동유럽 전역을 끝없이 떠돌며 살아야 했다. 한 바스크족 가족은 크리스마스이브 날 스페인 내란에 대해 논쟁을 벌이다 갈가리 찢어진 뒤로는 서로 말조차 섞지 않는다고 한탄했다. 네덜란드와 덴마크, 스웨덴 사람은 역사의 가혹한 철퇴를 운 좋게 피했지만, 그런 행운을 마음 놓고 드러내지 못했다.

러시아, 독일, 영국, 체코, 스페인 사람을 원탁에 앉혀놓고, 가족사를 얘기하게 하면 어떤 역사가 쓰일까? 그들 하나하나가 독립된 세계이지만, 그들 모두 유럽이란 커다란 울타리 안에 있는 것은 확실하다.

20세기의 역사는 그들 앞에 펼쳐진 연극이 아니었다. 그들의 삶에서 크고 작은 역할을 했다. 에릭 홉스봄Eric Hobsbawm은 20세기의 역사를 개괄한 기념비적인 저작에서 "우리는 이 세기의 일부분이다. 이 세기는 우리의 일부분이다"라고 말했다. 예컨대 1933년 1월 30일은 히틀러가 독일 총리가 된 날이기도 하지만, 당시 15세 소년이던 에릭 홉스봄이 학교 수업을 끝내고 누이와 함께 집으로 돌아가다 뉴스 게시판에서 그 소식을 봤던 쓸쓸한 오후이기도 했다. 홉스봄은 당시를 회상하며 "지금도 그 게시판이 꿈처럼 내 눈앞에 보이는 듯하다"라고 말했다.

지금 네덜란드 스히담에 사는 나의 숙모 마르트는 1914년 8월 3일에 일곱 살이었다. 1차 세계대전이 발발한 그날은 마르트 숙모에게 있어 월요일이 답답하게 돌변한 날이었다. 노동자들은 동료들의 집 앞에 삼삼오오 모였고, 여자들은 앞치마 끝단으로 눈물을 훔쳤다. 한 남자가 친구에게 "전쟁이 터졌대!"라고 소리쳤다.

독일군 연락장교였던 빈리히 베어에게 있어 스탈린그라드 철수는 자신에게 전달된 "1월 31일 07시 45분, 소련군 진입. 통신을 끊겠음/

APL 6. Oa/ 1월 31일 07시 45분 통신을 끊겠음. AOK6"라는 통신문이었다.

상트페테르부르크(당시 레닌그라드)의 이라 클레이너에게 스탈린[4]의 죽음이 발표된 날인 1953년 3월 6일은 가족의 부엌을 뜻했다. 눈물이 나오지 않아 두려워하다 결국 계란 프라이 위에 떨어진 한 방울의 눈물을 보며 남몰래 안도의 한숨을 내쉰 날이었다.

1956년 나는 레바르덴의 운하 옆에 살고 있었다. 당시 아홉 살이었던 내게, 그해 11월은 헝가리 난민촌에서 흘러드는 이상한 음식 냄새로 기억된다. 그들은 '도널드 덕' 만화를 읽으며 네덜란드 말을 배우던 조용하고 수줍음 많은 사람들이었다.

이제 20세기는 그 자체로 하나의 역사가 됐다. 영화와 책과 박물관에서 이야기되는 역사가 됐고, 우리 개개인에게도 역사가 됐다. 이 글을 쓰는 지금, 세계는 하루가 다르게 급변하고 있다. 권력의 축이 이동하고, 과거의 연대가 깨지고 새로운 동맹이 결성되며, 우선순위가 달라진다.

바사로스베츠는 헝가리가 유럽연합에 가입할 경우를 대비해 차근차근 준비해갔다. 3년 만에 여섯 명이 넘는 네덜란드 사람이 들어와 10채 이상의 집을 구입했다. 그들 대부분이 싼 땅값에 매력을 느껴 이곳을 찾았지만, 개인적인 문제로 탈출한 사람도 적지 않았다. 체납한 세금, 가슴 아픈 이혼, 사업의 파산, 범법 행위 등 과거의 멍에를 지우고자 대륙의 끝자락까지 들어온 사람들이었다.

한 네덜란드 사람의 정원에는 독수리 모양의 큼직한 석고상이 세워져 있었다. 독일을 상징하는 국장과 똑같아 보였다. 또 카우보이모자를 쓰고 말에 올라 거친 동부 지역을 개척하러 나선 듯한 벽그림도 있었다. 아마도 집주인의 초상화인 것 같았다. 또 다른 네덜란드 사람은 10만 유로를 들여 집을 아담한 저택으로 개축했지만 그곳에서는 고작 1년에 3주밖에 지내지 않았다. 따라서 그 저택은 거의 언제나 텅 비어 있었다. 하지만 그는 작은 실수를 저지른 것 같았다. 저택에서 가장 가까운 이웃이 바사로스베츠의 도둑 두목이었기 때문이다. 그는 돼지우리와 다름없는 누추한 집에서 자식을 여덟 명이나 거느리고 살았다. 따라서 그는 그 네덜란드 사람의 엘도라도를 집적대기 시작했고, 아이 여덟 명은 어느새 그 저택의 수영장에서 뛰어놀고 있었다.

바사로스베츠 마을 사람들은 카페에서 내 친구에게 '새 유럽'이 무엇을 뜻하느냐고 물었다. 아코디언을 연주하던 집시에게 잠시 연주를 멈춰달라고 부탁한 후 친구는 새 유럽에 대해 설명하기 시작했다. 역사의 흐름 속에서 이 지역은 점점 가난의 나락으로 빠져들었다. 따라서 모두가 풍요롭고 강한 서유럽을 우러러보며 이제 그들도 부유한 유럽의 일원이 되기를 바라는 건 당연하다고 말했다.

그러나 현명한 내 친구는 그들에게, 앞으로 더 극심한 가난의 계곡을 지나가야 할 것이라고 말했다. 10년이 지나면 겨우 유럽의 최저 생활수준까지 올라갈 수 있겠지만 "여러분은 소중한 것을 잃게 될 겁니다. 우정, 돈이 많지 않아도 그럭저럭 살아갈 수 있는 힘, 고장 난 것을 고쳐 쓰는 재주, 돼지를 키우며 적절할 때 도살하는 자유, 원하는 만큼 숲을 불태울 수 있는 자유 등 많은 것을 잃게 될 겁니다"라고 덧붙였다. 그들이 놀라서 물었다.

"뭐라고요? 우리 마음대로 돼지를 잡을 수 없다고요? 우리 마음대로 숲을 불태울 수 없다고요?"

그들은 잔뜩 실망한 표정으로 내 친구를 바라보았다. 당시 그들은 조만간 카페에서 담배를 피우는 게 금지될 것이라는 사실도 몰랐다. 내 친구는 내게 "내가 이야기하는 동안 종지기가 살그머니 카페를 빠져나갔습니다. 그리고 해가 지는 시간에 맞춰, 맑은 종소리가 들려왔습니다. 아직까지 변하지 않고 계속되는 게 조금은 남았습니다"라고 편지를 썼다.

20세기의 세계 질서(여기에도 '질서'란 말을 쓸 수 있다면)는 이제 영원히 종언을 고한 듯하다. 다만 베르사유를 이해하지 못하면 베를린을 이해할 수 없고, 뮌헨을 이해하지 못하면 런던을 이해할 수 없다는 사실을 깨달아야 한다. 또 베르됭을 이해하지 못하면 비시 정권을 이해할 수 없고, 스탈린그라드를 알지 못하면 모스크바를 제대로 설명할 수 없다. 드레스덴을 이해하지 못하면 본을 이해할 수 없고, 얄타를 모르면 바사로스베츠를 이해할 수 없으며, 아우슈비츠를 빼고는 암스테르담을 완전히 이해할 수 없다는 사실도 알아야 한다.

종지기, 미친 마리아, 빈리히 베어, 이라 클레이너, 시장, 치아가 하나도 없는 남자, 마르트 숙모, 현명한 내 친구 등 우리 모두 좋든 싫든 경이로운 20세기를 산 사람들이다. 우리가 겪은 무수한 경험, 마음에 품은 많은 꿈, 용기와 배신의 순간, 두려움과 고통으로 가득한 기억, 물론 즐거웠던 추억까지 귀엣말로 대를 이어 전해질 것이다.

균열의 시작,
드레퓌스 사건

1900년~1914년의 유럽

→ 헤이르트 마크의 여행로

01

암스테르담, 20세기를 꿈꾸다

Amsterdam

역사의 길 위에 서다

1999년 1월 4일 월요일 아침, 나는 암스테르담을 출발했다. 폭풍우가 미친 듯이 몰아쳤다. 거센 바람 때문에 물에 잠긴 자갈길에는 잔물결이 일었고, 에이 강에서도 흰 물결이 굽이치며 흘렀다. 중앙역의 높다란 강철 지붕 아래에서도 쌩쌩 몰아치는 바람 소리가 요란했다. 잠깐이긴 했지만, 하느님의 손이 강철 지붕을 통째로 들어 올렸다가 다시 내려놓은 것 같은 기분이 들었다.

나는 커다란 여행 가방을 질질 끌고 걸었다. 가방에는 노트북과 휴대폰이 있었다. 칼럼을 발송할 때 사용할 장비였다. 약간의 셔츠와 세면도구, 브리태니커 백과사전을 담은 CD롬 그리고 초조한 마음을 달래줄 15권 정도의 책도 있었다. 나는 1900년대의 바로크 도시들부터

▲ 해질 무렵, 암스테르담 중앙역의 모습이다.

시작할 계획이었다. 밝고 가벼운 파리의 세계박람회, 확신으로 제국을 통치하던 빅토리아 여왕의 런던 그리고 용광로처럼 들끓던 베를린을 보고 싶었다.

온갖 소리가 가득했다. 파도가 철썩이는 소리, 바람을 타고 들려오는 갈매기 울음, 헐벗은 우듬지 사이를 휘몰아치는 폭풍우, 전차 소리와 자동차 소음까지. 빛은 거의 없었다. 구름이 서쪽에서 동쪽으로 검은 말처럼 빠르게 흘렀다. 한동안 제자리를 맴돌던 구름이 한꺼번에 많은 종을 때린 듯 하늘이 우르릉거렸다.

신문에서는 모르스부호가 완전히 폐기됐고, 오스텐데 공군 기지에서 저공비행하는 일류신 기의 후류 때문에 인근 집의 지붕 기와가 번 질나게 떨어진다고 보도했다. 금융시장에서는 유로화가 화려하게 출범했다. 〈르 몽드〉는 '유로가 달러의 패권에 도전을 시작하다'고 선언했고, 그날 아침 환율은 1유로에 1.19달러로 일시 상승했다.

그러나 그날 네덜란드는 완전히 바람에 휩싸였다. 길들여지지 않은 최후의 자연력인 바람은 북쪽에서 동쪽으로, 또 남쪽에서 서쪽으로 사방에서 흔적을 남기고, 끊임없이 휘몰아치며 호수와 폴더(해면보다 낮은 네덜란드의 간척지_옮긴이 주), 운하와 수로, 제방과 도로, 심지어 남쪽으로 난 철로까지 거의 물바다로 만들어버렸다.

푸른 넥타이를 맨 젊은이가 환한 얼굴로 내 옆에 앉았다. 그는 앉자마자 노트북을 열고 스프레드 프로그램을 작동시킨 후 동료와 전화하기 시작했다. 이름은 페터르 스미타위스였다. 그는 전화 상대에게 "독일 쪽은 100퍼센트의 해결책을 원해. 다른 유럽인들은 75퍼센트면 충분하고. 그러니까 75퍼센트를 상회하는 해결책을 찾아내 독일인이 100퍼센트에서 양보하도록 설득하는 게 급선무야. …음, 7월 이후로는 생산을 중단한다고? 신중하게 판단해야 할 거야. 너무 성급하게 결정하면 모든 게 끝날 수도 있다는 걸 알잖아"라고 말했다.

빗줄기가 기차 차창을 끊임없이 때렸다. 무르데이크 다리 아래에서는 배들이 파도에 춤을 추었고, 제벤베르헨에서는 나무 하나가 일찌감치 꽃을 피운 탓에 수없이 많은 붉은 반점이 물 위를 떠다녔다. 로센달을 넘어서자, 까다로운 네덜란드와 유럽의 다른 나라들을 구분 짓는 유일한 흔적인 녹슨 철탑이 눈에 들어왔다.

인간이 만들어낸 환상

네덜란드를 출발하기 전에 나는 내가 알기론 네덜란드에서 가장 고령인 분과 오랫동안 이야기를 나눴다. 그해 내가 만난 사람들 중에서 그 노인만이 한 세기를 온전히 산 분이었다(1897년에 태어나 러시아 황제 시대를 살았고 마린스키 극장에서 화려하게 데뷔한 알렉산드라 바실예바를 제외하면).

그 노인의 이름은 마리누스 반 데르 후스 반 나테르스였지만, 주로 '붉은 귀족'이라 불렸다. 정확히 1900년에 태어나 한때 네덜란드 사회민주당에서 중요한 역할을 했다.

그는 내게 네이메헨에 대해 얘기해주었다. 그가 어렸을 때 두 대의 자동차(드 디옹 부통과 스페이커로, 두 대 모두 사소한 부분까지 손으로 제작됐다)가 네이메헨 거리를 활보하고 다녔다. 그는 "둘 중 한 대라도 지나가면 형과 나는 자동차를 구경하려고 창문으로 달려갔지"라고 말했다. 그는 그 자동차의 소유자들을 별로 좋아하지 않았다며 "그 사람들은 요즘 휴대폰을 갖고 다니며 통화하는 사람들과 똑같았네"라고 덧붙였다. 계급 관계에 대해서는 다음과 같이 말했다.

"언젠가부터 우리는 새로운 사회 질서에 매료됐네. 완전히 정착된 것도 아니고 진행 중이었는데 말이야. 우리는 노동자를 만나 얘기를 나누고 싶어 하긴 했지만 그 이유까지는 정확히 몰랐어. 여하튼 우리는 지인의 지인을 통해 한 노동자의 부인을 만났지. 그 부인은 신문을 보며 무언가를 큰 소리로 읽어주더군. 그처럼 간절히 만나고 싶어 했으면서 왜 길거리에서 노동자를 붙잡고 얘기를 나누지 않았는지 지금도 이해가 되지 않아."

그는 테크놀로지에서 대해서도 말했다.

"내 친구와 나는 전기로 해낼 수 있는 일들에 완전히 매료됐지. 아무리 멀리 떨어져 있는 사람과도 선 없이 얘기를 나눌 수 있는 기계 같은 걸 다룬 모험소설도 읽었고. 그런 게 가능할 수 있으리라곤 정말 믿기지 않았네. 그래서 우리는 전구를 설치했지. 두 방 정도 떨어져 있어도 얘기를 나눌 수 있는 전화까지 가설했어. 또 불꽃이 튕기게도 했고, 뭔가를 발명하기도 했지. 정말 발명이었어!"

그는 책꽂이에서 책을 한 권 꺼냈다. 자주 보았던지 책장이 너덜너덜했다. 에드워드 벨러미Edward Bellamy가 쓴《과거를 돌아보다, 2000-1887》로 암스테르담에서는 1890년에 출간된 책이었다.

"우리는 바로 이 책에 쓰인 내용을 얘기했던 걸세."

책의 내용은 간단하다. 19세기에 살던 한 남자가 최면에 걸려 깊은 잠에 빠졌다가 서기 2000년에 깨어난다. 그가 깨어난 도시는 동상과 연못, 덮개가 씌워진 인도, 실크해트를 쓴 신사들과 이브닝드레스를 입은 여자들로 가득했다. 전깃불 덕분에 어두운 곳이라고는 없다. 밤이 사라진 도시이다. 모든 가정에는 시립 공연장과 연결된 확성기가 설치돼 있다.

"이 소설에서 20세기 사람이 말하는 부분을 읽어볼까? '집에서도 편안하지만 사회 자체에서 삶의 아름다움을 추구한다.' 우리는 바로 그런 세계를 서기 2000년의 목표로 삼았던 거네. 돈이 아무런 역할도 못하는, 모든 시민이 '굶주림과 추위와 헐벗음'에서 벗어난 세계를 꿈꾸었지. 생산과 서비스가 정교한 신용제도에 따라 교환되고, 먹을 것은 커다란 공용 식당에 준비돼 있지만 필요할 때 우편물을 배달하는 공기 수송관을 통해 배달되기도 하는 세상을 말이네. 남자는 강건하고, 여자는 나긋하면서도 건강하고, 양성이 자유로워 터놓고 사귈 수 있으며, 민간 상점이 사라져 더는 광고가 필요 없는 세상. 출판 관련 기업이 공영화되고, 독자가 신문 편집자를 뽑는 세상. 범죄와 탐욕이 자취를 감춘 세상. 자네도 꼭 읽어보게. 가장 무도한 사람도 문명화된 계급의 행동을 받아들이는 세상이니까. 여기 이런 구절이 있구먼. '나는 무릎을 꿇고 얼굴이 땅에 닿도록 고개를 숙인 채, 이 황금시대의 공기를 마실 가치가 없는 하찮은 존재라는 걸 눈물로 고백했다. 마침내 슬픔이 지배하던 기나긴 인류의 겨울이 끝났다. 하늘 문이 우리에게 열렸다.' 얼마나 멋진 책인가!"

겨울 햇살이 서재의 노란 벽지, 책꽂이의 바랜 책들, 천 갓이 씌워진 키다리 스탠드 위에 떨어졌다. 노인의 억세 보이는 손등에서 검버섯이 눈에 띄었다. 햇살에 반사된 노인의 눈빛은 여전히 맑았다.

"20세기가 끝나가는데 이 세기를 어떻게 생각하느냐고? 세기는 수학적인 개념에 불과하지 않을까? 나는 인간이 만들어낸 환상에 불과하다고 생각해. 과거를 돌이켜보면, 나는 기껏해야 몇 달 전을 생각하는 정도니까. 길어야 1년이고. 20년이란 기간도 내게는 이제 아무런 의미가 없는 것 같네. 너무 버릇없이 자란 사람들이 망치는 거지, 시간이 우리를 곤란하게 만드는 건 아닐세…."

02

파리, 신세기의 새벽

Paris

유럽 전역을 뒤흔든 드레퓌스 사건

신세기는 여자였다. 1900년으로 돌아가면 모두가 이 말에 고개를 끄덕일 것이다. 신세기의 새벽*Dawn of the Century*이라는 영국 노래의 피아노 악보 표지를 예로 들어보자. E. M. 폴이란 사람이 그린 '행진곡과 투스텝'이란 제목의 그림이다. 황금빛 구름 사이로 한 여자가 날개 달린 바퀴 위에서 균형을 잡고 서 있다. 주변에는 전차, 타이프라이터, 전화, 재봉틀, 카메라, 수확기, 기관차가 떠 있고, 아래에는 모퉁이를 돌아가는 자동차가 그려져 있다.

유럽의 대도시들도 여성적이었다. 새로 뚫린 대로와 원래의 주거단지 길을 따라, 소용돌이 모양을 비롯해 인간이 상상할 수 있는 온갖 '새로운' 양식으로 화려하게 장식된 부르주아의 아담한 저택들이 자리

잡고 있었다는 사실만으로도 베를린에서부터 바르셀로나까지 여성의 냄새가 물씬 풍겼다.

 1900년 파리 세계박람회의 카탈로그 표지도 마찬가지였다. 그 시대의 기준으로 보면 다소 풍만한 여자가 바람에 머리칼을 흩날리며 깃발을 손에 쥐고 있었다. 박람회장 입구 위에는 6미터 높이의 여자 석고상이 디자이너 잔 파켕Jeanne Paquin(1869~1936)이 만든 이브닝드레스와 널찍한 망토를 입고 서 있었다. 프랑스 대통령 에밀 루베는 공식 개막사에서 신세기의 미덕으로 정의와 인간애를 역설했고, 고용부 장관은 신세기에는 관용과 연대의식으로 훨씬 더 좋은 세상이 펼쳐질 것이라 예상했다.

 5,000만 명이 박람회장을 찾아 신기한 물건들을 둘러보았다. 인간의 몸을 꿰뚫어볼 수 있는 엑스레이 기계가 있었고, 자동차 전시장도 있었다. 무선 전신을 위한 장비도 선보였다. 박람회장 밖에는 18개월 만에 건설된 최초의 지하철(포르트 드 뱅센느부터 포르트 마이요까지 가는), '르 메트로'가 있었다. 40개 국가가 박람회에 참석했다. 캘리포니아는 금광 모양으로 땅을 팠고, 이집트는 사원과 고대 무덤을 통째로 가져와 전시했다. 영국은 제국의 모든 식민지를 과시했고, 독일관에는 시속 120킬로미터까지 달릴 수 있는 증기 기관차가 있었다. 프랑스는 클레망 아데르Clément Ader가 설계한 동력장치를 단 비행체를 전시했다. 이 비행체는 거대한 박쥐 모양으로, 날개폭이 30미터에 이르렀다. 여하튼 인간은 언젠가 지상을 떠나야 할 운명이었다.

 다양한 무용극이 공연되던 춤의 궁전이 있었고, 그랑 팔레에는 프랑스를 대표하는 그림과 조각이 전시됐다. 또 2프랑의 입장료를 내면 꽃이 만발한 일본의 과수원부터 아테네의 아크로폴리스, 스페인의 해변까지 전 세계를 '여행'할 수 있는 건물도 있었다. 물론 그 모든 것은 뒤물랭Dumoulin이란 화가의 작업팀이 정밀하게 그린 것이었다. 비행선이나 시베리아 횡단열차에서 내려다본 풍경을 즐길 수 있는 시네오라마도 있었다. 군사 부문으로는 기관총, 어뢰, 포탑포, 무전기, 병력 수송차량 등 최첨단 전쟁무기가 전시됐다.

축음기에 소리를 녹음한 뉴스 영화는 그야말로 새로운 것이었다. 특히 파테 형제가 촬영한 뉴스 영화는 화면이 흔들리기는 했지만 〈새끼 독수리〉 초연 때 귀빈석에 앉은 로스탕 가족(희곡 〈새끼 독수리〉를 쓴 극작가 에드몽 로스탕Edmond Rostand의 가족을 가리킨다_옮긴이 주)을 보여주었고, 그 시대에 큰 이야깃거리였던 그라프 폰 체펠린Graf von Zeppelin이 제작한 첫 비행선의 시험 비행, 아프리카에 처음 개통된 철로, 맨체스터의 새로운 방적공장, 보어 전쟁에서 승리한 영국군, 독일 황제의 연설, 순양함의 진수 등과 같은 특별한 장면도 보여주었다.

카탈로그에 소개된 지도는 박람회장 안에서 인상적인 곳을 한눈에 볼 수 있는 조감도였다. 그랑 팔레부터 센 강의 양편에 있는 국가별 전시관들을 따라가면 에펠탑과 샹 드 마르스의 대전시관에 닿았다. 따라서 세계박람회는 도시의 일부였다. 달리 말하면, 1853년부터 조르주 오스만Georges Haussmann 지사의 지휘하에 구획 정리된 도로 덕분에 파리는 어디에서나 박람회장과 연결됐다. 한마디로 파리는 영구 전시장 자체였고, 프랑스의 거대한 진열창이었다. 신세기의 도시국가였다. 카탈로그에 실린 사진과 당시에 찍은 사진에서 확인할 수 있듯이 파리와 세계박람회는 새로운 도시 거주자와 큰길을 배회하는 한량, 길거리

▲ 프랑스의 상징이 된 파리 에펠탑. 에펠탑은 1889년 파리 만국박람회장에 세워졌다.

에서 사고를 치는 사람과 그 사고를 구경하는 사람, 용돈을 받아 생활하는 젊은이, 멋진 저택의 소유자, 풍요로운 관리, 금전적인 걱정에서 벗어난 젊은 부르주아를 위해 마련된 것이었다.

1905년 여름, 당시 신출내기 작가였던 앙드레 지드André Gide는 "날씨가 따뜻하고 화창해서 피곤이 밀려오는 기분이었지만 저녁을 먹은 후 다시 밖으로 나갔다. 먼저 샹젤리제를 따라 어깨를 쭉 펴고 카페 콩세르(음악을 연주하던 카페_옮긴이 주)들을 지났고 원형 건물까지 걸어간 후 샹젤리제를 따라 되돌아왔다. 사람들이 점점 많이 모여들었다. 루아얄 거리까지 걷는 내내 환성을 울리며 즐겁게 돌아다니는 사람을 많이 보았다"라고 기록했다.

또 어떤 날 지드는 합승마차의 지붕에 올라탔고 불로뉴 숲을 거닐었으며 오페라를 보았다. 그리고 고갱, 반 고흐, 세잔의 특별 전시회로 발걸음을 옮겼다. "당시 루브르를 둘러보지 않는다는 건 어불성설이었다."

길거리를 배회하는 한량들의 안식처는 카페였다. 대리석 테이블에 버찌술과 뜨거운 코코아가 놓였고, 사방에 친구가 있었다. 카페는 귀족들의 살롱을 이어받은 민주적인 후계자였다. 한량에게 반드시 필요한 자질은 적절한 때를 놓치지 않는 감각이었다. 요컨대 최적의 순간 최적의 카페에 모습을 드러내야 했다. 도시의 산책자는 구시대와 신시대를 오가며 군중 속에서 익명성을 즐기다가도 자신이 속한 계급에 되돌아와 익숙한 분위기에 빠져들었다. 당시 문학계 어디에서나 흔히 볼 수 있던 삶의 방식이었고, 유럽의 모든 주요 도시를 지배하던 새로운 풍습이었다.

1905년 9월 1일, 앙드레 지드는 "나는 이 단조로운 흐름에 완전히 휩쓸리고 말았다. 일상의 흐름에 그저 떠밀려 지내고 있을 뿐이다. 저녁 시간에 몸을 일으키는 순간부터 지독한 권태가 나를 짓누른다. 때때로 도박으로 구원받지만 점점 정상적인 삶을 상실해가고 있다"라고 썼다.

나는 샹 드 마르스에서 센 강을 따라, 보수 중이라 사방에 판자를 덧댄 그랑 팔레 입구까지 걸었다. 그 사이 강 양편에서 들려오는 시끌벅적한 교통 소음을 견뎌야 했다. 에펠탑에서는 '서기 2000년까지 347일'이라 쓰인 커다란 네온이 번쩍거렸다. 지금도 그랑 팔레와 프티 팔레는 세계박람회 때의 모습 그대로 남아 있다. 물론 알렉상드르 3세 다리도 마찬가지이다. 여전히 네 모퉁이에 기둥이 있고, 그 기둥 위에 황금빛으로 번쩍이는 거대한 말이 우뚝 서 있다. 가장자리에는 레이스처럼 조각된 청동 가로등이 다이아몬드를 세공한 듯한 유리를 쓴 채 늘어서 있다.

알렉상드르 3세 다리가 완공되고, 세계박람회가 개막된 1900년 4월, 반유대주의적 일간지 〈라 리브르 파롤〉('자유 발언'이란 뜻)은 유대인을 혐오하던 라파엘 비오Raphael Viau에게 양날의 칼을 선물하기 위한 모금을 시작했다. '대의를 위해' 열두 번째 결투를 앞둔 비오를 격려하는 모금이었다. 비오는 그 칼날이 더럽혀지기를 바랐다.

　세기의 전환점에서 유럽의 수도들을 뒤흔든 세 건의 커다란 사건이 일어났다. 그 사건들은 확고해 보이던 유럽 사회에 충격을 가하며 첫 번째 균열을 일으켰다. 1895년 런던에서 보석처럼 반짝이던 작가 오스카 와일드Oscar Wilde가 성도착적 행위로 유죄 판결을 받았다. 1907~1909년에 베를린에서도 이와 비슷한 사건이 터졌다. 빈 대사를 지냈고 독일 황제의 막역한 친구였던 오일렌부르크의 필립 대공이 연루된 사건이었다. 그러나 유럽에 가장 큰 충격을 준 것은 드레퓌스 사건이었다.

▼ 파리에서 가장 아름다운 다리로 손꼽히는 알렉상드르 3세 다리. 1900년에 완공됐다.

1897~1899년에, 부당하게 기소당한 알프레드 드레퓌스Alfred Drefus[1]의 복권만큼 프랑스를 뜨겁게 달군 사건은 없었다. 이 유대인 육군 대위는 독일의 간첩 노릇을 했다는 혐의를 받아 악마의 섬에 유배당했다. 그러나 전쟁 위원회 장교들이 드레퓌스와 관련된 자료를 조작했으며, 판결 후에도 드세지는 의혹을 불식시키기 위해 조작에 조작을 거듭했다는 증거가 하나씩 드러났다. 프랑스군 사령부는 그런 조작 사실을 알고 있었지만 입장을 바꾸지 않았다. 조작 사실을 인정한다는 것은 신성한 판결에 대한 모독과 같은 것이었고, 군부의 명예에 먹칠을 하는 것과 다를 바 없었기 때문이다.

곧 드레퓌스 사건은 유럽 전체의 관심사가 됐다. 1898년 1월 13일, 에밀 졸라Emile Zola가 드레퓌스 사건의 재검토를 강력하게 요구한 이후(졸라가 〈오로르〉에 게재한 '나는 고발한다'는 원래 명예훼손죄를 고발할 의도에서 씌어진 글이다), 유럽의 수많은 작가와 지식인들이 이 사건에 개입하기 시작했다. 궁극적으로는 '무엇이 더 중요한가?'라는 문제였다. 개인의 권리인가, 아니면 군부와 국가의 위신인가? 계몽주의의 진보적인 원칙인가, 아니면 1789년 이전 영광의 시대를 지배하던 반혁명적인 낡은 가치인가?

역사학자 바버라 터치먼Barbara Tuchman은 드레퓌스 사건은 '구세계의 생존 투쟁'이었다고 주장했다. 훗날 프랑스 수상에 오른 레옹 블룸Léon Blum은 "당시 삶 자체가 일시적으로 중단된 것 같았다"라며 "드레퓌스 사건은 인간의 위기였다. 프랑스 대혁명만큼 폭넓게 영향을 미치거나 오랫동안 지속된 위기는 아니었지만, 대혁명 못지않게 중대한 위기였다. (…) 전 세계가 하나의 사건에 매달린 것 같았다. 내면의 감정과 개인적인 관계, 모든 것이 끊어지고 붕괴됐다. 모든 것을 다른 눈으로 보게 됐다"라고 덧붙였다.

친구끼리도 만나지 않았다. 드레퓌스가 살아 있는 수류탄처럼 그들 사이에 끼어들었기 때문이다. 가족끼리도 말을 삼갔다. 따라서 유명한 살롱들도 해체됐다. 드레퓌스를 두고 가족 간에 말다툼이 벌어진 후, 나무상자를 제작하던 피스툴이란 남자가 장모의 고발로 기소당했다. 피스툴이 장모를 '지식인'이라 부르자, 장모는 사위를 '괴물', '배신자'라 비난했다. 그래서 피스툴이 장모에게 주먹을 휘둘렀고, 그 때문에 딸은 이혼 소송을 제기했다. 드레퓌스의 재심이 진행되는 동안, 마르셀 프루스트Marcel Proust는 한 순간도 놓치지 않으려고 커피와 샌드위치를 준비해 매일 법정 방청석에 나왔다.

프루스트와 동생 로베르는 탄원서 '지식인들의 항의'를 돌리는 데 발 벗고 나서, 저명한 중재자로서 성품이 아름다웠던 아나톨 프랑스 Anatole France, 앙드레 지드, 클로드 모네 등을 비롯해 약 3,000명의 서명을 받았다. 모네에게 그 탄원서는 동료이던 에드가 드가Edgar Degas와의 우정을 끊는다는 뜻이었다. 한편 프루스트의 아버지는 아들들의 그런 행동에 격분해 거의 일주일 동안 얘기를 나누지 않았다.

오스카 와일드, 오일렌부르크의 필립 대공 사건과 마찬가지로, 드레퓌스 사건은 신문 덕분에 대중의 관심을 끌었다. 신문들도 드레퓌스 사건을 두고 충돌했다. 특히 이 사건이 주목받은 이유는 유럽 전역에 등장한 '발행 부수가 많은 일간지'들 때문이었다. 수십만 독자를 확보하고 시골 벽촌에까지 보급망을 갖추었던 신문사들은 큼직한 사건에 굶주려 있었다.

20세기로의 전환점에, 다양한 뉴스거리를 만들어내고 보도하는 일간지가 파리에만 25~35개 정도 있었다. 베를린에는 60개의 신문사가 있었고, 그중 12곳은 하루에 두 번이나 신문을 발행했다. 런던에서는 〈데일리 메일〉이 2펜스에 판매됐고, 이 〈데일리 메일〉의 발행 부수는 진지하고 고상한 〈더 타임스〉의 11배인 50만 부에 달했다.

신문을 통해 새로운 힘, 즉 '여론'의 힘이 조성됐다. 신문왕들이 교회 오르간처럼 민중의 감정을 자극하는 법을 터득하는 데는 오랜 시간이 걸리지 않았다. 그들은 소문을 부풀렸고 사실을 과장했다. 판매 부수를 올리기 위해서라면, 정치적 이득을 얻고 뉴스거리를 만들기 위해서라면 모든 것이 용납됐다.

그러나 한 가지 의문이 남는다. 왜 프랑스 여론은 드레퓌스 사건에 그처럼 민감하게 반응했을까? 거기에는 반유대주의가 큰 몫을 차지했다. 반反드레퓌스계 신문들은 '신디케이트'의 매국적 행동을 비난하는 칼럼을 연일 게재했다. 유대인과 프리메이슨, 사회주의자와 외국인이 속임수와 거짓말, 뇌물과 조작을 동원해 프랑스를 분열시키려는 음모를 획책한다는 내용이었다. 드레퓌스가 처음 군사법정에 섰을 때 군중이 법정 앞에 몰려와 "유대인에게 죽음을! 죽여라!"라고 소리쳤다. 빈에서 발행되던 〈노이에 프라이에 프레세〉(신자유신문)의 파리 특파원은 큰 충격을 받아 귀국하자마자 "유대인도 자신들의 국가를 가져야 한다"라는 문장으로 시작하는 소논문 〈유대인 국가〉를 써내려갔다. 그 특파원이 바로 테오도르 헤르츨Theodor Herzl이었다. 결국 훗날 이스라엘 탄생의 첫 씨앗이 드레퓌스 재판에서 발아한 셈이다.

그러나 그것이 전부는 아니었다. 실제로 주목해야 할 현상은 두 프랑스의 충돌이었다. 하나는 현상을 유지하려는 낡고 정적인 프랑스였고, 다른 하나는 언론을 통한 공개적인 토론을 활성화하고 정의와 진실을 추구하려는 근대적이고 역동적인 프랑스였다. 달리 말하면, 궁전 중심의 프랑스와 길거리 중심의 프랑스가 충돌한 것이었다.

이상하게도 드레퓌스 사건은 주목받기 시작한 것만큼이나 금세 잊혔다. 1899년 9월 9일, 증거가 조작됐다는 사실이 명백히 밝혀졌음에도 드레퓌스는 다시 유죄 판결을 받았다. 계몽국가인 프랑스에서 그처럼 어처구니없는 결정이 내려진 걸 보고, 유럽 전체가 아연실색했다. 〈더 타임스〉의 기자는 '수치스럽고 비관적이며, 구역질 나는 야만적' 판결이라고 보도했다. 그때부터 프랑스인들은 드레퓌스 사건이 국제적으로 프랑스의 명예를 깎아내린다는 사실을 깨닫기 시작했다. 세계박람회 개막 전날, 획기적인 조치가 내려졌다. 드레퓌스는 사면을 제의받았고, 지루한 싸움에 지친 드레퓌스는 그 제의를 받아들였다.

1906년 군부는 드레퓌스를 복위시켰다. 그는 소령으로 진급했고 레지옹 도뇌르 훈장까지 받았다. 졸라는 1902년에 사망했고, 그의 유골은 1908년 팡테옹에 안장됐다. 다시 자유인으로 돌아온 드레퓌스는 자신을 위해 투쟁했던 사람들만큼 이상주의자로 행동하지 않았다. 그를 열렬하게 응원했던 한 지지자는 훗날 "우리는 드레퓌스를 위해 죽을 각오까지 했지만 드레퓌스 자신은 그렇지 못했다"고 한탄했다. 상당한 시간이 지난 후, 지식인들이 사코와 반체티(정치적인 이유로 유죄 판결을 받은 두 미국인)를 구명하기 위한 탄원서에 서명해달라고 요구하자 드레퓌스가 분노를 터뜨렸다고 전해진다. 그런 정치적인 사건에 더는 연루되고 싶지 않았던 것으로 여겨진다.

현대 도시국가의 전초지

파리를 여행할 때, 처음 며칠 동안은 1896년판 베데커(같은 이름의 독일 출판사에서 발행한 여행안내서_옮긴이 주)를 가이드로 삼았다. 그 책에는 장 조레스 거리가 독일 거리로 나와 있었고, 성심 성당은 건축 중이었다. 그 시대에 가장 유명한 화가는 루이 메소니에(Jean-Louis-Ernest Meissonier)였으며, 물랭 드 라 갈레트의 풍차도 그때쯤에는 멈춰 있었다. 1만 3,000대의 삯마차가 있었고, 40여 개의 버스노선이 파리 시내를 거미줄처럼 종횡으로 가로질렀다. 모든 것이 말의 힘으로 움직였다. 이륜마차, 합승마차, 짐마차, 사륜마차를 끄는 수만 마리의 말이 있었다. 내 여행안내서에는 말 냄새가 물씬 풍겼다. 그 모든 말을 위한 마구간이 필요했다. 말들을 먹여야 했고, 목을 축여줘야 했다. 따라서 건초와 귀리를 파는 시장이 있었고, 시내 곳곳에 2,000개의 샘이 있었다. 물론 말들이 쏟아내는 배설물도 치워야 했다.

내가 파리를 찾았을 때 날씨는 화창하고 포근했다. 호텔 창문으로 몽마르트르의 지붕들, 오래된 풍차의 잔해가 굽어보였고, 멀리로는 안개에 감싸인 언덕이 보였다. 창문 바로 아래에는 나무가 높이 자란 오래된 정원이 있었고, 베란다에 유리를 두른 집도 있었다. 이른 봄을 알리는 검은 새와 참새, 찌르레기의 노랫소리가 들렸다. 지붕과 잿빛 저녁 하늘 사이로 노을이 노랗게 물들며, 도시는 나지막이 콧노래를 흥얼거리기 시작했다.

물은 푸른색, 초목은 분홍색, 저녁이 보기에 아름답다.

사람들이 산책을 나온다.

중년 여인들이 산책을 나온다. 그 뒤로는 어린 여인들.

유럽의 방랑 작가 발터 벤야민Walter Benjamin은 베트남의 은구옌 트롱 히엡Nguyen Trong Hiep이 1897년에 쓴 위의 파리 송가頌歌로, 〈파리, 19세기의 수도〉라는 글을 시작했다. 벤야민을 비롯해 많은 작가가 파리에 '19세기의 수도'라는 이름을 붙인 이유는 무엇일까? 세계를 지배하던 힘은 런던에 집중되고, 산업은 베를린에, 선과 악의 미래는 빈에 집중되었던 1900년 안팎에 파리라는 이름이 모든 사람의 입에 오르내린 이유는 무엇일까? 19세기의 파리가 현대로 도약하는 발판으로 여겨졌던 이유는 또 무엇일까?

다른 어떤 도시보다 파리에서 새로운 건축자재와 건축기술, 철, 유리 등이 대담하고 예술적으로 사용됐다는 사실에서 이런 의문들의 답을 찾을 수 있다. 궁전과 에펠탑, 센 강 아래를 통과하는 지하철, 웅장한 철제 계단 그리고 차량의 절반 크기에 불과한 승강기가 대표적인 예이다. 또 벤야민에게 있어 가장 중요한 저작(《독일 비극의 기원》을 가리킨다_옮긴이 주)이 된 글을 쓰도록 동기를 부여한 '실내의 대로大路'인 유명 화랑은 어디에나 있었다.

벤야민이 '민간인의 돈지갑'이라 불렀던 부르주아들의 화려한 실내는 예술품의 안전한 안식처가 됐다. 사진이 발달하면서(사진의 발달에도 파리가 주도적인 역할을 했다) 화가들은 완전히 다른 형태의 미술을 모색해야 했다. 그런 움직임이 활짝 꽃을 피우며 캔버스로 옮겨졌고, 늦은 오후의 인상이라 불렸다. 이리하여 인상주의자들은 훗날 장면과 대상을 분리시켜 구조를 추구한 파블로 피카소 같은 화가들이 나타날 수 있는 기반을 마련했다.

화가들 간의 연대의식은 끈끈했고, 시장도 뜨거웠다. 클로드 모네는 초기부터 작품을 300프랑에 팔았다. 교사 월급의 2배였다. 앙드레 지드는 일기에서 거의 매주 새로운 전시회에 대해 언급했다. 전시회는 '전 세계'가 가는 곳이었고, '전 세계'가 화제로 삼는 곳이었다.

파리는 널찍한 대로大路와 오스만 지사가 남긴 지독한 질서로 모든 감각을 짓누르는 듯했다. 이런 질서에 대해 벤야민은 "제도가 시민을 세속적으로나 영적으로 지배하면서 제도를 신격화시켰다"고 평가했다. 물론 오스만의 '대역사大役事'는 법과 질서의 필요성에 따른 것이었다(그때부터 반란이 일어나면 군대가 작전을 펼치기가 훨씬 쉬워졌다). 그러나 대역사 자체가 그들의 가장 중요한 목표는 아니었다.

19세기의 파리는 런던이나 브뤼셀처럼 말과 이륜마차, 사륜마차, 짐마차, 합승마차가 북적대는 아수라장이었기 때문에, 무엇보다 대로는 여러 곳에 흩어진 종착역을 효율적으로 연결하는 통로로서 설계됐다. 또한 대로는 기념물과 주요 정부 청사를 이어주는 시각적인 통로 역할도 했다. 그런 건물들은 파리 시민과 관광객 모두에게 경외감을 심어줘야 할 국가적 상징물이었기 때문에 당연히 주변에 널찍한 공간이 필요했다. 대로는 부르주아와 평민, 부자 동네와 더럽고 냄새 나는 외곽지를 구분하는 선이기도 했다. 그러나 처음으로 '도시'라는 포괄적인 관점에서 접근한 오스만의 계획은 파리에 전례 없는 역동성을 안겨주었다.

시인이자 언론인이었던 테오필 고티에Théophile Gautier는 "현대 파

▲ 좁은 길과 교차로, 막다른 골목길을 허물고 널찍한 대로를 놓은 파리는 새로운 유럽을 대표하는 도시국가로 변해갔다.

리는 과거의 파리라는 울타리 안에서는 존재할 수 없었다. 문명이 미로처럼 얽힌 옛 도시의 좁은 길과 교차로, 막다른 골목길을 허물고 널찍한 길을 놓았다. 미국의 개척자들이 나무를 쓰러뜨렸듯이, 문명이 집들을 허물었다"고 찬양했다. 그 결과 파리는 현대의 전초지로 변해갔고, 현대 정신의 횃불, 지방의 어둠을 밝히는 등대, 프랑스의 영광, 새로운 유럽을 대표하는 도시국가가 되었다.

1부 | 균열의 시작, 드레퓌스 사건 • 47

시골 냄새 나는 대도시

파리처럼 번듯하면서도 시골 냄새를 물씬 풍기는 대도시는 어디에도 없다. 내가 묵은 호텔에서 가장 가까운 대로까지 걸어서 3분 거리에 불과하지만, 그사이에 여섯 곳의 청과물 가게, 다섯 곳의 빵집, 다섯 곳의 정육점, 세 곳의 어물전이 있었다. 어떤 가게에나 어김없이 인도를 침범한 나무 상자들이 놓여 있었고, 그 상자 위에 진열된 사과와 오렌지, 상추, 양배추가 겨울 햇살을 받아 반짝거렸다. 정육점에는 소시지와 햄이 주렁주렁 매달렸고, 생선을 담은 쟁반들은 인도를 따라 가지런히 놓여 있었다. 빵집에서는 바삭거리고, 번들거리는 온갖 종류의 빵 냄새가 새어나왔다.

여기에는 복잡한 관계가 있다. 이상하게도 파리 사람들은 자신의 뿌리가 시골이라 생각하는데, 이런 생각은 직역하면 '깊은 프랑스La France profonde'라 불린다. 실제로 많은 파리 시민이 시골 출신이다.

그들이 아니면 그들의 부모나 조부모가 시골 출신이다. 요즘에도 프랑스 사람들은 시골 출신이란 것을 부끄러워하지 않는다. 오히려 휴가 때마다 직접 농사를 지으며 그것을 자랑스레 떠벌린다. 그리고 '고향의 것'을 떳떳하게 식탁에 올린다. 오늘날은 프랑스 도시 인구의 3분의 1이 외국인이지만, 이런 현상은 여전히 '프랑스적 예외'의 한 부분을 차지한다.

그러나 20세기로의 전환점에서 프랑스인들은 파리에 입성하는 순간부터 적어도 겉모습에서는 시골의 먼지를 떨쳐내고 싶어 했다. 이런 점에서도 두 프랑스가 얘기될 수 있다. 대도시는 밝고 부산스런 기계로 변해간 반면, 시골은 어둡고 무력한 곳으로 전락해갔다.

일반적으로 말하면, 파리 사람은 시골 사람을 미개하고 야만적이라 생각했다. 묵직하게 덜거덕거리는 나막신 소리만으로도 많은 사람 속에서 시골 사람을 집어낼 수 있었다. 시골 사람이 도시에 들어와 구두를 신더라도 이상하게 비척거리는 발걸음까지는 감출 수 없었다. 이런 사회적 차별은 유럽 어디서나 목격됐지만, 프랑스만큼 노골적이지는 않았다.

1880년경에는 피레네 산맥과 알프스 산맥, 중앙 산악지역에서도 사람들이 많이 살았다. 어디에나 아늑한 마을과 계곡이 있어 요즘에는 많은 유럽인이 그곳에서 휴가를 보내지만, 그때만 해도 그곳에는 이륜마차나 사륜마차를 보지 못한 사람이 태반이었다. 말과 노새가 그들의 유일한 동력원이었다. 게다가 지역 방언이 주로 사용됐다. 하기야 1863년에 공식적으로 발표된 자료를 보면, 프랑스 시민 중 4분의 1이 프랑스어를 한마디도 못했다. 도량형도 지역마다 달랐고, 심지어 100년 전에 폐기된 화폐를 사용하는 곳도 있었다. 하루나 이틀 정도 파리를 구경한 사람은 그 이후 평생 '파리 사람'이란 명예를 누리며 살았을 정도였다.

그렇다고 프랑스의 '순수한' 시골생활이 아주 낭만적이었던 것은 아니다. 지방 법정기록을 보면, 가난 때문에 빚어진 잔혹행위가 빈번하게 언급된다. '아프고 우리에게 아무런 도움을 주지 못한다'는 이유로 살해당한 며느리가 있었고, 연간 20프랑의 연금과 세 부대의 곡식을 아끼려고 우물에 던져진 장모가 있었다. 한 노인은 너무 오래 산다는 이유로 부인과 딸에게 절굿공이와 망치, 갈퀴로 심하게 얻어맞았다.

엑토르 말로Hector Malot의 소설 《집 없는 아이》의 주인공인 레미 같은 아이가 어디에나 있었다. 1905년에는 약 40만 명의 거지가 프랑스 시골을 배회했다.

지금도 파리의 지하에서는 작은 연못이 발견된다. 그 정도로 파리에서 상수도와 하수도 시설이 대대적으로 건설되는 동안, 루앙이나 보르도 같은 지방 도시의 하수구는 여전히 지상에 노출된 상태였다. 20세기로의 전환기에 인구 7만의 도시 렌에는 목욕통이 서른 곳 있었고, 욕실을 갖춘 집은 두 채뿐이었다. 따라서 당시 상황을 묘사한 소설에는 하녀나 여행 동반자의 악취를 불평하는 구절이 유난히 많이 눈에 띈다.

그러나 지방도 급격하고 신속하게 변하기 시작했다. 1880년대에 들면서, 프랑스 정부는 샤를 드 솔스 드 프레시네Charles-Louis de Saulces de Freycinet가 제안한 야심찬 발전 계획에 수천만 프랑을 할당했다. 공공사업 장관에 임명된 프레시네는 도로와 학교를 건설해 파리와 지방의 격차를 신속하게 좁히는 동시에, 정체에 빠진 프랑스 경제를 활성화시키는 계기로 삼았다.

이런 조치는 곧 결실을 맺었다. 1900년쯤, 힘겨운 가난과 후진을 상징하던 검은 빵이 거의 모든 곳에서 자취를 감추었다. 20년 만에, 뻣뻣해서 불편하던 전통 의상이 사라지고 부드러운 기성복이 그 자리를 대신했다. 1909년경에는 장터에 나온 시골 소녀와 도시의 공장에서 일하는, 깔끔하게 차려입은 여자를 거의 구분할 수 없었다. 필경사가 운영하던 대서방도 사라지기 시작했다. 1880년부터 시골 아이들이 글을 읽고 쓰는 법을 배우면서, 요즘 사람은 상상조차 할 수 없는 '의존의 족쇄'를 떨쳐낸 덕분이었다.

고향을 굳건히 지킨 작가, 에밀 기요맹Emile Guillaumin은 1902년 뜨거운 여름날 물랭 근처의 비트 밭에서 열심히 호미질을 하던 다섯 인부의 삶을 추적했다. 8년 후인 1910년, 한 사람은 호텔 문지기가 됐고, 한 사람은 비시에 살았다. 또 한 사람은 가구 공장에서 일했고, 또 한 사람은 어떤 집의 하인이 되어 있었다. 여전히 땅에서 일하는 사람은 한 명뿐이었다. 오늘을 살고 있는 내가 감히 말하지만, 그들의 증손자가 100명이라면 지금은 기껏해야 2명만이 땅에서 일하고 적어도 30명은 파리에 살고 있을 것이다. 여느 대도시 사람에 비해 상대적으로 많은 파리 사람이 비트 밭에서 잡초를 뽑던 사람의 증손자이기 때문에 당연히 비트와 호미질 하는 사람을 존중해야 한다고 생각하는 듯하다.

프랑스의 미래

나는 오페라 전철역에서 피에르 마요와 이런저런 이야기를 나누었다. 희끗한 수염을 기르고 안경을 쓴 그는 깡통과 '여러분의 용서를 바랍니다. 하지만 배가 고픕니다'라고 쓴 판지를 들고 통로에 서 있었다. 그는 그렇게 동냥해서 하루에 100프랑(약 15유로)을 벌었다. 잠자리를 구하고, 0.25리터짜리 포도주를 곁들여 혼자 배를 채우기엔 충분한 돈이었다. 노인들은 너그러운 편이지만 젊은이들은 그를 괴롭힌다며 "여기에서 내 편은 하나밖에 없습니다"라고 말하고는 안주머니에 손을 넣어 붉은 비닐 표지로 된 성경책을 꺼냈다. 그리고 그는 교도소와 이혼, 머릿속에 맴도는 온갖 문제, 사라진 실업 수당 등 한 남자가 겪을 수 있는 파란만장한 삶에 대해 얘기했다.

지하철을 나와 도로에 올라섰다. 시위가 벌어지고 있었다. 내가 알기로는 신문사가 시위대의 행진 예상로를 일기예보처럼 무덤덤하게 발행하는 곳은 유럽 어디에도 없었다. 불법체류 외국인, 치과대학 학생, 군주제 지지자, 통신사 직원들이 날이면 날마다 시위를 벌였다.

나는 우연히 학생 시위대와 마주쳤다. 몇몇 선생이 학기 중에 해고를 당한 까닭에 학생들이 길거리로 뛰쳐나온 것이었다. 필리핀 디디에는 내게 그리스어 시험공부를 끝내지 못할 것 같다고 걱정스럽게 말했다. 동급생들과 마찬가지로 디디에도 프랑스에서 최고 정치인과 고급 행정관리를 배출하는 국립행정학교에 입학할 계획이었다. 디디에는 "장관이 우리를 미워하는 거예요. 학생 때 그리스어 시험을 망쳤던 게 분명해요!"라고 확신에 찬 목소리로 말했다. 나는 학생들의 너저분한 모직 반코트와 굽은 안경테, 벨루어 모자와 배낭을 다른 관점에서 바라보았다. 말하자면 내 앞에 서 있는 학생들은 2030년쯤 장관이나 고위 관료로서 프랑스를 끌어갈 엘리트, 즉 미래의 지배계급이었다.

하늘을 나는 거대한 벌레

파리에서는 때때로 평범한 것도 무척 인상적이다. 특히 파리의 대중교통체제가 그렇다. 런던, 암스테르담, 베를린이 파리와 인근 지역을 연결하는 교통망 같은 체제를 갖추려면 앞으로 30~40년은 있어야 할 것이다. 자동발권시스템, 획일적인 가격, 깔끔한 표지판, 배차 간격 등 모든 면에서 비교할 곳이 없다. 여하튼 기차가 수많은 시민을 도시 곳곳으로 총알처럼 실어 나른다.

따라서 기차를 타려고 허겁지겁 뛰는 사람은 보기 힘들다. 다음 기차가 2~4분 내에 도착하기 때문이다. 언제나 주변에 사람이 있는 데다 구석까지 적절하게 활용한 까닭에 안전하지 않다고 느끼는 사람도 거의 없다. 전철 대신 자동차로 다니는 게 낫다고 생각할 사람은 눈을 씻고 찾아봐도 없다.

예컨대 에펠탑에서 베르사유까지 가는 데 RER(Réseau Express Regional, 광역급행열차)보다 빨리 달릴 수 있는 교통수단은 없다. 더더욱 놀라운 사실은 이런 교통시스템이 지극히 당연한 것처럼 오래 전부터 운영돼왔다는 것이다. 우리가 사는 도시의 미래를 조금이라도 엿보고 싶다면, 오후에 파리 주변을 여행해보기만 하면 된다.

그사이, 낡은 베데커 여행서가 무용지물로 변해가기 시작했다. 오늘날 파리 외곽은 공장과 창고, 고층 건물의 숲으로 변했지만, 베데커 지도에는 뇌이, 팡탱, 몽트뢰유 등과 같은 마을들이 연푸른 밭과 숲으로 표시돼 있었다. 르 부르제도 센 강 지류에 있는 장터 마을로 소개돼 있지만 그곳에는 파리에서 가장 유명한 공항이 들어섰고, 이제 그 공항은 박물관으로 변해 있다.

원래 내가 르 부르제를 방문한 이유는, 1909년 7월 25일 최초로 영불해협을 비행한 루이 블레리오Louis Blériot가 탔던 비행기를 보고 싶었기 때문이다. 하지만 나는 그의 선배들, 즉 허세를 부리던 그 실패한 사람들이 건조한 비행기들에 곁눈질을 하면서 아침 시간을 보냈다. 번뜩이는 지혜, 관습의 타파, 대담성 등 발전의 원동력을 거기에서 보았다.

예컨대 펠릭스 뒤 탕플Felix du Temple은 1857년에 증기엔진을 이용한 비행기를 제작했다. 그의 비행기는 동체 위에 방향타가 있고, 좌우에는 뜨거운 증기로 채워진 반들거리는 구리 솥이 달려 있어, 날개를 펄럭이는 제비와 비슷했다. 또 트라얀 부야Traian Vuia는 정방형 사륜마차에 거룻배의 하부구조와 비슷하기 생긴 것을 덧씌우고, 그 위에 고정된 날개를 부착한 비행기를 제작했다. 부야는 이 비행기로 1906년 3월 18일 프랑스 최초의 유인비행을 시도했고, 지상에서 50센티미터 떠 12미터를 날아갔다.

물론 루이 블레리오가 개발한 비행기도 있었다. 나는 옛날 신문에서, 네덜란드 특파원 알렉산더 코헨이 쓴 기사를 읽은 적이 있다. 1907년 11월 22일 어스레한 금요일 오후, 이시레물리노의 연병장에서 시도된 일련의 시험 비행에 대한 내용이었다. 코헨은 파르망Henri Farman이 돛천과 대나무, 알루미늄으로 만든 '거대한 벌레'에 앉은 채 지상에서 떠올라 수백 미터 날아가는 모습을 지켜보았다. 블레리오의 '나는 야수'에 비하면 훨씬 성공적이었다.

블레리오의 큼직한 비행기는 '잠자리libellule'란 이름처럼 아주 빠른 속도로 통통거리며 연병장을 가로질렀고 몇 번이나 인상적인 급선회를 해보였지만 지상에서 뜨지 못했다.

하지만 그로부터 약 18개월 후, 블레리오는 필라멘트와 돛천을 이용해 만든 비행기에 올라 영국까지 날아갔다. 비행하기 바로 전까지, 블레리오의 비행기는 금방이라도 부서질 것만 같았다. 부품들을 연결시킨 부레풀이 삭기 시작했기 때문이었다. 출발하기 직전에야 블레리오는 누군가에게 도버가 어느 방향에 있냐고 물었다.

그리고 나는 비행기 개발에 헌신한 사람들의 사진도 둘러보았다. 빵모자를 쓴 멜빈 배니먼Melvin Vaniman은 정면을 뚫어지게 응시했고, 그의 뒤에는 먼 바다를 항해하는 화물선처럼 생긴 기계가 있었다. 베레모를 쓴 쿠드롱(1910년)은 옷차림에 무관심하고, 무엇을 하든 성공할 듯한 사람처럼 보였다. 반면 정장 차림에 넥타이까지 맨 옥타브 질베르(1910년)는 가정적인 남자처럼 보였으며, 자신이 제작한 대나무 비행기 아래 설치된 그물침대에 누워 있었다. 그의 비행기에는 온갖 곳에 장식 술이 매달려 있었다. 나는 옥타브 질베르의 눈을 유심히 살펴보았다. 질베르는 착륙장치가 달린 두 개의 자전거 바퀴에 연결된 작은 제어 손잡이를 두 손으로 초조하게 움켜잡고 있었다. 그에게 두려움과 품위는 발전을 위해 얼마든지 희생할 수 있는 것이었다. 용기와 절망이 뒤범벅된 표정이었다.

03

특권의식과 평등정신이 충돌하는 곳, 런던

London

'유럽의 할머니'의 죽음

1941년, 슈테판 츠바이크Stefan Zweig는 "내가 1915년 이전에는 여권도 없이 인도와 미국을 여행했고, 당시에는 여권이란 걸 구경한 사람도 별로 없었다고 말하면 젊은이들은 놀라는 표정을 짓는다. 나는 아직도 그런 반응을 즐긴다"고 말했다.

내 베데커 여행안내서에도 여권은 쓸데없는 것이지만 "박물관이 일반인에게 공개되지 않는 날, 박물관을 구경하고 싶을 때 여행자의 신분을 확인해주는 용도로 여권이 유용하게 쓰일 때가 있다"고 적혀 있다.

여권은 서유럽에서도 반세기 전부터 생활의 일부가 됐다. 하지만 요즘 나는 초고속열차 유로스타를 타고 아무런 방해 없이 국경을 넘나든다. (국가가 내 행방에 무관심하기 때문은 아니다. 나는 전자적으로 다양한 각도에서 감시당하고 미행당한다. 그러나 이것은 다른 얘기다.) 그런데 영국만 아직도 옛 방식을 고집하며, 양심적인 공무원이 내 서류를 꼼꼼하게 점검했다.

영국에서 20세기는 장례식으로 시작됐다. 그래서 나는 영국에 도착한 다음 날 아침, 붉은 벽돌로 지어진 거대한 사색의 창고, 영국 도서관의 신문 보관소로 직행했다.

1901년 2월 1일 금요일, 빅토리아 여왕의 장례식이 거행됐다. 나는 〈요크셔 포스트〉의 추모 특별판(가격: 2펜스)에서 관련 기사를 읽었다. 스코틀랜드와 아일랜드 근위대의 백파이프가 행렬의 선두에 섰고, 런던 시내를 돌아다니는 이들을 수십만 명의 시민이 지켜보았다. 〈요크셔 포스트〉의 기자, 존 포스터 프레이저는 억누른 북소리까지 재현하려 애썼다.

"두르룩 쿵, 두르룩 쿵."

그 후의 기사는 관을 뒤따르는 가족들을 주로 다루고 있었다. 에드워드 7세(창백한 뺨, 피곤에 지친 멍한 눈동자), 그의 조카이자 독일 황제였던 빌헬름 2세 (축 늘어진 콧수염), 육촌인 벨기에 왕 레오폴 2세, 처남이자 그리스 왕이던 요르요스 1세, '금발에 푸른 눈동자'를 지녔던 조카 하인리히 폰 프로이센, '남자답게 당당한 체구'에 강인한 턱을 지닌 헤세 대공. 요컨대 빌헬름 2세[1] 황제를 필두로 하노버 왕가의 모든 실력자와 그 측근들이 런던 시내를 느릿하게 걸었던 것이다.

달리 말하면 1901년의 유럽 정상회담이었다. 당시 외교 문제는 주로 왕가의 문제였다. 그때까지 수십 년 동안, 작지만 결단력 있는 빅토리아 여왕이 문자 그대로 '유럽의 할머니'였다. 언제나 검은 새틴 드레스를 입었던 빅토리아 여왕은 적어도 혈연으로 이어진 유럽 지배자들에게 할머니와 같은 존재였다. 이 지배자들 사이에서는 크고 작은 다툼이 끊이지 않았다. 그러나 결혼과 파티, 장례가 무수히 반복되면서 사진을 찍을 때마다 그들이 입는 제복이 달라졌다. 훗날의 조지 5세는 프로이센의 화려한 예복으로, 빌헬름 2세 독일 황제는 영국 제복으로 갈아입었다. 또 빌헬름 2세는 러시아 해군 장교복을 입었고, 러시아의 니콜라이 2세[2]는 프로이센의 예복을 입었다.

빅토리아 여왕이 1901년 1월 22일 서거했을 때 모두가 어머니를 잃은 기분이었다. 현장을 목격한 영주 레지널드 에서는 다음과 같이 기록했다.

> 여왕은 때로 주변에 모인 사람들을 알아보고는 그들의 이름을 중얼거렸다. 의사 리드가 여왕의 겨드랑이에 팔을 넣어 부축해주었다. 황태자는 침대 옆에 무릎을 꿇고 앉았고, 독일 황제는 여왕 옆에 조용히 서 있었다. 다른 자식과 손자녀들도 그 자리에 있었다. 가끔 그들의 이름이 불려졌다. 여왕은 평화롭게 잠들었다. 왕이 런던으로 떠난 후, 독일 황제가 뒷정리를 맡았다.

빌헬름 2세가 그의 삼촌 요르요스 1세와 함께 빅토리아 여왕의 시신을 들어 관으로 옮겼다. 이런 일은 유럽 가문에서, 특히 친족 간에는 흔히 있던 관례였다.

세계의 중심, 브리타니아

그러나 대영제국은 아직 바위처럼 요지부동이었다. 서더크의 월워스 가에는 커밍 박물관이 있다. 때때로 '대영박물관의 축소판'이라 불리는 이 박물관은 도서관 2층에 골동품을 잔뜩 쌓아놓고 있지만 단순히 골동품을 모아놓은 곳은 아니다. 120년이란 시간 동안 리처드 커밍(1777~1870)과 헨리 커밍(1807~1902)은 손에 넣을 수 있는 것이라면 무엇이든 끌어모았다.

그들은 진정한 19세기의 신사였다. 아버지 리처드는 다섯 번째 생일에 숙모에게 화석 세 개와 옛 인도 동전 하나를 선물로 받은 1782년부터 골동품에 관심을 갖기 시작했다. 아들 헨리는 1902년 세상을 떠날 즈음에 10만 점 이상의 희귀한 물건뿐 아니라, (그 물건들을 영원히 보존할) 박물관을 운영하기에 충분한 돈까지 유산으로 남겼다. 덕분에 우리는 빅토리아 시대에 살았던 두 수집가가 남긴 꿈의 세계를 엿볼 수 있다.

이 박물관에서 특히 눈에 띄는 물건은 로마 시대의 길쭉한 하수관, 양의 뿔로 만든 사과 씨를 도려내는 기구, 에드워드 7세의 생일 케이크 조각을 담아놓은 유리병, 박제된 침팬지(원래는 '200세 된 인간의 미라'로 팔렸던 것), 1864년 에프솜의 경마장에서 산 오렌지 투터(주로 오렌지색이며 입으로 불어 뚜우뚜우 소리를 내는 기구_옮긴이 주), 나폴레옹이 죽은 방에 놓여 있었다는 석고상, 커밍 가족이 관람한 연극 프로그램, 에트루리아 시대의 항아리 한 쌍, 왕족인 누군가가 버렸다는 담배꽁초, 로마 시대의 아이들이 갖고 놀았던 장난감, 템스 강에서 발견된 중세 시대

▲ 런던 템스 강에 세워진 타워교의 모습. 1894년에 완공된 이 타워교는 런던의 대표적인 상징물 가운데 하나이다.

의 피리, 찰스 1세가 입었던 조끼, 1857년에 커밍 부자가 돈을 벌어보려고 두 명의 인부를 시켜 가마에서 굽게 한 뒤 오래된 것처럼 조작한 '잃어버린 문명의 인물상' 여섯 점 등이었다.

이 박물관을 둘러보고 나면 뼈로 만든 큼직한 피라미드, 자질구레한 장신구, 케이크 조각과 미라의 일부, 특히 깔끔하게 차려입은 두 런던 신사의 모습이 필연적으로 머릿속에 남는다. 그들은 박물관을 세우면서 "상인, 제조업자, 고고학자, 역사학자, 화가, 극작가, 군인, 해군 전략가, 박애주의자, 철학자 등 여하튼 문화를 사랑하는 모든 사람을 위한 지식의 창고"를 만들고자 했다. 커밍 부자는 희귀품을 많이 모아놓을수록 많은 사람이 알게 될 것이라고 믿었다. 또 사람들이 과거와 현재의 다른 문화에 대해 많이 알게 되면, 빅토리아 여왕 치하의 영국이 인류 문명의 진수이며 영국인이 창조의 꼭대기에 있다는 걸 깨닫게 될 것이라고도 믿었다.

물론 커밍 부자는 그 시대에도 상식을 벗어난 사람들이었다. 그러나 그들은 그 시대의 정신을 대변하고, 많은 영국인들이 머릿속으로 생각하던 것을 공개적으로 말했을 뿐이다. 더구나 그들에게는 그들의 믿음을 현실화할 만한 수단이 있었다. 따라서 '그들의 수집품은 지금까지 알려진 모든 국제협약을 부정하는 증거물'이라는 현 박물관 큐레이터의 지적은 옳다.

영국이 그 시기에 지상에서 가장 강력한 국가로 성장하지 못했다면 커밍 부자가 인도 가면, 로마의 장난감 양, 이집트의 송골매 미라, 태평양 지역 사람의 머리 가죽, 중국의 잉크병을 그렇게 쉽게 구하지는 못했을 것이다. 1900년경, 대영제국은 북극에서 남극까지 세력을 뻗쳤다. 캐나다, 이집트, 희망봉, 인도, 버마, 말라카, 싱가포르, 오스트레일리아 등 영국의 입김이 미치지 않는 곳이 없었다. 영국 해군은 동시에 두 곳에서 전쟁을 치를 수 있을 만큼 막강했다. 적어도 이론적으로는 독일과 러시아와 미국의 연합 해군을 상대할 수도 있었다.

독일 황제와 러시아 황제뿐 아니라 유럽 전역에서 영국의 귀족 사회를 흉내 냈다. 독일 귀족은 영국 여자와 결혼하고 싶어 했고, 독일 상류계급은 영국식 코트와 바지를 입고 시내를 산책했다. 프랑스 상류계급은 샹티이에 경마장, 오퇴유에 크로스 컨트리 경마장을 짓고, 경마 클럽에서 모임을 가졌다.

미래의 신흥 강국, 독일과 미국, 일본은 한참 뒤처져 조용히 불만을 토로하고 있을 뿐이었다. 영국의 석탄산업과 철강산업은 세계의 공장이었고, 런던은 세계 금융의 중심이었다. 더구나 1870년 파리의 통화시장이 붕괴된 후 유럽의 은행가들이 대거 런던으로 이동해, 런던은 거액이 꾸준히 유통되는 금융시장이 되었다.

런던은 그 자체로 고유한 법도와 원칙이 있는 하나의 세계였다. 유럽의 왕가가 혼맥으로 복잡하게 얽혀 있듯이, 이곳에서도 기업가와 개인이 거의 비슷한 방식으로 뒤얽혔다. 프랑스 코냑 생산자의 아들로 1904년 런던에서 교육받던 장 모네Jean Monnet[3]는 "런던은 단순히 사무실과 은행이 모인 곳이 아니다. 사회적으로는 가장 배타적이지만 직업적으로는 세계를 향해 문호를 활짝 개방한 모임이다"라고 말했다. 런던에서 상하이, 동경, 뉴델리를 거쳐 뉴욕과 시카고까지 연결됐다. 또 그들은 신분이나 지위를 막론하고 런던의 통근 열차에서 함께 시간을 보냈기 때문에 서로 잘 알았다. 모네는 "기업 간의 경쟁이 개인적인 관계로 완화될 만큼 긴밀하게 연결된 공동체이다. 모두가 각자의 문제에 신경을 쓰면서 런던의 문제에도 관심을 늦추지 않는다. 따라서 영국인은 '내 아들을 어떤 회사나 은행에 보내겠어'라고 말하지 않고 '아들 녀석을 런던에 보낼 거야'라고 말한다"고 덧붙였다.

대영제국은 런던 밖에서도 영국 사회에 확실한 지위를 보장해주었다. 또한 대영제국은 군국주의, 계급에 대한 명확한 의식, 개척 정신, 전형적인 영국 남성의 특성인 냉정한 남성성 같은 가치가 존중되는 생활방식을 강요했다. 세계 전역을 향한 여행이 봇물처럼 시작됐고, 그와 동시에 영국의 세계주의가 강력한 우월의식을 뒷받침했다. 식물과 동물 및 인간의 문화에 대해서도 많은 것을 배웠지만, 세계의 중심에는 여전히 브리타니아(대영제국)가 있었다. 또한 창조의 정점에는 영원한 승리자로서 불멸의 것들을 수집하려 노력하는 커밍 부자가 있었다.

낙오자들의 도시, 런던

1862년, 런던의 역사학자 헨리 메이휴Henry Mayhew는 "런던은 세계에서 가장 큰 도시이기 때문에 사회적 낙오자도 가장 많다. 이런 낙오자들의 궁핍한 삶은 세계에서 가장 부유하고 안락한 삶과 비교되기에 더더욱 궁핍해 보인다"라고 말했다.

1850년에는 260만 명이었던 런던 인구가 1891년에는 550만, 1911년에는 710만 명으로 증가했다. 산업혁명이 시작되고 100년이 지난 1870년경에도 영국은 여전히 농촌 사회였다. 또 영국 국민의 3분의 2가 농촌이나 소도시에서 살았다. 그러나 1914년경에는 그 수치가 4분의 1로 크게 떨어졌다.

1850~1856년, 카를 마르크스는 딘 스트리트 28번지에 있는 방 두 개짜리 집에서 아내, 다섯 명의 자녀 및 하녀와 함께 살았다. 당시 딘 스트리트에 살던 대부분의 사람들과 달리 마르크스는 여전히 소시민이었다. 당시를 생각하면 항상 머릿속에 떠오르는 사진이 하나 있다. 길거리 아이들의 헐어빠진 신발이다. 찢어진 밑창 틈새로 굳은살이 두텁게 박인 더러운 발바닥이 보인다.

1885년, 사회주의자들은 런던 시민 네 명 중 한 명이 지독한 가난에 시달린다고 주장했다. 선박왕 찰스 부스Charles Booth는 직접 그 원인을 알아내고 싶어, 구빈법과 정치적 보고서 및 대대적인 방문조사를 통해 얻은 수치를 근거로 세계 최고의 사회학적 분석을 시도했다. 1891년부터 1903년까지 부스는 17권에 달하는 《런던 사람들의 생활과 노동》이라는 책을 차례로 발표했다. 검은색과 검푸른 색으로 구역을 구분한 지도까지 보충했다. 부스는 직접 확인한 가난을 '최하층, 극심한 가난, 준범죄적인 가난'으로 구분했고, 그것을 또다시 '매우 가난, 우발적 가난, 만성적 가난'으로 분류했다. 부스의 조사 결과, 런던 시민의 3분의 1이 '매우 가난과 우발적 가난'에 속했지만 실제 상황은 이보다 더 열악했다.

딘 스트리트 28번지. 나는 그곳을 둘러보지 않을 수 없었다. 집은 여전히 그 자리에 있었지만, 1층에는 깔끔하게 단장한 식당이 들어서 있었다. 웨이트리스는 내가 위층으로 구경하러 가는 걸 붙잡지 않았다. 한때 마르크스가 살았던 곳이 이제는 도시의 젊은 전문직 종사자들이 만나는 곳으로 개조된 듯했다. 할로겐 조명, 특징이라곤 없는 파스텔 색조의 푸른 벽지, 커다란 탁자에 열 개 남짓한 의자 그리고 커다란 백지에 검은 색으로 '카를 마르크스'라고 쓰인 포스터가 전부였다. 한 웨이트리스가 "죄송합니다. 저는 마르크스 씨에 대해 아는 게 없습니다"라고 말했다.

카를 마르크스는 북적대는 딘 스트리트에서 벗어나 영국 도서관 열람실로 달려가는 길에 무엇을 보았을까? 당시 외국인 방문객들은 '인간의 배설물이 잔뜩 쌓여 있고, 얼굴이 창백한 아이들이 기분 나쁘게 빈둥거리는 옥스퍼드 스트리트 뒤의 좁은 골목길, 온 가족이 옹기종기 모여 고개를 조아리고 추위에 떨면서 밤을 보냈던 런던교 옆의 제방'

에 대해 얘기했다.

부스의 조사원들은 런던의 쪽방들을 다니면서 여성의 노동력을 착취하는 수많은 공장을 보았다. 그곳에서 여자들은 칫솔을 만들고 성냥갑에 풀을 붙이고, 장식을 접고, 매트리스의 속을 채웠다.

런던의 가난은 결코 줄어들지 않았다. 여름이면 도시의 절반이 배설물 악취로 가득 찼다. 100여 곳이 넘는 하수체계가 모두 제각각이었고, 그것마저 여덟 개 부서에서 나누어 관리했다. 따라서 큰 비가 내리면 모든 하수도가 범람했다. 수백만 시민의 배설물 대부분이 템스 강으로 흘러들어갔다. 악취를 막기 위해 염화물을 듬뿍 적신 종이를 의사당 창문 앞에 주렁주렁 매달았을 정도였다. 이런 악취는 1858년 절정에 이르렀고, 그 때문에 1858년은 '지독한 악취의 해'라 일컬어지게 되었다. 정부가 본격적으로 개입한 후에야 현대식 하수체계가 건설됐다.

1960년대까지 주기적으로 런던의 하늘을 뒤덮던 지독한 스모그의 시대에는 악취와 오물, 습기와 어둠이 더욱 악화됐다. 악명 높은 런던 스모그였다. 여기에 갑자기 안개까지 덮쳤다. 그리하여 한동안 칠흑처럼 어두운 스모그, 금파리처럼 녹색을 띤 스모그, 완두콩 수프처럼 짙은 스모그, 갈색 스모그, 완전히 잿빛인 스모그, 오렌지색 스모그 등 다양한 형태의 스모그 현상이 나타났다. 그런 날에는 런던이 노란색, 갈색, 초록색 구름 속에 떠올라 있는 것 같았고, 가스등 불빛이 여기저기에서 희미한 점으로 보였다.

영국인의 골칫덩이

런던은 세계적인 제국의 수도였지만, 도시 자체만을 보면 그렇지 않았다. 오히려 파리가 수도였다. 따라서 유럽의 많은 도시가 파리와 비슷한 방식으로 현대화를 추구했다. 반면 런던은 영국인의 자존심을 갉아먹는 골칫덩이였다. 그들의 수도에는 아름다운 광장이나 우아한 대로가 거의 없었고, 교통은 매우 복잡했다. 김을 뿜으며 고가다리 위를 달리는 증기 기차가 도로를 갈라놓았고, 기차역과 지하철도를 건설한다는 이유로 아담한 동네들이 하나씩 허물어졌다. 게다가 도심은 끝없이 늘어가는 빈민가에 완전히 둘러싸였다.

도시를 중세식으로 운영한 탓에 이런 문제가 야기됐다. 엄격히 말해 런던은 런던 시티라는 작은 도심을 에워싼 '행정 교구'들로 이루어져 있었다. 그런데 교구마다 자치권이 있어, 새로운 정부가 들어설 때마다 경쟁적으로 교구의 권리를 지키는 데 앞장섰다. 따라서 런던에서는 대도시에서 도로, 상수도와 하수도, 철로 등을 건설할 때 반드시 필요한 총체적인 계획을 짤 수 없었다.

그러나 런던의 난맥상, 즉 일정한 계획 없이 제멋대로 건설이 계속된 현상을 일종의 정치적 선언이라 해석하는 학자도 있었다. 달리 말하면, 지배자의 절대 권력과 관료주의 및 오스만식의 일방주의에 대한 저항행위였다는 것이다. 지금도 그렇지만 당시에도 많은 영국인이 자신의 땅을 무척 중요하게 여겼다. 엄격하게 운영되는 공공의 원칙에는 기꺼이 순응했지만, 그에 대한 보상으로 사적인 영역에서는 절대적인 자유를 보장받고 싶어 했다. 사적인 울타리 안에서는 상식을 벗어나 좋을 대로 행동할 수 있었다. 한마디로 '내 집은 내 성이었다!' 따라서 정부는 개인의 땅을 함부로 다룰 수 없었고, 도시 계획가도 그런 금기를 지킬 수밖에 없었다. 결국 혼란은 그로 인해 각자가 치러야 할 대가였다. 도시 역사학자 미힐 바헤나르Michiel Wagenaar의 말에 따르면 '자유시장의 도시 풍경'은 이런 식으로 탄생했다.

그러나 혼란스런 런던으로 끝나지는 않았다. 19세기의 더러운 런던은 시민들로 하여금 제 발로 도시를 떠나도록 만들었다. 얄궂게도 그런 엑소더스 덕분에 철로망 건설이 가능했다. 따라서 유럽의 다른 지역에 앞서, 런던 주변에는 새로운 분위기가 형성됐다. 전원풍의 반反도시적인 아늑한 교외였다. 새로운 세대인 부유한 상인들이 살아가는 후방 지역이었다. 여기에서 그들은 그들만의 고유한 규범과 가치 및 여가 활동, 궁극적으로는 국가, 종교, 정치에 대한 이상을 형성해갔다.

이상적인 유모, 버지니아 울프

나는 나이젤 니콜슨의 집에 초대받아 차를 마시러 갔다. 82세인 니콜슨은 하원의원을 지낸 출판업자로 꾸준히 일기를 써온 사람이었다. 그는 외교관으로서 하원의원을 지낸 해럴드 니콜슨[4]과 작가 비타 색빌웨스트(버지니아 울프의 소설 《올랜도》의 주인공으로도 알려졌다)의 아들로, 색빌 3세의 손자이기도 했다. 내가 그 집을 찾았을 때는 늦은 오후였다. 하늘의 색이 변하기 시작했고, 시싱허스트 성城 주변을 나지막하게 감싼 언덕 어딘가에서 간헐적으로 꿩 사냥꾼들의 총소리가 들려왔다.

우리는 부엌에 앉아 이야기를 나누었다. 부엌은 하얀 입김이 보일 정도로 써늘했다. 돈 때문인지 성의 대부분이 내셔널 트러스트(명승지·사적 보존을 위한 민간단체_옮긴이 주)에 양도되고, 당일치기 여행을 하는 사람들의 숙소로 임대됐다. 니콜슨은 혼자 살았고, 보기 드문 누비옷을 입고 있었다.

기억에 남을 만한 오후였다. 그는 내게 부모의 삶(영국의 결혼 역사에서 가장 흔히 언급되는 결혼 중 하나)에 대해 얘기해주었지만, 그가 얼마 전에 선물로 받았다는 첨단 전자레인지를 실험해보면서 많은 시간을 보내기도 했다.

"대단해, 대단한 물건이야. 하지만 다진 고기를 넣은 파이를 데우려면 도대체 어떻게 해야 하는 건가?"

나는 내친김에 컵에 따른 우유를 전자레인지에 넣고 끓이는 법까지 그에게 가르쳐주었다. 니콜슨은 수백 개의 방과 굴뚝이 있는 놀 저택 Knole House 그리고 시싱허스트 성에서 보낸 성장기에 대해 담담하게 얘기해주었다.

"우리는 정상적인 모자관계가 아니었네. 어머니는 여기 탑에 있는 방에서 하루 종일 글을 쓰며 시간을 보냈지. 30년이란 시간 동안, 나는 그 방에 세 번인가 올라갔을 거야. 나와 동생을 돌봐준 사람은 언제나 버지니아 울프였어. 언젠가 어떤 여자가 농담 삼아 '너도 알겠지? 버지니아가 네 엄마를 사랑한다는 걸?'이라고 말했을 때 나는 '당연하죠! 우리 모두가 엄마를 사랑하지 않나요?'라고 대꾸해주었지."

버지니아는 이상적인 '유모'였다.

"버지니아는 진정한 작가의 눈을, 사물을 관찰하는 법을 우리에게 가르쳐주었네. 버지니아는 항상 더 깊이 알고 싶어 했어. 그래서 '그 선생님이 어떤 색 코트를 입고 있었지?'라고 묻고는 곧바로 '그 선생님의 목소리는 어떻게 들렸지? 냄새는 어땠어? 자세히, 자세히 말해봐!'라고 다그쳤네. 언젠가 우리가 나비를 잡고 있을 때 버지니아가 우리에게 '대답해봐. 어린애라는 게 어떤 것이라 생각하니?'라고 물었네. 그때 내가 '버지니아 아줌마, 그게 어떤 건지 아줌마도 잘 알잖아요. 아줌마도 옛날에는 어린애였을 테니까요. 하지만 나는 아줌마처럼 어른인 건 뭔지 모르겠어요. 내가 어른인 적은 없었으니까요'라고 대답했던 게 아직도 생생히 기억나는군."

나는 니콜슨에게 그처럼 유명한 부모를 두어 부담스럽지 않았는지 물었다.

"부모님의 삶에 대한 영화가 만들어졌지. 텔레비전 연속극으로도. 하지만 영화나 연속극은 사실과 완전히 달랐네. 아버지를 감상적인 사람으로 그려냈지만 실제로는 무척 엄격하신 분이었네. 그런 부모를 두면, 대부분 분에 넘친 명성을 누려 부담을 느끼지만 내 경우

▲ 시싱허스트 성 안에 있는 탑의 모습이다. 이 탑 위에 오르면 시싱허스트 성과 정원이 한눈에 내려다보인다.

에는 유리한 점이 무척 많았지. 금전적으로 유산을 많이 받지는 못했지만, 영향력 있는 사람을 많이 알게 됐으니까. 배경이 든든하다는 생각에 자신감이 절로 생겼지. 아버지는 늘 '나는 부자를 미워했다. 하지만 배우고 또 배워서 지적 능력을 키우고 정신을 함양하려 애썼다. 또 항상 힘없는 사람들 편에 서는 한편 귀족의 원칙을 철두철미하게 지켰다'라고 말씀하셨네."

바람둥이 장관님

이튿날, 나는 카페에 앉아 있었다. 창밖으로 눈이 내리고 있었다. 피곤에 지쳐 보이는 두 남자가 커피를 마시고 있었고, 그들 중 한 사람은 스테이크와 콩팥파이를 맥없이 집어 들곤 했다. 벽에 걸린 두 개의 거울 사이에 꽃이 활짝 핀 여름의 발코니와 따뜻하고 밝은 햇살이 쏟아지는 마을의 노천카페를 찍은 화사한 사진들이 걸려 있었다.

타블로이드판 신문 〈더 선〉은 불륜을 저지른 장관의 얼굴에 먹칠을 하기로 작정한 듯 며칠 전부터 그 사건을 물고 늘어졌다. 그것은 이미 오래 전에 모두에게 알려진 사건이었다. 이런 재탕 삼탕을 통해 그 장관은 서서히 망가져가고 있었다. 마침내 〈더 선〉은 어제 '당신이라면 이 남자와 함께 자겠는가?'라는 표제글로 장관에게 치명타를 가했다. 표제 아래에는 불쌍한 희생자의 볼썽사나운 사진과 두 개의 전화번호가 게재되어 있었다. '그렇다'에 응답할 사람은 하나의 번호를, '아니다'에 응답할 사람은 다른 하나의 번호를 눌러달라는 글과 함께 "그를 난쟁이라 부르는 사람도 있고, 작은 새우라 부르는 사람도 있는데 여자들이 계속 그에게 마음을 빼앗기는 이유는 무엇일까?"라는 글이 덧붙여져 있었다.

다음 날, 〈더 선〉은 "966명의 영국인이 로빈 쿡Robin Cook과 함께 자기를 바라지만, 우리는 쿡 장관에게 그들의 전화번호를 알려주지 않을 것이다"라고 보도했다. 신문은 '저명한' 심리학자의 말을 인용해 그 현상을 설명하면서 불쌍한 장관의 얼굴을 오려 만든 가면을 신문 안쪽 면에 실었다.

그리고 오늘 신문에는 신문사 기자들이 로빈 쿡의 가면을 쓰고 시내에 나가 시민들의 반응을 살펴보았다며 "소호의 한 카페에서는 손님들이 공포에 질려 모두 도망쳤다"라는 기사가 실려 있었다.

여성 참정권론자, 에밀리 데이비슨

영국을 제외하면, 그처럼 짓궂은 장난으로 지면을 채우는 신문은 어느 나라에도 없다. 스캔들의 먹구름은 언제나 있고, 세상의 웃음거리가 될 만한 정치인이나 교구 목사 혹은 은행 지점장을 찾으려면 언제든 찾아낼 수 있다. 그러나 영국은 그런 와중에도 놀라운 질서의식을 유지한다.

나는 스무 살 때쯤 영국을 처음 여행했을 때 성城과 기숙학교, 깔끔하게 정돈된 잔디, 빨간 이층버스, 검은 중산모자를 쓴 사업가만을 생각했다. 너무 선입견을 가진 것 같기도 했지만 하리치에서 런던으로

가는 기차 안에서 나는 정말로 저녁 햇살에 감싸인 성을 보았다. 그리고 정돈된 잔디, 크리켓을 하는 학생들도 보았다. 런던에는 중산모자를 쓴 사람이 정말 많았다. 내 예측이 딱 들어맞고, 모든 곳이 지독히 깔끔해 보여 처음 며칠 동안 나는 영국에서는 절대 나쁜 일이 일어나지 않을 것이라고 생각했다. 심지어 영국에서는 사소한 교통사고도 일어나지 않을 것만 같았다.

이런 질서와 짓궂은 신문 사이에는 밀접한 관계가 있다. 호되게 나무라지 않는 세상에서 질서를 기대하기는 힘들다. 부분적으로 질서의식이라는 시민의 의무는, 19세기 말부터 대다수의 시민에게 가해진 엄격한 규율의 산물이었다.

1870년 이후 영국은 최악의 가난에서 조금씩 벗어났다. 1900년부터는 공공복지국가라는 말까지 언급됐다. 젊은 직공, 특히 여직공이 공장에서 짜는 옷은 안정된 계급의 옷과 점점 비슷해지기 시작했다. 한 세대 전만 해도 생각할 수 없는 일이었다.

거의 같은 시기에, 좌파부터 우파까지 영국의 정치사상이 계급제도의 족쇄에서 벗어나기 시작했다. 물론 런던은 파업과 시위로 몸살을 앓았다. 1911년 여름에는 2만 명의 노동자가 가담한 파업으로 부두 전체가 마비됐고, 결국 군대가 개입한 뒤에야 파업이 마무리됐다. 그러나 노동자와 중산계급, 심지어 귀족도 똑같은 시민이란 의식, 요컨대 '유기적' 사회라는 이상이 점점 대중에게 퍼져나갔다.

하지만 '똑같은 시민'이란 생각을 모든 사람들이 곧이곧대로 믿었을까? 1913년 6월에 열린 더비 경마 관련 뉴스영화에서 그 대답을 찾아보자. 말들이 목과 목을 부딪치며 굽은 곳을 전속력으로 달린다. 꽉 들

▲ 에밀리 데이비슨은 여성 참정권을 얻기 위해 달리는 말 앞에 몸을 던졌다.

어찬 관람석에는 밀짚모자를 쓴 남자들이 대부분이고 여자들도 간혹 눈에 띈다. 그런데 순식간에 한 여자가 트랙으로 뛰어든다. 그때 말들이 지나가고, 관람객들이 그녀를 향해 몰려간다. 그녀는 그렇게 역사의 무대에 등장했다. 뉴스 내레이터는, 에밀리 데이비슨Emily Davison[5]이 여성 참정권을 얻기 위해 깃발을 흔들며 왕의 말 앞에 몸을 던졌다고 말한다. 그녀는 나흘 후에 죽었다.

나는 에밀리 데이비슨에 관한 자료를 더 많이 찾고 싶었다. 그러나 영국 도서관에는 그녀가 죽은 직후 발간된 얄팍한 기념 서적 한 권만이 있을 뿐이었다. 그래도 정교하게 다듬은 상자에 보물처럼 보관되어 있었다. 가운을 입고 손에 학위증을 든 여인이 권두화로 실려 있었다. 그녀는 사진 기사를 향해 엄숙하게 얼굴을 찡그리고 있지만, 언제라도 웃음을 지을 듯했다. 나는 그런 인상을 몇 쪽 뒤에서 확인할 수 있었다. "에밀리는 생명을 사랑했고, 너그러웠으며, 열정적이었고, 유난히 쾌활한 성격이었다."

에밀리 데이비슨의 이야기는 급진적인 변화에 대한 전형적인 이야기로 읽힌다. 또한 19세기의 이야기인 까닭에 두 시대가 충돌한 곳에 대한 이야기이기도 하다.

에밀리 데이비슨은 좋은 집안에서 태어났다. 어린 시절에도 약간 고집스런 면이 있었다. 에밀리는 유모에게 "난 착한 애가 되고 싶지 않아요!"라고 소리쳤다. 부모가 세상을 떠났을 때, 에밀리도 학교를 그만두어야 했다. 당시 그런 상황에 처한 대다수의 여자들처럼 에밀리는 가정교사가 됐지만, 저녁이면 혼자 공부했고 결국 뛰어난 성적으로 학교를 졸업했다. 에밀리는 19세기의 '꿈과 야망'과 함께했지만, 19세기의 어두운 면(사회적 압력, 개인적 권리의 박탈, 이중 잣대, 욕망과 가능성 간의 끝없는 갈등)과도 맞서 싸워야 했다.

에밀리가 태어난 직후, 존 스튜어트 밀은 푸른 스타킹(전통적으로 여자가 하는 일보다 사상과 학문에 관심이 더 많은 여자를 일컫는 말_옮긴이 주)의 배우자 해리엇 테일러Harriet Taylor에게 영향을 받아 1869년, 《여성의 종속》을 출간했다. 제목을 보면 어떤 내용인지 충분히 짐작할 수 있는 책이었다. 영국은 여왕의 통치를 받았지만 다른 부분에서 여성은 어떤 발언권도 갖지 못했다. 남자가 부인의 인격과 재산까지 절대적으로 지배했다. 대학 학위는 여성에게 금지됐고, 이런 상황은 케임브리지에서도 1948년까지 계속됐다. 남성과 똑같은 일을 해도 여성은 남성의 절반에도 미치지 못하는 봉급을 받기 일쑤였다. 게다가 여성이 진입할 수 없는 직업도 매우 많았다. 따라서 많은 가난한 여성이 먹고 살기 위해 몸을 팔아야 했다.

그러나 1870년 이후 변화가 시작됐다. 여성이 교육과 자선 사업, 건강관리, 의무적인 예방접종, 매춘 등의 문제에서 목소리를 내기 시작했다. 1880년부터 주요 정당들이 여성조직을 설립했고, 1900년에 여성 참정권을 요구하는 시위가 시작됐다. 1908년에는 다우닝가 10번지(영국의 수상 관저_옮긴이 주)의 유리창 하나가 산산조각 났고, 1913년에는 자유당 지도자 데이비드 로이드 조지David Lloyd George[6]의 저택 일부가 '그의 의식을 일깨우기' 위해 폭파당했다. 빅토리아 시대에 얌전한 여자로 훈육 당했던 여자들이 하루가 다르게 의사, 경리사원, 공무원, 교사, 골수 페미니스트로 변해갔다.

에밀리 데이비슨은 순전히 호기심에서 여성 참정권론자들과 접촉하기 시작했다. 급진적인 여자들의 모임에 관한 기사를 읽고 나서, 에밀리는 그런 모임이 정말 있는지 두 눈으로 직접 확인하고 싶었다. 그리고 곧 에밀리는 그 모임의 일원이 됐다. 1908년 6월 21일 대규모 시위가 벌어졌을 때 에밀리는 가장 열렬한 조직원으로 변해 있었다.

무엇이 에밀리를 그 길로 이끌었는지는 분명하지 않다. 우리는 그저 짐작만 할 수 있을 뿐이다. 여하튼 에밀리가 정치적 행동에 뛰어들어 강력한 연대를 과시하기 위한 시위에 가담한 것만은 분명하다. 분노만이 그녀의 동기는 아니었다. 에밀리의 전기를 쓴 작가는 "에밀리는 프랑스군을 이끌었던 잔 다르크처럼 자신이 품은 대의를 위해 노력하고 투쟁하라는 하느님의 부름을 받았다. 그녀의 기도는 언제나 길었고, 침대 옆에는 항상 성경이 놓여 있었다"고 말했다. 요컨대 에밀리는 그 시대의 모순, 즉 호전적인 투쟁성과 종교적 낭만주의가 뒤범벅된 인물이었다.

에밀리는 대의를 향해 한 발씩 나아갔다. 1909년 3월 20일, 허버트 애스퀴스Herbert Asquith 수상과의 면담을 요구하던 여성 대표단이 강제로 진압되고 감금당했다. 에밀리도 그 대표단의 일원이었던 까닭에 한 달 동안 감옥에 갇혀 있었다.

7월 30일, 에밀리는 로이드 조지의 정치 집회를 방해했다는 이유로 다시 체포됐다. 여성 참정권론자들은 로이드 조지 자유당 당수가 다른 정치인에 비해 여러 면에서 자신들과 비슷한 생각을 지녔기 때문에, 그를 더욱 미워한 듯했다. 가난한 변호사로 사회에 첫발을 내딛은 로이드 조지는 앞뒤를 헤아리지 않는 무모한 사람이자 교활한 조종자였다. 또 보수당을 지독히 싫어하고, 대대적인 사회 개혁으로 영국을 완전히 바꿔야 한다고 믿는 정치인이었다. 여하튼 그 사건으로 에밀리는 2개월 징역형을 선고받았다.

에밀리는 힘없는 사람의 무기, 즉 단식 투쟁을 최초로 시도한 행동주의자 중 한 명이었다. 나중에 에밀리는 한 친구에게 "나는 감방에 갇히자마자 17장의 유리창을 전부 깨뜨려버렸어. 그러자 그들은 나를 다른 감방에 집어넣었지. 사방이 꽉 막힌 방에…. 그때부터 견디기 힘든 고통이 시작됐어. 나는 124시간 동안 아무것도 먹지 않았어. 그러니까 풀어주더군. 몸무게가 8.5킬로그램이나 빠지고 근육도 많이 줄어들었어. 너는 지금 스위스에 있겠지? 멋진 그림엽서나 보내줘"라는 편지를 보냈다. 또 에밀리는 감방 벽에 "폭정에 대한 반항은 하느님에 대한 순종이다, 에밀리"라는 낙서를 남겼다.

그 후에도 에밀리는 거듭 체포됐다. 언젠가 그녀가 다시 단식 투쟁을 시도하자, 교도관들이 그녀의 입에 튜브를 쑤셔 넣고 강제로 음식을 먹이기도 했다. 그래서 에밀리는 감옥의 계단통에 몸을 던져 투신자살을 기도했다. "한 사람의 큰 슬픔이 많은 사람의 슬픔을 막을 수 있지만, 편하게 살려 한다면 중대한 피해를 막을 수 없다는 게 내 생각이다."

과격 여성운동단체의 활동

여성해방의 역사에서 에밀리와 같은 이야기만 있었던 것은 아니다. 사업과 정치에 적합하지 않은 '감성적인 여성'이란 편견을 척결하기 위해 대부분의 여성운동가는 차분하게, 가능하면 이성적으로 행동하려 애썼지만, 전에는 보지 못했던 과격한 형태를 띤 여성운동단체도 있었다. 나는 1913년 12월 26일에 발행된 〈여성 참정권론자〉에서 그해 벌어진 중요한 정치행위 목록을 우연히 찾아냈다. 모두 130건이었다. 4월에 있었던 사건들을 무작위로 선택해 나열해보면 다음과 같다.

4월 2일: 햄스테드 가든에서 교회 방화.

4월 4일: 츨리우드에서 주택 한 채가 전소됨. 옥스테드 역에서 폭탄 공격. 데번포트에서 폭발로 빈 열차가 파손됨. 맨체스터에서 유명한 그림들이 훼손됨.

4월 8일: 더들리 성의 안마당에서 폭탄이 폭발함. 승객이 운집한 킹스턴 역에서 폭탄이 발견됨. 턴브리지 웰스에서 크리켓 경기장이 허물어짐.

▲ 더들리 성의 모습이다. 이곳 안마당에서 폭탄이 폭발했다.

4월 12일: 게이츠헤드의 공립학교들에 방화.
4월 19일: 유명한 에디스톤 등대를 공격하려는 시도가 있었음.
4월 20일: 〈요크 헤럴드〉의 사무실을 폭파하려는 시도가 있었음.
4월 26일: 테딩턴 역에서 화재로 객차가 파손됨.

그들은 점점 조직화된 여성 게릴라로 변해갔다. 그러나 1차 세계대전이 발발하면서 여성단체의 폭력적 투쟁도 갑자기 멈추었다. 여성들이 공격을 중단했고, 정부는 모든 여성 투사를 석방시켰다. 만약 1차 세계대전이 일어나지 않고 여성운동이 계속됐더라면 세상은 어떻게 변했을까?

인형의 집과 현실의 집

나는 베스널 그린 어린이 박물관Bethnal Green Museum of Childhood 에서 보았던 인형의 집을 떠올렸다. 킬번에 사는 로브 가족의 집, 일반적으로 말하면 에드워드 시대에 살던 여성의 세계를 집약시켜 보여주는 인형의 집이었다. 침실, 분주한 아기 방, 욕실, 그랜드 피아노와 온실이 갖추어진 거실, 카펫과 찬장, 거울과 장식품이 꽉 들어찬 식당, 생선 요리가 놓인 탁자와 그 탁자 아래를 살금살금 돌아다니는 고양이가 있는 부엌…. 모든 것이 10분의 1로 축소된 모형이었다.

에드워드 시대에 이런 가족은 안전한 환경, 규칙적이고 변하지 않는 관습을 상징했다. 그러나 에밀리와 그녀의 전우들은 이런 고정된 틀을 거부했다. 그들의 행동은 박물관에 있는 조립된 인형의 집이 아니라, 영국에서 실제 일어나고 있던 현상을 대변해주는 듯했다. 1900년경, 영국은 영국인이 스스로 인정하는 수준보다 훨씬 현대화돼 있었다. 당시 런던에서는 여성 직원이 채용되고, 여성이 교육 분야에서 전방위적으로 활동하며, 계급의 구분이 사라지고 있었다. 중산모자, 신사들의 클럽, 반들거리는 호두나무 책상과 같은 오래되고 낡은 전통으로는 이제 '중세의 특권의식은 시민의 평등정신과 화합할 수 없다'는 사실을 감출 수 없었다. 달리 말하면, 제국의 씩씩하고 절제된 가치관이 배려, 소비, 민주주의, 여성의 원리를 우선시하는 가치관과 정면으로 충돌했다.

1900~1914년까지 폭넓게 형성된 영국 중산계급에 인형의 집을 반드시 유지해야 한다는 절박감은 없었다. 옥스퍼드 대학교의 역사학자 조제 해리스Jose Harris의 표현을 빌리면, 당시의 영국은 "혼란스런 무

정형의 사회였다. 모순되는 무수한 경향과 의견이 충돌했고, 언제라도 완전히 통제권을 벗어날 수 있는 사회였다." 달리 말하면, 역사 발전의 모든 단계에 있는 사람들이 뒤섞여 사는 사회였다. 조부모와 증조부모가 살던 방식과 똑같이 생계를 꾸려가는 시골 사람과 대도시로 통근하는 현대인, 빅토리아 시대의 가장과 여성 학자, 식민지 시대의 정복자와 진보적인 각료가 한 지붕 아래에 사는 사회였다.

이처럼 모순된 세계에 살면서 종교적 열정에 사로잡혔던 에밀리 데이비슨은 혼란에 빠져 어찌할 바를 몰랐다. 천천히 그러나 단호히, 에밀리는 자신을 순교자, 즉 제물로 받쳐질 양이라 생각하기 시작했다. 1913년 6월 3일 화요일, 에밀리는 석방돼 다시 자유인이 됐다. 그리고 여성단체가 주최한 '모든 것이 정원에'라는 바자회장을 돌아다녔고, 잔 다르크 상을 보고는 그 자리를 한참 맴돌았다. 친구들에게 환한 얼굴로 매일 거기에 올 거라 말하고는 "내일은 빼놓고. 내일은 더비 경마장에 가야 하거든"이라고 덧붙였다. 에밀리는 "신문을 보면 알 거야"라고만 말했다. 이튿날 아침, 에밀리는 여성단체 본부로 허겁지겁 달려와 "깃발 두 개만 빌려줘요"라고 말했다. 이제 모든 면에서 에밀리는 잔 다르크였다.

그러나 그녀가 죽음까지 계획한 것은 아니었다. 경마장에 쓰러진 그녀의 호주머니에는 고향으로 돌아가는 삼등칸 기차표가 있었다.

04

야심만만한 신생국가의 수도, 베를린

Berlin

빌헬름 2세의 소장품

네덜란드 위트레흐트의 동쪽 언덕에 자리 잡은 도른 성에는 독일 황제 빌헬름 2세와 관련된 모든 것이 보관돼 있다. 1919년 겨울, 다섯 량의 기관차가 황제의 개인 소장품을 실은 95개의 객차를 끌고 네덜란드에 들어왔다. 그 물건들은 지금도 도른 성에 남아 있지만, 중간 크기인 24개의 방과 커다란 고미다락에 뒤죽박죽 쌓여 있다.

그곳에서 눈에 띄는 물건으로는 프리드리히 대왕이 소장했던 그림, 빌헬름의 초상화, 전쟁과 열병 장면으로 꾸며진 벽 그림, 한때 마리 앙투아네트가 소장했던 태피스트리, 600벌의 제복(대부분 직접 디자인했다), 한 손을 제대로 쓰지 못하던 황제가 혼자서도 음식을 잘라낼 수 있도록 만든 특수한 포크, 200킬로그램까지 무게를 달 수 있는 대저울,

▲ 빌헬름 2세가 망명생활을 했던 도른 성이다. 황제는 이곳에서 왕권 회복을 꿈꾸었다.

황제와 황후의 몸무게를 견딜 수 있도록 특별히 제작된 식탁 의자 둘, 담뱃갑과 코담뱃갑으로 가득한 수납장, 토론하기 편하도록 독서대가 달린 묵직한 가죽 의자, 양각으로 조각한 뒤 황금으로 장식한 '특허를 낸 수세식 변소'용 변기, 12개의 코코아 전용 잔, 은으로 장식해 제본한 황제 부부의 사진첩, 황제의 딸 빅토리아 루이제의 결혼식 피로연을 묘사한 그림(유럽에서 꽤나 힘 있는 군주들이 모두 즐거운 표정으로 식탁 앞에 앉아 있다), 또 하나 결코 빼놓은 수 없는 것으로 사방 4미터 크기의 부부용 침대가 있었다.

한창 때에 빌헬름 2세는 포츠담 궁전과 거대한 요트 '호헨촐레른'호 이외에, 독일 전역에서 30곳의 성과 영지를 보유했다. 매년 10곳 정도의 성을 돌아다녔고, 주말만 보내기 위한 성이 따로 있을 정도였다. 빌헬름 2세는 한밤중에 옅은 크림색에 황금색으로 테두리를 두른 전용 열차를 타고 시골길 달리는 것을 무엇보다 좋아했다. 사냥 계절에는 한 주에 1,000마리 이상의 짐승을 사냥하기도 했다. 그가 참관하는 군사 기동훈련에서는 그에게 직속된 부대가 무조건 승리를 거두어야 했다. 기동훈련의 목적에 걸맞지 않는 짓이었다. 350명의 승무원에 80명의 귀빈이 탈 수 있던 '호헨촐레른'호는 언제라도 출항이 가능하도록 준비를 갖춰두어야 했다. 유럽에서 빌헬름 2세는 '대륙의 흥행사', '과대망상증의 극치', '매일 매일이 자신의 생일이기를 원하는 사람'으로 여겨졌다.

1918년 독일이 전쟁에서 패하고 왕위에서 물러난 후, 그에게 남은 것은 도른의 영지와 그 영지 한가운데 멋없이 세워진 하얀 저택이 전부였다. 그는 평생을 군인처럼 정확하게 살았다. 9시에 기도, 9시 15분에 신문읽기, 10시 30분에 장작패기, 12시에 편지, 오후 1시에 점심, 2시부터 4시까지 낮잠, 4시부터 8시까지 업무처리와 독서, 그 후에 저녁 식사.

나는 저택 근처의 풀밭에서 황제가 애지중지하던 세 마리 애견의 무덤을 보았다. "아르노와 톱시, 충성스런 산토스, 1907~1927년. 1914~1918년의 세계 전쟁 동안 황제의 곁을 지켰다."

왕권 회복의 꿈

빌헬름의 손자는 독일이 패망한 뒤 퇴위하게 된 빌헬름이 완전히 풀죽어 지냈다고 내게 말해주었다. 그러나 빌헬름도 분노할 줄 알아, 방문객에게 끝없이 훈계를 늘어놓았다. 1919년에는 그가 "하느님이 끔찍한 징벌을 내릴 거다. 역사상 지배자를 그처럼 배신한 국민은 없었다"라고 말했다는 소문이 들렸다.

다시 왕권을 회복하려는 꿈이 도른의 저택에 감돌기 시작했다. 빌헬름이 새로 얻은 부인, 즉 황후가 죽은 직후 도른의 저택에 들어와 안방을 차지한 대담한 여인 헤르미네 왕녀는 옛 황제에게 그 꿈을 불어넣어주었다. 1931년 크리스마스, 황제의 부관 지구르트 폰 일제만은 일기에 이렇게 적었다.

> 몇 달 전부터 이곳 도른에서는 국가사회주의자들이 황제에게 왕권을 어떻게 복권시켜줄 것이냐는 얘기가 유일한 화제였다. 모든 희망과 생각, 모든 발언과 글이 이런 확신에서 시작된다.

도른에서 망명생활을 하는 동안, 빌헬름은 파티를 중단했다. 네덜란드의 빌헬미나 여왕도 빌헬름을 만나려 하지 않았다. 조국의 땅과 군대를 버린 지배자와 어울리는 게 빌헬미나의 성품에는 어울리지 않았다. 하지만 빌헬름의 회고록에는 죄책감이 눈곱만큼도 보이지 않는다. 그는 여전히 독일 황제를 자처했다. 정치와 심리학에 관한 모든 글을 읽었고, 방문객에게 설교를 늘어놓았지만, 다른 사람들의 지식과 경험에서는 어떤 교훈도 얻으려 하지 않았다. 역사적인 사실마저 자신의 상상세계에 맞춰 왜곡시킬 뿐이었다.

그러나 빌헬름은 소문처럼 사람의 목숨을 우습게 생각하는 식인귀, 요컨대 일부러 범유럽전쟁을 조장한 사람은 아니었다. 오히려 마법사의 조수와도 같은 사람, 불행히도 요정을 다시 병에 가두지 못한 사람에 가까웠다. 윈스턴 처칠[1]의 표현을 빌리면, "불을 끄지 않은 담배를 무심코 유럽이란 화약고의 전실前室에 던진 관광객"이었다. 그리고 그는 요트를 탄 채 항해를 계속했고, 여행에서 돌아온 뒤에야 "연기로 자욱한 건물을 보았다. (…) 누구도 부인할 수 없는 영특한 능력과 융통성, 개인적인 품위와 쾌활한 성격이 그의 부적절한 면을 덮어버렸기 때문에 그는 무척 위험한 인물이었다." 덧붙여서 처칠은 "그러나 이렇게 꾸며진 겉모습 뒤에는 지극히 평범한 사람, 남에게 제2의 프리드리히 대왕으로 인정받고 싶어 우쭐대기는 했지만 전반적으로는 선의로 생각하고 행동한 사람이 있었다"고 말했다.

만들어진 신화

도른과 베를린이 세상을 갈라놓기는 했지만, 20세기에 들면서 베를린의 모습은 도른의 시끌벅적한 응접실에서 자주 언급되던 이야기와 크게 다르지 않았다.

1900년에 출간된 독일어판 베데커,《전문가를 위한 베를린》에 따르면 베를린은 "세계에서 가장 화려한 도시 (…) 독일 황제와 프로이센 왕의 본거지"로 2만 3,000명의 수비대가 지키는데, 그 수는 프랑크푸르트와 베를린을 잇는 철로의 침목 수와 같았고, 베를린 시민이 은행에 저축한 돈의 총액은 3억 6,200만 마르크에 달했다. 베를린은 링반(지하철이나 도로의 순환선_옮긴이 주)을 달리는 열차의 칸막이 칸처럼 시간의 흐름에 따라 갑자기 앞뒤로 흔들리는 도시였다.

20세기 중반쯤, 즉 1950년대에 나이가 지긋한 베를린 사람이었다면 누구라도 따분하기만 했던 19세기의 촌스런 도시에 대해, 위풍당당했던 제국의 베를린에 대해, 굶주리던 1915년의 베를린에 대해, 거칠게 포효하던 1920년대 중반의 베를린에 대해, 나치스[2]의 베를린에 대해, 잿더미로 변한 1945년의 베를린에 대해, 끝으로 재건됐지만 분할된 베를린에 대해 얘기할 수 있었을 것이다. 그 모든 것이 하나의 도시에서, 한 사람의 생애에 일어난 사건이었다.

1871년부터 1918년까지, 반세기 동안 베를린은 '제국의 수도'라 불렸다. 베를린에서 50킬로미터쯤 떨어진 곳에서 흐르는 오데르 강의 둑 위에 올라서면, 지리적으로 거대한 독일제국의 한가운데 있는 것과 같다. 아켄에서는 600킬로미터, 현재 러시아의 칼리닌그라드인 쾨니히스베르크에서는 800킬로미터 떨어진 곳이다. 오늘날 그 지점에는 폴란드 국경 초소가 세워져 있다.

베를린은 갑자기 부상한 도시였지만, 새롭게 유입된 인구의 격정적인 에너지가 넘쳐흘렀고, 런던과 파리와 로마를 따라잡기 위해 무슨 짓이든 하는 곳이었다. 오늘날에도 베를린 사람 중에는 열병처럼 유럽의 꿈을 앓는 사람이 적지 않다. 유겐트슈틸풍의 주택(유겐트슈틸은 쉽게 말해 독일식 '아르 누보'를 뜻한다_옮긴이 주), 베네치아풍을 흉내 낸 주택이 여기저기에서 눈에 띈다. 그 옆으로는 파리나 뮌헨에서 본 듯한 집이 있다. 여하튼 유럽 대륙 전역에서 좀도둑질한 형식과 양식이 눈에 띈다.

베를린의 신화도 지어낸 것이다. 베를린은 게르만인의 정착과 동시에 시작됐다고 주장하며 상징물과 이름의 기원을 '곰'으로 삼지만, 실제로 베를린은 생겨난 뒤 처음 600년 동안 순전히 슬라브 마을이었다. 베를린이란 이름도 '곰'과 아무런 관련이 없다. 정확히 말하면 '늪'을 뜻하는 슬라브어 brl에서 파생된 단어이다. 베를린에 담긴 실제 뜻은 '질퍽질퍽한 광장'에 가깝다. 하지만 위대한 독일의 역사적 전통이 질퍽한 늪에서 시작됐다고 말할 수야 없지 않았겠는가!

바이센부르거 슈트라세 25번지에서의 삶

나는 TGV와 ICE(독일판 TGV)를 타고 베를린으로 들어갔다. 시속 300킬로미터로 북프랑스의 시골 마을을 지났고, 배에 똥이 잔뜩 묻은 젖소들도 지났다. 빨래를 거는 여인, 헐벗은 들판에 우두커니 앉아 있는 산토끼도 지났다.

프랑스 국경을 넘자 황량하고 드넓은 독일의 저지대가 눈앞에 들어왔다. 일등칸 승객들은 휴대폰으로 통화를 하느라 정신이 없었다.

"그 IP에 내 이름을 올려줘."

"승객 명단이 웹사이트에 올라왔는지 확인해봐."

부퍼탈에서 스킨헤드들이 기차에 올라타더니 차량 사이의 승강구에 진을 치고 앉았다. 그들은 담배를 피우고 맥주를 마셨다. 때로는 요란스레 웃음을 터뜨리고 큰 소리로 트림을 해댔다. 식당차에서 콩, 구야슈 수프(볶은 양파와 파프리카로 양념한 쇠고기 스튜. 헝가리 요리이다_옮긴이 주), 소시지를 곁들인 감자를 팔았다. 일등칸 승객들은 조용히 먹기만 했다. 스킨헤드와 식당 직원들만 말을 했다. 남자 아이들은 "우라질!"이란 말을 입에 달고 살았다. 그것도 큰 소리로. "우라질! 우라질!" 날씨마저 우중충했다. 파리에서 베를린까지 가는 길 내내 울적한 기분이었다.

마침내 호텔방에서 낙엽에 뒤덮인 호텔 안마당을 내려다보았다. 아직 누구도 밟거나 앉거나 놀지 않은 땅의 일부였다. 빛을 삼키려는 아름드리나무 한 그루만 덩그러니 서 있었다. 어둠이 내리고 있었다. 금방이라도 눈이 쏟아질 것 같았다. 길 건너편의 창문들은 하나만 제외하고 모두 어두컴컴했다. 포근해 보이는 노란 직사각형 창문 뒤로 누군가 책상에 앉아 글을 쓰고 있는 모습이 어렴풋이 보였다.

주변은 아름답게 가꾸어진 사유지였다. 신문사에 보낼 원고를 쓰고, 배경에 관련된 책을 읽기에는 안성맞춤이었다. 며칠 전부터 나는 케테 콜비츠Kathe Kollwitz의 일기에 푹 빠져 있었다. 콜비츠는 여류 조각가였고, 풍자 주간지 〈짐플리치시무스〉에 만평을 그린 화가이기도 했다. 또 사회민주주의자인 개업의사 카를 콜비츠의 아내였고, 한스와 페터라는 두 아들의 어머니였다. 활달하던 케테는 바이센부르거 슈트라세 25번지에서의 삶에 점점 지쳐갔다. 여기에서 당시 그녀가 베를린을 어떻게 보았는지 짐작할 수 있는 일기 내용 일부를 인용해보겠다.

1909년 9월 8일
어제는 페터를 데리고 템펠호프 비행장에 다녀왔다. 라이트가 52분 동안 비행했다. 잘생긴 데다 자신감에 넘쳐 보였다. 라이트가 옆을 날아갈 때 한 꼬마가 "저 사람 진짜 나는 거예요? 비행기에 풀로 붙여놓은 거라고 생각했어요"라고 말했다. 쿡과 피어리가 북극점을 발견했다.

1909년 11월 30일

카를, 한스와 함께 좀바르트(독일 경제사가 베르너 좀바르트를 가리킨다_옮긴이 주)의 세 번째 강의에 다녀왔다. 유대인의 본질이란 것이 있는지, 또 있다면 그게 어떤 것인지에 대한 강의였다. (…) 좀바르트는 게토의 유대인과 게토 밖의 유대인에 대해 말했다. 스페인계 유대인도 순수한 셈족인데 왜 게토 밖의 유대인일까? 스페인계 유대인은 억지로 게토에 몰아넣을 수 없는 걸까? 여하튼 스페인계 유대인이 게토의 유대인보다 잘생기고, 허리를 쭉 편 채 걷는 건 사실이다.

1911년 2월 5일

독일 사회민주당 지도자 파울 징어Paul Singer의 장례식 때 제4구역 사람들이 관 앞에 서서 걸었다. 행렬이 1시간 이상 계속된 후에야 영구차가 지나갔다. 군중의 모습에 눈물이 쏟아질 것 같았다. 제대로 교육받지 못한 사람들이 너무 많았다. 초라하고 우둔해 보이는 얼굴이, 병들고 기형인 사람이 너무 많았다. 하지만 그들은 사회민주주의자로서 베를린 주민의 일부를 충실히 대표했다.

1912년 4월 16일

영국 증기선 '타이타닉'호가 침몰했다. 1,000명 이상이 타고 있었을 텐데. 수공업자 조스트는 기껏 일해야 일주일에 28마르크를 번다. 가게 임대료로 6마르크를 내고 부인에게 22마르크를 건네준다. 여기에서 집세를 내고 나면 14~15마르크가 남는다. 조스트 부부와 그들의 여섯 아이가 그 돈으로 먹고 살아야 한다.

그들의 막내는 이제 생후 1개월이다. (…) 한 아이는 정신지체아다. 조스트의 부인은 서른다섯 살이다. 지금까지 아홉 명의 아이를 낳았는데 세 명이 죽었다. 하지만 그들 모두 한 달 전에 태어난 갓난아이만큼 튼튼했다고 한다. 제대로 젖을 먹이지 못해, 아이들이 약해져 죽었다는 거다. 힘든 노동을 하고 자신의 몸을 돌보지 못해 젖이 나오지 않았던 것이라 한다.

1912년 10월
예나에서 복혼複婚 동맹이 창설됐다. 우월한 종자의 번식을 위해 100명의 우월한 남성 표본이 1,000명의 우월한 여성 표본과 섹스를 한다는 것이었다. 여자가 임신하면 혼인 관계는 즉시 해체된다. 종족의 발전을 위해서는 이런 것도 필요하단다.

1913년 마지막 날
작년 섣달그믐에는 전쟁 소문 때문에 정말 힘들게 지냈다. 이제 올해도 다 끝났다. 그다지 특별한 일은 일어나지 않았다. (…) 어머니는 아직 살아 계신다. 언젠가 어머니에게 처음부터 다시 살고 싶지 않느냐고 물었다. 어머니는 천천히 고개를 저으며 "이 정도면 됐다"라고 대답했다. 하기야 조금씩 야위어가고 기력도 약해지는 것 같다.

런던 따라잡기

내가 묵은 호텔의 이름은 임페라토르였다. 그런데 민박집과 비슷했다. 두 곳에 안마당이 있는 큼직한 아파트식 호텔로 복도와 방의 천장이 무척 높았다. 제국 시대에는 부유한 시민이 가족과 함께 살았지만, 1920년대 이후로는 민박집으로 사용됐다. 이 건물이 전쟁 통에 살아남은 건 거의 기적이었다.

이 건물에서는 베를린의 전성시대를 엿볼 수 있다. 예술작품으로 장식된 아늑한 벽, 눈처럼 하얀 종이와 냅킨, 베를린에서 가장 바삭거리는 롤빵까지. 이 튼튼한 건물 입구에 버티고 있는 옹골찬 떡갈나무 계단에서는 언제나 은은한 밀랍 냄새가 풍긴다. 로비는 치장 회반죽과 벽토로 빚어낸 뒤 황금색을 덧칠한 소용돌이 장식으로 뒤덮여 있다. 발코니는 두 요정이 높이 떠받치고 있으며, 대리석으로 만들어진 포르티코(지붕이 있고 기둥이 세워진 현관_옮긴이 주)는 왕궁에 버금간다. 층계참 위에는 아무것도 그려지지 않은 두 개의 문장판紋章板이 걸려 있다. 건물 전면에는 기둥이 드문드문 세워져 있고, 웅장한 현관문 옆에는 '이곳은 치과의사와 의사, 보험대리인 그리고 민박을 하는 점잖은 미망인의 집이다'라고 쓰인 상호판이 걸려 있다.

바이센부르거 슈트라세 거리는 독일 문화의 축소판이었다. 황제가 유럽의 유서 깊은 수도들을 모방했듯이, 신흥 부자들은 이곳에서 황제를 그대로 모방했기 때문이다. 차량이 통과할 수 있는 문(실제로는 석탄장수와 우유장수만이 사용했다)이 달린 아파트형 건물, 장엄한 현관문과 궁전에 버금가는 계단, 분할된 전면, 과장된 장식의 제거 등 부자 동네에서는 모든 건물이 이런 식으로 지어졌다.

베를린을 꾸미는 데는 빌헬름 황제가 앞장섰다. 도시 전체에 황제의 낭만적인 역사관이 스며들었다. 빌헬름의 취향이 어디에서나 눈에 띄었다. 날개가 달린 신의 석상에서, 수많은 박물관에서, 35곳에 지어진 신고딕 양식의 성당에서(하나는 황후의 취향을 반영했다), 떡갈나무 잎과 월계관 및 그 밖의 수많은 '국가' 상징물에서, 베를린의 여신이라며 알렉산더 광장에 세워진 땅딸막한 베롤리나 구리 여신상에서, 황제의 검으로 무장한 지크프리트(독일·북유럽 전설에 나오는 영웅. 큰 용을 무찔렀다_옮긴이 주) 영웅 상에서, 전차에 올라선 위풍당당한 게르만의 전사에서…. 여하튼 모든 곳에서 빌헬름 황제의 취향이 엿보였다. 런던과 파리는 오랜 역사를 지닌 도시였지만 베를린은 역사의 연속성이 없는 도시였다. 이처럼 서둘러 세워진 기념물들이 역사적 공백을 메우는 역할을 해냈다.

빌헬름은 최대의 경쟁자였던 런던에 깊은 인상을 받아, 가능하면 뭐든 모방하려 애썼다. 그래서 리히터펠데에 큐 식물원을, 달렘에 옥스퍼드를, 황제의 도서관에 유명한 원형 열람실을 꾸몄다. 그리고 당연히 이 모든 것이 영국의 그것보다 더 커야만 했다. 티어가르텐에는 조상의 은덕에 감사하는 기념물로, 그러나 무엇보다 자신의 업적을 과시하기 위해, 700미터 길이의 지게스알레(개선로)를 건설하고 대리석 조각으로 주변을 장식했다. 그런데 이 기념물은 오래 가지 못했다. 빌헬름이 '미켈란젤로가 조각한 것처럼' 여겼던 선거후(중세 시대 독일에서 황제의 선거권을 가졌던 제후들을 가리킨다_옮긴이 주)의 대리석 조각들이 2차 세계대전 직후 란트베어 운하에 내던져졌다. 그 후, 일부가 운하를

▲ 베를린 시내 모습. 빌헬름 황제는 자신의 취향이 고스란히 묻어나도록 도시를 꾸몄다.

준설할 때 발견돼 지게스알레와 티어가르텐에 다시 세워졌다.

물론 빌헬름이 이런 일을 한 데에는 분명한 목적이 있었다. 독일은 하루가 다르게 발전하는 과정 속에서 영국이나 프랑스와 똑같은 문제에 직면했다. 그러나 유럽에서 독일은 신생국가 중 하나에 불과했다. 1888년, 빌헬름 2세가 즉위했을 당시 독일은 국가가 된 지 채 20년이 지나지 않았을 무렵이었다. 따라서 대부분의 국민이 자신을 독일인이라 생각하지 않고 작센인, 프로이센인, 뷔르템베르크인이라 생각했다. 게다가 지역마다 고유한 토속어를 사용했다. 상류계급만이 고지독일어(표준 독일어)를 사용했다. 따라서 중산층 독일인도 여행할 때 언어 소통에서 애를 먹었다. 또한 뮌헨, 드레스덴, 바이마르 등의 지역 영주들은 여전히 군대를 견고하게 유지하고 특권을 포기하지 않으면서 왕의 지위를 누렸다. 바이에른, 뷔르템베르크, 작센, 바덴 지역도 자체 군대를 보유했고, 고유한 화폐와 우표를 사용했을 뿐 아니라 외교권까지 행사했다.

그러면서도 신생 독일 국가는 국제정치 분야에서 웅대한 야심을 품었다. 당시 유럽은 수십 년 동안 상대적으로 평화로웠다. 한마디로 요약하면, '유럽 내에서는 균형이 지배하고, 유럽 밖에서는 영국이 지배'하는 상황이었다. 프로이센의 위대한 총리, 비스마르크의 유일한 목표는 통일 독일의 힘을 위의 원칙에 녹여내는 것이었다.

처음에 비스마르크는 놀라운 성공을 거두었다. 인내와 지혜로 온갖 위험을 피해가며, 유럽이 통일 독일을 인정하도록 만들어갔다. 예컨대 프랑스와 러시아가 동맹을 맺음으로써 독일이 두 나라로부터 압박받는 상황을 무사히 넘겼고, 영원한 분쟁거리인 발칸반도 문제도 피해갔다. 또한 독일이 러시아와 오스트리아의 전쟁 가능성에 말려들어 갈 뻔했던 위험에서도 이럭저럭 벗어났다. 외교관이자 작가인 제바스티안 하프너Sebastian Haffner의 표현대로, 비스마르크의 독일은 마음 편한 국가였다.

1890년, 비스마르크는 젊은 빌헬름 2세에게 옆구리를 얻어맞고 실각당했다. 그리고 그로 인해 인내와 신중의 정책도 사실상 종지부를 찍었다. 황제와 새로운 내각은 불만에 싸여 안절부절못하는 독일을 대변했다. 18세기가 프랑스의 세기였고, 19세기가 영국의 세기였다면, 20세기는 독일의 세기가 돼야 한다는 것이 그들의 생각이었다.

어떤 의미에서 보면 잘못된 생각만은 아니었다. 20세기로의 전환점에서 그들은 영국 해군에 필적할 만한 거대 함대를 조성하기 시작했다. 또한 노골적으로 러시아와 프랑스에 대한 해묵은 원한을 드러내

두 나라를 결속시키는 실수를 범했다. 이런 와중에 독일은 군비경쟁을 시작했다. 요컨대 신생 독일의 생각과 행동은 '유럽 밖에서는 균형이 지배하고, 유럽 내에서는 독일이 지배'하는 새로운 안정 구도를 목표로 삼았다.

그러나 힘을 축적했음에도 신생 독일은 오랜 역사를 지닌 프랑스나 영국을 따라잡지 못했다. 무역과 산업이 번영하면서 현대 시민사회가 발전하기는 했지만, 실질적인 힘은 여전히 수백 명에 불과한 귀족 그리고 황제의 기분에 따라 춤추는 고위 공직자와 특권계급의 손에 있었다. 이런 와중에 독일의 자의식은 나날이 높아만 갔다. 하지만 독일은 여전히 국가적 정체성이 불안한 상태에 있었고, 국경 너머에도 독일인이 살고 있어 국경 문제 또한 불안한 상태였다. 요컨대 독일 국가는 독일 민족에 비해 너무 작았다.

빌헬름 2세의 과제는 이처럼 단절된 땅에 감정적인 유대감을 불어넣는 것이었다. 모든 신생국가는 새로운 신민民民에게 '나는 이런 나라의 국민이 되고 싶다. 새로운 국가의 형성은 위대한 과업이다. 이 나라가 우리를 수렁에서 구해줄 것이다'라는 확고한 믿음을 심어줄 수 있어야 한다. 따라서 신생국가는 기념물과 웅장한 정부 청사를 세우고, 때로는 수도를 옮기기도 한다.

그러나 빌헬름 황제는 여기서 한 걸음 더 나아갔다. 그는 준민족주의적 지배 방식을 채택했다. 그의 성격에 딱 들어맞는, 극적인 냄새를 풍기는 지배 방식이었다. 독일의 역사학자 미하엘 슈튀르머Michael Sturmer의 표현을 빌리면 "프로파간다, 파격적인 과시와 유혹적인 전망, 아주 낡은 것과 아주 새로운 것을 조금씩 버무려 전혀 현실적이지 않은 순전한 환상"으로 이루어진 지배 방식이었다.

빌헬름의 연극적인 과시는 다른 면에서도 설득력이 없었다. 당시 독일은 지역의 군대, 월계관, 대리석으로 조각된 선거후로 이루어진 나라가 아니었다. 전통이 살아 있기는 했지만, 이미 영국처럼 다원화된 현대 국가로 발돋움해 다른 세계와 지적으로, 경제·문화적으로 교류하고 있었다. 영국에서는 많은 전통이 확실한 역사적 근거를 갖고 폭넓게 대중적 지지를 누렸지만, 빌헬름이 만들어낸 외적인 과시는 공허했으며 뒤늦은 면도 있었다.

이런 모순이 빌헬름 자신의 모습이기도 했다. 그는 옛것에 대한 향수를 자극하면서도, 새로운 것을 거의 무차별적으로 받아들였다. 미국의 바넘 앤드 베일리 서커스단이 독일에서 순회공연을 할 때, 그들이 엄청나게 빠른 속도로 짐을 싣고 내린다는 소문을 듣고는 몇몇 장교를 보내 현장을 직접 살펴보게 했다. 그리고 그 후, 독일 군대는 그 서커스단의 기법을 적잖게 채택했다.

이처럼 빌헬름은 독일을 현대화시키는 데 열정을 쏟아 부었다. 따라서 그가 통치하던 시기에 베를린은 뉴욕과 더불어 화학산업과 전기공학 부문에서 세계의 중심지가 됐다. 예컨대 독일제국의 군부가 전신과 전화, 무선 등 현대 통신체제를 개발하는 데 엄청난 자금을 투자한 덕분에 대재벌 지멘스가 단숨에 성장할 수 있었다. 약 50만 명의 직원을 둔 프로이센 철도회사는 유럽에서 가장 크기도 하지만 가장 조직이 잘 된 기업이기도 했다. 또 포츠다머 광장은 당시 사람들이 '귀가 멍멍할 지경'이라고 할 정도로 북적거렸다. 1896년, 광장을 매일 오가는 화물차량이 6,000대, 사륜마차가 1,500대, 이륜마차가 7,000대, 합승마차가

2,000대, 전차가 4,000대였다.

따라서 빌헬름 시대의 독일은 존재하지 않는 신비로운 과거의 잔재 이상이었다. 영국의 도시 역사학자 피터 홀Peter Hall의 지적대로, 독일은 세계 최초의 현대식 군수산업국가였다. 양극단이 만나는 곳, 옛날의 꿈과 현대가 충돌하며 불협화음을 내는 곳이었다.

황제의 성당

이런 베를린의 모습은 그 이후로 많이 사라졌다. 그러나 빌헬름의 돔 성당(1905), 베를린 대성당은 아직 남아 있다. 이 성당에 들어가면 빌헬름 2세의 목소리가 들리는 듯하다. 젊었을 때 빌헬름은 자신을 하느님의 도구라 믿었고, 따라서 그의 정책에 대한 비판은 신성모독이라 생각했다. 교회의 이름이 호헨촐레른가家의 이름을 따서 지어진 것은 어찌 보면 당연했다.

돔 성당은 베드로 성당, 바울 성당, 노트르담 성당을 뒤섞어놓은 듯하다. 달리 말하면, 르네상스 시대와 18세기를 단숨에 만회하려는 성급함이 엿보인다. 고생을 감수하고 비용을 아끼지 않은 듯 온통 황금과 대리석으로 장식했지만 애리조나 사막에 덩그렁 떨어진 가짜 성당이란 느낌마저 든다. 여기에 빌헬름은 자신만을 위한 널찍한 예배석을 마련했다. 교실만 한 넓이로, 말이 다닐 수 있을 정도로 널찍한 붉은 대리석이 계단과 연결된다. 황제석의 좌우에서 사도와 선거후들이 신도들을 한눈에 굽어볼 수 있는 구조이다. 하느님의 눈에 모든 인간은 평

▲ 베를린 대성당은 자신을 하느님의 도구라고 생각한 빌헬름 2세가 호헨촐레른가의 이름을 따 지은 것이다. 이곳에는 황제만을 위한 널찍한 예배석이 마련되어 있다.

등하고, 황제는 더더욱 평등할 텐데.

나는 황제의 성당 지하실을 지나가면서 어떤 의식을 보았다. 선거후 요한 치체로Johann Cicero(1455~1499)가 죽은 지 정확히 500년 되는 날이었다. 지하실은 차고와 거의 비슷한 분위기였다. 깨끗한 그의 석관 위에는 앙증맞은 까만 리본이 달린 화환이 놓여 있었다. 빌헬름은 치체로의 장례식을 엄숙하게 진행하며, 교회 지도자들에게 베를린을 제2의 바티칸으로 만들겠다고 약속했다. 그 이후 이 교회에서는 많은 일(1914년 독일 군대를 위한 축도, 일주일에 한 번씩 히틀러를 위한 기도, 괴링[3]의 결혼식)이 있었다. 2차 세계대전 동안 엄청난 피해를 입었지만 성당 건물이 완전히 전쟁 사령부로 사용되지 않은 건 기적이었다.

절도 있는 도시

　물론 베를린은 다른 면에서도 확연히 달라졌다. 다른 베를린이었다. 대대적인 주택 개발계획이 시행되면서 하나나 둘, 때로는 세 개의 안마당을 둥그렇게 둘러싼 아파트 건물이 세워졌다. 구중중한 작은 아파트도 수백 채 건설됐고, 하루 종일 소금에 절인 양배추와 맥주 냄새가 풍기는 번화가도 형성됐다. 런던과 파리가 그랬듯이, 베를린에도 사람들이 몰려들었다. 1870년에는 인구가 100만 명 정도였지만 1914년에는 400만 명으로 늘어났다. 결국 빈 땅이 없을 정도로 건물이 들어섰다.

　시 당국이 거의 모든 일을 규제하고 나섰다. 심지어 안마당의 최소 면적(5.34평방미터), 말이 끄는 소방차의 최소 회전 반경까지 규제했다. 황토색과 붉은색의 우중충한 상자형 건물이 베를린 곳곳에 급속히 파고들었지만, 한 가족을 위한 거주 공간이 아니라 '대중'을 위한 거주 공간이라는 '주택단지'라는 말로 모든 것이 설명됐다.

　호브레흐트James Hobrecht(1825~1902, 도시 계획가)가 꿈꾸던 통합도시는 물거품이 됐다. 1912년 판 《베렌퓌러》('곰의 지도자'라는 뜻_옮긴이 주)는 '모험을 좋아하는' 관광객에게 링반을 타고 '서민'이 사는 '다른 베를린'을 둘러보라고 권했다. 나는 당시 베를린을 조사하는 과정에서, 프렌츠라우어 베르크에 살던 사람들이 화장실이 부족하다고 불평했던 민원을 우연히 찾아냈다. 이 민원에 프로이센 공무원은 "옷매무새를 정리하는 시간까지 포함해서 배변하는 데는 평균 3~4분이 걸린다"며 "배변하는 데 10분이 걸리더라도 72명이 화장실을 사용한다면 하루에 12시간이 남는다"라는 답변서를 보냈다.

베를린은 유럽에서 가장 깨끗하고 가장 효율적이며 가장 유지가 잘된 도시 중 하나로 여겨졌지만, 으스스한 분위기가 감도는 도시이기도 했다. 폴란드 작가 요제프 크라셰프스키[Jósef Kraszewski (1812~1887)]는 길거리에서 절도 있게 기계처럼 걷는 군인들을 보았지만 "길모퉁이의 장사꾼, 마부와 문지기, 심지어 거지까지도 그들의 행동을 흉내 냈다"라고 덧붙였다. 크라셰프스키는 베를린을 '끝없는 포위상태'에 있는 도시처럼 질서정연하고 순종적이며 통제된 도시였다고 기억했다.

1999년의 베를린은 완전히 달랐다. 동서 베를린이 오랜 별거 후 다시 만난 부부처럼 서로 알기 위해 조심스레 노력하고 있었다. 베를린 시민은 의상과 생활방식에서 조금씩 비슷해져갔지만, 공동주택에서의 삶은 여전히 혼란스럽기만 했다. 또 서베를린에서 자동차를 몰고 나온 사람들이 동베를린의 전차와 충돌하는 사고가 끊이지 않았다. 서베를린 사람들의 기억에서는 전차가 사라진 지 오래였기 때문이다. 동베를린에서는 걸핏하면 하수관이 터져 길이 움푹 꺼졌다. 계급투쟁에서 승리해 지난 반세기를 지배한 공산주의 당국이 지하에 묻힌 관과 터널을 때때로 보수해줘야 한다는 걸 잊고 지낸 탓이었다. 때로는 상수도 본관이 터져 도로가 물바다로 변하기도 했다.

돔 성당 정문 앞에는 세월의 풍상에 찌든 콘크리트 덩어리가 서 있었다. '소비에트와는 항상 우정으로 손잡고' 파시스트 정권에 저항한 베를린의 젊은 공산주의자들을 추념하는 기념물이었다. 그런데 어딘가로 옮기려는 듯 그 기념물 밑에는 네 개의 받침나무가 괴어져 있었다. 결국 그 기념물도 사라졌다.

바빌론의 창녀

나는 쿠르퓌르슈텐담에서 벌어지고 있던 성냥갑 도박에서 희미한 희망의 빛을 찾아냈다. 매일 정오경이면 도박을 계획하는 패거리가 나타났다. 그리고 그들끼리 머리를 맞대고는 작전을 짰다. 다섯 명으로 이루어진 패거리였다. 말라깽이가 세 개의 성냥갑 중 하나에 작은 공을 교묘히 감추는 '판돌이'를 맡았고, 나머지 네 명은 '바람잡이'였다. 그들이 입은 가죽점퍼로 보아 동유럽 출신인 게 분명했다. 하지만 바람잡이 중 하나는 머리칼이 희끗하고 긴 낙타 외투를 입어 부자처럼 보였다.

판돌이가 깔개를 펼치고 쪼그려 앉아 성냥갑으로 재주를 부리기 시작하자, 바람잡이가 순진한 사람들을 끌어들였다. 바람잡이 중 하나가 돈을 따고는 좋아서 죽겠다는 듯 뻣뻣하게 춤을 추며 판돈을 올렸다. '부자'가 고개를 끄덕이며 바람잡이를 따라 돈을 걸었다. 가장 재밌는 건 그들의 웃음이었다. 그들은 3분마다 신나게 웃음을 터뜨리며 좋은 척했고, 서로 등을 두들겨주며 동지애를 과시했다. 오스발트 슈펭글러Oswald Spengler(1880~1936, 《서구의 몰락》을 쓴 독일의 철학자_옮긴이 주)가 말했듯이, 유럽에서 베를린은 '바빌론의 창녀'였다. 따라서 순진한 사람들은 베를린을 어떤 일이든 가능한 곳이라 생각하며 '내가 있어야 할 곳'으로 받아들인다.

지금도 베를린의 전화번호부에는 폴란드, 체코, 러시아식 이름이 많다. 1900년경, 베를린 인구의 60퍼센트 이상이 이민자이거나 이민자의 자식이었다. 따라서 많은 여행객은 베를린이 미국과 비슷한 곳이라 생각했을 것이고, 베를린을 보며 시카고를 떠올렸을 것이다.

 미술 평론가였던 카를 셰플러Karl Scheffler는 베를린의 썰렁한 광장과 시끌벅적한 집을 '황무지 한복판에 세워진 미국이나 오스트레일리아의 마을'에 비유했고, 베를린을 다룬 1910년도의 책에 '도시의 운명'이란 의미심장한 제목까지 붙였다. 이 책에서 셰플러는 "요즘 베를린 시민에게서는 타고난 신사의 흔적이라곤 찾아볼 수 없다"면서, 식민지 땅에 살던 사람들이 "미국식 풍요의 약속에 현혹돼 동쪽 평원에서 대거 도시로 몰려왔다"라고 덧붙였다.

 물론 그런 가난한 농부들이 도시 문화의 장밋빛 미래를 보고 몰려왔다는 것은 부인할 수 없는 사실이다. 그들은 절망에 사로잡혀 고향 땅을 떠났다. 그러나 오랜 습관과 소외감에 젖어 있던 그들은 도시에서도 어느 정도 반발했다. 말하자면 발전에 대한 비관적인 생각과 어떤 형태로든 존재했을 전통적인 독일 공동체에 대한 향수가 있었던 것이다.

 1910년경, 젊은이들은 주말이면 '로스 폰 베를린'(베를린에서 벗어나자)이란 이름하에 무리를 지어 도심에서 시골로 행군했다. 이런 '반데르푀겔'(걷는 새)들은 팔을 높이 치켜들고 "하일!"이라 소리치며 그들의 지도자에게 인사했다. 케테 콜비츠는 일기 속에서, 막내아들 페테가 반데르푀겔을 광적으로 좋아해서 그들과 똑같이 옷을 입고 지도자의 일거수일투족을 흉내 낸다고 푸념했다.

반유대주의의 뿌리

베를린 사람들은 무엇을 두려워했을까? 어쨌든 전쟁을 두려워한 건 아니었다. 그들에게 전쟁은 거의 의식儀式과 같은 것이어서, 용기를 과시할 수 있는 영광스런 기회였다. 사회주의와 하층계급의 부상을 두려워했을까? 약간은 그랬다. 힘들게 얻은 풍요를 잃을까 두려워했을까? 그랬을 가능성이 크다. 자신들이 쇠락의 길을 걷는 것, 새로운 것과 미지의 것을 두려워했을까? 그렇다! '유대인 신디케이트'는 어땠을까? 모두 두려워한 것은 아니지만 일부가 두려워했던 것은 확실하다.

이런 반유대주의의 뿌리는 무척 깊어, 중세까지 거슬러 올라간다. 1873년 10월 28일, 수년간 계속되던 호황이 끝나고 베를린 주식시장이 붕괴됐다. 대폭락에 뒤이어, 큰 공장과 철도회사 및 증권회사 등이 연쇄적으로 도산했다. 며칠 만에 많은 시민이 재산을 몽땅 잃었다. 경제는 신속히 회복됐지만, 대폭락이 남긴 심리적 충격은 한 세대 이상 사라지지 않았다.

20세기가 시작된 뒤 처음 10년 동안, 베를린의 많은 프티부르주아(소시민)는 부유한 유대인이 자동차를 타고 시내를 활보하는 걸 볼 때마다 부러워하는 한편 증오심을 감추지 않았다. 대학교에서는 '음모', '부패', '배신' 등을 들먹이며 이런 분위기를 뒷받침하려는 사이비 과학이론까지 등장했다. 유대인은 기생충이고, 독일인은 '리히트멘셴'(빛의 사람)이란 말까지 나왔다. 타락한 도시와 순수한 독일 땅이란 말도 등장했다.

비스마르크의 은행가, 제르존 폰 블라이흐뢰더Gerson von Bleichroder

는 독일 귀족으로 인정받은 최초의 유대인이었지만 더 높은 가문에서는 거의 인정받지 못했다. 따라서 궁중 무도회에서 어떤 장교가 윗사람에게 명령을 받아 억지로 춤을 권할 때까지 누구도 그의 부인과 춤을 추지 않았다.

같은 시기에 베를린의 예술과 문화는 폭넓은 교육을 받은 진보적인 중산계급이 이끌어갔다. 예술·문화계에서도 유대인이 중추적인 역할을 했다. 사회주의 운동에서도 마찬가지였다. 따라서 1910년경에는 바르샤바, 크라쿠프, 빈과 같은 유럽의 다른 대도시에서 그랬듯이 베를린에서도 모든 유대인을 하나로 취급하기 힘든 지경에 이르렀다. 그렇게 취급하기엔 정통 유대교인과 공산주의자, 무신론자와 민족주의자, 주장과 규모가 제각각인 시온주의자, 자유주의자와 사회민주주의자 등 유대인 분파가 너무 다양했다. 게다가 그들은 대부분 이디시어(동부 및 중부 유럽에 살던 유대인들이 사용하던 언어_옮긴이 주)를 몰랐다. 유대인 이민자들이 사용하는 언어와 방언만도 수십 가지에 달했다. 무엇보다 베를린에 거주하던 유대인은 자신을 독일인이라 생각했다. 또한 압도적 다수가 완전히 세속화된 유대인이었다. 당시 유명한 독일계 유대인 중 유대교 신앙과 관련된 사람은 단 한 명도 없었다.

유대인 공동체가 부흥했다는 흔적은 오라니엔부르거 슈트라세에 있는 회당에서 지금도 찾아볼 수 있다. 그곳은 한때 독일에서 가장 큰 유대인 회당이었다. 좌석이 3,000석이 넘었고, 채색된 둥근 지붕의 높이가 50미터를 넘어 베를린의 스카이라인에서 단연 돋보였다. 토라의 가르침에 따라 도로와 가까운 곳에 세움으로써 건물을 최대한 눈에 띄게 지었다는 점이 의미심장하다. 이런 점에서 이 회당은 유대인의 승리를 상징하는 건물이었다. 또한 회당의 준공식 장면이 담긴 사진을 보면, 당시 베를린에서 힘 꽤나 있던 사람들을 모두 발견할 수 있다.

이 회당에서는 예배와 연주회가 간단없이 열렸다. 심지어 1933년에 나치스가 이 회당을 인계받은 후에도 달라지지 않았다. 회당에는 지금도 행사표가 걸려 있다. 1935년 2월 9일에는 '겨울의 환희'가 연주됐고, 1935년 11월 11일에는 이주를 주제로 한 토론회가 열렸다. 1935년 11월 20일에는 유대인의 월동 지원 프

▲ 오라니엔 부르거 슈트라세는 한때 독일에서 가장 큰 유대인 회당이었다. 크리스탈나흐트 때 용감한 경찰이 화염에 휩싸인 건물에서 돌격대를 쫓아내며 가까스로 회당을 구해냈다.

로그램을 위한 자선 연주회가 열렸고, 페르디난트 힐러Ferdinand Hiller의 '예루살렘의 파괴'가 연주됐다. 1936년 2월 15일에는 '회중의 결속력을 강화하기 위한' 모임이 있었고, 1938년 3월 13일에는 대전쟁의 희생자들을 위한 추도 예배가 있었다. 1938년 4월 24일에는 헨델의 오라토리오 '사울'이 연주됐다. 1938년 11월에 있었던 '크리스탈나흐트'[4] (수정의 밤, 1938년 11월 9일 나치 대원들이 유대인 가게를 습격한 사건_옮긴이 주) 때는 16관할서에서 근무하는 용감한 경찰이 권총을 휘두르며, 이미 화염에 휩싸인 건물에서 '돌격대Sturmabteilung'를 쫓아내 가까스로

회당을 구해냈다. 마지막 공연은 1940년 3월 31일에 열렸다. 유대인 월동 지원 프로그램을 위한 마지막 공연이기도 했다.

독일인의 상징, 군부

체코슬로바키아 대통령 바츨라프 하벨[5]은 "평화와 연대와 협조는 자신이 누구인지를 아는 사람과 국가에서만 기대할 수 있다"고 말했다. 또 하벨은 "내가 누구인지, 어떤 사람이 되고 싶은지, 무엇을 성취하고 싶은지, 또 내가 어디에서 시작해 어디에서 끝나는지 모른다면, 나와 주변 사람 나아가 세계와의 관계는 필연적으로 긴장관계에 놓이고 의심스럽게 변해간다. 그리고 결국에는 우쭐대는 과장된 행동 뒤에 감추어진 열등의식에 짓눌리기 마련이다"라고 인간의 진정한 모습을 간략하게 언급했다.

이 말은 우리 모두에게 적용되지만, 국가 간의 관계에도 적용된다. 국가와 개인의 약점이 어느 정도 일치하는 상황에도 예외 없이 적용된다.

베를린에서 동남쪽으로 가면, 케이블 공장과 소각로 뒤에 쾨페니크라는 조그만 마을이 자리 잡고 있다. 1906년, 이 마을에서 세계적인 뉴스거리가 발생했다. 실직한 구두 수선공 빌헬름 포크트가 옛 장교복을 입고 현역 군인 몇몇을 지휘해 '폐하의 명령'이라며 읍사무소를 점령하고 약 4,000마르크가 든 읍사무소 금고를 탈취한 사건이었다.

나는 쾨페니크에서 그 장교의 사진을 보았다. 이 불운한 장교는 자기 머리보다 세 배나 큰 모자를 쓰고 있었다. 쾨페니크에서는 누구든 그 장교의 모자를 쓰면 전능한 권한을 행사할 수 있다는 이야기가 전해진다. 빌헬름 황제가 자신의 군대는 어떤 외부적인 압력에도 자유로워야 한다고 주장하며 장교들에게 완전한 자유재량권을 주었기 때문에 생겨난 이야기였다.

여하튼 빌헬름 황제는 장교의 수를 일곱 배나 늘렸지만, 힘은 여전히 귀족의 손에 있었다. 달리 말하면, 군부 자체가 개화되지 못하고 시민이 군국화됐다는 뜻이었다. 또 쾨페니크의 그 장교는 군대에서 복무한 적도 없었는데 거의 본능적으로 그런 계획을 꾸민 것으로 밝혀졌다. 그런데도 모두가 그를 진짜 장교라고 믿었다.

수세기 동안 프랑스와 오스트리아 군대에 의해 약탈과 수탈을 당한 굴욕의 시간이 있었던 까닭에, 독일에서 군부는 상징적으로 가장 중요한 집단이 되었다. 엘리아스 카네티Elias Canetti(1905~1994, 불가리아 태생의 영국 작가로 1981년 노벨 문학상 수상_옮긴이 주)의 표현을 빌리면, 군대는 독일 국가를 대표하는 '걸어 다니는 숲'이었고 '폐쇄된 집단'이었다. 군부에 속하지 않은 모든 외부인은 더는 독일인이 아니었다.

그렇다고 빌헬름 황제가 전쟁을 시작할 목적으로 군부를 우대했다는 뜻은 아니다. 빌헬름 황제에게 군부는 일종의 타성惰性, 즉 갓 출범한 신생국가에 질서를 강요하는 도구였다. 전쟁은 완전히 다른 얘기였다. 그 세대에도 전쟁은 용기를 과시할 수 있는 낭만적인 이야기였지, 결코 현실은 아니었다. 그러나 바그너를 향한 흠모, 낭만주의 운동과 '라인하이츠쿨투르'(순수문화)를 향한 열망, 숲속의 집에 대한 향수, 빌헬름의 동화 같은 세계가 결국에는 전략가와 관리자, 자본가와 과학자의 논리적인 이성을 압도했다.

훗날 슈테판 츠바이크는 "1914년에 유럽이 전쟁에 휘말린 이유를 이제 와 냉정하게 생각해보면 합리적인 이유나 대의를 하나도 찾아낼 수 없다"며 "그 전쟁은 이념에 대한 전쟁이 아니었다. 국경 주변의 조그만 분쟁에서 시작된 것도 아니었다. 에너지의 과잉, 즉 내부적으로 40년 동안 축적된 힘이 빚어낸 비극적인 결과라고밖에 설명할 수 없다"라고 덧붙였다.

결국 쾨페니크의 그 장교는 체포됐다. 감금돼 있는 동안 그는 매우 유명해졌고, 빌헬름 황제는 그를 사면해주었다. 그의 이야기는 영화화됐고, 레코드판에 녹음됐으며, 카를 추크마이어Carl Zuckmayer(1896~1977, 독일의 극작가_옮긴이 주)에 의해 연극으로 만들어지기도 했다. 또한 엉뚱한 짓을 좋아하는 베를린 사람들의 입에 무수히 오르내렸다. 그 장교가 자신의 목소리로 직접 녹음한 레코드판이 쾨페니크 시립 박물관에 보관돼 있었다. 나는 그의 목소리를 직접 듣고 싶었다.

박물관으로 가는 길에 나는 수십 명의 노인과 어울렸다. 그들은 쾨페니크에서 벌어진 '피의 주일'을 추념하기 위해 비를 맞으면서까지 공원에 모여 있었다. 시장이 1933년 1월 쾨페니크에서 돌격대의 손에 죽임을 당한 24명의 유대인과 사회주의자, 공산주의자의 이름을 차례로 호명했다. 그들 외에도 심하게 두들겨 맞아 평생 장애인으로 지낸 사람이 80명 가까이 되었다.

추모식이 끝난 후, 나는 한 노파와 잠시 이야기를 나누었다. 젊었을 때 네덜란드 저항단체의 일원으로 활약하던 중 연락책이던 독일 공산주의자와 사랑에 빠져, 전쟁이 끝난 후 남자를 따라 독일로 이주한 여자였다. 노파는 남편과 함께 파시스트 정권을 몰아내고 새로운 동독을 건설하는 데 힘을 보태고 싶었다며 "나는 여기에서 인민들과 함께 평생을 보냈지요. 그들과 똑같이 살면서요. 우리는 결국 악마와 똑같은 천에서 찢어져 나온 조각들이니까요. 그것도 지하실 특매장에서 파는 싸구려 천 조각이었지요"라고 말했다. 노파의 이름은 안 데 랑게였다. 노파는 쾨페니크에서 평생을 보냈다며, 내게 자신의 이야기를 들려주고는 힘없이 발걸음을 돌렸다.

내가 시립 박물관에 도착했을 때 박물관 문은 굳게 닫혀 있었다. 나는 그 장교의 까랑까랑한 목소리를 결국 듣지 못했다.

05

20세기 문학·예술·정치사상의 출발점, 빈

Vienna

빈으로 향하다

1월 28일 목요일. 베를린-프라하-빈을 왕복하는 급행열차. 창밖에는 눈이 내리기 시작했다. 우중충한 먹구름이 지평선에 걸려 있었다. 체코의 식당차에서는 수프와 뜨거운 애플파이 냄새가 풍겼다. 처음 몇 시간 동안은 내가 유일한 손님이었다. 조리사는 커다란 흰색 모자를 쓰고 주방 뒤에 서서 아무 일도 하지 않았다. 웨이터마저 침울한 얼굴로 사색에 빠졌을 때쯤 기차는 얼어붙은 강을 따라 덜컹거리며 녹슨 철, 추위로 코가 빨개진 인부, 철로 옆에 피워놓은 모닥불을 지났다. 그리고 굴뚝에서 푸른 연기가 스멀스멀 올라오는 마을도 지났다. 어디서나 눈이 내리고 있었다.

강을 건넜고, 낟가리에 불을 피운 발전소도 지났다. 더러운 깃발, 황토색으로 물든 기차역, 오렌지가 가득 실린 손수레를 밀고 가는 노인도 지났다. 차장이 박식한 노교수처럼 보이기 시작했다.

프라하를 지나자 눈송이가 차창을 때리고 흩날리기 시작했다. 바람 소리도 한층 강해졌다. 멀리서 기관차 경적 소리가 들렸다. 우리는 이름 없는 역에 멈춰 서서 한참을 기다렸다. 부엌 창문에서 새어나오는 불빛이 보였다. 한 여인이 조리대 앞에 서 있었다. 발가벗긴 아기를 싱크대 위에 올려놓고 씻기는 중이었다. 잠시 후, 둘의 모습이 멀어졌다. 그리고 기차는 빈에 도착했다.

합스부르크제국의 중심

'메리 아포칼립스merry apocalypse'('즐거운 대재앙'이란 뜻). 한때 이 도시는 이렇게 불렸다. 창조력, 정상적인 중산층, 인간의 고통, 권력, 공모共謀, 정신 분열증 등이 이상하게 복합된 도시였기 때문이다. 1914년경, 빈은 왁자지껄 시끄럽기만 할 뿐 제대로 기능하지 못하는 거대한 제국의 모체였다.

그 전까지 수세기 동안 오스트리아-헝가리 이중 제국은 중앙유럽과 동유럽에서 중대한 역할을 해왔다. 합스부르크가의 황제들은 남부 독일인을 옛 보금자리로 되돌려놓았고, 오스만튀르크를 빈의 성문에서 몰아냈다. 그들의 노력 덕분에 독일인, 헝가리인, 루마니아인, 이탈리아인, 라이티아인, 세르비아인, 크로아티아인, 폴란드인, 슬로베니아인, 슬로바키아인, 체코인, 유대인, 심지어 집시까지 함께 어울려 평화롭게 살 수 있었다. 게다가 합스부르크가의 황제들은 발칸 근동지역에 문화적 역공을 가했다. 따라서 그 지역에도 서구의 행정과 법체계가 적용됐다.

그 후, 오스트리아-헝가리제국은 점점 기력이 쇠잔해졌고, 조각보처럼 흩어진 여러 민족을 백발의 황제 프란츠 요제프 1세[1]가 힘겹게 끌어가는 지경에 이르렀다. 요제프 로트Joseph Loth[2](1894~1939)는 그 제국의 몰락 과정을 그린 고전소설, 《라데츠키 행진》에서 "황제는 노인이었다. 그는 세계에서 가장 늙은 황제였다. 죽음의 그림자가 그의 주변에 어른거리며 모두를 쓸어버렸다. 들판은 이미 텅 비고 황제만이 홀로 서서, 잊힌 은빛 줄기처럼 죽음의 때를 기다리고 있었다"라고 적었다.

20세기 초에도 오스트리아-헝가리제국은 여전히 초강대국으로 여겨졌다. 1910년쯤 이 제국의 인구는 약 5,000만 명으로 독일(5,600만 명)에 이어 두 번째였다. 그다음이 영국(4,500만 명)과 프랑스(약 4,000만 명)였다. 1801년 빈의 인구는 23만 명을 약간 넘었지만 1910년에는 200만 명 이상으로 증가했다. 귀족들이 제국 전역에서 빈으로 모여들었고, 편안한 삶을 위해 마부와 하인, 종복 및 목수, 창녀까지 거느리고 들어왔다. 가난에 지친 농부들도 좀 더 나은 삶과 행복을 꿈꾸며 제국의 수도로 쏟아져 들어왔다. 게다가 러시아와 폴란드와 갈리치아에서의 대학살을 피해 서쪽으로 온, 가난에 찌든 유대인도 수만 명에 이르렀다.

빈은 중산계급의 아르카디아(고대 그리스의 이상향으로 조용하고 소박한 생활을 상징한다_옮긴이 주)였다. 로트와 츠바이크 같은 작가들은 훗날 빈에 대한 글을 쓰면서 짙은 향수를 감추지 않았다. 그러나 부유하지 않은 사람에게는 빈에서의 삶 또한 혹독했다. 특히 빈은 유럽의 어느 곳보다 주택 사정이 열악했다. 1910년, 빈에서는 1퍼센트의 가구만이 자기 집을 소유할 수 있었다. 욕실을 갖춘 주택은 7퍼센트에 불과했고, 그중에서 화장실을 갖춘 주택은 25퍼센트에도 미치지 못했다. 따라서 방을 빌릴 엄두조차 내지 못하고 잠을 잘 침대 하나만 빌린 사람이 많았다. 게다가 상수도 시설이 시원치 않아 배앓이로 구역질을 하거나 결핵으로 기침을 하는 시민도 무수히 많았다.

슈테판 츠바이크는 오랜 시간이 지난 후 빈을 회상하며 "거대한 폭풍우가 빈을 파괴한 뒤 오래 시간이 지난 지금, 우리는 그 안전하던 세계도 사상누각에 불과했다는 걸 알고 있다. 하지만 내 부모는 그곳이 돌로 튼튼하게 지어진 집이라 생각하며 살았다"고 썼다.

1918년 합스부르크제국의 갑작스런 붕괴는 츠바이크를 비롯해 당시 사람에게 큰 당혹감을 안겨주었다. 그 이후, 빈의 작가들은 이 의문을 풀기 위해 골머리를 앓았다. 합스부르크제국이 어떻게 그처럼 붕괴될 수 있었을까? 어떻게 독일이 1918년에 호헨촐레른 가문과 단호히 단절할 수 있었을까? 그런데도 어떻게 영국과 프랑스 사람들은 아무일도 없었던 것처럼 살아갈 수 있었을까? 왜 오스트리아에서만 모든 것이 와해되고 붕괴됐을까? 찬란한 제국을 상징하던 빈이 갑자기 말라버린 강바닥에서 버둥거리는 물고기로 변해버린 이유는 무엇이었을까?

과시적인 소비 도시

링반을 따라 유럽의 건축사가 완벽하게 펼쳐진다. 빈의 링반은 프란츠 요제프 황제와 자유주의에 심취한 부유층의 '개선로'였다. 시간을 초월한 듯한 링반을 따라 자존심 강한 산책자들이 매일 케른트너 슈트라세와 슈바르첸베르크 광장 사이를 거닐었고, 요즘에는 전차가 느릿느릿 지나가고 나면 노부인들이 모피 코트를 자랑하며 모습을 드러낸다.

링반은 1865년 중세 티를 벗지 못한 빈의 성채를 허물고, 그 자리에 건설됐다. 총연장 5킬로미터, 폭 500미터의 순환로에는 호텔과 신구 부자들의 저택, 화려한 아파트와 웅장한 공공건물뿐 아니라 의사당(신헬레니즘 양식), 시청(신고딕 양식), 부르크 극장, 왕립 오페라 극장, 증권거래소, 대학(신르네상스 양식) 등이 세워졌다.

빈에서는 파리와 브뤼셀처럼 구시가를 허물지 않았다. 따라서 구시가가 새로 건설된 건물들 속에서 보석처럼 빛났다. 오랫동안 성벽에 에워싸여, 곰팡내를 풍기던 중세의 빈이 갑자기 훤히 뚫린 듯했다. 링반은 구시가를 교외 지역과 노동자 동네로 이어주는 다리 역할을 했다. 또한 파리에서 그랬듯이, 널찍한 간선도로는 군사적으로도 중요한 역할을 했다. 예컨대 폭동이 일어나면 군대가 어디에나 신속하게 배치될 수 있었다. 전략적 요충지에는 병사兵舍와 군수품 관련 시설도 세워졌다.

베를린과 더불어 빈은 유럽에서 가장 신속하게 성장한 대도시였다. 그러나 빈은 과거에 파묻힌 도시이기도 했다. 전화와 엘리베이터가 드물었고 대부분의 옷을 손으로 지어 입었다. 또한 1918년에야 관공서에서 타이프라이터가 정식으로 사용되기 시작했다. 20세기로의 전환점에, 절반 이상의 시민이 소기업에 종사했기에 외부와의 경쟁에 무척 취약했다. 백화점도 1900년에야 처음 들어섰다.

베를린과 달리 빈은 과시적 소비 도시였다. 달리 말하면, 귀족들이 부동산이나 그 밖의 재산을 통해 얻은 수입을 아낌없이 소비하는 도시였다. 따라서 재단사, 제화공, 문지기, 건축가, 내과 의사와 정신과 의사, 미술가, 음악가, 배우 및 '쉬세 마델Susse Madel'(달콤한 여자)이 어디에나 있었다. 그러나 런던이나 베를린과 달리 빈은 역동적인 산업이나 금융의 중심지로 발돋움하지 못했다.

빈도 중대한 내적인 모순을 지닌 도시였다. 황제와 귀족의 힘에 크게 의존했기 때문에 전반적인 분위기가 무척 보수적이고 형식적이었

▲ 마리아 테레지아 여황제가 세운 부르크 극장. 독일어권 내에서 가장 권위 있는 극장이다.

지만, 제국의 중심이었던 까닭에 합리성과 지성도 크게 성행했다.

빈의 외형적 구조도 다른 부분과 마찬가지로 모호하기만 했다. 황제의 힘에 경외감을 품게 하려는 흔적이 역력했다. 심지어 도로를 정리할 때 황제의 명령을 그대로 따르기도 했다. 그러나 빈의 많은 젊은이에게 링반은 연극적인 위선의 상징, 진실을 감추기 위해 반계몽주의와 거짓된 역사로 포장한 프로젝트, 빈에는 오직 귀족만이 살고 있다는 생각을 심어주려는 무대장치 설계자의 작품으로 여겨졌을 뿐이다.

어딘가에서 나는 1908년에 화가 테오 차셰Theo Zasche가 그린 단체 초상화를 보았다. 빈의 저명인사들을 링반의 지르크 코너[오페라 극장 건너편에 있던 상류계급의 단골 상점으로, 풍자적인 글을 주로 쓴 언론인 카를 크라우스Karl Kraus(1874~1936)는 그곳을 빈의 '우주 교차로'라 칭했다]에 모아놓은 그림이었다. '지휘자 구스타프 말러'가 어디론가 걸어가고, '궁정 오페라 가수인 셀마 쿠르츠'는 어깨 너머로 고개를 돌린다. '퓌르스텐베르크의 막스 에곤 왕자'가 '오이겐 대공'에게 공손하게 인사하고, '오톤 부르겡 남작'은 자동차를 타고 지나간다. 여하튼 빈의 모든 저명인사가 이런저런 모습으로 그 그림에 담겨 있었다.

그리고 그 그림의 구석에는 밝은 색을 띤 광고 기둥이 있었다. 훗날 사람들은 그 기둥이 지하로 들어가는 입구가 감추어진 키오스크 중 하나라고 주장했다. 건물 아래 지하에는 거미줄처럼 얽힌 터널과, 수십 명의 '카날스토로터'(하수구 청소부)가 오래된 단추와 동전을 주워 먹으며 사는 어둠의 세계가 있었다. 지상에 사는 사람들은 지하에 그런 곳이 있는지 아무도 알지 못했다.

늙어버린 도시

빈의 U-반(지하철)은 조용했다. 1914년 초, 로베르트 무질Robert Musil(1880~1942, 오스트리아의 소설가_옮긴이 주)은 빈의 전차를 "반짝거리고 덜컹거리는 상자 (…) 안에서 수백 킬로그램에 달하는 몸뚱이들을 앞뒤로 흔들며 인간을 미래로 끌어가는 기계"라 말하며 "100년 전 사람들은 사륜 역마차에 앉아 온갖 표정을 지었다. 지금부터 100년 후의 사람들이 어떻게 될는지는 하느님만 아시겠지만 미래의 사람들도 100년 전과 거의 똑같은 방식으로 기계 상자 위에 앉을 것이다"라고 말했다.

나는 지금 그 미래에 살고 있다. 주변을 둘러보았다. 오른쪽에는 모피로 몸을 감싸고 금테 안경에 터번 같은 것을 머리에 쓴 여자가 앉아 있었다. 50대 정도로 보이지만, 통통하고 반질거리는 안색은 서른 살이라 해도 믿을 수 있을 것 같았다. 맞은편에는 턱수염을 기르고 회색 외투를 입은 남편이 무뚝뚝한 표정으로 앉아 있었다. 내 앞에는 가죽 재킷을 입은 남자가 두툼한 모직 모자를 쓰고 고개를 푹 숙인 채 앉아 있었다. 반짝거리는 눈빛이 날카롭고 빈틈없어, 충격을 미연에 방지하거나 피하기 위해서라도 세상을 똑바로 보지 않는 게 더 낫다고 생각하는 듯했다.

나는 건축가 프리덴스라이히 훈데르트바서Friedensreich Hundertwasser의 집을 찾아갔다. 볼록한 바닥, 창밖으로 뻗은 나뭇가지, 장난기 어린 장신구 그리고 완전히 발가벗고 찍은 훈데르트바서의 사진들 때문인지 그의 집은 밝게 색칠한 호빗 굴처럼 보였다. 지금은 그 건물 자체가 빈의 중요한 관광명소 중 하나가 됐고, 빈 사람들도 "우리의 자랑거리를 보라!"며 그 건물을 무척 자랑스럽게 여긴다.

나는 '예외 없는 규칙은 없다'는 말을 확실히 증명해주는 예외를 빈에서 거의 경험하지 못했다. 현대의 빈은 더는 높은 사람이 없을 것 같은 고위 공직자들의 도시인 듯했다. 그 때문인지 늙은 도시라는 분위기가 풍겼고, 상점에는 향수와 케이크가 잔뜩 쌓여 있었다. 눈이 내리면 규칙에 따라 곧바로 청소가 시작됐다. 이런 도시가 아직도 건재하다는 것이 믿기지 않았다. 그리고 이런 곳에서 사랑을 속삭이는 사람들의 모습을, 중절모와 말쑥한 정장 안에서 몸뚱이가 맥없이 부들부들 떨리는 모습을 상상조차 할 수 없었다.

나는 매일 적어도 다섯 번 정도 케른트너 슈트라세, 즉 빈의 심장부에 있는 쇼핑가를 오르내렸다. 젊은이나 노인들 모두 서로에게 고개를 끄덕이며 지나갔다. 술에 취한 도보 여행자 두 명만이 조용한 평화를 깨뜨렸지만 그들은 훈데르트바서처럼 이 폐쇄된 세계의 일원이 아니었다. 안톤 피에크Anton Pieck(1895~1987, 목가적이고 동화 같은 그림으로 유명한 네덜란드 화가_옮긴이 주)가 그린, 빵집 밖에서 덜덜 떨며 진열창 안을 들여다보는 두 명의 떠돌이와 같은 사람들이었다.

빈의 상징 커피 하우스

빈에서 피난처로 삼을 만한 곳은 한 곳, 커피 하우스coffee house뿐이다. 커피 하우스가 없으면 빈도 없고, 빈이 없으면 커피 하우스도 없다!

그런 커피 하우스가 여전히 존재한다. 거울로 가득한 환상적인 휴식 공간이다. 가죽 소파와 갈색을 띤 대리석 벽, 널찍하면서도 포근한 기운이 감도는 공간에서 하루 종일 유리잔과 찻잔이 기분 좋게 쨍그랑거린다. 저녁이면 축축한 눈보라가 창문을 때리지만 실내는 따뜻하다. 시인과 대학생과 회계원이 공존하는 곳, 커피와 애플파이 냄새가 감도는 곳, 옆 사람을 바라보며 이야기를 나누거나 책을 읽고, 사랑하는 사람의 눈을 바라볼 수 있는 곳이다.

20세기로의 전환점에서 빈은 전형적인 오감伍感의 도시였다. 여기에는 커피 하우스가 큰 역할을 했다. 슈테판 츠바이크는 "빈보다 유럽인이 되기 쉬운 곳은 없다"며, 커피 하우스에는 유럽에서 발행되는 중요한 신문이 모두 있을 뿐 아니라 '세계 각지의 중요한 문학 및 문화 관련 잡지'가 있다고 말했다. 츠바이크가 생각하기에, 빈이 지적인 융통성을 갖는 데 가장 큰 역할을 한 것은 커피 하우스였다. 정치적으로는 모든 면에서 숨이 막힐 지경이었던 그 빈에서 예술, 즉 자신의 영혼으로 탈출하는 것 외에 무엇을 할 수 있었겠는가? "우리는 언제나 콧구멍을 벌름거리며 살았기 때문에 바람에 무엇이 감춰져 있는지 알 수 있었다. 우리는 새로운 것을 원했기 때문에, 오직 우리에게만 속한 것, 우리 아버지 세대에는 속하지 않은 것을 간절히 바랐기 때문에 새로운 것이 무엇인지 알 수 있었다."

커피 하우스의 낡은 탁자에서 흥분할 만한 이유는 얼마든지 있었다. 예컨대 오스카르 코코슈카Oskar Kokoschka(1886~1980, 오스트리아의 화가이자 극작가_옮긴이 주)의 희곡 〈살인자, 여성의 희망〉이 커피 하우스에서 쓰였고, 건축가 아돌프 로스Adolf Loos(1870~1933)가 새로운 순수함을 추구한다며 아무런 장식 없는 건물을 설계한 곳도 커피 하우스의 탁자였다. 작곡가 아르놀트 쇤베르크Arnold Schoenberg는 전에는 듣지 못한 음조로 손님들을 괴롭혀 커피 하우스를 박차고 나가게 만들었다. 심지어 쇤베르크에게 의자를 던진 손님도 있었다. 레오폴트 폰 자허마조흐Leopold von Sacher-Masoch(1836~1895)가 남자 노예들을 건장한 여자가 휘두르는 채찍에 부들부들 떠는 고깃덩이로 전락시킨 호색 소설, 정신과 의사 지그문트 프로이트가 무척 설득력 있게 설명한 '비밀스런 신경', 말러가 바그너의 '발키리'를 제멋대로 해석해 많은 적을 만든 것, 또 카를 크라우스의 반反신문 〈횃불〉이 가장 나중에 발표한 '사분기 결산'(익명의 비판: 236건, 익명의 위협: 83건, 훼방: 1건) 등 모든 것이 커피 하우스에서 시작됐다.

상상 공동체의 심장

오늘은 금요일 저녁이다. 웅성대던 케른트너 슈트라세도 조용해졌다. 찬바람이 몰아친다. 길 한가운데 놓인 대형 휴대용 라디오 카세트에서 흘러나오는 소리만이 정적을 깨뜨린다. 열 명 남짓한 젊은이가 하우스 뮤직(신시사이저를 이용한 댄스 음악의 일종_옮긴이 주)처럼 들리는 노래에 맞추어 몸을 흔들어댄다. 체크무늬 옷을 입은 여자 둘이 앞에서, 황갈색 옷을 입고 두목처럼 보이는 남자가 뒤에서. 춤을 추는 아이들 모두 기사 모자를 쓰고 있다. 길을 가던 네 사람이 걸음을 멈추고 춤추는 모습을 지켜본다. 한 여자가 소책자를 나눠준다. 소책자에는

▲ 1220년경 세워져 1918년까지 합스부르크제국의 황제들이 기거했던 호프부르크 왕궁. 지금은 박물관으로 사용되고 있다.

새로운 교회가 세워졌고, 그리스도가 곧 재림할 것이며, 하느님의 뜻이 아니라면 기차는 탈선하지 않을 것이라고 쓰여 있다.

호프부르크 왕궁의 하얀 건물들 사이로 안마당에, 지붕과 굴뚝 위에, 또 영웅의 대리석 조각 위에 소리 없이 눈이 내렸다.

요즘에는 모든 일이 다음에 있을 무도회를 중심으로 전개된다. 빈 사람들은 호프부르크 왕궁에서 벽의 금박이 떨어지도록 춤을 춘다. 1월 22일에는 관리의 무도회, 1월 23일에는 약사의 무도회, 1월 25일에는 사냥꾼의 무도회가 있었다. 어제는 테크놀로지 무도회가 있었고, 내일은 의사의 무도회가 열릴 예정이다. 또 2월 6일에는 호프부르크 갈라 무도회, 2월 12일에는 과학자의 무도회, 2월 13일에는 법률가의 무도회가 있을 예정이다.

요제프 로트는 "모두 형제인 것처럼 서로의 이름을 알았다. 그러나 모두 지배자인 것처럼 인사를 나누었다. 젊은 청년과 노인, 유능한 기수와 무능한 기수, 씩씩한 남자와 게으름뱅이, 머리 회전이 빠른 사람과 야심이 있는 사람, 지방의 유지, 과거에 어리석은 일을 저지른 유명한 인물의 후계자, 내일이면 권력을 거머쥘 똑똑한 사람까지 속속들이 알았다"라고 말했다.

오스트리아-헝가리제국은 인류학자 베네딕트 앤더슨Benedict Anderson이 '상상의 공동체'라 칭했던 나라, 즉 결코 만난 적은 없지만 머릿속으로는 서로 가족이라 생각하는 사람들이 모인 나라의 교과서적인 예였다.

프란츠 요제프 1세 황제는 1848년 12월에 즉위해 1916년 11월까지 통치했다. 가장 오랜 기간 통치한 황제 중 하나였다. 황제가 수십 년 동안 통치하면서 거대한 제국을 결속시킬 수 있었던 가장 큰 이유는 통일 국가를 만들 만한 근거가 없는 제국은 억지로 통일시키려 하지 않았다는 데 있다. 헝가리 왕으로서 프란츠 요제프는 매년 몇 주 동안 부다페스트에 머무르며 헝가리 예복을 입었고, 헝가리 각료, 헝가리 의원들과 함께 어울렸다. 황제는 언제나 '내 국민들'이라 말했지 '내 국민'이라 말하는 법이 없었다.

프란츠 요제프 1세는 '상상의 공동체'의 심장이었다. 나는 호프부르크 궁전에서 그 시대의 분위기를 느낄 수 있었다. 황제의 탈의실이 바로 옆에 있는 하얀 벽의 각의실에서, 철 침대 하나만 놓인 검소한 침실에서, 황후 시시의 운동기구가 여전히 벽에 기대져 있는, 한때 황제 부부가 사용했던 침실에서, 요제프 폰 라데츠키 야전 사령관의 초상화와 황제의 전용 전화기(전화번호는 61번)가 놓여 있는 자그마한 책상, 그것만 덩그러니 놓인 황제의 서재에서 프란츠 요제프 황제의 됨됨이를 짐작할 수 있었다.

프란츠 요제프가 황제로서 어떤 업적을 남겼느냐는 별로 중요하지 않다. 그가 황제였다는 사실 그 자체에서 프란츠 요제프의 의미를 찾아야 한다. 그는 상징적인 역할을 맡았고, 그것을 아주 진지하게 해냈다. 스페인 궁중 예법을 얼마나 철두철미하게 지켰던지, 황제가 위독하다는 소식을 듣고 허겁지겁 달려간 의사가 옷차림 때문에 황제에게 꾸지람을 들었다는 소문이 전해질 정도였다. 독일 황제와 달리, 프란츠 요제프는 혁신을 달갑게 생각하지 않았다. 수세식 변소도 황후가 집요하게 간청한 후에야 설치를 허락했다. 또 전화와 기차를 신뢰하지 않았고, 눈을 해친다는 이유로 왕궁에 전기를 설치하는 것도 용납하지 않았다.

프란츠 요제프는 '하우스마흐트Hausmacht'(가문의 힘)에 대한 합스부르크 가문의 생각을 충실히 따랐다. 요컨대 합스부르크 왕조는 하느님이 부리는 지상의 도구라고 확신했다. 귀족과 평민이 하느님과 황제에게 충실하면 모든 문제가 원만하게 진행될 거라 믿었다. 반면 혁명과 신의 부정은 체제에 신속하고 치명적인 타격을 안길 수 있다고 생각했다. 그리고 결국 실제로 그런 비극이 찾아오고 말았다.

하우스마흐트 이외에, 명문 태생의 귀족과 '공로 귀족', 즉 빼어난 공훈을 쌓아 임명된 귀족이 엄격히 구분됐다. 명문 태생의 귀족과 관리만이 '호프페이흐'(명문 출신)로서 궁중회의에 참석할 수 있었다. 약 80가문에 이른 호프페이흐는 12월부터 5월까지 상대방의 파티와 장례식에 참가하며 지냈고, 또 서로 결혼해서 하나의 큰 가문을 이루기도 했다.

프랑스와 영국에서는 부르주아가 재산을 축적함으로써 귀족의 힘을 깨뜨렸지만, 빈에서는 그런 현상이 일어나지 않았다. 이곳에서는 부자라도 귀족과 쉽게 어울리지 못했다. 엄밀하게 말하면, 자유주의적 시민계급은 황제, 귀족과 더불어 지배계급에 속했지만 귀족보다 우월한 힘을 갖지는 못했다. 또한 귀족의 느슨하고 감각적인 문화와 부르주아의 질서정연하고 합리적이며 청교도적인 문화 사이에는 커다란 차이가 있었다. 빈의 중산층 시민은 귀족적인 장식물로 꾸민 건물에 살지만 수단과 언어와 문화가 부족한 까닭에 절망에 빠진 방관자, 실패한 부자, 요컨대 귀족이 되기를 간절히 바라는 사람들일 뿐이었다.

빈껍데기로 남은 제국

그러나 19세기 후반에 이상한 일이 벌어졌다. 상상의 왕국에서 실질적인 삶이 슬그머니 빠져나가기 시작한 것이다. 제국은 점점 빈껍데기로 변해갔다. 귀족과 평민 모두 그것을 눈치챘지만 대안을 찾아내지 못했다.

반항적인 민족주의자들도 아무런 역할을 하지 못했다. 예컨대 요제프 로트의 소설 《라데츠키 행진》에 등장하는 헝가리 장교는 1914년 프란츠 페르디난트[3] 황태자가 사라예보에서 공격받았다는 소식을 듣고는 흥분해서 "내 동료들과 나, 우리는 돼지가 정말로 죽어야만 즐거워할 수 있다는 데 의견 일치를 보았다"라고 말한다.

현실에서 살며 현실적인 문제로 신음하던 수백만 명의 농부와 가난한 시민도 이 환상 속에서 빠져나왔다. 그들은 하루라도 빨리 오스트리아-헝가리제국에서 벗어나고 싶어 했다. 그 결과 1900년부터 1919년까지 350만 명의 합스부르크 신민이 미국으로 떠났다. 다른 어떤 나라보다 많은 수였다.

게다가 1차 세계대전이 벌어졌을 때 러시아군을 제외하고는 오스트리아-헝가리 군대만큼 탈영병이 많은 곳은 없었다. 포로로 잡힌 합스부르크제국의 군인(220만)이 영국군(17만)보다 12배나 많았다. 《라데츠키 행진》의 끝 부분을 보면, 명문가 출신의 주인공 트로타 중위는 전투에 뛰어들지만 그의 시종이던 병사 온누프레이는 고향으로 도망친다. "곧 추수기였다. 제국과 왕국의 군대에서 그가 할 일은 아무것도 남아 있지 않았다."

일요일. 나는 신앙심을 다잡기 위해 슈테판스돔을 찾아갔다. 성직자는 충심으로 신도들을 맞이했다. 그리고 어젯밤에 클라겐푸르트에서는 기온이 영하 18도까지 떨어졌다고 알려주었다. 신도들은 우물거리며 찬송가를 불렀지만, 찬송가는 그들의 모피 목깃에서 시작해 구름까지 올라갔다.

성직자는 설교 시간에 뉴욕의 전설적인 시장, 피오렐로 헨리 라과디아Fiorello Henry La Guardia에 대해 얘기했다. 판사로 재직할 때 라과디아는 빵 하나를 훔친 가난한 사람을 재판한 적이 있었다. 라과디아는 그에게 10달러의 벌금형을 선고하고는 자기 지갑에서 10달러를 꺼내주며 벌금을 내라고 말했다. 이런 일화를 근거로 성직자는 "정의는 동정심과 함께해야 합니다"라고 결론지었다. 모두가 고개를 끄덕이며 "아멘"이라고 말했다. 예배가 끝나고 모두 마주 보며 악수를 나누었다. 그때 한 일본인이 통로로 걸어 나와 놀란 표정으로 주변을 둘러보고는 사진기로 신도들의 모습을 찍기 시작했다.

빈에서도 정말 변화가 일어난 것일까? 오타크링 역에서, 모피 코트를 입은 한 여자가 역시 모피 코트를 입은 남자의 무릎에 앉아 있는 걸 보았다. 술에 취한 남자가 비틀거리며 케른트너 슈트라세 쪽으로 걸어갔다. 중앙역에서는 예쁘장한 여자가 내 앞을 지나갔다. 내가 빈에 도착한 뒤 처음 본 여자이기도 했다. 검은 머리칼에 아몬드 모양을 한 눈매가 정말 예뻤다. 하지만 도도함이 풍기는 몸짓이 가장 인상적이었다. 그녀는 작은 수레를 끌고 지나갔다. 쓰레기통을 비우고 바닥을 청소하는 게 그녀의 일이었다. 생활비를 벌기 위해 그런 일을 하는 게 분명했다. 내가 이 도시에 관해 이야기할 때 빠뜨릴 수 없는 장면이었다.

일요일, 나는 이름 없는 사람들의 무덤에 장미꽃을 바치기 위해 길을 나섰다. 도나우 강을 따라 방치된 조선소와 먼지를 뒤집어 쓴 저장탑 뒤로, 상류에서 떠내려 온 시신들을 매장한 묘지, '프리트호프 데어 나멘로젠'(이름 없는 사람들의 공동묘지)이 있었다. 20세기 초, 절망에 싸여 다리에서 뛰어내린 이름 없는 사람들의 무덤이었다. 당시 극도의 긴장감이 감돌았던 빈에서는 그런 투신자살이 빈번하게 일어났다.

바람이 헐벗은 나뭇가지를 스치면서 을씨년스런 소리가 났다. 나는 어떤 사람의 무덤 위, 색이 바랜 조화 옆에 장미꽃을 놓았다. 우여곡절 끝에 알로이시아 마르샤(1877~1905)라는 이름을 찾은 사람의 무덤이었다.

저녁이 되자 곳곳에서 종이 울리기 시작했다. 맑은 종소리에 공기마저 맑아지는 것 같았다. 슈테판 광장에는 서너 대의 관광버스만 서 있을 뿐, 오가는 사람은 거의 보이지 않았다. 낡은 집들 위로 노란 보름달이 떠올랐다. 온몸이 얼어붙을 듯이 추웠다. 길에서는 노점상들이 군밤과 구운 감자를 팔았다.

괴물 같은 건축물

1911년인가 1912년의 미하엘 광장을 그린 특별한 그림이 있다. 젊은 화가, 아돌프 히틀러가 광장 주변을 정밀하게 그려낸 그림이다. 그런데 한 건물, 모더니스트 건축가 아돌프 로스가 1910년에 지은 건물만은 달랐다. 히틀러는 그 건물 대신, 18세기의 한 그림에서 따온 건물로 빈자리를 채웠다. 로스의 '내닫이창이 없는 집'은 당시에도 유명했지만 히틀러는 그런 건물이 존재하는 걸 용납하지 않았던 모양이다.

지금 로스의 건물은 한 은행가의 보금자리이다. 우리 눈으로 얼핏 봐도, 그 건물은 주변 환경과 썩 어울리는 듯하다. 두 개의 굵고 둥근 기둥이 떠받치고 있는 포르티코는 아름다운 초록색 대리석이고, 목재로 실내의 벽과 천장을 덮어 포근한 기운이 감돈다. 로스의 건물 전면은 차분한 분위기를 띠는 반면, 옆집의 전면은 꽃과 화환 등 온갖 화려한 것들로 꾸며져 있다. 광장에서 보면, 로스의 건물 포르티코가 호화로운 호프부르크 왕궁을 은근히 비꼰다는 걸 확인할 수 있다. 로스의 건물은 주변 건물과 어울리면서도 특별한 멋을 지니고 있다.

소박하면서 특별한 장식이 없는 로스의 건물은 예술에서 순수함을

▲ 20세기 초, 빈은 유럽 문화의 중심지였다. 현재 빈 시내의 모습이다.

강조한 초기 모더니스트 건축물의 표본이었다. 또한 1914년 유럽의 주요 도시들에서 유행한 모든 '신新'양식에 대한 반발이기도 했다. 그러나 당시 많은 빈 시민의 눈에 로스의 건물은 영락없는 괴물처럼 보였다. 자유주의자와 '매부리코 유대인'이 독일에 퍼붓는 위험한 근대성의 전형적인 사례였다. 역사적으로 건전한 것을 그 '타락한 예술'로부터 보호해야 했다.

아돌프 로스가 유대인이냐 아니냐는 중요하지 않았다. 많은 독일인과 가톨릭계 시민에게, 유대인과 근대성은 동의어였다. 그러나 이런 등식이 완전히 잘못된 것은 아니었다. 말러, 비트겐슈타인, 프로이트, 슈니츨러Arthur Schnitzler(1862~1931, 오스트리아의 극작가·소설가_옮긴이 주), 츠바이크, 로트, 테오도르 헤르츨, 크라우스 등 당시 빈에서 활동하던 유대인들이 없었다면 빈은 그처럼 중요한 문화의 중심지가 되지 못했을 것이다.

유럽을 주름잡은 정치사상의 모태

20세기에 발달한 거의 모든 것이 1900년의 빈에서 이미 꿈틀대고 있었다. 정치인의 경우도 크게 다르지 않았다. 당시 빈을 활보하던 사람들을 훗날 유럽 전역에서 만나게 된다. 이념론자, 선동가, 개척자, 사회민주주의자 등 모두 이름을 널리 알린 사람들이었다.

우선 사회민주주의자부터 살펴보자. 오스트리아 사회당을 창당한 빅토르 아들러Victor Adler는 유대인으로 태어났지만 기독교인으로 세례를 받았다. 그는 인도주의자였고 자유주의자였다. 젊은 시절에는 독일 민족주의자로 활동하기도 했다. 그는 노동자 계급의 혁명은 필연적인 것이라 생각했고, 사회주의 운동을 통해 국가 지배권 인수 준비를 해야 한다고 믿었다. 따라서 성인교육과 공공도서관, 노동자 단체를 비롯한 사회민주주의 조직의 필요성을 주장하는 데 혼신의 힘을 쏟았다. 1905년 그는 보통선거 도입을 주장하는 총파업을 주도했다. 그리고 1907년, 사회민주당이 제국의회 선거에서 87석을 얻어내며 마침내 꿈을 이루었다.

아들러는 급진적인 주장을 내세우긴 했지만 계급투쟁보다 공동체 전체의 복지를 강조하는 의회운동의 중심이 됐다. 그러나 그의 아들, 프리드리히 아들러의 생각은 달랐다. 프리드리히는 폭력적인 혁명의 길을 택해, 1916년 수상을 암살했다.

유럽이 훗날 받아들이게 되는 두 번째 원형原型은 민족주의 이념이었다. 게오르그 리터 폰 쇠네러Georg Ritter von Schönerer는 땅딸막한 체구였다. 한 평론가의 표현을 빌리면 "뚱뚱하고 맥주에 취한 듯 불그스레한 얼굴이었지만 첫인상이 그다지 나쁘지는 않았다. 그러나 입을 여는 즉시 완전히 다른 사람으로 변했다. 다른 때는 피곤에 찌든 것처럼 보이던 눈이 반짝거리기 시작하고, 두 손은 활달하게 움직였으며, 얼굴에도 생기가 돌았다. 그의 입에서 흘러나오는 말에 방이 쩌렁쩌렁 울렸다." 그러나 쇠네러에게는 대중을 동원할 만한 카리스마가 없었다. 그의 영향력은 길거리의 폭력과 격앙된 연설에서 나왔다.

원래 쇠네러는 진보적인 지주였다. 학교와 도서관을 잇달아 세워, 아랫사람들에게 아버지와 같은 존재로 여겨졌다. 그는 빅토르 아들러를 비롯한 진보 자유주의자들과 긴밀하게 협조하며 일했다. 그러나 많은 자유주의자가 그랬듯이 나중에는 자신이 속한 우월한 독일 민족이 (합스부르크제국에서) 슬라브 민족에게 포위당해 있다는 생각을 떨치지 못했다. 독일계 자유주의자만이 진정한 자유주의자이며 진정한 문화유산을 물려받은 이들이라고 믿었다. 그래서 그는 자신의 땅에 있는 큰 바위들에 룬문자로 '하일, 비스마르크!'라고 새겼다.

그는 광적인 반유대주의자이기도 했다. 따라서 유대인을 교육기관과 신문사 등 대부분의 직업에서 축출하라고 요구했다. 심지어 '독일 민족의 순수함'을 지키기 위해 독일에서도 추방해야 한다고 주장했다. 1884년 2월 18일, 그는 정치 지도자로서는 유럽 최초로 파티장에 '유대인 출입금지'란 팻말을 내걸었다. 그 후 체육 클럽, 음악 클럽, 등반 클럽, 사이클 클럽, 학생 단체, 산책 클럽, 북 클럽 등 수많은 클럽이 그의 뒤를 따랐다.

결국 쇠네러의 조직은 한 명의 지도자 아래 룬문자, '하일'이란 인사법, 동지와 하지에 행하는 의식, 모닥불, 전투가 등 모든 것이 일사분란하게 움직이는 준準종교조직으로 변질됐다. 그의 추종자들은 결혼하기 전에 아리안의 후손이며 생물학적으로 건강하다는 사실을 입증해야 했다. '독일 피의 순수성'을 지키는 데 기꺼이 공헌하지 않는 사람은 '독일 민족의 배신자'였고 '유대인의 종'이었다.

쇠네러의 유난스런 반反빈적 열정은 도가 지나쳤다. 1888년 그는 몇몇 정치 동료들과 함께 신문사 '노이에 비너 타케블라드'를 급습해, '그 유대인 신문'의 인쇄기를 파괴하고 편집자들을 폭행했다. 자유주의적인 빈에서, 그런 폭력행위를 처벌하지 않고 그냥 넘길 리 없었다. 쇠네러는 징역형을 선고받았고, 5년 동안 투표권과 공직권을 박탈당했다.

그 후 그는 주로 정치권 언저리에서 활동하며 시간을 보냈다. 그러나 그의 영향력은 여전히 막강했다. 그가 내세운 반유대주의라는 정치적 목표, 대중 민족주의, 혈통과 땅, 독일의 신비주의, '폴키셰'(민족) 예술이란 개념, '퓌러프린치프'(지도자 원칙)로 인해 중앙유럽은 영원히 오염되고 말았다.

유럽을 형성하는 데 결정적인 역할을 한 빈의 세 번째 인물은 기독교민주주의 선동가 카를 뤼거Karl Lueger였다. 수위의 아들이었던 뤼거는 독일계 빈 시민, 즉 산업화·현대화의 결과를 두려워한 작은 가게 주인과 일반 시민들의 마음을 완벽하게 꿰뚫어 보았다. 시장으로서 뤼거는 도시 사회주의의 선구자이기도 했다. 그는 많은 학교를 신설했고, 도시의 연료와 상수도 및 전기 관리 회사를 설립했으며, 효율적인 전차망도 구축했다. 또한 영양부족인 아이들을 위해 식단 프로그램을 편성했을 뿐 아니라 공공주택과 도시 재개발 부분에서도 시대를 앞서갔다.

카를 뤼거는 '홍보의 대가'(당시 이런 단어가 존재했다면 그를 정확히 표현해주는 말이었을 것이다)였다. 뤼거는 빈의 행정기관에 팽배했던 부패에 젖어들지 않았다. 그와 첨예하게 대립한 정적들마저 뤼거의 청렴한 행동을 인정할 정도였다. 모든 면에서 그는 인정 많고 유쾌한 지도자 역할을 즐겼던 것으로 보인다. 시장의 징표를 어깨에 걸고 평민들의 생일잔치와 축제에 참석하곤 했다. '작은 사람들'에게 깊은 관심을 보인 시장답게, 그는 "자주 조금씩 마시는 모든 시민이 핸섬마차(말 한 필이 끄는 2인승 이륜 포장마차_옮긴이 주)를 마음대로 사용할 수 있게 해주기를 바랐다."

만민 평등주의에 있어 뤼거는 대부분의 기독교민주주의자들보다 훨씬 진보적이었다. 쇠네러가 몰락한 이후, 뤼거는 쇠네러에게 큰 성공을 안겨주었던 정책들(아리안의 순수성, '유대인의 손에 떨어진' 대기업의 국유화, 자본주의와의 투쟁, 유대계 언론과 현대 예술의 타도)을 곧바로 받아들였다. 이 부분에 대한 뤼거의 비판은 거의 전설적이었다. 1894년, 그는 국회를 향해 "마지막 유대인이 죽음을 맞을 때 반유대주의도 막을 내릴 것이다"라고 외쳤다. 또 "유대인이 총살을 당하든 교수형을 당하든 나는 신경 쓰지 않는다"라고 한 그의 발언을 누군가가 비판하자, 뤼거는 "인용하려면 똑바로 인용해라. 나는 '총살을 당하든 참수형을 당하든'이라고 말했다!"라며 비판자에게 반격을 가했다.

1873년의 증권시장 붕괴, 성공한 유대인 경쟁자에 대한 시기심, 남에게 죄를 떠넘기고 싶은 마음, 밀물처럼 몰려드는 이민자에 대한 반감, 유대인으로 의인화시킨 현대에 대한 두려움 등과 같은 여론은 베를린의 경우와 거의 비슷했다. 가톨릭교를 신봉한 보수적인 빈에서 '유대인'은 자유사상, 국제적 성향, 교회나 국가에 얽매이지 않는 비순응주의자 등 특별한 사고방식과 동의어였다. 달리 말하면, 빈의 중하층이 경멸하고 싫어하는 모든 것이었다.

유대인의 비국가적 성향은 반감을 불러일으켰다. 유대인은 민족 간의 미묘한 권력 다툼에 끼어들지 않았다. 유대인은 국적이 없는 유일한 민족이었다. 유대인은 국적을 원하지 않았고, 그에 따른 지위를 요구하지도 않았다. 따라서 한나 아렌트Hannah Arendt가 정확히 지적했듯이, 공권력의 입장에서 오스트리아의 유대인은 꽤 마음에 드는 민족이었다. "영향력 있는 유대인과 공권력 간에는 이해관계가 완벽하게 일치했다." 미국의 문화 역사학자, 칼 에밀 쇼스케Carl Emil Schorske는 《세기말의 빈》에서 "황제와 자유주의 체제는 유대인에게 국민 의식을 요구하지 않고 그들에게 특별한 지위를 부여했다. 그로 인해 유대인은 다민족 국가에서 초국가적 국민이 됐다. 유대인은 옛 귀족의 발자취를 따르는 유일한 국민이었다"라고 썼다.

뤼거나 쇠네러 같은 민족주의자들은 이런 현상을 완전히 뒤바꿔놓으려 했다. 그들은 다민족 국가를, 오스트리아에서 공권력의 사랑을 받는 민족을 무엇보다 증오했다.

그러나 뤼거의 반유대주의와 쇠네러의 반유대주의는 달랐다. 뤼거의 반유대주의 또한 떠들썩하긴 했지만 교조적이지 않고 융통성이 있었으며, 종족적인 성격보다는 사회적인 성격을 띠었다. 빈을 진정으로 사랑했던 뤼거는 시의회에서는 끈덕지게 비판하고 괴롭히던 유대인 자본주의자들과도 기꺼이 식사를 함께 하며 "누가 유대인이고 누가 유대인이 아닌지는 내가 결정한다"라고 말했다. 그는 그런 사람이었다.

뤼거가 세상을 떠난 지 10년 후인 1922년, 빈의 언론인 후고 베타우어Hugo Bettauer가 반유대주의를 풍자한 《유대인이 없는 도시: 모레를 위한 소설》을 발표했다. 이 책에서 베타우어는 유대인이 갑자기 사라진 빈의 모습을 그렸다. 우선 비유대인에게 어떻게 투기해야 하는지 조언해줄 은행가가 없었다. 더는 유대인 여자와 경쟁할 필요가 없어진 비유대인 여자는 패션에 흥미를 잃었고, 주정뱅이 뚜쟁이에게 학대받는 창녀는 인정 많은 유대인 손님에게 선물을 받지 못해 어디에서도 위안을 얻지 못했다. 그로부터 3년 후, 카를 크라우스의 친구였던 베타우어는 대학생에게 총을 맞아 세상을 떠났다. 그리고 사람들의 기억에서 잊혔다.

예상한 대로 이 모든 현상에 대한 반응, 즉 시온주의도 빈에서 탄생했다. 유대인이 국민적 지위를 계속 거부해야 하는 이유는 무엇인가?

그런 지위를 얻는다면 좋지 않겠는가? 유대인 지도자 테오도르 헤르츨은 이런 이론을 전개하며, 유대인을 위한 새로운 국가를 건설할 때가 됐다고 생각했다. 또한 헤르츨은 새로운 유대 국가는 무엇보다 자유로워야 한다고 주장하며, 자유주의의 구원이 되기를 바랐다.

헤르츨은 부유하고 계몽된 집안, 요컨대 종교가 '경건한 가족의 유물'로 변한 가정에서 태어났다. 젊은 시절, 헤르츨은 여느 사람과 마찬가지로 자신을 빈의 시민이라 생각하며, 대학생 때에는 민족주의 색채가 농후한 '부르셴샤프트Burschenschaft'(학생조합)에 가입하기도 했다. 그 조직이 반유대주의적 성향을 띠기 시작하자 헤르츨은 자신이 유대인이라는 이유도 있지만 자유를 사랑하기 때문에 조직을 탈퇴하겠다고 말했다. 회원들은 조금도 아쉬워하지 않고 그의 탈퇴를 받아들였다. 그로 인해 헤르츨은 큰 상처를 입었다.

그 후 〈노이에 프라이에 프레세〉의 파리 특파원으로 드레퓌스 사건을 취재한 헤르츨은 근대적이고 계몽됐다는 프랑스인이 "유대인에게 죽음을! 죽여라!"라고 소리치는 걸 보고, 사회적 동화만으로는 유대인의 권위를 지킬 수 없다는 사실을 깨달았다. 헤르츨은 완전히 다르게 생각하기로 결심했다. 과거에 유대인은 외부 세계에서 해결책을 구하려 애썼다. 하지만 헤르츨은 약속의 땅이 그들 안에, 즉 그들의 마음과 의지 안에 있다는 걸 깨달아야 한다고 주장하며, "약속의 땅은 거기, 우리가 약속의 땅을 만들어갈 수 있는 곳에 있다. 약속의 땅을 간절히 바라는 유대인이라면 자기만의 국가를 갖게 될 것이며, 그런 국가를 가질 자격이 있다"라고 썼다.

1896년, 헤르츨은 필생의 역작《유대인 국가: 유대인 문제의 현대적해법을 위한 시도》를 발표했다. 독일의 남작 모리스 데 히르슈, 로트실트 가문과 같은 유력한 유대인 박애주의자들이 대대적으로 그를 지지하고 나섰고, 헤르츨의 연설에 게토의 유대인들도 전례 없이 뜨거운 반응을 보였다. 작가 벤 아미Ben Ami는 1897년 1차 시온주의자 대회에 참석한 후 "그는 더는 빈의 점잖은 헤르츨 박사가 아니었다. 무덤에서 일어난 다윗왕의 왕손이었다"라고 감격해했다.

그러나 헤르츨이 정말로 원했던 것은 무엇이었을까? 나는 국립 도서관에서 《유대인 국가》와 그 밖의 몇몇 저작을 공들여 읽어나갔다. 헤르츨이 자신이 꿈꾸던 국가를 가난한 동유럽 유대인들에게 설득력 있게 알리기 위해 사용한 방법이 눈에 띄었다. 독일 부족과 의식에 관한 얘기를 통해, 요컨대 역사를 이용해 독일 민족을 규합하려 했던 쇠네러처럼, 중세 가톨릭의 질서에 눈을 돌렸던 뤼거처럼 헤르츨도 다윗왕 시대의 강한 이스라엘을 거듭 언급했다. 그의 정적政敵들처럼, 헤르츨도 화려했던 과거를 현재와 연계시켰던 것이다.

국제사회주의자들은 하루 8시간의 노동을 꿈꾸었지만, 헤르츨의 유대인 국가는 하루 7시간의 노동을 지향했다. 하얀 바탕에 황금색으로 수놓아진 일곱 개의 별을 반영한 것이었다. 또 그곳은 어디에나 '인도적이고 밝고 건강한 학교'가 세워지고, 젊은 '노동자 여단'이 대부분의 노동을 떠맡는 나라였다. 유대인이 다양한 언어를 사용하기 때문에 히브리어를 주된 언어로 삼지 않고, 존경받는 랍비가 군인이 병영을 지키듯 성전을 지키는 나라여야 했다. 헤르츨은 팔레스타인과 예루살렘을 들먹인다면 프로파간다 효과가 극대화될 거라고 생각했지만, 그곳을 고집하지는 않았다.

나는 이상하지만 필연적인 결론에 도달했다. 이스라엘의 선구자들이 꿈꾼 약속의 땅은 유대인의 팔레스타인이 아니라 자유로운 빈이었다고! 헤르츨의 유토피아에 다윗의 별은 없었다.

그때 이 모든 것을 지켜본 무명의 사내가 있었다. 공상가였고, 집 없는 극빈자였으며, 성공의 가능성이라곤 없던 화가, 아돌프 히틀러였다. 히틀러는 1907년 9월부터 1913년 5월까지, 즉 18세부터 24세까지 6년을 빈에서 보냈다. 물론 빈은 그에게 깊은 인상을 주었다. 훗날 그의 보좌역을 지낸 알베르트 슈페어[4]의 증언에 따르면, 히틀러는 수십 년이 지난 후에도 기억을 되살려 링반과 그 주변의 기념물들을 그려낼 수 있었다.

"아돌프 히틀러는 (친구와 동료들에게) 알려진 것처럼 빈의 노동자와 실업자들 사이에서 두드러져 보이지 않았다. 특별한 재능을 과시하지도 않았고, 양심의 가책을 느끼지 못한다거나, 범죄적 성향 혹은 악마적 성향을 눈에 띄게 보여주지도 않았다." 오스트리아의 역사학자 브리기테 하만Brigitte Hamann은 아돌프 히틀러의 빈에서의 생활을 치밀하게 추적한 끝에 이런 결론을 내렸다. 하만의 말에 따르면, 당시 히틀러는 쉴 새 없이 떠벌리며 독일 민족을 맹목적으로 우상화하던 비상식적인 사람들 중 하나에 불과했다. 누구도 그의 눈빛에 어린 '위압적인 힘'을 인식하지 못했다. 게다가 당시 히틀러가 반유대주의적 발언이나 행동을 했던 것도 아니었다. 정치에 남다른 관심을 보였지만, 그에게는 오직 하나의 목표, 건축가가 되겠다는 꿈밖에 없었다.

그렇다고 히틀러가 했던 대부분의 생각이 빈에서 시작되었다는 사실이 부정되는 것은 아니다. 세기말에 빈에서 횡행했던 견해들을 훗날 히틀러의 정책에서 그대로 발견할 수 있다. 쇠네러의 이데올로기와 종교적 숭배는 거의 그대로 히틀러의 국가사회주의당에 옮겨졌고, '퓌러 프린치프'와 길거리 폭력도 그대로 사용됐다. 히틀러의 연극적인 행동도 쇠네러의 방식을 따라한 것이 분명했다. 실제로 히틀러는 함께 식사하던 동료들에게 자신은 진정한 '쇠네러주의자'이며, 처음 미술학도로 빈에 갔을 때는 뤼거에게 큰 반감을 품었었지만 얼마 지나지 않아 그 반감이 동경으로 변했다고 말한 적이 있었다. 결국 히틀러의 급진적 민족주의는 쇠네러에게 가장 큰 영향을 받았다고 해도 과언이 아니다.

그러나 쇠네러에게 받은 영향 못지않게 뤼거에게 받은 영향도 컸다. 현란한 정치적 제스처를 비롯해 프로파간다, 특히 사회정책과 공공사업 프로젝트를 중시한 정책에서는 뤼거의 냄새가 짙게 풍긴다. 선동만으로는 충분하지 않았던 것이다. 국민을 효과적으로 지배할 수 있어야 했다. 훗날 한 연설에서 인정했듯이 히틀러는 뤼거에게서 "위대한 작품이 한 유파의 지배력을 보장해준다. 말이 설득력을 잃은 뒤부터는 돌이 말해야만 한다"라는 원칙을 배웠다.

히틀러가 오스트리아에 남긴 것

빈에서 젊은 시절을 보낸 히틀러는 오스트리아에 무엇을 남겼을까? 빈에서 기차로 서너 시간 떨어진 곳에 레온딩이 있다. 옛날에는 작은 촌락이었지만 지금은 린츠의 교외 지역으로, 마을 광장에는 동네 여자들이 이런저런 잡담을 나누며 아침 시간을 보내는 카페가 있다.

미국의 역사학자 존 루카치는 1945년에 친구들[마우트하우젠(악명 높았던 나치 집단수용소의 하나_옮긴이 주)에서 석방된 그의 친구들로, 그 무덤 부근에서 소풍을 즐겼다]에게 어떤 무덤에 대한 얘기를 들었다며, 내게 그 무덤이 아직 그곳에 있을 거라고 말해주었다. 그러나 내가 찾아갔을 때 그 교회 묘지는 하얀 눈에 덮여 있었다. 그런 곳에 그 무덤이 있으리라곤 상상조차 할 수 없었다. 지난 몇 년 동안 한 세대가 한꺼번에 죽은 것처럼 거의 모든 무덤이 새것이었고 묘석 또한 반짝거렸다. 게다가 안내서에도 무덤은 일반적으로 10년 후 비워진다고 쓰여 있었다. 그래서 나는 루카치가 말한 그 무덤을 찾겠다는 희망을 거의 버린 상태였다.

여하튼 나는 무덤들을 하나씩 조사했다. 거기에 누운 모든 프리츠, 프란츠, 알로이스, 테레사를 빠짐없이 살폈다. 그렇게 45분 동안 눈밭을 헤매며, 거의 모든 무덤을 살펴본 끝에 마침내 그 무덤을 찾아냈다. 그런데 이상하게 조금도 만족스럽지 않았다. 오히려 충격을 받았다. 커다란 검은 십자가가 약간 기울어져 있고, 아름드리 소나무가 무덤에서 우뚝 솟아 있었다. 고인들의 초상은 무척 낯익었다. 나는 곱은 손으로 묘석에 쓰인 글씨를 옮겨 적었다.

알로이스 히틀러, 세관 고급 공무원. 향년 65세로 1903년 1월 3일 사망. 그의 부인 클라라 히틀러, 향년 47세로 1907년 사망. 고이 잠드소서.

묘석에는 클라라 히틀러에 대해 자세한 설명을 덧붙일 만한 공간이 없었다.

지붕이 나지막한 노란 집이 여전히 묘지 뒤에 남아 있었다. 그들의 어린 아들이 카를 마이Karl May의 웨스턴 소설을 탐독하고, 보어 전쟁 놀이를 하며, 교회 묘지에서 쥐를 쫓던 집이었다.

히틀러 부부는 살아 있는 자손을 남기지 못했지만, 그들의 묘석에는 갓 꺾은 소나무 가지와 제비꽃이 놓여 있었다. 묘석의 글도 얼마 전에 금박이 입혀진 듯했다. 또 묘석에는 깨끗한 양초가 세 개 놓여 있고, 십자가에는 새 화환이 걸려 있었다.

호텔로 돌아가는 길에 나는 〈비너 자이퉁〉에서 프란츠 푹스(49세)의 재판 관련 기사를 읽었다. 푹스는 4년 동안 혼자 폭탄 테러를 자행한 테러리스트였다. 그의 테러로 인해 네 명의 집시 아이가 사망했다. 법정에서 푹스는 다음과 같은 구호를 외쳐댔다.

"독일 민족이여, 일어서라! 외국의 피는 원하지 않는다! 소수민족의 특혜를 중단하라! 우리 삶의 터전을 외국인에게 낭비하지 마라! 국제 사회주의도 원치 않는다! 반독일적인 정책을 중단하라! 시온주의적인 반게르만 정책을 당장 중단하라!"

오늘은 1999년 2월 3일, 수요일이다.

2부

스페인 독감, 1차 세계대전을 죽음으로 내몰다

06

황태자 암살 사건의 전말, 빈

Vienna

이르판의 집을 찾아온 북소리

부모님 집에서 지내던 어린 시절, 찰랑거리는 파도소리가 항상 귀를 간질였고, 새들의 노랫소리가 끊임없이 들려왔다. 이르판 오르가Irfan Orga는 현재 이스탄불인 콘스탄티노플에서 살았다. 당시 다섯 살이던 그는 부유한 양탄자 상인의 아들로 태어나, 마르마라 해海가 굽어보이는 '블루 모스크'(술탄 아흐메트 모스크) 뒤편에 살았다.

훗날 이르판은 추억거리들을 기록하기 시작했다. 잠에서 깼을 때 보이던 햇살 가득한 침실, 아침마다 환한 얼굴로 입맞춤해주던 어머니, 널찍하고 폭신한 침대에서 '사자'놀이를 한 후 할아버지와 함께 커피하우스까지 산책하던 기억들…. 그런데 어느 날 산책을 하고 있을 때 할아버지가 갑자기 비척거리기 시작했고, 그들은 조심스레 집으로 돌아왔다. 그리고 의사가 황급히 달려왔다. 집안이 갑자기 웅성거렸고 슬픈 기운이 감돌았다. 이르판은 할아버지를 잠시밖에 만날 수 없었다. 그 후로는 산비둘기가 구구대는 소리를 들으며 양지바른 정원에서 하염없이 기다렸다는 기억만이 남아 있다.

그때가 1914년 봄이었다. 오르가 가족은 그해 여름을 아흐메트 삼촌, 아예셰 숙모와 함께 보스포루스 해협이 굽어보이는 사르예르 해변 휴양지에서 보냈다. 아흐메트 삼촌은 아침에는 바다에서 수영을 하고, 시원한 바람이 부는 저녁에는 이르판에게 낚시하는 법을 가르쳐주었다. "한번은 돌고래 떼를 만났다. 나는 숨을 죽이고, 녀석들이 공중으로 치솟는 모습을 지켜보았다." 노를 저어 집으로 돌아올 때면 아흐메트 삼촌은 이르판에게 많은 이야기를 해주었다.

아예셰 숙모는 이르판의 어머니와 함께 매그놀리아 나무 아래에 앉아 커피를 마셨다.

> 긴 의자에 앉아 재밌게 얘기를 나누는 두 분은 정말 꽃처럼 우아해 보였다. 햇살이 두 분의 밝고 화사한 실크 드레스를 파스텔 색조로 물들였다.

이르판은 밤늦게 침대에 누워, 어른들이 베란다에서 나지막이 얘기하는 소리를 들었다.

그해 여름이 절반쯤 지났을 때 이르판도 분위기가 달라진 걸 눈치챌 수 있었다. 어느 날 저녁, 어른들의 대화가 심각하게 변하고 웃음소리도 줄어들었다. 아버지가 유럽에서 '전쟁'이 벌어졌으며, 아버지와 아흐메트 삼촌도 '가야 하기' 때문에 가능한 한 빨리 집과 사업체를 처분할 거라고 말하는 소리가 들렸다.

나는 어른들이 하는 말에 귀를 기울였다. '전쟁'이란 낯선 단어가 자주 들렸다. 당시 모든 사람들의 생각을 지배하던 단어였던지 남자들이 모인 자리에서는 그 단어가 어김없이 거론됐다. 아버지가 "독일 장교는 터키군을 훈련시키지 않아. 눈이 검다고 말이야"라고 말하자, 삼촌이 "우리는 이번 전쟁에 하나의 독립된 국가로 참전하게 될 겁니다"라고 대답했다.

겉으로 보기에는 여느 휴가와 다르지 않았다. 이르판의 아버지는 정원에서 쉬었고, 아이들은 하루하루 검게 그을렸다. 여자들은 주변을 관광하고 다녔다. 행복한 날들이었다. 그러나 휴가는 순식간에 끝났다. 오르가 가족은 매그놀리아 나무가 그늘을 드리운, 수영장과 파티와 온갖 이야깃거리가 남은 정원을 마지막으로 둘러보고 콘스탄티노플로 돌아가는 연락선에 올랐다.

우리는 삼촌과 숙모에게 힘차게 손을 흔들었다. 하지만 지상에서 곧 사라질 목숨들에 마지막 작별 인사를 하고 있는 줄은 누구도 알지 못했다.

여름휴가가 끝난 후, 이르판은 새 학교에 입학했다. "상황이 심각하다"는 말이 자주 들렸다. 아버지는 사업체를 팔았다. 모두가 비상식품을 저장하기 시작했다. 상점들이 문을 닫았고 물건값이 치솟았다. 여자들만이 용감하게 길거리를 돌아다녔다. 그해 가을, 오르가 가족은 작은 집으로 이사했다.

그로부터 얼마 지나지 않은 11월의 어느 날 저녁, 요란한 북소리가 점점 가까워졌다. 그들은 현관문을 열고 밖을 쳐다보았다. 아버지는 아들의 어깨를 감싸 안았고, 아들은 아버지의 품에 기댔다. 잠시 후, 큰 북을 치는 한 남자가 모퉁이에서 나타나 "1880년부터 1885년 사이에 태어난 남자는 모두 48시간 내에 징집사무소로 출두하시오"라고 소리쳤다.

다음 날에는 먹을 빵조차 없었다. 아흐메트 삼촌은 1885년생이었다. 삼촌이 인사를 하러 와서 조용히 커피를 마셨다. 이르판의 어머니는 하얀 더플백에 바느질을 하기 시작했다. 세심하고 꼼꼼하게. 그리고 몇 주 후, 북소리는 이르판의 아버지를 찾아왔다.

사라예보의 테러리스트

요제프 로트는 1914년의 봄을 이렇게 말했다. "전쟁이 일어날 거라고는 조금도 생각하지 않았다. 빈에서는 은테를 두른 커피잔과 말끔한 식탁보에서 5월이 흐르고 있었다. 가느다란 초코바에는 내용물이 꽉 채워졌고, 초록색 밀푀유(여러 겹의 파이로 이루어진 달콤하고 바삭바삭한 프랑스식 고급 디저트_옮긴이 주)는 공들여 가공한 보석처럼 보였다. 그런데 갑자기 5월 중순, 조르그삼 총리가 '신사 여러분, 이제부터 전쟁입니다'라고 선언했다."

그 사건의 내용은 이미 잘 알려져 있다. 오스트리아-헝가리 황태자 부부가 하고많은 날 중 하필이면 (1389년 세르비아가 코소보에서 터키에 패한 날을 추념하는) 비도브단 날에 사라예보를 국빈 방문했다. 그리고 치명적인 총격이 있었다. 체포된 '테러리스트'는 19세의 보스니아·세르비아계 민족주의자 가브릴로 프린치포로 밝혀졌다. 오스트리아는 세르비아에 굴욕적인 조건들을 제시했다. 세르비아는 '형제국'인 러시아의 지원을 받아 오스트리아가 요구한 조건들을 거부했다. 독일은 자동적으로 오스트리아 편에 섰고, 프랑스는 러시아와의 동맹관계를 고수했다. 영국이 중재에 나섰지만 아무런 성과도 거두지 못했다. 연쇄반응처럼 총동원령이 내려지며 러시아 황제도, 독일과 오스트리아-헝가리 황제도 중단시킬 수 없는 지경에 이르렀다. 결국 모든 유럽인의 생명에 중대한 타격을 가한 숙명적인 전쟁이 시작됐다.

전쟁은 유럽 남동지역의 가난한 농촌 구석에서 시작됐지만, 서유럽의 주요 산업국이 전부 참전하면서 소름 끼치는 전면전 형태를 띠게 됐다. 물웅덩이 속의 물결처럼 밀고 밀리는 전쟁이었다. 동유럽에서 시작되고 서유럽에서 확전됐지만, 최악의 파괴는 다시 동유럽에서 일어났다.

전쟁 기간 내내 서유럽은 (플랑드르 지역을 가로지르는) 프랑스와 독일의 국경을 따라 형성된 긴 전선대로 쪼개졌다. 그리고 이 전선은 좀처럼 움직이지 않았다. 동유럽에서는 독일군이 무척 빠른 속도로 전진해, 폴란드 중앙을 가로지르는 또 하나의 전선이 그어졌다.

처음에는 발칸 지역에서도 전선이 형성됐다. 오스트리아군은 1915년 말에 베오그라드를 점령했지만, 그 후 마케도니아에서 세르비아의 완강한 저항에 부딪혀 더는 전진하지 못했다. 이탈리아도 오스트리아에 맹렬히 저항함으로써 영국군과 엇비슷한 피해를 입었다. 알프스 산악지역에서만 정확히 11곳에서 큰 전투가 벌어졌다. 카포레토(현재 슬로베니아의 코바리드)는 그야말로 이탈리아의 베르됭이 됐다. 1915년 10월부터 1917년 9월까지 계속된 카포레토 전투에서 30만 명 이상의 병사가 전사하거나 부상당했기 때문이었다.

지중해는 프랑스와 영국 해군이 장악했다. 1915년 봄, 영국군은 다르다넬스 해협을 통해 콘스탄티노플로 진격하기 위해 갈리폴리를 공격했다. 그래서 연합군과 러시아의 단일 전선을 형성할 계획이었다. 그러나 오스트리아·독일의 '취약한 하얀 복부'에 대한 공격은 실패하고 말았다.

이르판 오르가의 작은 세계는 그해에 완전히 허물어졌다. 아흐메트 삼촌이 시리아 사막에서 행방불명됐고, 아예셰 숙모는 실의에 빠져 세상을 떠났다. 또 집이 불타면서 아버지가 애써 모은 재산까지 사라졌다. 이르판의 아버지는 다르다넬스로 행군하는 과정에서 사망했다. 이르판의 가족은 가난에 시달렸다. 아이들은 학교마저 그만두었다. 이르판은 허기를 채우기 위해 풀을 뜯어먹었고, 어머니는 조금씩 미쳐갔다. 할머니만이 강하고 의연하게 버티었다.

가브릴로 프린치프는 너무 어려 곧바로 처형당하지 않았다. 그러나 4년 후, 테레지엔슈타트에 있던 작은 요새의 감방에서 죽었다. 그곳은 1940년대에 나치스의 임시 수용소로 사용된 곳이었다. 교도소에서 그를 진료한 정신과 의사가 남긴 기록을 보면, 프린치프는 자신의 행동으로 인해 촉발된 엄청난 결과에 망연자실해했다. 프린치프는 1908년, 오스트리아가 옛 터키 땅이던 보스니아-헤르체고비나를 무지막지하게 합병한 사건에 분노했고, 조국의 후진성과 가난을 안타까워했다.

그의 머릿속에는 이런 생각뿐이었다. 물론 조국을 위해 명예롭게, 영웅적으로 죽겠다는 생각도 당연히 있었다.

유쾌한 애국심

유럽은 뜻하지 않게 1차 세계대전에 휘말린 듯했다. 1914년 여름까지만 해도 거의 모든 나라에 유쾌한 애국심, 달리 말하면 '중단시키고 바로잡자'는 의식이 팽배했다. 전쟁은 복지와 성장을 추구하던 영광의 시대에 울린 자그마한 경고음에 불과했다. 따라서 영국군의 구호는 '크리스마스는 집에서'였고, 베를린의 황제는 군인들에게 '낙엽이 떨어지기 전' 고향에 돌아오게 될 거라고 호언장담했다. 카페에는 행복한 얼굴들이 가득했고, 시민들은 *그대에게 승리의 왕관을* (1871년부터 1918년까지 사용된 독일의 국가_옮긴이 주)이 연주될 때마다 일어서서 잔을 부딪쳤다. 피카딜리 카페는 바테르란트 카페로 이름이 바뀌었고, 웨스트민스터 호텔도 린덴호프 호텔로 바뀌었다.

러시아 황제 니콜라이 2세가 겨울궁전의 발코니에 모습을 드러내면, 군중은 열렬히 환호하며 무릎을 꿇고 앉아 국가를 합창했다. 파업은 취소됐고, 두마(제정 러시아의 의회_옮긴이 주)도 '온당치 못한 정책으로 정부의 일을 방해하지 않기 위해' 휴회에 들어갔다. 게르만 냄새가 물씬 풍기는 상트페테르부르크가 페트로그라드로 이름이 바뀌었다.

프랑스의 술통 제조업자 루이 바르타스는 일기에 "놀랍게도 사람들은 동원령이 발령된 것에 절망하기보다는 열광하는 것 같았다. 사람들은 순진하게도, 곧 가슴 벅찬 일이 일어날 시대에 살고 있다는 것을 즐기는 것 같았다"라고 썼다.

베를린의 케테 콜비츠는 아들들이 전장으로 떠나는 걸 지켜보았다. 한스는 이미 입대했고, 페터는 군대가 행진하는 걸 보고 자원입대했다. 군대가 행진하면 베를린 시민들은 입을 모아 *라인 강을 수호하라*를 힘차게 불렀다. 케테는 아들들을 전쟁터로 떠나보내며 힘들어했지만, 남편 카를은 "훌륭한 녀석이오. 녀석들에게 부끄럽지 않게 우리도 열심히 일해야 할 거요"라고 말했다.

어느 날 저녁, 식사를 끝낸 후 식구들이 거실에 모였다. 그리고 죽어가는 친구에게 달려간 한 남자의 이야기를 다룬 전쟁 단편소설을 소리 내 읽고, 옛 민요와 군가를 불렀다. 케테는 아들을 면회하기 위해 병영을 찾아갔다. "연병장에 한스가 있었다. 군복을 입고. 여전히 앳된 얼굴이다."

낡은 세계의 끝

그러나 이번 전쟁으로 인해 그들에게 익숙한 낡은 세계가 종식될 거라는 사실을 눈치챈 사람들이 있었다. 당시 옥스퍼드에서 공부하던 작가 베라 브리테인Vera Brittain(1893~1970)은 사방에 게시된 동원 소환장을 읽고 "내가 더 추악한 세기로 내던져졌다는 기분"을 떨칠 수 없었다. 독일계 유대인 산업가로 AEG 창업자의 아들이던 발터 라테나우Walther Rathenau[1](1867~1922)는 조용히 의자에 앉아 눈물을 흘렸다. 그는 막후에서 군비경쟁을 늦추고 전쟁을 막기 위해 온갖 노력을 다했다. 그의 친구이자 세계주의자였던 하리 케슬러Harry Kessler[2](1868~1937)는 일기에 "사람들은 흥분하고 열정에 사로잡혔지만 라테나우는 두 손을 비비며 운명을 한탄했다"라고 썼다.

전쟁이 발발하기 직전, 사회주의적 색채를 띤 신문들은 전쟁과 군국주의를 반대하는 사설을 연달아 게재했다. 대중집회가 열렸고, 시위가 벌어졌으며, 코앞에 닥친 전쟁을 막기 위한 국제적인 총파업이 계획됐다. 그러나 아무 소용이 없었다.

7월 29일 수요일, 사회주의 인터내셔널 총회가 브뤼셀에서 긴급히 개최됐지만 별다른 결론을 내리지 못했다. 그날 저녁, 사회주의 지도자들은 군중의 박수를 받으며 단상에 올랐고, 프랑스 사회주의 지도자 장 조레스Jean Jaurès가 독일 사회민주주의자 후고 하세Hugo Hasse를 힘껏 껴안았다. 두 지도자의 입장은 분명했다. 그 후 노동자들이 브뤼셀 시내를 행진하며 '전쟁에 전쟁을 선포한다!'라는 구호가 적힌 하얀 깃발을 흔들었고, 인터내셔널의 노래(공산주의자·노동자 혁명가_옮긴이 주)를 부르고 또 불렀다.

이틀 후인 7월 31일 금요일, 조레스가 파리에서 민족주의자에게 총격을 받아 사망했다. 독일 사회주의자들은 큰 충격에 휩싸였고, 엄청난 손실을 입은 프랑스 동료들에게 애도의 뜻을 전했다.

나흘 후인 8월 4일 화요일, 베를린에서 활동하던 레닌[3]의 대리인, 알렉산드라 콜론타이는 조레스의 죽음에 슬퍼하던 사회주의자들이 빌헬름 황제의 전쟁 예산에 열정적으로 찬성표를 던지고, 일부는 군복을 입고 제국의회에 달려가는 모습을 두 눈으로 지켜봐야 했다. 그녀는 일기에 "나는 믿을 수 없었다. 그들이 미쳤거나, 내가 잘못 판단하는 거라고 생각할 수밖에 없었다"라고 썼다. 그 숙명적인 투표가 있은 후, 그녀는 멍하니 의사당을 찾아갔다. 그러나 한 사회민주주의당 대표가 복도에서 그녀를 멈춰 세우고는 러시아 사람이 제국의회에서 무엇을 하는 거냐고 화난 목소리로 물었다.

프랑스 사회주의자들의 행동도 크게 다르지 않았다. 조레스는 국민의 단결을 부르짖는 목소리에 파묻혀버렸다. 이제부터 조국이 모든 것을 우선했다. 일주일도 지나지 않아 *인터내셔널*의 노래가 잊혔다. 그러나 3개월 후에는 전쟁에 쏟아지던 열정도 시들해졌다. 루이 바르타스가 전쟁터를 향해 행진할 때 사람들은 '사형수의 행렬'을 대하듯 정중히 모자를 벗어 보였다.

전쟁의 이유

왜 당시 사람들은 그처럼 전쟁터에 나가고 싶어 했을까? 독일인의 분노는 주로 영국을 향했다. 그들의 눈에 영국은 젊고 역동적인 독일의 발전을 방해하는 오만한 제국이었다. "신이여, 영국을 처단하소서!"

독일 황제와 장군들 또한 점점 강해지는 러시아의 군사력을 우려하고 있었기 때문에, 독일에 있어 1914년의 전쟁은 선제공격과도 같은 성격을 띠었다. 앞으로 몇 년 안에 러시아가 발트 해에 견고한 함대를 주둔시키고, 독일 국경까지 철로를 연결하고, 독일이 예상하는 것보다 훨씬 강한 군대까지 보유하게 된다면 커다란 위협이 될 수밖에 없었다. 1914년 봄에 헬무트 폰 몰트케Helmut von Motlke 장군이 "해가 갈수록 우리에게는 기회가 줄어들고 있다"고 발언했다는 사실을 웬만한 사람은 모두 알고 있었다.

그러나 프랑스의 경우는 그 이유가 과거와 밀접히 관련되어 있었다. 1870~1871년의 보불전쟁[4] 이후 당한 모욕을 되갚아주고, 옛 영화를 되찾고 싶었던 것이다. 한편 오스트리아는 반항적인 세르비아를 단호하게 처단하고 싶어 했다. 대학생들은 "세르비아를 죽여라!"라고 외쳤다. 또한 이런 군사적 행위가 풍전등화와 같은 군주제를 되살릴 수 있을 것이라 여겼다. 반면 모스크바 광장과 상트페테르부르크 광장에는 오스트리아로부터 형제국인 세르비아를 지켜줘야 한다는 민족주의자들이 수년 전부터 모여들고 있었다. 더구나 러시아는 독일의 위협을 절감하고 있던 터였다. 그렇다면 터키는 왜 전쟁에 끼어들었을까? 그들의 오랜 숙적이던 러시아와 맞서려면 독일의 지원이 절실했기 때문이었다.

영국의 경우는 특별했다. 영국 정부는 유례없이 오랫동안 망설였다. 이런 긴 망설임이 바로 1차 세계대전의 원인이었다고 주장하는 학자들까지 있을 정도였다. 영국이 유럽 대륙의 난투극에 가담할 거라는 사실을 빌헬름이 알았다면 그처럼 경솔하게 전쟁을 시작하지는 않았을 거라는 주장이었다.

여하튼 당시 해군성 장관이던 윈스턴 처칠이 남긴 기록을 보면, 8월 1일쯤까지 영국은 중립을 지킬 것이 거의 확실했다. 장관들 중 4분의 3 이상이 유럽의 갈등에 말려드는 걸 원치 않았다. 그러나 8월 3일에는 과반수의 장관이 전쟁이 불가피하다는 판단을 내렸다. 영국은 줄곧 안트웨르펜을 '유럽의 심장부를 겨냥한 권총'이라 생각해왔는데 독일이 중립국인 벨기에 최후통첩을 보냈다는 보고가 거듭 들어오면서 분위기가 갑자기 바뀐 것이었다. 독일이 점점 서쪽으로 밀고 들어오는 형국이었기 때문에, 정세가 몇몇 조약으로 해결할 수 없을 만큼 무척 위험했다. 또한 힘의 균형이 필요했다. 빌헬름의 제국주의적 야심을 꺾고, '유럽 내에서는 균형이 지배하고, 유럽 밖에서는 영국이 지배한다'는 오랜 세력 구도를 유지할 필요가 있었다. 게다가 호리병 안으로 다시 집어넣기 무척 힘든 거인이었던 영국의 군사력을 어떻게든 활용해야 했다.

1914년 여름, 단 며칠 만에 도저히 중단시킬 수 없는 어떤 힘이 세계 열강들 사이에서 거대한 기계장치처럼 작동하기 시작했다. 수십 년 전에 짜놓은 전쟁계획들과 얽히고설킨 시나리오가 마침내 거대한 바퀴처럼 움직이기 시작한 것이다.

각국이 세운 전쟁계획은 새로운 현상을 만들어냈다. 철도 시간표처럼 정밀하게 짜인 전쟁계획은 실제로 철도와 밀접한 관계가 있었다. 철로망의 수송 능력이 정확히 계산됐던 것이다. 철도로 하루에 수송할 수 있는 보병의 수, 목표 한 요새를 점령하는 데 걸리는 날수까지 계산할 수 있었다.

이처럼 치밀한 군사 계획은 정치적으로 비극적인 결과를 낳았다. 한 강대국이 전시 체제를 갖추면, 다른 강대국들도 곧바로 조치를 취할 수 있었기 때문이다. 일주일 늦게 전선에 도착한 군대는 이미 반쯤 패한 것과 마찬가지였다. 프랑스의 육군 총사령관 조제프 조프르Joseph Joffre(1852~1931)는 정확한 계산을 근거로, 동원이 하루 늦춰지면 적에게 25킬로미터의 영토를 넘겨준 것과 같아진다고 주장했다. 독일 참모본부도 비슷한 주장을 했다. 1914년 8월 초, 째깍거리며 돌아가기 시작한 시계를 멈출 수 있는 사람은 각국의 정부 지도자들뿐이었다. 그러나 그들은 어떤 일이 벌어지고 있는지 뒤늦게야 깨닫고는 공포에 사로잡혔다.

시시각각 짙어가는 전쟁의 그림자

나는 빈에서의 마지막 날 대부분을 노이에 호프부르크의 지하실, 즉 국립 도서관의 따뜻한 서고에서 보냈다. 빈의 카페에 앉아 커피를 마시며 신문을 읽었던 보통 사람들은 임박한 세계 전쟁을 어떻게 받아들였을까? 1914년 6월 28일, 가브릴로 프린치프가 프란츠 페르디난트 황태자와 소피 황태자비에게 가한 총격이 세계적인 재앙의 시작을 알리는 사건이 될 것이라고 짐작이나 했을까?

그날 이후로는 대부분의 사람이 그런 낌새를 눈치챘다고 말할 수 있지만, 그날 이전까지 〈노이에 프라이에 프레세〉의 보도 분위기는 그렇지 않았다. 나는 1914년 6월, 7월, 8월에 발행된 신문들을 꼼꼼히 살펴보았다.

운명적인 사건도 때로는 재난 영화의 스토리만큼이나 시시한 법이다. 첫째로 빈의 생활은 지극히 정상적이었다. 일반적인 기사와 교통사고가 지면을 채웠고, "페쇼포름. 움직이는 시! 여성에게 탄탄한 가슴을 안겨주는 페쇼포름 가슴 보형물로 진정한 빈의 미녀가 되십시오"

라는 일일광고까지 눈에 띄었다. 옷가게들이 대형 광고물로 경쟁을 벌였고, 게르마니아 보험회사는 '전쟁과 세계여행으로 인한 피해'를 보장해주는 생명보험을 내놓았다. 또 입에 담기 민망한 병을 예방하기 위해 'H. 웅어스 여성용 보호제'를 사용하라는 광고도 있었다.

굵직한 문제가 완전히 무시되지는 않았다. 외교 면은 그리스와 터키의 심각한 갈등을 보도했고, 세르비아와의 문제를 크게 다루었다. 황태자가 보스니아를 방문해 군사 기동훈련을 시찰할 계획이란 기사도 있었다. 사설은 군대의 이동, 최후통첩, 여기저기에서 출몰하는 군함들에 대한 보도로 가득했다.

그리고 6월 28일 일요일 저녁, 황태자의 암살을 굵직한 표제글로 알리는 호외가 길거리에 쏟아졌다. 그날 이후 신문은 범인의 범행 동기, 황태자가 남긴 마지막 말("소피, 우리 아이들을 위해서라도 당신은 꼭 살아야 해"), 사라예보의 포위, 국장國葬을 위한 준비 등을 끝없이 다루었다. 황태자가 아이들에게 마지막으로 보낸 전보는 "그뤼세 운트 퀴세 폰 파피"(아빠가 안녕이란 인사와 입맞춤을 보낸다)였고, 빈 주재 세르비아 대사관 앞에서 학생 시위가 벌어졌다는 보도도 있었다. 빈, 런던, 베를린 증권시장에서는 암살 사건이 단연 그날의 화젯거리였지만, 거래는 차분하게 진행됐다. 7월 2일 목요일, 신문은 "이번 행동의 정치적 여파가 지나치게 확대되고 있다"고 우려를 감추지 않았다.

그 후 황태자의 시신이 도착했고 국장이 있었다. 그 모든 것이 끝난 후에도 빈에서는 신분에 걸맞은 외교적 관례가 정확히 지켜졌느냐를 두고 며칠 동안 뜨거운 설전이 오갔다. 그리고 빈은 나른한 휴가에 빠져들었으며, 레스너 백화점은 실크 머플러의 여름 세일을 알리는 전단지를 잔뜩 준비했다.

여름휴가에 대한 소식도 적잖게 눈에 띄었다. 빌헬름은 7월 6일 '호헨촐레른'호를 타고 항해를 떠날 예정이었다. 노르웨이 피오르드의 벽지에서 3주를 보낼 것이라는 소식이었다. 독일 총참모총장과 해군 장관도 베를린을 떠날 예정이었다. 오스트리아에서도 사라예보 암살 사건이 있은 지 열흘 후인, 7월 7일 화요일에야 내각이 소집됐다.

7월 13일 월요일, 즉 암살 사건이 있고 보름이 지난 뒤에야 〈노이에 프라이에 프레세〉는 처음으로 1면에 오스트리아와 세르비아 사이에 긴장이 고조되고 있다는 소식을 실었다. 프린치프와 공범자들이 세르비아 비밀경찰의 도움을 받은 듯했다. 오스트리아는 배상을 요구했다.

그래도 평화로운 여름이 계속될 것 같은 분위기였고, 모두가 외교력으로 갈등의 불을 진화할 수 있으리라 확신했다. 그사이 외교사절들이 빈번하게 파견됐고, 오랜 동맹관계가 재확인됐다. 오스트리아는 독일의 지원 없이는 어떤 행동도 할 수 없는 처지였기 때문에 적극적으로 돕겠다는 독일의 확약을 얻어냈다. 반면 러시아는 세르비아를 지지했지만 전쟁으로 발전하는 것은 바라지 않았다. 베오그라드 주재 러시아 대사가 심장발작으로 사망한 사건을 제외하면, 거의 3주 동안 모든 것이 평온하기만 했다.

7월 16일, 레이몽 푸엥카레Raymond Poincaré 프랑스 대통령이 상트페테르부르크를 국빈 방문했다. 증권시장은 여름잠에 빠졌다. 눈치 빠른 영국 외무장관 에드워드 그레이Edward Grey조차 7월 25일 주말에 낚시 여행을 떠날 예정이었다.

7월 20일 이후부터 〈노이에 프라이에 프레세〉의 보도에서 불안감이 짙게 드러나기 시작했다. 러시아가 공개적으로 암살 사건에 개입하고 나섰다며, 신문은 '단계적 조치', '최후통첩' 등과 같은 단어를 언급했다. 7월 24일 금요일에는 독일 황제가 예정보다 일찍 휴가에서 돌아올 계획이란 보도가 있었다. 그리고 이틀 후, 신문에 동원령과 함께 '전쟁'이란 단어가 처음으로 언급됐다.

세르비아 총사령관조차 허를 찔렸다. 그 주말, 그는 딸을 만나기 위해 부다페스트에 머물다 오스트리아의 사복형사들에게 전격적으로 체포됐다. 〈노이에 프라이에 프레세〉는 "푸트니크 사령관은 벌떡 일어나 형사들을 밀쳐내고 권총을 꺼냈다. 자살을 시도할 것 같은 인상이었고", 그의 딸은 살려달라며 울부짖었다고 보도했다. 다음 날 "오스트리아군은 기사도 정신을 발휘해 적군에게서 최고 사령관을 빼앗을 수 없다는 이유로" 장군을 풀어주고 적절한 의식을 갖춰 기차에 태웠다.

같은 일요일 저녁판 신문에는 오스트리아와 세르비아 간의 전쟁이 '전면전'으로 확대될 가능성이 크다며 '갈등을 억제할 필요성'을 역설하는 사설이 실렸다.

7월 27일 월요일, 평화를 회복하기 위한 영국의 노력이 보도됐다. 사실 당시의 상호동맹은 강한 구속력이 없었기 때문에, 외교관이 조절할 여지가 얼마든지 있었다. 예컨대 독일이 무조건 오스트리아 편에 설 이유는 없었다. 또 러시아가 물불을 가리지 않고 세르비아를 지지할 이유도 없었다. 영국도 벨기에 때문에 전쟁에 끼어들 이유가 전혀 없었다.

7월 28일 화요일, 전쟁 지역을 예상한 지도가 처음 보도됐다. 러시아에서 동원령을 내렸고, 여기에 반발해 독일이 동원령을 내릴 거라는 소문이 나돌았다.

다음 날 〈노이에 프라이에 프레세〉는 프란츠 요제프 황제의 대세르비아 전쟁선포문, '나의 국민들에게'를 게재했다. 막후에서는 이번 위기의 위험성을 충분히 인식하고 있었다. 프랑스에서도 독일이 다시 침략해올 거라는 두려움이 팽배했다. 1892년에 맺은 러시아와 프랑스의 조약에 따라, 러시아 침공은 프랑스에 대한 공격을 의미했다.

7월 30일 목요일, 독일과 영국은 오스트리아와 러시아를 설득해 동원령을 중단시키려 했다.

7월 31일 금요일에는 러시아에서 총동원령이 내려졌고, 독일이 프랑스와 러시아에 최후통첩을 보냈다는 보도가 있었다.

8월 1일 토요일, 아침판 신문은 '오스트리아와 동맹 독일, 무기를 들다'는 제목하에 독일이 오스트리아와 동맹 의지를 다지며 러시아에 맞서 동원령을 내렸다는 기사를 실었다. 또 독일이 프랑스에 18시간 내에 중립을 선언하라는 최후통첩을 보냈으며, 프랑스에서 동원령이 내려지면 '즉각적인 전쟁'으로 받아들일 것이라는 해설도 덧붙였다.

같은 면 하단에는 오스텐데에서 서둘러 빈으로 귀국한 슈테판 츠바이크의 글이 실렸다.

> 해변과 바다. 사람들이 바람과 싸우며 신문을 움켜쥐고 활짝 펼친다. 그와 관련된 기사를 찾아 읽는다. 그와 관련된 기사만을! 다른 기사를 찾아 읽기 힘들기 때문이다. 프랑스 신문에서는. 가슴 아픈 일이지만 흥분하고 적대감을 드러낸 기사들이다. (…) 프랑스어, 사람들이 오랫동안 애정 어린 마음으로 고상하게 사용해왔던 언어가 갑자기 호전적으로 들린다.

8월 2일 일요일에는 빌헬름 황제와 니콜라이 황제가 전보를 교환했다는 기사가 실렸다. 나중에 공개된 전보 전문은 다음과 같다.

저는 폐하와 폐하의 정부가 민중의 여론을 무시하기 어렵다는 걸 충분히 이해합니다. 저희를 오랫동안 하나로 묶어준 진심 어린 우정을 이어가기 위해서 저는 모든 영향력을 동원해 오스트리아의 마음을 돌려놓겠습니다.
서명: 사촌 빌리(빌리는 빌헬름 황제의 애칭이다_옮긴이 주).

지금 저에게 가해지고 있는 압력에 굴복하면 전쟁으로 치닫는 극단적인 조치를 취할 수밖에 없다는 사실을 잘 알고 있습니다. 유럽이 전쟁에 휘말리는 재앙을 피하기 위해서, 오랜 우정의 이름으로 폐하께 부탁드립니다. 온갖 수단을 동원해서라도 우리 동맹국들이 극단으로 치닫는 걸 막아달라고….
서명: 사촌 니키(니키는 니콜라이 2세의 애칭이다_옮긴이 주).

8월 3일 월요일. 아침판 신문은 독일의 대러시아 선전포고를 알리는 기사로 시작됐다. 프랑스에서도 동원령이 내려졌다. 러시아 외교단이 베를린에서 철수했다. 러시아와 독일의 국경에서 처음으로 무력 충돌이 벌어졌다. "프랑스 항공기가 뉘른베르크에 폭탄을 떨어뜨렸다. 문명국답지 않은 비열한 짓이다. 전쟁 중에도 무력 사용에는 한계가 있는 법이다"라는 이상한 소문이 퍼지기 시작했다.
이틀 후, 저녁판 신문에 대영제국이 독일제국에 전쟁을 선포하고 외교관계가 종식됐다는 기사가 실렸다.

며칠 후에는 막후의 모든 연결 통로가 끊겼다. 그리고 모든 것이 1914년부터 1945년까지 계속된 대유럽전쟁으로 치달았다.

피로 물든 제복

이쯤에서 자세히 살펴볼 것이 있다. 제복 목깃의 오른쪽, 장군의 별 옆에 수밀리미터 폭의 구멍이 하나 있다. 그것이 전부이다. 제복의 다른 곳은 온통 핏자국으로 뒤덮여 있다. 외투의 앞쪽은 찢어지고, 소매에는 의사들이 제복 주인의 목숨을 구하기 위해 필사적으로 애쓴 노력의 흔적이 엿보인다.

프란츠 페르디난트 황태자의 하늘색 제복은 지금 빈의 히어레스게슈익크트리쉐스 군사 박물관에 전시돼 있다. 같은 전시실에는 합스부르크가의 황태자와 소피 황태자비가 사라예보를 관광할 때 탔던 관광용 자동차도 전시돼 있다. 초록색과 검은색이 어우러지고 덮개가 없는 그 자동차는 만화에서 흔히 봤던 구식 자동차와 모양이 비슷하다.

가브릴로 프린치프와 그의 낭만적인 동창생 다섯 명은 앙숙 관계에 있던 나라의 상징을 살해하기 위해 그날 아침 부두를 따라 곳곳에 자리 잡았다. 한 명은 많은 사람 앞에서 총을 쏘는 게 두려웠다. 또 다른 한 명은 다시 생각한 끝에 소피의 눈부시게 하얀 드레스를 피로 물들일 수 없다는 결론을 내렸다. 세 번째 사람은 교활하게도 경찰 바로 옆에 자리 잡았다. 그리고 수류탄을 던졌다. 소동이 벌어졌고 몇몇 사람이 부상을 당했지만 황태자 부부는 다치지 않았다. 그들과 조금 떨어진 곳에서 황태자 부부를 기다리던 프린치프는 실망해서 커피를 마시러 갔다.

시청에 도착한 프란츠 페르디난트는 노발대발했다. 특히 그의 연설 원고에 피가 묻은 것을 알고는 더욱 화를 냈다. 얼마 후 소피의 제안으로 병원을 방문해 부상자들을 위로하기로 했다. 그러나 운전기사는 계획이 그렇게 변경됐다는 사실을 통지받지 못했다. 따라서 대표단의 차량은 부두로 되돌아온 뒤, 모퉁이를 돌아 프란츠 요제프 거리에 들어섰다. 대표단과 동승한 보스니아 총독이 "이 길이 아니야!"라고 소리쳤다. 그때서야 운전기사는 후진하기 위해 차를 잠시 멈춰 세웠다. 그리고 그곳이 하필이면 가브릴로 프린치프가 서 있던 곳이었다. 프린치프는 재빨리 자동차 발판 위로 올라가 프란츠 페르디난트에게 총격을 가했다. 그리고 다시 브라우닝 권총을 총독에게 겨누었다. 그러나 두 번째 탄환은 소피를 맞추었고, 황태자비는 남편 위로 쓰러졌다.

나는 1914년 7월 3일자 〈노이에 프라이에 프레세〉에 실린 검시관의 보고서를 읽었다.

> 총알이 황태자의 동맥을 정확히 관통했다. 탄환이 조금만 왼쪽이나 오른쪽을 맞췄더라면 상처가 치명적이지 않았을 것이다. 의사로서 나는 탄환이 우연히 황태자의 동맥을 맞췄다고 결론내릴 수밖에 없다. 프린치프가 그처럼 정확히 조준해 사격했을 가능성은 전혀 없다. 첫 번째 탄환이 자동차 옆면을 관통한 후 황태자를 맞췄다는 사실에서도 알 수 있다.

요제프 로트의 글을 다시 인용해보자.

일요일이었다. 그날 오후 한 소녀가 지나갔다. 당시 유행대로 머리칼을 땋아 뒤로 넘기고, 큼직한 노란색 밀짚모자를 쥐고 있었다. 여름 냄새가 물씬 풍기는 밀짚모자는 건초와 귀뚜라미와 양귀비를 떠올리게 했다. 모자에는 전보 한 통, 내가 보고는 구겨버린 호외가 담겨 있었다. 벼락처럼 등골을 오싹하게 만든 호외였다. 소녀는 '그들이 황태자를 죽였어요. 우리 아버지는 카페에서 집으로 부리나케 돌아왔어요. 이제 우리도 여기서는 살지 못하겠죠?'라고 말했다.

18개월 후(평화의 시기에는 사랑이 쉽게 사그라지지 않았다!), 소녀도 2번 화물역의 철로 옆, 연기구름 속에 서 있었다. 음악소리가 끊이지 않고 시끄럽게 들려왔다. 철도 차량은 덜컹대고 기관차는 기적 소리를 내뱉었다. 여자들은 녹색 군복을 입은 남자들의 목에 걸린 시든 화환처럼 부르르 몸서리쳤다. 새 군복에서는 아직 재단사의 나무 작업대 냄새가 풍겼다. 행군 중인 보병 중대였다. 목적지는 비밀이었지만 시베리아가 아니었을까. (…) 소녀의 아버지는 다시 카페에 가지 못했다. 이미 공동묘소에 누워 있었기 때문에.

07

영국과 독일의 격전지, 이프르

Ypres

참호의 노래

1999년 2월 9일 화요일. 딕스마위데 뒤로 펼쳐진 평원에는 금방이라도 눈이 쏟아질 것 같았다. 구름이 다가오지는 않았지만 널찍한 검은 벽처럼 지표에서 서서히 떠올랐다. 내 뒤로는 여전히 환한 해가 진창으로 변한 들판과 고랑이 파인 눈밭, 몇 채의 붉은 집, 멀리 떨어진 교회 뾰족탑에 밝은 햇살을 뿌리고 있었다. 그래도 장중한 멋을 지닌 풍경이었다. 이 풍경에서 전신주와 두 곳의 돼지 농장을 지우면 옛 전쟁터의 모습이 된다.

우리가 영국 군인이라고 상상해보자. 기분 좋게 떠들며 영불해협을 건너와 이곳을 행군하고 있다. 지휘관 중 하나가 고향으로 "전쟁이 시작됐고 지금 우리는 여기에 있습니다. 마침내 이곳, 전쟁터에 도착했습니다. 나는 전쟁이 좋습니다. 많은 사람이 한꺼번에 소풍 나온 것과 비슷하지만 소풍처럼 목적이 없지는 않습니다"라는 편지를 보냈다. 독일군은 이미 벨기에를 통과해 프랑스 북부로 진격 중이었다. 그러나 프랑스는 마른 강에 진을 치고 독일군을 차단했다. 이제 우리 영국군은 서플랑드르에서 독일군을 차단할 계획이다. 이때 어떤 기분이 들까?

1999년, 이 질문에 답해줄 영국인은 150명가량 생존해 있었다. 1998년 11월, 1차 세계대전 종전 80주년 기념식에서 나는 그들이 지팡이를 짚거나 휠체어에 앉아 런던 시내를 행진하는 걸 보았다. 그들의 뒤로 됭케르크, 디데이, 포클랜드에 참전한 용사들이 행진했고, 간호병과 '걸을 수 있는 부상병'이 그 뒤를 따랐다. 피에 젖은 이상과 미덕을 가슴에 품었던 두세 세대가 그렇게 행군했다.

잭 로저스(1895년생)는 BBC 텔레비전과의 인터뷰에서 다음과 같이 말했다.

"우리는 어디로 가는지도 몰랐습니다. 하지만 어딘가에 도착하자 멀리서 섬광이 보이더군요. 귀가 멍멍해지는 우레와 같은 소리가 들리기 시작했고, 그 소리는 점점 커졌습니다. 그때서야 불현듯 깨달았습니다. 우리가 전쟁터에 가고 있다는 사실을 말입니다!"

딕 배런(1896년생)은 그 직후에 어떤 일이 벌어졌는지 말해주었다.

"내 짝이 머리에 총알을 맞고 쓰러졌습니다. 나는 흘러나오는 뇌수를 구멍 속으로 다시 밀어 넣으려고 진땀을 흘렸습니다. 정말 어리석은 짓이었죠…"

토미 게이(1989년생)는 "총알이 귓가에 스치는 소리가 들렸습니다.

핑! 핑! 그렇게 빗발처럼 쏟아지는 총알에 맞지 않는 게 기적이란 생각 밖에 들지 않더군요"라고 말했다.

1914년 11월에만 이프르 근처에서 10만 명이 전사했고, 그 이웃 마을 부근에서는 40만 명이 전사했다. 노먼 콜린스(1898년생)는 전사자 매장 임무를 맡았다. 콜린스는 전사자가 너무 많아, 전쟁터에 몇 주 동안 방치된 채 잊힌 전사자가 적지 않았다며 "그런 시신을 보고 툭 건드려보았지요. 쥐가 두개골에서 뛰쳐나오더군요. 그때 이런 생각이 들었습니다. 그들이 세상에서 변화시키고 싶어 했던 것들 그리고 그들의 야망과 열망은 전쟁터에 도착한 지 얼마 지나지 않아 모두 죽어버렸습니다"라고 말했다.

잭 로저스는 BBC 카메라 앞에서 병약한 목소리로 그러나 힘껏, 참호의 노래를 불렀다.

> 나는 집에 가고 싶네
> 나는 집에 가고 싶네
> 더는 참호에는 가고 싶지 않아
> 바람을 가르며 날아오는 포탄과 유산탄
> 이제는 참호를 넘어 돌진하고 싶지 않아
> 나를 바다로 데려가줘
> 독일군이 나를 괴롭히지 않는 곳으로
> 아, 나는 죽고 싶지 않아
> 나는 집에 가고 싶어

이번에는 반대로 우리가 독일군이었다고 상상해보자. 독일의 프로파간다에 우리 모두 흥분했다. 간단히 군사훈련을 받은 연병장은 지루하기만 하던 삶에 자극을 준 간주곡이었다. 그래서 우리, 건강한 대학생 3,000명이 전선으로 나왔다. 우리 부대에는 공학자와 의사까지 있었다. 누구도 이 기회를 놓치고 싶지 않다는 증거였다. 훗날 그들 중 한 명이 "이 위대한 투쟁에서 삶의 의미가 1,000배는 커졌다. 전에는 무의미하기 이를 데 없던 것에 새로운 의미가 부여됐다"라고 썼다. 빅 베르타(독일어로는 '디케 베르타'. 1차 세계대전 당시 독일군이 사용한 대형 장거리포_옮긴이 주) 덕분에 우리 군은 리에주의 요새를 무너뜨리고 안트웨르펜을 점령했다. 이제 우리는 영국군과 맞서 싸우기 위해 이프르로 행군 중이다.

위의 기록을 남긴 병사는 "안개가 걷히고 형체를 가늠할 수 있을 정도로 날이 밝기 시작했을 때 쇳덩이리 하나가 아침 인사라도 하듯 바람을 가르며 우리 머리 위를 지나갔다. 둔탁한 소리를 내며 작은 발사체가 우리 탱크를 때렸고, 질척한 흙이 사방으로 튀었다. 그러나 흙먼지가 완전히 가라앉기도 전에 2,000명의 목구멍에서 만세 소리가 튀어나왔다. 아돌프 히틀러는 대포가 쿵쿵거리며 천둥소리를 내자 모든 병사가 노래를 부르기 시작했다고 기록했다. 정말 상식 밖의 반응이었지만, 제정신이 아니었던 뮌헨의 학생들은 히틀러의 기록을 사실로 받아들였다. 훗날 사람들은 이프르에서 벌어진 '죄 없는 사람들의 학살'이라 말할 것이다. 언젠가부터 랑허마르크는 '2차 세계대전이 잉태된 곳'이라 불린다"라고 썼다.

독일군에 맞선 영국군은 이미 보어 전쟁에서 전투 경험을 쌓은 전문가들이었다. 3,000명의 독일 소년 병 중 일부만이 살아남아 성인이 됐고, 대부분이 전사해 전몰자 공동묘지에 묻혔다. 히틀러가 속했던 바이에른 보병 제16 예비연대 원도 거의 절반, 약 1,800명이 전사했지만, 히틀러는 이때 아무런 부상도 당하지 않았다. 그러나 이 지역 사람들은 나중에 히틀러가 이곳에서 멀지 않은, 이제는 참호의 흔적마저 거의 눈에 띄지 않는 숲에서 부상을 당했다고 말했다.

▲ 1차 세계대전 때 군인들이 몸을 숨겼던 참호의 모습이다.

페터 콜비츠도 이때 같은 참호에서 전사했다. 로헤펠트-에센에서 가까운 곳이었다. 케테 콜비츠는 아들이 전사했다는 소식을 듣고 일기에 이렇게 적었다.

> 커다란 홀에서 많은 사람과 함께 있는 꿈을 꾸었다. 누군가 "페터는 어딨어?"라고 소리쳤다. 그렇게 소리친 사람이 바로 페터였다. 나는 약간 밝은 곳에 등지고 서 있는 페터의 검은 그림자를 보았다. 페터에게 달려가 힘껏 껴안았다. 하지만 얼굴을 확인할 용기가 없었다. 그 사람이 페터가 아닐까봐 겁났다. 먼저 발부터 보았다. 페터의 발이 분명했다. 다음에는 팔을 보았다. 페터의 팔이었다. 그러나 내가 페터의 얼굴을 보려 한다면 페터가 죽었다는 사실을 다시 한 번 확인하게 될 뿐이란 것을 알고 있었다.

한 점의 파스텔화

당시 서플랑드르 전선이었던 곳을 찾아가면, 건물의 모습으로 그곳에 가까이 왔다는 걸 쉽게 짐작할 수 있다. 집이나 농가가 모두 1920년 이후에 세워진 것이기 때문이다.

이프르는 재건된 과거의 중심지이다. 1차 세계대전 동안, 이 중세의 요새 도시는 중요하면서도 취약한 요충지였다. 독일군은 이곳을 돌파하면 바로 다음 날 칼레와 됭케르크까지 진격할 수 있었다. 또 영국군의 보급로는 중대한 타격을 받는 반면, 독일군은 한결 방어하기 쉬운 새로운 전선을 구축하고 덤으로 중요한 항구까지 손에 넣을 수 있었다.

달리 말하면, 이프르에서의 전투는 군사적으로 매우 중요했다. 수십만 명의 병사가 이프르와 인근 마을을 에워싼 평탄한 진창에서 전사했다. 지역 박물관, 인 플랜더스 필즈(플랑드르 들판에서)에는 1918년 11월 11일의 이프르를 보여주는 모형이 있다. 거대한 평원이 무릎 높이로 쌓인 파편들에 의해 잿빛으로 변했고, 까맣게 타버린 라켄할 건물은 깨진 어금니처럼 보인다. 내가 묵은 호텔, '올드 톰 온 더 그레이트 마켓'도 완전히 잿더미로 변했다. 아니, 그레이트 마켓 전체가 쑥대밭이 돼버렸다.

오늘날에도 이프르는 초현실적인 면을 띤다. 오랜 역사를 지닌 정상적인 도시를 닮기는 했지만, 모든 건물이 재건축되었기 때문이다. 200~300년, 심지어 500년 된 주택과 건물이지만, 모두 정교하고 세심하게 옛 모습 그대로 다시 지어진 것들이다. 이처럼 과거에 대한 집요한 집착을 보여주는 대표적인 건물이 라켄할이다. 허물어진 어금니 같았던 건물이 지금 내 눈앞에 버젓이 서 있다. 웅장한 홀은 눈부시게 아름답고, 어디를 봐도 옛 멋이 그대로 살아 있어 한때 무너졌던 건물이란 게 믿기지 않는다.

언젠가 내 친구가 벼룩시장에서 황량하기 그지없는 풍경을 그린 파스텔화를 찾아냈다. 배경에는 자그마한 뾰족탑 건물이 하나 그려져 있고, 반쯤 얼어붙은 웅덩이와 철조망이 있는 그림이었다. 살아 있는 생명체는 어디에도 없었지만, 자욱한 안개에서 엄청난 재앙이 휩쓸고 지나갔다는 걸 읽어낼 수 있었다. 모든 것이 멈춰버린 듯 빛마저 얼어붙어 있던 그 그림의 아래쪽에는 '1917년 2월, 페르베이제, G. R.'이란 서명이 있었다.

G. R.은 어디에서 그 그림을 그렸을까? 나는 친구와 함께 이프르 부근의 시골을 둘러보았다. 랑허마르크에 잘 조성된 독일군 공동묘지가 있었다. 운명이 간발의 차이로 히르슈, 에리히 폰, 호흐, 브루노 등의 전사자 명단에 또 하나의 이름을 덧붙이는 걸 놓치지 않았다면 유럽의 역사가 완전히 달라졌을 텐데….

질레베커에서 우리는 호헤 크레이터 박물관과 힐 62 박물관을 차례로 둘러보았다. 두 곳 모두 전선 부근에서 발견된 유물들을 전시하고 있는 사설 박물관이었다. 사진은 물론이고, 녹슨 철모와 박격포탄, 소총과 총검, 더러운 물병, 버클과 담뱃대, 뼈까지 전시돼 있었다. 관람객에게 기념물로 파는 유물도 적지 않았다. 힐 62 박물관의 정원에는 당시의 참호가 그대로 보존돼 있었다. 내가 그 박물관을 찾았을 때, 참호에는 눈이 녹아 생긴 노란 물이 채워져 있었다.

하우템에서는 악마, 중국인, 고양이, 마녀, 요정 등으로 분장한 60명 정도의 아이들이 작은 새처럼 재잘거리며, 모든 상점이 문을 닫아 조용하고 음산한 분위기마저 띠는 거리를 지나갔다.

그 거리를 지나자 파스텔화에서 보았던 풍경이 갑자기 우리 눈앞에 펼쳐졌다. 딕스마위데와 니우포르트 간을 달리는 황량한 철로변이었다. 좀 떨어진 곳에서 두 도로가 만나는 것을 보면 그곳이 분명했다. 들판, 물웅덩이와 철조망 그리고 언제라도 다시 지상에서 사라져버릴 것처럼 허술하게 지어진 집과 헛간까지 주변 풍경은 거의 변하지 않은 듯했다. 안개마저 그림과 똑같이 허공을 맴돌았다.

전쟁의 양상

"사방이 진창이고 쥐였습니다. 어디에나 쥐가 들끓었습니다. 겨울이면 우리가 보초병들을 들어 옮겨야 했습니다. 그들의 발이 밤새 완전히 얼어버렸으니까요. 그리고 총격전이 시작됐습니다. 리르에서 온 전우가 있었습니다. 그 친구가 느닷없이 '내 살이 이렇게 아름다운 줄 몰랐어'라고 말했습니다. 자기 몸에서 떨어져 나간 다리를 주워들고 말입니다. 아, 진정하세요. 그리고 그 친구는 동료에게 담배 한 대를 얻어서는 저만치 떨어져 앉아 담배를 피웠습니다. 무릎에 총을 맞았던 겁니다. 톱으로 다리를 썰어낸 것 같았습니다."

벨기에 참전 용사 아르투르 바우터스(1895년생)가 벨기에 텔레비전 방송에 출연해 자신의 경험을 얘기하고 있었다. 벌써 골백번은 했을 얘기였다. 전쟁이 시작됐을 때 벨기에의 병력은 20만 명이었다. 두 달이 조금 지나 이제르 강변에서 첫 전투를 치른 후에는 7만 5,000명밖에 남지 않았다. 1914년 크리스마스쯤에는 독일군 74만 7,000명, 프랑스군 85만 4,000명이 이미 전사하거나 부상당했다. 또 11만 7,000명에 달하던 영국 해외파견군은 거의 전멸한 상태였다.

8월 31일, 독일군은 동부전선에서 러시아군에 7만 명의 사상자를 안겨주고 10만 명을 포로로 사로잡았다. 힘겹게 얻은 승리였다. 그 후, 이 타넨베르크 전투는 독일제국에 의해 영웅이 난무하는 게르만 설화식으로 미화되고 신화화됐다. 하지만 이 승리를 얻기 위해 독일은 호된 대가를 치러야 했다. 무엇보다 프랑스 전선에 절실히 필요한 수십 연대를 타넨베르크에 배치해야 했다. 그리고 이로 인해 서부전선의 공세가 침체의 늪에 빠졌다. 알렉산더 폰 클루크 장군이 이끌던 제1군은 프랑스에서 3주 동안 하루에 평균 20킬로미터를 전진해야 했다. 특히 8만 4,000마리의 말을 먹이려면 엄청난 양의 건초가 필요했다. 이런 군대를 여러 주 동안 잘 운영하고, 사기를 유지시켜 프랑스군을 격퇴시키겠다는 발상 자체가 잘못된 것이었다.

그러나 연합군의 형편도 좋지는 않았다. 수세기 동안, 영국은 자신들의 제국을 유지하는 데 심혈을 기울여왔다. 따라서 영국군의 장비는 아프리카와 아시아, 중동 지역에서 전쟁을 치르는 덴 적합했지만 유럽에는 잘 맞지 않았다. 게다가 영국군은 1차 세계대전에 앞서 주로 식민지 경찰로 활동했기 때문에 단기간의 소규모 충돌에 길들여져 있었다. 1914년에 영국군은 유럽에서 대규모 현대전을 치른 경험도 없었고, 그럴 만한 병력도 없었다. 따라서 징집병에 의존해야만 했다.

프랑스는 8월에 중대한 타격을 입은 데다 중공업단지의 대부분을 독일군의 손에 넘겨주었다. 그러나 프랑스 땅에서 본격적으로 전투가 시작되면서 프랑스군은 유리한 조건을 확보할 수 있었다. 1914년 8월 23일에는 독일군이 24개 사단, 연합군이 17개 사단이었지만 9월 6일 쯤에는 독일군 24개 사단과 연합군 41개 사단이 맞붙는 형국으로 변했다. 프랑스군은 파리의 택시 부대를 비롯해 동원할 수 있는 모든 것을 적시에 마른 강 유역으로 이동시켰다. 따라서 독일군은 퇴각을 거듭했고 100만 대군 중 4분의 1을 잃은 뒤에야 참호를 파고 군대를 재배치할 수 있었다.

피 흘리는 유럽

그 후 전쟁은 소강상태에 빠져들었다. 군인들이 개인 참호를 연결하기 시작하면서, 전선은 질척한 참호와 은신처가 얼키설키 얽힌 거대한 거미줄로 변했다. 병사들은 물론이고, 어떤 전략가도 그런 전쟁을 예상하지 못했다. 사소한 진격과 후퇴를 제외하면 전쟁의 양상은 그 상태에서 거의 변하지 않았다. 그러나 1918년 독일군의 총공세가 모든 것을 뒤바꿔놓았다.

1915년 에른스트 윙거Ernst Junger 중위는 "기나긴 전선 속 우리가 마침내 집으로 여기게 된 작은 구석에서, 또 폭격으로 더 깊이 패고 모든 곳이 허물어진 엄폐호의 작은 구석에서 바람과 싸우며" 일기를 쓰기 시작했다.

10월 30일

어젯밤 폭우가 내린 후 흙벽이 무너져 빗물과 섞이면서 거친 죽처럼 변했다. 그리고 그것이 흘러내려 참호가 수렁으로 변해버렸다. 영국군도 참호에서 열심히 물을 퍼내는 걸 볼 수 있었다. 그들의 사정도 우리와 비슷하다는 게 유일한 위안이다. 우리가 그나마 약간 높은 지역에 있어 더러운 흙물을 영국군 쪽으로 퍼내고는 총에 달린 망원 가늠자를 통해 그들을 지켜보았다. 참호의 벽이 무너지면, 지난 가을 전투에서 죽은 시신들이 줄줄이 드러났다.

11월 9일

이런 처지에도 여러 동물을 사냥할 수 있다는 건 작은 즐거움 중 하나다. 이 황량한 들판에도 메추라기가 무수히 떼 지어 산다. 우리에게는 발파용 화약통이 없기 때문에, 상대적으로 겁 없는 '저녁거리 후보자'에게 살금살금 기어가 녀석의 머리를 살짝 빗맞춰야 한다. 그렇지 않으면 고깃덩이가 거의 남지 않는다. 사냥을 하는 동안에도 우리는 참호에서 떠나지 않으려고 조심한다. 졸지에 사냥꾼에서 사냥감으로 전락하기 십상이기 때문이다.

12월 28일

내 충실한 당번병 아우구스트 케틀러가 몽시로 가던 길에 죽었다. 내 저녁 식사를 가지러 가던 길이었다. 많은 당번병 중에서 케틀러는 박격포탄에 쓰러진 첫 희생자였다. 박격포탄에 맞은 케틀러는 땅바닥에 나뒹굴었고, 유산탄 조각 하나가 그의 숨통을 파고들었다. 나는 냄비를 들고 출발하려던 케틀러에게 "아우구스트, 가는 길에 조심하도록 해"라고 말했다. 그때 케틀러는 "걱정하지 마십시오. 아무 일도 없을 겁니다"라고 씩씩하게 대답했는데…. 잠시 후, 나는 급한 연락을 받고 달려가 은신처 옆에 누워 숨을 헐떡이는 케틀러를 지켜봐야 했다. 케틀러는 목에 난 상처를 통해 힘겹게 힘겹게 공기를 빨아들였다. 나는 지체 없이 케틀러를 후방으로 옮기게 했지만, 며칠 후 그는 야전병원에서 숨을 거두었다. 많은 병사가 그랬지만 케틀러의 경우에도, 고통에 휩싸여 죽어가는 동물처럼 도와주려는 사람을 멀뚱멀뚱 쳐다보며 아무 말도 하지 못했다는 게 너무 안타까웠다.

영국 정부가 전투 중에 전사한 병사의 가족에게 보낸 편지에는 '총탄이 그의 심장을 관통해 전사했습니다'라는 구절이 의례적으로 들어갔다. 하지만 그처럼 고통 없이 절명한 병사는 극소수에 불과했다. 수많은 병사가 두 전선 사이에서 당나귀, 말과 함께 피를 흘리며 죽어갔지만 누구도 도와주지 못했다. 영국군 혼쇼 중위의 보고서에서 확인되듯이 솜 강에서 첫 전투가 벌어진 날 '젖은 손가락을 커다란 창유리에 대고 미는 소리'와도 같은 섬뜩한 비명과 신음이 끊이지 않고 들려왔다.

그렇게 첫해가 지난 후, 루이 바르타스 상병은 자신이 소속된 13전투군 대원 중 남은 인원은 세 명뿐이라고 한탄했다. 나머지는 모두 부상당하거나 전사했다. 베를린에서 케테 콜비츠는 15세에 불과한 소년병의 목에 걸린 철십자훈장을 보았다. 그 또래의 남자들이 전선에 보내졌다는 뜻이었다.

1915년 말쯤, 서부전선에서 부상당하거나 전사한 연합군의 수는

200만 명을 훌쩍 넘었다. 독일군의 부상자나 전사자 수도 90만 명에 이르렀다. 전선 양쪽의 야전병원은 고기가공 공장을 방불케 했다. 나는 베를린에서 우연히 유대인 병원열차 '빅토리아 루이제'호에 대한 이야기를 들었다. 유대인 병원에서 최고의 외과 의사들을 선발해 파견한 병원열차로 수술실까지 갖추었다고 했다.

독일에 살던 50만 명의 유대인 중 전쟁에 참전한 인구는 10만 명이나 되었다. 비율로는 여느 민족보다 월등히 높았다. 전쟁으로 인해 마침내 평등이 이루어졌지만 독일군 사령부는 그렇게 해석하지 않았다. 1916년 말 모든 유대인을 별도로 등록해두라는 명령이 떨어진 것이 그 증거였다. 1차 세계대전으로 약 1만 5,000명의 독일계 유대인이 죽었다.

어디서나 병사들은 영양부족과 폭격, 열악한 참호 상태로 인해 고통을 겪었다. 그러나 연합군 측의 상황은 더 참혹했다. 독일군은 진지를 방어하는 데 주력하며 견고하게 참호를 팠다. 반면 오늘날에도 그 흔적을 찾아볼 수 있는 프랑스군과 영국군의 참호는 도랑을 좀 더 깊게 판 정도에 불과했다. 따라서 겨울이면 참호가 진창으로 변하고 악취를 풍겨, 덮개 없는 하수구와 비슷해졌다. 군인들은 그런 참호 속을 바삐 오가며 제대로 쉬지도 못했고, 몸을 감출 만한 방어물도 거의 없어 위험에 그대로 노출되어 있다시피 했다.

전쟁 기간에 잠을 잤던 곳을 꼼꼼히 기록해둔 바르타스 상병은 지하실, 무도장의 연단, 돼지우리, 교회, 외풍이 심한 다락방, 짐마차 아래, 잿더미로 변한 집뿐 아니라 길에 패인 구멍, 심지어 노상에서 방수포만 덮고 밤을 보내기도 했다고 증언했다. 영국군은 참호족足이란 고약한 병으로 심하게 고생했다. 젖은 양말과 군화를 신은 채 몇 주를 걸으면 발병하는 병으로 처음에는 발이 붓고, 그 후에는 피부색이 변하다 결국에는 발가락의 신경이 죽어 발을 잘라내야 했다.

병사들은 모든 전쟁 일기에서 언급되는 정신적인 문제로도 심한 고통을 받았다. 에른스트 윙거는 밤이 되어도 그치지 않고 들려오는 대포의 굉음에 잠시도 마음을 놓을 수 없었던 병사들은 자기 이름도 잊어버리고, 셋까지도 셀 수 없는 지경이 되었다고 말했다. 윙거는 죽음에 대한 끝없는 두려움을, 꼼짝 못하게 묶인 상태에서 엄청나게 큰 망치가 눈앞을 왔다 갔다 하며 언제라도 두개골을 부숴버릴 것 같은 상황에 비유했다. 전쟁이 끝나갈 무렵, 윙거는 부대원의 절반 정도, 즉 60여 명을 한 번의 직격탄에 의해 잃고 말았다. 노련했던 윙거마저 절망에 빠져 생존한 병사들 앞에서 비명을 질렀다.

▲ 플랑드르에 있는 독일군 묘지이다.

바르타스는 직격탄을 맞은 직후의 참호 상황을 처절하게 묘사했다. 머리가 날아간 병사, 사지가 잘려나간 몸뚱이, 산더미처럼 쌓인 독일군의 시신, 잠든 것처럼 보이는 어린 병사의 시체, 멍하니 허공만 바라보는 살아남은 생존자들…. 그때 다시 참호에 포탄이 떨어졌다.

참호가 화염에 휩싸였다. (…) 바람을 가르는 날카로운 소리가 들렸다. 하지만 고통에 찬 비명소리도 들렸다. 베르제 병장이 두 눈에 화상을 입었다. 불쌍한 두 명의 병사가 내 발밑에서 데굴데굴 굴렀다. (…) 그들은 인간 횃불로 변해버렸다.

바르타스도 순간적으로 정신을 잃었다. "내가 어딘가를 멍하니 바라보며 횡설수설했다는 말을 들었다."

전쟁으로 인한 신경쇠약 증세가 너무 잦아, 각국에서는 그런 증세에 나름대로 이름을 붙였다. 벨기에군은 '트라우마에 의한 고통'이라 불렀고, 독일군은 '전쟁 신경증' 혹은 '포탄열熱'이라 불렀으며, 프랑스군은 '트라우마에 의한 충격'이라 불렀다. 그러나 결국에는 '셸 쇼크shell shock'(포탄 쇼크, 전쟁 신경증)라는 영어가 채택됐다. 어떤 언어로 불리든 눈물을 통제하지 못한다거나 극단적인 피로감에 시달린다거나 공황발작을 일으킨다는 점은 똑같았다. 보병들도 포탄 쇼크의 일종으로 신체마비, 실어증, 난청, 안면 경련 등에 시달렸다.

지금도 포페링허 시청에는 '탈영'과 '비겁한 짓'으로 기소된 군인들을 감금했던 감방이 보존돼 있다. 영국군에 내려진 비밀 지침에 따르면, 비겁한 짓을 저질렀을 때 받는 합당한 처벌은 죽음뿐이었다. 의학적인 이유는 조금도 고려되지 않았다. 훗날 법정서류 분석을 통해 밝혀졌듯이, 대다수의 '연약한 남자'는 정신의학적으로 환자였다. 하지만 이런 이유로 사형당한 군인이 프랑스군에서는 약 1,600명, 영국군에서는 300명, 독일군에서는 50명 정도 되었다. 나중에는 뇌에 전기충격을 가해 '비겁한 생각'을 신속하고 철저하게 발밑으로 흘려보내는 새로운 전술이 개발되기도 했다.

전장에 핀 꽃

이런 잔혹한 상황에서도 병사와 장교들은 조금이나마 '정상'적인 삶의 조건들을 보존하기 위해 안간힘을 다했다. 에른스트 윙거는 "나는 작은 벙커에 마련한 책상 앞에 앉았을 때 편안함을 느꼈다. 나무를 덧댄 벽에 걸린 무기를 보며 미국의 서부 개척시대를 떠올렸다. 당번병이 장작 난로와 씨름하며 토스트를 굽는 동안 나는 책상 앞에 앉아 차를 마시고 담배를 피우며 책을 읽었다"라고 썼다.

바르타스 상병은 베르멜 근처의 프랑스군 대피호가 작은 별장과도 같았다고 기록했다. 전선이 바로 코앞이었지만 '수백여 개의 작은 굴뚝에서 불똥과 불길과 연기'가 밤낮으로 피어올랐다. 페론에 있는 전쟁박물관에는 영국군 장교가 사용한 야전용 차 도구 한 벌이 고리버들 바구니에 가지런히 정돈된 상태로 전시돼 있다. 그 옆에는 독일제 아코디언과 에어트마이어란 병사가 즉흥적으로 쓴 《많은 참호에서》라는 노래책이 놓여 있다. 독일군은 참호에 정원을 조성해 진달래와 아네모네를 심었고, 시간에 맞춰 돌아가는 작은 풍차 '말하는 시계'까지 만들어 정원을 그럴듯하게 꾸몄다. 벨기에군은 '가족'을 만들어, '아버지'가 참호 동료를 자기 부인이라 부르기도 했다.

영국군 참호에는 특별한 신문이 배달됐다. 전직 작가이자 인쇄공이었던 한 인물이 폐허 더미에서 낡은 인쇄기를 찾아내 발간하기 시작한 〈와이퍼 타임스〉였다. 이 신문은 음울한 삶을 풍자했다. 1917년 9월 8일에 발간된 신문에는 늙수그레한 영국 병사가 참호에 앉아 있는 사진과 함께 "그는 눈처럼 하얀 수염을 어루만졌다／ 오래 전에 흐릿해진 눈으로 뚫어지게 응시했다…"라는 설명글이 실렸다. 그리고 '1950년의 참호'라는 설명이 더해진 그림도 실려 있었다. 이 모든 것이 견디기 힘든 의혹, 즉 이런 교착상태를 해결할 방법을 찾을 수 없을 것이라는 의혹에 병사들이 점점 사로잡혀갔다는 증거였다.

치마 입은 군인

절망적인 상황에서 용기가 샘솟은 것일까? 어떤 대가를 치르더라도 뭔가를 해보겠다는 충동은 거듭된 자살 공격으로 이어졌다. 영국군은 이프르에서 멀지 않은 진창투성이의 촌락, 파셴달레Passendale를 거듭 공격했지만 함락하지 못했다. 그래서 촌락의 이름을 '패션 데일Passion Dale'(수난의 골짜기)로 바꿔 부르기도 했다.

그 전투에서 전사한 병사의 4분의 1, 즉 6만 명 정도가 주택 주변의 습지에 빠져 죽었다. 그들은 진창에 빠졌고, 포탄이 남긴 수많은 구멍과 공구ㅈㄴ로 사라져갔다. "저 조그만 시내를 보라. 우리는 2분이면 건널 수 있었지만, 영국군은 저 시내를 건너는 데 한 달이 걸렸다. 한 제국 전체가 앞에서는 죽어가고 뒤에서는 전진하며 매우 느리게 건넜다. 또 하나의 제국은 하루에 몇 센티미터씩 매우 느리게 뒤로 밀려났다. 피로 물든 양탄자처럼 시신을 남겨놓으면서."

그러나 19세기가 무지할 정도로 순진했다는 마지막 흔적들은 신속하게 사라졌다. 처음에 벨기에군은 학예회에 참석한 사람처럼 보이는 군복(깃털 장식이 달린 샤코 모자, 나막신, 두건 달린 긴 외투, 펠트 모자, 개 가죽으로 만든 배낭, 이프르 강의 모든 물을 빨아들인 듯한 커다란 푸른 외투) 차림으로 전쟁에 참전했다. 스코틀랜드 산악연대는 고집을 부려 (일종의 스커트인) 킬트를 입고 참전했지만, 독일군의 겨자탄이 민감한 신체 부위에 치명적인 타격을 입힐 수 있다는 사실이 밝혀지자 바지로 갈아입었다. 독일의 창기병은 모자에 크고 반짝거리는 독수리 깃털을 달았고, 엄지로 밀기만 해도 총알이 통과하는 가죽 헬멧을 고집했다. 프랑스군은 붉은 군모에 푸른 외투와 붉은 바지를 입고 당당하게 참전했다. 누구도 위장복 혹은 기타 실질적인 문제들을 생각하지 않았다. 그들에게 제복은 명예와 계급을 상징하는 것이었다. 그러나 1915년 초부터 회색과 카키색의 군복, 철모가 전선에 등장하기 시작했다. 새로운 세기를 맞아 실용성을 강조한 군수품이 처음 등장한 것이다.

영국의 장난감 제조회사 메카노가 당시의 과학기술을 거의 그대로 재현해냈다. 표본들이 런던의 임페리얼 전쟁박물관에 전시돼 있다. 모형 713은 삼발이에 조립한 기관총이고, 모형 6.42는 완벽한 군함이며, 모형 710은 높은 곳에 올라가 전선을 시찰하는 데 사용한 크레인의 일종으로 에어로스코프라 불렸다.

그러나 항상 그렇듯이, 과학기술을 응용한 이런 신무기들이 장군과 정치인들의 상상력에서 확고한 위치를 차지하는 데는 오랜 시간이 걸렸다. 1914년부터 1918년 사이에 엄청난 인명이 죽어간 이유는 낡은 전략으로 첨단 과학기술을 사용했기 때문이었다. 기관총, 독가스, 비행기, 탱크 등 첨단 과학기술을 응용한 신무기에는 완전히 새로운 전쟁 방식이 필요하다는 사실을 그 누구도 알지 못했다.

전선의 보병들이 전략과 무기의 기술적인 불균형을 가장 먼저 감지했다. 보병들은 구식 장비로 무장한 채 전선에 보내졌다. 그들은 오줌을 적신 천 조각으로 입과 코를 막으며 겨자탄의 공격을 견뎌내야 했다. 또 총검을 들고 공격에 나선 전우들이 적군의 기관총에 맞아 수숫대처럼 쓰러지는 모습을 지켜봐야 했다. 따라서 보병들의 사기가 급격히 떨어졌다.

영국군 장교 윌리엄 프레시William Pressey는 프랑스 기병대 200명이 아미앵 근처에서 언덕을 가로질러 전진하는 모습을 보았다. 그리고 그는 깃털이 달린 투구와 번쩍이는 창 때문에 보기에는 좋았지만 "그들은 환히 웃고 우리에게 창까지 흔들어 보이며 '독일군은 이제 끝났소!'라고 큰소리쳤다. 그러나 그들이 시야에서 사라진 직후에 따르륵거리는 기관총 소리가 들렸고, 잠시 후에 주인을 잃은 말들만 되돌아왔다"고 사령부에 보고했다.

아직 끝나지 않은 전쟁

나는 하우튈스트에 있는 벨기에 전몰자 공동묘지를 찾아갔다. 푸르스름한 들판에는 어린 학생들이 쓴 편지가 놓여 있었다. 학생들이 죽은 병사들에게 쓴 편지였다. "아저씨에게는 하루에 총알이 5개밖에 주어지지 않았습니다. 정말 안됐어요. 하지만 아저씨는 용감하게 싸웠습니다." "만약 또 전쟁이 벌어지면, 이번 전쟁터에는 아저씨가 없겠지요. 하지만 전쟁이 다시는 일어나지 않길 바라요. 아저씨, 하늘나라에서 만나요."

둔탁한 소리가 들렸고, 서리 내린 들판 너머에서 푸른 연기가 피어올랐다. 공동묘지 뒤편의 들판에서 DOVO(벨기에 전쟁무기 처리반)가 이곳 주변에서 수거한 무기들을 폭파하는 소리였다. 모두 1차 세계대전 때 사용하던 무기들이다. 그들은 하루에 두 번씩, 매일 1.5톤의 무기를 처리한다. 도무지 끝이 보이지 않는다. 농부들은 수류탄을 발견하면 표식을 해두고 당국에 알린다. 그럼 공병대원들이 찾아가 수거한다. 이곳에서는 이런 일이 끝없이 반복된다. 수세대가 지났지만, 이곳의 땅은 아직도 수류탄, 단추, 버클, 단검, 인간의 두개골, 물병, 소총, 때로는 탱크를 통째로 토해낸다. 1차 세계대전이 아직 끝나지 않았다.

08

악몽으로 남은 곳, 카셀

Cassel

2차 세계대전의 예고편

이곳은 11월이나 2월에 방문해야 한다. 풀, 밀, 보리 등 그 어떤 것도 자라지 않는 때, 땅이 다시 흙탕물과 눈에 젖어 축축하고 질퍽하게 변할 때에 찾아와야 한다. 나는 오후 늦게 프랑스 국경 너머에 있는 카셀로 이동했다. 태양은 완만한 들판 위에 나지막이 걸려 있어 금방이라도 지면 아래로 가라앉을 듯했다. 잠시 후, 하늘은 창백할 정도로 옅은 푸른색으로 변했고 분홍색 구름마저 거의 눈에 띄지 않았다. 그리고 어둠이 내리기 시작했다.

선전대로라면, 셰베크 호텔은 프랑스군 총사령관 페르디낭 포슈Ferdinand Foch와 조지 5세가 묵은 이후 거의 변하지 않았다. 이 호텔에서 운명의 조작자, 연합군에 속한 국가들의 총사령관, 결국 통계수치로만 수많은 전사자를 만난 사람들이 마주 보고 앉았다.

호텔 문은 굳게 닫혀 있었다. 나는 울타리를 넘어가 정원을 이리저리 돌아다녔다. 그리고 저물어가는 햇살을 빌려, 그들이 보았던 것을 보았다. 이프르 너머로 펼쳐진 평원, 사방으로 뻗은 도로, 들판과 산울타리가 발밑에 체스 판처럼 그려져 있었다.

1차 세계대전은 다음 전쟁이 지독히 잔혹할 거라고 예고하는 몇 가지 특징(대규모 전쟁과 첨단 과학기술, 소외와 익명성)을 띠고 있었다. 하지만 민간인은 안전한 편이었다. 1차 세계대전의 피해자 중 민간인은 5퍼센트에 불과했다. 2차 세계대전 때 피해자의 50퍼센트가 민간인이었다는 사실과는 비교조차 되지 않는다. 아직 혈통을 따지지는 않았지만 뿌리, 국적, 계급과 관련된 전쟁이었다. 어디서나 지배계급은 뚜렷한 목적도 없이 수십만 명의 농부, 노동자, 사무원을 무자비하게 희생시켰다.

전선에서 인간 이하의 삶을 경험한 군인들로부터 반체제적인 새로운 사회운동이 싹트기 시작했다. 그런 운동은 나라마다 고유한 형태와 특징을 띠었다. 따라서 전선은 그 이후 수십 년 동안 유럽을 지배한 다양한 대중운동, 즉 이탈리아의 분노한 퇴역군인부터 독일의 좌절한 장교, 프랑스와 벨기에의 강경한 반전反戰 사회주의자까지 다양한 대중운동 조직의 온상이 되었다.

프랑스의 경우, 장교와 사병 사이에는 귀족과 평민 간의 거리가 유지됐다. 예컨대 조제프 조프르 원수는 얼마나 많은 사병이 죽었는지 듣고 싶어 하지 않았다. 그의 마음을 어지럽히는 정보일 뿐이라는 이유였다. 또한 바르타스 상병은 프랑스 장교는 전쟁터에서도 그런대로 위안거리를 즐길 수 있었지만 피곤에 찌든 병사들은 '가축', '노예', '문둥이'처럼 시골길을 행군하며 참호 속에서 뒹굴고 쥐들 틈에서 새우잠을 자야 했다고 기록했다.

그중에서도 영국군 총사령관 더글러스 헤이그Douglas Haig 백작은 가장 무정한 전략가였다. 훗날 일부 학자는 헤이그를 '이전의 어떤 장군보다 잉글랜드인을 죽음으로 몰아넣는 데 선수였던 스코틀랜드인'이라 평가했지만, 전쟁 기간에 헤이그는 거의 우상이었다. 평가는 독자의 몫이지만, 헤이그는 오합지졸에 불과하던 영국군을 비교적 짧은 기간에 잘 훈련된 대군으로 키워냈고, 그로 인해 대영제국을 구해낼 수 있었다.

여기서도 과학기술의 낙후가 큰 역할을 했다. 현대전에서 장군은 후방, 요컨대 전화선 끝에 있는 편이 낫다. 그러나 과거의 야전 장군들은 용감하게 앞서나가 병사들의 사기를 진작시켰다(56명의 영국군 장성이 1차 세계대전 때 전사했다). 그렇지 않은 장군은 방해만 될 뿐이었다. 또한 처음에는 전화를 비롯한 통신수단이 믿음직하지 못했기 때문에 장군들은 후방에 머물지 못했다. 특히 전투 중에는 더욱 그럴 수 없었다.

운명을 뒤바꾼 사람들

막후에서 활동하며 운명을 뒤바꾼 사람들이 정말 있었을까? 물론 있었다. 앞서 언급한 프랑스의 브랜디 상인 장 모네가 대표적인 예이다. 모네는 전쟁이 발발했다는 얘기를 듣자마자, 친구를 통해 알게 된 프랑스 수상 르네 비비아니René Viviani에게 면담을 신청했다. 당시 26세였던 모네는 비비아니에게 중대한 제안을 한다. 훗날 모네가 밝힌 바로는, 비비아니가 좀 더 늙고 노회했더라면 결코 하지 않았을 제안이었다. 그것은 새로운 유형의 문제, 20세기의 문제이기도 했다. 모네의 생각에 이번 전쟁에서는 교전국들이 모든 자원을 쏟아 부어야 했고, 그렇게 하자면 새로운 형태의 조직과 협조가 필요했다.

이번 전쟁은 더는 전쟁터만의 문제가 아니었다. 현대전에서 승리를 거두려면 공급로, 공급 역량 등과 같은 후방적인 요인이 효율적으로 운영돼야 했다. 독일은 거대한 산업기지를 지니고 있어, 영국이나 프랑스보다 한층 유리한 입장이었다. 따라서 영국과 프랑스가 '한 나라인 것처럼' 경제력을 유기적으로 결합시키는 것이 무엇보다 중요했다. 두 나라는 수십 년 전부터 극단적인 민족주의를 추구해왔기 때문에 모네의 생각은 그야말로 혁명적인 발상이었다.

비비아니 프랑스 수상은 모네의 의견을 받아들였다. 모네는 사업상 구축한 거대한 인맥을 활용해 영국을 설득하는 데 성공했다. 그리하여 연합군 해상운송 위원회Allied Maritime Transport Council와 밀가루 관리위원회Wheat Executive가 조직됐다. 유럽 역사상 처음으로 개별 국가의 이익보다 공동의 이익에 중점을 둔 조직이 탄생한 것이었다.

밀가루 관리위원회가 없었더라면 프랑스는 십중팔구 기아에 허덕였을 것이고, 연합군 해상운송 위원회가 없었더라면 독일 잠수함들이 대륙으로의 모든 보급로를 차단할 수 있었을 것이다. 실제로 독일군은 1917년 봄에 대륙으로의 보급로를 차단하는 데 성공할 뻔 하기도 했다. 1940년 똑같은 문제에 봉착했을 때 영국과 프랑스는 비슷한 협조

체제를 구축했지만 그때에는 '평화 시에도 협조관계를 유지한다'는 더 큰 이상을 목표로 삼았다. 어떤 의미에서 밀가루 관리위원회와 연합군 해상운송 위원회는 훗날 유럽연합[1]으로 발전한 조직의 뿌리라고 볼 수 있다.

벨기에의 수문 관리자 카렐 코헤Karel Cogge와 언제나 술에 취해 있던 그의 친구 헨드리크 헤이레르트Hendrik Geeraerd, 지역 역사학자 에메리크 페이스Emeric Feys도 운명을 뒤바꾼 사람들이라 할 수 있다. 페이스는 수집한 자료 속에서 범람하는 저지대를 표시한 옛 지도를 찾아냈다. 1914년 10월 말, 코헤는 페이스의 지시에 따라 뵈르너 사스에 있는 수문을 열었다. 수위가 빠르게 상승하지 않자, 헤이레르트가 밤을 틈타 노르트바르트 운하에 방치돼 있던 수문들을 들어올렸다. 그들은 이런 방식으로 절체절명의 순간에 이제르 강을 범람시켰다. 강이 범람해 주변 평원이 물에 잠기자 독일군은 니우포르트에서 전진을 멈출 수밖에 없었다.

니우포르트 전화번호부에는 두 명의 코헤가 등록돼 있었다. 쿠르트와 조르주였다. 나는 조르주에게 전화를 걸었다.

"맞습니다. 그분이 내 종조부이십니다. 할머니에게 그 얘기를 들은 적이 있습니다. 아니요, 지금은 아무도 그 얘기를 모를 겁니다. 모두 세상을 떠나셨으니까요. 쿠르트요? 내 아들입니다! 나는 손자까지 둔 할아버집니다."

그렇게 니우포르트의 코헤 가문은 역사의 풍파 속에서도 꿋꿋하게 살아남았다.

전쟁의 기억

대전쟁 동안 포페링허는 전선을 바로 앞에 두고도 상대적으로 조용한 도시였다. 광장에는 독가스 공격이 있을 때마다 바람이 어디에서 불어오느냐에 따라 '안전' 혹은 '불안전'이라 읽히는 간판이 있었다고 전해진다. 믿기지 않는 말이지만 그래도 해학이 없지는 않다. 포페링허는 영국군이 유럽 대륙에 첫발을 디딘 뒤 목을 축이고는 눈물짓는 여인을 남기고 떠난 도시이기도 했다.

> 전쟁이 끝난 후
> 영국 군인들이 떠났네
> 포페링허의 여인들은 눈물짓네
> 아기를 안고!

웅장한 텔벗 하우스는 이런 소용돌이에서 벗어난 곳이었다. 누구나 드나들 수 있는 클럽이어서, 계급과 신분을 초월해 모든 군인이 이곳에서 잠깐이나마 휴식을 취했다. 계단, 가구, 촛대, 책, 그림, 물주전자, 군인들의 노래에 반주를 해주던 피아노 등 아직도 곳곳에서 평등한 분위기가 느껴진다. 1980년대 말까지도 퇴역군인들이 이곳을 자주 찾았다. 조용한 정원도 전혀 변하지 않아 '정원에 들어와 전쟁을 잊으라'며 군인들에게 위안을 주던 팻말도 그대로였다.

나는 부엌 식탁에 앉아 차를 마시며, 스코틀랜드 젊은이와 잠시 애기를 나누었다. 주변의 빈 의자를 바라보며 그곳에 앉았을 젊은 병사들을 상상해보기도 했다.

나는 런던에서 1차 세계대전의 전문가인 린 맥도널드Lyn MacDonald를 만난 적이 있었다. 맥도널드는 너무 늦기 전에 수백 명의 1차 세계대전 참전 용사를 추적해 인터뷰하고 그들의 고해를 듣는 대모代母 역할을 했다.

맥도널드는 노병들이 1960년대와 1970년대에 정기적으로 모여 건배하며 노래 부르던 작은 클럽들에 관심을 갖게 된 이유를 설명하고는 "그들이 함께 모였다는 사실만으로도 중요한 의미가 있었습니다. 전쟁을 겪지 않은 사람은 그게 무슨 뜻인지 정확히 이해하지 못할 겁니다"라고 덧붙였다.

맥도널드는 언제나 그들을 '그 남자들'이라 불렀다.

"그들을 인터뷰했을 때 나는 꼬부랑 늙은이와 얘기하는 게 아니었습니다. 1914년 당시, 기운 넘치던 새파란 젊은이와 이야기하는 기분이었습니다. 그들에게 1차 세계대전은 그 이후의 삶보다 훨씬 생생한 현실이었습니다. 심지어 한 남자는 '나는 열여덟 살부터 스물한 살까지 평생을 살았소. 그 이후의 삶은 덤일 뿐이었소'라고 말했습니다."

나와 이야기하는 동안, 맥도널드는 내게 너무 성급히 판단하지 말라고 말했다.

"그 세대는 미친 게 아니었습니다. 그들은 환상에서 살았던 겁니다. 하지만 애국심, 의무감, 봉사정신, 자기희생 등 무척 다양한 이상을 품었던 세대이기도 합니다. 그들은 전형적인 빅토리아 시대 사람들이었습니다. 전쟁이 끝난 후 고향에 돌아갔지만, 고향이 편하게 느껴지지 않았을 겁니다."

그러나 무엇이 그들을 그런 상황으로 몰아갔을까? 무엇이 그들을 집단 자살에 참여하도록 부추겼을까? 린 맥도널드는 부상당해 쓰러진 병사에 대해 얘기해주며, 그 사람은 "쓸데없는 낭비였소! 비싼 돈 들여 몇 달을 훈련시켰지만 나는 방아쇠조차 당기지 못했으니까!"라고 안타까워할 뿐이었다고 말했다. 결국 그는 자신의 존재를 입증하기 위해 싸우고 싶었던 것이다.

'돌격!' 참호를 박차고 나와 돌격한 것은 1차 세계대전에서 남은 가장 뚜렷한 기억이지만, 동시에 가장 겁나는 순간이기도 했다. 끝없는 기다림, 돌려 마시던 럼주, 신경성 구역질, 수많은 헤아림과 폭발, 바람을 가르며 날아오는 포탄, 돌격, 철조망, 빗발치는 탄환과 지뢰와 박격포탄 속에서의 탈출, 총격전, 화염, 육박전, 도살….

"돌격하라, 제군들! 돌격하라."

지리한 전투는 그렇게 계속됐다.

인간성의 상실

친구, 이웃, 마을 사람들, 모두 지원해서 함께 훈련받고 함께 돌격했다. 아서 웨그스태프(1898년생)는 BBC 다큐멘터리에서 "참전해야 했다. 그게 의무였다. 징병에 기꺼이 응해야 했다"라고 말했다. 토미 게이는 "나와 친구는 언제나 함께했다. 처음 돌격할 때도 우리는 함께 참호를 박차고 나왔다. 하지만 그 후로 나는 친구를 보지 못했다. 사방에서 총알이 빗발쳤다. 다른 건 없었다. 하지만 나는 한 발도 맞지 않았다"라고 말했고, 로비 번스(1897년생)는 "대대적인 공격이 있기 전에 언제나 이번이 마지막일지 모른다는 기분을 떨치지 못했다. 하지만 그런 기분을 드러내지 않았고 입에 올리지도 않았다. 아무에게도 말하지 않은 나만의 비밀이었다"라고 증언했다.

솜 강 전투가 시작됐을 때, 용맹무쌍한 병사들도 사령관이 치명적인 실수를 저질렀다는 사실을 깨닫고는 몸서리치지 않을 수 없었다. 사령관이 공격 시작 10분 전에 독일군 진지를 향한 포격을 중단시켰던 것이다. 10분이면 독일군이 벙커에서 나와 기관총을 설치하고 공격하는 적을 도살하기에 충분한 시간이었다. 실제로 그런 참극이 벌어졌다. 연합군 병사들은 그런 참극이 일어날 거라는 걸 뻔히 알면서도 공격을 알리는 호각 소리가 들리자 지체 없이 돌격했다.

물론 이런 현상은 후방을 지키려는 애국심, 강렬한 전우애, 영국군과 독일군의 엄격한 규율 등 어떤 식으로든 설명이 가능하다. 바르타스는 1914년 12월 17일 이른 아침 북프랑스에서 아무런 엄호물도 없이 무모하게 독일군 기관총 부대를 향해 돌격하기 시작했을 때의 전후 상황을 자세히 기록했다. 소령이 돌격 명령을 내렸다. 대위가 그 명령을 하급 부대에 전달하는 걸 거부했다. 두 장교는 입씨름을 벌였다. 잠시 후, 대위가 참호에서 나갔고 몇 걸음 떼기도 전에 총격을 받아 절명했다. "참호에서 병사들이 한탄하고 불평하는 소리가 들렸다. '난 애가 셋이나 된다고', '엄마! 엄마!'라고 울부짖는 소리도 들렸다. 소령에게 공격을 취소해달라고 애원하는 병사도 있었다. 그러나 소령은 손에 리볼버를 쥐고 미친 듯이 화를 내며, 꽁무니를 빼는 놈은 총살시키겠다고 위협했다." 결국 병사들은 돌격을 감행했다. 당장에는 적보다 소령

▲ 1차 세계대전 당시 독일군과 영국군은 솜 강에서 치열한 전투를 벌였다.

이 무서워서!

　이 이야기를 뒤집어 생각해볼 수 있다. 달리 말하면 군인들은 '조국을 위해 죽으려고' 참전한 것이 아니었다. 적을 죽이고, 부상을 입히고, 손발을 잘라내기 위해 참전한 것이었다. 그러나 전선에서 쓴 일기나 전선에서 보낸 편지는 이런 점을 애써 외면하고 있다. 언제나 고통과 죽음이 강조됐다. 그들이 실제로 자행한 살상에 대해서는 거의 언급하지 않았다.

　그럼 동기는 무엇이었을까? 전쟁이 시작된 지 1년 후, 바르타스는 '애국'이란 단어를 다시는 듣고 싶지 않다며 "이유는 간단했다. 우리는 무자비한 숙명의 희생자로서 애국해야만 했다. 우리는 본연의 가치관과 인간성을 상실했다. 우리는 마소 같은 짐바리 동물로 전락했다.

무관심하고 무감각해서 아무런 감동도 느끼지 못하는 짐승이 돼버렸다"고 썼다. 바르타스는 분명한 의식을 지닌 사회주의자였고 휴머니스트였다. 그는 이 문제를 해결하는 자기만의 방식을 찾아냈다. 요컨대 그는 오로지 자기방어를 위해 방아쇠를 당겼다. 다른 이유는 없었다.

반면 영국 시인 로버트 그레이브스Robert Graves(1895~1985)는 정반대의 태도를 취했다. 장교였던 데다 어떤 짓을 해서라도 자신의 뿌리가 독일에 있다는 걸 잊고 싶었기 때문이었을 것이다. 그는 정찰하는 동안 독일인의 참호에서 *유쾌한 과부*(프란츠 레하르가 작곡한 오페레타_옮긴이 주)가 흘러나오는 소리를 들었다는 이유로, 그 참호에 박격포를 퍼부으면서도 양심의 가책을 느끼지 않았다. 그는 냉정하고 실리적인 이유에서 살상을 자행했다. 또 "우리 모두 위험을 감수해야 한다. 죽음이 확실한 때라도! 목숨을 구하고 중요한 입지를 지키기 위해 위험을 무릅써야 한다. 죽이기 위해서는 다섯 번 중 한 번은 위험을 무릅써야 한다"며 나름의 공식을 세우기도 했다.

이런 실용주의가 포로의 살상으로 확대되기도 했다. 죄수의 살상은 모든 군사 협정과 관습법을 위반하는 것이었지만, 바르타스와 그레이브스 및 많은 일기작가는 죄수의 살상에 대해 빈번하게 언급했다. 후방으로 후송되는 죄수들의 주머니에 안전핀을 뽑은 수류탄을 쑤셔 넣거나, 간단히 총살시켜버리기도 했다. 독일군은 완충지역을 순찰하다 부상병을 발견하면 예외 없이 목을 그어버렸다. 그레이브스는 "우리는 주로 철퇴를 이용했다"고 말했다.

전우를 위하여

실제 전투에서 가장 중요한 것은 단위부대원, 즉 매일 서로 얼굴을 마주치며 살아가는 병사들이다. 그레이브스는 전투에서 가장 중요한 덕목은 '연대聯隊의 자부심'이라며 "누구도 전우보다 겁쟁이가 되고 싶어 하지 않았다"라고 말했고, 바르타스는 "모든 병사가 불굴의 의지를 지녔기 때문에 그들에게 행운이 있을 거라고 믿었다"라고 말했다.

이런 연대의식이 때로는 살상의 중요한 동기가 됐다. 요컨대 소속된 부대를 지키기 위해, 죽은 전우의 복수를 위해 적군을 죽여야 했다. 에른스트 윙거는 네 아이를 둔 부하가 영국군 저격병에게 죽임을 당한 후 "그의 동료들은 복수할 기회를 노리며 개인 참호에서 오랫동안 꼼짝하지 않았다. 그들은 분노로 오열했다. 전우에게 죽음을 안긴 영국 군인을 개인적인 적으로 여기는 듯했다"고 적었다. 영국 시인 시그프리드 서순Siegfried Sassoon은 절친한 친구가 전사하자 '독일군을 죽일 기회를 노리겠다'며 매일 밤 야간 순찰을 자원했다.

윈스턴 처칠은 1915년 초 당시 총리의 딸, 바이올렛 애스퀴스에게 "나한테 저주가 내린 것 같소. 나는 이 전쟁을 사랑하니까 말이요. 이 전쟁이 매순간 수많은 인명에게 죽음과 상처를 안긴다는 걸 알지만, 나는 1분 1초가 즐겁기만 하오. 그런 마음을 억누를 수가 없소"라는 편지를 보냈다.

그러나 1차 세계대전을 기록한 글들에서는 살상에 대한 개인적인 감정이 거의, 혹은 전혀 언급되지 않는다. 실제로 양편 모두 적군을 개인적인 악감정으로 살해한 것은 아닌 듯하다. 바르타스의 기록에 따르면, 프랑스군은 적군을 추적할 때마다 푸주한의 칼을 배급했다. 부상당하거나 포로가 된 독일군을 죽일 때 사용하는 칼이었다. 그러나 대부분의 병사가 그 칼을 던져버리며 "이건 살인자의 무기이지 군인의 무기가 아니다!"라고 말했다.

솜 강 전투에서, 독일의 기관총 사수는 기관총의 파괴력에 충격을 받아 간헐적으로 사격을 중지하며, 영국군이 참호로 돌아갈 수 있도록 충분한 시간을 주었다. 영국군 장교들도 돌격 명령을 받은 병사들이 머뭇거리는 가장 큰 이유는 자신의 죽음에 대한 두려움이 아니라 누군가를 죽여야 한다는 두려움 때문이라는 걸 알고 있었다.

영국군 기관총 사수 앨버트 더퓨는 1918년 독일군 참호에 뛰어들어 총검으로 독일군을 어떻게 찔렀는지 솔직히 기록했다.

> 그는 연필처럼 가냘팠다. 첫 임무를 마치고 참호로 돌아온 뒤 나는 한동안 잠을 이룰 수 없었다. 그 독일군의 얼굴, 총검이 몸을 파고들 때 비명을 지르며 쓰러지던 그의 모습이 계속 머릿속에 어른거렸다. 그는 땅바닥에 쓰러진 후에도 다리와 목을 비틀며 경련을 일으켰다. 그 모습이 계속 머릿속에 떠올랐다. 잠자리에 들 때마다 그를 생각하는 게 거의 습관이 돼버렸다. 그래서 잠을 자는 게 두려웠다.

09

군인들의 무덤, 베르됭

Verdun

망자를 위한 소등나팔

이프르는 지금도 과거, 계단식 박공벽, 다시 조성된 중세의 건물, 무덤과 망자亡者의 곁에서 살아간다. 지역 자원소방대의 두 나팔수는 1927년 이후 지금까지 매일 저녁 8시에 만나 소등나팔을 불어왔다. 리크 반 덴 케르크호버는 19년째이고, 안톤 베르스호트는 약 46년째 그 역할을 맡고 있다. 그들은 자전거에 내려 엄숙하게 차렷 자세를 취한다. 경찰이 모든 자동차를 멈춰 세우면 5만 4,896명의 전사자 이름이 새겨진 웅장한 메넨포트 벽에서 나팔을 분다. 10명 남짓한 사람이 주변에 서서 구경한다. 오래 걸리지 않는다. 의식이 끝나면 그들은 경찰과 악수를 나누고, 다시 자동차가 자갈길을 오간다.

안톤의 널찍한 얼굴은 온화해 보였다. 이미 현역에서 은퇴했지만 나팔수 역할만은 포기하지 않았다. 리크는 "겨울에는 가끔 힘듭니다. 남들이 따뜻한 집에 편히 앉아 텔레비전을 보고 있을 때도 이 일은 멈출 수 없으니까요. 명예로운 의무라고 할까요"라고 말했다. 리크는 물에 빠진 사람을 구해주느라 딱 한 번 소등나팔을 불지 못했다. 그러나 어떤 집이 불타고 있을 때도 8시가 되면 소등나팔부터 불어야 했다. 안톤은 "그렇지, 소등나팔은 무엇보다 중요한 거니까"라고 말했다.

관광 상품으로 변한 전쟁의 흔적

대전쟁의 앙금은 언제쯤이나 완전히 지워질까? 대전쟁은 언제쯤이나 완전히 역사 속 이야기로 남을까? 솜 강 전투는 언제쯤이나 워털루 전투처럼 인식될까? 내 나름대로 짐작해보면 앞으로도 10년은 더 지나야 할 것 같다. 3세대와 4세대 사이, 요컨대 전쟁에 참전한 사람들을 거의 기억할 수 없는 손자 세대에서 증손자 세대로 넘어갈 때쯤에야 1차 세계대전에 대한 감정이 변할 것 같다. 베르됭의 납골당에서도 얼마 전에 일일 미사가 월간 미사로 변했다. 솜 강 남쪽에는 조만간 두 전몰자 묘역을 가로질러 거대한 공항이 건설될 예정이다. 벽에 쓰인 낙서를 보더라도 이제는 기억보다 경제 발전으로 관심의 초점이 옮겨갔다.

퀸 빅토리아 라이플 카페 탁자에는 아직도 1920년대의 모습을 담은 입체사진들이 놓여 있었다. 카페 주인이 철조망에 걸린 시신, 목이 날아간 독일군, 나무에 걸린 말의 일부 등과 같은 섬뜩한 입체사진으로 거의 75년 동안 푼돈을 벌고 있는 셈이다.

요즘에는 이런 것들이 완벽하게 재현되기도 한다. 딕스마위데의 이제르 탑에 있는 어떤 기계에 코를 바짝 갖다 대면 가스 냄새를 맡을 수 있다. 염소가스는 약간 표백제 냄새가 나고, 겨자탄은 정말 겨자 냄새가 난다. 이프르의 인 플랜더스 필즈 평화 박물관에는 어둑한 방에 완충지대가 완벽하게 꾸며져 있어 독일군이나 영국군이 참호에서 나와 돌격할 때 어떤 심정이었을지 짐작할 수 있을 정도이다. 전시실에는 군인들이 죽어가며 내뱉는 신음소리와 고함소리가 가득하며, 전선을 향해 달리는 군인들의 형상이 사방에서 어른거린다. 또 전쟁 전에 평화롭게 살았던 허깨비들이 "왜 나야? 왜 우리냐고?"라고 소리친다. 컴퓨터 프로그램을 이용해 한 군인을 선택하면, 그가 어떤 삶을 살았는지 추적해볼 수도 있다. 나는 찰스 해밀턴 솔리를 선택했다. 그는 로스에서 '머리에 총상'을 입고 전사했다.

완전히 다른 식으로 접근한 박물관도 있다. 페론에 신축된 대전쟁 역사박물관에서는 영광이나 환상을 전혀 찾아볼 수 없다. 군복과 장비가 벽에 전시돼 있지 않고 죽은 사람처럼 바닥에 널려 있다. 물론 당시의 모습을 그대로 재현한 것이고, 거의 모든 전시물이 한때 전사자가 소지했던 것이다. 그러나 내 생각에는 페론의 역사박물관만 유일한 예외로 남을 것 같다. 벌써부터 놀이기구 같은 작은 궤도차가 베르됭의 옛 요새 위를 달리고 있지 않은가. 20년 후에는 쥐와 배설물, 시체 썩는 냄새, 죽어가는 말, 치명적인 부상을 당해 신음하는 군인까지 완벽하게 갖춘 놀이공원이 곳곳에 설치되고, 궤도차가 덜컹대며 그곳을 달릴 것이다. 1차 세계대전에 대한 감정이 연대의식에서 호기심으로 변해가고 있다.

릴에서 파리까지 연결된 고속도로를 달릴 때 솜 강 전투가 벌어진 곳에서 액셀러레이터를 잠깐 늦추게 된다. 1916년 여름이 저물어갈 무렵, 120만 명이 고속도로의 두 출구 사이에서 죽었다. 고속도로는 전장戰場의 동쪽 경계에서 약간 떨어진 곳을 달린다. 고속도로변에 '대전쟁', 유명한 성이나 포도주 산지를 찾아가는 방향을 알려주는 커다란 갈색 안내판들이 설치돼 있어, 운전자들은 휙 지나가면서도 1차 세계대전의 격전지가 부근에 있다는 걸 알고는 되돌아 조용하고 평온한 피카르디 지역으로 올라간다.

이곳에서 전쟁은 이미 다음 단계로 접어들었다. 어느새 유명한 관광명소가 됐고, 지역 경제를 떠받치는 대들보가 됐다. 어디에나 지옥 같던 격전지들을 광고하는 자그마한 팸플릿이 있었다. 나는 2월 15일 한겨울에 그곳을 찾아갔다. 내가 묵은 호텔에도 전선을 관광하려는 부부가 적어도 세 쌍은 되는 듯했다. 음향효과는 물론이고 시각적인 비디오까지 제공하며 박물관들이 관광객을 끌어들이기 위해 치열하게 경쟁했다.

여행을 시작한 뒤 처음으로 내 방에 앉아 네덜란드 텔레비전 방송을 볼 수 있었다. 뉴스에서는 스위스의 한 마을에서 눈에 갇혀 며칠째 꼼짝하지 못하는 관광객들의 인터뷰가 나왔다. 검게 그을린 한 여자가 "우리가 어떻게 지내고 있는지 상상조차 못할 겁니다. 완전히 피난민이 된 기분입니다!"라고 하소연했다. 다른 여자는 "우리는 모든 걸, 모든 걸 잃었습니다!"라고 투덜거렸다. 스키복과 화장품이 든 여행 가방을 잃어버렸다는 뜻이었다.

처절했던 솜 강 전투

안개가 자욱했다. 날이 밝아오면서 안개는 더욱 짙어졌다. 나는 조심조심 차를 몰고 솜 강을 찾아갔다. 카날 뒤 노르('북운하')의 갑문에서 배 한 척이 어렴풋이 보였다. 바로 옆에는 검은 버드나무가 한 줄로 늘어서 있고, 부근에서 쇠물닭들이 헤엄치고 있었다. 잠시 후에는 그 모든 것이 다시 침묵 속으로, 회색 속으로 사라졌다. 참호, 웅덩이, 잊힌 자취와 사라진 몸뚱이 등 모든 것이 하늘부터 땅까지 하얗게 드리워진 안개에 묻혀버렸다.

솜 강 전투는 철저하게 계획된 전투였다. 문서로만 보면 잘못될 이유가 없었다. 대치 상태가 몇 달 동안 계속되며 적어도 100만 명의 병사와 20만 마리의 말이 집결했고, 헤아릴 수 없이 많은 소총, 대포, 탄약 등이 쌓여갔다. 무수한 천막과 야전 취사장, 야전병원, 지휘 본부, 검문소 등은 작은 도시를 방불케 했다.

전투가 한창 진행 중이던 1916년 10월 9일, 솜 강에 파견된 루이 바르타스는 "진영은 거대한 개밋둑이었다. 진영 사이에 개설된 길을 따라 수송부대가 오갔다. 무기를 잔뜩 실은 트럭, 구급차 등 온갖 종류의 군용 차량이 정신없이 왔다 갔다 했다. 철로까지 설치돼 보급품과 식량, 탄약이 대량으로 수송됐다. (…) 진지는 너무 넓어 한눈에 들어오지 않았다. 소란스런 소음과 멀리서 천둥처럼 울리는 대포소리밖에 들리지 않았다"라고 썼다.

영국군은 승리를 확신했다. 따라서 승리의 과정을 필름에 담기 위해 파견한 조프리 맬린스Geoffrey Malins의 벙커를 따로 짓기까지 했다. 며칠 폭격을 가하면 독일군을 전멸시킬 수 있으리라 생각했지만, 독일군은 꿋꿋하게 살아남아 반격을 가했다. 독일군의 철조망, 튼튼한 참호 및 기관총은 엄청난 폭격에도 거의 피해를 입지 않았다. 그리고 영국군은 그들 역사상 가장 참혹한 도살을 당했다. 그날 10만 명이 고지를 향해 돌진했지만, 정오가 되기도 전에 1만 9,000명 이상이 전사하고 4만 명이 부상당했다. 그러나 영국군 보부아르 드 릴Beauvoir De Lisle 장군은 "훈련과 규율의 놀라운 성과가 엿보였다. 공격이 실패한 이유는 전사자들이 전진하지 못했기 때문이다"라고 보고했다.

전사자들의 시신을 수습하는 데만도 몇 주가 걸렸다. "부상자들은 포탄으로 생긴 구멍 속에 기어들어가, 방수 담요로 몸을 감싸고 성경책을 꺼냈다. 그리고 그렇게 죽어갔다."

린 맥도널드가 인터뷰한 참전 용사들의 증언 덕분에, 나는 맬린스가 촬영했을 만한 곳을 찾아낼 수 있었다. 보몽 아멜의 스코틀랜드 기념관 옆에 있는 커다란 웅덩이가 거의 확실했다. 지금은 높이 자란 풀로 뒤덮여 있지만 카메라를 설치하기에는 더할 나위 없이 좋은 곳이었다.

나는 그 안에 들어가 쪼그려 앉은 뒤 당시 상황을 그려보았다. 병사들이 길어깨를 엄폐물 삼아 재공격을 준비했다. 모두 새파란 청년이었다. 반은 차분했고, 반은 긴장한 표정이 역력했다. 한 병사가 고개를 돌려 대담하게 렌즈를 쳐다보았고, 한 병사는 카메라를 슬쩍 옆으로 밀어냈다. 몇몇 병사는 배낭을 뒤적거려 수통을 꺼내고는 벌컥벌컥 물을 마셨다. 차분히 담배를 피우는 병사가 있는 반면 거칠게 행동하며 용기를 뽐내는 병사도 있었다. 잠시 후, 공격을 알리는 군호軍號가 들렸다. 모두 총검을 소총에 꽂고 앞으로 돌격했다.

맬린스의 영화에서는 돌격이 어떻게 끝났는지 보여주지 않았지만, 2분 남짓 후 그들은 모두 죽었다.

살아 있는 유령

나는 버스를 타고, 보병들이 주둔했던 전선을 둘러보았다. 전몰자 공동묘지가 농로를 따라 과수원처럼 군데군데 조성돼 있었다. 나는 왕립 뉴펀들랜드 연대가 무모한 공격을 감행해 거의 전원 목숨을 잃은 들판을 찾아갔다. 오늘날 무슬림 근본주의자들에게 본보기로 보여줄 만한 전형적인 집단 자살 공격이었다. 최소한 700명의 젊은 병사가 죽었다. 그들이 필사적으로 뚫으려 했던 행로는 지금도 정확히 추적할 수 있었다. 포탄으로 생긴 웅덩이와 참호 주변에서 양들이 풀을 뜯고 있었다. 철조망은 치워지고 시신들도 완전히 수거됐지만, 그곳에 심긴 캐나다 전나무들이 섬뜩한 소리를 만들어내고 있었다. 전나무 가지가 바람결에 뭐라고 속삭이는 것 같았다.

베라 브리테인이 육군 간호병으로 일하며 엿들었다는 얘기가 문득 떠올랐다. 한 병장이 자신이 모셨던 중대장에 대한 추억을 이야기하고 있었다. 그 중대장은 부대원들을 언제나 궁지에서 구해주던 사람이었다. 솜 강에서 중대장이 전사하자 부대원들은 형제를 잃은 것처럼 슬퍼했다.

"그런데 얼마 전, 독일군이 알베르에 진입하기 직전에 우리는 곤경에 빠져 있었습니다. 나는 부대원들과 그 곤경에서 벗어나기 위해 안간힘을 다했습니다. 그런데 갑자기 중대장이 보였습니다. 맑은 눈에 친숙한 미소를 띠고 우리 뒤를 맡아주셨습니다. 그리고 내게 '너희는 해낼 수 있을 거다'라고 말씀하셨습니다. 정말 우리는 가까스로 위기를 벗어났고, 나는 중대장님을 뵈러 뒤쪽으로 달려갔습니다. 하지만 그분은 어느새 사라져 보이지 않았습니다."

그 이야기를 듣고 있던 다른 사람이 들것을 운반하던 두 병사에 대한 이야기를 시작했다.

"어느 날 석탄 통 하나가 폭발해 그 둘이 죽었습니다. 그런데 지난주에 우리 부대원들이 그들을 다시 보았다는 겁니다. 참호에서 부상당한 전우들을 들것에 싣고 열심히 후송하더랍니다. 게다가 나는 여기로 오는 기차에서, 그들에게 구원을 받았다고 확신하는 병사를 만나기도 했습니다."

▲ 베르됭에서 전쟁으로 목숨을 잃은 이들을 추모하기 위해 세워놓은 십자가들이다.

로버트 그레이브스도 비슷한 경험을 얘기했다. 부대원들을 위한 연회가 열리는 동안, 그레이브스는 챌로너라는 병사의 모습이 창밖에 어른대는 걸 보았다. "그를 잘못 알아볼 까닭이 없었다. 철모의 계급장으로도 분명히 그라는 걸 알 수 있었다. 나는 단숨에 뛰어가 창밖을 내다보았다. 그러나 길가에 버려진 담배꽁초에서 연기만 피어오르고 있었다." 챌로너는 한 달 전에 전사한 병사였다.

베라 브리테인은 부상병들의 이야기를 크게 신뢰하지 않았지만, 그들은 고집을 꺾지 않았다.

"맞습니다, 당신 말대로 그들은 죽었습니다. 하지만 1916년 솜 강 전투에서 전사할 때 그들은 우리의 전우였습니다. 분명히 말씀드리지만, 그들이 아직 우리 옆에서 싸우고 있다는 건 사실입니다!"

모든 것의 종말, 베르됭 전투

다음 날, 나는 차를 타고 완만하게 구릉진 시골 지역을 돌아다녔다. 파리 사람들의 아담한 시골 별장이 곳곳에서 눈에 띄었다. 경작된 붉은 밭에는 참호의 흔적이 아직 남아 있었다. 조금씩 변해가는 지역이었다. 큰 마을이든 작은 마을이든 급격한 변화는 없었다. 웅장한 기념물이나 전격적인 현대화의 흔적도 찾아볼 수 없었다.

길가의 조그만 식당에서는 그날의 요리(닭, 치즈와 푸딩, 커피)만을 팔았다. 선택의 여지가 없었다. 사람들은 서로 잘 아는 듯 식사를 끝내고는 악수를 나눈 뒤, 트럭이나 밴에 올라탔다. 나는 뜨개질하는 할머니와 왕방울만 한 눈을 지닌 여직원이 운영하는 호텔에 묵었다. 나중에 복도에서 휴대폰으로 통화하는 여직원을 보았다. 그녀는 "당신을 사랑해요. …물론, 당신을 사랑해요. …고마워요. …하지만 당신을 사랑해요. …"라는 말밖에 하지 않았다.

베르됭은 평화로운 마을이지만, 적어도 내 기준으로는 가장 섬뜩한 전쟁기념물이 있는 곳이다. 그것은 무서운 눈초리로 주변을 쏘아보는 기사騎士가 꼭대기에 서 있는 탑이다. 내가 베르됭에 사는 세 살짜리 아이라면 무서워서 밤에도 눈을 감지 못할 것이다. 기사의 발밑에는 박물관이 있다. 역시 자부심이 배어 있고 호화로워, 프랑스군을 거의 괴멸 상태로 몰아갔던 명예욕이 박물관에서도 읽혀진다.

베르됭 전투는 1916년 2월 21일에 시작돼 10개월 동안 계속됐으며 그 기간 동안 26만 명이 전사했다. 거의 1분에 한 명꼴로 목숨을 잃은 셈이다. 결국 양측 모두 한 발짝도 전진하지 못했지만 독일군 총사령관 에리히 폰 팔켄하인Erich von Falkenhayn은 오히려 그 때문에 큰 걱정을 하지 않았다. 그가 궁극적으로 원한 것은 시체였다. 팔켄하인은 베르됭 요새가 오래 전부터 프랑스로 들어가는 관문이었다는 것, 따라서 베르됭이 프랑스군에 상징적으로 특별한 의미를 지닌다는 것을 잘 알고 있었다. 팔켄하인은 문자 그대로 프랑스군이 베르됭에서 '죽도록 피를 흘리기'를 바랐다. 베르됭 전투의 독일군 암호명이 '게리히트Gericht', 즉 '도살장'이었다는 사실에서도 팔켄하인의 의도를 확인할 수 있다.

팔켄하인은 프랑스 장군들의 성향을 꿰뚫어보았다. 프랑스 장군들은 영광스런 공격만을 생각하며 보유한 모든 수단을 전쟁터에 쏟아 부었고, 병사들의 목숨에는 거의 신경 쓰지 않았다. 이런 성향은 프랑스군의 참호에서도 그대로 확인된다. 얕고 임시방편적인 프랑스군의 참호는 콘크리트로 지어진 독일군의 참호와 뚜렷이 대비된다. 베르됭은 프랑스군에게 놓은 덫, 그들의 자부심과 명예욕을 미끼로 삼은 덫이었다.

유일한 보급로였던 '부아 사크레Voie Sacrée'(신성한 길)는 피해를 입지 않았지만, 그것도 독일군의 작전 중 하나였다. 죽도록 피를 흘리게 하려면 동맥이 필요하지 않겠는가! 프랑스 보병들은 베르됭을 '큰 소시지 기계'라 불렀다. 그도 그럴 것이, 베르됭을 향해 행군해오면 멀리서도 대포 소리와 화염에 휩싸인, 악취 나는 지옥이 보였기 때문이다. 그야말로 베르됭은 모든 것의 종말을 뜻하는 쩍 벌어진 입이었다.

하지만 이는 독일군에게도 마찬가지였다. 36만 명의 프랑스군이 전사하거나 부상당했듯 독일군도 33만 명이 전사하거나 부상당했다. 그러나 베르됭은 평균적으로 프랑스군에 훨씬 더 큰 정신적 충격을 안겨주었다. 게다가 프랑스군은 순환제로 근무했기 때문에, 대부분의 프랑스 군인은 잠깐이나마 '커다란 소시지 기계'를 직접 경험할 수밖에 없었고, 그에 따른 육체적·심리적인 영향에서 벗어나지 못했다.

바르타스 상병이 속한 부대는 1916년 5월 12일 베르됭에 도착했다. 그들은 125연대와 교대할 예정이었다. 참호에 들어선 그들은 산더미처럼 쌓인 '산산조각이 난 인간 살덩이'를 보고 깜짝 놀랐다. 전날, 대대적인 박격포 공격이 있었던 게 확실했다.

잔해들, 망가진 소총, 찢어진 배낭이 사방에 널려 있었다. 소중히 간직하던 편지와 기록이 배낭에서 쏟아져 나와 바람에 흩날렸다. 찌그러진 수

통, 갈가리 찢어진 숄더백도 눈에 띄었다. 그 모든 것에 125연대의 표식이 찍혀 있었다.

다음 날, 그들은 다시 본대로 복귀하라는 명령을 받았다. 걸어서 전장을 건너야 하는 악몽 같은 여정이었다.

철조망과 울타리를 건너고, 찢어진 모래자루와 시체, 잡다한 잔해를 밟고 지나가야 했다. (…) 박격포탄의 섬광이 번쩍인 후에는 어둠이 더욱 어둡게 느껴질 뿐이었다.

적막한 불모의 땅

오늘, 그 들판에는 차가운 안개가 짙게 깔려 있다. 바르타스의 시대에는 무수한 포탄이 떨어진 불모의 땅이었지만, 이제는 호리호리한 나무들로 뒤덮여 있다. 그리 오래 전도 아니지만, 이곳에서는 강인한 캐나다 전나무를 제외하면 아무것도 자라지 않는다. 아직도 포탄으로 생긴 웅덩이와 참호가 어디서나 눈에 띄었고, 그곳은 눈이 녹아 생긴 흙탕물로 가득 차 있었다. 치열한 전투가 벌어졌던 곳은 모두 명소로 변해 커다란 간판이 세워져 있었다. 나는 그 으스스한 볼거리들(기념물, 납골당, 소이탄으로 불바다가 됐던 마을, 영광의 요새 그리고 전설에 따르면 17명의 용감무쌍한 병사가 박격포 공격을 받아 생매장되는 순간에 창검을 힘껏 꽂았다는 신성한 참호)을 보는 둥 마는 둥 하며 서둘러 지나갔다. (창검을 땅바

▲ 납골당에 안치되어 있는 사람의 뼈들.

닥에 똑바로 꽂아두는 것은 불쌍한 전사자의 묘를 임시로 표시하는 방법이었지만, 이곳 사람들은 그런 말을 듣고 싶어 하지 않았다.)

두오몽 납골당이 안개를 뚫고 어렴풋이 모습을 드러냈다. 큰 중등학교 정도의 면적인 납골당에는 13만 전몰자의 유골이 보관돼 있었다. 건물 뒤편에서 희끗한 유리창을 통해 유골들을 볼 수 있었다. 세심한 사람들이 분류해 여기저기 쌓아둔 뼈들이 보였다. 대퇴골은 대퇴골끼리, 갈비뼈는 갈비뼈끼리, 팔뼈는 팔뼈끼리. 온전한 두개골과 반만 남은 두개골도 있었다. 치아는 모두 젊은이의 것으로 보였다.

안개로 인해 모든 것이 조용한 침묵의 세계에 빠져든 듯했다. 눈이 녹은 물이 지붕에서 배수로로 끊임없이 떨어졌다. 적막에 잠긴 세계에서 유일하게 귓전을 때리는 소리였다.

10

불평등한 평화 협정의 장소, 베르사유

Versailles

전장에 꽃핀 형제애

1916년 8월 초, 루이 바르타스는 샹파뉴 전선에 있었다.

이틀 후, 우리 6군은 10번 경계 초소를 점령하러 나섰다. 독일 전선들을 연결하는 통로에 쌓은 정상적인 방어벽이었다. 우리 방어벽에서 고작 6미터 떨어진 곳에 독일군의 방어벽이 있었다. 두 방어벽 사이에는 곳곳에 철조망이 설치돼 있었지만, 두 민족은 상대를 전멸시킬 기회를 노리며 네 번만 힘껏 도약하면 맞부딪히는 거리를 두고 대치했다. 그러나 애국심에 불타는 시민이 한없이 조용하고 평온한 이곳의 모습을 봤다면 놀라고 당혹스러웠을 것이다. 한쪽에서는 담배를 피우고, 다른 한쪽에서는 책을 읽거나 편지를 썼다. 목소리를 낮추지도 않고 입씨름을 벌이는 병사들도 있다. 게다가 프랑스군과 독일군의 보초병들은 방어벽에 걸터앉아 느긋하게 파이프 담배를 피우고, 때로는 좋은 이웃처럼 맑은 공기를 마시며 이런저런 대화를 나누었다. 이런 모습을 애국심에 불타는 시민이 보았다면 놀라다 못해 실망하기까지 했을 것이다.

바르타스 상병의 기록은 상식적으로 받아들여지던 고난과 영웅적인 용기에 조금도 어울리지 않는 상황이었다. 또 전략에 대한 군사 역사학자들의 논문이나 전투와 학살에 대한 공식적인 설명에서도 찾아볼 수 없는 상황이었다. 이처럼 '서로 간섭하지 않고 공존하는' 상황에 대한 연구는 없다. 그러나 전투 중에 혹은 끝없이 대치하는 전선에서는 이런 현상이 흔히 벌어졌던 것이 사실이다.

적들 간에도 언제나 일정한 정도의 양해는 있었다. 독일군이든 영국군이든, 프랑스군이든 벨기에군이든 보병들은 똑같은 식으로 죽었고, 모두 그런 상황을 잘 알고 있었다. 따라서 그들은 어느 정도까지는 서로 존중했다. 적이 후방의 국민들에게 비겁하고 어리석다는 비난을 받을 때면 그들을 옹호해주기도 했다.

프랑스 소설가 앙리 바르뷔스Henri Barbusse(1873~1935)는 자전적인 소설 《포화》에서, 두 가지 세계에 대해 얘기했다. 하나는 '불운한 사람이 너무 많은' 전선이었고, 다른 하나는 '운 좋은 사람이 살아가는' 후방이었다. 전선의 세계에서는 상호이해가 동료애의 폭발로 이어지는 경우가 많았다.

벨기에의 딕스마위데에서, 정확히 말하면 지금 이제르 탑이 서 있는 곳에서 벨기에군과 독일군은 1914년 크리스마스이브를 함께 축하했다. 독일군은 벨기에군에게 슈납스(독한 독일 술_옮긴이 주)를 선물로 보냈다. 한 독일 장교는 훔친 성체 안치기聖體安置器를 되돌려주기도 했다.

같은 기간에 다른 곳에서도 형제애가 봇물처럼 쏟아졌다. 영국군 9개 사단이 50킬로미터에 이르는 전선에서 전투 중지 명령을 내렸다. 이때 독일 병사 하나는 부모에게 "크리스마스이브에 우리는 서로 번갈아가며 카운트다운을 하다 자정이 되면 함께 축포를 쏘기로 했습니다. 우리는 노래를 불렀고 그들은 박수를 쳤습니다(우리는 60~70미터밖에 떨어져 있지 않았거든요). (…) 내가 그들에게 악기가 있느냐고 큰소리로 물었습니다. 그러자 그들은 백파이프 한 쌍을 연주하기 시작했습니다(그들은 짧은 치마를 입고 종아리를 드러낸 스코틀랜드 연대였습니다). 그들은 시적인 스코틀랜드 노래를 연주하며 노래했습니다"라는 편지를 보냈다.

그러나 이런 동료애를 달갑지 않게 생각하는 독일 병사가 있었다. 불가사의하고 광적인 성격의 소유자인 아돌프 히틀러 상병이었다. 히틀러는 "전쟁 중에 이런 꼴사나운 짓을 허용해서는 안 된다!"라며 화를 냈다.

1년 후 흠뻑 젖은 1915년 12월, 북프랑스 전선에 다시 임시 휴전이 형성됐다. 12월 12일의 황량한 아침, 양측 참호는 물바다였지만 완충 지역이 갑자기 '시골 장터'로 변했다. 에른스트 윙거의 표현을 빌리면, "슈납스와 담배, 군복 단추 등 온갖 것이 활발하게 교환되기 시작했다." 윙거는 그런 상거래를 즉각 중단시켰다. 그리고 영국군 장교와 잠깐 신사적인 협의를 가진 후, 정확히 3분 뒤에 전쟁을 재개하기로 결정했다.

바르타스의 부대가 주둔한 곳에서도 똑같은 일이 벌어졌고, 우호적인 관계가 며칠간 계속됐다.

우리는 서로 미소 띤 얼굴로 얘기를 하고 악수를 나누었다. 그리고 담배와 커피와 포도주를 교환했다. 우리가 같은 언어를 사용했다면 얼마나 좋았을까!

바르타스의 기록을 보면, 1914년에 버림받고 잊혔던 사회주의 인터내셔널도 전쟁으로 인해 되살아나는 듯했다.

어느 날, 독일군 하나가 흙더미에 기어 올라가더니 연설을 시작했다. 독일군만이 그 말을 알아들었지만 우리도 뜻은 충분히 짐작할 수 있었다. 그가 어깨에서 소총을 풀고는 나무줄기에 때려 두 동강을 냈기 때문이다. 양쪽에서 박수를 치며 환호하는 동시에 힘차게 인터내셔널의 노래를 불렀다.

그러나 이처럼 공공연하게 형제애를 과시하는 경우는 상대적으로 드물었다. 게다가 형제애에 대한 이야기는 잔혹상을 고발하는 무수한 이야기들에 묻혀버렸다. '적과 함께 빈둥대는 것'은 금기였지만, 그것은 결코 단발적인 현상이 아니었다. 많은 병사가 참혹한 참호에서의 삶을 견딜 수 있었던 건 많은 부분에서 암묵적인 합의가 있었기 때문이었다.

1차 세계대전이 잔혹하고 극악무도한 전쟁이기는 했지만 그런 면에서 보면 옛날식 전쟁이었다. 달리 말하면 적과 눈을 마주 보는 근접 전쟁이었다. 단추를 눌러 무수한 인명을 살상하는 현대 테크놀로지가 동원되기는 했지만 아직은 결정적인 역할을 하지 못할 때였다.

예컨대 많은 전선에서 식사 시간, 완충지역에서 부상병을 구출할 때, 야간 순찰을 돌 때는 상대를 공격하지 않는다는 것을 원칙으로 삼았다. 또 '적의 취사장을 날려버리면 5분 내에 우리도 저녁을 못 먹게 된다'는 원칙에 따라, 이동식 야전 취사장에는 '면책특권'이 주어졌다. 바르타스도 확인해주었듯이, 공병들 간의 암묵적인 합의도 무척 흥미로웠다. 적의 터널은 새벽 2시부터 6시 사이에만 폭파시킨다는 합의가 있었기 때문에 그 시간에는 누구도 터널에서 일하지 않았다. 이 규칙 덕분에 많은 공병이 목숨을 건졌다.

여기서 한 걸음 더 나아간 규칙이 적용된 곳도 많았다. 베라 브리테인은 이프르에서 독일의 작센 연대와 대치했던 스코틀랜드 부대의 한 병장에게 들은 이야기를 전해주었다. 두 부대는 충격전을 벌일 때 서로 조준사격을 하지 않기로 합의했다. 따라서 그들이 시끄럽게 총을 쏘아댈 때, 국외자에게는 열심히 싸우는 것처럼 보였지만 실제로 총에 맞아 죽는 병사는 없었다. 결국 그리스와 트로이의 관계처럼 그들에게도 전투는 일련의 의식적 행위에 불과했다.

이런 관계에 대해 언급하는 편지와 일기가 적지 않다. 한 영국군 장교는 "작센 사람들은 조용하다. 우리도 그렇지만 그들도 싸우고 싶어 하지 않는다. 따라서 우리 사이에는 일종의 양해가 있다"라고 말했고, 또 다른 장교는 "우리가 주둔한 전선에서, 독일군은 대포를 쏘려할 때 미리 신호를 보내고, 손가락을 들어 포격의 횟수까지 알려준다"라고 말했다. 로버트 그레이브스는 독일군이 폭약이 없는 박격포탄에 편지를 돌돌 말아 보내기도 했다며 "당신네 쪽에서 우리에게로 강아지가 넘어왔소. 우리가 녀석을 편안하게 잘 키우고 있소"라는 편지를 소개했다. 신문도 이런 식으로 주고받았다.

바르타스는 독일군과 프랑스군이 '예의상' 하루에 여섯 번씩만 박격포를 쏘고 그것으로 하루의 전투를 끝내는 지역에서도 근무한 적이 있었다. 또 독일군의 기관총 세례를 받으며 근처 강에서 임시 다리를 가설하기도 했는데, 그때 기관총 사수는 허공에 대고 총을 쏘아댔다. 그러나 바르타스가 우연히 지휘봉과 쌍안경을 들고 다리로 접근했을 때는 탄환이 그의 귓전을 스쳐 지나갔다. 독일군이 바르타스를 장교로 오인했던 것이다.

항명의 물결

이 사건은 양측에서 사회적 긴장social tension이 차츰 깊어지고 있다는 증거였다. 1914년에 거의 대부분이 사회주의적 계급투쟁을 포기했지만, 전선에서 욕구불만이 깊어지면서 계급투쟁 의식이 격렬하게 되살아나기 시작했다.

영국군은 그들의 총사령관이던 헤이그를 '솜 강의 도살자'라 불렀고, 반전운동도 점점 잦아졌다. 시그프리드 서순 중위는 "나는 군인들의 고통을 직접 보고 겪었다. 내가 사악하고 부당하다고 믿는 목적을 위해 이런 고통을 연장하는 집단에 소속되고 싶지 않다"며 더는 군에 복무하고 싶지 않다는 뜻을 공개적으로 선언했다. 전선에 오가는 독일 철도 차량에는 '빌헬름 운트 죄네, 대포의 밥'이란 낙서가 쓰여 있었다.

바르타스의 일기에서도 이와 유사한 사건들이 급증했다는 걸 확인할 수 있다. 독일군과 프랑스군이 각자의 참호에서 함께 인터내셔널의 노래를 불렀고, 명령이 곧잘 무시됐으며, 대포를 자신의 부대에 퍼부으며 반항한 단위부대도 적지 않았다. 도살장과도 같은 전선으로 행진할 때 양처럼 '매에~' 하고 울어대며 반발한 병사들도 많았다.

프랑스군에게도 베르됭은 감정의 전환점이었다. 1916년 5월, 바르타스는 한 병사가 중령에게 "전투 중에 304고지에서 당신은 코빼기도 보이지 않았습니다. 이제부터 당신에게 경례하지 않을 겁니다"라고 소리치는 걸 보았다. 그 직전에는 '조국의 영웅들'에게 훈장이 수여되고 '애국심을 북돋우는 장군의 입맞춤'까지 더해진 행사가 있었다. 그런데 프랑스 병사들은 그걸 보면서 배를 움켜잡고 낄낄거렸다. 프랑스 병사들은 냉소적으로 변해 누구도 존경하지 않았고 아무것도 소중하게 생각하지 않았다.

1년 후인 1917년 봄, 쉬맹 드 담에서 몇 개월 만에 10만 명 이상이 무의미하게 전사했다. 그런데도 프랑스 장군들은 공격을 계속 밀어붙이려 했고, 따라서 약속된 휴가는 몇 번이고 연기됐다. 그 시기에 러시아에서 폭동이 일어났다는 소문이 프랑스군에 꾸준히 전해지기 시작했다.

1917년 5월 말, 바르타스는 한 여인숙 마당에서 열린 병사들의 모임에 참석했다. 수백 명의 병사가 참석했고, 모두가 거나하게 취해갔다. 상병이 참호에서의 참혹한 삶을 묘사한 저항의 노래를 부르기 시작

▲ 프랑스 북부 피카르디 지역에 있는 쉬맹 드 담의 길 모습이다.

했다. 후렴에서는 모두 한목소리로 합창했다. "노래가 끝나자 병사들은 박수를 치며 환호했고 '평화 아니면 혁명!', '전쟁은 이제 그만!', '휴가! 휴가!'를 연호했다. 다음 날 저녁에는 인터내셔널의 노래가 폭풍처럼 곳곳에서 불려졌다."

다음 일요일, 병사들은 연대의 지휘권을 장악해 '소비에트'(병사들로 구성된 평의회_옮긴이 주)를 구성하기로 결정했다. 바르타스가 의장으로 선출됐다. "물론 나는 거절했다. 철없이 러시아를 흉내 내기 위해 총살대와 친해지고 싶은 마음은 조금도 없었기 때문이다." 하지만 바르타스는 연기된 휴가와 관련된 성명서를 작성해달라는 부탁은 받아들였다. 바르타스가 속한 연대는 거기서 멈추었다.

그러나 다른 연대의 병사들은 훨씬 더 급진적이었다. 병사들은 전투를 중단하고 병사 위원회를 구성했으며, 붉은 깃발을 세우고 기차를 탈취하기까지 했다. 장교들은 겁을 먹어, 병사들이 명령을 따르지 않아도 모른 척했다. 반항의 물결이 절정에 이르렀을 때 하극상에 동참한 프랑스 병사의 수는 3~4만 명에 가까웠다. 프랑스 군대가 몇 달 동안 혼란에서 벗어나지 못하자, 영국군이 프랑스 전선의 일부를 떠맡았다. 그 이후에도 프랑스 군대는 완전히 회복되지 못해, 지휘관들이 과감하게 대대적인 공격 명령을 내리지 못했다.

바르타스가 속한 연대는 엄중한 징벌을 받았지만 그런대로 한숨을 돌릴 수 있었다. 전체적으로 약 350명의 폭도가 악마의 섬으로 유배를 떠났고, 550명이 사형선고를 받았다. 그중 49명이 새로 총사령관에 취임한 필립 페탱[1]의 명령으로 실제 사형에 처해졌다. 병사들은 총살대에 선발되는 걸 거부했다. 어쩔 수 없이 선발되면 저항의 표시로 사형수의 머리 위를 사격해 지휘관이 직접 사형을 집행해야 하는 경우가 적지 않았다.

그러나 프랑스군 사령부는 운이 좋았다. 항명 사태가 얼마나 광범위하게 확대됐는지 독일군이 정확히 파악하지 못했기 때문이다. 프랑스 당국도 그 문제를 다시 거론하지 않았다.

스페인 독감

장기적인 관점에서 보면, 전쟁의 판도는 전선의 상황이 아니라 경제력과 과학기술력의 균형이 서서히 무너지면서 결정됐다. 모든 것이 새파란 젊은이 장 모네가 예측한 대로 진행됐다. 모든 참전국의 상황이 전쟁 때문에 악화됐다. 프랑스에서는 유아 사망률이 20퍼센트 증가했고, 영국에서는 결핵 환자가 25퍼센트 증가했다. 그러나 독일은 훨씬 더 큰 고통에 시달렸다.

모든 해상운송이 연합군에 의해 봉쇄됐기 때문에 독일에는 생필품이 턱없이 부족했다. 1917년 4월 베를린에서 처음으로 식량 폭동이 일어났다. 1918년 1월에는 50만 노동자가 파업에 가담함으로써 금속 공장과 군수품 공장이 문을 닫아야 했다. 정상적인 조건에서는 2,000킬로칼로리kcal였던 식량 배급이 1,000킬로칼로리로 줄어들었다. 군수산업도 붕괴되기 시작했다. 특히 현대식 무기를 제작하던 공장이 붕괴됐다. 1918년, 독일이 보유한 트럭의 수는 연합군의 4분의 1에 불과했다. 또 윈스턴 처칠이 꿈꾸었던 '지상의 순양함', 즉 참호 위를 굴러가며 그 안의 모든 것을 뒤집어버릴 수 있는 '탱크'가 연합군에는 800대 있었지만, 독일군에는 고작 10대밖에 없었다.

젊은 시인 베르톨트 브레히트Bertolt Brecht의 민중가요에서 당시 독일의 분위기를 읽어낼 수 있다. 그 민중가요는 오래 전에 '영웅의 죽음'을 맞았지만 '때가 오기 전에 죽었다'는 이유로 의사들이 무덤에서 꺼내 되살려낸 병사를 노래한다. 그 병사는 '독한 슈납스'를 억지로 마셔야 했고, 썩은 냄새를 감추기 위해 향을 뒤집어써야 했다. 간호사와 '반쯤 발가벗은 여인'이 양쪽에서 그를 부축했다. 그는 민중의 환호를 받으며, 관악대의 연주에 맞춰 또 한 번의 '영웅의 죽음'을 위해 전선으로 행진했다.

1918년 여름, 브레히트의 병사 같은 영웅들도 스페인 독감에 걸렸다. 7월 초, 케테 콜비츠의 일기를 보면 베를린에 있는 남편의 병원에 갑자기 100여 명의 독감 환자가 몰려왔다고 기록되어 있다. 이 미지의 독감은 전염성이 지독히 강해, 그렇잖아도 피로에 지친 대륙 전체에 치명타를 가했다. 스페인 독감은 동시에 세계 전역에서 발병된 듯했지만, 중립국이던 스페인의 의학지가 그 독감을 처음 언급했기 때문에 스페인 독감이라 불리게 됐다.

20세기에 들어 스페인 독감만큼 유럽인들에게 큰 피해를 주고도 순식간에 잊힌 사건은 없었다. 그러나 지금도 거의 모든 마을 공동묘지에는 그 전염병의 흔적이 남아 있다. 당시 대학생이던 우리 아버지도 스페인 독감에 걸렸었지만 가까스로 목숨을 건졌다. 세계 전역에서 스페인 독감으로 사망한 사람이 4,000만에서 1억 명 사이였던 것으로 추정된다. 유럽에서는 1차 세계대전 사망자보다 스페인 독감에 의한 사망자가 더 많았을 정도였다. 여하튼 스페인 독감이 1918년 7월, 최후의 공세를 취하도록 독일을 재촉한 여러 요인 중 하나였던 것만은 분명하다. 1차 세계대전의 마지막 18개월은 이런 배경에서 전투가 계속됐다.

미군의 참전

바르타스가 병사들의 평의회 의장이란 감투를 쓸 뻔했던 그 달, 즉 1917년 5월 미군 선발대가 처음으로 프랑스에 상륙했다. 미국 의회는 오랫동안 주저했지만, 1917년 3월 독일군이 미국 선박 5척을 어뢰로 공격하자 결국 인내심을 잃고 말았다. 미국은 4월 6일 독일에 선전포고를 했다. 우드로 윌슨 대통령이 연합군과 중앙유럽인들을 '승리 없는 평화'로 이끌려던 노력을 포기한 이유는 아직까지 불분명하다. 그러나 '치머만 전보'가 결정적인 역할을 했을 것이라고 추측할 수 있다.

1917년 1월 16일 독일 외무장관 아르투르 치머만Arthur Zimmermann은 멕시코 주재 독일 대사에게 잠수함을 대거 동원해 미국을 공격할 것이라는 내용의 전보를 보냈다. 또한 치머만은 멕시코와 손잡고 미국과 전쟁을 벌일 것을 제안하며, 독일의 전면적인 지원을 받으면 멕시코가 텍사스, 애리조나, 뉴멕시코에서 잃어버린 영토를 되찾을 수 있을 것이라 생각한다는 말도 덧붙였다. 그런데 영국이 이 전보를 도청해 해독한 후 미국에 알려주었다. 치머만은 몇 주 동안 망설인 후에야 미국 기자에게 그 전보는 거짓이 아니라는 사실을 실토했다.

베라 브리테인의 눈에 미군은 "하늘에서 내려온 백인 병사들 (…) 피곤에 지치고 잔뜩 긴장한 영국군에 비하면 신처럼 당당하고 무엇에도 굴하지 않을 군인들"로 보였다. 그러나 군사 전략가들은 그녀만큼 행복감에 젖지 못했다. 미국이 약속한 400만 대군을 동원해 유럽까지 이동해오려면 적어도 1년이란 시간이 걸릴 것이라고 생각했기 때문이었다.

따라서 처음에 독일 지휘관들은 그다지 걱정하지 않았다. 그들이 '무차별적인 잠수함 전쟁'으로 미국을 전쟁에 끌어들인 것처럼, 잠수함을 동원해 미군을 유럽으로 이동시키려는 연합군의 전략을 무용지물로 만들 계획이었다. 게다가 동부전선의 전투가 순조롭게 진행되고 있었다. 1916년 초가을부터 러시아군은 대규모 반란으로 무력해진 상황이었고, 러시아 황제는 1917년 3월에 퇴위한 터였다. 따라서 러시아 군인들은 우왕좌왕하고 있을 뿐이었다. 11월에는 혁명군이 권력을 장악해, 러시아 전선이 붕괴됐다. 1918년 3월 3일에는 브레스트-리토프스크 조약이 체결되면서 독일은 계획보다 3년 늦어지기는 했지만 원래의 목표 중 절반을 달성할 수 있었다.

그 즈음 독일은 모스크바 서쪽으로 러시아 영토 절반을 장악한 상태였다. 독일 사단들은 그 후로도 몇 달 동안 경계선을 더욱 밀어붙여 카프카스 산맥까지 진격했다. 1918년 여름, 독일은 역사상 가장 넓은 땅을 지배하고 있었다. 1917년 10월, 독일군은 오스트리아군을 도와 카포레토에서 이탈리아에 결정적인 패배를 안겼다. 이탈리아 역사에 깊은 상처를 남긴 충격적인 패배였다. 독일과 오스트리아는 대전쟁의 승리를 확신했다.

1918년 3월 20일, 오스트리아·헝가리군은 빈과 키예프를 정기적으로 운행하는 항공로를 개설했다. 유럽 최초의 정기 항공로였다. 같은 주에, 크루프사社가 제작한 초대형 대포 세 문이 100킬로미터 이상 떨어진 곳에서 파리를 향해 처음 발포됐고, 그로 인해 250명가량의 파리 시민이 사망했다. 빌헬름 황제는 '승리의 날'을 자축하며 하루 동안 휴교령을 내렸다.

그 후로는 시간과의 다툼이었다. 미국이 유럽에서 군사력을 완전히 구축하기 전에 독일은 동쪽에서 서쪽으로 가능한 한 많은 군대를 이동시켜야 했다. 1918년 초, 에리히 루덴도르프Erich Ludendorff 장군은 빌헬름 황제에게 4월 초까지 파리를 점령하겠다고 약속했다. 실제로 1918년 봄에 독일은 프랑스 방어선을 전격적으로 돌파했다. 전쟁터 전체가 염소가스와 최루가스, 포스겐으로 자욱하게 뒤덮였다. 화염방사기도 사용됐다. 정면에서 화염방사기 공격을 받은 한 영국군은 "불꽃

이외에는 아무것도 보이지 않았다"고 기록했다.

바르타스는 당시 상황을 "우리는 두려움에 떨어야 했다. 나뭇잎 하나로 몸을 가린 채 곧 들이닥칠 엄청난 폭우를 피하려 하는 불쌍한 작은 새와 같았다"라고 말했다.

독일군은 마침내 파리에서 60킬로미터 떨어진 곳까지 진격했다. 6월 2일, 헤르만 괴링이란 젊은 전투기 조종사가 18대의 연합군 항공기를 격추시킨 공로로 훈장을 받았다. 독일은 당시 한 달에 300대의 항공기를 생산하고 있었다. 7월 8일, 빌헬름 2세는 외무장관을 해임시켰다. 군사적 수단이 아닌 다른 수단으로도 평화를 얻을 수 있다고 발언했다는 이유였다.

7월 14일, 루덴도르프는 휘하에 있던 모든 사단을 동원해 마른 강을 따라 다시 대대적인 공세를 시작했다. 베를린은 며칠 내에 파리를 함락시킬 수 있으리라, 연합군이 몇 달 내에 화평을 요청하리라 생각했다. 그러나 프랑스군은 가짜 참호를 파놓고 독일군이 쓸데없이 탄약을 낭비하도록 유도했다. 루덴도르프는 프랑스의 이런 교묘한 전략에 속아 넘어가고 말았다. 더구나 독일군은 유럽에 갓 도착한 미군이 완강히 저항할 것이라고는 전혀 예상하지 못했다. 미군의 전설적인 중대장 로이드 윌리엄스Lloyd Williams는 "후퇴? 말도 안 돼. 우리는 방금 여기 도착했는데!"라고 말했다고 전해진다.

매달, 건강하고 잘 훈련된 미군 25만 명이 전선에 배치됐다. 여하튼 나흘 후에 독일군은 후퇴했지만 7월 15일까지도 베를린은 여전히 파리 함락을 꿈꾸고 있었다. 게오르그 폰 헤르틀링Georg von Hertling(1843~1919, 1차 세계대전의 마지막 해에 독일 총리를 지냈다_옮긴이 주)은 일기에 "18일쯤에 우리 중 가장 낙관적인 사람도 모든 게 끝났다는 걸 알았다. 세계의 역사가 사흘 만에 끝났다"라고 썼다.

그 후, 연합군의 반격이 시작됐다. 파죽지세로 참호를 밀어버리는 신무기, 탱크 앞에서 독일군의 사기는 크게 떨어졌다. 통계수치에서도 땅에 떨어진 독일군의 사기가 확인된다. 1918년 7월 말까지 독일군 전쟁 포로는 월평균 4,000명 이하였지만, 8월에는 4만 명, 9월에는 7만 명으로 급증했다.

발칸반도에서도 전쟁의 판도가 완전히 뒤바뀌었다. 1915년 초, 영국의 정력적인 해군 장관 윈스턴 처칠은 다르다넬스와 겔리볼루를 점령하려 애썼지만, 이르판 오르가의 아버지를 비롯해 수십만 명의 전사자만을 낳고는 실패하고 말았다. 그러나 1918년 여름 터키와 불가리아 방어선이 무너졌다. 따라서 연합군은 남동쪽에서 중앙유럽을 향해 진격할 통로를 확보할 수 있었다.

간단히 말하면, 독일 장군들은 전쟁을 계속할 수 없었다. 봄 공세의 실패, 스페인 독감, 새로 투입된 미군 사단에 대한 두려움, 발칸반도의 상황, 동쪽에서 밀려오는 혁명의 불길 등을 고려하면 전쟁은 끝난 것이나 마찬가지였다. 더구나 식량과 탄약의 공급도 원활하지 못했다. 장교가 부하들을 권총으로 위협해 전쟁터로 내몰아야 하는 상황이었다. 따라서 감시의 눈을 따돌리기 쉬운 기차역에서 행방을 감춰버리는 독일 병사가 헤아릴 수 없이 많았다.

결국 전쟁은 4년 전 시작할 때만큼이나 전격적으로 끝났다. 1918년 9월 말, 루덴도르프는 독일이 처참한 곤경에 처했다는 걸 깨달았다. 며칠 만에 그는 새로운 사회민주주의 정부를 '구성'함으로써 군대와 장군들의 명예를 구했다. 그리고 9월 29일 빌헬름 2세에게 독일이 전쟁에서 패했다고 보고했다.

10월 말, 오스트리아와 독일이 빈에서 회담을 가질 당시 500년 역사를 자랑하던 오스트리아-헝가리제국이 해체됐다. 오스트리아의 새로운 황제 카를 1세는 왕국 내의 주요 소수민족(헝가리인, 체코인 및 발칸반도의 여러 민족)에게 자치권을 약속하고는 얼마 후 왕위에서 물러났다. 그러나 이미 때가 늦어 민족주의자들이 권력을 장악한 뒤였다. 체코, 폴란드, 크로아티아, 독일, 헝가리 등 소수민족으로 구성된 연대들이 줄줄이 탈영하며 전선을 이탈했다. 결국 11월 3일 오스트리아는 종전을 선언했고, 일주일 뒤에 독일도 오스트리아의 선례를 따랐다.

종전 선언

오늘날 콩피에뉴에서 북쪽으로 올라가면 초원처럼 평탄한 시골이 눈앞에 펼쳐진다. 멀리 지평선에 형성된 언덕 뒤로 1918년 11월 객차 안에서 휴전 협정이 체결된 유명한 숲이 있다. 요즘 그곳은 산책하기에 적합한 곳으로 변해 있다. 역사적 유적지가 이제는 평범한 공원에 불과하다. 그러나 당시에는 중포重砲를 운반하는 복선 철로가 통과하던 울창한 숲이었다. 두 기차가 별다른 방해를 받지 않고 만나기에 좋은 장소였다.

독일 대표가 휴전을 상징하는 흰 깃발을 앞세우고 도착했다. 원자재는 고갈되고, 스페인 독감 때문에 국가 산업은 마비상태였으며, 군인들도 수천 명씩 탈영하는 상황이었다. 그보다 며칠 전 뮌헨에서는 바이에른 왕이 탈출한 후 자유 바이에른 인민 공화국이 수립됐고, 베를린에서는 시위가 일상이 돼버렸다. 또 선원들이 권력을 장악한 퀼른에서는 붉은 깃발이 나부끼고 있었다. 빌헬름 황제는 네덜란드 국경 마을 에이스덴의 승강장에서 추위에 떨며 입국 허가를 기다리고 있었다.

그 역사적인 객차(1940년 6월 20일 히틀러가 프랑스의 항복을 받아들인 객차이기도 하다) 부근에 박물관이 세워졌다. 박물관에는 포슈 원수가 반쯤 피우다 만 시가가 전시돼 있었다. 저명한 신사들이 종전협정에 서명했던 유명한 책상은 유리에 덮여 있었다. 그러나 재밌게도 객차는 지독히 깔끔하고 새것처럼 보였다. 그때서야 나는 그 모든 것이 복제된 역사물이란 생각을 떠올리기 시작했다. 히틀러가 차량번호 2419D이던 원래의 침대차를 1940년 6월 베를린으로 옮겼고, 2차 세계대전이 끝나갈 무렵 그 침대차는 다시 슈바르츠발트(흑림으로 알려진 곳_옮긴이)로 옮겨졌다. 그리고 1945년 4월 2일, 그곳에서 친위대가 독일의 굴욕을 상징하던 침대차를 불태워버렸다. 세 번째 콩피에뉴는 결코 있어서는 안 된다며!

1918년 이슬비가 부슬부슬 내리던 11월 어느 날, 나무가 권태롭게 서 있는 숲에서 두 기차가 만났다. 독일 대표단은 독일이 혁명의 위기에 봉착해 있다며 모든 군사작전의 중단을 요구했다. 포슈에게는 새로운 정보였다. 따라서 포슈는 아무것도 양보하지 않겠다는 결심을 굳혔다. 독일은 연합군의 조건을 받아들일 수밖에 없었다. 연합군의 조건을 들은 독일 대표단은 큰 충격을 받았다. 독일은 유럽이 힘을 모아 혁명과 볼셰비키에 맞서자고 요청했지만 포슈는 들은 척도 하지 않으며

"당신네 나라는 패전국의 몸살을 앓고 있는 거요. 서유럽은 당신들이 말하는 위험을 얼마든지 막아낼 수 있소"라고 대답했다. 그리고 1918년 11월 11일 아침나절에 정전이 선언됐다.

루이 바르타스는 비트레의 병영에서 그 소식을 들었다.

> 자기 방에 남아 있는 병사는 한 명도 없었다. 모두 미친 사람처럼 복도로 뛰어나가, 그 전보가 게시된 우체국으로 달려갔다. 짧지만 엄청난 의미가 담긴 두 문장으로 이루어진 전보는 수백만 병사의 해방을 뜻했다. 그들이 고통스런 삶을 끝내고 평범한 시민으로 돌아갈 수 있다는 뜻이었다.

한편 베라 브리테인은 "1918년 11월 11일 오전 11시 승리의 총성이 런던 하늘에 울려 퍼졌을 때, 런던의 남녀들은 믿기지 않는 표정으로 서로의 얼굴을 쳐다보며 '우리가 전쟁에서 이겼다!'라고 외치지 않고 그저 '전쟁이 끝났다!'라고만 소리쳤다"라고 기록했다.

베를린에서는 하리 케슬러가 약탈당한 왕국의 빈 방을 둘러보았다. 케슬러는 바닥에 떨어져 있는 멋없는 작은 장신구와 여전히 벽에 걸려 있는 민족주의적인 그림을 보고 놀라지 않을 수 없었다. "바로 이런 분위기에서 세계 전쟁이 잉태됐다"는 생각밖에 들지 않았다. 케슬러는 약탈자들이 밉지 않았다. 오히려 그런 쓰레기 같은 작품을 수집하고 곧이곧대로 믿었던 지배자들의 천박함이 놀라울 뿐이었다.

로버트 그레이브스는 종전 소식을 들은 뒤 혼자 조용한 엠뱅크먼트(런던 시내 템스 강변길_옮긴이 주)를 걸으면서 '욕을 퍼붓고 흐느껴 울며 죽은 사람들을 생각'했다.

전쟁의 상흔

1914년 여름, 가볍게 시작된 1차 세계대전이 4년 이상 지속되면서 적어도 열두 곳의 군주국과 두 곳의 왕국, 즉 합스부르크제국과 오스만제국이 막을 내렸다. 계몽시대의 낙관주의, 즉 모든 것이 점진적으로 나아질 거라는 조용한 희망의 불꽃은 완전히 꺼져버렸다. 공산주의와 파시즘, 국가사회주의 등 전체주의적 이데올로기가 준동하면서 서유럽의 민주주의는 숨조차 쉬기 힘들어졌다.

1차 세계대전은 재앙적인 화학반응의 산물이었다. 달리 말하면, 대망을 품은 불안정한 신생국가 독일과 전대미문의 파괴력을 지닌 현대식 무기가 결합되어 나타난 반응이었다. 따라서 1차 세계대전은 기관총과 수류탄, 지뢰와 독가스가 동원된 최초의 산업전쟁이었다. 영웅적인 투쟁이 아니라 누구도, 무엇으로도 멈출 수 없는 기계와 같은 전쟁이었다.

1차 세계대전은 최초의 총력전이기도 했다. 달리 말하면, 군대만의 전쟁이 아니라 사회 전체의 전쟁이었다. 새로운 세기로 접어들면서 군사체제가 산업, 시민과 긴밀하게 얽혀 있다는 게 밝혀졌다. 무기와 보급품은 생산 공장에서 보충됐고, 부상자와 전사자는 새로운 군대로 신속하게 대체됐다. 몇몇 전투의 승리로는 충분하지 않았다. 적국 전체를 봉쇄해 굶주리게 만들거나 다른 수단을 사용해 완전히 무릎 꿇려야 했다.

1차 세계대전으로 모든 참전국이 엄청난 빚더미에 올라서게 되면서, 전쟁이 끝난 후에도 수십 년 동안 원만한 국제관계의 발목을 잡는 원인이 됐다. 프랑스에서 1차 세계대전은 국가적 강박관념으로 발전해, 프랑스 국민은 비관주의와 불안감에 짓눌려 지내게 되었다. 4년 전만 해도 가장 안정되고 강력한 제국이었던 영국마저 재정이 파탄 나고 말았다. 영국 재무부는 1965년 말까지도 미국에 진 전쟁 빚을 갚기 위해 세수의 1퍼센트를 따로 떼어놓아야 했다.

그러나 전쟁 덕분에 국부와 금 비축량이 눈부시게 증가한 나라도 적지 않았다. 특히 미국(2억 7,800만 파운드)과 일본(1억 8,300만 파운드)이 큰 혜택을 보았고 스페인(8,400만 파운드), 아르헨티나(4,900만 파운드), 네덜란드(4,100만 파운드)도 적잖은 혜택을 누렸다.

동부전선과 서부전선에서 7,000만 명 이상의 군인이 싸웠다. 940만 명(13.5퍼센트)이 전사했고, 1,540만 명이 부상을 당했다. 오스트레일리아 군인이 벨기에 군인보다 많았으며, 캐나다 군인의 2배에 이르렀다는 점에서 1차 세계대전은 진정한 세계 전쟁이었다. 대영제국 곳곳에서 약 300만 명이 파견됐고, 미국에서 유럽으로 건너온 군인도 400만 명이 넘었다. 아프리카에서 벌어진 전투도 처절했다. 영국과 프랑스, 독일과 벨기에의 식민지가 모두 전쟁의 소용돌이에 휘말리면서 아프리카 대륙 전체가 몸살을 앓았다. 약 200만 명의 아프리카인이 유럽까지 떠밀려와 무기와 식량과 부상병을 운반했다.

유럽에서는 한 세대 전체가 전쟁에 상흔을 입었다. 독일에서는 1,300만 명의 젊은이가 전쟁에 참전해 200만 명(15.4퍼센트)이 죽었다. 프랑스의 경우는 780만 명의 젊은이가 참전해 130만 명(16.7퍼센트), 영국은 570만 명이 참전해 70만 명(12.3퍼센트), 벨기에는 35만 명이 참전해 3만 8,000명(10.8퍼센트)이 전사했다. 러시아는 1,570만 명 중 180만 명(11.5퍼센트), 오스트리아-헝가리제국은 900만 명 중 110만 명(12.2퍼센트), 세르비아는 75만 명 중 28만 명(37.3퍼센트)이 전사했다. 또 터키에서는 북소리를 좇아 전쟁에 참전한 300만 명 중 80만 명, 즉 4분의 1 이상이 돌아오지 못했다.

따라서 수십 년이 지난 후에도 정상적인 가족의 삶을 되찾지 못한 가정이 많았다. 독일에서만 전쟁미망인이 50만 명을 넘었고, 대부분이 재혼하지 않았다. 프랑스의 시골 마을은 평균적으로 청년 다섯 명 중 한 명을 전쟁터에서 잃었다. 한동안 길거리는 당시 말로 '실의에 빠진 얼굴broken face'로 뒤덮였고, 많은 가정이 '파괴된 남자'와 '부상당한 가장'의 눈치를 봐야 했다. 세 명 중 한 명의 군인만이 그나마 멀쩡한 몸으로 귀향했기 때문이었다.

전쟁이 끝난 직후, 갈리치아의 리보프에서 상이군인들의 대규모 시위가 있었다. 요제프 로트는 시위 장면을 다음과 같이 묘사했다.

> 의족의 대이동, 몸만 남은 사람들의 행렬…. 맹인들 뒤로 외팔이들이 걸었고, 외팔이들이 지나가자 두 팔이 없는 사람들이 걸어왔다. 그리고 그들의 뒤를 따라 머리에 부상을 입은 사람들이 걸어왔다. (…) 얼굴의 검붉은 구멍을 하얀 붕대로 감싼 사람, 붉게 물든 귀를 감싼 사람 등 여전히 부상에 시달리는 사람들도 있었다. 몸뚱이만 서 있는 사람도 있었다. 팔다리를 잃은 사람들이었다. 그래도 군복을 입고, 헐렁한 소매를 등 뒤로 돌려 바늘로 고정시킨 모습이 요염한 전율감을 불러일으켰다. (…) 자동차 뒤로 이른바 포탄 쇼크에 시달리는 사람들이 걸어왔다. 눈과 코와 귀, 팔과 다리 등 겉으로는 모든 것이 멀쩡해 보이지만 의식을 상실한

사람들이었다. 왜, 무슨 이유로 그곳을 걷고 있는지 모르는 사람들이었다. 그들은 모두 형제처럼 보였다. 모두 똑같이 파멸적인 허무감에 짓눌린 모습이었다.

베르사유 조약

1919년 6월 28일, 최종적인 평화 협정이 체결된 베르사유 궁전의 '거울의 방'에서 요즘 일본인 관광객을 보는 건 그다지 어렵지 않다. 양탄자와 가구에서는 희미하게 오줌 냄새가 난다. 영국의 젊은 외교관 해럴드 니콜슨Harold Nicholson은 당시 분위기를 결혼식장에 비유하며, 박수도 없었지만 엄숙한 침묵도 없었다고 회고했다.

당시 니콜슨은 연합국을 대표한 세 나라, 영국과 프랑스와 미국의 보좌관으로 참석했지만, 세상에 알려진 것만큼 베르사유 조약[2]이 가치 있다고는 생각하지 않았다.

앞에서도 말했듯이 나는 시싱허스트에서 그의 아들, 나이젤 니콜슨을 만났다. 나이젤의 증언에 따르면, 베르사유 조약이 체결된 후 그의 아버지는 곧 큰 문제가 생길 거라고 말했다. 최종 협상이 너무 성급하게 진행된 데다, 독일의 의견은 전혀 고려되지 않았기 때문이었다.

"아버지는 어머니에게 보낸 편지에서 '그래서 내가 들어갔소. 윌슨과 로이드 조지와 클레망소가 내가 작성한 지도를 난로 앞의 깔개에 두고 안락의자에 앉아 있더군요. 그 무지하고 무책임한 사람들이 소아시아를 케이크 자르듯 조각낼 거라고 생각하자 소름이 끼쳤소. 그 방에는 나를 제외하고는 아무도 없었소'라고 말했지."

처음에 젊은 외교관들은 모두 드높은 희망에 들떴다. 그들의 생각은 잡지 〈새로운 유럽New Europe〉에 큰 영향을 받았다. 그들은 '새로운 그리스'와 '새로운 폴란드'를 꿈꾸었고, 낡은 유럽에서 벗어나기를 바랐다. 훗날 해럴드 니콜슨은 "편견이 있었다. 선입견도 있었다. 그러나 얼마 전까지 우리 적이었던 국가를 예속시키고 벌주겠다는 복수심에서 일한 것은 아니었다. 우리가 받은 고통과 우리가 얻은 승리의 합리적인 대가라고 여겼던, 새로운 국가를 건설하고 강화하겠다는 뜨거운 열망으로 일했다"라고 썼다.

1919년 1월부터 6월까지 열린 파리 평화회의는 관련 당사자 모두에게 중대한 사건이었다. 윌슨(미국), 로이드 조지(영국), 클레망소(프랑스)가 6개월 동안 자리를 함께 하며 약 30개국의 대표들과 새로운 유럽 질서를 구축하고 아프리카와 중동, 발칸반도에 새 국경선을 그었다.

▼ 1919년 6월 28일, 베르사유 궁전의 '거울의 방'에서 최종 평화 협정이 체결되었다.

그 결과 새로운 폴란드가 탄생하고, 발트삼국이 독립 국가로 인정받았다. 또 독일과 헝가리의 땅이 잘려나갔다. 그리고 그때부터 여덟 명의 독일인 중 한 명이 외국인이 되었다. 헝가리는 트리아농 조약(1920)으로 영토의 3분의 2, 국민의 3분의 1을 잃었다. 그 이후 수십 년 동안 헝가리 정치는 트리아농의 충격에서 벗어나지 못했다.

세 지도자는 자신들의 결정이 야기할 문제를 적어도 조금은 알고 있었다. 특히 중앙유럽은 민족 분포가 너무 복잡해 그들이 지도에 선을 그을 때마다 새로운 소수민족이 생겨날 정도였다. 국민과 민족이 일치되는 경우는 극히 드물었다. 따라서 그들은 새로운 국가가 독립된 국가로 인정받고 싶다면 소수민족에게 확실한 권리를 보장하겠다는 조약에 서명해야 한다는 조항을 명문화시켰다. 또 그 권리는 새로 창립되는 국제연맹, 즉 1차 세계대전과 같은 전쟁을 항구적으로 예방하기 위해 설립된 국제기구에서 재확인될 예정이었다.

베르사유 조약이 끝난 뒤 유럽에서 소수민족의 수는 3,500만 명에 이르렀다. 특히 중앙유럽과 동유럽에서는 인구의 4분의 1이 베르사유 조약에 영향을 받았다. 그래도 해묵은 원한이 해결되고 국경이 그어지며 새로운 독립국이 탄생하고 소수민족이 형성됐다. 그리고 20세기의 남은 기간 동안 유럽을 지배하게 될 악마들도 해방됐다.

니콜슨이 1919년에 쓴 일기에서 관련 부분을 발췌해보자.

2월 7일, 금요일
미국 대표 찰스 시모어Charles Seymour와 함께 루마니아와 체코의 국경을 긋는 데 대부분의 시간을 보냈다. 몇몇 부분에서만 의견이 다르다.

3월 2일, 일요일

리츠 호텔에서 수추 왕녀와 함께 멋진 저녁 식사를 했다. (…) 마르셀 프루스트와 아벨 보나르도 (…) 자리를 함께 했다. 프루스트는 백지장처럼 하얗고 갸름한 얼굴이었다. 수염을 깎지 않아 지저분해 보였다. 나중에는 모피 코트를 껴입고, 염소가죽 장갑을 낀 채 웅크리고 앉았다. 블랙커피에 몇 덩어리나 되는 설탕을 넣어 두 잔이나 마셨다. 그러나 그의 말투에는 꾸밈이 없었다. 프루스트는 위원회가 어떻게 일하는지 말해줄 수 있겠느냐고 공손하게 물었다. 나는 "우리는 보통 아침 10시에 만납니다. 실무자들은 막후에서 일하고요"라고 대답했다.

"그럼 안 됩니다. 그래서는 안 돼요. 너무 성급하게 결정하는 것 같습니다. 다시 시작해야 합니다. 여러분은 대표단에 보낸 차를 타고 케 도르세(프랑스 외무부 청사가 있는 곳이다. 외무부는 케 도르세라 칭해진다_옮긴이 주)에서 내립니다. 계단을 올라가 회담장에 들어갑니다. 그런 다음 어떻게 합니까? 더 정확하고 더 신중해야 합니다."

그래서 나는 프루스트에게 모든 걸 말해주었다. 악수-지도-서류 검토-옆방에서 차를 마시고 매커룬(계란 흰자·설탕·아몬드 등을 섞어 만든 과자_옮긴이 주)을 먹는 것과 같은 의례적이고 형식적인 절차까지 얘기해주었다. 프루스트는 열심히 들었고, 가끔씩 끼어들어 "하지만 좀 더 정확히 일해주세요. 너무 서둘지 말고요"라고 말했다.

3월 8일, 토요일

몹시 피곤하고 기운이 빠진다. 불안하기도 하다. 우리는 바람직한 평화의 길로 가고 있는 걸까? 우리가? 우리가? 플러머 장군Herbert Plumer

(1857~1932)에게 무척 암담한 전보를 받았다. 장군은 독일에 즉시 식량을 공급해주기를 바랐다. 우리 병사들이 굶주린 아이들의 모습을 안타까워한다고 말했다.

4월 3일, 목요일

아침 10시경 빈에 도착했다. 앨런과 나는 우리 대표단이 묵고 있는 대사관까지 걸어갔다. 도심은 너저분해 보였다. 사방에서 종이가 흩날렸고, 동상 주변의 잔디에도 쓰레기가 많았다. 깨진 창문들을 나무판으로 대충 보수한 상태였다. 길거리를 지나가는 사람들은 한결같이 낙담한 표정이었고, 옷차림도 허름했다. 그들은 놀란 얼굴로 우리를 뚫어지게 쳐다보았다. 하기야 그런 사람들 틈에서는 우리가 이상하게 보였을 것이다. 내 얼굴이 통통하게 살찌고 발그레하다는 것이 그처럼 비참한 지경에 빠진 사람들에게 몹쓸 짓을 하는 것 같은 죄책감을 불러일으켰다.

5월 13일, 화요일

윌슨 대통령을 찾아갔다. 문이 열리고, 행키가 나를 맞아주었다. 가구로 둘러싸인 서재에 들어갔다. 내가 그린 커다란 지도가 양탄자 위에 펼쳐져 있었다. 클레망소와 로이드 조지와 윌슨 대통령이 허리를 굽혀 지도를 쳐다보고 있었다. 그들은 안락의자를 끌어당겨 지도에 얼굴을 바싹 갖다 댔다. 로이드 조지가 평소처럼 온화한 목소리로 "니콜슨, 이제부터 정신 바짝 차리고 듣게"라고 말하고는 그들이 도달한 합의점에 대해 설명하기 시작했다. 나는 사소한 문제들을 지적했다. 그들이 코니아(터키 중부, 고원지대에 있는 도시_옮긴이 주)를 이탈리아 지역에 둔 것, 베를린과 바그다드를 잇는 철로를 끊어놓은 것을 지적했다. 그러나 이 지적은 무시됐다. 윌슨 대통령이 "섬들은 어떤가?"라고 물었다. 나는 "그 섬들은 그리스 섬입니다, 대통령 각하!"라고 단호히 대답했다. "그럼 그리스에 줘야겠지?" "물론입니다!" 윌슨 대통령이 "좋아!"라고 말했다.
부도덕하고 비상식적이다. 하지만 나는 명령을 따라야 한다. 피곤하고 화가 나 죽을 지경이다.

5월 28일, 수요일
오스트리아 평화조약이 독일 평화조약처럼 걸레가 되는 걸 막기 위해 비버처럼 부지런히 일했다. 독일 평화조약은 읽을수록 화가 치민다. 배상에 관련된 조항들은 몰상식하기 그지없다. 순전히 하원의 비위를 맞추려고 작성된 것일 뿐 실행에 옮기기에는 거의 불가능하다. 내가 독일인이라면 죽어도 서명하지 않을 것이다. 이 조항대로라면 독일인에게는 지금도, 미래에도 희망이 없다.

6월 8일, 일요일
여기에서 조약문에 실망하고 불만을 갖지 않은 젊은 사람은 하나도 없다. 조약문에 찬성하는 사람은 툭하면 싸우는 늙은이들뿐이다.

마침내 베르사유 조약에 서명하는 날, 즉 1919년 6월 28일이 됐다. 해럴드 니콜슨은 거울의 방에서 오간 다정한 대화를 "물이 주석 욕조에 떨어지듯 대화가 진행됐다"라고 표현했다.
두 명만 참석한 독일 대표단의 손에 조약 내용이 전해졌다. 숨 막히는 침묵만이 이어졌다. 그들이 걸음을 뗄 때마다 바닥이 삐걱거렸다. 그들의 얼굴은 백지장처럼 하얬다. 그들은 거울의 방에 들어와 천장에서 눈을 떼지 못했다. 거기에서도 그들은 굴욕을 맛보았다. 천장 전체가 프랑스의 승리, 패배한 독일인과 프로이센인, 의기양양한 프랑스 왕들과 먼지 속을 뒹구는 그들의 적으로 채워져 있었다.

"모든 것이 끔찍하기만 했다. 삶에 지쳐 잠자리에 들었다."

3부

볼셰비키의 선전, 동유럽에 빨간색 물이 들다

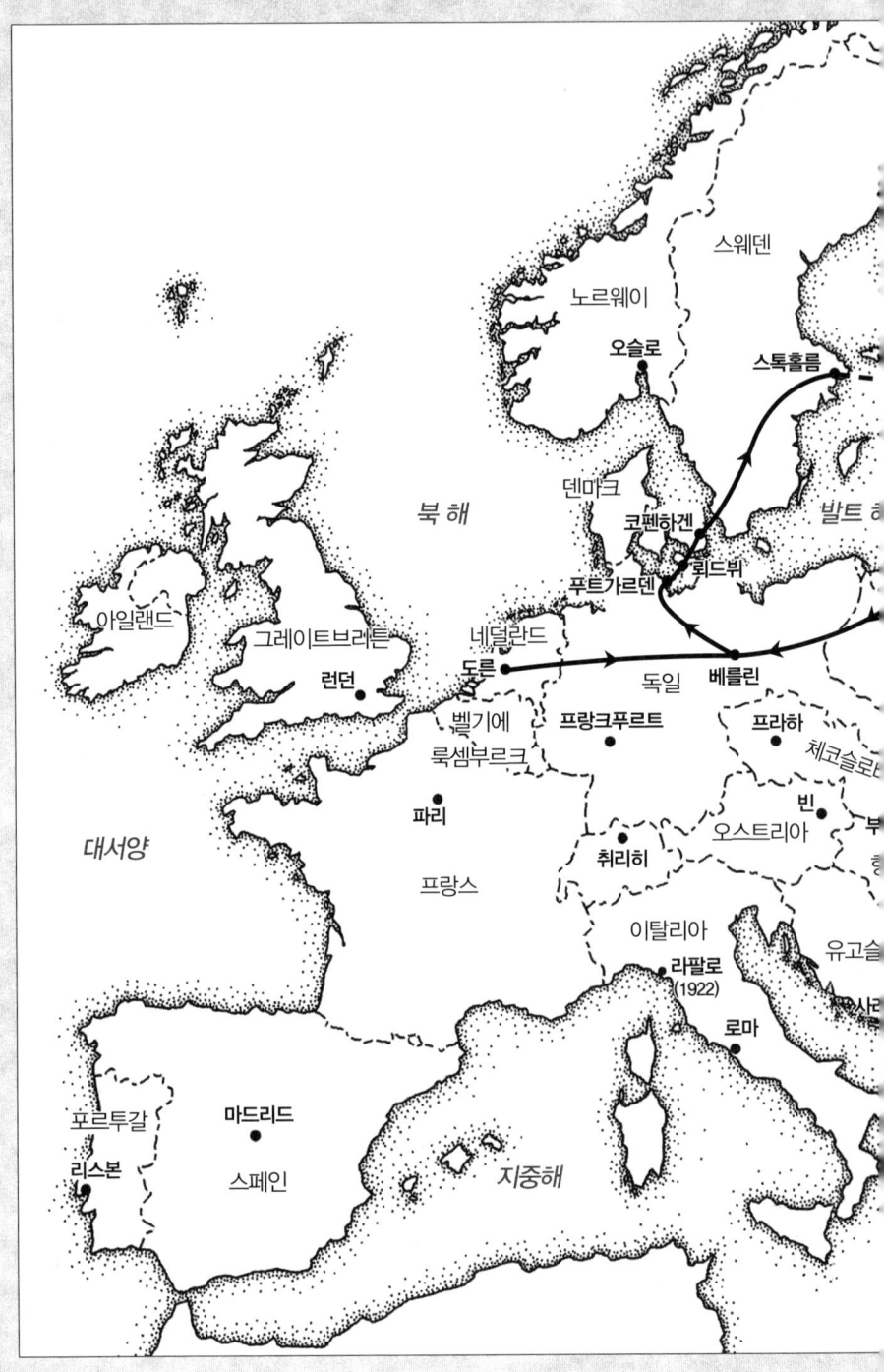

1917년~1924년의 유럽

● ➤ 헤이르트 마크의 여행로

11

빌헬름 2세의 안식처, 도른

Doorn

| 인터뷰 | 빌헬름 2세의 손자

나는 염료, 향료와 관련된 일을 하다 은퇴했습니다. 빅토리아 여왕은 내게 고조모가 되시고, 빌헬름 2세는 내 할아버지이십니다. 우리가 지금 사는 이곳은 하노버에서 얼마 떨어지지 않은 곳입니다. 아이들이 찾아오기 시작하면서 증축을 거듭해 지금처럼 집이 커졌지요. 멋진 거실이나 식당이 그렇게 덧붙여진 겁니다. 훌륭한 집이지요. 예, 저 국왕들의 초상화는 유산과 함께 물려받은 겁니다. 정확한 관계요? 나는 오스카 왕자의 넷째 아들입니다. 오스카 왕자는 빌헬름 2세의 다섯째 아들이었고요. 예, 나도 왕자, 프로이센의 왕자인 셈이지요.

변화를 눈치챘느냐고요? 포츠담에서 정말 멋진 어린 시절을 보냈습니다. 거기서 학교도 다녔고요. 그 후에 나는 군에 입대했습니다. 말을 무척 좋아해서 기병부대에 입대했습니다. 그때가 1939년 12월이었습니다. 전쟁이 이미 시작된 때였지요.

형 오스카는 참전하자마자 전사했습니다. 그 직후에는 사촌 빌헬름, 그러니까 황태자의 장남이 전사했습니다. 황태손을 위한 장례식이 포츠담에서 성대하게 열렸습니다. 수천 명이 참석했지요. 그 후 나를 포함해 황제의 모든 자손이 전선에서 멀리 떨어진 후방에 배치됐습니다. 나치스는 황제의 후손을 그리 정중하게 대해주지 않았습니다. 1943년 우리는 모두 군복을 벗어야 했습니다. 국제적으로 가족 관계가 얽혀 있어 군에 근무하는 것이 적합하지 않다는 이유였지요. 전쟁이 끝난 후 대학에 다니고 싶었지만 영국인들은 내 요청을 받아들이지 않았습니다. 그때도 '국제적으로 얽힌 가족 관계'가 표면적인 이유였습니다.

결국 나는 친구의 도움을 받아 염료와 향료를 생산하는 공장에 자리를 얻었습니다. 우리는 힘을 합해 그 회사를 세계적인 기업으로 키워냈습니다. 자회사만도 22개입니다. 조금 있다 나는 괴팅겐 역으로 손자들을 마중 나가야 합니다. 아니요, 아직 그 정도는 너끈히 해낼 수 있습니다.

그러니까 마지막 독일 황후가 내게는 할머니가 되는 셈입니다. 나는 아주 어렸을 때부터 매년 여름이면 도른에 와서 한두 주일 동안 머물렀습니다. 빌헬름 2세는 여느 할아버지와 똑같았습니다. 모든 손자들을 할아버지에게 가장 사랑받고 있는 사람은 자신이라고 생각하게 만드는 특별한 재주를 지녔던 분입니다. 우리는 집에서 상당히 엄격하고 검소하게 살았기 때문에 그분이 우리에게 넉넉히 주는 네덜란드 음식을 배가 터지도록 먹곤 했습니다. 그분은 우리에게 예술과 문학의 멋을 처음으로 가르쳐주셨습니다. 정말 모든 것에 관심이 많으셨던 분입니다. 그래서 어린 우리들은 그분의 폭넓은 지식과 관심에 놀라지 않을 수 없었지요.

달리 말하면, 내가 알고 있는 그분은 당신이 역사책에서 읽었던 사람과는 다른 사람입니다. 나이가 들어가면서 그분은 부드러워지신 것 같습니다. 여하튼 나는 그분이 누구에게도 나쁜 말을 하는 걸 들어본 적이 없습니다.

처음에는 도른에서 사는 게 무척 힘드셨을 겁니다. 네덜란드가 예우를 갖춰 그분에게 거처를 제공하긴 했지만, 그분은 심리적으로 세상에서 가장 높은 지위에서 나락으로 떨어지는 비운을 겪었던 겁니다. 즉위 25주년 때 세상이 그분을 어떻게 말했고, 전쟁 후 세상이 그분을 어떻게 말했는지 비교해 읽어보십시오. 그처럼 거대한 조직이 붕괴될 때는, 그 체제에서 책임을 떠맡고 있던 기관과 사람이 한꺼번에 무너질 때는 모든 비난이 최고 책임자에게 쏟아지기 마련입니다. 그런데 우리 할아버지가 그런 비난을 한 몸에 받으셨던 겁니다.

당시를 돌이켜보면 위풍당당한 면도 있었습니다. 하지만 사람들은 할아버지의 그런 면도 비난했습니다. 하기야 어느 시대에나 그 시대만의 고유한 특징이 있지 않습니까. 동독 시대의 장황하고 신랄한 공산주의적 비판이 지금은 먹히지 않는 것처럼 말입니다. 따라서 할아버지에 대한 비판은 그 시대의 정신과도 밀접한 관계가 있습니다.

여하튼 그분은 남달리 관심사가 넓었습니다. 과학의 발견, 과학기술의 산물, 교육 개혁, 연극과 미술 등 그분은 모든 것에 몰두하셨습니다. 어쩌면 관심사가 너무 넓었던 것 같기도 합니다. 내 생각이지만 그런 이유에서 그분이 감정적으로 양면성을 띠었던 게 아닌가 싶습니다. 요컨대 그분은 자신을 옛 프로이센 지도자들의 적통 후계자라 생각했지만, 실제로는 현대 독일을 대표하는 인물이었습니다. 이런 모순에서 자연스레 불안한 긴장감이 비롯됐던 겁니다.

이렇게 생각하면, 1차 세계대전으로 발전한 일련의 사건들은 이런 긴장감과 밀접한 관계가 있었습니다. 당시 유럽인들 중에서, 작게 쪼개져 있던 독일계 국가들이 그처럼 신속하게 초강대국으로 부상할 거라고 예상한 사람은 한 명도 없었습니다. 주변 국가들은 신생국가 독일이 벼락부자처럼 행동하는 것을 못마땅하게 생각했습니다. 당신이 말한 것처럼 독일이 조금만 신중하게 처신했더라면 역사는 완전히 달라졌을 겁니다.

나는 아직도 할아버지와 끈끈한 유대감을 느낍니다. 요즘 들어 나는 많은 걸 다른 시각에서 보고 있지만, 그분이 살았던 시대적 환경에서 그분의 행동을 해석해야 한다는 생각만은 그대로입니다. 1871년에 건국된 독일제국은 당시 완전히 성숙한 단계가 아니었습니다. 독일은 전혀 새로운 형태의 체제를 받아들여야 했습니다. 그 전까지 독일은 크고 작은 공국公國들의 결합체였고, 모든 공국이 통일을 간절히 바란 것도 아니었습니다. 게다가 신교도와 가톨릭교도 간에 깊고 깊은 간극도 있었습니다. 또 사회주의자를 억압하는 법이 있었고, 그와 관련된 투쟁도 끊이지 않았습니다. 하지만 독일제국은 1차 세계대전 후에도 살아남았습니다. 승전국들이 독일의 존속을 허용한 덕분에 말입니다. 그리고 독일은 2차 세계대전 후에도 살아남았습니다. 이제 모든 독일인이 하나의 독일을 실질적으로 인정하고 있습니다.

그 모든 과정이 두세 세대 만에, 달리 말하면 할아버지와 아버지와 나의 생애에 일어났습니다. 예, 맞습니다. 나도 그 과정을 겪었습니다. 그래서 한때 동독에 속했던 땅에 살고 있는 사람들에게 친근감을 느끼는 거고요. 나는 가끔 내 세대에 대해 생각합니다. 내 세대는 이른바 제3제국[1]의 혼란기를 겪고 살아남은 세대입니다. 동독에서 살았던 사람들이 겪었을 고초를 가장 잘 이해하는 사람이 바로 우리들일 겁니다. 우리는 그런 독재체제에서 힘없는 사람들이 어떻게 살아야 하는지 잘 알고 있습니다. 우리 자식 세대보다는 우리가 그들을 훨씬 잘 이해할 수 있습니다. 우리 자식 세대는 자유를 마음껏 누리며 살았으니까요.

거듭 말하지만, 시대 상황을 고려하지 않고는 당시 사람을 올바로 평가할 수 없습니다. 예컨대 내 외가 쪽 친척 중에 1944년 7월 20일, 히틀러를 제거하려던 음모에 깊숙이 개입한 분이 계셨습니다. 그분은 체포돼 교수형을 당했습니다. 하지만 1920년대 말에 그분은 극렬한 나치당원이었습니다. 따라서 아버지는 그분을 우리 집에 발도 들여놓지 못하게 했습니다. 그분이 나치스의 광적인 지지자에서 격렬한 반대자로 돌아섰다는 걸 우리는 한참 후에야 알았습니다. 나 자신도 왕족이란 배경이 없었더라면 1933년, 소위 '국가의 재탄생' 기간에 나치당원이 되었을 겁니다. 그랬더라면, 히틀러의 음모에 가담했던 외가의 먼 사촌처럼 나도 나중에 나치스에 용기 있게 저항했기를 바랍니다. 하지만 그 사촌처럼 행동한 사람은 많지 않았습니다.

우리 가족 내에서도 나치스에 대한 의견이 분분했습니다. 어렸을 때 방에서 쫓겨났던 날이 아직도 기억에 생생합니다. 크리스마스이브였습니다. 한 삼촌이 민족사회주의 독일 노동자당에 가입하는 걸 두고 삼촌들이 모두 흥분해서 목소리를 높여가며 말다툼을 벌였습니다.

아버지와, 결혼하긴 했지만 자식이 없었던 둘째 큰아버지 아이텔 프리츠는 철저한 반나치주의자였습니다. 황태자였던 빌헬름 큰아버지는 처음에 나치스의 지원을 받아 왕권을 되찾을 수 있을 거라고 생각했습니다. 하지만 터무니없는 기대였다는 걸 깨닫고는 극렬한 반대자가 됐습니다.

하지만 셋째 큰아버지 아우구스트는 나치스에 호의적이었습니다. 나치스 돌격대의 그루펜퓌러(소장과 중장 사이의 계급_옮긴이 주)에 취임하기도 했습니다. 겉으로는 전혀 그럴 분으로 보이지 않았는데 말입니다. 진정으로 예술을 사랑해서 대부분의 친구가 유대인 예술가였거든요. 그런데 시류에 편승해 누구보다 먼저 나치스의 일원이 됐고, 나치스의 진면목을 깨달은 후에는 그들과 결별할 용기를 내지 못했습니다. 따라서 전쟁 중에 그분이 나치스에 충성했는지는 의문입니다. 하지만 그런 건 중요하지 않습니다. 당시 많은 사람이 셋째 큰아버지의 장단에 맞춰 춤을 추었고, 그분을 믿었으니까요. 카이저의 아들이 나치당원이었다! 이런 이유에서 아우구스트 셋째 큰아버지는 비난받아 마땅하겠지요. 그런 위치에 있는 사람이라면 다른 사람들보다 더 멀리 생각해야 할 테니까요. 하지만 지금이니까 그렇게 쉽게 말할 수 있는 겁니다.

할아버지는 나치스에 무척 비판적이셨습니다. 1934년 어느 날, 저녁식사를 끝낸 후 할아버지가 돌푸스Engelbert Dollfuss(1892~1934, 오스트리아 총리_옮긴이 주) 살해 사건에 대한 신문기사를 우리에게 읽어주며, 그 사건으로 큰 충격을 받았다고 말씀하시던 모습이 지금도 기억에 생생합니다. 돌격대의 지도자 에른스트 룀Ernst Röhm과 그의 부하들을 제거한 사건과 비슷했는데, 할아버지는 그런 사건들에 감추어진 패거리 정신을 무척 경멸했습니다.

물론 1940년 6월 17일, 히틀러가 프랑스에 승리를 거두었을 땐 "하느님의 손이 이끈 획기적인 사건!"이라며 히틀러에게 승전 축하 전보를 보내기도 했습니다. 하지만 할아버지가 직접 쓴 것인지, 아니면 할아버지의 개인 보좌관이었던 도메스 장군이 쓴 것인지는 확실하지 않습니다. 도메스 장군은 할아버지와 나치스가 불편한 관계에 있다는 걸 알았기 때문에, 베를린과의 관계를 개선해보려고 그렇게 편지를 썼을 수 있습니다.

그러나 솔직히 말하면, 할아버지가 베르마흐트[2](2차 세계대전 때의 독일 국방군_옮긴이 주)의 승리에 크게 기뻐하신 건 확실합니다. 베르마흐트엔 할아버지가 아는 장군도 많았으니까요. 할아버지의 눈에서는 언제나 군인의 눈빛이 보였습니다. 물론 민족적인 자부심도 있었을 겁니다. 독일 국민이 모두 국가사회주의를 좋아한 건 아니지만 당시 많은 독일인이 그런 자부심을 느낀 건 사실입니다.

그러나 그런 자부심은 금방 사라지고 말았습니다. 나는 1940년 여름 프랑스에서 작전을 끝낸 뒤 도른에서 할아버지와 함께 주말을 보냈습니다. 할아버지는 히틀러와 히틀러의 전략을 심하게 비난했습니다. 당시 처칠이 모든 휴전 제안을 거부해 영국과의 협상이 결렬되고, 히틀러가 러시아를 공격할 조짐이 보이던 때였습니다. 할아버지는 만약 독일이 러시아를 공격하면 동시에 두 전선에서 전쟁을 치러야 하는 재앙을 맞을 게 뻔하다고 우려하셨습니다. 그 이후로 나는 할아버지를 뵙지 못했습니다.

요즘에는 장례식이나 특별한 행사가 있을 때만 가족이 모입니다. 또 빌헬름 황태자의 아들 루이 페르디난트의 딸들이 1년에 한 번씩 호헨촐레른 성에서 연주회를 마련하는데, 그때 모두가 얼굴을 보기도 하고요. 할아버지의 시신을 모신 관은 도른의 영묘에, 그것도 가대架臺 위에 놓여 있어 독일이 요구하면 언제라도 즉시 보낼 수 있습니다. 하지만 내 생각에 할아버지에게는 도른이 최고의 안식처인 듯합니다. 말년에 이곳에서 무척 편안하게 지내셨으니까요. 할아버지의 관을 베를린에 보내, 그 끔직한 가족묘에 밀어 넣는다면….

전쟁이 끝난 후 아버지는 괴팅겐 근처로 이사했습니다. 아우구스트 셋째 큰아버지는 전쟁 포로수용소에서 조금 시간을 보내다 석방된 직후 세상을 떠났습니다. 또 황태자였던 빌헬름 큰아버지는 프랑스군의 포로가 됐지만 종전 후 호헨촐레른 성으로 송환되셨습니다. 하지만 그분은 실의에 빠졌고, 독일이 다시 군주국이 되리라는 환상을 완전히 버리셨습니다. 루이 페르디난트는 아직 포기하지 않았지만, 루이를 제외하면 그런 가능성을 꿈꾸는 사람은 아무도 없습니다. 루이는 때때로 "언제든 부름을 받을 수 있도록 나는 항상 준비돼 있다!"라고 말하지만, 누가 그를 불러주겠습니까?

12

레닌과 독일의 커넥션 장소, 스톡홀름

Stockholm

레닌의 발자취를 따라가다

2월 28일 일요일. 나는 아침 10시 30분에 베를린을 출발해 오후 2시 30분쯤, 그루터기만 남은 황량한 벌판의 끝자락에서 발트 해를 눈앞에 두고 있었다. 이번 여행 동안에는 별다른 일이 일어나지 않았다. 햇살이 내리쬐던 하늘이 곧 잿빛으로 변했다. 식탁처럼 평평한 풍경이 끝없이 펼쳐졌다. 봄의 흔적은 어디에서도 보이지 않았다. 아직도 많은 곳이 눈에 덮여 있었다. 기차는 여성의 젖가슴처럼 생긴 홈통으로 처마를 꾸민 비텐베르제 역에서 잠시 멈추어 섰다. 그 후로 나는 깊은 잠에 빠져들었다.

옛날에 이런 여행을 했다면 짭짤한 바닷물이 사방에서 흩날렸을 것이다. 푸트가르덴 항에서 기차는 김을 폭폭거리며 뢰드뷔 항까지 가는 연락선에 몸을 실었을 것이고, 차량들은 사슬로 단단히 고정됐을 것이다. 뱃고동이 길게 울리면 검은 연기가 굴뚝에서 피어오르고, 연락선이 휘청대며 푸트가르덴 항구를 빠져나갔을 것이다. 그런데 요즘엔 물 위에 떠 있는 놀이공원 같은 배가 기차를 실어 나른다. 크롬과 대리석으로 꾸며진 배 안에는 곳곳에 상점과 카페가 있다. 어찌 보면, 미닫이문부터 수세식 변소까지 모든 것이 자동으로 움직이는 마법의 왕국과도 같았다.

그 후엔 스칸디나비아의 넘실대는 들판이 그림처럼 펼쳐졌다. 하얀 집, 연못 주변에서 어슬렁대는 젖소들 그리고 건널목에서 신호를 기다리는 자전거 탄 금발머리 소녀까지. 오후가 저물어갈 무렵 기차는 작은 내해內海를 가로지른 웅장한 다리를 연이어 건넜다. 하늘은 맑고, 창백할 정도로 푸른빛을 띠었다. 커다랗고 하얀 달은 수평선에 걸려 바다 위에 살짝 떠 있었다. 그리고 세상이 천천히 비워졌다.

나는 길을 이상하게 우회할 예정이었다. 달리 말하면, 볼셰비키 지도자이자 혁명가였던 블라디미르 일리치 울리아노프Vladimir Ilich Ulyanov가 1917년 4월 취리히에서 독일과 스웨덴, 핀란드를 거쳐 페트로그라드(상트페테르부르크의 당시 이름)까지 간 여정을 그대로 따라갈 계획이었다.

당시 러시아는 혼란에 휩싸여 있었다. 파업 노동자들이 페트로그라드의 네프스키 대로를 행진했고, 전군全軍이 혁명에 가담했으며 니콜라이 2세가 퇴위했다. 군인과 노동자로 이루어진 평의회가 권력을 장악하고 임시정부가 수립되면서 2월 혁명이 끝났다. 레닌으로 널리 알려진 울리아노프가 30년이나 학수고대하던 순간이었다. 이론과 음모, 망명, 학습, 또 다른 이론으로 점철된 그의 삶이 결실을 맺는 순간이었다.

1917년 3월 15일, 한 폴란드 젊은이가 취리히의 슈피겔 거리 14번지에 있던 그의 방에 뛰어들어와 "러시아에 혁명이 일어났습니다!"라고 소리쳤다. 그날 오후, 취리히에서 힘겹게 살던 러시아 망명자들은 호수 주변에 늘어선 가판대로 달려가, 〈노이에 취르허 차이퉁〉을 집어 들었다. 그리고 1면부터 2면까지 이어지는 보도들 사이에 조그맣게 끼어 있는 기사를 읽고 또 읽었다. 일주일 전, 러시아 책력으로 2월 23일에 러시아의 수도에서 혁명이 시작됐고, 두마가 황제의 각료들을 체포하라는 명령을 내렸다는 소식이었다. 그 이상은 알려지지 않았다.

취리히에 있던 혁명가들은 이처럼 상황이 급변했다는 소식을 듣고 놀라워했을까? 놀랐다는 표현조차 부족했다. 레닌의 부인 나데주다 크루프스카야가 훗날 밝혔듯이, 레닌은 충격을 받아 말문을 잃고 '망연자실'했다. 물론 볼셰비키의 지도자로서 레닌은 혁명이 어떻게 진행되고 있는지 전해 들어야 했지만, 레닌에게 혁명 소식을 알려주는 사람은 아무도 없었다. 그의 정적이던 멘셰비키[1]가 혁명 조직의 주도권을 쥐고 있었기 때문이었다. 레닌은 자신이 평생 심혈을 기울인 일이 결정적인 순간을 맞이했을 때 함께하지 못해 무척 당혹스러웠을 것이다. 그는 엄격하게 조직화된 볼셰비키의 지도자였다. 그런 그 없이도 혁명이 가능할 수 있다는 걸 레닌은 그때서야 처절하게 깨달았다.

많은 러시아인에게 블라디미르 울리아노프는 상징적인 존재였다. 17년 동안 그의 삶은 가난과 망명의 연속이었다. 그는 황제의 앞잡이들에게 박해를 받았으며, 멘셰비키만이 아니라 다른 동료들과도 끝없이 충돌했다. 게다가 러시아 프롤레타리아들과는 멀리 떨어져 지내야만 했다. 이런 혹독한 환경에서도 레닌은 프롤레타리아 혁명에 대한 이론을 하나씩 개발해냈다.

1차 세계대전이 발발하면서 레닌은 더욱 고립됐다. 1914년 레닌의 비밀 정치조직원 중 26명만이 망명생활을 면했고, 1916년에는 그들 중 10명만이 힘겹게 활동할 뿐이었다. 조직을 운영하던 빠듯한 자금마저 바닥났다. 1917년 초, 울리아노프 부부는 슈피겔 거리에 있던 집의 임대료조차 내기 힘든 실정이었다. 레닌은 절망에 빠졌고, 그를 지지하던 사람들, 예컨대 똑똑한 니콜라이 부하린, '그 돼지 같은 트로츠키', 뛰어난 재능을 지닌 독일 이론가 로자 룩셈부르크, 매력적인 폴란드 협잡꾼 카를 라데크Karl Radek[2] 등과 끝없이 말다툼을 벌였다.

정치적으로도 레닌은 거의 한계에 이르렀다. 스위스 경찰은 레닌의 집보다 그 맞은편에 있던 카바레 볼테르에 더 깊은 관심을 기울였다. 1916년부터 일련의 예술가들이 그곳에서 이해할 수 없는 행위를 계속하고 있었다. 성명서를 읽고는 날카로운 비명을 내질렀고, 흐느껴 울거나 휘파람을 불며 주먹으로 탁자를 두드렸다. 그런 행위도 저항의 한 형태였다. 그곳에 들락대던 시인과 화가들이 부르주아 사회에서 진리를 추구하는 건 헛수고일 뿐이고, 세계는 하나의 커다란 거짓말이며, 낡은 문화를 근본부터 뒤집어버려야 새로운 것을 향해 나아갈 수 있다고 믿었기 때문이다. 그들의 이런 운동은 '다다dada'라 불렸다. 돌이켜보면, 그들이 20세기 예술에 미친 영향은 레닌이 국제 정치에 미친 영향만큼이나 컸다.

현재까지 알려진 바에 따르면, 다다이스트와 러시아 망명자 사이에 혁명을 위한 교류는 없었다. 레닌의 전기를 쓴 작가들은 러시아 망명자를 좌절하고 향수병에 걸린 불행한 사람들로 묘사했다. 예컨대 마이클 피어슨Michael Pearson은 "그들은 폐쇄적인 성격을 띤 조그만 세계에서 살았다. 그 조그만 세계에서도 절대적인 충성을 요구하는 사람들과 그에 반대하는 사람들이 치열한 경쟁을 벌였다. 카페와 혁명적인 간행물로 이루어진 좁은 세계를 벗어나면 레닌은 무명인에 불과했다"라고 말했다.

8개월 후에는 1억 5,000만의 영혼이 살아가는 제국을 지배하게 되지만, 1917년 3월 15일까지만 해도 레닌은 혁명 이론과 실제 혁명 간의 차이를 어떻게 극복하느냐는 문제뿐 아니라, 취리히에서 러시아까지 단숨에 달려갈 방법을 찾기 위해 고심했다.

레닌은 그 문제를 어떻게 해결하려 했을까? 처음에는 귀가 들리지 않는 스웨덴인으로 변장해 독일과 스칸디나비아를 거쳐 페트로그라드까지 신속하게 이동할 계획이었다. 그 후에 레닌은 초조한 마음에 비행기를 통째로 빌리는 방법이 낫겠다는 계획을 생각해냈지만, 동료들이 전쟁 중에 비행기는 엄청나게 위험할 수 있다고 반대하고 나서 그 계획은 포기할 수밖에 없었다. 마침내 누군가 독일 정부에 임시 통과 비자를 요청하자는 의견을 제시했다.

베른 주재 독일 영사를 통해 접촉을 시도하자, 베를린은 즉각 그 제안을 받아들였다. 심지어 필요하면 전선을 통과한 뒤 러시아까지 혁명가들을 호위해주겠다고 제안하기도 했다. 극보수적인 독일 정부는 사실 1914년부터 적국에서 내분을 일으킬 수 있는 혁명가들에게 지대한 관심을 기울이고 있던 터였다. 독일제국의 첩보부라면 충분히 그것을 해낼 수 있었다. 독일 첩보부는 훗날 유럽에서 중요한 역할을 하게 될 거의 모든 혁명 조직과 이미 정기적으로 접촉하고 있었기 때문에 레닌의 볼셰비키파에 대해서도 오래 전부터 알고 있었다. 독일은 동부에서 하루라도 빨리 전쟁을 끝내고 싶어 했다. 미군이 서부전선에 배치되기 시작한 후로는 그런 바람이 더욱 절실해졌다. 따라서 독일은 가능하면 신속하게 러시아 군대에 혁명이라는 세균을 전파하려 했다.

그러나 독일의 제안을 받아들이려면 레닌은 자신의 정치 생명을 걸어야 했다. 그의 여행이 '적과의 동침'으로 해석될 수도 있었기 때문이다. 특히 레닌이 임시정부의 입국 허가를 기다리지 않았기 때문에 그렇게 해석될 가능성은 더더욱 컸다. 그래서 레닌은 외국 대사관처럼 치외법권적 지위를 지닌 기차를 이용하기를 바랐다. 그럼 기차가 정치적 진공 지역으로 여겨질 것이기 때문에, 적어도 공식적으로는 적국인 독일의 간섭을 받지 않고 독일 영토를 통과할 수 있다고 생각했던 것이다. 그리고 독일 정부는 이런 요청마저 흔쾌히 받아들였다. 그래서 1917년 4월 9일 울리아노프 부부는 취리히의 체링거호프 호텔을 떠나 고향으로 출발했다.

레닌과 함께했던 많은 동반자가 훗날 '봉인열차' 여행에 대해 이야기를 남겼다. 그들의 이야기를 통해 유럽을 완전히 뒤집어놓은 집단의 흥미로운 면모를 엿볼 수 있다. 30명 이상의 러시아 망명객과 네 살배기 어린이 로버트가 봉인열차에 탑승했다. 고별 오찬을 하는 동안 레닌은 '스위스 노동자'들에게 연설한 뒤 교서를 남겼다. 그 교서에서 레닌은 사회주의 혁명은 장기적인 과제여야 한다고 역설했다. 특히 후진적인 러시아에서는 더더욱 그런 자세가 필요하다고 강조했다. 울리아노프와 나데주다는 그들 부부만을 위한 2등 칸막이 좌석에 탑승했다.

망명객들을 호송한 두 독일 장교는 객차의 끝머리, 즉 러시아 구역과 독일 구역을 구분하기 위해 바닥에 그은 선을 넘어서지 않았다.

기차가 고트마딘겐 역을 빠져나와 독일 영토에 들어서자, 분위기가 점점 떠들썩하게 변해갔다. 칸막이 좌석마다 웃음꽃이 피었고, 삼등칸에서는 몇몇 러시아인이 *라 마르세예즈*를 합창하기 시작했다. 나데주다가 나중에 썼듯이, 로버트의 "해맑은 목소리가 기차 어디에서나 들리는 것 같았다." 로버트는 그리고리 소콜니코프를 유난히 좋아해, 걸핏하면 그의 무릎에 올라가 앉았다.

흡연자와 비흡연자 간의 실랑이도 있었다. 담배 연기를 유별나게 싫어하는 레닌이 화장실에서만 담배를 피우라는 지시를 내렸다. 따라서 화장실 앞에 줄이 길게 늘어섰고, 그로 인해 흡연자와 용변을 보려는 사람 사이에 또다시 실랑이가 벌어졌다. 레닌은 화장실 사용권을 발급해 그 문제를 해결했다. 요컨대 흡연자에게는 2급 사용권, 용변을 볼 사람에게는 1급 사용권이 주어졌다.

한편 창밖으로 헐벗은 독일 풍경을 내다보던 나데주다는 성인 남자가 전혀 눈에 띄지 않는다는 사실을 발견했다. 그녀는 "정거장 주변, 들판, 도시의 거리에서는 여자와 10대, 어린아이밖에 보이지 않았다"라고 말했다. 기차가 어떤 역에 잠시 멈추자 사람들이 객차를 뚫어지게 쳐다보았다. 소콜니코프는 그 이유가 궁금했다. 그리고 나중에야 그들이 창틀에 놓인 하얀 스위스 빵조각을 쳐다본 것이라는 사실을 깨달았다. 어둠이 내린 후, 레닌은 조끼 단추 구멍에 엄지손가락을 살짝 걸친 채 한참 동안 창밖을 내다보았다. 가끔 번쩍이며 지나가는 불빛 외에는 아무것도 보이지 않았다.

그날 저녁, 레닌의 화를 돋우는 새로운 문젯거리가 생겼다. 울리아노프 부부의 옆 객실에는 카를 라데크, 올가 라비치, 게오르기 사파로프, 레닌에게 총애를 받던 프랑스 공산주의자 이네사 아르망이 있었다. 폴란드계 유대인이었던 라데크는 쾌활한 성격으로 항상 파이프를 입에 물고 다녔다. 곱슬머리에 두꺼운 안경을 쓴 그는 탁월한 조직자였고, 말솜씨도 뛰어났다. 게다가 레닌을 완벽하게 흉내 내기도 했다. 그 때문에 얇은 칸막이벽을 타고 웃음소리가 끊임없이 들려왔다.

카리토노프와 구변이 좋은 그리고리 우시비치가 그들의 객실을 찾아오면서 흥겨운 분위기가 점점 무르익었다. 레닌은 그 전에 몇 번이나 그들을 찾아가 조용히 해달라고 부탁한 터였다. 그리고 그때마다 라데크에게 요란한 환영을 받았다. 하지만 올가 라비치의 날카로운 웃음소리가 다시 들려오자, 레닌은 칸막이 문을 벌컥 열고 들어가 아무 말 없이 올가의 손을 움켜잡고는 복도로 끌어냈다. 그리고 자신의 좌석에서 멀리 떨어진 곳에 올가를 밀어 넣었다. 게다가 레닌은 '당의 명령'으로 모든 전등을 소등하라는 지시까지 내렸다. 하지만 그런 조치도 아무 소용이 없었다.

이튿날 아침, 슈투트가르트 역에서 독일 사회민주주의자 빌헬름 안손이 혁명가들과 접촉을 시도했다. 하지만 봉인열차에 탄 볼셰비키들은 귀머거리처럼 행동했다. 그런 접촉이 자칫하면 '봉인열차'의 신화를 단숨에 허물어뜨릴 수도 있었기 때문이다. 게다가 러시아 사회주의자와 독일 사회주의자는 노선이 달랐다. 전쟁 기간 중에 독일 노동조합과 사회민주주의자는 독일 정부의 훌륭한 협상 상대가 됐지만, 러시아 사회주의자들은 망명해 몸을 감추고 살아야 했다. 그들은 변화나 타협을 원하지 않았다. 어떤 형태가 됐든 혁명에만 초점을 맞추었다. 따라서 얀손이 접촉을 시도하자 발끈한 레닌은 "얀손이 우리 기차에 올라 타려 하면 귀를 붙잡아 던져버려라. 얀손에게 지옥에나 떨어지라고 전해라!"라고 소리쳤다.

기차가 만하임에 접근해가자, 삼등칸의 러시아인들은 다시 노래하기 시작했다. 프랑스 혁명가까지 울려 퍼지자, 객차 구석에 앉아 있던 독일 장교들이 움직이기 시작했다. 그들은 화난 표정으로 분필로 그은 선에 다가섰다. 프랑스 혁명가는 독일 민족에게 일종의 모욕이었다. 결국 러시아인들은 프랑스 혁명가를 포기하고 말았다.

저녁 러시아워가 막 시작됐을 때쯤 기차는 프랑크푸르트에 도착했다. 기차역은 독일 군인들로 붐볐다. 기차에 탄 망명객 중 한 명, 프리프 플라텐의 국적은 스위스였다. 그는 중립국 시민이었기 때문에 자유롭게 기차에서 내릴 수 있었다. 그는 기차역 식당에 가서 동료들을 위해 맥주와 샌드위치, 신문을 주문했고, 몇몇 독일 군인과 이야기를 나누었다. 그러다 무심코 기차에 러시아 혁명가들이 타고 있으며, 그들이 전쟁을 끝내기로 결정했다고 얘기한 모양이었다. 갑자기 군인들이 대열을 이탈해 기차로 몰려갔다. 라데크의 기록에 따르면, "모든 군인이 손에 맥주잔을 쥐고 있었다. 그들은 우리에게 달려와 전쟁이 정말 끝나느냐고, 언제쯤 끝나느냐고 물었다." 물론 라데크는 그 순간을 놓치지 않았다. 창밖으로 얼굴을 내밀고 혁명을 외쳤다. 놀란 장교들이 우르르 달려와 병사들을 해산시켰다.

그리고리 지노비예프의 기록에 따르면 다음 날 기차가 베를린 교외를 달릴 때, 그들은 '무덤 속과 같은 침묵에 잠겨 있었다.' 포츠다머 역에서 기차는 반나절 이상 멈춰 있었다. 4월 12일 목요일, 러시아 망명객들은 마침내 발트 해안에 도착했다. 그곳에서 스웨덴 연락선으로 갈아탄 뒤 트렐레보리로 향했고, 그곳에서 다시 스톡홀름으로 옮겨갔다.

복지국가의 초석을 놓다

내가 아는 한, 그들의 모습을 담은 사진은 하나밖에 없다. 1917년 4월 13일 금요일 스톡홀름에서 찍은 사진이다. 그들이 무리지어 길을 건너고 있다. 우산을 든 레닌이 사업가처럼 모자를 쓰고 과장된 몸짓으로 앞장서서 길을 건넌다. 레닌 뒤에는 역시 큼직한 모자를 쓴 나데주다가 있고, 중간쯤에는 이네사 아르망의 우아한 자태가 보인다. 또 뒤쪽에는 지노비예프의 팔에 매달린 어린 로버트의 모습도 보인다.

그 사진을 찍었을 때는 봄이었다. 항구에는 유빙이 전혀 보이지 않았다. 스톡홀름은 온통 물이었고 안개로 자욱했다. 작은 증기선들이 사방에 떠다녔고, 술통과 손수레도 뒤범벅된 길은 걷기조차 힘들 지경이었다. 요즘은 스웨덴 기업가들이 무슨 수를 써서라도 집을 사려 하는 쇠데르홀름의 깔끔한 거리가 당시에는 런던의 뒷골목이나 암스테르담의 빈민가만큼이나 고약한 냄새를 풍겼다.

그로부터 80년 후, 나는 이른 아침의 여명을 빌려 기차 밖을 내다보았다. 서서히 잠에서 깨어나고 있는 스톡홀름의 젖은 모습밖에 보이지 않았다. 자동차들이 점령한 도로, 얼어붙은 강, 아파트들…. 그러나 오후가 되자 스톡홀름은 완전히 다른 모습으로 변했다. 황갈색과 붉은색이 교차하는 그림자에 감싸인 화려한 도시가 눈앞에 펼쳐졌고, 나지막이 뜬 태양에 물방울이 반짝거렸다. 얼핏 보아도 스톡홀름은 차분하고 유쾌한 도시였다. 스웨덴은 산모와 남편에게 모두 출산 휴가를 주는 나라이다. 월요일 아침이면, 번화가인 드로트닝가탄('여왕의 거리')에서는 유모차를 끌고 다니는 어머니보다 아버지를 더 많이 볼 수 있다. 가사를 맡은 남편들은 서두르지 않는다. 세상의 모든 시간을 가진 것처럼 젊은 어머니만큼이나 느긋하게 걸어 다닌다.

스톡홀름은 예나 지금이나 관료들의 도시이다. 스웨덴 관료들은 서류 더미 뒤에서 수세기 동안 광활한 내륙을 관리해온 조용한 지배자이다. 공장 굴뚝은 런던과 베를린보다 반세기 늦게 올라서기 시작했지만 그 후로 모든 것이 신속하게 발전했다. 레닌이 스톡홀름에 도착했을 때 스웨덴은 이미 '개발의 모순'을 극명하게 보여주고 있었다. 가난하고 뒤처진 시골 지역은 거대한 원자재, 연료의 저장고로 전락했고, 농부들은 수세대 동안 방치됐던 농촌에서 살아남기 위해 융통성과 창의력을 극도로 발휘해야 했다. 도시에서 멀리 떨어진 벽지에서 삶에 필요한 모든 것을 직접 만들고 수리하며 살아오면서 농부들은 유례없이 역동적이고, 다재다능한 집단으로 변해 있었다. 달리 말하면 갓 탄생한 산업국가에서 스웨덴 농민 계급은 이상적인 노동자 군대였다.

따라서 스웨덴은 19세기에 한 차례 조용한 혁명을 경험했다. 많은 농민이 고향을 떠나 도시에서 새 출발을 하면서, 인간과 자연의 관계가 변하고 전통이 단절됐다. 실제로 1917년쯤에는 그런 변화의 결과가 눈에 띄기 시작했고, 과거의 목가적인 삶에 대한 향수는 지금도 스웨덴 사람들 사이에서 면면히 이어지고 있다.

▲ 겨울, 눈 덮인 스톡홀름의 모습. 레닌도 이 스톡홀름을 방문했다.

　레닌이 방문했을 때 건축 중이던 스톡홀름 시청은 당시의 분위기를 완벽하게 보여준다. 나무를 깎아 만든 창문틀에는 스웨덴의 역사가 담겼고, 그늘진 아치 길은 스칸디나비아 신화의 트롤과 신비로운 시골의 문양으로 장식됐다. 또 안마당은 곳곳에서 르네상스 시대의 베네치아, 이탈리아의 따사로운 햇살을 동경하던 북유럽의 염원을 떠올리게 한다.
　나는 스톡홀름에서 기차로 30분도 채 걸리지 않는 살트셰바덴까지 올라갔다. 눈 덮인 호숫가에 붉은 나무로 지은 집들과 웅장한 그랜드 호텔이 눈에 띄었다. 1938년 12월의 어느 조용한 날, 소수의 거부권이 인정된 스웨덴의 유명한 합의 모델consensus model이 이곳에서 탄생했다. 네덜란드의 폴더 모델도 이 합의 모델은 본뜬 것이다. '부유한 개인보다 부유한 기업'이란 신조에 따라 정부와 고용자, 노동조합의 대표가 원탁에 둘러앉아, 복지국가의 초석을 놓았다. 이 합의 모델은 스웨덴의 청교도적인 전통, 중앙집권화된 정부, '납작한' 조직 구조와 완벽하게 맞아 떨어졌다.

그 결과 거의 80년 동안 냉정한 이성이 스웨덴을 지배했고, 그런 분위기는 지금도 스톡홀름 어디에서나 찾아볼 수 있다. 널찍한 길과 나무가 무성한 안마당이 어우러진 외곽 동네는 베를라헤Hendrik Petrus Berlage(1856~1934, 네덜란드 건축가)와 코르넬리스 반 에이스테렌 Cornelis van Eesteren(네덜란드 건축가)이 창조해낸 암스테르담의 교외를 떠올리게 한다. 무숙자와 매춘부, 마약 중독자는 눈에 띄지 않게 통제받고 깔끔하게 관리된다. 유럽의 여느 도시와 달리, 자전거 자물쇠는 장식품에 불과한 듯하다. 모두 거의 비슷하게 옷을 입는다. 농촌 사회의 특징이 고스란히 묻어 있는 옷차림으로 화려한 복장을 한 사람은 찾아보기 힘들다. 드물게 눈에 띄는 사람이 있지만 대부분 도드라진 몸가짐 때문이다. 그들이 세력가라는 걸 눈치챌 수 있으나 확인할 길은 없다.

나는 국회의사당 앞에서 우연히 망누스 룬드퀴스트를 만났다. 그는 커다란 깃발을 들고 하루 종일 그곳에 서 있었다. 깃발의 왼쪽에는 가시 면류관을 쓴 피범벅 된 얼굴이, 가운데에는 커다란 십자가가 그려져 있었다. 깃발의 오른쪽에는 깊은 상처를 입은 허리가 생생하게 그려져 있었다. 그리고 깃발 위쪽으로는 백마를 탄 위풍당당한 인물이 이마에 다윗의 별을 번뜩이고 있었으며, 그 옆에는 날갯짓하는 비둘기 한 마리, 그 위로는 축복받는 자세로 앉아 있는 천사가 그려져 있었다. 그리고 깃발의 테두리에는 성경 구절이 쓰여 있었다.

망누스가 커다랗고 푸른 눈으로 나를 뚫어지게 쳐다보았다. 내가 "여기에서 무얼 하시는 겁니까?"라고 묻자, 망누스는 "이게 예수의 진정한 모습입니다. 동성애자 예수를 주제로 한 전시회가 내일 여기에서 열릴 겁니다"라고 대답했다.

생각하는 양심

그날 저녁, 나는 일간지 〈다겐스 뉘헤터〉의 생각하는 양심, 라르스 올도프 프란센과 함께 식사를 하며 국가의 무책임에 대해 의견을 나누었다. 나는 네덜란드에서 법무부의 명백한 묵인하에 수톤의 코카인이 밀반입됐고, 공공 부문에서 판공비가 대거 조작됐으며, 건설산업에서 대규모 불법행위가 자행되고 있다고 비판했다. 스웨덴에서는 회사 임원들에게 특별 퇴직금 형태로 거액이 지급되는 데에 국민들이 분노하고 있었다. 스웨덴 국민들은 함께 힘을 합해 회사를 세웠다고 생각하며, 일부 퇴직 임원들에게 거액이 지급되는 건 불합리한 일이라 주장했다.

어떤 나라든 그 나라에서 벌어지고 있는 추잡한 사건으로 세상에 알려질 수 있다. 프란센은 우리가 방금 언급했던 사건들이 유럽에서 보통 사람들과 엘리트 계급 사이의 간극이 점점 커지는 것을 보여주는 전형적인 특징이라며, "스웨덴 사람들은 내성적이고 겉보기엔 수줍음을 많이 타는 것 같지만 실제로는 무척 강한 자부심을 가지고 있습니다. 그래서 자신의 노력을 기준으로 삼습니다. 바로 이런 점에 스웨덴 사람들의 가치가 있는 것이고요"라고 말했다.

또한 프란셴은 스웨덴 정치 지도자들은 돈과 유럽연합에만 관심을 기울이지만, 스웨덴 국민은 여전히 전통적인 평등과 연대를 소중하게 생각한다고 말했다.

"대략적으로 말하면, 이곳 사람들은 정치인들이 민주주의를 팔아치우는 데 혈안이 돼 있다고 생각합니다. 따라서 이런 상황에서 우리 사회의 미래에 대한 깊은 고민과 같은 민족주의적 사고는 큰 목소리를 낼 수가 없습니다. 실제로 과거에 의료관리제도가 제공하던 장점이 이미 사라졌습니다. 그래서 요즘 지도자들이 탐욕의 흑마술에 빠졌다고 생각하는 사람이 많습니다."

프란셴은 1960년대에 파리에서 거지를 처음 보았다고 말했다. 또 오래 전 뉴욕에 들렀을 때 뉴욕 사람들이 돈 이야기만 하고, 심지어 이혼까지 돈으로 환산하는 걸 보고 믿을 수 없었다고 말했다.

"그런 이야기가 30년 후에 스톡홀름에서도 당연하게 여겨질 줄은 꿈에도 몰랐습니다."

우리는 스웨덴이 미국에 미친 영향에 대해서도 이야기를 나누었다. 19세기에 닥친 대기근 시기에 스웨덴 국민의 25퍼센트 정도가 미국으로 이민을 갔다. 따라서 미국에 사는 삼촌이나 먼 친척을 두지 않은 스웨덴 국민은 없었다. 프란셴은 루스벨트[3]는 스웨덴의 사회민주주의에서 영향을 받아 뉴딜정책을 시행했지만 "이제는 반대로 우리가 미국의 영향을 받고 있는 것 같습니다"라며 침울한 표정을 지어 보였다.

검은 거래

그날 저녁 텔레비전을 보면서 나는 난민이 된 기분이었다. 스웨덴 말을 전혀 알아듣지 못한 탓도 있었지만, 그들의 제복 같은 획일적인 옷차림과 계산된 듯한 움직임, 종교적인 몸짓을 멍하니 바라보았다. 뉴스를 읽는 여자 아나운서는 금방이라도 눈물을 터뜨릴 것 같았다. 광고도 감상적이기 이를 데 없었다. 모든 것에서 향수가 묻어났다. 세 프로그램 중 하나가 낡은 농장이 무대이거나, 시골 가족이 등장해 과거를 이야기하는 것이었다. 저녁 뉴스가 끝나자 내용을 짐작할 수 없는 시트콤이 방영됐다. 슈퍼마켓을 무대로 상점 주인과 거대한 젖가슴을 덜렁거리는 금발의 점원이 주인공인 시트콤이었다. 그 후에는 녹음이 우거지고 벌판이 드넓게 펼쳐진 마을을 소개하는 '고향' 시리즈가 이어졌다. 하지만 어떻게 다섯 명의 배우가 카메라 앞에서 한 마디 말도 없이 그렇게 오랫동안 서 있을 수 있을까. 결국 나는 그들이 격렬한 말다툼을 벌인 것이라고 짐작할 수밖에 없었다.

1917년 레닌과 스톡홀름의 관계는 어땠을까? 스톡홀름 시장은 그 외국 손님을 정중하게 맞아들였고, 스웨덴 사회주의자들은 레닌을 위해 성대한 연회를 준비했다. 신문기자와 사진기자도 연회에 참석했고, 영화용 카메라를 든 사내도 연회장 주변을 얼쩡거렸다. 울리아노프는 생전 처음 거물 정치인 대접을 받았다.

그러나 스웨덴 사회주의자들은 레닌의 핵심 사상을 제대로 이해하지 못했다. 또 그들은 레닌에게 여행 경비를 마련해주고, 멋진 양복과 괜찮은 구두를 살 만한 용돈도 주었지만, 레닌의 표현을 빌리면, 자신은 "남성복 상점을 개점하기 위해 러시아에 가려는 것이 아니었다." 레닌은 조국으로 향하는 열차에 올라탔지만, 스웨덴 사회주의가 향하는 철로는 달랐다. 3년이 채 지나지 않아, 스웨덴 사회주의자들은 세계혁명을 포기하고 세계 최초로 민주·사회주의 정부를 수립했다.

오직 레닌을 만나겠다는 일념으로 독일에서 스톡홀름까지 온 흥미로운 인물이 있었다. 사회주의자이자 백만장자였던 알렉산드르 겔판트였다. '파르부스'로도 알려진 겔판트는 젊은 마르크스주의자 언론인으로 활동할 때 처음 레닌을 만났다. 그 후, 그는 이스탄불로 건너가 많은 돈을 벌었다. 그러나 레닌은 파르부스를 신뢰하지 않았다. 특히 파르부스가 베를린의 빌헬름 슈트라세 사람들과 다방면으로 거래한다는 사실을 안 뒤로는 더더욱 경계했다.

그러나 파르부스는 그 나름대로 혁명에 헌신적이었는데, 특히 금전적인 부분에서 지원을 아끼지 않았다. 1914년 말, 그는 독일 마르크스주의자와 러시아 마르크스주의자의 공통된 이해관계에 관심을 쏟도록 독일 외교관 친구들을 설득하기 시작했다. 두 진영 모두 하나의 적, 즉 러시아 황제와 그 체제를 상대로 싸우고 있었다.

독일 외교관들은 파르부스의 이야기를 허투루 넘기지 않았다. 외무부 관리들도 독일이 끝을 기약할 수 없는 피곤한 전쟁에 휘말렸다는 사실을 잘 알고 있었다. 군사적 수단만으로는 그 난관을 해결할 수 없었다. 따라서 외무부 내에서 새로운 전략적 사고를 제안하기 시작했다. 바로 '러시아의 혁명화'였다. 러시아에서 대규모 격변이 일어나면 러시아 황제가 울며 겨자 먹기로 화평을 제안할 것이고, 그렇게 되면 독일은 모든 군사력을 서부전선에 집중할 수 있었다. 파르부스의 계획은 하느님의 선물과도 같았다. 돈을 쓰더라도 계획대로만 된다면 분명히 바람직한 결과를 얻을 수 있을 것이었다.

따라서 1917년에 일어난 2월 혁명은 독일인들에게 오랫동안 기다리던 축복으로 여겨졌다. 레닌과 그 일행이 탄 기차에 독일의 모든 역을 최우선적으로 통과할 권리가 주어진 건 당연했다. 작센안할트 할레에서는 레닌 일행의 기차가 바로 지나갈 수 있도록 빌헬름 황태자의 전용 열차가 두 시간 동안 옆 철로로 비켜서 있어야 했다. 동부전선에서는 러시아의 애국주의를 자극하지 않기 위해 대규모 군사작전이 무기한 연기됐다. 또한 독일 재무부는 '러시아에서의 정치적 목표'를 성취하기 위해 파르부스에게 즉각 500만 마르크를 보냈다.

레닌과 파르부스는 1915년 5월 이후 만난 적이 없었다. 당시 그들은 둘이서만 오랫동안 이야기를 나누었는데, 훗날 그들은 혁명을 어떻게 진행할 것이냐는 의견을 가볍게 주고받았을 뿐이라고 증언했다. 그러나 그 문제뿐 아니라 다른 많은 문제도 다루었을 것이다. 여하튼 레닌은 스톡홀름까지 찾아온 파르부스의 면회를 단호히 거부했다. 정치적으로 너무 위험하다고 판단했기 때문일 것이다. 결국 파르부스는 카를 라데크를 만났다. 이때 라데크는 레닌의 대변인 역할을 했다. 그 후 파르부스는 곧바로 베를린으로 돌아가 아르투르 치머만 외무장관과 독대했다.

당시 어떤 얘기가 오갔는지는 남겨진 문서가 없기 때문에 순전히 추측에 맡길 수밖에 없다. 그들은 볼셰비키가 정권을 잡을 수 있도록 지원하기 위한 독일의 자금 제공 문제를 세밀히 논의했을 것이다. 이런 추측이 맞다면 독일 정부와 파르부스, 야코프 하네키라는 남자(일명 퓌르슈텐베르크) 그리고 스톡홀름에서 레닌을 대신해 거의 매일 파르부스를 만났던 라데크 사이에 커넥션이 있었을 것이라 가정할 수 있다.

1917년 4월 2일, 러시아 구 역법으로는 3월 20일 월요일 저녁, 덴마크에 파견된 독일 특사는 베를린의 상관에게 "러시아를 혼란에 몰아넣기 위해 우리는 가능한 모든 방법을 동원해야 합니다. 또 가능한 모든 수단을 동원해 온건파와 과격파의 갈등을 이용해야 합니다. 과격파가 정권을 잡는 것이 우리에게는 최상의 시나리오가 될 것입니다"라는 전보를 보냈다. 그러나 레닌의 혁명 계획 중에서 독일과의 관련성을 언급한 문서는 하나도 없다. 결국 독일이 바랐던 것은 러시아의 혼란과 그에 따른 즉각적인 휴전 제안이 전부였다.

레닌 일행은 러시아 구 역법으로 3월 31일 금요일 늦게, 핀란드를 향해 출발했다. 라데크는 공식적으로 오스트리아인이었기 때문에 스톡홀름에 머물렀다. 한편 승강장에서는 한 스웨덴 사회주의자가 "친애하는 지도자님, 페트로그라드에서 험한 일을 당하지 않도록 부디 조심하소서!"라며 고별사를 낭독했다.

레닌은 침실용 칸막이실에 자리를 잡은 후 위 칸으로 올라갔다. 나데주다가 감기에 걸릴 거라며 잔소리를 해댔지만 레닌은 조끼를 벗고, 스톡홀름에서 그러모은 러시아 신문들을 읽기 시작했다. 덕분에 일행들은 저녁 내내 간헐적으로 터지는 욕설을 들어야 했다.

"이런 돼지 같은 놈! … 빌어먹을 놈! … 배신자들!"

13

소련과 서구의 경계, 헬싱키

Helsinki

폭풍우의 밤

스웨덴과 핀란드는 완전히 별개의 나라다. 옛날 사람들은 겨울이 되면 두 나라 사이를 오갈 때 썰매를 탔다. 그것이 유일한 교통수단이었다. 꽁꽁 얼어붙은 보트니아 만을 썰매를 지치며 힘겹게 건너야 했다.

레닌의 기차는 보트니아 만의 외곽을 둘러 지나갔지만, 나는 '실랴 세레나데'호를 타고 건넜다. 한꺼번에 2,000명의 승객을 수용할 수 있는 '실랴 세레나데'호는 다섯 곳의 식당과 극장, 카지노, 중간 규모의 쇼핑센터만 한 산책용 갑판을 갖춘 12층 높이의 호화 유람선이었다. 저녁 6시, 우리는 스톡홀름 부두를 떠나며 아파트 건물이 점점 멀어지는 모습을 지켜보았다. 멀리 불빛만 보이는 집들에서는 한창 텔레비전을 보며 저녁을 먹고, 아이들은 잠자리에 들 준비를 시작했을 시간에 우리는 밤을 타고 항해를 시작했다. 에스토니아와 라트비아, 혹은 스웨덴의 어떤 섬으로 항해하는 궁전 같은 유람선들이 우리 유람선을 스치듯 지나갔다.

유람선은 밤새 요동쳤다. 마침내 멀리서 반짝이는 불빛을 보았을 때 나는 부리나케 밖으로 뛰어나갔다. 상갑판에 올라서자 얼음처럼 차가운 폭풍이 휘몰아쳤다. 그러나 세레나데호는 하느님의 증기다리미처럼 꿋꿋하게 바람을 가르며 나아갔다. 바다는 끝없이 하얗게 보였고, 커다란 부빙이 시시때때로 선체에 사정없이 부딪혀왔다. 나는 눈 덮인 갑판에서 휘몰아치는 바람과 싸우며 균형을 잡으려고 안간힘을 다했다. 그사이 아래층에 있는 식당 '막심'과 '르 봉 비방'에서는 승객들이 조용히 아침 식사를 하고 있었다. 향수 매장은 손님들로 붐볐다. 아래층으로 내려갈수록 천둥소리가 조금씩 옅어졌다. 그러나 엘리베이터가 맨 아래 갑판에 도착하자, 트럭 운전자들이 잠을 자는 아래층에서 크게 웃고 떠드는 소리가 파도처럼 밀려왔다.

작은 나라의 생존법

헬싱키의 인도는 갈색 진창으로 뒤덮여 미끄러웠다. 지난주에만 50센티미터나 되는 눈이 내렸는데, 그 눈이 어느새 녹기 시작한 탓이었다. 따라서 커다란 얼음 덩어리가 간헐적으로 지붕에서 미끄러지며 바닥에 떨어졌다. 핀란드 사람들은 그런 것에 아랑곳하지 않는 듯했다. 미끄러운 길을 오리처럼 뒤뚱거리며 걸었다. 유치원 학생이 옆을 지나

▲ 핀란드 헬싱키의 겨울 풍경이다. 헬싱키에서는 얼음물 속에서 헤엄을 즐기는 사람이 적지 않다.

갔다. 두터운 털모자를 쓰고, 울긋불긋한 방한복 바지와 두툼한 점퍼를 입은 아이들은 작은 화성인처럼 보였다.

    핀란드 만 해안에는 얼음물에서 헤엄을 즐기는 사람들도 적지 않았다. 얼음판에 구멍을 내고 그 안에 들어가 텀벙거렸다. 나는 보기만 해도 오싹했지만 구경꾼들은 박수를 치며 환호했다. 한 수영객은 "이곳 바닷물은 언제나 영상 4도다. 바깥 온도가 영하 20도로 떨어지면 물속이 오히려 더 따뜻하다. 류머티즘과 코감기는 바닷물에 들어가면 깨끗이 낫는다"라고 말했다.

    조금 더 걸어가자, 카페 우르술라가 있었다. 얼어붙은 바다와 눈 덮인 섬들이 한눈에 보이는 동그란 정자였다. 멀리 안개 속으로 얼음판에 구멍을 내고 낚시하는 두 어부가 어렴풋이 보였다. 나는 이 카페에서 작가 클레스 안데르손Claes Andersson과 만나기로 약속했다. 얼마 전까지 핀란드 문화부 장관을 지냈으며, 라르스 올로프 프란센의 오랜 지인인 안데르손은 "우리는 레닌에게 평생 갚지 못할 은혜를 입었습니다. 레닌이 핀란드 독립을 인정한 최초의 러시아 지도자였거든요. 하지만 우리는 예나 지금이나 레닌의 볼셰비키주의에는 별로 관심이 없습니다"라고 말했다.

그는 핀란드의 내란에 대해 얘기해주었다. 1918년 노동자와 농민으로 이루어진 적위군과 보수적인 지배계급을 중심으로 한 백위군 사이에 벌어진 치열한 전투였다. 1939년 11월 소련이 침략하면서 핀란드는 다시 하나로 뭉쳤다. 당시 레닌그라드와 핀란드 국경이 너무 가깝다고(레닌그라드와 핀란드 국경은 30킬로미터밖에 떨어져 있지 않았다) 생각한 러시아가 핀란드에 영토 교환을 제안했을 때였다. 핀란드가 제안을 거부하자 러시아가 핀란드를 공격해왔다.

군사력에서는 러시아가 훨씬 막강했지만, 초기에 러시아군은 좀처럼 전진하지 못했다. 오히려 광활한 숲과 얼어붙은 호수에서 3개 사단이 전멸하는 수모까지 당했다. 핀란드인은 스키 솜씨가 뛰어났고 숲과 눈밭에 익숙했다. 그러나 핀란드인에게는 침략자를 격퇴할 만한 군사력이 없었다. 게다가 국제사회의 지원도 지지부진해 결국 1940년 3월, 항복할 수밖에 없었다. 그리고 영토의 일부를 러시아에 양도해야 했다. 그 결과 핀란드인 여덟 명 중 한 명이 소비에트의 지배하에 들어갔다. 안데르손은 "온갖 약속이 있었음에도 우리는 다시 외톨이로 내던져지고 말았습니다. 그 후로 오랫동안 핀란드는 힘든 시기를 겪어야 했습니다"라고 말했다.

오랫동안 핀란드는 소련과 서구 세계의 경계에서 살았다. 2000년도에 핀란드는 유럽연합 회원국이었지만, 아직 헬싱키에서는 유로화가 통용되지 않았다. 안데르손은 "우리는 유럽연합의 가입을 의식적으로 질질 끌었습니다. 강대국의 변덕에 휘둘릴 수밖에 없는 작은 나라라는 설움을 너무 오랫동안 겪은 탓이었습니다"라며 처음에는 유럽연합의 가입을 반대했지만 "장관이 된 후 나는 직접 그 협상에 참가했습니다. 협상은 내가 예상했던 것보다 훨씬 지루했고 관료적이었습니다. 하지만 언젠가부터 유럽연합이 무척 유용할 수 있겠다는 사실을 깨닫기 시작했지요. 따분한 관료들과의 협상이 타협에 이르기 위해, 또 미래의 국제 분쟁을 피하기 위해 치러야 할 대가라면, 기꺼이 치르겠다고 결심했습니다. 내게 유럽연합은 평화를 위한 프로젝트로 변해갔습니다"라고 덧붙였다.

그러나 내성적인 핀란드 사람들도 스웨덴 사람들만큼이나 유럽이 불안하다고 생각하는 것은 아닐까? 이 질문에 안데르손은 "스웨덴 사람들은 자신들을 부유하고 건강한 독립 국가라고 생각합니다. 하기야 그들은 북유럽에서 항상 선두권이긴 했습니다. 우리는 두 번의 치열한 전쟁을 겪었기 때문에 고통이 무엇인지 압니다. 또 우리는 과거에 철저히 러시아에 종속된 나라였습니다. 덕분에 우리는 행동해야 하고, 희생해야 한다는 걸 압니다. 스웨덴 사람들은 그런 비극을 겪지 않았습니다. 그들은 원하면 무엇이든 할 수 있다고 믿는 사람들입니다. 그런 믿음에서 핀란드와 스웨덴의 차이가 시작되는 것입니다"라고 대답했다.

퇴역군인들의 노래

1999년 3월, 총선을 앞둔 핀란드 국민들은 차분하고 평온하게 지냈다. 모든 것이 원만하게 진행됐고, 모두 그런 분위기가 유지되기를 바랐다. 후보자들의 진지한 얼굴이 실린 포스터를 어디서나 볼 수 있었다. 후보자들은 탁아소 건축과 의료보험 보장을 공약으로 내걸었고, 핀란드인이 아닌 2퍼센트의 비핀란드계 국민을 걱정했다. 물론 '핀란드인을 위한 핀란드!'를 구호로 내건 포스터도 보였다. 1999년 1월 1일, 핀란드에는 정확히 1,272명의 망명 신청자가 있었고, 불법 이민자는 거의 없었다. 하지만 8만 명이 넘는 비핀란드계 사람들이 있었다. 그들의 존재가 핀란드 정당들의 가장 큰 골칫거리였다.

핀란드에 도착한 날 저녁, 나는 타피오 티투, 아르보 쿠이카, 에리크 아호니우스가 기획한 헬싱키 재향군인 합창단의 기념 음악회에 참석했다. 공연장은 퇴역군인들의 부인과 미망인으로 발 디딜 틈이 없었다. 합창단원들은 평균 3개씩 훈장을 달고 있었고, 집행위원회 위원들은 큼직한 장식 띠를 어깨에 걸고 늠름하게 걸어 다녔다. 음악회는 네덜란드의 북부 도시 도큄에서 열리는 음악의 밤과 다를 것이 없었다. 언어의 차이를 제외하면…. 핀란드어는 전혀 알아들을 수 없었다. 게다가 내가 알아듣지 못하는 언어들, 예컨대 스웨덴어, 헝가리어, 에스토니아어 등 적어도 세 가지 언어를 뒤섞어 하나의 언어로 만든 것 같았다. 내가 들어본 언어 중 가장 난해한 언어라는 생각마저 들었다. 하지만 뜻을 생각하지 않고 가만히 듣고 있으면 기분이 좋았다. 핀란드어는 정말 아름다운 언어인 게 확실했다.

합창단원들은 교사나 변호사로 일하다 은퇴한 사람들처럼 보였고, 실제로 그랬을 가능성이 컸다. 그리고 그들은 1939년부터 1940년 겨울까지, 눈처럼 하얀 옷을 입고 용감하게 소련군과 맞선 사람들이기도 했다. 그들은 소련군이 얼마나 무능한가를 잔혹하게 증명해보인 용사들이었다. 300만 병력을 동원한 소련이 20만에 불과한 핀란드군을 겨우 굴복시켰으니 말이다. 소련군이 핀란드에서 악전고투하는 것을 본 히틀러는 승리를 낙관하고 독일군을 동부로 진격시켰다. 하지만 그의 이런 결정은 치명적인 실수로 남았다.

퇴역군인들은 음산하고 구슬픈 목소리로 노래하기 시작했다. 첫 노래는 *나의 조국, 당신의 조국*으로 들렸고, 두 번째 노래는 베르디의 *노예들의 합창*인 것 같았다. 세 번째 노래는 *희망과 영광의 나라*를 핀란드식으로 편곡한 것 같았다. 그 후의 일곱 곡은 네덜란드 개혁교회의 옛 찬송가를 듣는 듯한 기분이었다.

중간 휴식 시간에, 나는 밀로스 실타마(1921년생) 예비역 대령과 잠시 이야기를 나누었다. 그는 92세로 합창단원 중 가장 연장자였다. 실타마는 합창단원의 평균 연령이 79세라며, "매년 우리 합창단이 조금씩 줄어들지. 그런 식으로 사라지는 게 아니겠나. 그래, 우리 모두 용감하게 싸웠지. 독일군과도 맞서 싸웠지. 우리는 정말 잘 싸웠네. 우리 숲은 그들이 노닥대던 공원과는 다르니까!"라고 말했다.

장식 띠를 맨 집행위원이 모금함을 내미는 바람에 우리의 대화는 잠시 중단됐다. 그들은 음악회를 통해 모금을 하고 있었다. 그리고 노래가 다시 시작됐다.

헬싱키의 이방인

나는 외부인의 의견을 듣고 싶었다. 그래서 팔레스타인 출신인 아마야 아부 한나에게 전화를 걸었다. 그녀는 "스토크만 백화점 시계 아래에서 만나요. 나를 쉽게 알아볼 수 있을 거예요. 금발이 아닌 사람을 찾으면 되니까요"라고 말했다. 스토크만 백화점은 헬싱키에서 모르는 사람이 없을 정도로 유명한 곳이었다. 헬싱키의 해러즈 백화점이란 표현으로도 부족했다. 스토크만 백화점은 작은 핀란드였다. 1950년대, 1960년대, 1990년대의 거대한 변화를 핀란드와 함께 고스란히 겪어온 백화점이었다.

1999년 3월, 스토크만 백화점은 빠르게 변하고 있었다. 아마야는 그렇게 말하며 "지금은 지하에 카페가 하나 있어요. 10년 전에는 생각할 수도 없는 일이었지요. 하기야 그때는 헬싱키 전체에 지독히 따분한 클럽이 두 곳 있을 뿐이었으니까요"라고 덧붙였다. 아마야는 나를 잡지판매부로 데려갔다. 대부분이 요리, 실내장식과 관련된 잡지였다.

"요즘 크게 유행하는 거예요. 옛날에 핀란드 의자는 겨우 한두 가지 색이었죠. 또 먹는 거라곤 감자와 소시지뿐이었고요. 하지만 요즘에는 태국 식당까지 생겼어요. 모두가 '우리 헬싱키'란 말을 입에 달고 살고, 젊은이들은 진정한 '도시인'이 됐다고 떠벌리고 다니죠. 시골에서 올라온 농부는 거의 눈에 띄지 않는 게 사실이에요."

아마야는 다른 층에 있는 속옷판매부는 작년에 비해 매장 넓이가 네 배로 확장됐다며, "이제는 섹스가 자식을 낳기 위한 수단뿐 아니라 쾌락의 원천으로도 생각되고 있어요"라고 덧붙였다.

아마야 아부 한나는 자그맣고 호리호리한 체격이었다. 검은 머리칼을 짧게 자르고, 반짝거리는 검은 눈동자에는 생기가 넘쳤다. 그녀는 거의 20년 전부터 핀란드에 살고 있었고, 얼마 전까지 핀란드에서 가장 유명한 텔레비전 뉴스캐스터로 활동했다. 그녀도 핀란드의 삶에 적응하는 데 상당한 시간이 걸렸다.

"예, 물론 핀란드 남자와 사랑에 빠졌죠. 이곳은 날씨가 몇 달 동안 계속 우중충하기도 해요. 비도 잦고 눈도 많이 온답니다. 고래 뱃속에 갇힌 요나 이야기를 아시지요? 처음 여기 와서 겨울을 맞았을 땐 정말 고래 뱃속에 갇힌 기분이었어요. 허리를 잔뜩 구부리고 다리를 안쪽으로 모아서 눈밭 위를 걷는 방법까지 배워야 했죠. 게다가 내가 고향에서 배운 옳고 그름에 대한 개념과 이곳 사람들이 생각하는 개념이 정반대였어요. 예를 들면 이곳에서 '평화'는 침묵과 고요함, 아무도 없는 숲속 깊은 곳을 뜻해요. 하지만 내게 평화는 다른 사람들과의 관계, 사회적인 것을 뜻했지요. 한마디로 전쟁의 반대말이었어요. 또 나는 고향에서 호기심과 야망은 언제나 좋은 것이라고 배웠지만 핀란드 사람들은 그렇게 생각하지 않았어요. 내 세계관에서 '평등'은 정직과 관련돼 있지만 이곳 사람들에게는 '튀지 않는 것'을 뜻했지요. 심지어 '울긋불긋한 것'은 눈을 피곤하게 하는 것, 즉 부정적인 뜻으로 해석됐어요."

아마야는 내게 스토크만 백화점의 봄 카탈로그에서 '남들처럼 옷을 입자. 그보다 더 나은 것이 또 있을까?'라는 문안을 읽어주고는 "선생님이면 이런 광고문을 보고 옷을 사시겠어요?"라고 물었다. 아마야는 한동안 정계에 몸담기도 했다고 말했다.

"그때 이 나라의 좋은 면을 확인했어요. 예를 들면, 이곳 사람들은 말한 대로 행동하려 해요. 그 점이 정말 신선해 보였지요. 이곳도 부패에 찌들었을 거라 생각했거든요. 그런데 그렇지 않았어요. 모든 것이 정말 깨끗했어요."

1999년 당시 아마야는 실직 상태였다.

"내가 너무 잘 나갔던 거지요. 기자로 일할 때는 큰 문제가 없었어요. 하지만 텔레비전에 출연하면서부터 그야말로 지옥으로 변했지요. 협박이 이어졌고, 폭탄이 든 우편물이 집에 배달되기도 했어요. 집에 들어갈 수조차 없었어요. 흑인은 안 된다! 러시아인은 안 된다! 한마디로 우리 집 거실에 매춘부를 들여놓을 순 없다는 거였지요! 결국 나는 금발의 핀란드 여자로 교체됐지만, 모두 아무런 일도 일어나지 않은 것 같은 반응을 보이더군요."

금요일 저녁은 그녀에게 시련의 시간이다. 규율이 잘 잡힌 나라, 핀란드에도 하나의 탈출구가 있었다. 그것은 바로 술이었다. 길에서 소리를 지르고 노상방뇨를 일삼았다. 핀란드 사람들은 술에 취하면 돌변했다.

"금요일 저녁이 되면, 핀란드 사람들은 검은 피부를 지닌 사람들에게 울분을 터뜨려요. 내 머리칼을 움켜잡고 '이 깜둥이, 우리나라에서 뭐하는 거야?'라고 소리치지요. '이봐, 창녀! 음핵 제거 수술은 받았나?'라고 모욕하기도 합니다."

그러나 아마야는 '인종차별'이란 단어를 함부로 사용하지 않았다.

"하지만 나는 내게 기회를 준 프로듀서를 아직도 고맙게 생각해요. 유럽 어느 나라에서 외국인 티를 완전히 벗지 못한, 검은 피부를 가진 여자를 뉴스캐스터로 써주겠어요? 핀란드는 잘 조직된 동질적인 사회예요. 그러나 롤라 오두소가 같은 사람도 있어요. 아버지가 코트디부아르 출신이지만 1996년에 미스 핀란드가 된 여성이지요. 투르크 근처의 시골에서 자랐고, 흑단처럼 검은 피부를 가졌지만 핀란드 역사상 가장 인기 있는 미스 핀란드로 손꼽히는 대단한 여자예요."

아마야는 계속해서 말했다.

"핀란드 사람들을 볼 때마다 베두인 사람들이 생각나요. 극한 지역에 산다는 점에서 비슷하니까요. 핀란드 사람들은 다른 민족과는 다르다고, 달라도 완전히 다르다고 생각해요. 여자가 주된 역할을 하거든요. 결혼하지 않고 아이만 기르는 여자도 많아요. 이곳에서 기독교는 예로부터 강요돼왔지만 이제는 허울만 남아 있을 뿐이에요. 그들은 극한적인 조건에서 꿋꿋하게 살아간다는 걸 무척 자랑스럽게 생각해요. 베두인 사람들처럼 핀란드 사람들도, 다른 민족들 또한 이런 극한적인 조건 속에서 살아갈 수 있다고 생각하면 위협을 느껴요. 그들의 두려움은 충분히 이해할 수 있어요. 세상이 개방되면 외진 곳에서 살아가던 사람들은 두려움을 느낄 수밖에 없을 테니까요."

최후의 승리자

다음 날, 나는 시벨리우스 특별열차를 타고 침엽수 숲을 지나 상트페테르부르크로 향했다. 인간의 흔적이 보이지 않는 거대한 평원을 지났다. 다시 수 킬로미터를 달리자 창문이 꼭 닫힌 목조 주택이 드문드문

문 눈에 띄었다. 한 시간쯤 후에는 객차 사이의 통로가 눈가루로 덮였고, 객차에도 하얀 눈가루가 날려 들어왔다. 식당 칸에는 연어와 으깬 감자밖에 먹을 것이 없었다. 커다란 식탁 하나에 20명 정도가 둘러앉아, 요리사가 일방적으로 내놓는 요리를 먹고 있었다.

핀란드와 러시아 국경에는 여전히 옛날처럼 감시탑이 남아 있었고, 세관원들이 준엄한 얼굴로 여권을 검사했다. 감시탑 너머는 '분쟁지역'이었다. 정말 이곳부터는 전신주가 조금은 조잡하게, 목조 주택이 약간은 허름하게 보일까? 모든 것이 눈에 덮여 그 차이를 확인할 수 없었다. 그러나 30분 후에 기차는 서서히 회색 도시로 들어섰다. 얼어붙은 강에서 낚시를 하는 남자들 뒤로 황금빛 둥근 지붕을 번뜩이는 건축물이 보였다. 역 앞에서는 수십 명쯤 되는 늙수그레한 여자들이 피클을 담은 병과 보드카를 팔고 있었다. 뜨개질한 스웨터를 파는 여자도 눈에 띄었다. 그리고 우리는 진짜 국경을 건넜다.

다시 레닌 일행의 행적을 추적해보자. 나데주다 크루프스카야는 "우리 일행은 창문에 얼굴을 바싹 붙이고 밖을 바라보았다"라고 말했다. 몇몇 군인이 기차에 올라탔다. 어린 로버트는 러시아 참전 용사의 무릎에 올라가 앉으며 그의 목을 얼싸안았다. 그는 로버트에게 건포도 빵을 조금 뜯어주었다. 지노비예프의 기록에 따르면, 군인들이 레닌에게 날짜가 지난 〈프라우다〉를 건넸고 "그 신문을 읽던 레닌은 고개를 절레절레 흔들며 절망에 찬 손짓을 해보였다."

레닌 일행은 페트로그라드의 핀란드 역에서 하차했다. 러시아 역법에 따르면, 그날은 4월 3일이었다. 나데주다는 '너무 늦게 도착해서 묵을 곳까지 타고 갈 핸섬 마차(말 한 필이 끄는 2인승 포장마차)를 구할 수 없으면 어떡하지?'라는 걱정을 떨치지 못했다. 사실 그들은 역에서 누가 기다리고 있는지 전혀 알지 못했다.

러시아는 혁명이 시작되고 처음 몇 주 동안, 귀국하는 망명객들에게 대대적인 환영 행사를 베풀었다. 당연히 볼셰비키들은 그들의 지도자를 맞이하기 위해 역으로 뛰쳐나왔고, 멘셰비키들도 환영식에 참석했다. 승강장에는 임시로 거대한 개선문이 세워졌고, 여러 군부대에서 차출된 의장대의 깃발에는 '우리 머리로 짜낼 수 있는 온갖 혁명 구호'가 쓰여 있었다.

고리키가 창간한 신문 〈노바야 지즌〉('새로운 삶'이란 뜻)의 편집자, 니콜라이 수샤노프는 "핀란드 역 앞 광장은 군중으로 꽉 들어차, 움쩍달싹할 수 없었다. 전차조차 지나갈 수 없을 지경이었다"라고 당시를 회상했다. 레닌 부부는 황제가 대기실로 사용하던 곳을 숙소로 삼았다. 군악대가 라 마르세예즈를 연주했다. 인터내셔널의 노래를 연습할 시간이 충분하지 않았던 탓이었다. 레닌은 두 번에 걸쳐 짤막하게 연설했다. 수샤노프는 몇 단어만 겨우 알아들을 수 있었다. "수치스런 제국주의자들의 학살 … 거짓말과 기만 … 자본주의자 해적들…." 그래도 군중은 환호성을 지르며 박수를 쳤다.

볼셰비키는 크셰신스카야 궁전을 본부로 삼았다. 니콜라이 2세가 자신의 정부였던 발레리나 마틸다 크셰신스카야를 위해 지은 웅장한 별장이었다(크셰신스카야는 볼셰비키 침입자들을 보고 "나는 자본주의자가 아니야! 나는 조국을 위해 열심히 봉사했을 뿐이야!"라고 소리쳤다고 한다). 방마다, 심지어 통로에까지 진수성찬이 차려졌지만, 레닌은 그것을 좀처럼 먹지 못했다. 어딜 가나 혁명 동지들이 그와 이야기를 나누고 싶어 했기 때문이었다. 자정이 넘은 뒤에야 레닌은 긴 연설을 시작할 수 있었다.

꼬박 두 시간 동안, 레닌은 추종자들에게 새로운 당 노선을 주입시켰다. 수샤노프는 당시를 회상하며 "나는 그 긴 연설을 결코 잊지 못할 것이다. 레닌을 믿고 따른 사람들뿐 아니라, 그곳의 유일한 변절자였던 나까지도 놀라고 충격을 받았다"라고 기록했다. 레닌은 새로운 지도자들을 '기회주의자', '혁명의 배신자'라 칭하며 맹렬하게 공격했다. 수샤노프의 표현대로, 그런 비난만으로도 "청중들은 머리가 빙글빙글 돌았다." 레닌이 '부르주아 계급의 대변자'라 비판한 사람들도 옛 혁명가이자, 레닌처럼 오랜 기간 망명지에서 고생한 사람들이었다. 레닌이 도착하기 전까지, 페트로그라드의 볼셰비키도 대대적으로 임시정부를 지원하지 않았던가. 모두가 힘을 합해 이루어낸 혁명이 아니었던가?

그러나 레닌의 주장이 놀랍기만 한 것은 아니었다. 혁명 직후에 보낸 편지와 전보에서, 그는 상트페테르부르크의 볼셰비키들에게 임시정부를 지지하지 말고 노동자들을 무장시키며 소비에트 평의회가 모든 권한을 쥐도록 하라는 엄중한 지시를 내렸다. 그러나 레닌의 동료들은 너무 비현실적인 지시라 생각하고 편지 중 일부 내용만을 공개했다.

그런데 이런 지시들에 또 하나의 파격적인 생각이 더해졌다. '부르주아 민주주의'에서 '사회주의 혁명'으로의 전환을 수개월 내에 완수해야 한다는 생각이었다. 하지만 취리히를 출발하면서 레닌은 "러시아는 농민의 나라, 유럽에서 가장 후진적인 나라 중 하나이다"라고 말하지 않았던가. 달리 말하면, 러시아는 사회주의가 즉각적으로 승리할 수 없는 나라였다. 페트로그라드로 오는 길에, 레닌이 원래의 생각을 바꾼 게 확실했다.

　페트로그라드에 도착하자마자 레닌은 자본주의의 노예가 되지 않으려면 '두 번째 혁명'이 필요하다고 역설하기 시작했다. 모든 권력이 즉각 소비에트 평의회에 이양돼야 한다는 것이었다. 황제가 폐위당한 지 한 달도 지나지 않아, 임시정부에 조종을 울린 셈이었다. 두 번째 혁명의 필요성을 역설하면서 레닌은 멘셰비키를 비롯한 다른 혁명 조직들과 완전히 결별했다.

　레닌의 급작스런 노선 변경은, '시민 혁명'에서 '프롤레타리아 혁명'으로 발전하는 데는 오랜 시간이 필요하다는 거의 모든 혁명 이론과도 충돌했다. 러시아 같은 후진 국가에서는 더더구나 오랜 시간이 걸린다고 여겨졌기 때문에, '소비에트에 모든 권력을!'이란 레닌의 구호는 황당무계하게 들리기도 했다. 게다가 당시 소비에트 평의회는 노동자 파업을 조직하는 호전적인 위원회들의 느슨한 모임에 불과했기 때문에, 정부 권력을 곧바로 떠맡기에 턱없이 부족하다고도 여겨졌다.

　페트로그라드에 도착한 다음 날, 레닌은 4월 테제를 발표했다. 그가 기차 여행을 하는 동안 고안한 새로운 혁명 전술이었다. 임시정부를 지지하지 않고, 전쟁에서 철수하며, 자본주의와 완전히 단절하고, 모든 사유지를 압수하며, 은행을 국유화하고, 군대와 경찰을 해체함과 동시에 노동자와 농민이 주도하는 소비에트 공화국을 수립하겠다는 선언이었다. 레닌의 비전은 페트로그라드에 팽배하던 혁명 분위기와 완전히 달라, 볼셰비키주의자들까지 레닌이 현실 감각을 상실한 것이라 생각할 정도였다. 당시 고리키는 레닌이 너무 오랫동안 망명 생활을 했다며, "그는 삶이 얼마나 복잡한지 모른다. 그는 인민을 모른다. 그는 인민과 함께 뒹굴며 살아본 적이 없다"라고 말했다.

레닌은 결국 혁명의 승리자가 됐다. 그러나 역사학자 리처드 파이프스Richard Pipes의 지적처럼, 레닌이 추종자들에게 대대적인 지지를 받았다거나 탁월한 통찰력을 가졌기 때문에 혁명의 최종 승리자가 된 것은 아니었다. 볼셰비키가 성공한 이유는 남다른 확신에 있었다. 그들은 서유럽 사회주의자들에게 소외당한 집단, 즉 농민, 군인과 연대했다. 그리고 강한 저항을 이겨내고 적절한 시점에 권력을 장악했다. 강력한 마르크화를 손에 쥔 베를린과 세계 전쟁이란 거센 강풍 또한 그들의 편이었다.

독일과 손잡은 레닌

레닌의 러시아 귀환과 관련해 아직도 속 시원히 풀리지 않는 의문들이 많다. 독일과 스웨덴을 거치는 동안 그의 생각을 바꿔놓은 계기는 무엇이었을까? 일부 역사학자는 레닌의 봉인열차가 베를린에서 예외적으로 오랫동안 정차해 있었다는 점을 지적한다. 그들은 적어도 한나절 동안 베를린에 정차해 있었다. 그 시간 동안 레닌은 독일 고위 관리들을 만나 향후 전략을 상의했던 게 아닐까? 레닌이 스톡홀름에서 오랜 동지였던 파르부스조차 만나지 않을 정도로 극히 조심스레 행동했던 것을 보면, 이런 가정은 억측에 가깝다.

기차 여행을 하며 혼자 고민한 끝에 생각을 바꾸었을 가능성이 훨씬 컸다. 스톡홀름에서 파르부스와 라데크가 만난 후, 레닌은 몇 주 만에 수천만 마르크를 손에 쥘 수 있다면 그 돈으로 조직과 선전을 강화할 수 있다는 것을 불현듯 깨달았을지도 모른다.

그러나 한 가지 사실, 즉 기차 여행이 끝난 후 엄청난 독일 돈이 레닌에게 흘러들어왔다는 사실에 대해서는 이론의 여지가 없다. 공산주의 역사책에서는 레닌이 페트로그라드에 도착한 뒤 서너 달 만에 나오기 시작한 이런 이야기를 '더러운 중상, 반계몽적인 소문'으로 일축했다. 하지만 이제 독일 외무부가 영광스런 10월 혁명[1]을 지원했다는 사실은 감추기 힘들게 됐다.

1945년 이후, 공개된 독일 문서가 그 첫 번째 증거이다. 이 문서에서는 외무부가 1916년 초에 ('스톡홀름'이란 암호명으로) 파르부스 일행과 접촉하기 위한 특별반을 구성했다는 사실이 확인된다. 1917년 12월 3일 작성돼 독일 황제에게 보고된 극비문서가 두 번째 증거이다.

> 볼셰비키는 다양한 통로로 저희에게 꾸준히 자금을 공급받기 시작하면서 그들의 가장 중요한 기관지인 〈프라우다〉를 선전도구로 활용해 그들의 영향력을 확대할 수 있었습니다.

독일 외무부가 1918년 2월 5일 작성한 예산서를 보면 4,058만 997마르크가 러시아에서의 '선전과 특별한 목표'에 할당됐고, 1월 31일에는 2,656만 6,122마르크가 지급됐다. 이 금액은 오늘날의 화폐가치로 환산하면 수억 유로에 달한다. 그 밖의 자료들에서도 상당한 금액이 볼셰비키 쪽에 전달된 것으로 확인된다.

당연한 일이지만, 볼셰비키는 이 작전의 모든 흔적을 지워버리려고 무척 애를 썼다. 1917년 여름, 임시정부는 프랑스 정보기관의 도움을 받아 독일과 볼셰비키 간의 금전 거래를 철저하게 조사하기 시작했다. 하지만 레닌과 그의 동료들은 법정에 불려나가지 않았다. 게다가 10월 혁명 직후, 21권에 달하는 모든 관련 서류가 레온 트로츠키[2]의 지시에 의해 압수되고 파기됐다.

하지만 결과가 모든 것을 명백하게 말해준다. 1917년 봄부터 볼셰비키는 당의 금고만으로는 도저히 자금을 감당할 수 없는 대대적인 선전활동을 시작했다. 1917년 2월까지 볼셰비키는 인쇄기 한 대조차 마련할 수 없었다. 또 3월에는 〈프라우다〉가 극심한 재정난에 봉착해, 운영 자금을 마련하기 위한 자선행사까지 벌여야 할 실정이었다. 그런데 4개월 후에는 상황이 완전히 달라져, 〈프라우다〉는 하루에 조·석간 32만 부를 발행했을 뿐 아니라, 35만 부의 소책자까지 인쇄했다. 볼셰비키의 기관지 〈프라우다〉는 폴란드판과 아르메니아판을 비롯해 40여 개의 판을 발행했다. 군대에서도 보병에게는 '솔다챠 프라우다', 해군에는 '골스 프라우다', 전선에는 '오코프나야 프라우다'(참호의 진실)라는 이름으로 매일 10만 부가량이 배포됐다. 당 직원들에게도 정기적으로 봉급이 지급됐고, 당원 수도 1917년 4월과 8월 사이에 2만 3,000명에서 20만 명으로 급증했다. 볼셰비키는 이처럼 자금이 갑자기 풍부해진 이유를 설명하지 않았다.

그렇다면 실제로 레닌은 독일 첩자에 불과했던 것일까? 그렇지는 않았다. 레닌은 자신이 순전한 혁명가라는 걸 행동으로 보여주었다. 레닌은 혁명을 위해서는 모든 것을 버릴 사람, 악마와도 타협할 사람이었다. 레닌과 독일의 결탁은 '기회의 연대', 즉 그 순간에는 양쪽 모두의 이익을 위해 서로 협조하지만 목표를 성취한 후에는 미련 없이 뒤돌아서는 연대였다. 실제로 레닌에게는 세계 혁명이란 하나의 목표밖에 없었다. 이런 맥락에서 보면 러시아 혁명에서는 레닌이 유일한 주인공이었다.

레닌 일행의 최후

레닌과 함께 여행한 동료들은 하나씩 죽어갔다. 카를 라데크는 훗날 〈이즈베스티야〉의 편집인이 됐고, 독일과 평화협상을 주도한 대표단의 일원으로 활약했다. 또한 나중에는 폴란드와 베를린에서 레닌의 대리인으로 활동했다. 가벼운 면이 있었지만 라데크는 권력의 중심을 맴돌았다. 그러던 어느 날, 은퇴하기엔 너무 늦었다는 걸 깨달았다. 1937년 스탈린의 공개재판에서, 라데크는 '국가 전복 음모, 배신, 테러'를 이유로 유죄 판결을 받았다. 그는 강제수용소에 수감됐고, 2년 후 그곳에서 생을 마감했다. 그가 구타를 당해 죽었다거나, 칼에 맞아 죽었다거나, 콘크리트 바닥에 떨어져 죽었다는 소문이 무성했다. 그리고리 소콜니코프도 비슷한 운명을 맞이했다. 그는 스탈린의 감옥에서 1939년 동료 죄수에 의해 살해당했다.

그리고리 지노비예프는 한동안 레닌의 후계자로 거론됐지만 스탈린에게 숙청당해 1936년 8월에 처형됐다. 지노비예프의 부인, 올가 라비치는 굴라크[3]에서 행방불명됐다. 파르부스는 1918년 말에 스위스로 피신했다. 스위스에는 200만 스위스 프랑이 저축된 은행 계좌가 있었다. 그 후 그는 유럽 전역에 펼쳐놓은 금융거래를 관리하기 위해 독일로 돌아왔다. 1924년 12월, 그가 베를린에서 사망하자 그의 개인 서류는 연기처럼 사라져버렸다.

이네사 아르망은 비교적 젊은 나이에 사망했다. 그녀는 다른 일을 하면서 볼셰비키의 중앙위원회 여성분과 위원장을 맡았지만 지나치게 몸을 혹사시키다 결국 1920년 콜레라와 심장마비로 사망했다. 나데주다 크루프스카야는 점점 살이 찌고, 참견이 심해졌으며, 매사에 불평이 늘어났다. 1926년에는 금서 목록을 100권 이상 늘리기도 했다. 소련에서는 도스토예프스키의 전작, 코란과 성경이 하루아침에 금서가 됐다. 그녀는 1939년에 생을 마감했다.

레닌은 이네사 아르망보다 겨우 4년을 더 살았다. 1918년에 그의 목숨을 빼앗으려는 암살 시도가 있었다. 그로 인해 깊은 충격을 받은 레닌은 공포정치를 더욱 강화했지만 끝까지 그 충격에서 완벽하게 벗어나지는 못했다. 1921년 이후부터 건강이 나빠지기 시작했고 1924년 1월 21일, 54번째 생일을 맞이하지 못하고 세상을 떠났다.

14

볼세비키 혁명의 요람, 페트로그라드

Petrograd

혹독한 러시아의 겨울

　1999년 3월, 상트페테르부르크. 네바 호텔을 좋아하기까지는 시간이 걸리지만 일단 호감이 생기면 좀처럼 사라지지 않는다. 그 누가 이 호텔을 좋아하지 않고 배길 수 있을까? 예컨대 그곳에는 소용돌이 모양으로 된 계단도 있고, 제정 러시아의 분위기를 물씬 풍기는 복도와 무자비한 스탈린식 매트리스도 있다. 그리고 중앙난방식이지만 언제든 창문을 활짝 혹은 조금 열어 실내 온도를 조절할 수도 있다. 또한 물이 콸콸 나오는 샤워시설과 녹물이 나오는 수도꼭지도 있고, 자신들이 담당한 층에서 거의 여제女帝처럼 군림하는, 바부시카를 한 중년 여인들도 있다. 그리고 아침 식사로 홍당무와 질척하게 요리한 계란도 먹을 수 있다. 처음에는 가능한 한 빨리 그곳을 벗어나고 싶은 마음이

들다가도 이러한 모든 것들에 묘한 애착이 들기 시작하면 절대 그곳에서 헤어날 수 없다.

물론 이 호텔은 러시아에서만 볼 수 있는 별난 점들을 지니고 있다. 예를 들어, 사람들은 '금연' 표시가 걸려 있는 가게 안에서도 버젓이 담배를 피운다. 그 표시는 담배를 피우는 행위와는 무관하며 전적으로 힘을 상징할 뿐이다. 금연 표시를 걸어둠으로써 가게 여주인이 자신의 판단에 따라 흡연을 금지하거나 허락할 수 있다는 말이다. 말하자면 그녀는 자신이 소유한 작은 영지 안에서 담배를 피우도록 편의를 제공하거나 제재를 가하는 등의 주권을 행사할 수 있다는 의미였다. 수건은 어떨까? 그건 다른 두 명의 여종업원과 충분한 시간을 들여 상의해야만 한다. 글을 쓰는 데 책상이 필요하다고? 그건 좀 지나친 요구 아닌가! 복도에 있는 우리 여종업원께서 "지배인한테 먼저 허락을 구하세요!"라고 소리친다. 마침내 책상을 들여놓는 데 성공하지만 또 다른 문제가 발생한다. 의자는 어디 있죠?

그런 식으로 나는 이곳에서 오블로모프(곤차로프가 쓴 동명 소설에서 비롯된 무기력하고 시대에 뒤떨어진 러시아인을 가리키는 말_옮긴이 주) 같은 사람들과 며칠을 보내게 되었다. 맑은 날에도 밤에는 기온이 영하 12도까지 떨어졌다. 내가 묵는 방에서 밖을 내다보면 전면을 돌로 만든 대포로 장식한 옛날 군수품 공장과 불이 밝게 켜진 예전 KGB 지국이 보였다. 네바 강에는 하얀 얼음이 넓게 펼쳐져 있다. 멋진 파란색 하늘 아래 아이들이 수로에서 놀고 있었다.

사람들이 너 나 할 것 없이 지난겨울이 얼마나 고약했는지에 대해 얘기하고 있었다. 작년 8월까지만 해도 도시에는 여전히 생기와 희망이 넘쳐났다. 하지만 그때 루블화가 한낱 종잇조각으로 변해버렸고 도시 분위기는 싸늘하게 굳어갔다. 회사들의 도산이 이어졌고, 공사가 중단되었으며, 새들의 노랫소리마저 들리지 않았다.

호텔 근처에 있는 교회의 음습하고 어둑한 납골당에서 촛불과 향이 타고 있었다. 따뜻하게 숄을 걸친 다양한 연령층의 사람들이 그곳을 가득 메웠다. 타일을 바른 화덕 근처에 갑자기 작은 시장이 생겨났다. 최소 열 명은 넘어 보이는 여인들이 보드카나 부추, 종류별로 구분해 놓은 잡다한 물건들을 팔기 시작했다.

교회의 본당 회중석 한 곳에서 사제 한 분이 찬송가를 부르기 시작했다. 한쪽 벽에는 4개의 관이 놓여 있었는데 그 안에 안치되어 있는 시신도 볼 수 있었다. 두 명은 쇠약해 보이는 노인이고 다른 두 명은 비교적 젊어 보였다. 한 명은 날카로운 인상을 지닌 남자이고 다른 한 명은 짙은 색 머리와 진한 눈썹을 가진 마른 여인이었다. 화덕 주위에서 장사를 하던 여인들이 각자 늘어놓은 상품 뒤에서 무릎을 꿇고 경의를 표했다. 계속된 겨울에 많은 사람이 지쳐갔지만 겨울은 좀처럼 물러갈 줄 몰랐다.

그들만의 나라

곰곰이 생각해보건대, 내가 이 도시에 갈수록 애착을 느끼고, 호텔에서 태만한 생활을 즐기는 이유는 이 도시를 근본적인 차원에서 이해하고 있기 때문인지도 모른다. 내가 이 도시를 마지막으로 방문한 것

▲ 러시아의 도개교는 매일 저녁 두세 시간씩 통행이 제한되는데 이는 바람피우는 남자들에게 완벽한 변명거리를 제공한다.

이 6년 전이었는데 그때와 비교하면 별로 변한 것이 없었다. 1989년 이래 소니, IBM, 헤드&숄더 같은 회사가 새로운 바람을 일으키며 폴란드와 체코, 구舊 동독을 휩쓸었다. 하지만 이곳에서는 전혀 맥을 못 추는 것 같았다.

모스크바는 암시장을 통해 돈을 벌었다. 반면 상트페테르부르크에는 6년 전과 똑같은 고물 시가전차가 다니고 있다. 여기저기 움푹 패여 있던 도로도 여전히 그대로이고, 곳곳에 쓰레기가 아주 오랫동안 그 모습 그대로 쌓여 있다. 길을 가다 보면 매번 200미터도 못 가 어설픈 솜씨로 고장 난 차를 고치고 있는 사람을 만나게 된다. 네바 강에 놓인 도개교들은 매일 저녁 두세 시간씩 통행이 제한되는데 이때마다 도심은 둘로 나뉘며 바람피우는 남자들에게 완벽한 변명거리를 제공한다.

"미안, 다리 때문에 건너가지 못하고 있었어."

지난 6년 동안 변한 점이 있다면 안정된 질서가 사라졌다는 것뿐이다. 1999년 3월 16일자 〈상트페테르부르크 타임스〉는 연금을 받아 생활하던 드미트리 세트라코프가 저지른 은행 강도 사건을 다루고 있었다. 그는 1998년 8월에 발생한 루블화 위기로 인해 평생 동안 모은 2만 달러를 모두 잃었다. 아무도 그를 도와줄 수 없었다. TOZ-106 사냥용 소총은 그가 의지할 수 있는 마지막 수단이었다. 다른 기사도 있었다. 프로코피예프스크라는 도시의 한 병원 중환자실에 입원해 있는 세 명의 환자가 새로운 위기에 처해 있다는 소식이었다. 병원이 전기세를 내지 못한 것이 발단이었다. 그 도시에 있는 정부 조직 전체가 파산 상태였다.

내가 묵고 있는 호텔에서 내는 모든 세금은 출입문을 지키는 험수룩한 경비들의 보스에게 넘어갔다. 그 마피아 우두머리는 자신만의 작은 나라를 지배하고 있었다. 어떤 사람이 그 지역 기업가인 세르게이 M.에 대한 이야기를 들려주었다. 다른 사람들처럼 세르게이는 보호를 받는 대가로 마피아에게 '바람막이' 비용을 냈다. 어느 날 성난 고객 한 명이 무장한 갱을 대동하고 세르게이의 사무실을 찾아와 환불을 요구했다. 세르게이는 허락을 구하고 자신의 바람막이에게 전화했다. 몇 분 만에 그의 뒤를 봐주는 후견인이 완전무장을 갖춘 채 세르게이와 불청객들이 대치하고 있는 사무실에 도착했다. 마침내 만난 두 명의 갱은 몇 분간 조용히 대화를 나누었다. 그리고 곧이어 결론이 났다. 세르게이의 바람막이는 고객이 데려온 갱보다 윗선, 즉 상트페테르부르크 마피아가 뒤를 봐주는 조직에 속해 있었다. 상황은 그렇게 종료되었다. 그 고객은 두 번 다시 세르게이를 괴롭히지 못했다.

이처럼 무정부 상태에 있는 주州 안에서는 모든 것이 그런 식으로 해결되었다. 예전에 싱어 재봉틀 공장이 있던 곳에 들어선, 지금은 상트페테르부르크에서 가장 큰 서점인 돔 크니기도 마찬가지였다. 돔 크니기의 곳곳에, 정확히 말하면 픽션, 논픽션, 아동문학 등 매장 곳곳에 중무장한 코만도가 별도의 사설 정부에서 파견한 수호천사인 양 감시를 하고 있었다. 이 도시에서는 아무리 간단한 쇼핑을 하더라도 이곳에서 저곳으로 각기 다른 세력 사이를 오가야 했다.

상트페테르부르크의 구시가는 1917년 이후 본질적으로 시간의 흐름이 정지된 도시 같았다. 건물은 예전과 똑같은 대문과 장식들을 달고 있고, 길가에 서 있는 가로등도 그대로이며, 다리 역시 여전히 우아했다. 1917년과 유일하게 다른 점은 이 모든 것들이 그때보다 80년이나 더 지나 이제는 정말 곧 쓰러질 듯 보인다는 점이다. 돈이 없어서 한 번도 유지보수 작업을 한 적이 없기 때문이다. 하지만 한편으론 어디에서 또 이런 도시를 볼 수 있을까 하는 생각도 들었다. 200년이란 시간 동안 돈이 삶의 목표가 아니었던 사람들이 살아온 도시, 18세기와 19세기에 걸쳐 유럽 최고의 건축가들이 건물을 지었지만 사람들 뇌리에서 잊힌 채 지내온 도시를 말이다.

나중에 나타난 공산당 간부들은 오로지 모스크바를 파괴하고 쇄신하는 일에만 집중했다. 그들이 레닌그라드를 좋아하지 않은 덕분에 아름다운 네바 강 언덕과 사랑스러운 건물들, 네프스키 대로가 구원받았다. 오늘날 네프스키 대로는 고골리가 살던 시절과 거의 다르지 않다. 다만 '왁자지껄한 분위기'나 '신나게 달리는 마차들' 그리고 '티 하나 없이 깨끗한 인도'가 없어졌을 뿐이다.

상트페테르부르크가 겪어온 역사는 러시아와 유럽의 관계를 반영한다. 또한 러시아 정부와 국민들 사이의 깊은 골을 보여주기도 한다. 이러한 골은 점점 깊어지고 넓어져 마침내 회복할 수 없는 지경에 이르렀다.

상트페테르부르크 자체는 빈이나 베를린과 마찬가지로 예전 왕조가 지녔던 포부와 그에 상응하는 특색들을 보여준다. 게다가 그러한 왕조의 포부는 매우 성공적으로 진행되고 있었다. 무엇보다도 반半중세적인 국가의 진로와 사고에 변화를 꾀하고자 상트페테르부르크가 설계되고 세워졌다. 오늘날까지도 도로와 건물 곳곳에서 그들이 지녔던 포부와 설파하고자 했던 메시지를 엿볼 수 있다.

외양을 살펴보면 지나칠 정도로 계획적인 측면이 존재해 마치 19세기 유럽을 모방하려 했던 것처럼 보인다. 이곳에 있는 궁전들은 다른 어느 곳에 있는 궁전보다 화려하고 넓으며, 벼락부자가 보여줄 만한 풍요로움을 지니고 있었다. 퀴스틴 후작의 말에 따르면 전형적인 '허례허식의 문화'이자 '아시아가 지닌 야만성을 가리고 있는 허울뿐인 질서, 러시아의 땅이나 역사에 뿌리를 두지 않은' 것이 이곳을 지배하고 있었다.

상트페테르부르크는 유럽 동쪽에 위치한 이 거대한 제국이 지녔던 정체성에 대한 지속적인 위기의식의 상징이다. 우리는 진정 누구이고 어디에 속하길 원하는가? 네프스키 대로에서 만난 여학생들에게 잠깐 물어봤더니 "물론 우린 유럽인이지요"라고 대답했다. 하지만 대답은 그렇게 하면서도 그녀들은 조만간 '유럽으로' 떠날 방학에 대해 흥분해서 재잘거렸다. 그 모습은 마치 유럽이 어디 멀리 떨어진 이국적인 세상을 의미하는 것처럼 보였다.

친구의 친구가 궁전을 구경할 수 있게 해주었다. 그곳은 예언자 그리고리 라스푸틴[1]을 살해한 귀족, 펠릭스 유수포프[2]가 한때 소유했던 궁전이었다. 라스푸틴 살해 사건이 일어났던 방과 어수선한 정원도 살짝 엿볼 수 있었다. 옥스퍼드 대학을 졸업한 유수포프는 제정 러시아 황제의 조카와 '단순히' 결혼했을 뿐이지만, 서유럽 유력자의 거처였던 만큼 궁전은 상당한 규모와 매력을 자랑하고 있었다. 유수포프 같은 귀족들이 할 일은 전무했다. 다만 1914년까지 그는 돈 낭비라는 귀족적인 예술 분야에서 전 유럽 챔피언 자리를 차지하고 있었다.

궁전을 둘러보는 동안 내가 기록한 메모에는 온통 감탄사만 가득했다. 터키탕이라니! 유겐트 양식으로 꾸며진 식당이라니! 하지만 정작 유수포프 공은 이 식당에서 오랜 시간을 보내지 못했다. 1917년 그는 서둘러 파리로 도주했고 그곳에서 1960년대에 고령으로 사망했다. 그의 개인 극장을 살펴봤다. 빨간 벨벳원단을 안감으로 댄 초콜릿 상자처럼 볼쇼이 극장의 완벽한 축소판이었다. 그곳에는 유수포프 공과 손님만을 위한 물건이 사소한 것까지 모두 완벽하게 구비되어 있었다.

들불처럼 번져가는 혁명의 기운

제정 러시아의 황제 니콜라이 2세는 사촌인 빌헬름 2세처럼 자신이 갖고 있는 영국 혈통에 매우 강한 유대감을 느꼈다. 이 황제는 빅토리아 여왕의 손녀와 결혼했고, 케임브리지 교수처럼 영어를 사용했으며, 영국 사립학교의 몸가짐을 익혔고, '유럽에서 가장 예의 바른' 사람으로 알려졌다. 동시에 그는 반은 아시아로 구성된 광활한 제국을 절대적인 권력으로 다스리는 러시아의 진정한 황제 자리를 열망했다.

그리고 니콜라이 2세는 빌헬름 황제처럼 자신이 만든 과거 속에 사는 것을 선호했다. 그는 자신의 왕국이 근대화와 민주화를 향해 가는 불확실한 시대에 불을 밝히는 횃불이 되고자 했다. 상트페테르부르크에 있던 18세기 궁전들의 훌륭한 외관이 황제의 명령에 의해 신르네상스와 신바로크 또는 전근대 고딕 양식이 뒤섞인 새로운 모습으로 대체되었다. 그러한 점에서도 도시는 베를린을 닮았다. 신흥 부자들은 일맥상통하는 신념을 가지고 두 도시에 자신들의 흔적을 남겼다.

니콜라이 2세의 치세는 시작부터 좋지 않았다. 그는 황제 즉위식을 마치고 며칠 후, 케이크와 음료를 나누어주는 전통적인 행사 과정에서 1,400명의 국민이 깔려 죽는 모습을 지켜봐야 했다. 1881년(당시 니콜라이는 열세 살이었다) 상대적으로 진보적이었던 그의 할아버지 알렉산드르 2세가 '니힐리스트' 혁명가들에 의해 마차에서 살해당했다. 그 사건은 근대 러시아 역사에서 상당한 영향력을 지닌 전환점이라 할 수 있었다. 그 사건 이후 온건 개혁파들이 할 수 있는 일은 아무것도 없었다. 두 번째 전환점은 1905년에 발생한 민중 봉기였고, 세 번째 가장 중요한 전환점은 1917년에 발생한 볼셰비키 쿠데타였다.

알렉산드르 2세가 사망한 지 10년 뒤 러시아는 유례없는 기근에 시달렸으나 황제는 아무런 대책도 내놓지 못했다. 부유층에 속한 수많은 자원봉사자가 고통받는 농부를 돕기 위해 시골로 갔다. 그들은 농부를 짓누르는 빈곤과 체제가 지닌 근시안적인 오만함 사이에 존재하는 엄청난 괴리를 깨닫고 충격을 받았다. 1894년에 보수주의의 거물이었던 알렉산드르 3세가 갑작스런 신장병으로 사망했다. 그의 아들이었던 니콜라이는 좋든 싫든 권력을 승계해야만 했다.

빌헬름 황제는 보수적인 성향을 가졌음에도 모든 형태의 근대 기술에 지대한 관심을 보였다. 하지만 니콜라이는 17세기에 대한 환상에 사로잡혀 있었다. 그가 하고자 했던 역할은 자신의 나이뿐 아니라 인품과도 걸맞지 않았다. 제국 전반에 대한 절대적인 권력을 동경하고 있었지만 그에 필요한 비전이나 기술은 전혀 없었다. 더욱 불행한 점은 자신에게 그러한 재능이 없을뿐더러 진정 러시아에 필요한 것은 매우 다른 자질이라는 사실을 니콜라이 본인은 인식조차 못했다는 사실이었다.

1913년, 그가 생애에서 가장 위대한 업적을 남길 기회가 찾아왔다. 로마노프 왕조 300년을 기념하는 으리으리한 행사를 개최하는 일이었다. 그것은 마치 존재하지도 않은 과거를 그리워하는 하나의 거대한 외침과도 같았다.

1897년에 20퍼센트였던 러시아의 식자율은 1914년에 40퍼센트로 증가했다. 1860년에 5,000명이었던 대학생 수는 1914년에 7만 명으로 늘어났으며, 같은 기간에 러시아 신문사는 13개에서 최소 850개 이상으로 증가했다. (소작농으로 구성된) 자치 행정구의 성격을 띤 촌락 공동체가 실제 세상을 향해 문을 열고 있었다. 하지만 니콜라이에게는 이러한 변화를 볼 수 있는 눈이 없었다.

1905년 1월 9일 일요일, 니콜라이의 군대는 상트페테르부르크에서 무릎을 꿇고 애원하는 군중을 향해 발포했다. 그로 인해 대략 200명의 시민이 사망하고 수백 명이 부상을 당했다. '황제 아버지'의 신화는 산산이 깨졌고 러시아 국민들은 분노했으며 곳곳에서 폭동과 소요가 발생했다. 약 3,000개에 달하는 시골 대농장이 약탈을 당했다. 오데사의 부두에 있는 유명한 계단에서는 군인들이 포템킨 전함에서 발생한 반란을 지지하는 시위를 벌이고 있던 군중을 향해 총을 발사했다. 그로 인해 2,000명 이상의 사망자가 발생했다. 그들은 총에 맞고 짓밟히고 수장당했다. 1905년 말에는 모스크바에서 폭동이 일어나 가까스로 진압되었다.

황제의 반대 조치가 취해졌다. 자유주의자와 사회주의자를 반대하고 특히 유대인을 반대하는 조치였다. 1905년 가을 러시아 전역에 걸쳐 700건에 달하는 학살이 일어났다. 오데사에서는 800명의 유대인이 살해되었고 10만 명 이상이 집을 잃었다. 황제도 이 같은 사실을 인정했다. 그는 1905년 10월 27일, 아주 흐뭇한 마음으로 어머니에게 보낸 편지에서 "골칫거리 가운데 열에 아홉은 유대인이었습니다"라고 썼다. 그에게 있어서 학살은 충성스런 백성들로 구성된 성난 군중이 무엇을 할 수 있는지를 명백하게 보여주는 시위였다. "그들은 혁명가가 숨어든 집을 포위하고 불을 지른 다음 뛰쳐나오는 사람들을 모두 죽여 버렸습니다."

1905년에만 총 720건의 크고 작은 폭동을 진압하기 위해 러시아 군대가 동원되었다. 대략 1만 5,000명의 '정치범'이 사형당했고, 4만 5,000명이 유배가거나 감옥에 수감되었다. 수만 명의 농부가 태형을 당했으며 오두막 수십만 채가 불에 탔다.

내 러시아 친구 하나가 당시 감옥에 갇혔던 노부인을 알고 있었다. 그녀의 가족이 책 몇 권을 흰 빵에 싸서 감옥에 있는 그녀에게 보냈다.

"교도관들이 그녀에게 짐을 갖다 주었는데 그녀가 책을 꺼내는 장면을 보게 되었지. 그녀는 책을 뺏기지 않으려고 와락 움켜쥐었고, 교도관들은 빵을 얻게 되었다고 더없이 기뻐했다네."

적절한 때에 황제는 두세 개의 개혁안을 발표했지만 곧장 철회했다. 새로운 불안감이 부유층을 사로잡았다. 이들 부르주아 계급은 빈곤에 휩싸인 수백만 러시아인이 격렬히 분노하는 모습을 처음 목격한 것이었다. 게다가 폭동이 폭력적으로 진압되고 나자 불안감은 오히려 늘어만 갔다. 농부들은 과거 어느 때보다 전적으로 무력하고 빈곤한 처지를 깨닫게 되었다. 파업은 여러 도시에서 호응을 얻으며 갈수록 빈번하게 일어났고 지식인들도 여기에 가담하기 시작했다. 또한 점점 더 많은 핵심 행정관이 완고한 황실에 혐오감을 갖게 되었다.

표트르 대제가 1703년에 건설한 페트로파블롭스크 요새의 안마당 주변에는 여전히 지하 감옥이 남아 있다. 그 감옥은 일반 대중에게 공개되고 있는데 당시에는 혁명가들이 갇혀 있던 곳이다. 이곳에 갇혀 있던 사람들의 면면을 살펴보면 마치 표창자 명단 같다. 이곳에는 데카브리스트, 니힐리스트, 마르크스주의자, 사회주의 혁명당원, 멘셰비키 당원, 볼셰비키 당원, 성직자, 왕정파 그리고 볼셰비키에 의해 수감된 더 많은 멘셰비키 죄수가 갇혀 있었다. 1917년까지 볼셰비키 행동주의자는 평균 4년, 멘셰비키 적극 가담자는 평균 5년을 감옥에서 보냈다. 당시 "금지한 것이 아니면 허가된 것이다"라는 개방적인 좌우명이 전 유럽을 지배하고 있을 때 러시아에서는 정확히 그 반대로 "명확히 허가되지 않은 것은 전부 금지된 것이다"라는 좌우명이 지배하고 있었다.

시골스러운 대도시

수년 동안, 1917년 4월의 밤을 기념하는 마지막 유물이 레닌 박물관 앞에 서 있었다. 레닌이 핀란드 역에서 크셰신스카야 궁까지 타고 갔던 고풍스런 무장차량이었다. 오늘날에는 박물관도 무장차량도 모두 사라졌다. 그것들을 대신해 말을 탄 황제 알렉산드르 3세의 동상이 서 있다. 다소 상투적인 이 준엄하고 거대한 청동상은 황제가 마치 기둥처럼 거대한 다리를 가진 말 위에서 자신이 지닌 독재권의 근엄함을 말하고 있는 듯하다. 1930년대 공산당원들은 동상이 너무 어처구니없다고 생각해 없애버릴 생각조차 하지 않았다. 들리는 바에 의하면 이 동상을 만든 조각가 파벨 트루베츠코프는 정치에 전혀 관심이 없었기 때문에 단순히 '한 동물 위에 있는 다른 동물'을 묘사했다고 한다. 이 이야기를 들은 페트로그라드 시민들은 웃음을 터뜨렸다.

로마노프의 마지막 황제들에게 상트페테르부르크는 분명 이상적인 수도가 아니었다. 그들의 마음은 좀 더 동남쪽에 있었다. 모스크바는 러시아의 과거이자 교회와 황제를 향해 절하는 충직한 농부들의 도시였다. 상트페테르부르크에 있는 정부 건물과 궁전은 파리와 로마를 떠올리기에 충분하다. 도시 자체는 유럽적인 경향을 띠는 반면 정교회의 영향력은 매우 적었다.

두 도시는 황제의 권력 기반에 매우 다르게 반응했다. 서양에서 영감을 얻은 상트페테르부르크의 귀족 정치는 법제화된 규정과 관료적인 방식을 통해 정권이 갖는 권력을 제한하고자 했다. 이로 인해 많은 귀족이 그 모든 방해를 물리치고 러시아의 초기 근대화에서 중요한 역할을 수행할 수 있었다.

한편 모스크바는 황제와 일반 러시아 국민들 사이에 존재하는 '영적인 교감'을 기본 전제로 삼았다. 이곳에서는 권력이 법이나 대중의 의지를 표현하는 것이 아니었다. 그것은 다른 무엇보다 믿음의 문제였다.

마지막 황제는 자신을 신의 뜻을 전하는 대리인으로 여겼다. 그는 1902년에 "짐은 러시아를 거대한 농장이라고 생각한다. 황제는 농장의 주인이며, 귀족은 감독관 그리고 노동자는 농부와 같다"라고 말했다. 일반 국민들의 지지만 있으면 관료와 상인, 지성인, 혁명가가 지닌 힘에 맞설 수 있다고 믿었다. 그가 보기에 '사회적으로 문제가 될 만한 소지'는 전혀 없었다. 그는 소작농과 농부가 전혀 다를 게 없다고 생각했다.

장기적으로 봤을 때 이 꿈같은 비전은 현실과 극심하게 부딪혔고 결국 황제는 자신이 목표로 하고 있던 것과 정반대되는 결과를 만들어냈다. 황제에게 남은 권력은 아무것도 없었고 지배체제의 중심에는 블랙홀만 있을 뿐이었다. 어떤 혁명 운동이라도, 나타나기만 하면 그날로 진공상태에 빠진 이 통치 권력을 장악할 판이었다.

따라서 러시아가 '황제의 압제 아래에서 끊임없이 신음했다'는 생각은 옳지 않다. 물론 당시에도 비밀경찰이 활발하게 활약했고 민중 봉기를 진압하는 과정에서 수백, 수천 명을 살해하기도 했다. 하지만 황실이 가진 가장 중요한 특징은 광활한 러시아를 효율적으로 다스릴 수 있는 충분한 지배 능력이 전반적으로 부족했다는 점이었다.

한 세기가 바뀌는 시점에 러시아는 국민 1,000명당 공무원 수가 4명꼴이었다. 같은 시기에 독일은 12명당 1명, 프랑스는 17명당 1명이었다. 러시아는 지방에 거주하는 1억 명의 인구를 통제하기 위해 고작 8,000명 남짓한 경찰을 고용했다. 말하자면 1917년에 러시아 제국은 중앙 권력이 부재했을 뿐 아니라 지배를 위한 거의 아무런 기본 구조도 갖추고 있지 못했다. 그리고 여기에 더해 미개척지까지 남아 있었다. 향후 볼셰비키는 이 미개척지를 자신들만의 방식으로 경작할 터였다.

지방에는 시대에 뒤떨어진 유력자(군주)가 무수히 많았다. 마을 오두막집이나 중세의 관습, 미신, 야만적인 처벌, 생명에 대한 경시 풍조 등과 같은 모든 문제들이 효율적인 지배력의 부재에서 비롯되었다. 도시도 열악하기는 마찬가지였다. 제정 러시아의 황제 치하에서 상트페테르부르크의 생활 여건은 베를린이나 런던보다 더 참혹했다. 1860년에서 1900년 사이 이곳의 인구는 세 배로 늘어났다. 1904년에 시행된 인구조사에 따르면 한 아파트에 평균 16명이 살았고, 한 방에서 최소한 6명이 같이 생활했다. 이것은 파리나 빈보다 두 배나 많은 수치였다. 식수 공급도 턱없이 모자라 1908년에는 콜레라로 3만 명의 도시 거주자가 사망했다. 1917년까지도 체계적인 개선안이 계획 단계를 벗어나지 못하고 있었다.

정부 지원에 혹한 외국인들이 상트페테르부르크에 근대적인 산업 시설을 들여왔다. 루드비히 노벨은 비보르크에 거대한 피닉스 엔지니어링 공장을 설립했다. 러시아계 미국 회사인 '트라이앵글' 고무 상회는 1만 1,000명 이상의 직원을 고용했다. 최소한 5,000명의 노동자가 네프스키 부두에서 일자리를 얻었다. 붉은 벽돌로 지어진 커다란 공장 단지가 빈민가 여기저기에 들어섰다. 하지만 그곳에 거주하던 노동자들에게는 다른 지역으로 이사하는 것과 관련해 시간이나 비용적인 보상이 주어지지 않았다.

동시에 이 대도시는 시골스러운 면모(모스크바와 마찬가지로)를 계속 유지했다. 그러한 시골스러움은 시장에서, 거리를 돌아다니는 사람들의 모습에서, 이웃이나 동료들이 교류하는 방식에서 명백하게 나타났다. 런던이나 파리에서는 이미 아주 오래전에 사라진 것이었다. 예컨대 예전 촌락 공동체의 모습이 상트페테르부르크에서는 여전히 보존되고 있었다.

혁명의 전조

친구인 유리 클레이너가 지금은 정치 역사박물관으로 개명한 10월 혁명 박물관으로 나를 데려갔다. 그 박물관은 크셰신스카야 궁 안에 있었다. 레닌이 페트로그라드에 도착한 역사적인 그날 저녁, 지옥의 불화를 연상케 하는 연설을 하기 위해 도착한 곳이 바로 이 궁전이었다. 이곳은 또한 〈프라우다〉의 첫 사무실이기도 했다. 아르누보 양식으로 지어진 별장 같은 건물에 위치한 오래된 신문사 분위기가 세밀하게 되살아났다. 그곳에는 책상부터 타자기, 기름 램프, 고풍스런 전화기까지 모두 그대로 남아 있었다. 현관 입구 중앙에는 밝은 빨강색과 금색 플라스틱으로 된 전 소비에트 연방의 거대한 상징물이 있었다. 벽에는 1912년의 러시아 지도가 걸려 있었다.

유리는 역사학자이자 영문학 교수였으며 무엇보다 환상적인 이야기꾼이었다. 하지만 이곳에서는 실력을 발휘할 기회가 없었다. 갑자기 어떤 부인이 우리 앞에 나타나 길길이 날뛰었기 때문이다. 공식 안내원이 말하는 동안에는 속삭이는 것조차 허락되지 않았다. 그녀는 예전 당원들이 하듯 회색 머리를 뒤로 묶어 쪽을 지고 있었다. 조용히 있기를 거부하면 그녀는 두말 않고 우리를 건물 밖으로 쫓아낼 기세였다.

처음 몇 달 동안 레닌은 자주 이곳 발코니에서 연설을 했다. 그가 무슨 말을 했는지는 이제 알 수 없다. 하지만 연설하던 장면만은 후에 수많은 소련 영화에 등장했다. 그가 등장하는 장면은 항상 똑같았다. 레닌이 발코니로 걸어 나오면 군중이 갑자기 조용해졌다. 유리가 속삭였다.

"나 역시 항상 그런 줄 알았습니다. 그러다가 에스토니아에서 한 노부인을 만났지요. 그녀는 자기가 1917년에 페트로그라드에서 가정교사로 일했다고 하더군요. 내가 물어봤습니다. '당시에는 어디 사셨나요?' '궁전 옆에 살았다우.' '거기에서 레닌도 봤겠네요?' '물론이지.' '그가 발코니에 서서 연설하는 것도 봤나요?' '그래요, 나는 바로 옆 발코니에 서 있었다우.' 그 노부인은 정말 하나도 감추지 않았습니다. 발트 해 연안에 사는 사람들이 그렇듯이 말이에요. 그래서 내가 물었습니다. '연설은 어떻게 됐나요?' '당시 처음 몇 주 동안은 보통 200~300명 정도 되는 사람들이 모였어요. 그들은 모두 환호했지요. 레닌이 연설을 시작하면 사람들은 계속 환호했다우. 분노와 찬동을 비롯한 모든 것들이 한꺼번에 쏟아져 나왔어요.' '군중이 정말 그렇게 크게 소리쳤나요?' '오, 물론이에요. 우리는 거의 레닌 바로 옆에 서 있었는데 그가 하는 말을 한 마디도 알아듣지 못할 정도였어요.'"

1905년 1월, 피의 일요일에 겨울 궁전 앞에서 일어난 대량 학살 사진들이 전시돼 있었다. 그 군중이 전하고자 했던 청원서는 이랬다.

우리는 노동자이고 시민입니다. 상트페테르부르크와 그 밖의 다양한 주州에서 왔습니다. 우리는 아내와 아이들 그리고 늙고 의지할 데 없는 부모님을 모시고 도움과 보호를 받기 위해 폐하를 찾아왔습니다.

유리가 말했다.

"1905년은 잔인한 한 해였습니다. 러시아는 사기를 높이기 위해 속전속결을 원했지요. 그들은 일본을 외진 곳에 위치한 작은 나라 여기고 단숨에 쓰러뜨릴 수 있다고 생각했습니다. 하지만 일본 사람은 뒤떨어진 동양인이 결코 아니었고 결국 러시아가 패배했지요. 수만 명의 군인이 죽고 기근이 전국을 덮쳤습니다. 당시 국민들 사이에서 일어난 운동은 무엇보다도 상징적인 혁명이었습니다. 게오르기 가폰 사제가 이끈 이 혁명의 이념은 황제 자신이 가지고 있던 철학과도 딱 맞아떨어지는 것이었지요. 예컨대 자식들을 걱정하는 아버지처럼 황제는 '내 자식들아, 사랑한다'라고 말했어야 했습니다. 하지만 황제는 군인들을 시켜 기도하고 있는 군중을 향해 총을 쏘게 했습니다. 그것은 절대 용서받을 수 없는 짓이었습니다. 황제가 스스로 공산주의 혁명을 위한 토대를 만든 셈이었지요."

박물관에는 이미 예상했듯이 유명하거나 조금은 덜 알려진 혁명당원들의 초상화가 수십 장 전시되어 있었다. 놀라운 점도 있었는데 그들 대부분이 독특한 눈매를 지니고 있다는 사실이었다. 내가 "눈이 이글거리는군요"라고 말하자 유리가 "불길이 타오르는 것 같지요"라고 답했다. 나는 다시 "약간 미쳐 있는 것 같기도 하고요"라고 말했다.

파리, 런던, 빈과 마찬가지로 상트페테르부르크에 있는 카페와 살롱들은 철학적인 흐름이 변해가는 과정을 지켜보았다. 예컨대 1840년에는 헤겔이었고 1860년에는 다윈이었다. 1880년에는 학생이면서도 마르크스주의자가 아니면 '거의 꼴불견' 취급을 당했다. 그리고 러시아인들은 마르크스 이론이 갖는 철학적 현상을 유별나게 대했다. 그들은 모든 이론을 절대적인 진리로 받아들였고, 의심의 여지없는 종교처럼 여겼다. 이처럼 종교적 색체를 띤 감정은 예외 없이 죄의식과 섞이게 되었다. 무엇보다 거의 모든 급진파 지식인 계층이 부유한 가정 출신이었다. 레닌 또한 항상 '시골 자본주의'의 악습에 저주를 퍼부으면서도 다년간 카잔에 있는 할아버지의 농장 수입으로 먹고 살았다.

유리는 초기의 러시아 혁명가는 지식인이라기보다는 은둔자에 가깝다고 생각했다. 니콜라이 체르니셰프스키가 1863년에 쓴 소설 《무엇을 할 것인가?》에 등장하는 섬뜩한 영웅 라흐메토프를 보자. 라흐메토프는 마음을 산란케 하고 자신의 정치적 목표 달성을 방해하는 것은 어떤 것도 용납하지 않았다. 심지어 그와 사랑에 빠진 아름다운 미망인조차 받아들이지 않았다. 그는 청교도 같은 생활을 했고 익히지 않은 쇠고기만 먹었다. 또한 통제하기 어려울 정도로 성적 충동을 느끼면 못으로 만든 침대 위에서 잠을 잤다.

유리는 자신의 할머니가 알던 한 친구와 또 다른 친구들에 대한 이야기를 들려주었다. 그들은 초기 혁명당원이었다.

"체포된 뒤에도 그는 자백을 거부했습니다. 그러자 비밀경찰이 그에게 아주 추잡한 속임수를 썼습니다. 그를 그냥 놔준 겁니다. 혁명당원 동료들은 당연히 그가 모든 사실을 자백했을 거라고 생각했겠지요. 그래서 그들은 그 남자를 외딴 장소로 불러내 앉히고는 머리에 염산을 들이붓고 달아났습니다. 그 남자는 눈이 멀었고 평생 마스크를 쓰고 살아야 했습니다. 하지만 가장 안타까운 점은 동료들이 그에게 아무런 질문도 하지 않았다는 겁니다. 말하자면 그들은 단순히 그가 배신했을 거라고 추측했던 것이죠. 그들에게 진실은 관심의 대상이 아니었던 겁니다."

1916년 9월 17일 일요일 저녁, 프랑스 대사 모리스 팔레올로그는 관례대로 페트로그라드의 새로운 연극 시즌 개회식에 참석했다. 그는 자신의 비망록에 그날 저녁 때 느낀 점들을 묘사해두었다. 마린스키 극장은 매우 아름다운 보석으로 치장한 사람과 화려한 의상을 입은 사람, '명랑하게 반짝이는…, 빛나는 눈을 지닌' 아름다운 아가씨로 가득했다. 파란색과 금색으로 짠 태피스트리가 장식된 거대한 홀은 꼭대기 층까지 가득 차 있었다. "맨 앞좌석에 앉아 있는 사람부터 가장 꼭대기 층 맨 뒷줄에 앉아 있는 사람들까지 모두 명랑하고 웃음기 가득한 얼굴이었다." 그럼에도 대사는 어떤 불길한 기운이 다가오는 것을 느꼈다. 그는 "그 모든 것에는 경솔하고 비현실적인 뭔가가 있었다"라고 적었다.

그러한 분위기가 도시 전체에 퍼지고 있었다. 사람들은 모두 '독일' 황후 알렉산드라(알렉산드라 표도로브나)와 그녀의 부하인 라스푸틴에 대한 이야기를 하고 있었다. 그들이 반역을 도모했다는 이야기였다. 그러나 궁전에서 일어난 쿠데타는 실패했다. 12월 16일 라스푸틴이 살해되었고(아주 힘들긴 했지만) 시체는 유수포프 공이 이끄는 무리에 의해 네바 강에 던져졌다. 황제는 갈수록 완강하게 고집을 피우고 있을 뿐이었다. 도시에는 '혁명'이란 단어가 만연해 있었다.

부자들은 노름으로 재산을 탕진하고, 창고에 있는 술을 모두 마셔버리며, 끊임없이 광란의 파티를 벌이고 있었다. 막심 고리키는 1915년 11월 친구에게 쓴 편지에서 "점점 더 많은 사람이 짐승이나 미친 사람처럼 행동하고 있네"라고 적었다. 그리고 그 달이 가기 전에 아내에게 편지를 보냈다. "곧 기근이 닥칠 게요. 내 생각에는 빵 10파운드를 사서 숨겨두는 것이 좋을 것 같소. 페트로그라드 교외에서는 좋은 옷을 입은 아녀자들이 동냥을 하고 있었소. 날씨도 참 지독히 춥소."

위대한 세계 혁명의 발발

1917년 2월 23일 목요일 아침, 마침내 위대한 세계 혁명이 페트로그라드 비보르크 구역에서 시작되었다. 한 무리의 아녀자들이 빵을 사기 위해 기다리다 허탕을 치고 말았다. 3개월간 지독한 추위가 계속되다 처음 날씨가 풀린 날이었다. 빵을 구하지 못한 아녀자들은 시간이 갈수록 흥분했다. 작은 소동이 두세 번 일어나자 근처 공장에서 일하던 노동자들이 가세했다. 같은 날 오후 10만 명에 달하는 노동자와 아녀자, 어린아이들이 네프스키 대로를 행진하며 "빵을 달라!" 또는 "황제는 물러나라!"와 같은 구호를 외쳤다. 이틀 후인 2월 25일 토요일에는 총파업으로 인해 도시가 완전히 마비되었다.

경찰 기동대가 동맹 파업자들을 진압하기 위해 동원되었다. 진압을 담당한 기병대가 네프스키 대로에 정렬하자 어린 소녀 한 명이 군중 속에서 걸어 나와 기병대 지휘관에게 다가갔다. 숨 막힐 듯한 정적이 흐르는 가운데, 소녀는 빨간색 장미 꽃다발을 지휘관에게 건네주었다.

지휘관은 미소를 지었고 정중한 인사와 함께 꽃다발을 받았다. 천둥이 치는 듯 커다란 함성이 시위대와 군인들 사이에서 터져 나왔다. 그 젊은 지휘관이 외쳤다.

"우리의 아버지와 어머니, 누이와 형제가 빵을 달라고 외치고 있다. 우리는 그런 그들을 죽이려 할 것인가?"

이번에는 상황이 1905년과는 딴판으로 전개되고 있었다. 황제 니콜라이 2세의 운명이 정해졌다. 3월 2일, 그는 황제 자리를 포기하고 왕위를 동생인 미카엘 대공에게 넘겼다. 미카엘 대공은 바로 다음 날 황위를 거절하기로 결정했다. 그것으로 300년 이상 권력을 쥐고 있던 로마노프 왕조가 막을 내렸다.

연극 시즌이 개막한 지 6개월이 지난 1917년 4월 7일에 팔레올로그는 다시 마린스키 극장을 찾았다.

제국을 상징하던 모든 문장과 검독수리들이 철거돼 있었다. 특별관람석 접객 담당자들은 호화로운 왕실 제복을 벗어버리고 초라한 회색 재킷을 입고 있었다. 극장을 채운 관객들은 부르주아와 학생, 군인이 대부분이었다.

거만한 공작들이 체포되었고 화려한 제복을 입고 으스대던 그들의 부관들은 총살되었으며 나머지는 목숨을 부지하기 위해 도망쳤다. 과거에 황제를 위해 비워두었던 특별관람석에는 방금 시베리아 유배에서 돌아온 사람들이 앉아 있었다. 그들은 놀라움과 두려움에 사로잡혀 군중을 응시했다. 1916~1917년 연극 시즌은 그것으로 끝이었다.

마린스키 극장은 여전히 건재했다. 사람들이 '마리'라고 부르는 그 극장은 고전적인 동유럽 양식으로 지어졌다. 어느 토요일 저녁에 나는 그곳 맨 위층 관람석에 앉아 보리스 고두노프의 공연을 감상했다. 내가 앉은 줄에는 꽃무늬 드레스를 입은 두 명의 노부인과 풀 먹인 하얀 블라우스를 입은 여학생 다섯 명이 앉아 있었다. 그리고 내 앞줄에는 수병 20명이 앉아 있었다. 황제가 있던 시절부터 지금까지 아무것도 변한 것이 없어 보였다. 마린스키는 일종의 사원 같았고 발레와 연극은 그 안에서 완벽하게 진행되는 의식처럼 보였다.

다음 날 아침 나는 유리 가족과 함께 그의 견고한 라다 자동차를 타고 나들이를 갔다. 이 나라가 지닌 지구력 그리고 특히 이곳에서 일상적으로 사용되는 물건의 내구성은 정말 인상적이다. 불쌍한 자동차 타이어가 아스팔트길 여기저기에 파인 웅덩이를 계속 밟을 때마다 자동차의 충격흡수장치와 차대, 차동장치가 앓는 소리를 냈지만 결코 고장 나지는 않았다.

우리는 가장 먼저 왕할머니, 즉 유리의 증조모를 만나러 갔다. 예전에 연극 연출가로 일했다는 유리의 증조모 알렉산드라 바실예바는 빨간색 체크무늬 담요를 덮고 누워 있었다. 솜털로 덮인 베개 사이에서 그녀의 작은 얼굴이 창백해 보였다. 그녀의 나이는 102세였다.

알렉산드라는 팔레올로그가 마린스키 극장에서 보았던 '설렘으로 눈을 빛내던' 아름다운 아가씨들 가운데 한 명이었다.

"오, 어제 거길 다녀왔군요?"

그녀가 노인 특유의 떨리는 목소리로 말했다.

"나도 늘 그곳에 가곤 했다우. 장사하는 친구가 공짜표를 줬었지."

그녀가 킬킬거리며 웃었다.

"나는 거기에 평상복 차림으로 앉아 있고는 했다우. 금이나 보석으로 치장한 사람들 틈에서 말이야. 그리고 그때 혁명이 일어났어. 아주 흥미진진한 시절이었지! 한편으론 위험했어! 남편은 지나치다 싶을 정도로 요란한 옷을 입고 다니는 사람이었는데 사람들이 우리를 불러 세울 때마다 항상 두려움에 떨었다우. 우리가 너무 깔끔하게 입고 있어서 혹시라도 자본가처럼 보일지도 모른다고 생각했기 때문이야. 남편은 그 잘난 옷들을 입은 채 그 자리에서 총살당할 수도 있었거든! 다행히 그는 영화와 관련한 일을 했기 때문에 영화회사에서 발행한 증명서를 지니고 다녔다우. 당시의 군인이나 강도들은 영화배우를 단지 별난 사람이라고 생각해서 그런 사람에게 총질을 하지는 않았지."

그녀의 목소리가 잦아들었다. 다시 잠이 든 것이었다. 유리는 그녀가 그 이후로도 연극 연출을 계속했다고 속삭이듯 말했다. 심지어는 우리가 방문했을 때도 그녀는 그 일을 하고 있었다. 그녀가 잠을 자면서 말했다. 조명을 어떻게 해야 하는지 지시하고 배우들의 연기를 지도했다. 꿈속에서 그녀는 모스크바와 키예프, 오데사, 상트페테르부르크 등 전국을 누비며 항상 일을 하고 있었다.

혁명가들의 보금자리

우리는 울리차 소비예츠카야 거리를 따라 내려갔다. 아직 길거리에 남아 있는 눈덩어리처럼 갈색을 띤 회색 건물들이 늘어서 있었다. 유일한 원색은 신호등에 있는 빨간불이었다. 이 거리는 이상주의자인 안나와 나데주다 알릴루예바 자매가 살았던 곳이다. 그들이 살던 집은 1917년 당시 혁명가들을 위한 중요한 보금자리 역할을 했다.

완고해 보이는 여인이 문을 열어주었다. 그 아파트는 혁명 유적지로 지정돼 완벽하게 보존되고 있었다. 채광이 잘되는 밝고 탁 트인 방들과 책으로 가득한 벽장, 차를 끓이기 위한 사모바르(러시아식 차 끓이는 주전자_옮긴이 주), 노래 부르는 데 사용되는 피아노가 있었다. 안나와 나데주다 자매의 아버지 세르게이 알릴루예프는 노동자이면서도 꽤 많은 돈을 벌었던 것 같았다. 그렇지 않고서야 소비에트 시대에 딸들에게 이 같은 집을 얻어주는 것은 불가능했을 것이다.

알릴루예바 자매는 그들이 지니고 있던 순수한 노동자 계급이라는 배경 덕분에 이 작은 볼셰비키 세상 안에서 일종의 예외를 인정받았다. 질서와 부르주아적인 안락함에 대한 욕구가 이곳 내부 장식 곳곳에 드러나 있었던 것이다. 예컨대 그것은 '저주받은' 혁명가라면 절대 추구하지 말아야 할 것이었다. 그럼에도 레닌조차 임시정부를 피해 잠시 이곳에 숨어 지내는 동안 자매가 지닌 부르주아적 태도를 기꺼이 참아내고자 했다. 나는 그 위대한 지도자가 한때 등을 밀었던 (아연 도금이 된) 욕조를 경외감에 차 지그시 바라보았다.

스탈린 역시 이곳을 빈번하게 찾았다. 그는 동생인 나데주다에게 눈독을 들였다. 그녀가 열일곱 살이었고 스탈린이 서른아홉 살이었다. 그녀는 콧수염을 기른 스탈린의 혁명적인 모습을 유난히 좋아했다. 사실은 나데주다가 스탈린의 딸이라는 소문도 있었다. 젊은 시절 스탈린은 나데주다의 어머니와 염문을 뿌린 적이 있었다. 어쨌든 그들은 결혼했고 5개월 뒤에 나데주다는 아들 바실리를 낳았으며 뒤이어 1927년에는 딸 스베틀라나를 낳았다.

나데주다는 남편의 의견을 수시로 반박하다가 1932년 11월, 외견상으로는 자살로 생을 마감했다. 언니인 안나는 1948년에 10년 징역형을 선고받았고, 안나의 남편은 1938년에 총살되었다. 딸인 스베틀라나는 미국으로 도망쳤고, 아들인 바실리는 공군에 입대했지만 결국 비리로 감옥에 가게 되었다. 그리고 그 후 카잔에서 알코올 중독으로 쓸쓸하게 생을 마감했다. 하지만 완고해 보이던 그 집 관리인은 그런 것에 대해서는 전혀 이야기해주지 않았다.

시내를 벗어나자 라다의 타이어들은 살아 있는 지옥을 경험하게 되었다. 낡고 난도질당한 도로가 섬 요새인 크론슈타트까지 이어졌다. 4년 전까지만 해도 이곳은 제한 구역이었다. 하지만 지금은 이렇듯 일요일 오후에 차를 몰고 안으로 직행할 수 있다. 이곳이 바로 페트로그라드에서 발생한 볼셰비키 혁명의 중심지였다. 순양함 오로라호의 선원들이 주둔하고 있던 기지도 바로 이곳이었다. 이곳에서 새로운 미래가 시작되었다. 그리고 이곳에서 1921년 2월에 볼셰비키에 대한 최초의 저항이 발생하기도 했다.

우리가 가로질러온 댐은 아주 오랜 기간에 걸쳐 건설되었으며, 네바강 하류에 위치한 삼각주에 심각한 환경 문제를 일으켰다. 길을 따라 움직이면서 우리는 공사가 중지된 수십 개의 프로젝트를 발견했다. 반쯤 완성된 수문과 허공에서 끝나버린 다리, 입구도 출구도 없는 고가도로가 즐비했다. 이곳에 있는 모든 것들이 하나의 거대한 미완성 제국을 이루고 있었다.

▲ 섬 요새 크론슈타트에 정박해 있는 전함의 모습이다. 이곳은 페트로그라드에서 발생한 볼셰비키 혁명의 중심지였다.

이 섬은 두 세기에 걸쳐 군사 건축물의 본거지로 이용되고 있었다. 붉은색으로 칠해진 병기고와 노란색 병영막사, 19세기 양식으로 우아하게 지어진 장교식당, 1920년대와 2차 세계대전 때 생긴 총알 자국들까지…. 그리고 직사각형으로 이루어진 구역에는 최근 몇 십 년 사이에 들어선 거주지가 가득했다. 커다란 선원 성당 옆에는 닻 광장이 있었다. 지금 이곳은 사람도 없는 황량한 광장일 뿐이지만 한때는 수많은 열정적인 연설이 행해져 '자유 대학'으로 널리 알려진 장소였다.

해가 따뜻하게 내리쬐고 있었다. 몇 명씩 짝을 지은 사관생도들이 해안을 따라 걷고 있었다. 검은 모자와 금색 버클을 하고 있는 그들의 모습은 마치 조이데르 해(네덜란드 북쪽에 위치한 얕은 만_옮긴이 주) 연안에 있는 어느 마을에서 온 어부 같았다. 길을 따라 조금 더 가자, 거대한 회색 전함들이 일렬로 늘어서 있었다. 자랑스러운 소비에트 함대가 주둔지에 잔류해 있는 모습이었다. 선원들이 부추기는 바람에 그곳에서 사진을 몇 장 찍었다. 5년 전이었다면 그 자체로 징역 두세 달 감이었다. 하지만 이들 전함에 슬어 있는 녹과 가난이 그 어떤 스파이보다 더욱 강력한 적이었다.

차 안에서 나라를 떠나는 것과 남는 것에 대한 대화가 시작됐다. 이 펑크 난 타이어와 낡아빠진 콘크리트의 도시를 탈출하는 것이 유리와 그의 아내 이라의 오랜 꿈이었다. 그들의 스물두 살 법대생 아들 사샤는 단연코 남고 싶어 했다. 사샤의 친구들도 마찬가지였다. 이라가 말했다.

"이러한 점이야말로 저 아이들 세대가 지닌 놀라운 면이에요. 저 아이들은 어떤 일이든 일어날 수 있다 생각하고 모든 가능성을 열어두거든요. 그것이 좋은 일이든 나쁜 일이든, 이날이 아니면 그다음 날이라도 언제든 가능하다 생각하고, 이곳에 남아서 그러한 일이 일어나는 것을 지켜보고 싶어 해요."

사샤는 친구들이 이곳에 머물려고 하는 데에는 모두 나름대로의 이유가 있다고 설명했다.

"많은 사람은 그냥 떠나지 못할 뿐이에요. 어떤 사람은 사기를 치기 위해 남죠. 그런 사람은 어디에서 사람을 낚을 수 있는지 잘 알고 있어요. 쉽게 돈을 벌 수 있는 기회가 널려 있다는 뜻이죠. 깨끗하고 질서정연한 서유럽에서는 절대 찾을 수 없는 그런 기회들이에요. 물론 저 같은 학생이나 일반인도 있어요. 우리는 이곳이 더 흥미롭다고 생각해요. 편견에 사로잡혀 있는 미국인이나 유럽인의 견해를 듣고 싶지 않아요. 그들은 심지어 러시아 문학에 대해서도 모든 것을 알고 있다고 생각하는 사람들이죠."

유리가 말했다.

"러시아인은 한 번도 이 나라가 자신의 나라라고 생각해본 적이 없었지만, 요즘 사람은 그렇게 생각하지 않습니다. 나라꼴이 형편없어도 말입니다. 스탈린과 흐루시초프[3], 브레주네프[4] 정권 때 전반적인 국민 정서는 '그들 대 우리'였습니다. 예컨대 적대적인 관계였다는 말입니다. 지금도 강도들로 이루어진 한 파벌이 국민을 다스리고 있지만 국민은 그 정부가 여전히 우리의 정부라는 사실을 인식하고 있습니다."

이라는 유리가 말한 것보다 좀 더 복잡한 문제라고 말했다.

"스탈린과 브레주네프는 국민을 속이지는 않았어요. 그들은 다른 누군가가 아닌 각자의 본성대로 행동했어요. 그들은 '우리를 사랑하라, 그러지 않으면 총살하겠다'라고 말했지요. 그래서 국민은 그들을 사랑하는 척했던 거구요. 지금은 우리도 정부에 대응할 권리를 갖게 되었어요. 그들은 모든 사람을 속이면서 국민의 환심을 사려 하지만 우리는 여전히 이렇게 말할 수 있죠. '속아 넘어가지 마세요.' 말하자면 이제 우리는 진정으로 국민이 하기에 따라 달라지는 정부를 갖게 된 거예요."

그 시점에서 마침내 라다가 펑크가 나 주저앉았다. 유리는 길 한가운데 자동차를 세우고 뒤쪽의 타이어를 갈아 끼우기 시작했다. 자동차들이 양 옆으로 경주하듯 질주해갔다.

예수가 된 레닌

마침내 우리는 라즐리프라는 작은 마을에 도착했다. 목재로 지은 건물들이 옹기종기 모여 있는 라즐리프는 1917년에 레닌이 노동자로 가장해 헛간에 숨어 살던 마을이었다. 일련의 시위가 감당할 수 없게 변하면서 볼셰비키는 비난을 면할 수 없게 되었다. 정작 레닌은 휴가 중이었고 '혁명을 기도했던 무리'는 강도 패거리로 전락했다. 상황은 더욱 악화되어, 임시정부가 독일이 볼셰비키 운동을 도왔다는 증거를 발표하자 레닌과 그의 동료들에 대한 대중 여론은 심하게 요동쳤다.

레닌은 법정에 서고 싶은 생각이 추호도 없었다. 순교자 역할을 하기에는 자신의 목숨과 일이 너무도 중요했다. 게다가 그는 직접 행동하는 인물이라기보다는 이론에 강한 인물이었다. 결국 그는 오랜 동료인 그리고리 지노비예프와 재빨리 도망쳤다. 그들은 헛간에서 4일 동안 숨어 지내다가 노동자인 니콜라이 예멜리야노프의 도움을 받아 배를 타고 라즐리프에 있는 호수를 건넜다. 그리고 다시 짚으로 만든 움막 속에서 한동안 숨어 지냈다. 그 후 이 위대한 지도자는 사건이 잠잠해지기를 바라며 핀란드로 도주했다. 그것이 이야기의 전부였다.

모든 걸 차치하고, 볼셰비키는 연극에 아주 훌륭한 감수성을 지니고 있었다. 또한 자신들이 주장하는 이데올로기가 종교적인 성격으로 바뀌어야만 러시아 국민들의 입맛에 맞을 것이란 사실을 알고 있었다. 그러한 측면에서 레닌이 겪은 고난은 하느님이 주신 선물이었다.

나는 정치 역사박물관에서 노동자들이 방 하나를 가득 메우고 있는 커다란 그림을 본 적이 있다. 그들은 이제 막 파업을 시작하려 하

▲ 라즐리프 호수 근처에 있던 '레닌의 움막'이 그려진 우표이다. 레닌이 숨어 있던 이 움막은 인기 있는 성지 참배 장소가 되어 수많은 방문객을 끌어모았다.

고 있었다. 그들이 취하고 있는 자세는 최후의 만찬에 등장하는 제자들의 모습과 똑같았다. 스몰니 교육원에서는 레닌이 입던 셔츠를 유품으로 간직하고 있었다. 게다가 소비에트 작가들은 공식적인 레닌의 삶을 예수의 이야기와 동일하게 꾸며놓았다. 마치 복음서에 등장하는 이야기처럼 레닌의 운명은 태어나기 전부터 이미 결정되어 있었고, 태어난 순간부터 모든 것이 정해진 그대로 진행되었다. 그는 결코 의심하지 않았고, 결코 실수를 저지르지도 않았다.

물론 모든 종교는 동일한 특정 에피소드를 포함하고 있다. 예컨대 악으로부터 탈출하는 예언자이다. 마르크스-레닌주의 역시 그러한 유형의 무언가를 필요로 했다. 그리고 라즐리프에서 보낸 기간이 여기에 딱 맞아떨어졌다.

레닌이 사망한 뒤 얼마 지나지 않아서 그가 묵었던 작은 움막에는 기념비가 세워졌다. 박물관도 들어섰다. 그 박물관에는 다른 것들과 함께 레닌이 사용했던 베개와 깃털로 만든 침대가 전시되어 있었다. (오늘날 이 베개와 침대 옆에는 '모조품'이라는 작은 팻말이 놓여 있다.) 결과적으로 라즐리프는 인기 있는 성지 참배 장소가 되었다. 수많은 방문객이 매년 그곳을 찾아왔고 전설은 책과 기념품이 되어 팔려나갔다.

50년이 지나자 원래 있던 움막은 완전히 썩고 닳아서 무너질 지경이 되었다. 따라서 레닌이 숨어 있던 장소는 1970년에 아주 비밀스럽게 해체되었다. 이후 모든 것이 낡은 형태로, 하지만 새로운 재료로 다시 만들어졌다. 게다가 움막 주위에는 성지에서나 볼 수 있는 유리 차단막이 세워졌다. 움막 안의 모습은 유리 차단막을 통해서만 볼 수 있었다. 움막 안에는 식탁 하나, 침대 한 개, 사모바르 한 개, 창가에 놓인 의자 한 개, 파리 네 마리가 죽어 있는 찻잔 한 개, 소 한 마리가 들어갈 정도의 마구간이 있었다. 레닌의 베들레헴 마구간이었다.

이 이야기 속에 등장하는 유일한 진짜 노동자였던 예멜리야노프는 레닌을 호수 건너편으로 태워다준 일을 후회했다. 그 일로 인해 그는 정치범 수용소를 전전하게 되었다. 당 지도자들은 오랫동안 "스탈린 역시 그 배에 있었다"라고 주장했다. 하지만 예멜리야노프는 실제로 그곳에 있던 사람이 스탈린의 숙적이었던 그리고리 지노비예프였다는 사실을 알고 있었다. 그리고 그것은 이 남자의 여생을 파멸시키기에 충분한 이유가 되었다. 결국 그는 1958년에 사망했다.

사망한 후에도 그는 여전히 시달림을 당해야 했다. 인근 공장에 있던 노동자들이 그의 시신을 묘지까지 운구하려 했지만 어떤 이유에서인지 해당 지역의 당 위원회가 시신을 비밀리에 매장하기로 결정했다.

뒤이어 치열한 몸싸움이 벌어졌다. 경찰이 그의 시신을 트럭 안으로 밀어 넣으려 하면 노동자들이 다시 꺼내기를 반복했다.

예멜리야노프에 대한 이야기를 들려주었던 그의 이웃이 말했다.

"하느님 맙소사, 그 광경은 예멜리야노프가 살아 있을 때보다 못했습니다. 살아 있을 때 그는 감옥에 들어갔다 다시 나오기를 밥 먹듯 했지요. 아아, 참 기구한 인생이었죠!"

유리 차단막 안에 있는 작은 움막 주변의 숲에서 아이들이 눈에 파묻혀 놀고 있었다. 굴뚝에서 나온 연기가 소용돌이를 만들며 올라갔다. 우리는 잠시 주위를 어슬렁거렸다. 유리가 지난주에 러시아 철학 대백과사전 최신판을 쭉 훑어보다 발견하게 된 사실을 이야기했다. 카를 마르크스가 더는 맥루안과 마르쿠제 사이에 위치하지 않는다는 것이었다. 유리는 "저런, 갑자기 마르크스가 더는 철학자가 아닌 것이 되어버린 건가? 나는 다시 책을 집어 들고 백과사전을 만든 편집자들의 이름을 자세히 살펴봤습니다. 그들은 과거 공산주의 시절에 이런 짓을 하던 사람들과 정확히 동일 인물이었습니다. 총 대신 빨간색 연필을 들고 있을 뿐 여전히 호전적이었습니다"라고 말했다.

주차장은 현재 라즐리프에 살고 있는 주민들이 소유한 메르세데스와 미국 지프로 붐볐다. 1980년대까지만 해도 짚으로 만든 이 작은 움막은 겨울이면 폐쇄되었다가 봄에 다시 문을 열곤 했다. 하지만 페레스트로이카 이후에는 움막이 너무 자주 불에 탔기 때문에 이런 노력을 그만두었다. 회의懷疑는 그 당시의 질서가 되었다.

겨울 궁전을 휩쓴 폭풍

구체제의 중심은 겨울 궁전이었다. 크리스털로 장식된 방 1,057개와 금으로 만든 계단 117개가 있는 이 겨울 궁전은 하나의 거대한 벌집이었다. 대략 4,000여 명에 달하는 조신朝臣이 마치 벌떼처럼 절대 권력의 중심인 황제 주변에 모여 살며 음모를 책동했다. 이곳은 러시아 권력의 무대였고 1917년에는 혁명을 위한 무대가 되었다.

알렉산드르 케렌스키 수상이 이끄는 임시정부가 1917년 여름 내내 이 궁을 사용했다. 당시에는 케렌스키 정부의 장관들이 도금된 침실들을 회의실로 이용했다. 피티림 소로킨은 이 수상을 "권력과 무력, 잔학 행위를 끔찍이 혐오한 사람이었다. 그는 친절한 말과 고상한 감정으로 국가를 다스릴 수 있다고 생각했다. 훌륭한 사람이었지만 나약한 지도자였다. 본질적으로 러시아 지식 계급의 전형적인 모습이었다"라고 설명했다. 볼셰비키에게 있어서 겨울 궁전은 커다란 보상인 동시에 러시아가 갖고 있는 모든 문제를 보여주는 상징이었다.

80년도 더 지난 지금, 유리가 나에게 궁 이곳저곳을 소개해주고 있다. 그의 부친은 수십 년 동안 이곳에서 기술지원부서 책임자로 일했다. 유리에게 겨울 궁전은 또 하나의 집과 마찬가지였다. 그는 겨울에 사용하던 일광욕실을 보여주었는데 네바 강이 한눈에 내려다보이는 곳이었다. 울창한 나무들이 지붕을 만들어주는 공중정원도 있었고, 거대한 대리석 왕좌가 놓여 있는 방, 10여 종의 다양한 나무에 무늬를 넣어 만든 마룻바닥, 지금까지 내가 본 것 중 가장 화려하게 꾸며진 황금 마차도 있었다. 샹들리에 위에 장식된, 제국을 상징하던 독수리들은 혁명을 거쳐 여전히 남아 있었고, 황제의 궁을 지키는 근위병들이 묵던 막사에는 철제 옷걸이가 그대로 걸려 있었다. 유리가 말했다.

"여기는 1917년 이후로 거의 변한 것이 없습니다. 곧바로 궁을 박물관으로 만들었기 때문이지요."

니콜라이 2세가 개인 침실로 사용했던 방에는 피카소의 그림들이 걸려 있었다. 어떤 방은 광장이 내려다보이는 훌륭한 전망을 갖고 있었지만 나머지는 천장도 낮고 평범했다.

홀에 있는 거대한 대리석에 이런 문구가 적혀 있었다. "10월 26일 저녁에 혁명적인 노동자와 군인, 뱃사람들이 이곳에서 일으킨 폭풍을 추모하며…."

유리가 옆문에 딸린 짧은 계단 쪽으로 안내했다.

"만약 싸움이 있었다면 여기에서 일어났을 겁니다. 모든 소련 영화에는 군인들이 총을 쏘면서 중앙 계단을 올라가고 사람들이 기둥 뒤로 몸을 숨기는 장면이 등장하니까요. 우리 모두의 기억 속에서는 그런 장면이 깊이 새겨져 있습니다. 하지만 실제로 그런 싸움이 일어난 적은 없습니다. 예컨대 겨울 궁전을 휩쓴 폭풍이란 애초부터 없었다는 겁니다. 모든 일이 매우 신속하게 진행됐습니다. 도시에 있는 모든 중요한 지점, 이를테면 기차역과 발전소, 전화 교환대 같은 곳들은 이미 볼셰비키의 수중에 들어가 있었지요. 길거리에서는 평소와 다름없는 생활이 계속됐고요. 시가전차도 그대로 운행됐고 식당도 정상적으로 영업했습니다. 대중들이 일으키는 소동은 더더욱 없었습니다. 10월 혁명에 관한 사진들을 보면 실제로 얼마나 적은 사람들이 혁명에 개입했는지 알 수 있습니다."

유리는 계속해서 그 점을 강조했다. 예컨대 1917년에 발생한 유일한 진짜 혁명은 2월 혁명이라는 것이었다. 멘셰비키와 사회주의 혁명가들이 일으킨 그 혁명을 통해 서구 지향적인 지식인들은 점차적으로 러시아에 유럽 민주주의를 확립하고자 했다. 볼셰비키의 10월 혁명은 (유럽인의 입장에서 보면, 이 혁명은 실제로 11월에 있어났다. 당시 러시아는 다른 달력을 사용하고 있었기 때문이다) 모든 면에서 억지스럽고 이상한 사건이었다. 볼셰비키가 일으킨 혁명은 사회주의의 탈을 쓰고 있으면서도 궁극적으로는 황제 니콜라이 2세나 꿈꿀 법한 동양적인 전제 정치의 길을 열었다.

"그것이 얼마나 쉬웠을지 생각해보십시오. 만약 기관총을 가진 사람이 이 계단 위에 한 명씩 서 있었다면, 그리고 그런 사람들이 층계참에 한 명씩 더 있었다면 겨울 궁전은 절대 습격당하지 않았을 겁니다. 하지만 실제로는 완벽한 혼돈이 그들을 덮쳤습니다. 케렌스키는 이미 도시를 탈출하고 없었습니다. 겨울 궁전에 남아 있던 나머지 임시정부 요원들은 정전에다 전화도 먹통이라 완전히 속수무책일 수밖에 없었지요. 아녀자와 생도들로 이루어진 부대가 건물을 방어하고 있었습니다. 볼셰비키 위원 두 명이 옆문을 통해 간단히 진입해 들어왔고 군인 몇 명이 그들을 따라왔습니다. 그리고 처음에 자행되던 약탈이 중단되었습니다. 볼셰비키 위원 두 명이 다시 커다란 정문으로 나가 군중에게 말했습니다. '집으로 돌아가시오, 다 끝났습니다.'"

하지만 순양함 오로라호가 혁명의 시작을 알리는 신호로 발사했다던 그 포성은 어떻게 된 것일까?

"별 의미 없는 한 발의 공포탄에 불과했습니다. 네바 강에는 아직도

▲ 상트페테르부르크에 있는 겨울 궁전을 네바 강 쪽에서 바라본 모습이다. 이 궁전은 2월 혁명 후 임시정부 청사로 사용되기도 했다.

▶ 겨울 궁전의 내부 모습.

가짜 오로라호가 정박해 있습니다. 여기서도 보이지요. 가짜에 불과합니다. 볼셰비키는 실질적인 내용 같은 것에 전혀 신경 쓰지 않았습니다. 항상 사실을 과장해 극적인 효과를 노렸을 뿐입니다."

유리는 최근 들어 궁에서 일하는 안내원들이 진실을 알리기 위해 얼마나 노력했는지 이야기해주었다. 하지만 그들은 이러한 노력을 중단해야만 했다. 너무도 많은 불만이 쏟아졌기 때문이었다.

"요즘 들어 박물관 안에 있는 요르단 계단에 그들이 다시 나타났습니다. 기운을 조금은 되찾고 말입니다."

그를 따라 들어간 공작석 방은 거대한 녹색 기둥들이 있고 강이 내려다보이는 곳이었다.

"이곳이 임시정부가 마지막으로 모임을 가졌던 장소입니다. 이후에 장관들은 옆방에 있는 직원 전용 식당에서 체포됐습니다. 1950년대에 한 노인이 겨울 궁전을 찾아와서는 이 방을 봐야겠다고 우기면서 이렇게 말했다더군요. '봐요, 여기에서 그들이 날 체포했다오.' '그게 언제인데요?' '1917년이었지.' 알고 봤더니 그는 임시정부에서 철도청 사무관으로 일했던 사람이었습니다. 상대적으로 중요치 않은 자리에 있었기 때문에 살아남았던 겁니다."

옆방에 있는 시계는 임시정부 사람들이 체포되던 오전 1시 40분에 멈춰 있었다. 임시정부의 각료들은 페트로파블롭스크 요새로 이송되었다. 풍자적인 잡지 〈데블스 페퍼밀Devil's Peppermill〉(악마의 후추공장)은 1918년 초에 이런 글을 썼다.

겨울철이 되면서 페트로파블롭스크 요새에서는 떠들썩하게 건강 온천이 시작되었다. 정부 장관과 존경스런 정치가, 경멸스런 정치가, 선거를 통해 임용된 공무원, 작가 그리고 황제정권과 임시정부에 몸담았던 기타 유력 인물, 소비에트와 입헌 의회의 위원, 사회민주주의와 사회주의 혁명당원이 모두 이 유명한 휴가 리조트를 방문했다. 그들은 이곳에서 저명한 치료를 받았다. 예컨대 추위와 굶주림, 의무적인 휴식 치료를 받았고, 이러한 치료는 종종 외과적인 요법이나 핏물 목욕, 기타 흥미로운 행위를 위해 잠깐씩 중단되었다.

한편 한때 굉장했던 러시아가 붕괴되고 있었다. 1918년 3월 3일, 볼셰비키는 독일과 '치욕스런 브레스트-리토프스키 조약'을 체결했다. 그로 인해 러시아제국은 핀란드와 러시아령 폴란드, 발트 3국 그리고 우크라이나를 잃었다. 카스피 해와 흑해처럼 이른바 '따뜻한' 지역을 통한 러시아와 유럽의 연결로가 봉쇄되었다. 32퍼센트에 달하는 농경지와 전 국민의 34퍼센트, 산업시설의 54퍼센트 그리고 89퍼센트에 이르는 석탄 광산을 잃었다. 조약 조건이 너무도 치욕스러웠던 까닭에 당 지도부는 독일과의 전쟁을 재개하기로 결정했다. 하지만 동의안이 단 한 표 차이로 부결되었다. 레닌은 이러한 투표 결과를 막기 위해 미리 예방조치를 취할 수 있었지만 그렇게 하지 않았다. 독일인 재정가들은 그 같은 사실에 매우 만족했다. 유럽 강대국 중 하나인 러시아의 시대가 마침내 막을 내렸다.

잇단 기근이 발생함과 동시에 두 개의 내전이 발발했다. 하나는 적군과 백군(백군에는 수많은 사회민주당원이 포함되어 있었다)의 싸움이었고 다른 하나는 중앙 러시아 대 우크라이나와 코카서스 장군들의 싸움이었다. 1918년에서 1919년 사이, 백군은 남부 러시아와 우크라이나에서 최소한 10만 명의 유대인을 살해했다. 키예프에서는 1918년 말에서 1920년 여름까지 정권이 16번이나 바뀌었다. 1921년에 러시아의 총 곡물 생산량은 1913년의 절반 수준으로 떨어졌다. 1917년에서 1920년 사이에 모스크바 인구는 절반이 줄었고, 페트로그라드에서는 3분의 2가 줄었다.

레닌은 이 혼란한 틈을 이용해 즉각 농업 개혁 프로그램을 시행했다. 그는 멀리 외진 지역에 있는 볼셰비키에게 그곳의 당면 문제를 해결하도록 지침을 내리면서 편지에 이렇게 적었다.

> 이름난 부농과 부자, 흡혈귀 같은 사람들을 최소한 100명 교수형에 처하되 수백 킬로미터 안쪽에 있는 인근 주민들이 그것을 볼 수 있도록 그리고 벌벌 떨 수 있도록, 알 수 있도록, 환호할 수 있도록 시행하시오. 예컨대 농민들로 하여금 그들의 피를 빨아먹는 부농의 목을 직접 매달도록 하고, 향후에도 그럴 수 있다는 사실을 주지시키시오. 이를 위해 진정 열성적인 주민들을 몇 명 찾아보시오.

레닌은 1918년 8월에 '반동분자'를 수용하는 강제노동수용소를 지으라고 명령했다. 그로부터 4년 뒤, 전국적으로 84개의 강제노동수용소가 생겨났고 8만 명 이상이 수감되었다. 이 숫자는 제정 러시아 황제 치하 때 체포된 인원수보다 많은 것이었다.

레닌이 권력을 잡고 있던 기간에 활약한 비밀경찰 체카는 대략 20만 명에 가까운 사람들을 처형한 것으로 알려졌다. 1922년에 체카는 이름을 바꾸었다. 하지만 짧은 기간에 "그 두 음절(일리아 에렌부르크가 쓴 것처럼)은 혁명을 겪은 모든 시민들에게 무수한 공포와 격정을 불러일으켰다." 시민들은 그 두 음절을 절대 잊지 못했다. 혼란스러웠던 1917년부터 1922년까지, 대략 300만에서 500만 명에 달하는 사람들이 목숨을 잃었다. 이러한 사실은 러시아가 왜 유럽과 분리되어야 하는지를 보여주었다.

겨울 궁전 밖으로 나와 광장에 서 있을 때 유리가 말했다.

"이제 내가 직접 겪은 이야기를 해드리지요. 1950년대 초반에 아버지는 이 에르미타슈 미술관에서 모든 기술 문제를 담당하셨습니다. 이 광장에서 대중시위가 벌어질 때 아버지가 해야 할 일은 저기 있는 동상들이 지붕에서 떨어지지 않도록 단속하는 것이었습니다. 물론 저 거대한 기둥이 쓰러지지 않도록 점검하는 일도 했고요. 어처구니없는 우연의 일치겠지만, 혹시라도 그런 사고가 생긴다면 사람들은 '사보타주'라 주장할 테고 그러면 누군가는 비난을 받아야 했으니까요. 물론 그 비난의 대상은 아버지가 되어야 했지요. 말 그대로 희생양인 것이었지요. 바로 그것이 소비에트 조직이 운영되는 방식이었습니다.

그래서 아버지는 시청에 근무하는 수석 건축가 한 분과 이 기둥과 저 지붕에 올라갔습니다. 그곳에 올라서서 주위를 돌아보고는 자신들이 얼마나 말도 안 되는 일을 하고 있는지 탄식하며 가볍게 한 잔씩 하시고는 했답니다. 마찬가지로 그것 또한 소비에트 조직이 운영되는 방식이었습니다.

매년 5월 1일과 11월 7일에는 이곳에서 거대한 가두행진과 집회가 열렸습니다. 당시에는 텔레비전이 없었기 때문에 모든 사람들이 현장에 나와 구경했습니다. 지붕과 기둥에 대한 헌신적인 책임감 덕분에 아버지는 겨울 궁전 보안부서와 좋은 관계를 유지했고 한번은 가두행진을 궁전 안에서 구경할 수 있게 되었습니다. 나는 친구 한 명을 데려와도 좋다는 허락까지 받았지요.

그렇게 우리는 1952년 11월 7일 그곳에 있었습니다. 당시 우리는 창가에 서 있었고 주위에는 다른 가족들과 언제 어디에든 존재하는 사복경찰이 있었습니다. 나는 여섯 살이었고 친구는 일곱 살이었습니다. 창문 아래에서는 사람들이 커다란 초상화를 들고 행진하고 있었습니다. 나는 스탈린 동지를 좋아했고 정치에 대해 아는 거라고는 그게 전부였습니다. 하지만 내 친구는 자신이 얼마나 똑똑한지 자랑하고 싶었던지, 갑자기 아버지에게 물었습니다. '알렉산드르 알렉산드로비치 씨, 스탈린이 죽으면 누가 그를 계승하죠?' 하지만 스탈린이 죽을 수 있다는 생각 자체가 금기였습니다. 또한 후계자를 논하는 것 역시 그에 못지않은 엄청난 중죄였습니다. 아버지는 백지장처럼 창백해지셨지요. 후에 아버지가 말씀하시길, 그 말을 뚜렷이 들은 사복경찰의 얼굴에 오만 가지 생각이 지나가고 있었다고 하시더군요. '이 꼬마를 체포해야 하나?', '하지만 아직 어린아이일 뿐인데', '못 들은 체하면 되는 거 아닐까?'라고 말입니다.

아버지는 일주일 내내 주무시지 못했습니다. 몇 년이 지난 후에도 그 일을 이야기하면 아버지의 얼굴에는 여전히 긴장한 빛이 역력했습니다."

15

유린당한 도시, 리가

Riga

유리 돔 안의 삶

상트페테르부르크에 있는 바르샤프스키 역은 역이라 하기엔 조금 민망한 곳이었다. 다분히 헛갈리게 생긴 널따란 부지 위에 세워진 역은 역 안에서도 조심해서 힘들게 걸어야 했다. 철로가 복잡하게 얽혀 있었고 이곳저곳에 기다란 승강장이 있었다. 기차의 앞부분에는 제설기를 장착한 엔진이 으르렁거리고 있었고, 객차에서는 석탄을 때는 난방장치가 가동되며 연기를 내뿜고 있었다.

하지만 칸막이 객실 안은 정말 쾌활한 모습이었다. 우리 객차에 배정된 차장은 마지막 칸막이 객실에 자리를 잡았다. 그녀가 왜 다른 곳으로 가길 원하겠는가? 이 바퀴 달린 집에 그녀의 모든 삶이 들어 있었다. 색을 넣은 쿠션과 꽃, 자신이 직접 꾸민 커튼, 벽에 걸어둔 성화상聖畫像 그리고 난로 위에서 노래를 부르는 찻주전자까지…. 항상 철로 위에 말이다.

우리가 타고 있는 일등석 칸막이 객차는 마치 응접실 같았다. 당겨서 펴는 침대에는 면벨벳 시트가 깔려 있었고, 빨간색 천, 하얀색 레이스가 달린 커튼에다 탁자 위에는 조화造花까지 놓여 있었다. 내 짝이 된 승객 안드레이 모로조프는 배에 사용되는 장치 관련 사업에 종사하는 사람이었다. 창밖은 온통 하얀색 황무지였고 간간이 굴뚝이 보였다. 스피커에서는 감미로운 러시아 노래가 흘러나왔고 곧 날이 어두워지기 시작했다.

우리는 둘이서 보드카 두 병을 해치웠다. 처음에는 안드레이의 열세 살짜리 딸과 그녀가 가장 좋아하는 잡지 〈콜걸〉에 관해 이야기했다. 그다음에는 푸시킨이 지닌 가벼움에 대해 이야기했다. 그리고 그는 기차 손님들을 상대로 돈을 버는 리투아니아 매춘부들의 특색에 대해 자세히 알려주었다.

이웃한 객차에서는 사람들이 널빤지로 만든 침상에 앉거나 누워 있었다. 얼굴이 붉은 농부들과 숫기 없는 군인들, 주름 가득한 할머니들이었다. 내가 누워 있는 침대가 천천히 흔들렸다. 기차 연결 장치가 삐걱거리는 소리를 냈다. 복도 저 아래 어디에선가 아코디언 소리가 들렸다. 창문 밖에는 눈이 끊임없이 흩날리고 있었다. 모두가 잠든 마을에는 등불이 빛났고 그 위에는 별이 빛났다.

빌니우스(리투아니아 공화국의 수도_옮긴이 주)에는 새벽 4시 반에 도착했다. 주위가 무덤처럼 조용했다. 역사驛舍 근처에는 회색 옷을 입고 철로 위에 다리를 반쯤 걸친 4명의 남자가 있었다. 그들은 불빛과 기차를 번갈아 쳐다보고 있었는데 얼굴은 추위 때문에 딱딱하게 굳었고 손에는 낚시 도구가 들려 있었다. 그들은 아무 말도 하지 않았다. 그래서 나는 도시의 중심가를 따라 걸어 내려갔다. 그리고 갑자기 독일식 건물과 미국 광고, 이탈리아 카페, 스웨덴 호텔을 발견했다. 도심은 마치 보이지 않는 유리 돔을 이용해 겨울이 침범하지 못하도록 막고 있는 것 같았다.

발트 3국, 그 수난의 역사

나는 네링가 호텔에 방을 잡았다. 옆방에 묵고 있는 남자가 내는 신음과 직업여성이라고 생각되는 여인의 비명소리에 잠을 깼다. 그들은 잠시 동안 조용하다가 이해할 수 없는 언어로 달콤하고 애잔한 노래를 불렀다. 한편 나는 호텔 방의 서구적인 침대 위에 누워 그곳은 내가 있을 자리가 아니라고 생각했다. 침대 옆에 있는 샤워시설에서는 깨끗한 물도 나오고 있었다. 내가 누워 있는 매트리스의 스프링이 쉽게 본래 모습으로 되돌아오듯이 이 도시도 한순간에 유럽 생활로 돌아간 것 같았다. 마치 그 중간에 아무 일도 없었던 것처럼 말이다.

하지만 이곳 사람들이 크리스마스를 대놓고 즐기기 시작한 것은 겨우 10년 전이었다. 그리고 그들이 200만 명의 참가자와 함께 발트 3국을 관통하는 650킬로미터의 인간 사슬을 만든 것도 10년 전이었다. 또한 빌니우스의 텔레비전 송신탑 근처에서 소련 군대와 처절한 싸움을 벌인 것 역시 불과 8년 전이었다. 이러한 일들이 벌어지는 동안 레닌

동상은 루키스키우 광장을 조용히 지켜보고 있었다.

하지만 그 모든 일이 벌어졌던 게 수백 년 전처럼 느껴졌다. 빌니우스 중심가에는 서구적인 공허함이 들어차 있었다. 노란색 벽에는 깨끗하게 회반죽이 발라져 있었고, 오래된 장식들은 마치 새것처럼 보였으며, 아디다스와 베네통, 그 밖의 다른 익숙한 상표들이 지나가는 사람들을 향해 미소 지었다. 길을 반쯤 걸어 내려가자 새로운 바람이 불고 있었다. 소년 6명과 소녀 2명 그리고 기타 하나…. 그들은 반짝이는 쇠장식이 가득 박혀 있는 짧은 가죽 재킷을 입고, 부드럽고 발그레한 얼굴을 하고 있었다.

이곳의 도시 내부는 유럽 자본에 의해 서구사회가 지닌 부를 보여주는 전시장이자 지표로 탈바꿈했다. 지난해에 리투아니아 사람들은 의욕적으로 서유럽과 동일한 시간대를 도입했고 결과적으로 지금 같은

▲ 서구적인 공허함이 가득 차 있는 빌니우스 중심가의 모습.

겨울철에는 오후 4시부터 저녁이 시작되었다. 이 도시가 지닌 서구 유럽의 이미지는 다소 성마른 경향이 있었다.

다리 하나만 건너면 낡은 우주피스 구역이자 빌니우스의 라틴 거리가 등장하는데 이곳은 진흙으로 된 낡은 벽들이 가득하고 안뜰에서는 건초가 썩어가고 있어 마치 빅토르 위고나 에밀 졸라의 책에 나오는 풍경 같다. 도시 외곽에는 곳곳에 나무로 지은 집들이 있었고, 지붕은 단면이 물결모양인 녹슨 양철로 되어 있었다. 반쯤 썩어버린 발코니가 있는 집도 두세 군데 있었고 연기 나는 굴뚝, 말과 마차도 있었다. 또한 농사를 짓지 않는 들판에는 까마귀가 가득했는데 그 수가 어마어마하게 많아 까마귀의 나라라 해도 과언이 아닐 정도였다. 일부 마을에서는 판자로 지은 오두막들을 볼 수 있었는데 나무로 지은 낡은 유대인 교회당이 여전히 남아 있는 것이었다.

한편 도시의 귀공자들은 매일 카페 아프리카에 모였다. 그들은 무척 진지하게 담배를 피웠고 침묵 속에서 커피를 마셨으며 프랑스 상송을 들었다. 리투아니아는 유럽에서 자살률이 가장 높은 나라였다.

봄이 되고 날이 풀리기 시작했다. 3월의 햇빛이 19세기 때 지어진 담장 위에 무자비하게, 마치 유리처럼 투명하게 내리쬐었다. 도로에는 차가 별로 없었고, 햇살을 받으며 걸어가는 몇 안 되는 사람들이 인도 위에다 짧은 그림자를 만들고 있었다. 나는 1902년에 지어진 상업 건물 앞을 지나갔다. 그 건물 지붕에 있는 쇠창살이 인상적이었다. 한때 유대인이 소유하던 건물이 분명했다. 그 옆에 있는 건물에는 동시에 7개의 초를 세울 수 있도록 양식화된 촛대가 전면에 장식되어 있었다. 길모퉁이에는 사회복지시설이 있었는데 과거에는 '헤더', 즉 유대인

초등학교였다.

빌니우스(독일어와 이디시어로는 '빌나')는 한때 완전히 유대인 마을이었고 수백 년 동안 유대인을 위한 교육과 문화의 중심지였다. 유대인이 다니던 대학이 있었고 마을에는 여섯 개의 유대인 일간 신문이 발행되었다. 1945년 이후 유대인들의 묘비는 새로운 연방회관을 짓는 데 계단으로 사용되었다. 오늘날에는 작은 유대인 박물관이 세워져 있는데 그곳에는 유대인 율법서와 뼈대만 남은 성서대, 초상화 두 개 그리고 액자 몇 개가 걸려 있다. 현재까지 남은 것이라고는 그것이 전부인 듯했다.

내가 묵은 호텔 근처에는 단단한 돌덩어리로 지어진 칙칙한 정부 건물이 있었다. 그곳에는 거대한 문을 비롯해 육중한 문턱과 계단, 회랑이 있었고, 건물 전면에 있는 기둥들은 막연하지만 그리스 사원을 연상시켰다. 그 건물은 과거에 대학이나 정부 산하 청사 또는 자치구 의회 사무실로 사용되었을 것이다. 유럽 전역에서 볼 수 있는 19세기 정부 건물 중 하나였다. 정면에는 뭔가 떼어낸 자국이 역력했는데, 한때 독수리 장식을 비롯해 방패, 나치 문장, 망치와 낫이 서로 금방금방 자리를 주고받던 곳이었다. 나머지 다른 것들은 거의 변함이 없었다.

건물이 지어진 1899년 당시에는 재판소로 사용되었다. 빌니우스가 러시아제국의 행정지 역할을 했기 때문이었다. 러시아제국의 재판소 역할은 1915년까지 계속되었다. 그러다가 1915년에 독일 재판소로 바뀌었다. 당시 빌니우스 주민들은 독일 계엄령에 지배를 받았고 독일인들은 새로운 식민지 개척자로서 모든 특권을 누렸다. 1919년 1월부터 4월 사이에는 볼셰비키의 혁명 재판소가 이곳에 자리 잡았다. 이곳에 리투아니아 국기가 잠시 휘날린 기간이었다. 이후 최소 15년간은 폴란드의 보호 아래 재판이 진행되었다.

1940년부터 1941년 사이에는 소비에트 연방 판사들과 사형집행인들이 건물에 있는 모든 법정과 강당, 사실私室들을 점령했다. 좀 더 정확히 말하자면 그들은 비밀경찰인 내무 인민위원회(NKVD)였다. 1941년에 이르러서 건물은 게슈타포[1]와 보안대, 악명 높은 리투아니아 특공대의 본부가 되었다. 1944년 이후에는 NKVD가, 나중에는 KGB가 이곳에서 활동을 재개한 뒤 1991년 8월까지 계속 사용했다. 오늘날에는 박물관으로 바뀌어 있다.

이 오래된 재판소 건물은 20세기 전반에 발트 3국이 겪어온 극적인 모든 역사를 지켜봤다. 현재 리투아니아에는 350만 명이 거주하며 라트비아에는 250만(하지만 이들 중 3분의 1이 러시아인), 에스토니아에는 겨우 150만(마찬가지로 거의 3분의 1이 러시아인) 명이 살고 있다. 베네룩스 3국처럼 이들 발트 3국은 수많은 유럽 문화의 단층선이 합쳐지는 지역이었다. 리투아니아는 한때 흑해까지 세력을 넓혔던 강력한 중앙유럽 제국이 남긴 마지막 유적지였다. 15세기에 빌니우스와 민스크, 키예프는 동일한 통치자의 지배를 받았다. 에스토니아는 오히려 스칸디나비아 쪽에 가까웠고 덴마크, 독일, 스웨덴, 러시아의 지배를 받았다.

라트비아는 드랑 나흐 오스텐Drang nach Osten(독일 동쪽에 있는 슬라브족 땅을 식민지로 만들려는 독일의 동방정책_옮긴이 주), 즉 동방 진출 정책에 영향을 받았다. 기독교 이전 시대부터 존재하던 야만인으로 이루어진 이 쿠를란트(발트 해 연안 지역_옮긴이 주) 지역은 일찍이 12세기부터 프로이센 십자군 전사들의 사냥터가 되어왔다. 20세기에 접어들 때까지만 해도 독일 기사단의 후손들(리벤이나 팔렌, 베어라는 이름으로)은 이 곳에 광활한 사유지를 소유하고 있었다. 공식적으로 이 지역은 러시아 제국의 일부였다. 하지만 비공식적으로는 독일의 중요한 식민지 가운데 하나였다.

빌니우스는 중립적인 태도를 견지했다. 인구의 40퍼센트가 유대인이었고 30퍼센트가 폴란드인이었으며 2퍼센트가 리투아니아인이었다. 이것이 과거 재판소가 세워질 당시의 상황이었다.

1918년에 볼셰비키가 발트 3국에서 권력을 잡았다. 그들은 이 나라들을 약탈하고 2,000~3,000명의 시민들을 살해했으며 재판소에 소위 '민중에 의한 법정'이라는 것을 만들었다. 하지만 곧 독일 지주와 발트 해 민족주의자들이 만든 연합군에 의해 쫓겨났다. 한쪽에서 숙청작업이 시작된 것도 그때였다. 수천 명에 달하는 볼셰비키와 볼셰비키로 의심되는 사람들이 재판도 받지 않고 총살되었다. 당시 프랑스 대사로 있던 사람의 증언에 따르면, 리가에 있는 중앙 교도소에서는 매일 아침 최소 50명에 대한 처형이 이루어졌다. 그리고 그렇게 이쪽과 저쪽에서 번갈아가며 연속적인 학살이 시작되었고, 이런 학살은 향후 수십 년간 계속 되풀이되었다.

1920년에 소비에트 연방은 발트 3국의 '영원한' 독립을 인정했다. 리투아니아에 있는 이 건물은 재차 평범한 재판소가 되었다. 그때까지 라트비아는 전쟁과 기근, 해외 이민으로 전체 인구의 40퍼센트를 잃었다. 1926년에 리가 항구를 통해 유통된 물류의 양은 1913년과 비교하면 10분의 1에 불과했다. 공장이란 공장은 모두 러시아로 '이민'을 떠났다. 수많은 독일 대농장은 농부들에 의해 잘게 나뉘었으며 리벤 일가와 베어 일가는 쓰라린 가슴을 부여잡고 그곳을 떠났다.

영국은 이 작은 세 나라를 돕기 위해 함대를 파견했지만 전혀 환영받지 못했다. 1919년 파리 평화회담에서 한 젊은 외교관이 에스토니아와 라트비아를 옹호하고 나서자 영국 참모총장 헨리 윌슨이 그를 커다란 러시아제국 지도 앞으로 데리고 가 이렇게 말했다.

"자, 여길 좀 보게. 지도에서 이 작은 두 지역을 보고 그들 옆에 있는 저 거대한 나라를 한 번 보게나. 자네가 저 조그만 나라의 국민이라 하더라도 어떻게 잡아먹히지 않기를 바랄 수 있겠나?"

발트 3국에 흐르는 긴장감

나는 그 재판소에 있는 지하실을 거닐었다. 대부분이 그대로 남아 있었다. NKVD가 사용하던 간이 화장실과 게슈타포의 지하 저장소, 비명소리가 새어나가지 않도록 덧대놓은 문까지 그대로였다. '좁은 독방'도 있었는데 표면상으로는 독거수용獨居收容을 위해 만들어졌지만 실제로는 그 안에 10명에서 20명에 달하는 죄수들을 집어넣고는 했다. 1947년부터 사용된 나무 침상도(그전까지 죄수들은 돌바닥에서 잠을 잤다) 있었다. 24시간 내내 켜져 있는 등불도 그대로였다. 벽에는 어린 한 소녀의 사진이 걸려 있었다. 머리에 세련된 모자를 쓰고 벽에 기대어 반은 앉고 반은 누운 자세를 취한 소녀였다. 그녀의 무릎 위에는 쌍안경이 올려져 있었다. 그리고 소녀는 죽어 있었다. 가슴에는 총알 자국들이 선명했다. 그녀는 1953년까지 소비에트 연방에 저항해 게릴라전을 수행한 리투아니아 레지스탕스의 일원이었다.

자신을 '숲의 친구Brothers of the Forest'라 부른 이 게릴라들은 리투아니아가 국제법상 여전히 독립국이라고 믿었다. 그들의 비밀 정부는 자체적인 법률과 행정부를 갖고 있었다. 그들은 법원을 점령해 소비에트 법이 집행되지 못하도록 만들었다. 그 과정에서 약 2만 명에 달하는 리투아니아 사람들이 살해되었다. 당시 게릴라 대원의 기대 수명은 2년에서 3년이었다. 그들 중 대부분이 21세 미만이었다.

재판소 지하에 있는 방들 중에는 잠긴 곳도 있었다. 잠겨 있는 문 뒤에는 KGB가 자행한 대량학살의 희생자들인 리투아니아 국회의원과 사제들, 기타 유력인사들의 유골 700구가 놓여 있었다. 1993년과 1994년에 걸쳐 그들의 시체가 발굴되었지만 지금까지 신원이 확인된 시체는 겨우 40구뿐이었다.

그곳 지하에는 나 말고도 나이가 지긋한 한 노인 방문객이 있었다. 우리는 대화를 시작했다. 노인의 이름은 안톤니스 베르슬라브스키였고, 열일곱 살 이후 이곳을 처음 방문했다고 말했다. 그랬다. 그는 독거수용에 대해 알고 있었다. 당시에 그는 차가운 물속에 계속 서 있어야 했는데 나중에는 결국 의식을 잃고 쓰러지고 말았다. 그의 독일어 실력은 낡고 녹슬어 있었다.

"김나지움gymnasium(대학 진학을 위한 중등학교_옮긴이 주)에 다닐 때 독일어를 배웠지만 독일어로 말하는 건 거의 반세기만이라네."

그는 단지 이곳을 방문하기 위해 오늘 빌니우스에 도착했다고, 이곳을 꼭 한 번 더 보고 싶었다고 말했다.

"1948년에 나는 여기 있는 19호실에 3개월 동안 갇혀 있었다네. 동료 6명과 함께였지. 모두 학생이었다네. 당시 나는 게릴라 대원이었지."

그가 깊은 한숨을 내쉬며 가슴을 두드렸다.

"맞아, 그때를 생각하니 아직도 가슴이 먹먹해지는군."

그는 독방 문을 가리키며 말을 이어갔다.

"저곳에 3일이나 있었다네. 이후에 그들은 나를 시베리아로 보내버렸지. 20년형을 받았다네. 그곳에서 끝없이 땅을 파고, 나무를 베었지. 서른일곱 살이 돼서야 풀려났어."

그는 눈썹이 진했고 눈은 움푹 들어가 있었다.

"이곳에서 그 모든 것이 시작되었지. 정말 무서웠어!"

그는 더는 말을 이어가기가 어려웠다. 독일어로 말하는 것이 수월하지 않은 데다 점점 울화가 치밀어 올랐기 때문이다.

이 지역의 중요한 정치 지표는 〈발트 타임스〉이다. 매주 발행되는 이 신문은 발행을 시작한 지 이제 겨우 3년이 되었고 두세 칸으로 이루어진 어지러운 사무실에서 10여 명의 언론인들이 만들어내고 있다. 간단히 이번 주 뉴스를 읽어보았다. '라트비아 모델 협회 여회장이 마약거래로 체포되다', '전前 무장 친위대 퇴역군인들의 행렬이 라트비아를 둘로 나누다', '에스토니아 국회가 자국어 강제성을 확대하다, 모든 러시아 사업가들과 공무원, 웨이터, 의사들이 이제 의무적으로 에스토니아어를 사용하게 되다' 같은 내용이었다.

주住바르샤바 리투아니아 대사관에 있는 반유대주의 포스터에 대한 기사도 있었다. 이런 글이었다. "모든 범죄는 유대인 프리메이슨이 선동하고 유대인이 저지른다." 노인들의 항의 글도 있었다. "내 퇴직금은 난방비 내기에도 빠듯하다. 하지만 리가 시의회는 이런 상황에 대해 눈곱만큼도 관심이 없다. 도대체 날더러 어떻게 먹고 살라는 말인가?" 비사기나스의 시장이 스스로 목을 맸다는 기사가 나와 있었다. 그가 비리를 저지르고 '친親모스크바 행위'를 저질렀다는 혐의로 수사가 진행되고 있었다. 에스토니아의 지방 도시인 폴바에 대한 이야기도 실려 있었다. 폴바에 사는 농부들이 러시아 수출 시장을 잃었다는 내용이었다. "실업과 빈곤으로 젊은이들이 수백 명씩 나라를 떠나고 있다. 지방민들은 앞날이 걱정되어 더는 아이를 가질 엄두도 못 낸다." 라트비아 수상 빌리스 그리스토판스와의 인터뷰가 이어졌다. "라트비아가 어떻게 발전해야 하는가에 대한 답은 네덜란드에 있습니다."

젊은 미국인 스티븐 존슨은 지난 2년 동안 이 주간지의 주필로 일해 왔다. 그는 발트 3국이 단결돼 있는 것처럼 보이는 것은 멀리 떨어져서 지켜보기 때문이라고 생각했다.

"이들 세 나라의 수도만 살펴보더라도 금방 알 수 있습니다. 빌니우스는 리투아니아라는 거대한 제국의 수도로 건설되었습니다. 탈린은 지나치게 비대해진 덴마크 마을임과 동시에 에스토니아의 다른 도시들처럼 모든 면에서 스칸디나비아의 모습을 유지하고 있습니다. 하지만 리트비아는 늘 다소 동떨어진 프로이센 지방이었습니다. 조금만 살펴보면 누구나 금방 알 수 있는 사실이지요. 리가는 영락없는 독일의 무역도시입니다. 항상 그래왔고요."

존슨은 최근 들어서 그들의 갈등이 겉으로 드러나고 있다고 말했다. 1989년 이후 에스토니아는 순식간에 유럽에서 훌륭한 이미지를 확립했고 여전히 3국 중 가장 앞서고 있다. 1996년까지 리투아니아는 절반은 공산주의 국가라 할 수 있었다.

"이들 세 나라는 지금 이 순간에도 일종의 경제 공동체를 만들기 위해 노력하고 있을지 모릅니다. 하지만 그들이 발전하고 있는 속도에는 많은 차이가 납니다. 결과적으로 그것은 커다란 긴장감을 조성하고 있습니다. 당신도 리가나 빌니우스에 있는 에스토니아 사람들이 소리치는 걸 종종 들었을 겁니다. '도대체 우리에게 이 사람들이 왜 필요한 거야?'"

그렇다면 러시아 사람들은 어떨까?

"그 모든 세월이 지나고 발트 3국은 러시아인과 다른 어느 때보다 복잡하게 얽혀 있습니다. 나는 리투아니아 남동부에 있는 한 도시를 알고 있는데 그곳에 사는 인구의 85퍼센트가 러시아어를 사용합니다. 같은 남동부에 있는 다른 도시는 도시 전체가 한 유가공 공장에 전적으로 의존하고 있습니다. 그런데 이 유가공 공장 또한 러시아의 유가공품 소비에 전적으로 목을 매고 있는 상황입니다. 그러한 일이 여전히 가능합니다. 하지만 언제까지 가능할까요?"

존슨의 말에 따르면 러시아와의 관계에 있어서도 발트 3국 사이에 커다란 차이점이 존재한다.

"라트비아는 항상 가장 나쁜 관계를 맺어온 반면 리투아니아는 가장 좋은 관계를 유지해왔습니다. 독립국이 됨과 동시에 리투아니아는 자국에 살고 있던 모든 러시아인에게 시민권을 주었습니다. 라트비아에서는 오직 15세에서 30세까지의 러시아인에게만 시민권이 허락되었죠. 그러니까 만약 당신이 서른한 살이고 모국어가 러시아어라면 아무데도 갈 곳이 없는 겁니다. 당신이 그곳에서 평생을 살아왔다 해도 마찬가지지요. 라트비아에서 시민권을 얻은 러시아인들 역시 매우 제한된 장소에서 생활하고 있습니다. 연금과 관련된 권리도 매우 제한적이고, 그들이 누릴 수 있는 사회 편의시설 역시 전무하다고 할 수 있으며, 그들에게는 사회적인 발언권도 없습니다."

존슨은 라트비아가 오로지 발트 해에만 관심을 둔다고 생각했다.

"대통령은 언제나 북유럽 6개국Nordic Six에 대해서만 이야기합니다. 그 사람의 관점에서 발트 해는 북쪽의 지중해가 되어야만 하는 거지요."

존슨이 이야기한 바에 따르면 이 세 나라에 있는 젊은이들은 매우 낙천적이었다. 구세대는 그러한 모든 변화가 자신들을 밀쳐내도록 그저 내버려두었다.

"그들은 냉소적으로 변했습니다. 이미 너무나 많은 일을 겪은 탓이지요. 유럽을 포함해 누구도 믿지 않습니다. 발트 3국이 독립국이 되었을 때 독립은 겨우 20년간 지속되었습니다. 그 뒤에는 몰로토프-리벤트로프 조약[2]에 의해 다시 러시아가 그들을 집어삼켰죠. 유럽은 그들을 도와주기 위해 손가락 하나 까닥하지 않았습니다. 이들 구세대는 그러한 과거사를 잊지 않았지요."

과거에 집착하지 않는 사람들

리가는 친밀한 느낌을 지닌 도시이다. 그리고 바닷길의 요지에 위치해 있다. 리가는 진짜 한자 동맹을 맺은 항구도시였으며 덴마크가 숨을 불어넣고, 종종 데벤테르(네덜란드에 있는 도시_옮긴이 주)의 손길이 미치기도 하는 도시였다. 10년 만에 이곳에 또 하나의 환상적인 포템킨 마을Potemkin town(겉만 번드르르한 허구적인 마을을 가리킴_옮긴이 주)이 만들어졌다.

오늘에야 비로소 진정한 봄날이 된 것 같았다. 리가의 도심이 유쾌한 작은 도로와 예쁘장한 레스토랑, 호화로운 카페가 가득한 곳으로 바뀌었다. 비록 규모는 작지만 이 도시 또한 상트페테르부르크와 유사한 내력을 가지고 있었다. 너무 가난해 1918년 이후로는 새로운 건물을 짓거나 낡은 건물을 허무는 일이 드물었기 때문에 리가에는 1900년의 모습이 고스란히 남아 있었다.

사람들이 가지만 앙상한 나무 아래를 산책하고 있었다. 콧수염을 기르고 베레모를 쓴 키 큰 남자, 밍크 모자와 스톨을 걸친 유대인 여자가 있었고, 찢어진 바지를 입고 코가 닳아 없어진 신발을 신은 술 취한 노동자도 있었다. 녹슨 연철로 만들어진 발코니에 1879년이란 날짜가 새겨져 있는 것을 보고 이런 생각을 했다. '그렇다면 1918년과 1920년, 1940년, 1941년, 1944년, 1989년에는 누가 살았을까? 유대인 사업가가 살다 독일 장교가 살고, 그 뒤에는 소비에트 관료와 그의 가족들이 살았을까?'

1939년에 발트 3국은 히틀러와 스탈린에 의해 나눠졌다. 이 두 강자는 장차 유럽에서의 영역권을 놓고 조심스레 경계선을 그었다. 1940년 6월 17일, 전 세계의 관심이 독일의 파리 점령에 몰려 있을 때 러시아의 기다란 탱크 행렬이 리가로 진입해 들어왔다. 1년 후에는 65만 명 이상의 소비에트 군대가 발트 3국에 주둔했다. 약탈이 일상적으로 일

▲ 너무 가난해 새로운 건물을 지을 수 없었던 리가에는 1900년의 모습이 고스란히 남아 있다. 리가 구 시가의 모습.

어났다. 수백 명에 달하는 '민중의 적'이 한 줄로 세워져 총살을 당했다. 1941년 6월 14일에는 2만 명이 넘는 리투아니아 사람들이 체포되었다. 그들은 가축 운반용 화물 기차에 실려 소비에트 연방 중에서도 가장 궁벽한 지역으로 유배를 떠났다. 같은 날 밤, 라트비아에서는 1만 5,000명이, 에스토니아에서는 1만 1,000명이 기차에 실려 떠나갔다. 그리고 2,000~3,000명만이 살아 돌아왔다.

리가의 점령 박물관에는 소비에트 감옥에서 사용되던 오물통인 '파라샤parasha'의 원형이 전시돼 있었다. 파라샤(인기 있는 향수 상표를 본 따 '붉은 모스크바'라고도 불렸다)는 넓으면서 비교적 낮은 통이었고 가장자리에는 선반이 달려 있었다. 모든 감방과 가축 운반용 화물 기차, 배

밑바닥 그리고 수용소 막사에는 이 파라샤가 놓여 있었다. 그런데 파라샤에는 항상 똥이 가득해 다음 사람이 앉으면 똥물이 튈 정도였다. 과거 감옥살이를 했던 마르티누스 멜루치는 "막사 곳곳, 옷 여기저기, 심지어 음식에까지 악취가 배었습니다. 그 악취와 상상할 수 없는 오물, 그것이야말로 그들이 우리에게 한 가장 잔인한 짓이었습니다"라고 말했다.

1941년 여름, 발트 3국은 진격 중인 독일군에 의해 점령되었다. 나치의 지배는 공산당 군대가 다시 밀고 들어온 1944년까지 3년간 계속되었다. 소비에트 연방은 예전 통치 방식을 즉시 재개했다. 약탈과 강간, '방해자'의 대규모 처형, '완강하게 반항하는 부르주아'들의 유배가 다시 시작되었다.

이때도 이들 세 나라를 돕기 위해 나선 서방 국가는 단 한 곳도 없었다. 1949년 3월 하순 동안 리가에서만 4만 명에 달하는 남자와 여자, 아이들이 체포되어 시베리아로 유배를 떠났다. 발트 3국을 모두 합하면 그 숫자는 15만 명에 이르렀다. 1947년에서 1950년 사이에 리투아니아인 22만 명이 소비에트 연방의 각 지역으로 유배되었다. 거꾸로 50만 명에 달하는 러시아인이 발트 3국으로 들어왔다. 1970년대 말, 라트비아인은 자신들의 수도 안에서 소수민족이 되어 있었다.

점령 박물관에는 수용소 막사 모형 또한 설치되어 있었다. 손으로 직접 만든 스푼과 썩은 바이올린, 나무껍질에 쓴 편지도 있었다. 또한 절망적인 누군가가 달리는 화물 기차에서 밖으로 던진 책도 있었는데 책 안에는 이별을 고하는 말이 가득했다. 그리고 1946년에 만들어진 작은 서표書標도 있었다. 리가에 있는 중앙 교도소에서 어떤 수감자가 매듭이 풀린 빨간 실로 정성스럽게 짠 것이었다. '지리스에게, 드로스마가'. 하지만 지리스 무세닉스는 그 글을 볼 수 없었다. 그는 시베리아의 침엽수림 지대에서 진작 사망했기 때문이었다.

박물관 출구에는 지리스와 같은 일을 겪은 사람들의 숫자가 적혀 있었다. "소비에트 연방과 독일 점령 기간 중 라트비아는 전체 인구의 3분의 1이 넘는 55만 명에 달하는 시민을 잃었다. 이 숫자에는 단순히 살해된 사람들, 전쟁으로 사망한 사람들, 사형선고를 받고 처형된 사람들, 유배된 사람들, 피난민이 되어 전 세계로 흩어진 사람들, 그나마 종적도 없이 사라진 사람들이 포함되어 있다."

리가 시민들이 과거의 기억에 집착하지 않는 성향을 가졌다는 건 신께 감사할 일이다. 그렇지 않았다면 견디기 힘들었을 것이다. 토요일 저녁이었다. '양고추냉이 샌드위치'라는 이름의 카페가 길가까지 나와 영업을 하고 있었다. 그곳은 소비에트의 낡은 잡동사니와 싸구려 보드카로 대단한 인기를 누리고 있었다.

'향수鄕愁 레스토랑'은 한때 소비에트 연방의 엘리트들이 다니던 술집이었는데 지금은 젊은이로 가득했다. 식당은 독특한 스탈린 양식으로 장식되어 있었다. 로마식 기둥과 커다란 샹들리에, 천정에 달린 프랑스식 조망창 등 벼락출세한 공산당원들의 눈길을 끌 수 있는 것은 전부 다 있었다. 10년이 지난 지금, 라트비아 젊은이들은 이곳을 '근사한 캠프' 정도로 여겼다. 이곳은 그럴 수도 또는 그렇게 보일 수도 있는 장소였다. 나는 암스테르담 카페에 들어갔다. 카페 벽에는 두 장의 암스테르담 풍경화가 걸려 있었고 카운터 뒤쪽으로는 그롤쉬 맥주 세 병이 보였다.

갑자기 이곳이 독특한 도시라는 생각이 들었다. 이를테면 그곳은 역사적인 사건들을 연극 무대의 배경으로 바꿔놓은 도시 같았다. 나는 점령 박물관에서 가져온 두툼한 카탈로그를 갖고 있었다. 메클렌부르크 포어포메른(발트 해 연안에 있는 독일의 주_옮긴이 주) 주의회로부터 보조금을 받아 만들어진 반짝이고 화려한 카탈로그였다. 또한 박물관 입구에서 받은 얇고 조악한 소책자도 있었다. 이 지역 유대인 기록 센터에서 발행한 《리가의 유대인》이란 책이었다. 나는 그 두 권을 나란히 놓았다. 공식 카탈로그(라트비아 대통령이 서문을 썼다)에 소비에트 점령에 관한 내용이 들어 있다는 것도 놀라웠지만 그 책이 어떤 내용을 언급하지 않고 있다는 것 또한 놀라웠다.

카탈로그에는 1941년에 라트비아인이 꽃을 주며 독일 '해방군'을 환영했다는 사실이 정확하게 실려 있었다. 나는 발트 3국을 '독일화'시키고 재차 식민지로 만들려 했던 나치의 계획에 대한 내용을 모두 읽었다. 그들은 리가의 중심지에 있는 자유 대로를 아돌프-히틀러 거리로 개명했고, 전통적인 공휴일을 모두 금지했으며, 경제를 통제했고, 자국으로 노동자들을 보내 강제노동을 하도록 만들었다.

그럼에도 카탈로그에서는 한 가지 문제를 다루지 않고 있었다. 독일의 유대인 박해와 관련해 라트비아와 리투아니아에서 받은 열광적인 지지에 대한 것이었다. 그 병적인 광기는 수십 년 동안 이곳 사람들을 휩쌌던 폭력적인 혁명, 역逆혁명의 주기와 전적으로 맞물려 있었다. 유대인 시민들(그들 가운데 일부는 공산주의자였고 나머지는 자본가였다)은 이상적인 희생양이었다. 본질적으로 빈에서 진행된 방식이 이곳에서도 동일하게 반복되었다.

발트 3국과 관련된 인상적인 개인사를 지니고 있는 모드리스 엑스타인Modris Eksteins은 "유대인은 독일어로 말했고, 때로는 독일인보다 더욱 독일인 같았다. 또한 러시아어를 사용하는 유대인은 러시아인보다 러시아인다운, 러시아 문화의 대변인이었다. 유대인은 마을에 거주하고 있을 뿐 소위 세계인이었다. 하지만 점점 커가는 망상과 노골적인 민족주의의 분위기에 사로잡힌 많은 라트비아인에게 유대인은 이질적이고 위험함을 상징하는 모든 것이었다"라고 썼다.

1941년 여름에 소비에트 연방이 철수하자 라트비아와 리투아니아 국민들은 유대인을 공격했다. 지난해에 발간된 박물관 카탈로그에는 당시에 라트비아인으로 구성된 '자위단'이 결성되었고 그들이 퇴각 중인 "소비에트 군대 그리고 소비에트 연방의 지배를 지지하는 무리들과 전쟁을 마무리 지었다"라는 사실만 언급되어 있다. "그들은 다양한 국적과 혈통(라트비아인과 러시아인 그리고 유대인)을 가진 소비에트당의 행동대원들을 대략 6,000명가량 사살했다"고 한다.

하지만 실제로는 무슨 일이 일어났던 것일까? 게슈타포와 독일군 기동대가 도착하기도 전인 1941년 6월 29일, 라트비아 마을 다우가프필스에서는 16세부터 50세까지의 모든 유대인 남자들이 시장 광장에 끌려나와 있었다. 그들 가운데 1,000명 이상이 라트비아인들에 의해 그 자리에서 살해됐다. 7월 2일 밤에는 리가 전역에서 유대인에 대한 재산 약탈과 살인이 자행되었다. 7월 4일 정오에는 10여 가구의 유대인 가족들이 리가에서 가장 큰 유대인 교회당인 '그라이제 회르 쉴'로 끌려갔다. 대략 300여 명의 리투아니아계 유대인 피난민들이 교회당 지하에 피신해 있었다. 라트비아 나치들은 밖에서 교회당 문을 잠그고 건물에 불을 질렀다. 수백 명의 유대인이 산 채로 화장당했다. 유사한 잔혹행위가 리가의 유대인 공동묘지에서도 발생했다.

점령 박물관에서 발행한 카탈로그에는 이러한 사실이 전혀 언급되어 있지 않았다. 카탈로그에는 단지 성 베드로 교회의 나무 첨탑 사진만 나와 있을 뿐이었다. 같은 기간에 리가에서 발생한 발작적인 싸움으로 '도시에 있는 수많은 역사적 건물이 그랬듯이' 교회의 첨탑도 불에 탔다는 것이었다. 여기에는 소비에트 지도자들이 '유대인 인구에 대한 나치의 특별한 위협'을 무시했다는 설명도 곁들여져 있었다. 그 카탈로그 저자들은, 독일 점령자는 많은 '라트비아인을 포섭해' 민간인을 위협하려 했다고 주장했다.

여전히 의문이 가시지 않는다. 실제로 무슨 일이 일어났던 것일까? 홀로코스트에서 살아남은 라트비아 유대인의 비율은 유럽의 다른 어느 곳보다도 낮은 1.9퍼센트였다. 1941년 7월 6일, 독일군 군목인 발터 S.가 라트비아 동부에 위치한 레제크네에 도착했을 때, 소련이 자행한 공포정치로 인해 희생된 26명의 장례식을 위해 모든 시민들이 거리에 나와 있었다. 그가 도착하기 얼마 전에 그들의 유해가 공동으로 매장된 곳이 발견됐다. 발터 S.는 즉시 그곳으로 달려가 무덤가에서 장례식을 집전하고 요한계시록 21장 4절을 읽었다. "모든 눈물을 그 눈에서 씻기시매 다시 사망이 없고 애통하는 것이나 곡하는 것이나 아픈 것이 다시 있지 아니하리니 처음 것들이 다 지나갔음이라."

장례식이 끝나자마자, 라트비아인들은 학살을 시작했다. 그날 저녁 발터는 아내에게 보내는 편지에 "지금껏 막후에서 조종하던 유대인이 눈에 띄는 대로 맞아 죽었어. 가진 게 삽밖에 없으면 삽으로라도 찍어

죽였지"라고 썼다. 그는 사람들이 유대인들을 공동묘지로 몰아넣고 사살하는 장면을 목격했다. 몇몇 유대인은 달아나기 위해 강으로 뛰어들었다가 그 자리에서 총에 맞아 쓰러지기도 했다. 그는 차라리 이 모든 일이 좀 더 체계적인 방식으로 진행되기를 바랐다. "유대인이 처형되어야 한다는 것, 모든 사람이 그것에 동의했지. 하지만 이런 무차별적인 학살에 동의한 건 아니었어."

모든 사람이 이러했을까? 아니다. 빌니우스에 있는 작은 유대 박물관 안에는 '의로운 이들의 전시관'이 있는데 그곳에는 유대인 가족을 보호하고 숨겨주기 위해 갖은 위험을 무릅쓴 영웅들의 초상화가 걸려 있었다. 어떤 이들은 평범했고, 어떤 이들은 예뻤고, 어떤 이들은 통통하고 친근한 인상이었다. 이렇듯 얼굴은 모두 달랐지만 하나같이 신분이 낮은 사람들이었다. 그들은 농부, 나무꾼, 철도노동자, 자상한 이웃, 정직하고 용감한 시민들이었다. 그들의 후손 중 한 명은 "이상하지요. 저희 아버님은 그 끔찍한 날들에 대해 말씀하신 적이 한 번도 없었어요"라고 썼다. "지병으로 임종하실 때가 돼서야 갑자기 손을 뻗어 어머님의 손을 잡고 소리치셨어요. '애를 데리고 도망가!'"

2차 세계대전 동안 7만 명의 유대인이 라트비아에서 살해되었다. 그중 3만 명이 1941년 여름 이전에 죽었다. 리투아니아에서는 전국적으로 분포해 있던 20만 명의 유대인 중 대다수가 죽었다(에스토니아에는 유대인이 5,000명밖에 없었고, 대부분이 소련으로 도피할 수 있었다). 한 독일군 장교는 공식 보고서를 통해 유대인에 대한 농부들의 증오는 '기괴할 정도로 끔찍한' 것이었다고 설명했다. 그가 작성한 1941년 8월 16일자 보고서를 보면 독일군이 개입하기도 전에 "이미 수많은 지저분한 작업이 완료되어 있었다."

모드리스 엑스타인은 이러한 사례들과 여타 다른 사례들을 언급하며 홀로코스트가 오로지 독일만의 사건은 아니었다고 진술했다. 맞는 말이었다. 히틀러는 자국 국민들뿐 아니라 그가 정복한 땅에 거주하는 시민들 중에서도 '자발적인 사형집행인'을 찾아낼 수 있었다.

홀로코스트는 동유럽 사람들의 과열된 몽상 속에서 행해졌다. 그들에게 있어 옳고 그름은 반대가 아니었고, 공포와 혐오는 삶의 방식이었다. 동유럽은 역사적으로 여러 민족이 오가며 국경선이 변동을 거듭해온 접경지대였다. 그곳에서 유대인과 집시는 덧없음과 불안정의 상징이었다. 홀로코스트는 나치의 정책이기 이전에 이곳 사람들의 정신상태였다.

죽음으로 가는 길

1999년 3월의 하늘은 내내 맑은 파란색이었다. 리가의 대성당 앞 광장에는 행인들의 발걸음소리와 첼로 선율만이 울려 퍼지고 있었다. 성당 옆에서 한 소년이 바흐를 연주하고 있었다. 오래된 반독일 광장에서, 햇살이 내리쬐는 평화로운 오후에 들려오는 바흐. 나는 온종일 얇은 유대인용 안내책자를 손에 들고 도시 이곳저곳을 걸어 다녔다. 나는 전에 '그라이제 회르 쉴'이 있던 곳을 찾으려 애쓰고 있었다. 고골라 이엘라, 즉 고골 거리 모퉁이에 있는 그 소름 끼치는 장소를 말이다. 현재 그곳은 도시 광장으로 변해 있었다. 남아 있는 돌 몇 개가 전부

▲ 리가에 있는 돔 성당. 수세기 동안 파괴되고 재건되면서 여러 건축 양식이 합해졌다. 이 성당은 파이프 오르간으로 유명하다.

였다. 라트비아에서 죽임을 당한 모든 유대인을 기리기 위해 1992년, 이곳에 기념비가 세워졌다. 전쟁 후 잔해만 남은 유대인 교회당을 허물자, 지하실에서 1941년 7월 4일에 희생된 사람들의 까맣게 탄 뼈와 해골이 발견되었다. 더는 야단법석 없이 그 지하실은 건물 잔해로 메워졌고, 그 위에 '전선의 노동자들'을 기념하는 작은 공원이 조성되었다. 1988년이 되어서야 이곳에 희생자들을 기리는 명판이 만들어졌다.

오래된 유대인 공동묘지 역시 공원으로 바뀌어 있었다. 공원 이름은 '공산주의 여단 공원'이었다. 묘지의 벽은 헐리고, 오래된 묘비는 점차 제거되거나 도난당했으며, 무덤들은 결국 치워졌다. 리가에서 가장 많은 유대인(약 3만 명 정도)이 살해된 룸불라에는 1960년대 이후 '나치 테러에 의한 희생자들'을 위한 표지판이 세워졌다. 하지만 그 표지판이 '이곳은 유대인 집단 매장지'라고 친절하게 알려주게 된 것은 1989년부터였다.

리가에 있는 작은 유대 박물관에는 1930년대에 있던 유대인 기업들의 레터헤드(편지지 윗부분에 인쇄된 발신인 또는 회사의 주소나 이름_옮긴이 주)와 광고물, 온갖 상표들이 가득했다. 아돌프 레비-재단사, 레이보비츠-사진촬영소, 쉥커 주식회사-국제운송, 라비노비-건설자재, 홀랜더&프리들랜더-미술용품 등의 회사명이 보였다.

그리고 그것들 옆으로 요점만 간추려 표시한 지도가 한 장 걸려 있었다. 나치 보안대 A그룹이 작성한 보고서에서 나온 지도였으며 거기에는 1941년 가을까지의 '성과'가 깔끔하게 정리되어 있었다.

리투아니아: 13만 6,421명/게토 잔류 1만 9,500명.
라트비아: 3만 5,228명/게토 잔류 2만 5,000명.
에스토니아: 963명.

그리고 '유대인이 없는 지역'이라고 쓴 의기양양한 주해_{註解}도 달려 있었다. 이 숫자들 옆에는 작은 관이 깔끔하게 그려져 있었는데, 공무원들이 보고서를 작성할 때 집이나 나무, 작은 막대모양을 삽입하는 것과 같은 방식이었다. 말하자면, 1942년 초에 이 보고서를 접한 사람은 누구라도 '유대인 문제'가 아직 '해결'되지 않았으며 수십만 명에 대한 살육이 계속되고 있다는 사실을 명백히 알 수 있었다.

박물관은 속옷만 입은 채 떨고 있는 유대인 여자들의 모습을 담은 유명한 사진 또한 소장하고 있었다. 네 명의 여인과 한 명의 소녀가 추위와 수치심에 맞서 한데 모여 웅크리고 있는 모습이었다. 속바지만 입고 있는 사람도 있었고, 완전히 나체인 사람도 있었다. 이 사진 옆에는 옷을 벗고 있는 다른 사람들의 사진이 걸려 있었다. 그 사진에는 열네 살 혹은 열다섯 살 정도로 보이는 한 소년이 양손을 호주머니에 넣은 채 앞쪽으로 나와 있었다. 또 다른 사진에는 그 사람들이 모래언덕의 가장자리에 서 있는 모습이 보였고, 마지막 사진에는 그들이 시체들 한가운데로 굴러떨어지는 모습이 담겨 있었다. 옆에는 그 소년을 확대한 사진이 걸려 있었는데, 소년은 엄청난 공포감으로 인해 입을 크게 벌린 상태였다.

다른 사진에는 머리를 옆으로 기울인 채 손으로 머리칼을 쓸어 넘기고 있는 수줍은 10대 소녀와 그녀가 팔짱을 낀 여인의 모습이 담겨 있다. 로사 퍼브라는 소녀와 그녀의 어머니였고, 둘 다 공장 노동자였다.

모든 사진은 이 도시 바로 뒤에 있는 모래언덕에서 찍은 것이었다. 1941년 12월 15일에 2,700명의 남자, 여자, 어린이들이 나치 친위대와 라트비아 위병에 의해 살해되었다. 전쟁이 끝난 지 한참 뒤에도 그들의 유골은 해변에서 파도에 씻겨나가기를 반복했다. 처음에 유대인들은 바다로 내몰려 익사당했고, 거기에서 살아남은 사람들은 별도로 죽임을 당했다. 세월이 흐른 뒤 한 독일 수병은 꽤 많은 라트비아 정규병이 이러한 광경을 구경하러 왔다고 증언했다.

"이봐, 어서들 가자구. 유대인을 총살한다잖아!"

나는 박물관장인 마르제 베스테르마니스와 대화를 나누었다. 그는 세월이 만들어낸 깊은 주름을 가진 남자였다.

"이곳에서는 항시 모든 것이 부인되지요. 독일 군인이 다만 몇 장이라도 사진을 찍어두지 않았다면 그 모래언덕에서 자행된 학살은 일어나지 않은 것이 되었을 겁니다. 유대인 교회당에 났던 불도 마찬가지입니다. 아직도 그 건물 안에 아무도 없었다고 주장하는 사람들이 있어요. 하지만 우리는 그 안에 있던 사람들의 개인 정보도 갖고 있습니다. 목격자도 있고, 모든 게 다 있지요."

1941년에 이 박물관 관장 또한 리가에 살고 있었다. 당시 그는 사진 속에 있는 소년과 비슷한 나이였다. 하지만 그는 자신이 경험한 것에 대해 그다지 말하고 싶어 하지 않았다.

"차라리 우리가 조사한 내용이나, 라트비아가 네덜란드 같은 나라와 어떻게 달랐는지에 대해 이야기합시다."

그는 20세기 초입부터 발트 3국이 겪은 끊임없는 충돌과 위기에 관해 이야기하기 시작했다. 2차 세계대전이 일어나기 전까지는 이곳에서 광적인 반유대주의 같은 것은 찾아볼 수 없었다고 강조했다.

"다만 굉장히 공격적인 기운이 감돌았지요."

그것이 네덜란드와의 가장 큰 차이점이었다. 이곳에서는 항상 새로운 정권이 들어섰고, 그때마다 국민들은 새로운 정치 환경에 적응해야만 했다. 그러다 갑자기 나치시대가 왔다. 그것은 내면에 쌓여 있던 원한을 갚을 수 있는 좋은 기회였다. 같은 라트비아인들 사이에서도 마찬가지였다. 러시아가 국외 추방 명단을 작성할 때 실제로 도움을 준 사람이 누구였던가? 공산주의자 행세를 한 사람이 누구였던가? 독일이 라트비아를 점령한 뒤 처음 6개월 동안, 12만 명의 라트비아인이 체포되었고, 재판도 없이 총살당했다. 같은 동포를 살육하는 것이 이토록 쉬운데 이민족 집단 따위를 왜 걱정하겠는가?

나중에 나는 베스테르마니스가 열다섯 살에 가구장이가 되었다는 사실을 알게 되었다. 그렇게 해서 그는 자신의 목숨을 구했던 것이다. 매일 아침 그는 한 무리의 사람들과 함께 노란 별을 옷에 달고 게토에서 나와 시내로 들어간 뒤 독일군을 위해 일했다. 그들은 나치스 비밀경찰을 위해 의복을 분류하고, 병원 바닥에 걸레질을 하고, 장교 사무실을 청소했다. 베스테르마니스는 나치스 친위대를 위해 가구를 수리했다.

1941년 11월의 어느 날 저녁, 그들이 일을 끝내고 돌아왔을 때 게토에 있던 노인, 여자, 아이들이 모두 사라지고 없었다. 나중에 알려진 바로는 리가의 유대인 거주자 전원, 즉 3만 명의 유대인이 도시 변두리로 이송된 것이었다. 그리고 그들 대부분은 그곳, 거대한 구덩이 옆에서 총살되었다.

살아남은, 일하는 유대인들에게는 밧줄로 경계를 그은 새로운 게토(소小게토)가 제공되었다. 기존의 게토는 베를린, 슈투트가르트, 빈, 쾰른, 프라하 그리고 다른 중부 유럽 도시에서 새로 이송돼온 유대인들이 사용하게 되었다. 그들 대다수에게 리가는 죽음으로 가는 길에 잠깐 들른 휴게소에 불과했다. 베스테르마니스 또한 마침내 쿠를란트로 보내졌다. 농부들은 길가에 감자와 빵을 남겨놓으며 그와 동료들이 먹을 수 있도록 해주었다. 얼마 후 그는 탈출했고 독일군, 라트비아군에서 탈영한 군인들과 숲 속에서 합류했다. 하지만 그는 이런 이야기들을 하고 싶어 하지 않았다.

빌니우스에 있을 때 나는 이상한 경험을 했다. 그 도시에는 유대인 인구의 약 3분의 1에 해당하는 7만 명이 한꺼번에 처형된 공원이 있었다. 외곽으로 몇 킬로미터만 가면 되는 곳에 위치한 파네리아이라는 공원이었다. 그때 죽은 모든 사람들이 여전히 그곳 공동묘지 안에 누워 있었다. 그 공원에 가기 위해 세 명의 택시 기사에게 물어보았지만 그들 중 누구도 그런 이름을 들어본 적이 없다고 말했다. 마침내 나는 나를 기꺼이 그곳으로 데려다 줄 택시 기사를 찾아냈다.

여기저기 묻고 찾아본 후, 우리는 마침내 그 장소를 발견했다. 그곳은 철로변에 있는 대규모 야영지 크기의 조용한 숲이었다. 이곳 저곳에 움푹 꺼진 골과 작은 언덕들이 있었는데, 그 위에 지난 번 내린 눈이 쌓여 있었다. 나무꼭대기 사이로 바람이 불었다. 그 외에 옴에 걸린 말 한 마리와 작은 기념비 하나를 제외하면 아무것도 없었다. 1991년이 되어서야 희생자의 대부분이 유대인이었다는 것을 비석에 새겨 넣었다(그 전에는 비석에 '소련 시민'이라고 새겨져 있었다). 나와 함께 걷던 택시 기사의 얼굴에 비통한 모습이 역력했다.

"사람들이 서로에게 하는 짓거리라니!"

약 200미터쯤 더 걸어가니 방갈로촌 너머로 최초의 다차(러시아의 시골 별장_옮긴이 주)들이 보였다.

한 라트비아 여인의 삶

나는 베를린으로 가는 비행기 안에서 〈발트 전망〉이라는 고급 잡지를 건성으로 읽고 있었다. 그리고 우연히 아름다운 이네스 미샨Ines Misan의 대담기사를 발견했다. 라트비아의 지방 도시에서 자란 그녀는 끊임없이 술을 마셔대는 아버지 손에서 자랐다. 하지만 지금 그녀는 뉴욕 최고의 모델이자 마돈나, 아르마니, 베르사체 같은 유명인사들이 개최하는 파티와 공식 개막행사에서 환영받는 손님이 되어 있었다.

"저는 똑같은 메르세데스를 두 대 갖고 있어요."

질문│무엇을 중시하시나요?

대답│돈이죠. 제가 원하는 모든 걸 줄 수 있는 능력을 사랑해요. 그런 점에서 저는 미국을 사랑하죠. 그곳에서 누군가 가난하다면, 그는 게으른 사람이에요. 아니면 교육을 못 받았다든가, 혹은 알코올 중독자거나 마약 중독자지요. 평범한 사람이라면, 여자를 사랑하는 남자라면 그녀에게 정말 많은 것이 필요하다는 걸 알아요. 미국 남자들은 부인과 5년 내지 6년 동안 함께 살고 그 후엔 더 젊은 여자를 얻기 위해 그들을 차버리죠. 그래서 제가 남자친구가 그렇게 많은 거구요.

질문│솔직히 남자를 이용해본 적 있나요?

대답│이용한 적 있죠. 한 번이 아니라 여러 번. 하지만 저는 값싸게 굴기 위해 그렇게 한 건 아니었어요. 미국 영주권을 얻으려고 미국인과 결혼한 적이 있지만, 그 사람을 많이 좋아하긴 했어요. 하지만 자동차, 돈, 뉴욕의 아파트를 소유했다는 사실이 자신을 팔았다는 의미인가요? 물론 구소련 출신 아가씨들이 부자들과 사귀기는 하지만 결국엔 돈이 아니라 사랑을 보고 결혼하는 거 아닌가요?

질문│유럽의 어떤 점이 마음에 안 드나요?

대답 | 파리의 어느 곳을 가든 결국엔 꼭 기분이 나빠져요. 그곳 사람들은 잘 안 씻어서 악취가 나요. 소위 귀족이라는 사람들도 냄새가 난다니까요. 미국에서는 노동자들도 잘 씻고, 깔끔하죠. 유럽에선 모두 코를 공중으로 쳐들고 걸어 다녀요.

다시, 전쟁

쿠르퓌어스텐담 거리를 따라 늘어선 노변 카페에 앉아 사람들이 봄 햇살을 즐기고 있다. 1945년 이후 처음으로 독일은 전쟁 중이다. 코소보가 유고슬라비아 연방에서 분리 독립하려 하자 세르비아군은 코소보 지역으로 밀고 들어가 저항을 짓밟고 있다. 알바니아인들은 살해당하거나 마을에서 쫓겨났고, 수십만 명이 난민이 되었으며, 유럽은 새로운 집단 학살에 대한 두려움에 떨고 있다.

어제부터 나토[3]가 전쟁에 개입하기 시작했다. 독일인들은 그 전쟁을 '인도주의적 전쟁'이라고 생각했다. 저녁 뉴스에 십자무늬가 새겨진 독일 전투기가 활주로 위를 달리는 모습이 나왔다. 전투기는 이미 베오그라드를 폭격하고, 코소보에 있는 세르비아 목표물을 폭격할 준비를 갖춘 상태였다. 〈빌트-자이퉁〉은 가판대에 내놓기 무섭게 팔려 나갔다. 1면은 독일 국기 색으로 테두리가 그려져 있었다. "독일 건아들아, 드디어!"

내가 묵고 있는 하숙집에서는 유대인인 주인 여자가 종잇장처럼 하얘진 얼굴로 텔레비전 앞에 앉아 있었다. 그녀는 "정말로 폭격을 시작하려나 봐요"라고 떨리는 목소리로 말했다.

"진짜로 할 셈이에요. 미쳤어요, 완전히 미쳤어."

그녀는 두려워하며, 계속 울음을 터뜨렸다.

4부

준비된 잔혹함,
나치에 중독된 유럽

16

나치의 싹이 자라다, 베를린

Berlin

망명자들의 도시

1920년대에 베를린에는 3개의 거리가 있었다. 운터덴린덴은 베를린 시민들이 걷는 보행자 도로였으며 외국인이나 시골뜨기가 명색뿐인 독일제국의 위세를 구경하려고 이리저리 어슬렁거리던 가로숫길이었다. 라이프치거 슈트라세는 베르트하임과 이스라엘, 티에츠, 얀도르프 같은 백화점들이 최초로 등장한 쇼핑의 거리였다. 프리드리히 슈트라세는 각종 바와 맥줏집, 고급 카페, 유흥업소들이 빼곡하게 들어서 있는 향락의 거리였다. 이 외에도 정부 건물이 들어선 빌헬름 슈트라세 같은 거리들이 있었다.

이 당시에는 베를린으로 가려면 누구든 기차를 이용해야 했다. 러시아 사람들은 슐레지허 반호프를, 프랑스와 영국, 벨기에, 네덜란드 사람들은 포츠담 역을 통해 베를린에 도착했다. 이들 기차역 주변에는 먹자골목과 매음굴, 싸구려 호텔들이 있었고 사람들은 마치 자석에 끌리듯 기차역 주변으로 몰려들어 도심을 형성했다. 베를린 시민들은 블라디보스토크로 이어지는 철로를 가리키며, 도쿄로 가는 기차표 가격이 650제국 마르크라는 점을 들먹이며 "슐레지허 역이 아시아로 가는 출발점이지요"라고 말했다.

"포츠담 역은 유럽으로 가는 시작점입니다."

어떤 이는 그렇게 말하며 훅 오브 홀랜드까지 이어지는 철로를 가리켰을지도 모른다. 원래 베를린은 교통의 요지였다. 사람이든 짐이든 이 도시를 경유하면 어디든 갈 수 있었다.

이 시기에는 전선에서 돌아온 군인들이 베를린으로 모여들고 있었다. 1918년 12월에 찍은 한 사진을 보면 브란덴부르크 문을 행진하는 군인들의 모습이 담겨 있다. 잔뜩 찌푸린 그들의 얼굴에는 굶주림과 추위에 찌든 기색이 역력했고 길에 늘어선 군중은 침묵하고 있었다. 군인들의 발걸음은 마치 자신에게 쏟아지는 굴욕적인 시선을 떨쳐버리려는 듯 씩씩해 보였다. 그들의 전우는 부상당하거나 병든 피폐한 상태였으며 자신은 끔찍한 살인마였다. 그들은 느닷없이 닥친 패배에 좌절했다.

1918년 여름까지는 독일군이 계속 승리를 이어가고 있었다. 독일 땅을 밟은 적군이 한 명이라도 있었던가? 빌헬름 황제가 퇴위하고 신'좌익' 정부가 정권을 잡은 뒤로 항복이라는 것을 해본 적이 있었던가? 과거 독일군 사령관이던 힌덴부르크Paul von Hindenburg와 루덴도르프는 "목전에 있던 승리가 등에 칼을 맞고 죽었다"라고 말했다.

베를린은 망명자와 추방자의 집합소이기도 했다. 1918년 이후 900만 명이 넘는 유럽인이 자국을 등지고 부랑자 신세가 되었다. 폴란드인 200만 명을 비롯해 비슷한 수의 러시아인 그리고 독일인 100만 명, 헝가리인 25만 명이 베를린과 빈, 파리, 런던과 암스테르담을 떠돌았다.

이들은 자연스럽게 베를린으로 모여들었다. 놀렌도르프 광장 주변에 있는 카페나 레스토랑은 키릴어로 간판을 만들 정도였다. 뷜로브슈트라세에 도착하면 버스 기사가 "이번 정거장은 러시아입니다!"라고 외쳤다. 1918년까지 베를린에 거주하던 러시아인은 5만 명에 불과했지만 1924년에는 30만 명으로 늘어났다. 도시에서는 6개의 러시아어 일간지가 발간되었고, 20개의 러시아 서점이 있었다. 최소한 12개의 러시아 미술관과 플로어 쇼, 무수히 많은 러시아 카페가 있었고, 그곳은 실패한 혁명가나 볼셰비키 추종자, 주정뱅이 예술가, 몰락한 귀족 그리고 뭐든지 아는 척하는 사람으로 넘쳐났다.

전형적인 언론인이었던 요제프 로트는 베를린발 기사에서 이 망명자들의 운명을 다루었다. 예컨대 혁명 중 우연히 잘못된 편에 가담했던 헝가리 소년 게저는 현재 미국으로 가는 크루즈에서 사환으로 일할 꿈을 꾸고 있다. 유럽 중동부 지방 출신인 슈바르츠바흐 씨는 솔로몬 사원의 축소 모델을 만들며 외로움을 달랬다. 그는 자신이 직접 생각해낸 수많은 세부장식으로 사원을 꾸몄다. 9년 만에 완성된 큰 술병만한 그 작품은 곧장 히르텐 슈트라세에 있는 유대인 레스토랑의 구석진 골방으로 사라져버렸다. 그리고 더는 그것에 관심을 보이는 사람은 없었다.

그 외에도 많은 사람이 있었는데 오데사의 야수라 불리던 비스콥스키 장군은 독일인 친구 루덴도르프에게 언젠가 권력의 자리로 복귀하면 '독일과 러시아 연합'을 결성하자고 제안했다. 또한 제정 러시아에서 경찰로 활동하던 표도르 빈베르크는 '유대인 문제'에 대한 '최후의 해결책'을 지지한 초기 옹호론자 중 한 명이었다. 그는 하루 종일 길거리를 배회하면서 유대인이 국제적인 음모를 꾸민 '결정적' 증거라며 황제의 비밀경찰이 짜깁기해 만든 가짜 《시온장로 의정서》를 강매하고 다녔다.

베를린에서는 이처럼 자국에서 추방당해 혼란과 울분 속에 살고 있던 사람들, 예컨대 무정부주의자와 군주제주의자, 사업가와 일반 시민, 폴란드인, 헝가리인, 러시아인에 이르기까지 수천 명이 넘는 사람들이 여기저기에서 서로 충돌하며 거리를 배회하고 있었다. 베를린에 도착했을 때만 해도 남부러울 것 없던 그들이 퇴락하기까지는 그리 오랜 시간이 걸리지 않았다. 가져온 보석들은 모두 전당포에 잡히고, 묵고 있던 호텔의 임대기간도 만료되고, 입고 있던 고상한 의상마저 너무 닳아 너덜너덜해지자 쿠퓌르스텐담은 '프로스펙트 가街의 놉스키'라는 별명을 얻게 되었다. 그리고 그의 정신적인 공황상태는 갈수록 심해졌다.

그런데 이런 잡동사니 가득한 도시에서 기적이 일어났다. 베를린이 유럽치고는 현대적인 도시로 변화한 것이다. 아마 그것은 빌헬름 황제의 지배하에 있던 베를린이 1918년 풍선에서 바람이 빠지듯 갑작스럽게 무너지자, 이렇게 생긴 빈자리가 만족할 만한, 근본적으로 예전과는 다른 새로운 방식과 사상에 대한 요구를 불러왔기 때문인 것으로 보인다.

1930년대에 이 도시를 빠져나간 사람들을 살펴보면 대단한 인재들의 이름을 발견하게 된다. 여기에는 알베르트 아인슈타인, 아르놀트 쇤베르크, 알프레트 되블린, 요제프 로트, 하인리히 만, 아르투르 케스틀러, 마를레네 디트리히, 헤르만 울스타인 같은 이름들이 포함되어 있다.

많은 사람의 관점에서 보면 베를린은 각종 기계와 공장, 획일적인 주거지역, 빠른 속도로 달리는 기차와 자동차로 이루어진 괴물이었다. 또한 이 도시는 빈 출신 영화감독 프리츠 랑이 만든 명작 메트로폴리스의 모델이었으며, 베르톨트 브레히트가 각본을 쓰고 쿠르트 바일Kurt Weill이 곡을 쓴 〈서 푼짜리 오페라〉가 만들어진 장소이기도 했다. 예후디 메뉴인이 열세 살의 나이로 생애 첫 콘서트를 가졌던 곳도 바로 이곳이었다. 그는 자신의 첫 콘서트를 회상하며 당시 시민들이 가장 전전긍긍하던 도시가 베를린이었다고 말했다. 당시 베를린은 그다지 신뢰할 만한 사회가 아니었으며 "새로 유입된 재화 위에 탄생한 새로운 사회는 사치스럽고 경솔한 면모를 드러내고" 있었다. 모든 것이 가능해진 베를린에서 사람들은 전례 없는 경험을 하게 되었다.

이 현대화 운동의 진원지는 베스텐스 카페였다. 갓 출간된 문학잡지가 인쇄를 마치자마자 이곳에서 유포되었기 때문이다. 첨단을 걷는 예술가들의 우두머리가 청중을 문하생으로 인정하고, 표현주의 예술가들이 오스카어 코코슈카, 파울 클레, 바실리 칸딘스키, 마르크 샤갈 그리고 수많은 미래파 예술가, 구성주의 작가, 다다이스트와 함께 문학평론지인 〈슈투름〉을 결성하기로 한 곳도 바로 이곳이었다. 그 카페의 중심인물 가운데 한 명이 다다이스트인 게오르게 그로스George Grosz

였다. 그는 매춘부, 거지, 전쟁 중 궤도차량에 깔려 두 다리를 잃은 사람, 살이 쪄 목이 두꺼워진 부동산 투기업자를 비롯해 현실성에 충실한 거리 풍경 등을 묘사하는 노골적인 그림으로 유명했다.

1920년에 베스텐스 카페가 가격을 대폭 올리자 사람들은 모두 카이저 빌헬름 기념교회 건너편에 있는 '낭만 카페'로 옮겨갔다. 파리에서는 살롱 정신이라는 풍조가 자리를 잡았지만 낭만 카페에서는 치받는 풍조가 인기를 끌었다. 모든 사람들이 큰 소리로 외치고, 서로 옳다고 주장했다. 회전문 옆에는 수염을 기른 늙은 표현주의 화가들이 자리를 잡았다. 그리고 발코니로 올라가면 체스를 두는 사람들이 있었다. 조각가를 위한 탁자와 철학자를 위한 탁자, 신문 읽는 사람을 위한 탁자와 사회학자를 위한 탁자가 따로 있었다. 다른 탁자에서 의자를 가져오면 즉각 소동이 일어났다.

게오르게 그로스는 부츠에 박차까지 완벽하게 갖춘 미국 카우보이 복장을 하고 카페에 들이닥치고는 했다. 네덜란드 시인 헨드리크 마르스만은 그곳에 "거투르드. 거투르드. 거투르드. 암캐 같으니!"라는 '캘리그램'(문자를 이용한 장식_옮긴이 주)을 만들었다. 그리고 미친 듯이 날뛰는 도시생활로 인해 사람들이 음탕함과 아편, 광기, 무질서를 탐닉하게 되었다고 한탄했다. 그는 "베를린이 한 가닥 비단실로 하늘에 거대한 짐승을 매달아두고, 그 밑에는 마음을 혼란케 하는 지옥을 만들어두었다"라고 썼다.

반면 요제프 로트는 독일이 지닌 다른 모습을 경험하고 있었다. 켐니츠 기차역에 있던 그는 누군가가 기차에 두고 내린 도시락 상자에서 봉봉캔디(속에 부드러운 잼 같은 것이 들어 있는 사탕_옮긴이 주)를 꺼내 먹고 있는 차장을 만났다. 그 차장은 손에 털이 숭숭 난 진지한 남자였다. 그는 '못된 소녀나 먹는 캔디'를 마치 소시지 샌드위치마냥 먹고 있었다.

"6개월 전만 해도 이 차장은 절대 봉봉캔디 따위는 먹지 않았을 겁니다. 지금은 굶주림이 그를 지배하고 있을 뿐이지요."

요제프는 베를린에서 사립 초등학교에 다니는 소년들이 열을 지어 분주한 거리로 내려가며 노래하는 장면을 목격했다.

> 물러가라, 물러가라 유대인 공화국아,
> 빌어먹을 유대인 공화국,
> 빌어먹을 유대인 공화국!

소년들이 지나갈 수 있도록 어른들이 길을 비켜주었다.

"하지만 그 소년들의 따귀를 때려주는 사람은 없더군요."

그는 '출판물의 숲'이 포츠담 광장이라는 묘판 위에서 쑥쑥 성장하는 모습을 지켜봤다.

"'민족 조언'과 '도이치 링', '애국 투쟁 연맹', '독일 일보'가 묘목으로 불립니다. 그리고 최근 들어 이 묘목들의 껍데기에 나치 문장이 깊이 새겨져 있는 모습이 보이더군요."

요제프 로트는 51년 만에 교도소에서 출소한 한 노인과의 만남을 소재로 글을 쓰기도 했다. 그 노인은 반세기를 건너뛰었다. 그에게는 19세기의 마지막 25년과 20세기의 처음 25년이 존재하지 않는 것과 같았다. 이 19세기 남자는 자신만의 예절 감각으로 무장한 채 일을 찾아 부산한 거리로 나섰다. 그는 1차 세계대전에 대해서도 거의 아는 바가 없었고, U-반(베를린 지하철)을 타본 적도, 자동차를 본 적도 없었다(비행기는 제외하더라도). 그런데 순식간에 온갖 현대식 문물로 무장한 베를린이 그에게 달려들었다. 그가 떠나 있던 시간은 절대 반세기 같지 않았다. 오히려 300년은 되어 보였다.

나는 그로부터 4분의 3세기가 지난 지금, 여기 이렇게 살고 있지만 변해버린 고향의 모습을 전혀 알아볼 수 없었던 그 노인만큼이나 혼란스러움을 느끼고 있다. 1999년의 베를린에서는 아무리 한참을 돌아봐도 1920년대의 모습을 좀처럼 찾을 수 없다. 옛날 카페나 레스토랑, 가게, 백화점, 하숙집, 고미 다락방이 사라졌고 브레히트, 로테 레냐, 에리히 케스트너, 로트, 그 밖의 모든 사람들이 만들었던 열정적인 도시도 온데간데없다.

한때 낭만 카페가 있던 자리에는 1950년대에 지어져 사무실과 중산층 거주지로 사용되는 복합건물이 들어서 있다. 과거 놀렌도르프 광장이 있던 곳에는 말에게 물을 먹이기 위해 설치한 물 긷는 펌프밖에 남아 있는 것이 없었다. 광장 뒤편으로 길게 뻗은 빌로 가(街)에는 전쟁 전부터 있던 가옥이 채 10가구도 되지 않는다. 또한 부지런한 노동자 계급이 살던 지역에는 넓은 녹지가 대신 자리하고 있었다. 티에츠 백화점의 외형은 그대로 보존되고 있으며 마찬가지로 얀노비츠브뤼케 S-반(베를린에 가설된 고가철도망_옮긴이 주) 역의 아래층도 보존되고 있지만 열차가 뿜어내는 기적소리나 증기, 철로가 가진 장래성은 이제 모두 사라졌다. 다만 예전 하케셔 마르크트 역만은 온전한 모습으로 남아 있다. 빨간 벽돌로 지어진 이 건물의 정교하게 세공된 철재 아치형 입구와 석조 장식은 마치 기적처럼 금세기까지 보존되고 있다.

그렇다면 나머지는 전부 어디로 갔을까? 무척 쉬운 질문이다. 과거 베를린의 잔해 대부분은 그뤼네발트 숲에 있다. 구 베를린의 파편들을 쌓아놓은 이 잔해 더미는 높이가 100미터를 훌쩍 넘는다. '악마의 산'이라는 뜻의 토이펠스베르크라 불리는 이 더미는 나무와 덤불로 덮여 있다. 흙에 미처 덮이지 않은 시멘트 덩어리나 대리석 조각, 녹슨 파이프 등이 악마의 산 여기저기에서 모습을 드러낸다. 저 멀리서는 새롭게 건설된 도시가 한낮의 태양을 받으며 반짝이고 있다. 새가 지저귀고, 어린아이와 개가 만들어내는 소리, 나뭇가지가 부러지는 소리가 들린다.

독일 속의 소련

운터덴린덴 거리에 지어진 러시아 대사관은 100미터 길이의 스탈린식 대형 건물이다. 1950년대 초반에 세워진 이 건물은 마치 부츠의 굽처럼 베를린을 가능한 한 땅속 깊이 묻어버리기 위해 존재하던 곳이었다. 단단한 화강암과 위압적인 전면, 튼튼한 기둥들은 거리를 향해 힘과 웅장함, 불굴의 메시지를 전했다. 이 건물이 있는 자리는 구 대사관이었던 쿠를란트 팔레스가 있던 곳이고 그곳은 베를린에서도 무척 화려한 로코코 양식의 현관 로비로 유명했다. 그 아름답기 그지없는 옅은 녹색 대리석 역시 지금은 그뤼네발트 숲의 쓰레기 더미 아래 묻혀 있다.

오늘날 대사관 안에 있는 수영장은 대중에게 개방되고 있다. 선량한 베를린 시민들이 그곳에서 수영을 즐기는 동안 수영장 근처에 서 있는 레닌 동상은 그들의 머리 위를 지나 먼 곳을 바라보고 있다. 지금의 러시아는 수입을 늘리는 데 필사적이다. 1918년 4월, 최초의 소비에트 대사 아돌프 요페가 이곳에 도착했을 때 그는 붉은 깃발과 함께 선전을 위한 초기 비용 1,200만 마르크를 가져왔다. 레닌은 베를린이 궁극적으로 전 세계 혁명의 중심지가 될 것이라 생각했다. 독일인들이 레닌의 혁명을 돕기 위해 제공했던 보조금이 이제는 독일을 공격하는 데 사용되었다.

대사관 직원은 요페가 도착하자마자 대형 현수막을 내걸었다. "세상의 노동자들이여, 단결하라!" 책과 신문, 팸플릿이 트럭에 실려 따라왔다. 그리고 이것들과 함께 새로운 사람들도 도착했는데 그들 중에는 필요에 의해 부른 사람도 있었지만 그렇지 않은 사람도 포함되어 있었다. 그들은 혁명당원을 비롯해 모험가, 구 러시아에서 비리를 저질렀던 사람, 신 러시아의 관료 등이었다. 다수의 고가구와 수많은 벽걸이 융단, 샹들리에, 그림들이 암시장으로 팔려나갔다. 건물 내에서 무기를 사용하는 문제가 심각하게 대두되었다. 거의 모든 사람이 '혁명을 지키기 위해' 권총을 휴대하고 다녔기 때문이었다.

이러한 혼란 속에서도 소비에트 대사관은 패전 독일의 가장 중요한 외교적 거점 가운데 하나였다. 베를린은 신생 혁명국 안팎에서 벌어지는 모든 일에 지대한 관심을 기울였다. 아마 거기에 독일의 무역뿐 아니라 공업의 미래가 있을 수 있었다. 게다가 대사관(이 1인 2역은 소비에트 공관이 계속 유지하던 역할이었다)은 독일 당국을 위한 상설 전파방해자 역할을 자청하며 공개적 또는 비공개적인 방법을 동원해 끊임없이 세상을 선동했다. 이 과정에서 결정적인 역할을 수행한 사람이 있었다. 과거 레닌의 동반자였던 카를 라데크였다.

그는 1918년 12월, 본국으로 송환되는 전쟁 포로들 틈에 섞여 베를린으로 들어왔다. 그때쯤 그는 사회주의 인터내셔널의 핵심인물이 되어 있었고, 그의 표현을 빌리자면 "더듬거리며 말할 수 있을 정도"로 10개 국어를 구사할 수 있었다. 하지만 그는 농담이나 실없는 생각으로 가득 차 있었고, 항상 안경을 쓰고 수염을 길렀으며, "신문이나 잡지가 들어 있어 늘 호주머니가 불룩했다"는 풍자적인 이미지를 유지했다.

라데크는 카를 리프크네히트와 로자 룩셈부르크를 중심으로 하는 급진 인사들과 친분을 쌓았다. 그는 우크라이나 레스토랑인 알라베르디에서 그를 따르는 사람들과 거의 매일 이야기를 나눴다. 그곳에는 소비에트 국민들이 모여 있었고, 라데크는 각자의 테이블에서 차례를 기다리고 있는 과거의 유산계급이나 지주였던 사람들을 만나 환담을 나눴다.

그 레스토랑과 인접한 거리는 구정권을 비롯해 귀족, 중산층, 군주제 관료였던 사람, 지역 혁명당원과 신생 소련의 지도자들이 점령하다시피 했다. 라데크는 순수 볼셰비키 혈통을 지지했고 여기에는 '역사에 의해 이미 사형선고를 받은 계급들'에 대한 테러 활동도 포함되었다. 로자 룩셈부르크에게는 전혀 관심 없는 얘기였지만 다른 사람들은 이러한 토론에 빠져들었다.

페트로그라드의 혁명당원들 사이에서 일어났던 분열이 베를린에서 되풀이되었다. 이 과정에서 독일에는 트로츠키파와 부하린주의자, 지노비에프파 등 다수의 유파가 생겨났다. 소련 연방의 문체적 기조도 그대로 모방되었다. 포스터에 사용된 구성주의적 활자, 볼셰비키 양식을 비롯해 러시아에서 사용되던 모든 것들이 베를린에서 보다 작은 규모로 재현되었다. 단지 혁명만 일어나지 않았을 뿐이었다. 혁명은 독일만의 독특한 방식으로 진행되었다.

한 편의 희곡

모든 나라와 정치운동가들은 자신들이 원하는 방식대로 역사를 쓰려 한다. 그들은 폭력적인 요소를 배제하고 마치 부드러운 파스텔 톤으로 그려진 초상화처럼 보이려 노력한다. 일반적으로 패배자들은 그 어떤 자화상도 그릴 수 없는 법이다. 그들은 단지 사라질 뿐이다. 동시에 그들에 대한 이야기 또한 완전히 없어진다.

간발의 차이로 독일은 또 다른 소비에트 공화국이 되는 데 실패했다. 1918년 11월, 독일 북부 항구에서 반란이 시작되었다. 그리고 이 폭동은 순식간에 다른 지역으로 퍼져나갔다. 이때부터 반란과 시위, 소요의 파도가 북에서 남으로, 동에서 서로 그리고 다시 그 반대 방향으로 전국을 휩쓸었다. 1919년 봄, 베를린에서 대대적인 시가전이 진행되었다. 소비에트 방식을 흉내 낸 공화국이 세 달 동안이나 뮌헨을 지배했다. 1920년에 들어선 뒤에야 전국에 비교적 평화로운 시기가 찾아왔다.

독일 여론은 이 고통스러웠던 기간에 대해 1945년까지 객관성을 유지했다. 그 이후로는 아무도 이 민중 반란을 생각하려 들지 않았다. 1918년 이후 여론을 오염시킨 것은 힌덴부르크와 루덴도르프의 주장이었다. 앞에서 이미 거론한 것처럼 이 두 사람은 승리를 눈앞에 둔 시점에서 독일이 등에 칼을 맞아야 했던 이유가 사회민주주의 혁명 때문이라고 발표했다. 그것은 프리드리히 에베르트 총리와 그가 이끄는 사회민주당을 겨냥한 주장이었다.

하지만 그동안 발견된 편지와 진술서, 일지들 덕분에 진상이 밝혀졌다. 군대와 황제가 모두 갑자기 패배를 인정했던 1918년 9월 29일, 정작 항복 선언서를 작성한 것은 푸념을 늘어놓던 사회민주주의자 에베르트가 아니라 용감한 루덴도르프 장군 자신이었다. 루덴도르프는 패전이 불가피함을 깨닫고 군대와 제국의 명예를 보호할 수 있도록 일을 교묘하게 조작했다. 그는 빌헬름 황제에게 사회민주주의자들에게 내각을 책임지게 하고 "정부가 좀 더 폭넓은 기반을 만들어주어야 한다"라고 건의했다. 그렇게 되면 사회민주주의자들로 구성된 정부는 휴전 협정을 할 수밖에 없을 것이고 황제와 장군 자신은 항복 선언에 대한 책임을 다른 사람에게 떠넘길 수 있을 터였다. 그렇게만 된다면, 엄격한 규율을 가진 프로이센 장교들에게 가장 중요한 문제인 군대의 '명예'도 지킬 수 있었다. 루덴도르프가 자신의 참모들을 불러놓고 말했다.

"그들(민주주의자들)은 평화를 선택하는 것 말고는 다른 도리가 없을 겁니다. 평화야말로 지금 이 순간에 절대적으로 필요한 것이기 때문입니다. 이러한 처방을 만드는 데 기여한 제군들은 이제 모두 입을 다물어야 합니다."

그것은 정말 뻔뻔한 속임수였다. 그는 최고 군사령관이었고 '이러한 처방'에 최우선적으로 책임을 져야 할 사람이었기 때문이다. 하지만 불명예스러운 패배를 당한 장교들과 굴욕감에 시달리던 민족주의자들에게 이러한 거짓말은 너무나 매혹적이었다. 그들은 이처럼 만들어낸 전설을 믿지 않을 수 없었다.

항복 선언서가 발표되던 날, 아돌프 히틀러 상병은 파제발크에 위치한 군병원에 누워 있었다. 겨자 가스 때문에 반 실명인 상태였다. 그는 화가 나 타버릴 것 같은 얼굴을 베개에 묻고 흐느껴 울었다.

"모든 것이 헛되이 끝나고 마는구나. 모든 희생과 고생이 부질없었구나. 이 모든 고통스런 일들이 파렴치한 범죄자 패거리로 하여금 우리 조국을 욕보이도록 하기 위한 것이었단 말인가? 독일 병사들이 타는 듯한 태양과 눈보라를 견뎌낸 이유가 바로 이것이었단 말인가? 고막을 찢을 듯한 총소리와 폭발하는 가스탄 사이를 누비고 다닌 이유가 고작 이것이었던가? 최근 들어 나는 매일 밤 이러한 짓을 저지른 사람들에 대한 증오를 키워왔다. 그리고 날이 밝으면 내 자신의 숙명을 거듭 확인했다. 정치가가 되기로 결심했다."

1918년에서 1919년 사이의 겨울이 독일과 유럽 전체의 역사에 끼친 영향은 여전히 과소평가되고 있다. 그 몇 달 동안 베를린에서는 과거 페트로그라드에서 벌어졌던 것과 동일한 정치운동의 기틀이 마련되었다. 이 정치운동은 20세기의 남은 기간 동안 모든 대륙에 영향을 끼쳤다. 게다가 독일의 이 사회적 갈등은 온건파와 급진 좌파 사이에 심각한 불화를 일으켰다. 히틀러를 권좌에서 밀어내기 위해 협조가 필요한 상황이었지만 이 불화로 인해 그 가능성조차 완전히 사라지고 말았다. 그것은 한 편의 희곡과 다름없었다. 그리고 대부분의 희곡처럼 이 이야기 또한 여러 막으로 나뉘어 전개되었다.

우선 베를린 시민들은 전쟁 자체를 장밋빛 구경거리로 생각했다. 제바스티안 하프너는 전쟁 당시 열 살의 소년이었다. 그는 매일같이 벽에 걸린 군 게시판을 읽으려고 얼마나 까치발을 섰는지에 대해 기억했다. 그러한 행동은 일상생활에 흥분을 제공했고, 하루를 무료하지 않게 만드는 양념이 되었다.

"중요한 공격이 진행되고 포로들 숫자와 점령한 요새, 노획한 '막대한 양의 군수물자'가 다섯 자리 숫자로 된 목록으로 만들어졌습니다. 그때는 마치 파티 같았어요. 상상은 끝없이 계속되었고 스프링을 매단 것처럼 껑충껑충 뛰게 되었죠. 사랑에 빠졌을 때 그러는 것처럼 말입니다."

그러한 분위기는 독일이 처했던 독특한 상황과 밀접한 관계가 있었다. 독일은 이미 방어에 급급한 전쟁을 하고 있었지만 대외적으로는 여전히 공격하고 있는 것처럼 보이도록 만들었다. 내용이야 어찌됐든 최전선에는 변화가 없었고, 그곳은 독일에서 멀리 떨어져 있었다. 1918년 9월 27일, 군 게시판에 따르면 독일은 여전히 승승장구하고 있었다. 하지만 그로부터 3일 뒤에는 더는 진실을 왜곡하는 것이 불가능해졌다.

오늘날에는 이러한 사건들의 이면을 모두 알고 있다. 하지만 당시의 베를린 시민들은 너무 놀라 아무런 말도 하지 못했다. 엄격한 제국주의 질서와 '쾨페니크의 하우프트만'의 세계 등 모든 것들이 한순간에 무너졌다. 훗달에는 소총 180만 정과 기관총 8,452정, 박격포 4,000문이 독일의 병기고에서 사라졌다.

1918년 10월 30일, 빌헬름스하펜 인근에 정박 중이던 '쉴링그레드' 호에서 최초의 반란이 일어났다. 하지만 이때 새로운 사회민주주의 정부는 휴전 협정을 하느라 바빴다. 이 반란은 독일 해군 지도자들이 일으킨 항명이 발단이 되었다. 베를린에서 정부가 해상 전투를 즉시 중단하라는 명령을 내렸음에도 해군 사령관은 임의로 대규모 전투를 시행하기로 결정했다. 모든 독일 함대는 전쟁의 결과에 아무런 영향도 주지 못할 싸움을 하기 위해 출항했다. 그들의 유일한 관심사는 '황실 해군'의 명예를 지키는 것이었다. 해군 제독은 싸워보지도 않고 항복하고 싶지 않았다. 그들의 행동이 휴전 협정을 가로막고 전쟁을 수개월이나 연장시킬 수 있다는 사실은 전혀 관심 밖이었다. 튀링겐호와 헬고란트호에 소속된 1,000여 명의 용감한 해군들이 이 작전에 반대하고 나섰다. 그들은 해당 작전을 전면 중단시키기 위해 가능한 모든 수단을 동원했다. 이것은 말하자면 친정부 성격의 반란이었다.

반란군은 의회를 구성해 의원을 선출하고 장교들을 무장 해제시켰으며 붉은 깃발을 게양했다. 그 뒤 군 교도소로 진군해 동료들을 석방시키고 공공건물을 점령했다. 반란은 혁명으로 발전했고 며칠 만에 독일 서부 주요 도시들로 번져나갔다. 똑같은 일이 곳곳에서 벌어졌다. 군인과 노동자가 힘을 합쳐 그들만의 의회와 의원을 선출했다. 장교들은 항복하거나 도망쳐야 했고 민간 정부들은 항복했다. 11월 8일 평화주의자 쿠르트 아이스너와 시인이자 혁명가인 에른스트 톨러가 뮌헨에서 '바이에른 자유 인민 공화국'을 선포했다. 이 소비에트 공화국은 정확히 100일 동안 지속되었다.

군 최고 사령관은 가장 믿을 만한 제4 소총연대를 베를린으로 급파해 혁명군 진압 상황에 대비했다. 하지만 바로 그다음 날 이 부대에 소속된 병사들마저 심경의 변화를 겪었다. 그들은 사회민주당 신문인 〈보르베르츠〉의 사무실 주위에 방어막을 구축했다. 11월 9일 토요일, 만성적인 기근에 시달리던 시민 수십만 명이 도심 한가운데를 행진했다. 진지한 신념을 지녔던 그들은 최악의 사태까지 염두에 두고 있었다. 피의 토요일이었다. 맨 앞에서 행진하던 사람들은 "형제여! 쏘지 마오!"라는 글귀가 적힌 팻말을 들고 있었다. 하지만 그들을 향해 군인들이 쏟아져 나왔다. 제바스티안 하프너의 부모님 집에서 신문은 이제 '하루의 소식'을 전해주는 '일간지'가 아니었다. 그것은 '붉은 깃발'로 불렸다.

갓 출범한 불안정한 신생 정부는 체면을 잃는 것과 혼란스러운 상황을 끔찍이 두려워했다. 따라서 이 거대하고 자발적인 대중운동이 매우 불만스러웠다. 그들은 러시아에서 일어났던 사건이 되풀이될까 봐 걱정했다. 그 사건으로 비레닌주의 당파였던 멘셰비키와 소수 당파들은 결국 자신들이 일으킨 혁명에 의해 자멸했다. 신생 정부는 민중 의회와 관련해 '그들의' 국민들과 좋은 관계를 유지하고 싶어 했다. 따라서 그들은 혁명을 '질식사'시키기로 결정했다. '질식사'라는 말은 에베르트 총리가 이 문제를 독일군 사령관과 의논할 때 실제로 사용한 말이었다.

'그들의' 혁명을 이끌 지도자로 선임된 사회민주당 대표들은 모욕을 당한 민간 정부를 달래고 복권시켜 총체적인 민중 봉기가 허망하게 끝나도록 종용했다. 에베르트의 오른팔인 구스타프 노스케는 '지사'의 신분으로 항구도시인 킬에 도착했을 때 해병들로부터 열렬한 환영을 받았고, 며칠 만에 혁명의 이름으로 모든 봉기를 진정시킬 수 있었다. 의회는 그대로 유지되었지만 모든 권력을 박탈당했다. 붉은 깃발이 다시 일간지가 되는 순간이었다. 그리고 이렇게 1막이 막을 내렸다.

흐지부지된 베를린 혁명

그해 겨울, 도시는 비참한 퇴역군인들로 들끓었다. 그들 대다수는 직업이 없었고 그중 일부는 마땅한 숙소조차 없었다. 연합군이 여전히 독일 항구를 봉쇄하고 있었다. 베를린 시민들은 그해 겨울처럼 몇 달 동안 굶주림으로 고통을 겪어본 적이 없었다. 1918년 말이 되자 도시에는 페트로그라드가 1917년에 그랬던 것처럼 볼셰비키 혁명의 기운이 무르익고 있었다. 하지만 러시아에서 일어났던 사건들이 실제로 되풀이되고 있지는 않았다. 왜 그랬을까?

첫 번째 이유는 혁명에 필요한 적이 러시아에서 그랬던 것처럼 당장 숙청해야 할 정도로 가까이 있지 않았기 때문이었다. 베를린 외곽 곳곳에서는 새로운 군대가 훈련을 하고 있었다. 그들은 소위 '의용단'이라 불렸고 매우 충성스럽고 잘 훈련된 퇴역군인으로 이루어져 있었다. 이들 의용단은 원래 위급한 상황일 때 동원할 수 있도록 기동력과 효율성을 갖춘 소수의 군대 조직으로 편성되었지만 곧 자율성을 가진 조직으로 발전해나가며 전투 조직을 강화했다. 그들이 가진 자부심은 대단했고 직속상관을 제외하고는 누구에게도 경례를 하지 않았다. 여기에서 무장 친위대의 기틀이 만들어졌다.

후에 민방위 장관이 되는 구스타프 노스케는 질서를 유지하기 위해서라면 어떤 일이든 가리지 않았고, 이들 의용단 지휘관들을 포함해 누구와도 손잡을 준비가 되어 있었다. 하지만 의용단을 의미하는 프라이코어의 지휘관들이 사회민주주의 정부에 대해 가지고 있던 생각은 그들이 쓴 일지에 명확하게 나와 있다.

예컨대 아이제르네 차르 의용단 사령관은 다음과 같은 글을 남겼다. "언젠가는 지금의 정부에 원한을 갚고 이 모든 불쌍하고 징징거리는 쓰레기들의 가면을 벗겨버릴 날이 올 것이다." 베르볼프 의용단 사령관은 "우리는 바이마르와 베르사유에 전쟁을 선포한다. 수단과 방법을 가리지 않는 끝없는 전쟁 말이다!"라고 기록했다. 헤르만 에르하르트가 이끄는 '브리가데'(여단)의 정예부대는 최초로 철모에 나치 문장을 달았다.

한편 일단의 난폭한 무리가 카를 리프크네히트의 주위로 모여들었다. 그들은 좌익 성향을 가진 성난 퇴역군인이었고 도시를 돌아다니며 부잣집을 약탈하고 전략적으로 중요한 건물들을 점령했다. 카를 라데크와 마찬가지로 리프크네히트는 쿠데타를 일으켜 다가오는 선거를 저지하고자 했다. 노동자와 군인으로 구성된 평의회는 러시아의 선례를 따라 어떠한 대가를 치르더라도 권력을 잡아야 했다. 리프크네히트는 독일 평의회가 자신의 계획에 전혀 관심을 두지 않는다는 사실을 알았지만 개의치 않았다.

베를린의 분위기는 날이 갈수록 흉흉해졌다. 총성이 유난히 자주 들려왔고 모든 사람들이 권총이나 기관총을 갖고 다니는 듯했다. 1918년 12월 23일, 하리 케슬러 백작은 수많은 시체가 안치되어 있는 곳을 지나가며 "무엇을 위해 꽃다운 젊은 생명이 희생되었는지, 그들이 무엇을 위해 자신을 희생했는지 아무도 알 수 없었다"라는 글을 남겼다.

그 주에 케테 콜비츠는 젊고 눈먼 병사들이 길거리에서 손풍금을 연주하며 구걸하는 모습을 처음 보게 되었다. 그리고 일기에 "풍자적인 잡지 〈짐플리치시무스〉에 실렸던 만화가 생각났다. 1870년에 있었던 전쟁에서 부상당한 상이군인이 손풍금을 연주하며 노래하는 장면이었다. '지금의 내 모습과 내가 갖고 있는 것은 바로 당신, 우리의 조국 덕분입니다'라는 노래였다"라고 썼다.

크리스마스와 새해가 코앞으로 다가왔지만 베를린은 유령의 도시 같았다. 게오르게 그로스는 당시의 분위기를 "사방에 내전의 기운이 흐르고 있었다. 집 외벽에 발라놓은 회반죽은 떨어져 내린 채였고 창문은 깨져 있었으며 수많은 가게가 철재 셔터를 내려두고 있었다. (…) 두려움과 갇혀 지내는 생활을 더는 견디지 못한 사람들은 지붕으로 올라가 움직이는 모든 대상을 향해 총을 난사했다. 그 대상이 날아다니는 새든 사람이든 상관하지 않았다"라고 전했다.

이 기간 중에 카를 라데크는 스파르타쿠스단(검투사와 혁명 지도자의 이름에서 유래되었다)을 비롯한 두세 개의 다른 급진 좌익 단체를 신당의 세력 안으로 끌어들이는 데 성공했다. 그 신당은 다름 아닌 독일 공산당이었다.

1919년 1월 5일 일요일, 마침내 2차 혁명이 발발했다. 혁명의 발단은 그야말로 사소한 일이었다. 에베르트가 베를린 최고 위원장이라고 주장하던 한 급진 사회주의자를 퇴출시키자 스파르타쿠스 단원들이 해명을 요구하고 나섰던 것이다. 1,000여 명에 달하는 급진 노동자들이 거리로 쏟아져 나왔다. 그리고 여기에 리프크네히트가 모습을 드러냈다. 하리 케슬러는 그와 어느 정도 거리를 두고 있었지만 목소리는 충분히 들을 수 있었다. 케슬러의 증언에 따르면 리프크네히트는 "노동자들의 비애감을 달래주는 이야기를 마치 복음 전도사처럼 또박또박 열정을 담아" 말했다.

잠시 후 케슬러와 리프크네히트는 성난 군중 속에 섞여 포츠담 광장에서 우연히 다시 만나게 된다. 리프크네히트는 자신에게 거의 절대적인 믿음을 보내고 있는 청중을 향해 재차 연설을 하고 있었다. "나는 리프크네히트와 토론을 시작했고 그렇게 몇 분이 지나자 군중 대다수가, 특히 군인들이 내게 동조하기 시작했다. 그들이 리프크네히트는 군대에 가본 적이 없다는 사실을 알게 되었기 때문이다."

이러한 증언은 당시 베를린 거리에 있던 대부분의 사람들이 볼셰비키 혁명을 되풀이하고 싶어 하지 않았다는 사실을 분명하게 보여준다. 그 주에 개최된 노동자 회의를 통해, 대중은 지난 11월에 있었던 독일 혁명을 따르는 쪽을 선호하고 있으며 다만 이번에는 제대로 된 성공을 거두어야 한다는 점을 명확히 했다. '배신자' 에베르트 정부는 반드시 축출되어야 했다. 무장 조직이 만들어졌고 철도역과 신문사가 점령되었다.

한편 카를 리프크네히트의 추종자들은 그와 함께 도시 곳곳을 누볐다. 그를 태운 차량은 붉은 기와 기관총으로 둘러싸여 마치 위대한 레닌이 벌였던 개선행진의 베를린 버전을 보는 것 같았다. 하지만 우리가 이미 본 것처럼, 리프크네히트는 레닌이 아니었다. 애초부터 그는 행동가이자 투사였을 뿐 정치적 지도자는 아니었다.

이런 점에서 상황은 실로 암울한 방향으로 흘러갔다. 20만 명의 노동자가 1월 6일을 기점으로 총파업에 돌입했다. 그날 아침, 케슬러는 베를린 중심지를 행진하는 두 개의 행렬을 보았다. 하나는 사회민주주의를 표방하는 사람들의 행렬이었고 다른 하나는 스파르타쿠스 단원들의 행렬이었다.

"양쪽 행렬 모두 매춘부, 똑같은 옷을 입은 상인, 공장직 여성 근로자들로 구성되어 있었고 하나같이 붉은 깃발을 휘두르고, 똑같이 부르주아 음악에 맞춰 행진하고 있었어요. 유일한 차이점은 그들이 들고 있는 기치에 적인 글귀였습니다. 행진을 하면서 그들은 서로에게 비웃음을 보냈지요. 아마 그날이 다 가기 전에 서로에게 총질을 해댔을지도 모릅니다."

▲ 베를린의 상징이 된 포츠담 광장의 현재 모습이다. 베를린 장벽 붕괴 후 대대적으로 개발되었다. 유럽에서 가장 독특한 건물들이 들어서 있는 곳으로 유명하다.

▲ 밤의 알렉산더 광장 모습. 1805년, 알렉산더 1세의 베를린 방문을 기념해 알렉산더 광장이라 불리게 되었다.

케슬러는 갑작스런 외침 소리를 들었다.

"저기 리프크네히트 꼬맹이다! 리프크네히트의 아들!"

사회민주주의 당원들은 '호리호리한 금발의 소년' 카를 리프크네히트 주니어에게 린치를 가했고 일단의 스파르타쿠스 단원들이 겨우 그를 구해내 안전한 곳으로 피신시켰다.

그날 오후 군중은 알렉산더 광장에 다시 모여들었고 정부 청사를 습격하기 위한 준비를 갖추었다. 베를린 혁명을 시작하기 위한 모든 준비가 완료되었다. 그러나 아무 일도 일어나지 않았다.

왜냐하면 그들에게는 지도자가 없었고, 따라서 행동을 취하기 위한 아무런 결정도 내릴 수 없었기 때문이었다. 라데크는 당시 베를린에 갓 도착한 상태였기 때문에 지나치게 열광적인 스파르타쿠스 단원들의 통제권을 움켜쥘 만한 시간이 부족했다. 그는 정부를 전복시키겠다는 생각에도 전적으로 반대했다. 그는 이제 막 출범한 독일 공산당 당원들에게 '막다른 골목'에 봉착한 이 싸움에서 즉시 발을 빼라고 은밀히 명령했다.

용감하고 성격이 급한 리프크네히트에게는 정치적 자질이 부족했다. 케슬러가 기록한 바에 따르면 그에게는 다소 돈키호테 같은 면이 있었고, 레닌이 가졌던 전략적 재능이 결여되어 있었다. 로자 룩셈부르크는 비범하고 총명하며 낭만적인 여인이었지만 이 당시에는 자신의 신문사와 글 쓰는 일에만 전념하고 있었다. 그녀는 리프크네히트가 아무런 준비 없이 혁명을 시작했다는 소식을 듣고 매우 화를 냈다.

"당신이 어떻게 그럴 수 있죠? 우리가 공동으로 세운 계획은 이제 어떡할 건가요?"

군인들로 구성된 평의회는 중립을 유지했다. 그들에게는 혁명만큼이나 치안을 유지하는 일도 중요했다. 그날 하루가 끝나갈 무렵 대부분의 시위 가담자들이 순순히 귀가했다. 혁명이 끝난 것이었다.

그 일을 계기로 베를린의 분위기가 급격하게 변했다. 에베르트 정권은 보수 성향의 수많은 군 조직으로부터 지지를 받았다. 여기저기서 치열한 싸움을 벌인 끝에 그들은 혁명군에 의해 점령당했던 건물에 대한 통제권을 하나씩 하나씩 되찾아왔다. 이 중에는 〈보르베르츠〉 신문사 건물도 포함되어 있었다. 부대 지휘관이 총리에게 해당 건물을 점령하고 있던 300여 명에 대한 처리 문제를 묻자 이런 대답이 돌아왔다.

"전부 총살시켜버리세요."

전통적인 사관학교 출신 장교였던 지휘관은 이 명령을 거부했다. 결국 해당 건물을 점령하고 있던 반란군 중 7명이 처형되고 나머지는 끔찍할 정도의 매질을 당했다. 그날 오후 구스타프 노스케가 이끄는 의용단이 처음으로 시내에 도착했다. 그는 자신에게 주어진 역사적 사명을 알고 있었다.

"뭘 망설이겠는가? 누군가는 경찰견 노릇을 해야만 한다. 나는 나에게 주어진 임무를 피하지 않겠다."

이것은 급진주의자와 공산주의자에 대한 광기 어린 체포를 알리는 시작점이 되었다. 베를린에서만, 이들에게 저항하던 1,200명의 스파르타쿠스 단원이 총에 맞고 쓰러졌다. 라데크는 쉽게 검거되었다. 그는 모아비트로 보내져 도시 한가운데 지어진 거대한 프로이센 교도소에 수감되었고 그곳에서 1년을 복역했다. 그에게는 곧 신생 러시아의 특사 자격으로 여러 가지 특권이 주어졌다. 그의 감방은 모든 것이 제대로 갖춰진 선전과 선동의 유포지가 되었고 그는 급진적인 행동주의자부터 발터 라테나우에 이르기까지 자신이 원하는 사람은 누구든 불러들여 만날 수 있었다. 베를린 사람이라면 누구나 '모아비트에 있는 라데크의 응접실'을 알고 있을 정도였다. 이곳은 과도기의 독일과 러시아 사이에 새로운 연결고리를 만들어주었다.

하지만 룩셈부르크와 리프크네히트는 당국으로부터 보호받지 못했다. 그들은 1919년 1월 13일, 에덴 호텔 근처에서 체포되어 개머리판으로 의식을 잃을 정도까지 두들겨 맞은 뒤 머리에 총을 맞았다. 리프크네히트의 시체는 시체 공시소로 보내졌다. 룩셈부르크는 아직 숨이 붙어 있는 상태로 란트베어 운하에 던져졌다. 죽음은 마침내 그 두 사람을 역사책 속에서 하나로 묶어주었다. 빈번하게 의견이 충돌했던 것을 제외하면 살아 있을 때 그 두 사람은 거의 관계가 없었다. 케테 콜비츠는 허가를 받아 리프크네히트의 마지막 모습을 그림으로 그렸다.

"완전히 뭉개진 이마를 가로질러 붉은 꽃으로 만든 화환이 놓여 있었어요. 그의 얼굴에는 자부심이 묻어났고 입은 약간 벌어진 상태였는데 고통으로 일그러져 있었죠. 전체적으로는 약간 놀란 듯한 표정이었어요."

리프크네히트를 머리가 뭉개지도록 때린 군인 룽게는 자신의 부대에서 짧게나마 징역형을 받은 유일한 사람이었다. 포겔 중위는 룩셈부르크를 총살하기도 했는데 오직 불법적으로 사체를 유기한 죄만 인정되었다. 그는 네덜란드로 도주했고 그곳에서 사면을 받았다. 그들의 지휘관이었던 발데마르 파브스 대위는 아무런 처벌도 받지 않고 살다가 1970년에 자신의 침대 위에서 자연사했다.

그 사건까지가 2막의 끝이었다.

잔혹한 내전

이 희곡의 3막은 내전으로 이루어져 있다. 독일 전역으로 확산된 내전으로 인해 마치 석탄 공장에 불이 난 것처럼 여기저기서 화염이 일었고 그 화염은 브레멘과 뮌헨, 루르 공업지역 그리고 다시 베를린을 덮쳤다. 유럽인들은 독일의 내전을 대부분 기억에서 지워버렸지만 그것은 매우 잔인하고 포악한 싸움이었다. 요제프 로트는 그 시기를 이렇게 묘사했다.

이방인은 배척당했다. 충성스럽던 개도 도살당했다. 마차를 끌던 말은 잡아먹혔다. 교사는 배고픔과 분노를 이기지 못해 학생들을 때렸다. 신문사는 적의 강요로 잔혹행위를 조작했다. 장교는 칼을 갈고 날을 세웠고, 대학생은 책 대신 총을 잡았다. 중고등 학생도 총을 잡았다. 경찰도 총을 쏘고 꼬마도 총을 쏘았다. 총잡이들의 나라였다.

싸움은 불공평했다. 노동자와 군인 평의회로 구성된 허술한 저항조직과 무장이 잘된 데다 고도로 훈련된 의용단의 싸움이었기 때문이다. 때로는 누가 누구와 싸우고 있는지조차 명확히 알 수 없었다. 1월 말경에 하리 케슬러는 사회주의 운동이 뚜렷하게 두 개의 진영으로 나뉘어 있음을 알게 되었다.

"어쨌든 베를린의 중앙 행정부를 지키는 부대 역시 사회주의자들이었지요. 따라서 지방정부에서 무슨 일이 벌어졌다고 해도 그들을 지원하고 나서지는 않았을 겁니다."

수도인 베를린에서 전쟁은 일상생활의 일부가 되었다. 한 목격자의 진술에 따르면 학생들은 학교에서 늦게 귀가하게 될 경우, 총싸움이 멈출 때까지 할레셰 토르 역 입구에서 기다려야 했기 때문이라는 핑계를 댔다고 한다. 서쪽으로 향하는 시외전철은 역으로 들어와 완전히 멈출 때까지 텅 비어 있는 것처럼 보이기도 했다. 하지만 착각이었다. 사실은 승객들이 빗나간 총알에 맞지 않기 위해 의자 아래로 몸을 숨기고 있었던 것이다.

이런 상황 속에서도 1919년 1월 19일에 총선이 열렸고, 에베르트의 중도 좌파 연합은 총 투표수 중에서 4분의 3을 득표했다. 이 압도적인 승리로 인해 독립 정당들은 그대로 묻혀버렸다. 바이에른 인민 공화국 진영의 쿠르트 아이스너와 그의 추종자들은 총 투표수 대비 3퍼센트를 얻는 데 그쳤다. 아이스너 또한 레닌은 아니었던 것이다. 그는 점잖게 물러났다. 그럼에도 그에게는 사임 연설을 할 기회조차 주어지지 않았다. 바이에른 의사당으로 들어가던 순간 급진 우익 장교에 의해 암살당했기 때문이었다.

길거리에 폭력사태가 난무했음에도 에베르트는 선거 결과를 통해 의사당을 비롯해 노동조합, 사업가, 일반 시민들의 든든한 정치적 지지를 확인할 수 있었다. 하지만 여전히 싸움은 계속되었다. 이제 보다 나은 고용조건과 보다 많은 보수, 의회의 자율성 강화에 대한 문제가 갈등의 원인이 되었다. 의용단은 자신들만의 방식으로 전국에서 광기를 뿜어내고 있었다. 의용단의 지도자 중 한 명은 꽤 정확한 시선으로 15세기의 용병과 자신들을 비교했다.

"란츠크네히트 의용단 역시 자신들이 무엇과 싸우고 있는지 또는 누구를 위해 싸우고 있는지 상관하지 않았습니다. 가장 중요한 것은 우리가 싸우고 있다는 사실이었죠. 전쟁은 우리의 소명이었습니다."

결국 70여 개의 의용단이 창설되었고, 여기에 속해 있는 군인의 숫자가 무려 40만 명에 달했다. 독일의 많은 도시에서 고문과 임의 처형, 잔혹행위가 행해졌다. 오늘날 개인적인 가족사를 들춰보면 드물긴 하지만 여전히 그것들이 남긴 흔적을 발견할 수 있다.

5월에 들어서면서 의용단이 수행했던 임무가 다소나마 민간 형사법원이나 군 재판소로 이양되었고 수백 건에 달하는 사형이 집행되었다.

그리고 이렇게 3막이 막을 내렸다.

카프의 폭동

4막은 간주곡에 해당했다. 1919년 8월 15일, 에베르트 대통령은 바이마르 헌법에 서명했다. 이 헌법은 모든 이해당사자의 바람을 상당 부분 충족시켜주었다. 예컨대 직접 민주주의 옹호자들에게는 국민투표가 주어졌고, 자유의회 의원들에게는 국회의사당이 주어졌다. 그리고 전통을 고수하는 군주제주의자들을 위해서는 대통령직이 만들어졌다.

새로운 의사당은 바이마르에 세워졌다. 이 도시는 새로운 독일의 통합을 상징하며 헤르더와 괴테, 실러 같은 위대한 지성들이 살고 있는, 유쾌하고 오염되지 않은 독일의 지방 도시로 거듭났다. 게다가 바이마르는 소수의 충성스런 군대만으로도 쉽게 방어할 수 있는 요지였다. 하지만 아무도 이것을 공개적으로 언급하지는 않았다.

6개월 후인 1920년 1월 10일, 베르사유 조약이 발효되었다. 이에 따라 독일은 군대 규모를 과거 황제의 군대가 있던 시절 대비 4분의 1로 축소해야만 했다. 이것은 의용단의 해산을 의미했다. 하지만 거칠고 난폭한 용병들은 의용단이 해산하는 것을 보고만 있지는 않았다. 루덴도르프를 포함한 의용단의 장군들은 권력을 잡고자 했다. 앞부분에서도 언급했던 에르하르트 브리가데 의용단은 해산을 거부했다.

1920년 3월 12일 금요일 밤, 볼프강 카프Wolfgang Kapp와 발터 폰 뤼트비츠 장군의 명령을 받은 의용단 단원 5,000명은 정부 청사를 점령하고 '어떤 저항이라도 무자비하게 박살'내겠다는 기세로 대형을 갖춰 베를린의 심장부로 진격했다. 곧바로 혼란이 일어났다. 군부는 정부와 극우 성향의 의용단 중 어느 한 편에 서는 것을 거부했다. 마침내 대안이 없던 정부는 예전 혁명군에 도움을 청하기에 이르렀다. 그들은 "모든 수단과 방법을 가리지 않고 싸워 공화국을 사수하라! 내부적인 다툼은 잠시 접어라. 빌헬름 2세의 독재를 막는 효과적인 길은 오직 하나뿐이다. 모든 경제활동을 중지하라!"라고 외쳤다. 당시 정부 각료들은 남부 독일로 무사히 도망쳤다.

결과적으로 왕정복고를 기도한 '카프의 폭동'은 참담히 실패했다. 전임 정부가 그토록 절박하게 외쳤던 총파업이 대대적인 호응을 얻었다. 이 대대적인 총파업으로 인해 독일이 겪은 국가 기능의 총체적 마비는 사상 유례가 없는 것이었다. 모든 기차와 시가전차가 멈췄다. 편지 역시 더는 배달되지 않았고 문을 연 공장은 한군데도 없었다. 베를린에는 수도와 연료, 전기 공급이 끊겼다. 거의 모든 정부 시설이 문을 닫았다. 신문도 발행되지 않았다. 폭동의 배후에 있던 지도자들은 완벽히 통제권을 상실했다. 정부 부처에 대한 어떠한 요구도 통하지 않았다. 일주일 만에 모든 상황이 종료되었다. 그것은 사회주의 독일이 마지막으로 보여준 단합된 시위였다.

암살당한 라테나우

5막은 이 희곡의 대단원이다. 폭력적인 혁명은 지하로 숨어들었다. 1920년 이후 군부와 의용단에는 다양한 비밀 조직이 생겨났다. 그들은 베르사유 조약을 전통적인 독일의 가치를 침식하려는 시도로 여기고 평화조약을 강화하려는 사람은 누구나 반역자로 간주했다. 특히 그 사람이 유대인이나 지식인인 경우에는 더욱 그랬다.

게오르게 그로스는 "어디에나 증오심이 만연해 있었다. 모두가 서로를 미워했다. 유대인과 자본가, 귀족, 공산주의자, 군인, 집주인, 노동자, 실업자, 공화국 군대는 물론이고 통제위원회, 정치가, 백화점 그중에서도 유대인⋯. 하지만 누가 대상이든 상관없었다. 마치 독일이 둘로 나뉜 것 같았다. 어느 순간부터 양쪽은 니벨룽겐 설화에 나오는 것처럼 서로를 미워했다. 그리고 우리는 곧 이러한 사실을 깨닫게 되었다. 아니, 적어도 깨닫기 시작했다"라고 썼다.

요제프 로트는 음모에 관한 이야기를 다룬 소설 《거미줄》을 통해 이러한 분위기를 완벽하게 보여주었다. 이야기는 두 명의 주인공을 따라가며 전개된다. 테오도르 로제는 점점 정치범으로 변해가는 불만 가득한 중산층 남자이다. '회전목마의 파이프 오르간을 연주'하는 벤자민 렌즈는 해외 작전에 대한 보고서를 조작하고, 정부에서 서류와 도장을 훔쳐낸다. 그리고 스스로 감옥에 들어가 사람들에게 정보를 제공하고, 그들과 함께 수감생활을 하며 '때'를 기다린다. 거미줄의 중심에 해당하는 곳이 뮌헨이다. 주인공 다음으로 중요한 인물로는 루덴도르프와 아돌프 히틀러가 등장한다.

로트가 너무도 세심하게 자신의 거미줄을 잣는 바람에 이 소설에는 약간의 황당한 점이 존재한다. 예컨대 그가 상상으로 만들어낸 사건이 현실에서 그대로 재현됐던 것이다. 그의 책은 1923년 10월 7일부터 빈에 있는 〈노동자 신문〉을 통해 연재 형태로 인쇄되었다. 1923년 11월 6일을 마지막으로 연재가 끝났는데 바로 11월 8~9일 사이에 루덴도르프와 히틀러가 정권 장악을 기도했던 것이다. 그것도 바로 뮌헨에서 말이다. 이 사건은 불발로 끝나기는 했지만 그 시점에 이미 가장 중요한 스위치가 눌러진 상태였다.

1914년 10월, 발터 라테나우는 네덜란드 친구 프레데릭 반 에덴에게 편지를 썼다.

> 우리 중에 누가 끝까지 살아서 진정한 평화가 오는지를 확인할 수 있을까? 우리는 아직까지 한 번도 본 적 없는 많은 어려움을 경험할 테지. 무자비한 세대가 등장하고 그들의 발아래 우리 심장이 짓밟힐지도 몰라.

라테나우가 1922년 6월 24일, 자신이 언급했던 '무자비한 세대'의 총에 맞고 사망한 쾨니히스 알레(거리)의 굽은 길에는 오늘날 조그만 기념물이 서 있다. 당시 그는 독일 외무부 장관으로서 베르사유 조약에 의해 정해진 배상금 액수를 거의 절반 수준으로 줄이는 데 성공했으며, 독일에 대한 국제사회의 신뢰를 회복하기 위해 최선을 다하고 있었다. 그가 저지른 최대의 실수는 그러한 일을 너무도 잘 해냈다는 것이었다.

라테나우 같은 인물 주위에는 항상 위험이 도사리고 있었다. 극우파의 홍보자료에 따르면 그들은 1918년 여름부터 독일에서 발생한 모든 재앙에 책임을 져야 했다. 한참 승승장구하던 독일군을 등 뒤에서 칼로 찌른 것, 치욕스러운 베르사유 조약을 맺도록 한 것, 전쟁 배상금으로 인해 경제가 질식사하도록 만든 것 등이 대표적이었다.

의용단 단원들은 공개적으로 "발터 라테나우를 죽이다니, 이 빌어먹을 비열한 유대인아"라는 노래를 부르고 다녔다. 라테나우는 특히 증오가 일상적인 사회현상으로 자리 잡아가고 있다는 점에 우려를 표시했다. 그는 사회부 기자 벨라 프롬에게 "전쟁이 끝난 뒤 우리 국민들은 일상적인 생활로 돌아갈 수 없었습니다. 오늘날 그들은 일상생활로 돌아가려는 의지조차 없어요. 살인과 약탈이 그들의 직업이 된 셈이죠"라고 말했다. 그리고 이틀 후, 라테나우는 암살되었다.

한때 장교였던 젊은이가 이끄는 세 명의 학생들에 의해 암살이 자행되었다. 이 장교는 ('카프의 폭동'을 주동했던) 에르하르트 대위가 이끄는 '콘술'이라는 거미줄의 일부였다. 그 학생들은 라테나우가 《시온장로의정서》에 나오는 시온의 장로 중 한 명이라고 확신했다. 그들은 움직이는 차 안에서 출근 중이던 라테나우를 총으로 쏴 죽였다.

조문하려는 사람들을 위해 라테나우의 사체는 본인이 살던 집에 안치되었다. 케슬러 백작 역시 그곳으로 조문을 갔다.

"서재에 놓인 개봉된 관 안에 그가 누워 있었습니다. 나와 그토록 많은 시간을 함께했던 그 서재에 말이죠. 그는 고개를 약간 오른쪽으로 돌린 채 평온한 표정을 짓고 있었어요. 총에 맞은 얼굴 아랫부분은 고급 재질의 손수건으로 덮여 있었지요."

살인자들은 암살 직후 도주했다. 한 명은 금방 체포되었고, 나머지 두 명은 자전거를 타고 독일 이곳저곳으로 도망을 다녔다. 한 버려진 성에서 발각된 이들은 곧 이어진 총격으로 사망했다. 몇 년 후 그들은 나치에 의해 순교자로 승격되었다.

역사가들은 항상 대답할 수 없는 질문과 맞닥뜨린다. 만약 윈스턴 처칠이 1931년, 뉴욕에서 일어난 택시 사고로 인해 (경미한 상처를 입은 것이 아니라) 목숨을 잃었다면 어떤 변화가 생겼을까? 1918년 늦여름,

히틀러 상병이 겨자 가스 공격에 의해 단순히 시력을 잃는 대신 질식사했다면 어떻게 됐을까? 혹은 라테나우에 대한 암살 기도가 단지….

하지만 라테나우는 죽었고 처칠은 살아남았다. 라테나우 암살은 아마도 20세기에 발생한 가장 중요한 살인 사건이었을 것이다. 그는 처칠이나 샤를 드골[1]처럼 모든 면에서 비범했고, 총명했으며, 카리스마가 있었다. 또한 프랑스 외교관이자 행정 관료였던 장 모네의 비전과 알프레드 아인슈타인의 명석함을 지니고 있었다. 하프너는 이렇게 썼다.

> 당신도 느꼈을지 모르지만 1922년에 외무부 장관이 되지 않았다면 그는 1800년대에 존재했던 독일 철학자나 1850년대의 국제적인 금융가 또는 랍비 혹은 은둔자가 되었을 겁니다.

히틀러와 마찬가지로 그 역시 대중을 움직이는 마력을 지니고 있었다. 그가 암살되자 수십만 명의 시민들이 가두시위를 벌였고, 그 사건에 대해 증언하겠다고 나섰다. 그가 지니고 있던 마력은 긍정적인 힘이었고, 그것은 20세기 독일과 유럽의 운명을 바꿀 수 있을 만한 것이었다.

라테나우는 아버지의 도움을 받아 설립한 거대 기업 알게마이네 전기회사(AEG)를 다년간 운영했다. 그는 1차 세계대전이 임박했음을 인지한 몇 안 되는 사람 중 한 명이었고, 그러한 조류를 바꾸기 위해 자신의 모든 능력을 동원했다. 영국이 1912년에 제안한 군축 협정을 지지하고 나선 것도 이러한 노력의 일환이었다. 독일 황제는 영국의 이런 제안을 즉각적으로 거절했지만 라테나우는 한 나라의 영향력을 좌우하는 것은 군사력이 아니라 경제력과 도덕적인 정권이라는 것을 잘 알고 있었다.

1913년대 후반, 그는 유럽 중서부에 위치한 나라들과 경제 합병 계획을 세웠다. '중부 유럽'이라 이름 붙여진 이 계획은 유럽연합의 전조가 되었다. 1차 세계대전이 진행되는 동안 그는 원자재 유통을 책임졌고 나중에는 재건 장관으로서 훌륭히 업무를 수행했다. 하지만 무엇보다 중요한 것은 그가 가졌던 비전과 행동방식, 사고방식이었다.

요제프 로트 역시 조문차 라테나우의 생가를 찾았다.

> 그의 집과 생전의 그를 설명해주는 모든 것들을 통해 조화를 중시하던 그의 정신을 엿볼 수 있었다. 아래층에는 '공무원을 위한 책상'이 있었고 위층에는 '한 개인으로서 그리고 작가로서 조용히 집필에 몰두하는 책상'이 있었다. 두 책상 모두 많은 책으로 둘러싸여 있었다. 칸트, 괴테, 플루타크, 각종 언어로 번역된 온갖 형태의 성경들이 있었다. '철학사부터 영원불멸의 위대한 위인들에 이르기까지' 없는 책이 없었다. 그리고 그가 읽고 썼던 모든 것들 또한 조화의 중요성을 부르짖고 있었다. (…) 그가 살해당한 장소를 거닐었다. 모든 살인은 다 똑같고 각각은 하나의 살인일 뿐이라는 말은 옳지 않다. 여기 있는 그의 죽음은 훨씬 안타깝고 절대 잊을 수 없는, 어떤 복수로도 위로받을 수 없는 것이다.

쾨니히스 알레에 있는 기념물은 그로부터 25년 후에 세워졌다. 오래된 나무는 모두 베어지고, 대부분의 저택은 현대식 빌라로 대체되어 지금은 단지 굽은 길 정도만 알아볼 수 있을 정도이다. 거기에서 길을 따라 조금만 더 올라가면 65번지가 나오고 바로 그곳에 라테나우가 살았던 크고 하얀 저택이 있다. 차들이 지나다니고 새들은 봄의 노래를 부른다. 망각이란 이렇게 찾아오는 것이다.

600억 마르크짜리 신문

> 나 베르톨트 브레히트는 고래의 어두운 숲에서 외친다.
> 나는 어머니의 자궁 속에 숨어 있다가
> 도시의 길거리에서 태어났다. 그리고 차가운 숲의 냉기는
> 내가 죽어 쓰러질 때까지 안으로부터 나를 갉아먹는다.
> 도시의 아스팔트는 나에게 집과 다름없다.

베를린은 점차 냉소적인 도시로 변해갔다. 1920년대에 들어서면서 예술가와 신흥 부자로 구성된 또 다른 베를린이 등장하기 시작했다. 그들은 전쟁 직후 매키 메서와 폴리 피첨 같은 사람들이 즐겼던 소란스러운 파티와는 전혀 다른 파티를 즐겼다. 예컨대 '사랑은 이성 간에 존재하는 아주 작은 차이를 어리석을 정도로 과대평가하는 것이다'라는 모토가 지배하는 속물스러운 파티였다. 혁명과 죽음을 경험한 베를린 시민들은 자신만의 방식으로 섹스를 재해석했다.

오스트리아 사람인 슈테판 츠바이크는 베를린 시민들이 '체계적이고 철두철미한 국민성을 바탕으로 어떻게 변태행위를 하고 있는지' 발견했다. 그리고 그러한 변태행위를 통해 드러나는 애처로운 에로티시

즘에 놀라움을 금치 못했다.

> 인공 가슴을 가진 화장한 소년들이 쿠어휘어스텐담 거리를 왔다 갔다 하고 있었다. 그곳에는 직업적으로 몸을 파는 사람들만 있는 것이 아니었다. 모든 고등학생들이 용돈을 벌려 했다. (…) 어린 소녀들은 자신들의 일탈을 자랑하고 싶어 했다. 아직 동정을 지키고 있는 열여섯 살짜리가 있을지도 모른다고 생각하는 것은 베를린 학생에게 있어 매우 우스꽝스러운 일이었다.

미국인 작곡가 니콜라스 나보코프는 어느 날 저녁, 이사도라 덩컨과 그녀의 새신랑인 러시아 시인 세르게이 예세닌과 함께 술자리를 가졌을 때의 일화에 대해 이야기했다. 그들은 우연히 케슬러 백작을 만났다.

"당시 짙은 머리색을 가진 한 소녀가 케슬러와 동행하고 있었는데 이름이 대충 주디스 아니면 루스였던 것 같습니다. 그녀는 야회복 재킷과 풀 먹인 셔츠, 모자만을 걸치고 있었고, 허리 아래의 지극히 유혹적인 부분은 매우 불완전하게 가리고 있었습니다."

다음 날 저녁 케슬러는 자신의 집에서 파티를 열었다. 파티에 참석한 손님들은 방금 파리에서 도착한 젊은 흑인 무용가에게 탄복해 마지않았다. 그녀는 조세핀 베이커였다. 이사도라 덩컨보다 열일곱 살이나 어린, 똑똑하지만 극도로 불안정한 성격을 가졌던 예세닌은 1925년에 자살하고 말았다. 그리고 덩컨은 2년 뒤 프랑스의 리비에라 해변에서 스포츠카의 바퀴에 스카프가 말려들어 질식사했다.

에리히 캐스트너가 쓴 소설 《파비안》(1931)에 등장하는 주인공 중 하나인 슈테판 라부데가 떠들썩한 어느 날 저녁 한숨을 쉬면서 말한다.

"조만간 나는 곱게 갈려 소시지 고기가 될 꺼야. 빈 시간에 뭘 하지? 책을 읽을까? 내 성격을 분석해볼까? 돈을 벌어?"

나는 거대한 대기실에 앉아 있었고 그 대기실은 유럽이라는 이름으로 불렸다. 기차는 8일 뒤에나 출발할 예정이었다. 내 진작부터 그럴 줄 알았다. 하지만 그 기차가 어디로 가고 내가 어떻게 될지는 누구도 알 수 없다. 그리고 지금 우리는 다시 대기실에 있고 또다시 말하자면 이 대기실은 유럽이라고 불린다! 그리고 또, 다시, 앞으로 일어날 일에 대해 우리는 아무것도 모른다. 우리는 하루하루를 살고 있을 뿐이고 이놈의 위기는 도대체 끝이 없다.

핵심을 찌르는 말이었다. 하루하루. 한 나라의 정책이 하루아침에 바뀔 수 있었고, 안정된 경제의 모습이 점점 사라져가고 있었으므로 하루하루라는 표현이 맞았다. 1922년 9월 케테 콜비츠는 처음으로 일기장에다 인플레이션과 경제적 어려움에 대한 불만을 토로했다.

정말 믿을 수 없을 정도로 모든 것이 비싸구나. 올해 카를의 수입은 약 30만 마르크 정도일 텐데. 우리에게 필요한 수준의 절반에도 미치지 못하는 액수로군. 내가 나머지 절반을 벌지 않았다면 우리도 다른 사람들처럼 파산하겠지. 너무나 많은 사람이 가난의 수렁으로 빠지고 있어.

독일의 초인플레이션 수치는 잘 알려져 있다. 1918년에 마르크의 환율은 달러당 4마르크였다. 1922년에는 400마르크였고, 라테나우의 암살 직후 급속히 올라 1,000마르크가 되었다. 그리고 1923년 11월 말에는 1달러만 있으면 4조 2,105억 마르크를 살 수 있었다.

1921년 5월에 베를린의 일간지 〈알게마이네 차이퉁〉의 가격은 30페니히(100분의 1마르크_옮긴이 주)였다. 1922년 12월에는 50마르크가 되었고, 1923년 2월 1일에는 100마르크, 6월 1일에는 300마르크, 7월 1일에는 1,500마르크, 8월 1일에는 5,000마르크, 8월 15일에는 2만 마르크, 8월 29일에는 6만 마르크, 9월 12일에는 30만 마르크, 9월 19일에는 80만 마르크가 되었다. 100만 마르크가 된 것은 9월 20일 목요일이었다. 다음 날은 150만 마르크로 올랐다. 10월 28일 일요일판은 25억 마르크였고, 11월 9일 금요일 히틀러가 비어 홀 폭동에 실패했다는 기사가 실린 신문은 600억 마르크였다.

이러한 인플레이션이 초래한 가장 큰 문제는 가치에 대한 판단 능력의 실종이었다. 음악가와 연주자들은 쇼가 끝나면 지폐가 가득 든 돈 가방을 받았다. 그들은 그 즉시 돈 가방을 들고 가게로 달려가 가장 필요한 물건들을 샀다. 인플레이션으로 인해 다음 날 아침이 되면 그 돈은 쓸모가 없어질 것이기 때문이었다.

당시 베를린에 살고 있던 러시아 작가 일리야 에렌부르크Ilya Ehrenburg는 어느 날 저녁 '흥미로운 장소'로 끌려갔다. 그가 도착한 곳은 꽤 좋은 중산층 아파트였다. 그 집의 벽에는 군복과 교복을 입은 가족들의 사진이 걸려 있었다.

"우리 앞으로 알코올이 섞인 레몬 음료가 나왔어요. 그 뒤 집주인의 두 딸이 나타났죠. 벌거벗은 채 말입니다. 두 딸은 춤을 추기 시작했어요. 그중에 한 명이 도스토예프스키의 소설에 관해 이야기하기 시작했어요. 딸들의 어머니는 간절한 눈으로 외국 손님들을 바라봤죠. 자신의 두 딸이 손님들을 유혹해 돈을 내게 만들 수 있을지도 모른다고 생각했겠지요. 물론 달러로 말이죠."

같은 시기에 많은 사람이 엄청난 부자가 되기도 했다. 특히 이들 중에는 단기 금융시장에서 성공한 젊은이가 많았다. 도시의 일부 젊은이들은 1990년대 말, 신경제정책 후 등장한 젊은이들처럼 거품 가득한 생활을 하고 있었다. 학생들의 파티에는 샴페인이 넘쳐났고 스무 살짜리 백만장자가 부모를 먹여 살렸다. '전통 부자'에게는 돈을 저축하는 것이 미덕이었다면 '신흥 부자'에게는 돈을 쓰는 것이 미덕이었다. 그로 인해 세상은 완전히 뒤바뀌었다. 과거의 독일은 무엇보다 검소한 사람들이 문화를 형성해오던 곳이었기 때문이다.

이처럼 사랑을 포함한 모든 것이 변덕스러워지고 상대성을 띠게 된 경제적 배경은 무엇이었을까? 독일 우파들은 모든 것이 저 망할 전쟁 배상금 때문이라고 소리쳤다. (그들은 독일이 돈 이외에도 실질적으로 많은 것을 보상해야 한다는 사실을 쉽게 잊어버리고는 했다. 특히 독일은 아무런 이유도 없이 벨기에에 막대한 피해를 입혔다. 게다가 독일이 갚아야 하는 배상금은 불과 50년 전에 그들이 프랑스에 요구했던 배상금보다 적었다.) 베르사유 조약에 따르면 독일은 1988년까지 매년 18억 마르크씩 갚아나가야 했다.

하지만 배상금이 실제 인플레이션에 끼친 영향은 매우 작았다. 마르크가 붕괴된 주요 원인은 1914~1918년 사이에 독일인이 스스로 발행한 엄청난 공채 때문이었고 그 총액은 무려 1,640억 마르크에 달했다. 이 금액 중 1,190억 마르크가 애국 전쟁 채권을 판매(그동안 저축한 돈으로 채권을 구입한 사람들은 두 번 다시 그 돈을 구경할 수 없었다)함으로써 발생했고, 나머지 금액은 단순히 돈을 더 찍어내는 데 사용됐다. 독일인들은 일단 독일이 파리를 점령하고 프랑스와 영국으로부터 보상금을 받아내면 모든 빚을 청산할 수 있을 거라고 생각했다. 결국 독일이 이처럼 엄청난 빚에 쪼들리게 된 이유는 단지 배상금 때문이 아니라 전쟁 배상금을 놓고 국가가 국민을 상대로 도박을 한 것이 가장 큰 원인이었다.

그중에서도 가장 큰 타격은 전쟁을 치르면서 발생한 손실이었다. 1920년대 후반에 독일 정부가 지급한 보조금 내역을 살펴보면 상이군인 76만 1,294명, 전쟁미망인 35만 9,560명, 유복자 7만 3,781명, 고아 5만 6,623명 그리고 한 명 이상의 아들을 잃은 부모 14만 7,230명에게 국가 예산의 5분의 1이 넘는 돈을 지출했다.

독일 경제에 가해진 최후의 일격은 정부가 경제 문제를 다루면서 보여준 원시적인 방식이었다. 그들은 단순히 더 많은 돈을, 더 빨리 찍어내려고 했다.

그런데 갑자기 모든 위기 상황이 종료됐다. 새로운 총리 구스타프 슈트레제만은 3개월 만에 독일 경제를 다시 일어서도록 만들었다. 1923년 11월 15일, 새로운 화폐가 발행되었다. 황갈색의 작은 종이 위에 '렌텐마르크'(1조 마르크=1렌텐마르크_옮긴이 주)가 인쇄되었다. 새로운 통화의 가치는 추측컨대 독일이 보유한 금괴와 땅, 기타 재산의 총액에 맞춰 산정된 것으로 알려졌다. 실제로는 전혀 근거 없는 추측이었지만 독일 국민들이 모두 그렇게 믿고 있다는 사실만으로도 충분했다.

11월 17일 토요일자 〈알게마이네 차이퉁〉 신문은 '900억 마르크=15

▲ 1924년부터 1948년까지 사용된 독일 화폐 라이히스마르크의 모습이다.

골드페니히'였다. 11월 22일 금요일자 신문 역시 '1,500억 마르크=15 골드페니히'였다. 2주 후에도 여전히 15골드페니히였다. 통화는 같은 자리를 고수했다. 한 달 만에 새로운 마르크는 달러 대비 안정적인 환율을 유지했다. 환율은 4.2대 1이었다. 렌텐마르크의 도입으로 모든 것이 안정되었다.

배상금에 대한 압박은 미국 은행가 찰스 도스가 고안한 독창적인 계획 덕분에 완화되었다. 미국의 자금이 실질적으로 독일에 투자되었다. 슈트레제만은 1925년에 총리 자리에서 물러났지만 1929년까지 외무부 장관으로 있으며 계속 중요한 역할을 수행했다. 1925년에는 힌덴부르크 장군이 대통령으로 선출되었다. 그리고 보수파조차 이 황제 대리인이 통치하는 바이마르 공화국에 약간씩 신뢰를 보이기 시작했다.

국제관계에 존재하던 긴장감 역시 점차 완화되었다. 사상 처음으로 유럽 국가들 사이에서 다양한 문제를 해결하기 위해 국제연맹을 활용하려는 시도가 이루어졌다. 오스트리아의 경제 붕괴로 인한 파급 문제, 그리스와 불가리아 사이에서 발생한 마케도니아 갈등, 단치히와 빌니우스 문제, 자르 강과 과거 독일 식민지 문제, 시리아와 팔레스타인의 신탁 통치지역 관리 같은 문제들이었다.

프랑스 외무부 장관 아리스티드 브리앙은 독일과 화해하기 위해 부단히 노력했다. 그는 초기 형태의 유럽 연방 조직을 출범시켜 보다 넓은 지역에서 지속적인 평화를 구축하고자 했다. 그의 지속적인 노력의 결과, 1928년에 어떤 나라도 '무조건, 절대적으로' 정치적인 목적 달성을 위해 전쟁을 일으킬 수 없다고 명시한 켈로그-브리앙 조약이 입안됐고 프랑스와 독일을 포함한 15개 국가가 여기에 서명했다.

하지만 국제연맹은 단 한 번도 이 조약을 이행한 적이 없었다. 그것은 연맹의 한계를 보여주는 전형적인 사례였다. 연합군은 베르사유에서 해결하기 껄끄럽거나 잠재적인 위험을 내포한 문제들(단치히 문제는 결국 2차 세계대전을 초래한 원인 중에 하나가 되었다)을 국제연맹에 떠넘겼지만, 정작 이 새로운 조직이 그들의 결정 사항을 이행할 수 있도록 힘을 주는 데는 실패했다. 윌슨 대통령은 개인적으로 국제연맹을 조직하는 것이 평생의 업적이 될 것이라 생각하기도 했지만 미합중국은 마지막 순간에 연맹에서 발을 뺐다. 일단 전쟁이 끝나자 연맹 결성을 주도

했던 프랑스와 영국 두 나라도 내부 문제에 우선적으로 집중했다. 모든 측면을 따져봤을 때 국제연맹에는 반드시 필요한 권력이 모두 결여되어 있었다.

국제연맹 설립 당시 전직 코냑 상인이었던 장 모네는 겨우 서른 살이었다. 그는 연맹의 사무총장 대리로 임명되었다. 그는 나중에 이런 글을 남겼다.

> 우리는 성과를 만들어냈다. 위기를 극복했고 (…) 새로운 방법을 도입해 분쟁지역을 관리했고 전염병을 잠재웠다. 지금까지 오직 힘의 논리에 의한 관계만을 알고 있던 나라들에 협력하는 방법을 일깨워주었다.

하지만 그는 동시에 자신과 동료 외교관들이 국가적인 주권 문제를 심각하게 과소평가했다는 사실을 인정했다.

> 사람들이 모여 있는 자리에서는 누구나 공공의 이익과 관련된 말을 했다. 하지만 정작 토론을 진행하는 과정에서 이 같은 문제는 항상 도외시되었다. 사람들은 해결책이 있음에도 그것이 자신과 자신의 조국에 미칠 영향을 생각하며 전전긍긍했다. 결과적으로 당면한 문제들을 해결하기 위해 아무도 진정으로 노력하지 않았다. 그들에게 가장 큰 관심은 토론장 테이블 앞에 앉아 있는 모두의 이익을 보전할 수 있는 답을 찾는 것이었다.

그의 말에 따르면 거부권(이 권리를 통해 누구나 특정 결정을 저지할 수 있었다)은 연맹의 힘을 빼앗아버린 무능력의 '상징이자 원인'이었다.

폭풍 전야

오늘날 베를린의 유대인 박물관에 있는 영구 전시물 중에는 일요일의 사람들의 필름에서 잘라낸 클립이 포함되어 있다. 이 영화는 1929년 여름부터 베를린의 시가지 풍경을 담은 유일한 작품이다. 여기에는 평온하고 번창한 도시의 모습이 들어 있다. 길가에 있는 카페에는 사람들이 북적거리고, 젊은이들은 반제의 해변에서 일광욕을 하고 있다. 또한 소규모의 공화국 군대가 운터덴린덴을 따라 행진하는 모습도 보인다. 그리고 이것은 약간 놀라운 장면인데, 수십 명의 시민이 저 멀리 길 양쪽에서 군인을 따라 행진하고 있다.

1929년 여름, 영화에 등장하는 이러한 일요일 풍경들이 평화로운 베를린의 마지막 모습이었다. 1924년 이후 독일은 평온했다. 정치는 순조롭게 진행되었고 임금은 인상되었으며 먹을 것은 충분했다. 그리고 이 모든 것이 영원히 지속될 것만 같았다.

하프너는 "1926년에 들어서면서부터는 정말 화젯거리가 없을 정도였다. 신문사들은 머리기사를 찾아 해외로 눈을 돌려야만 했다"라고 당시를 회상했다. 거리의 생활은 무료함으로 대변되었고 사람들은 각자 자신만의 방식으로 진정한 행복을 느끼고 있었다. 유일한 문제(라테나우가 죽기 전에 언급한 문제이기도 하다)는 일반적인 관점에서, 존경할 만한 사람이 아무도 나타나지 않았다는 것이었다. 젊은 독일 국민들은 정치적인 자극과 불안, 흥분에 중독되어 있었다.

하지만 사회학자 노르베르트 엘리아스는 후에 다른 해석을 내놓았다. 그의 설명에 따르면 바이마르 공화국에 대한 뿌리 깊은 불만은 빌헬름 황제 2세의 온건 전제주의 체제에서 현대적인 의회민주주의체제로의 급격한 전환을 불러왔다. 일반적으로 그러한 변화는 여러 세대에 걸쳐 점진적으로 진행되지만 독일에서는 2~3년 만에 끝이 났다. 엘리아스는 "독일 민족의 인성 속에는 군주제의 전통이 깊숙이 자리하고 있다. 어떤 방해도 없이 수세기에 걸쳐 군주제가 이어져왔었기 때문이다"라고 썼다.

여기에 오랫동안 프로이센 사회에 스며든 군대식 명령과 복종이 동반되었고 이것은 의회민주주의 제도가 요구하는 복잡한 문제들과 비교했을 때 상대적으로 단순한 사고방식이기도 했다. 게다가 다당제 민주주의는 군사적인 전통 안에서 존중받지 못하는 가치들을 강조했다. 여느 의회민주주의처럼 바이마르 공화국에는 협상과 자제, 중재와 타협 같은 복잡한 문화가 요구되었다.

하지만 독일의 전통적 온건 전제주의자들은 적당히 타협하는 것을 혐오했고 명예와 충성심, 절대 복종, 엄격한 원칙을 부르짖었다. 엘리아스의 말에 따르면 그것은 '오직 금지와 규율로 대변되는 비전'이었다. 그리고 바이마르 시대가 계속되면서 많은 독일 국민은 예전 독일 제국에 대한 향수가 점점 커가는 것을 느꼈다. 이러한 움직임은 서서히 진행되었고, 현대화와 지성, 예술을 지향하던 베를린 사람들은 무슨 일이 일어나고 있는지 전혀 눈치채지 못했다.

1926년부터 히틀러의 지방장관 역할을 맡았던 요제프 괴벨스[2] 박사는 바이마르 공화국 초에는 거의 아무런 이목을 끌지 못했다. 그가 발행한 신문 〈공격Der Angriff〉은 일주일에 2,000부도 팔리지 않았다. 히틀러의 정치적 동맹자인 루덴로프는 1925년에 대통령 선거 출마를 선언했지만 일을 진척시키지 못했다. 1920년대에 히틀러가 쓴 정치선언문《나의 투쟁Mein Kampf》은 채 2만 부도 팔리지 않았다.

투표 결과 또한 희망적이지 않았다. 1925년 선거는 기존 체제의 승리였다. 1847년 태생인 힌덴부르크가 1,470만 표를 얻었고, 전직 총리 빌헬름 마르크스(가톨릭 중심당과 독일 공산당을 포함한 다당 연합 후보로 나왔다)가 1,380만 표, 공산당원 에른스트 탈만이 190만 표를 얻었다. 히틀러의 국가사회주의당이 얻은 표는 채 28만 표가 넘지 않았다.

1928년에 진행된 다음 선거에서 사회민주당이 승리를 거뒀을 때도 나치주의자들의 상황은 별반 나아지지 않았다. 독일 의회 500의석 가운데 겨우 12의석을 차지했을 뿐이었다. 2년 후 '이 광기에 휩싸인 운명의 집배원'(에른스트 폰 살로몬이 한때 히틀러를 가리키며 사용했던 말이다)이 돌파구를 만들었을 때 독일의 일부 지성들(사소한 예외가 있기는 하지만)은 완벽한 충격에 사로잡혔.

그것은 맹목 그 이상이었다. 지식 계급조차 기존 체제를 위해 아무 일도 하지 않았다. 누구도 바이마르 공화국을 옹호하지 않았다. 독일 작가 대부분이 토마스 만을 지지했는데 그는 "정치가 국민을 교만하게 하고, 이론에만 매달리게 하며, 잔인하게 만든다"는 점을 들어 공개적으로 정치에 대한 전면전을 선언했다. 하지만 그는 나중에 마음을 바꿨다. 팅겔탕겔 같은 플로어 쇼에서는 공화국이 끊임없는 비웃음의 대상이 되었고 그곳에서 히틀러는 순진한 바보 역할을 하는 인물로 비춰졌다. 쿠르트 투홀스키는 독일 민주주의를 일컬어 '허울과 속임수'라고 말했다.

보수적인 교양시민들은 대부분 그들이 속한 사회 밑바닥에 흐르고 있는 기류를 전혀 알지 못했다. 카프 폭동 당시, 이 초극우 세력이 일으킨 쿠데타를 지지하기 위해 50만 명 이상의 베를린 학생이 가두시위를 벌였던 일은 이미 그들의 뇌리에서 잊힌 지 오래였다. 마찬가지로 이들 학생이 무슨 책을 읽는지도 알고 싶어 하지 않았다. 예컨대 당시 학생들은 전사들 사이의 형제애로 뭉친 신비한 조직을 다룬 에른스트 윙거의 책과 유대인 음모에 관한 알프레트 로젠베르크의 책, '퓌러'(우두머리) 단 한 사람이 이끄는 '정신적 민족 단체'를 제시하는 (새로운 독일에 관한) 아르투르 묄러 반 덴 브루크의 《제3제국》(1923) 등을 읽었고 이 책들은 엄청나게 팔려나갔다.

또한 이 교양시민들은 정치적으로 이용되는 살인자들의 존재도 몰랐고, 알베르트 아인슈타인 같은 사람이 받고 있는 위협에 대해서도 알지 못했다. 실제로 아인슈타인의 강의 도중에 한 우익 학생이 "그 더러운 유대인의 목을 베어버리겠다!"라고 윽박지르기도 했다. 특히 그들은 겉으로 보이는 것과 달리 불안정한 국가의 경제 현실도 명확하게 인식하지 못했다.

나치 돌격대의 치명적인 매력

템펠호프 공항 인근에 있는 베를린 경찰국 지하를 방문하면 1920년대의 더러운 암흑세계를 볼 수 있다. 보라! 수많은 가정부를 도살하고도 만족할 줄 몰랐던 비곗덩어리 도살자 카를 그로스만이 저곳에 있었다. 그는 3년 동안 23명의 여인을 살해하고 그 시체를 베를린 곳곳에

버렸다. 운하와 쓰레기통을 비롯해 이곳저곳에서 토막 난 가정부들의 시체가 발견되었다. 또한 그로스만의 감방 동료였던 게오르크 하르만은 어린 소년을 강간한 뒤 살해했다. 라인 강에 버려진 소년이 족히 25명은 될 것이었다. 라인 강 인근에서 놀던 아이들이 뼈와 해골을 계속 발견하자 마침내 경찰이 수사에 나서 범인을 체포했다.

그리고 같은 시기에 호르스트 베셀이라는 인물이 있었다. 그의 이름은 나치들의 찬송가 기를 높이 내걸어라 속에서 여전히 살아 숨 쉬고 있다. 이 노래를 통해 그는 나치의 성자이자 순교자로 각인되었다.

1930년 1월 17일, 나치 돌격대원이었던 베셀이 심각한 부상을 입고 그로세 프랑크푸르트 거리에 있는 자신의 셋방에서 발견되었다. 당국은 즉시 정치적인 사건이라 의심했지만 내막은 그보다 훨씬 복잡했다. 암흑가를 떠도는 소문에 따르면 베셀이 매춘부 헤일러를 놓고 그녀의 포주인 '알리' 휠러와 싸움을 벌였다고 했다.

하지만 내막이 어떻든 상관없었다. 괴벨스는 베셀을 공산당 무리에 의해 희생된 나치 운동의 새로운 영웅으로 만드느라 정신이 없었다. 그는 베셀의 병문안을 다녀온 뒤 '기독교도와 사회주의자'라는 감동적인 말을 남겼고 마침내 2월 23일 베셀이 사망하자 베를린에서는 좀처럼 볼 수 없는 성대한 장례식을 준비했다. 하지만 결국 그 사건은 엄청나게 밀린 집세를 갚지 못한 베셀에게 안주인이 '무산계급의 압류 행사'를 과격하게 집행한 결과였던 것으로 밝혀졌다. 적어도 경찰이 조사한 바에 따르면 사건의 전모는 그러했다.

그 당시 발생한 정치적 살인 사건을 기록한 일람이 1922년에 발간되었다. 1918년 이래 독일 극좌파에 의해 자행된 살인이 22건, 급진 우파에 의해 자행된 살인이 254건이었다. 좌파가 관련된 살인 사건으로 17명의 범인이 처벌받았고, 우파가 저지른 354건의 살인 사건 중 326건이 해결되지 않은 채 남아 있다. 오직 두 명의 우파 살인범만이 재판을 받았다. 좌파 살인 용의자 가운데 10명이 사형에 처해졌고 나머지 7명은 평균 15년 징역형을 선고받았다. 우파 살인범에게는 고작 평균 4개월의 징역형이 선고되었을 뿐이다. "살기 위해 총을 쐈을 뿐입니다"라는 얄팍한 변명을 늘어놓을 때부터 이러한 결과는 이미 예상된 것이었다. 폭행범이 그들의 정적을 '두들겨 패는' 솜씨가 몰라보게 좋아지고 있었다.

베를린 경찰 박물관에 있는 가장 위대한 영웅 중 한 명은 에른스트 겐나트 형사이다. 그가 아직까지 텔레비전 연속극의 주인공으로 발탁되지 않았다는 것은 그야말로 미스터리다. 그만큼 설명이 필요 없는 사람이기 때문이다. 그는 135킬로그램이나 나가는 거구였으며 1918년부터 1939년까지 믿음직한 비서 보크부루스트 트루드쉔 양과 함께 300건 이상의 살인 사건을 해결했다. 그의 체격은 신뢰감과 두려움을 동시에 주었지만 정작 본인은 물리력 행사를 혐오했다. 그는 야전에서 업무를 수행하기 위해 특별 제작한 자동차를 타고 다녔다. 그 자동차는 움직이는 경찰서와 범죄 과학수사 연구소의 역할을 했다. 또한 겐나트 형사는 '범죄 과학수사 기업'을 설립해 몸이 잘린 시체나 반쯤 부패한 시체를 복원했다. 그는 폭력을 절대적으로 반대했다.

"용의자에게 손을 대는 사람은 누구를 막론하고 퇴출시킵니다. 우리가 사용할 무기는 두뇌와 굳은 담력입니다."

그는 미망인에게 지급되는 경찰 연금 혜택을 받기 위해 사망하기 직전

트루드쉔 양과 결혼했지만 정작 연금은 다른 사람이 받아가게 되었다.

이 시기에 베를린의 일부 암흑가 세력들은 스포츠클럽, 레슬링 협회, 저축클럽이라는 미명 아래 조직화되었다. 그리고 그들이 내건 루히게 쿠겔, 이메르트레우, 복권-연맹 등과 같은 이름들은 훌륭한 부르주아에 대한 환상을 부추겼다. 이들 협회는 길드와 비슷한 방식으로 운영되었다. 그들은 회원 중 한 명이 체포되면 재판이나 보석에 필요한 비용을 지불했다. 징역을 사는 회원의 아내에게는 생활보조금이 지급되었고, 회원 중 누군가가 잠시 잠적해야 할 상황에 처하면 그에 따른 적절한 조치를 취해주었다.

이런 단체들 중 링 연맹이란 것이 있었다. 링 연맹에 대한 이야기를 읽다 보면, 이 단체가 베를린에서 갈색 셔츠단[3]으로 불리던 나치 돌격대(SA)[4]의 탄생에 일조했다는 사실을 확연히 알 수 있다. 나치 돌격대는 나치 지도자들이 제복을 주고 봉사의 대가로 맥주와 소시지 값을 대주던 실업자들의 모임이었다. 단적인 예로 베딩에 있던 최초의 나치 돌격대는 '약탈대'라 불리지 않았던가? 그리고 노이쾰른에 있던 단체는 '불한당 결합'이었다. 또한 호르스트 베셀의 경우는 암흑가의 전형적인 복수 사례였다.

1920년대를 지나면서 전직 군 장교들은 이러한 사조직을 새로운 질서의 상징으로 탈바꿈시켰다. 이 새로운 준군사 조직은 도심 속을 활보하며 번쩍이는 제복과 엄격한 규율을 자랑하고 그때까지 본 적 없는 기백을 발산했다. 소수에 불과하던 동조자는 곧 수천 명으로, 다시 수만 명으로 늘어났다. 노동자 계급이 있는 곳이면 어디서든 "돌격대는 행진한다"라는 말을 들을 수 있었다.

일단 나치 돌격대에 가입하고 나면, 직장을 잃은 가장도 '힘 있는 공동체'의 일원으로서 당당해질 수 있었고, 이런 기분은 횃불 행진을 비롯한 여러 가지 의식을 거치면서 더욱 고취되었다. 새로운 용어들이 생겨났으며 그 가운데 '순수한', '의무', '군인다운', '광신자' 같은 단어에는 칭찬의 의미가 더해졌다. 또한 나치 돌격대는 평등했다. 돌격대 안에는 계급이 존재하지 않았다. 이 점 역시 돌격대가 가진 매력 중 하나였다.

나치 돌격대의 일원이었던 한 사람은 세월이 흐른 뒤 "우리 중에는 목사의 아들도 있었고, 판사의 아들, 의사의 아들, 선반 기술자의 아들, 실업자의 아들도 있었습니다. 우리는 모두 똑같은 제복을 입고, 오직 하나의 이상에 고취되어 어깨를 맞댄 채 어떤 사회적 차별이나 계급 갈등도 없이 나란히 행진했습니다"라고 말하며 당시를 회상했다.

하리 케슬러가 이 '새로운 질서'를 처음 알게 된 것은 1924년 8월 17일이었다. 그는 바이마르에서 국가사회주의당이 준비한 '독일의 날' 행사를 구경하게 되었다. 쇼핑 거리에는 나치문장이 새겨진 크고 작은 깃발이 가득했지만 당시까지만 해도 사람들의 태도에서는 국가사회주의당에 대한 어떤 열정도 나타나지 않았다. 국립극장 안의 발코니, 만卍자가 인쇄된 20여 개의 기치 한가운데로 루덴도르프 장군이 등장했다. 한 사람이 나와 슈트레제만의 '유대인 공화국'을 헐뜯는 열띤 연설을 했다. 루덴도르프 역시 연설을 했지만 자신이 하려던 말을 잊어버리는 바람에 중도에 그만두어야 했다. 곁에 있던 악단이 재빨리 빠른 행진곡을 연주해 다행히 장군의 체면을 살릴 수 있었다. 행진곡이 연주되면서 '만卍자를 지닌 사람들'의 행진이 시작되었다. 우산을 들고 있는 등이 꼿꼿한 신사들 중에 퇴역군인이나 철십자훈장을 받은 사람은 거의 없었다. 행사에 참여한 사람 대부분은 어리석은 학생들이었다.

나치당원들은 3~6만 명에 달하는 지지자들이 바이마르에 왔다고 주장했지만 케슬러는 기껏해야 8,000명이 넘지 않을 것이라고 생각했다. 그가 그렇게 생각한 데에는 확실한 이유가 있었다. 바로 자금의 부족과 훌륭한 연설가의 부재 때문이었다. 그는 "충분한 자금과 적당한 인물이 없다면 혁명은 고사하고 대중적인 운동을 일으키는 것도 불가능한 법이다"라고 생각했다. 그리고 이런 그의 생각은 정확히 들어맞았다. 나치 운동에서 바로 그 두 가지 조건이 이제 막 몰라볼 정도로 엄청난 변화를 보이려 하고 있었기 때문이다.

급부상한 나치당

월스트리트에서 주식시장이 붕괴된 1929년 10월 24일은 암흑의 목요일이었다. 전 세계에 위기감이 확산되었고 특히 독일에는 치명타가 되었다. 조심스럽게 경제를 회복시켜가고 있던 독일은 주로 미국으로부터 금융 지원을 받고 있었다. 당시 진행 중이던 도스안Dawes Plan은 강제로 자금을 순환시키는 것에 불과했다. 독일이 영국과 프랑스에 배상금을 지급하면 이 두 나라는 자신들이 미국에 지고 있는 전쟁 빚을 갚고 미국은 그 돈을 다시 독일에 빌려주는 방식이었다. 1929년부터 미국이 자국 문제를 해결하기 위해 이 돈을 사용하면서 돈줄이 끊기게 되자 독일에서는 재차 경제가 붕괴되었다.

1930년 1월 한 달 동안 독일의 실업 인구는 150만 명에서 250만 명으로 치솟았다. 4월까지 베를린에서만 70만 명의 실업자가 발생했다. 수백 개의 상점이 문을 달았다. 아주 잠깐 동안 행복을 맛보았던 중하층은 다시 빈민가 아파트로 밀려나게 되었고 노동자들은 길거리로 내몰렸다. 거의 모든 재산을 잃은 케슬러 백작은 자신의 출판사와 르누아르, 반 고흐의 작품을 팔아야 했으며 결국에는 책까지 처분했다. 도시 근교에 있는 숲에는 수천 명의 실업자들이 천막촌을 형성했는데, 그곳에는 집단 부엌과 학교, 놀이터까지 있었다. 1931년에 400만 명의 독일인이 실업자가 되었다. 1933년에 이르자 그 숫자는 600만 명으로 늘어났다.

실업 문제만 보더라도 평화로운 바이마르 시대가 놀라울 정도로 순식간에 와해됐다는 사실을 알 수 있다. 최초 와해의 기미는 통계에서 드러났다. 1929년 여름, 히틀러의 나치당NSDAP(독일 사회주의노동당)에는 대략 12만 명의 당원이 있었고, 1년 뒤에는 이 수가 거의 100만 명으로 늘어났다. 나치당원들은 1930년 9월 14일에 열린 선거에서 상당히 많은 의석수를 확보할 것이라 예상하고 있었음에도 막상 의석수가 12석에서 100석 이상으로 수직상승하자 놀라지 않을 수 없었다. 나치당은 순식간에 사회민주당에 이어 독일에서 두 번째로 큰 당이 되었다. 자본가, 특히 중공업 출신의 자본가들이 나치당으로 모여들었다. 쿠르프와 클뢰크너, 이게 파르벤의 경영주들은 매년 적어도 100만 마르크씩 기부하고자 했다. 이러한 비밀 자금은 1930년 이후 엄청나게 늘어났다.

1932년은 경쟁의 해였다. 제일 먼저 대통령 선거가 치러졌다. 히틀러는 (무척 망설인 끝에) 힌덴부르크에 대항하는 연합과 손을 잡았다. 3월 13일에 치러진 힌덴부르크와의 1차전에서는 히틀러가 패배했지만 그럼에도 당시 히틀러는 1,130만 표를 얻었고, 이것은 그를 지지하는 사람이 지난 2년 사이에 두 배로 늘었다는 것을 의미했다.

이제 나치당원들은 선거에 최선을 다하고 있었다. 당은 가장 현대화된 선거 기술을 도입했다. 히틀러는 전용기를 타고 독일 여기저기를 날아다니며 일주일에 20개 도시를 방문하고 매일 25만 명의 유권자들에게 연설했다. 괴벨스는 히틀러의 연설을 녹음해 5만 개의 축음기판에 복사했다. 그리고 아무리 작은 회의실이나 카페에서도 그의 연설을 들을 수 있도록 했다.

선거 운동이 절정에 달했을 때 괴벨스는 (오늘날의 화폐가치로 계산했을 때) 일주일에 50만 유로 이상 지출할 수 있는 예산을 확보하고 있었다. 산업 자본가들은 전에 없이 열정적으로 행동했다. 4월 11일에 치러진 결선투표에서 결과적으로 힌덴부르크가 1,940만 표를 얻어 재선에 성공했지만 히틀러는 1,340만 표를 얻어 1개월 사이에 200만 명의 지지자를 더 확보하게 되었다.

나치당의 선거 운동은 쉬지 않고 계속되었다. 그들이 이번에 집중한 곳은 프로이센이었다. 그곳은 거대한 사회민주당의 본거지였고, 2주가 지나면 독일 인구의 3분의 2가 투표할 곳이었다. 나치당은 그곳에서 일거에 제1당이 되었다. 그리고 그들은 공산주의자들의 지원을 받아 즉각적으로 오토 브라운 총리에 대한 불신임을 발의했다. 신중한 사회민주당은 오토 브라운의 직위를 철회했다. 그리고 임시정부가 설치되었다. 나치 돌격대는 갈수록 소란을 일으켰다.

몇 달 후 프란츠 폰 파펜Franz von Papen 총리는 히틀러와 함께 프로이센을 그들의 관리 아래에 둘 기회를 잡게 된다. 그것은(사실상 공공연한 쿠데타였다) 헌법에 완전히 어긋나는 일이었지만 저항해봤자 아무 소용이 없었다. 정치적 폭력은 점점 늘어갔다. 특히 나치 돌격대로 인한 문제는 심각했다. 7월 한 달 동안에만 68명이 살해되고 수백 명이 공격당했다. 희생자들은 대부분 공산주의자와 사회주의자였다.

1932년 7월 31일, 독일 의회의 의석을 놓고 전국적인 선거가 열렸다. 나치당은 현격한 차이로 재차 제1당이 되었다. 의석수가 두 배로 늘어, 경합을 벌인 총 604석 중 230석을 차지했다. 헌법이 정한 절차에 따라 히틀러는 총리로 임명될 자격을 얻게 되었다. 독일 국민들이 가장 많은 지지를 보낸 후보자가 히틀러였기 때문이다.

하지만 독일 정치계의 거물들은 이러한 상황을 받아들일 수 없었다. 힌덴부르크는 히틀러를 총리로 지명하는 데 반대했다. 그는 모든 권력을 한 정당의 손아귀에 몰아주는 것은 '하느님이나 자신의 양심, 조국' 앞에서 어떤 식으로든 정당화될 수 없는 행동이라고 말했다. 더구나 그 정당이 그들과 생각이 다른 사람들에게 유난히 편협하게 구는 단체라면 더 말할 나위도 없었다. 그는 은밀한 자리에서 자신이 '그 쥐방울만 한 상병' 녀석을 집배원으로 임명할 수는 있겠지만 총리로는 절대 임명할 수 없다고 말했다.

위협적인 나치당이 등장했음에도 사회민주당과 공산당은 연합하려 들지 않았다. 그들 사이에는 여전히 해묵은 원한만 존재할 뿐이었다. 1932년 초까지도 독일 공산당 지도자 에른스트 텔만Ernst Thalmann은 사회민주당을 가리켜 '온건 파시주의자'라고 불렀다. 하지만 불과 열

달 후 독일 공산당은, '개혁주의자' 상인 연합이 만든 온건한 계획안에 반대하는 베를린 시가전차와 버스의 비공인 파업이 일어났을 때 나치당과 손을 잡았다. 나치당원과 코치스는 알렉산더 광장에서 3호선을 운행하던 시가전차를 습격했다. 쇠네베르크 공장에서는 경찰과 대항해 함께 싸웠으며 사회민주당 기관지인 〈보르베르츠〉 소유의 자동차를 함께 약탈하기도 했다. 〈보르베르츠〉에는 그들을 조롱하는 이런 글이 실렸다.

> 어제는 한쪽에서 '갈색 셔츠를 입은 강도'의 외침이, 다른 한쪽에서는 '열등한 공산주의자'의 목소리가 들렸다! 그럼에도 오늘은 새롭고 견고한 동맹이 만들어졌다. 계급의식이 확고한 노동자들이라면 이런 모습에 낯뜨거워하지 않을 사람이 어디 있겠는가!

한편 파펜은 '국민 내각'의 총리 자리를 유지하면서 법령에 따라 국정을 펼치고 있었다. 히틀러는 불같이 화를 냈다. 마침내 독일 의회는 파펜에 대한 불신임 투표 안을 통과시켰다. 길거리에서는 폭력사태가 증가하고 있었다. 새로운 선거 일정이 잡혔다. 11월 6일, 베를린 대중교통을 담보로 한 파업이 있은 지 불과 이틀 뒤였다. 나치당은 200만 표를 잃었지만 584석 가운데 196석을 차지하며 굳건히 제1당의 자리를 지켰다.

흥미롭게도 나치당이 대부분의 표를 잃은 곳은 베를린의 노동자 계급이 사는 지역이 아니었다. 공산당은 나치당과 짧은 기간 동맹을 유지하면서 의도치 않게 상대에게 일종의 증표를 남겼고, 그로 인한 파장은 예상 밖의 결과를 낳았다. 적어도 특정 노동자 무리는 나치당을 더는 따돌림의 대상으로 보지 않았다.

히틀러, 정권을 잡다

선거가 있은 다음 날, 10월 혁명 15주년 기념 만찬이 운터덴린덴에 있는 소비에트 대사관에서 화려하게 개최되었다. 새로운 질서의 도래를 암시하는 기운이 사방에 퍼져 있었다. 앞으로 한동안은 그 만찬이 베를린에서 열리는 마지막 대규모 소비에트 모임이 될 판이었다. 그곳에는 파펜도 참석했다. 캐비아는 모스크바에서 가져왔고 와인은 크림반도에서 생산된 것이었다. 외교관과 군 장교, 언론인을 포함한 수백 명의 손님이 뷔페 테이블을 왔다 갔다 했고, 레닌의 초상화가 그들을 내려다보고 있었다.

그해에 베를린의 외교관과 금융가 사이에서는 스탈린의 5개년 계획이 거둔 성공에 대한 이야기가 내내 화제가 되었다. 소비에트 연방에 있는 모든 도시에서 기계를 생산하는 거대한 공장을 세우고 트랙터를 만들어냈다. 그곳에서는 번개처럼 빠른 속도로 산업화의 기틀이 마련되고 있었다. 대다수 유럽인들의 눈에는 소비에트 연방이 매우 매력적이고 유혹적인 대안으로 보였다. 그곳은 활기가 넘치고 현대적인 곳, 깨어 있는 사회이자 단결된 나라였다. 나치당조차 러시아에서 일어나고 있는 성공적인 변화에 매료되었다. 1936년, 괴링은 4개년 계획에 착수했다. 이 계획을 통해 유럽에서 가장 큰 군수산업 단지를 조성하고자 했는데, 이는 소비에트의 5개년 계획에서 영감을 받은 것이 틀림없었다.

1932년 겨울, 독일 정치는 막다른 국면에 봉착했다. 새로운 총리 쿠르트 폰 슐라이허Kurt von Schleicher는 독일 의회에 입성해 있는 모든 당으로부터 국가적인 화합을 이끌어내고자 했다. 우파에서는 가장 이성적인 나치당 인사를 영입하고, 좌파에서는 가장 현대적인 사회민주당 인사를 영입하려 했다. 한편으로 그는 이런 과정을 통해 나치당 내부에 분열을 일으키려는 의도 또한 가지고 있었다.

지난 11월 선거에서 나타난 지지율의 감소로 인해 히틀러는 당내에서 여러 가지 심각한 문제에 직면해 있었다. 일단 히틀러에 대한 지지율이 급격하게 감소하는 중이었고, 당 역시 엄청난 빚에 시달렸다. 반면 슐라이허는 안정을 유지하며 군부로부터도 절대적인 지지를 받고 있었다.

되돌아보면 이런 일시적인 퇴보가 있었기에 히틀러가 결정적으로 정권을 잡을 수 있었다. 1933년 초에 이르자 독일의 많은 보수 지도자는 안전한 협력 관계를 구축할 수 있을 정도로 히틀러의 세력이 약해졌다고 판단했다. 1월 4일, 은행가 쿠르트 폰 슈뢰더는 쾰른에 있는 자신의 저택에서 저녁 만찬 자리를 마련하고 프란츠 폰 파펜과 아돌프 히틀러를 초대했다. 그리고 그들은 그 달이 가기 전에 베를린 근교에 있는 샴페인 딜러 요아힘 폰 리벤트로프[5]의 집에서 다시 만났다. 히틀러는 소위 '살롱 출입이 가능한' 자격을 얻고 정치계의 엘리트들 사이에서 사교적인 인맥을 형성하게 되었다. 이전까지는 항상 그를 조심스럽게 배척하던 사교계였다.

이러한 경위로 파펜은 자신의 계승자이자 오랜 친구인 슐라이허를 배신하게 되었다. 그는 슐라이허에게 히틀러와 만난 이야기를 하며 자신이 슐라이허 정부를 위해 그의 지지를 이끌어내려 했다고 주장했다. 하지만 사실 파펜과 히틀러는 새로운 제휴관계를 맺고 가장 먼저 슐라이허를 끌어내리기로 모의한 터였다. 히틀러가 총리가 되고 파펜이 내각의 각료들을 설득해 그에 따른 반발을 중화시킬 참이었다. 파펜은 히틀러에 대해 실제로 "그가 우리를 위해 일해줄 것입니다"라고 말했다.

남아 있는 가장 큰 문제는 대통령이었다. 파펜은 힌덴부르크와 아버지와 아들 같은 관계를 맺고 있었다. 따라서 파펜은 히틀러가 총리로 임명되는 데 있어서 대통령의 반대를 무마시킬 수 있는 가장 적절한 인물이었다. 결과적으로 그가 어떻게 대통령의 찬성을 얻어냈는지는 오늘날까지도 미스터리로 남아 있다. 파펜은 아마도 폭동을 막을 수 있는 유일한 방법은 히틀러를 총리로 임명하는 길뿐이라고 늙은 장군을 설득했을 것이다. 또한 당시 대통령 일가는 탈세 스캔들에 휘말려 있었던 데다 힌덴부르크의 아들 오스카 역시 그를 부추겼으리라 추측된다.

사정이야 어떻든 힌덴부르크 역시 이 음모에 가담하게 되었다. 1월에 총리가 힌덴부르크에게 국가적인 화합 계획이 실패로 돌아갔다고 보고했을 때만 해도 모든 사람들은 대통령이 의회를 해산시키고 새로운 선거를 요구할 거라 생각했다. 하지만 그들의 생각과 달리 대통령은 새로운 정부를 구성하도록 지시하고 그 일을 파펜에게 위임했다. 그야말로 히틀러가 총리직을 차지할 수 있는 완벽한 기회였다.

바로 다음 날 괴링은 나치문장이 새겨진 깃발을 내무부 전면에 게양했다. 그때 독일식 소비에트 공산주의자 마리누스 반 데어 루베가 마구잡이로 국회를 공격해 거의 잿더미로 만들 뻔한 사건이 벌어졌다. 나치들은 그 기회를 놓치지 않고 적극 활용했다. 그들은 이 화재사건을 계기로 수많은 법령과 긴급조치를 발령할 수 있었다. 그리고 마침내 비판적인 언론인과 공산주의자, 사회민주주의자, 예술가, 유대인, 기타 눈엣가시 같은 사람들을 모두 체포해 곤죽으로 만들어버렸다.

대탈출

1933년도의 베를린 시민들은 나치 지지자 아니면 반나치주의자가 아니었던가? 정권이 바뀌기 5일 전인 1월 25일, 공산당은 '파시즘의 대두擡頭'에 저항해 대규모 시위를 주동했다. 수만 명의 시민들이 여기에 동참했고, 이에 깊은 감명을 받은 사회주의 신문 〈보르베르츠〉는 다음과 같은 기사를 냈다.

> 닳아빠진 코트와 얇은 재킷을 입고, 해진 신발을 신은 시위대는 매서운 추위와 살을 에는 듯한 바람 속을 몇 시간 동안 계속 행진했다. 수만 명이 창백한 얼굴로 위기가 오고 있음을 경고했고 자신들이 믿는 정의를 위해 얼마든지 희생할 준비가 되어 있다고 외쳤다.

5일 후인 1월 30일 저녁, 갈색 셔츠단원 수만 명이 횃불을 들고 총리실 앞을 행진했다. 이때 히틀러는 정복 차림으로 총리실의 창문을 통해 그들을 내려다보고 있었다. 케슬러는 길거리에서 '완전한 축제 분위기'를 읽을 수 있었다. 나치당원들은 희열에 가득 차 '환하게 타오르는 붉은 횃불의 바다가 출렁이는 가운데' 그날의 '국가적인 경사'를 만끽했다.

도시의 다른 한쪽에 있던 사람들은 경악을 금치 못했다. 베를린을 '걱정하는 사람들'은 히틀러가 정권을 잡을 것이라고는 한 번도 생각해본 적이 없었다. 아주 잠시 동안 사람들은 모든 일이 잘 해결될 것이라는 부질없는 희망을 품기도 했다. 하지만 그것은 정말 잠깐이었고 곧 대대적인 탈출이 시작되었다.

베르톨트 브레히트는 가장 먼저 짐을 싼 사람 가운데 한 명이었다. 그는 독일 의회에 불이 난 직후 바로 베를린을 떠났다. 3월 초에 파리로 간 케슬러는 두 번 다시 돌아오지 않았다. 그는 4년 뒤 사람들의 기억 속에서 잊힌 채 프랑스의 어느 동네 여관에서 죽음을 맞았다. 케슬러의 장례식에 참석한 늙은 앙드레 지드는 '생전에 케슬러의 너그러운 도움을 받았던' 그 많은 예술가를 한 명도 찾아볼 수 없었다. 토마스 만 일가는 프랑스로 갔다가 그곳에서 캘리포니아로 향했다. 요제프 로트는 전 유럽을 우울하게 방황하다가 파리에 있는 카페 드 라 포스트에서 페르노와 코냑에 취한 채 죽음을 맞이했다.

이제 낭만 카페를 찾는 사람들도 사라졌다. 작가 한스 사흘Hans Sahl은 그곳을 찾은 마지막 손님들이 책을 읽거나 체스를 두고, 지도와 기차 시간을 확인하거나 편지 쓰는 모습 등을 지켜봤다.

"암스테르담에 삼촌이 있거나 상하이에 사촌이 있거나 발파라이소에 조카가 있는 사람들은 얼마나 축복받은 것인가!"

1933년 3월, 그루네발트Grunewald에 있던 제바스티안 하프너는 자신의 유대인 여자 친구와 함께 여전히 목가적인 오후를 즐기고 있었다.

"세상은 정말 평화롭고 생기가 넘쳤습니다."

10분마다 활기찬 학생 무리가 손잡이가 달린 안경을 쓴 새침한 선생님의 뒤를 따라 지나갔고 그들은 집 앞을 지날 때마다 그에게 열정적으로 인사하며 동시에 이렇게 외쳤다.

"유대인을 전멸시키자!"

그는 1938년에 런던으로 탈출할 수 있었다. 하지만 어떤 사람들은 1932년 선거가 끝나자마자 독일을 떠나기도 했다. 알베르트 아인슈타인이 택한 곳은 캘리포니아였다. 이전부터 위협을 받아왔던 게오르게 그로스는 재앙이 닥치는 악몽을 꾸고는 바로 미국행 티켓을 구매했다. 마를레네 디트리히는 처음부터 나치에 대해 깊은 증오심을 품고 있었다. 1932년을 마지막으로 그녀는 다시 베를린 땅을 밟지 않았다. 그녀는 할리우드와 파리에서 독일 망명자들에게 희망의 불빛이 되어주었고 전쟁 중에는 최전선을 찾아다니며 연합군을 위한 공연을 했다. 그녀는 군인 중의 군인이었다. 사망한 뒤에야 60년 만에 비로소 고향으로 돌아온 그녀는 베를린 인근의 프리덴나우에 있는 제3 공동묘지에 안장되었다. 죽어서도 수많은 꽃과 선물을 받았으며 티어가르텐 근처에는 그녀의 이름을 딴 광장까지 생겼다. 하지만 그녀의 무덤에 침을 뱉는 무리도 있었다. 그들은 '창녀'나 '배신자'라는 과격한 말을 써가며 신문에 글을 싣기도 했다.

나치가 사는 세상

마지막으로 비교적 정상적인 의회 선거가 치러진 것은 히틀러가 정권을 잡은 지 한 달 정도 지난 뒤였다. 이 선거에서 나치당은 전체 투표수 중 43.9퍼센트를 득표했다. 새로운 비밀경찰인 게슈타포가 만들어졌다. 2주 뒤에는 다하우에 최초의 강제수용소가 세워졌다. 유대인 교수 빅토르 클렘페러가 쓴 일기 내용을 보면 그의 유대인 친구가 데리고 있던 가정부는 일찌감치 일을 그만두었다.

"그녀는 좀 더 안전한 일자리를 제의받았을 거야. 조만간 그 교수도 더는 가정부를 들이지 못할 형편이 되었겠지."

그는 약국에서 겉포장에 나치 표시가 붙어 있는 치약을 발견했다.

"그때까지만 해도 사람들은 생명의 위협을 느끼지는 않았어. 다만 생계와 자유를 걱정했었지."

며칠 후 3월 31일, 독일 의회(이미 많은 공산당원과 사회민주당원이 체포되고 죽어 없어진 후에)가 히틀러의 독재 권력을 인정했다. 특별 형법재판소가 생겨났고, 정부에 대한 비판을 포함한 새로운 범죄가 추가되었다. 최초의 반인종적인 조치도 공표되었다. 예컨대 유대인은 학교와 공직에서 퇴출되어야 하고 유대인이 하는 사업은 배척되어야 한다는 내용이었다. 사방에서 신조어가 들려왔다. 동화정책, 인종정책, 이해관계, 외국인 유형 등이었다.

케테 콜비츠는 미술 아카데미에서 퇴출당했다. 남편 카를은 내과 의사 사회민주주의 모임의 일원이라는 이유로 국가가 의료비를 지원하는 환자들을 하나도 받을 수 없게 되었다. 한 달 후, 대학 맞은편에 있는 오페라 광장에서는 발터 라테나우와 하인리히 하이네, 토마스 만 형제들, 알프레트 되블린, 슈테판 츠바이크 등의 책이 소각되었다. 벨라 프롬은 "하루라도 게슈타포가 '신뢰할 수 없는' 동지를 체포하지 않고 지나간 날이 없었어요"라고 말했다. 그러는 와중에도 '히틀러 만세!Heil Hitler!'는 의무적인 인사법이 되었고 호르스트 베셀의 노래는 공식 찬가가 되었다.

> 갈색 부대에는 거칠 것이 없어라.
> 나치 돌격대에는 거칠 것이 없어라.
> 희망에 찬 전사들이 나치의 상징을 응시한다.
> 자유와 풍요의 그날이 밝는다.

그해 여름, 나치가 사용하는 말에 처음으로 '전체주의'라는 단어가 등장하기 시작했다. 그리고 얼마 후 나치당이 독일에서 유일한 합법적인 정당으로 선언되었다. 독일 복음주의 교회는 나치의 압력으로 불과 얼마 전에 임명된 프리드리히 폰 보델슈빙그를 해임하고 독일 국가교회 측의 군목인 루트비히 뮐러를 새로운 제국감독으로 임명했다. 사제 뮐러는 제국감독에 임명된 직후 예복을 입고 나치가 경례하는 식으로 팔을 쭉 뻗은 채 사진을 찍었다. 이 종교적인 쿠데타에 대항하기 위해 고백교회가 설립되었다.

1933년 7월 히틀러는 로마 교황청과의 협약에 서명하고 교회가 나랏일에 관여하지 않는 한 독일에 있는 가톨릭교회의 자율권을 보장한다고 약속했다(그럼에도 1937년 로마 교황청은 독일의 모든 가톨릭교회에서 나치에 반대하는 회칙이 낭송되는 것을 막지 못했다). 11월 말에는 공식적으로 게슈타포에 초법적인 지위가 부여되었다. 나치가 정권을 잡고 1년이 갓 넘었을 때 쿠르트와 엘리자베스 폰 슐라이허 부부는 반제에 있는 저택에서 6명의 나치 친위대(SS)**6**에 의해 살해되었다.

템펠호프 공항에서 오래 기다리다 보니 마치 60년 전으로 되돌아간 듯하다. 템펠호프에는 현재 작은 비행장과 거대한 박물관이 함께 서 있다. 그동안 유럽에서 본 비행장 중 여기가 '운동장'이라는 말과 가장 잘 어울리는 것 같다. 한때 이곳은 연병장으로 사용되며 아주 가끔씩만 비행기의 착륙이 허락되던 곳이었다. 덕분에 도시 한가운데에 지금처럼 남아 있게 된 것이다. 1934년 당시 이곳에 초현대적인 공항 터미널이 지어졌다. 거대한 반원형의 차양을 가진 이 건물은 나치 시대의 건축 양식을 완벽하게 보존하고 있는 드문 건물 중 하나이다.

정면에 있는 원형 광장은 전체적으로 건물과 잘 어울리고 예전 정부

▲ 템펠호프 공항은 나치 시대의 건축 양식을 완벽하게 보존하고 있는 드문 건물 중 하나이다.

건물들은 극적이게 멋진 느낌을 자아낸다. 공항이 주는 첫 인상은 이렇다. 머리를 숙여라. 여기는 새로운 질서가 지배하는 곳이다. 이리 와서 나치처럼 경례하라! 그러면 공항 터미널과 기타 인상적인 반원형 건물들이 차례로 등장하고 세상을 향해 손짓하며 이렇게 말한다. 여기 새로운 독일이 나가신다!

그리고 나는 1930년대의 아늑한 베이클라이트가 깔려 있는 이 대기실을 잘 알고 있다. 나는 신문과 사진, 뉴스영화를 통해 이곳에 있는 거의 모든 것을 보았다. 히틀러가 군중의 환호를 받으며 포케불프 콘돌(1938년 나치시대에 만들어진 여객기이자 폭격기_옮긴이 주)에서 내려오는 모습이며 동부전선으로 출장을 떠나는 괴링의 모습, 히틀러의 친구 알베르트 슈페어가 영국산 수제 트위드 재킷을 입고 비행기 계단에 서 있는 모습, 1945년 5월 8일 육군 원수 빌헬름 카이텔이 연합군 장교들에게 포위된 채 단호한 걸음걸이로 활주로를 건너던 모습, 미국과 베를린의 공수작전 모습까지…. 그 모든 일이 여기에서 일어났다.

이곳을 방문한 것은 이번이 처음이지만 여기에 있는 모든 것들은 마치 과거의 경험을 회상하는 것처럼 이미 내 기억 속에 뚜렷이 각인돼 있었다.

17

나치가 준 자비로운 선물, 빌레펠트

Bielefeld

안네 프랑크의 사진

안네 프랑크가 어머니, 언니와 함께 찍은 사진에는 날짜가 없다. 안네가 대략 세 살 때쯤으로 보인다. 겨울 코트를 입어야 할 날씨 같지만 해진 옷 사이로 소녀들의 무릎이 드러나 있다. 프랑크푸르트 역사박물관 직원은 사진이 촬영된 장소만 조심스럽게 적어놓았다. "시내 쇼핑거리, 카페 하웁트바헤 앞에서." 이 어머니와 딸들이 티에츠 백화점 근처에서 찍은 다른 즉석사진에는 다행히 날짜가 나와 있다. "1933년 3월 10일." 그들이 똑같은 옷을 입고 있는 것으로 보아 이 두 장의 사진은 같은 날 쇼핑을 하며 찍은 것 같다. 사진에 찍혀 있는 날짜는 순수한 프랑크푸르트가 끝나갈 즈음이었다.

3일 후 나치 돌격대가 시청 발코니에 나치 깃발을 게양했다. 그리고

▲ 네덜란드 암스테르담에 있는 안네 프랑크의 집이다. 안네 프랑크는 나치의 손길을 피해 이곳에서 숨어 지냈다.

3주 후에는 유대인이 운영하는 대부분의 상점과 사업에 대한 배척이 선언되었다. 부활절이 지나자 안네의 언니 마르고트가 다니던 학교에서 비아리아게 선생님들이 갑자기 흔적도 없이 사라졌다. 같은 기간에 그녀의 아버지 오토 프랑크는 이민 계획을 세우기 시작했다. 그로부터 채 1년도 지나지 않아 그들은 암스테르담의 메르베데 가(街)에서 살고 있었다. 그리고 그 후의 이야기는 모두 알고 있는 그대로이다.

프랑크 가족이 독일에 남아 있었다면 1933년 1월에 발효된 수없이 많은 조치로 가장 먼저 고통을 당한 사람은 놀랍게도 어린 마르고트였을 것이다. 나는 다른 기록 사진을 통해 마르고트를 보았다. 1932년 6월의 어느 날, 루트비히 리히터 학교 첫 입학생들이 야외 활동하는 모습을 담은 사진이었다. 소녀들은 얇은 여름 드레스를 입고 있었고, 일부는 햇빛 차단용 모자도 쓰고 있었다. 사진 속에는 5명의 유대인 아이가 함께 서 있지만 별다른 차이점은 없다. 마르고트는 키가 작고 금발인 전형적인 독일 소녀에게 기대 있다.

1년 만에 이 모든 자유가 사라졌다. 마르고트의 '민주주의' 원칙은 1933년 나치주의로 대체대되었다. 학교에서 유대인 친구들이 한 명씩 사라졌다. 마침내 그녀는 이웃과 밀고자가 무서워 더는 예전 친구들과 어울릴 수 없었다.

프랑크 가족의 집은 강호프 슈트라세 24번지에 그대로 남아 있다. 집 근처에는 그 도시의 젊은이들이 세운 거대한 돌로 만든 기념물이 있다. 예전부터 집 주위에 심어져 있던 나무들은 이제 아름드리 고목으로 변해 있다.

치밀하게 준비된 유대인 대학살

나는 암스테르담 여행을 앞두고 밴을 구했다. 작지만 그 안에서 커피도 끓일 수 있고 칼럼을 쓰거나 잠을 잘 수도 있었다. 앞으로 몇 달 동안은 그거면 충분했고, 이 밴은 내 유럽 별장이 될 터였다.

오늘은 날씨가 맑았다. 나는 밴을 운전해 숱한 고개를 넘으며 예전 독일의 모습을 간직한 시골길을 달려갔다. 우리 할머니, 할아버지는 신선한 건포도 롤빵 향기와 새로 빤 앞치마 다리는 냄새가 나는 집들을 지나 이 고개 어디선가 우편엽서(즐거운 여행자 숙소인 '좋은 가정식 저녁'의 사진이 실린)를 보냈다. 그 마을은 여전히 그곳에서 변함없는 모습으로 독일의 반석이 되고 있다. 숲은 이제 막 옅은 녹색을 띠기 시작했고 아직 아무것도 심지 않은 들판은 여전히 갈색이었다. 농부들은 여기저기서 쟁기질을 하고, 마을 광장에 위치한 종탑은 작은 군인들이 움직일 때마다 삐걱거리는 소리를 내며 시간의 흐름을 알려주었다.

나는 쾰른 클레텐베르크를 지났다. 암스테르담에 사는 지인 중 1930

년대에 그곳에서 어린 시절을 보낸 사람이 있었다. 트루시어 루홀트라는 이름을 가진 그녀는 당시 로르베르 슈트라세 1번지에 살았다. 맞은편 모퉁이에는 그녀의 놀이친구인 안나와 로테 브라운 자매가 살았는데, 그 집에는 나치 지도자들의 초상과 진짜 사람 피가 묻은 나치당 깃발이 있었다. 아마 길거리에서 싸움을 벌이던 도중에 묻었을 것이다. 트루시어는 내게 "브라운 씨는 정말로 짐승 같은 사람이었어요. 그는 숨이 멎는 순간까지 팔에 나치 완장을 차고 있을 정도였지요. 우리가 어디까지 알고 있었냐고요? 사람들이 단지 말을 하지 않았을 뿐이에요. 제3제국은 상당 부분 침묵 위에 만들어진 독재정권이었으니까요. 하지만 어린아이들도 알 건 다 알았죠"라고 말했다.

예컨대 그녀는 나치가 그 동네에서 최초로 승리를 거두는 과정을 생생하게 기억했다.

"그들은 처음부터 멋진 새 제복을 입고 등장했어요. 그 돈이 어디서 났는지는 아무도 몰랐죠. 하지만 그로 인한 파장은 충격적이었어요. 평생 가난에 찌들어 살며 변변한 옷 한 번 제대로 입어보지 못했던 사람들이 갑자기 중요한 사람이 된 거였지요. 그들은 터무니없는 내용의 노래를 부르고 다녔지만 적어도 새 신발은 얻었잖아요!"

그녀는 또한 제3제국의 위대한 소녀들이 히틀러에게 아이를 바치기 위해 벌였던 비밀스런 운동에 관한 이야기도 들려주었다.

"그들은 선별된 금발머리 소년, 소녀와 함께 동지와 하지에 파티를 벌였어요. 선발된 소년과 소녀들을 닮은 아이를 낳기 위해서였죠. 친구 중에 나치 열성당원이 있었는데 그가 우리에게도 참여를 권유했지만 우리는 정말 구역질 나는 일이라고 생각했어요. 지금이야 당사자들이 그러한 사실을 부정하고 아무도 그 일을 언급하려 들지 않지만 실제 그런 일이 있었던 것만큼은 사실이죠."

1938년 11월 9일부터 10일까지 벌어진 크리스탈나흐트 대학살(거의 100명의 유대인이 피살되었고 7,500개의 유대인 가게가 파괴되었음) 직후 교사들은 일괄적으로 성명서를 낭독했다. 유대인 학생들은 학교를 떠나라는 내용이었다. 모든 것이 진작부터 아주 치밀하게 준비되고 있었던 게 분명했다. 잉게보르크 골트슈타인과 에디트 로젠탈이 가방을 챙겼다. 그들은 교실을 한 번 둘러보고는 자리에서 일어나 함께 교실 문을 나섰다.

"교실은 정적에 휩싸여 있었어요."

트루시어가 자리에서 일어나 이의를 제기했다. 결국 이것이 그들의 마지막 수업이었다. 트루시어도 같이 퇴학당했다. 그녀는 룩셈부르크 거리에서 유대인 가게가 파괴되는 광경을 목격했다.

"유대인 한 명이 찬장에 숨어 있었어요. 그들은 사람이 들어 있는 찬장을 통째로 들어 4층 높이에서 던져버리고는 그 사람을 죽기 전까지 때렸어요. 그처럼 평화로운 도시에서 절대 상상도 못 했던 일이 벌어진 거예요. 그 광경을 지켜보던 한 부인이 입을 열었어요. '불쌍한 유대인 같으니.' 그러자 다른 한 부인이 재빨리 그녀의 입을 막았지요. 정말 꿈속을 헤매고 있는 듯했어요."

눈이 온 어느 날 그녀는 친구인 미리암 마이어와 공원으로 썰매를 타러 갔다. 다음 날 그녀가 브라운 자매의 집 앞을 지날 때 로테가 창문을 열고 소리쳤다.

"트루시어, 너 어제 공원에서 썰매 탔다는 게 사실이야?"

"응."

그러자 대뜸 "나랑 놀든지 그 유대인 암캐하고 놀든지 둘 중 선택해!"라는 말이 들려왔다.

반나치주의자의 운명

이제껏 마음속으로만 품고 있던 그 질문에 대해 생각해보자. 1933년 이후 프랑크푸르트와 쾰른에서는 어떻게 사람들의 생각이 그처럼 순식간에 변할 수 있었을까? 불과 얼마 전까지만 해도 반대 시위를 벌이던 수만 명의 공산주의자와 사회민주주의자, 기독교 행동파는 대체 어디로 갔던 것일까? 1933년 3월 5일 선거에서 나치에 반대표를 던졌던 56.1퍼센트의 국민들은 어디로 갔을까?

말할 것도 없이 이제 막 꿈틀거리기 시작한 위협적인 분위기가 이들을 잠재웠던 것이다. 국가사회주의당이 권력을 잡자마자 나치 친위대와 나치 돌격대는 '예비' 경찰로서의 지위를 인정받았다. 잔혹행위가 하루도 거르지 않고 이어졌다. 베를린에만 최소 100여 개의 임시 고문실이 설치되었는데 이것은 '공산주의' 성향을 지닌 사람들이 밀집한 지역에 각각 배치되었다. 브레슬라우와 뮌헨에서는 유대인 판사와 변호사들이 말 그대로 죽도록 맞고 법원에서 쫓겨났다. 1933년 봄에는 바이에른에서만 대략 만여 명의 공산주의자와 사회주의자가 체포되었다. 프로이센에서 체포된 해당 인사들은 대충 2만 5,000명이 넘었고 전국적으로는 최소 10만 명 이상의 반대자들이 폭행이나 테러를 당했다.

히틀러가 총리로 지명된 지 한 달 후, 독일 의회는 전소되었다. 마리누스 반 데어 루베가 (알려진 바로는 우연히) 회의실 뒤편의 거대한 커튼과 그 뒤에 있는 바짝 마른 오크나무 판자에 불을 질렀다. 다음 날 신문이 발표한 바에 따르면 그 거대한 건물은 순식간에 '불지옥으로 변해 의석과 연단이 활활' 타올랐다.

반 데어 루베는 공산당의 정적들에게 더 좋을 수 없는 아주 큰일을 해주었다. 그는 독일 공산당과 아무런 관련이 없었지만 히틀러는 즉각적으로 공산당 소속 의원들을 교수형에 처하라고 명령했다. 히틀러는 이 완벽한 구실을 이용해 전면적인 법령 개정을 시행했고, 이를 통해 시민들의 자유를 더욱 제한하고 정치계나 언론계에서 영향력을 행사하는 수많은 유력인사를 감금시켰다. 이로 인해 좌익운동은 순식간에 지도자를 잃게 되었다.

그뿐만이 아니었다. 거침없는 체포의 물결은 새로운 관행을 만들어 냈다. 예컨대 새로운 법령이 선포된 후 체제를 위협하는 인사는 누구든 쥐도 새도 모르게 강제수용소로 보내졌다. 제3제국 시절에만 대략 10만 명에 이르는 공산주의자 혹은 공산주의자로 의심되는 사람들이 죽임을 당했다. 그리고 이 숫자의 몇 배에 달하는 사람들이 길든 짧든 강제수용소에 수감되었다.

나치의 업적

하지만 한편으로 '1935~1937년 사이에 나치가 훌륭한 업적을 달성한 시대'(오늘날에는 일반적으로 무시되는 사실이기도 하지만)가 존재했던 것도 사실이다. 이 기간 동안 히틀러는 아무도 가능하다고 생각하지 않았던 두 가지 목표를 이루었다. 600만 명에 달했던 실직자들이 1937년을 기준으로 모두 일을 하고 있었고 독일은 다시 세계의 주목을 받는 강대국이 되었다.

하지만 독일 경제에 초기 동력으로 작용한 것은 공업이 아니었다. 공업으로의 전환은 좀 더 나중에 나타난다. 초반에는 주로 거대한 인프라 건설이 활발하게 진행되었다. 기존 산업시설을 뒷받침하지 못하는 항구와 도로를 재정비함으로써 새로운 직업들이 생겨났고 이로 인해 수백만 명의 노동자 가족이 돈을 벌 수 있었다. 미국의 뉴딜정책과 비교하면 다소 위험한 측면이 있었지만 성공적으로 경제를 활성화시켰다. 1938년에 독일의 실업률은 3퍼센트대로 떨어진 반면 영국의 실업률은 13퍼센트, 네덜란드는 25퍼센트였다.

독일 국민들은 역사상 처음으로 소비자가 되었다. 히틀러는 독일 국민들이 지금까지 경험해보지 못한 호사를 가져다주었다. 모든 가정에서 가정용 라디오를 보유했고, 최초의 폭스바겐 자동차가 공장을 떠났다. 1936년에 있었던 올림픽 기간 동안 제국 우체국은 세계 최초로 텔레비전 생중계를 시도했다.

나치 조직인 '즐거움을 통한 힘Kraft durch Freude(KdF)'이 저렴한 단체 관광을 개발했고, 이를 통해 공장 노동자 또한 뮌헨으로의 주말여행이나 가르다 호수로의 기차여행, 마데이라 섬을 왕복하는 크루즈 여행을 즐길 수 있었다. KdF가 운영하던 배 '로베르트 라이'호와 '빌헬름 구스틀로프'호라는 이름은 곧 가정에서도 흔히 들을 수 있는 말이

되었다. 미래에 대한 신뢰도를 나타내는 가장 믿을 만한 매개변수인 출산율은 히틀러가 정권을 잡은 지 1년 만에 거의 25퍼센트가량 증가했다.

이러한 일련의 깜짝 놀랄 만한 성공은 현대 독일이 가진 거의 모든 근심을 없애버렸다. 1933년에 열린 선거에서 자유당, 사회민주당, 기독교 연합, 공산당을 지지했던 수많은 사람이 1930년대 중반을 넘어서면서 히틀러의 열렬한 지지자가 되었다. 심지어 강제수용소마저 특정 측면에서 많은 독일 사람에게 행복을 주는 요소가 되었다. 예컨대 '반사회적인 인물'이나 '기생충 같은 사람', '범죄자', '건달', '외국인 부류' 등이 마침내 길거리에서 사라졌기 때문이었다.

자비로운 죽음, 안락사

이러한 사실은 1933년 여름에 시작된 대규모 불임운동이 어째서 이렇다 할 저항에 부딪히지 않았는지를 설명해준다. 대략 40만 명에 달하는 '상습 범죄자'와 '열성인자를 가진 사람'이 강제로 불임 수술을 당한 사실은 공공연한 비밀이었다.

수많은 신문 기사, 팸플릿, 공개 간담회, 영화를 통해 '인종적 순수성의 회복'이 강조되었다. 거지와 정신 질환자, 매춘부, 동성애자, 집시 등이 정당한 법 절차 없이 '격리'되거나 '재교육'을 위해 길거리에서 퇴출당했다. '전염병 같은 집시와의 전쟁'을 벌였다거나 집시 부랑자와 집시 잡종의 위치에 상당한 주의를 기울였다는 정부 정책 문서들이 발표되었다. 그들이 제안한 바에 따르면 '살 가치가 없는 인생'은 차라리 빨리 폐기처분하는 편이 나았다.

1939년 여름에 접어들면서 나치는 심신장애자에 대한 안락사 프로그램을 도입했다. 이것은 암호명 T-4(이 프로그램을 진행하던 본사가 티어가르텐 4번지의 위풍당당한 저택에 있었기 때문에 이런 이름이 지어졌는데, 그 이후 건물은 없어졌다)라 명명되었고 의사와 교수, 고위 정부 관리로 구성된 운영 위원회에 의해 진행되었다.

이 운동이 시작되자 소위 '자비로운 죽음'을 적용해야 할 대상자가 7만 명에 달했다. 정신 질환자 5명 중 한 명꼴로 죽임을 당해야 했다. 하지만 T-4 관계자는 개별적으로 주사를 놔 그 많은 사람을 처리하기에는 시간이 너무 오래 걸린다는 사실을 깨달았다. 가스실을 활용하는 것이 계획을 완수하는 데 더욱 효과적이었다. 따라서 전국적으로 6곳에 가스 살포를 위한 시설이 들어섰고, 어린 환자를 '재우기' 위한 '특별 병원'이 11개 마련되었다.

오래지 않아 이 비밀 안락사 운동에 대한 소식이 밖으로 유출되었다. 신문사들은 장애인들의 사망 원인에 관한 자료를 모으기 시작했는데, 이들 장애인은 놀랍게도 모두 '심장 마비'로 사망했다. 어떤 사람은 해당 병원에 입원해 있던 가족을 즉시 퇴원시키기도 했지만 이 조용한 대량 학살에 대한 일반적인 반응은 일종의 체념이었다. 한 장애인의 어머니가 베텔 요양소에 있는 에카르트쉐임 병원 운영자에게 보낸 편지 내용이 전형적인 반응이었다.

내 아들에게 좀 더 오랜 삶이 허락되지 않는다면 그가 발작 중에 전나무 숲[병원]에서 숨을 거둘 수 있도록 해주세요. 아들에게 무슨 약을 주더라도 꼭 그렇게 해주세요. 그러면 그 아이는 마지막 숨을 거둘 때까지 가장 헌신적인 치료를 받게 되는 거잖아요. 그렇지 않으면 제가 남은 여생 동안 어떻게 다시 행복을 누릴 수 있겠어요?

안락사는 '위대한 침묵' 속에서 이루어졌다. 의사와 간호사들(수백 또는 수천 명의 의료계 인사가 이러한 시술에 관여했을 것이다)은 순순히 시술에 참여했다. 하지만 교회가 이러한 안락사에 반대하고 나섰다. 안락사 희생자의 장례식을 주관하던 목사가 공개적으로 그들이 어떻게 죽었는지 이야기했다. 1941년 8월, 사람들이 가득 찬 성 람베르투스 교회에서 뮌스터의 주교 클레멘스 아우구스트 폰 갈렌이 안락사 시술을 비난했다. 하지만 종종 거명되었듯이 안락사에 대한 저항의 중심은 베텔 요양소였다.

오늘날 베텔 요양 단지는 도시 외곽에 위치해 있다. 만약 시몬 비젠탈이 만든 대형 전쟁 지도에 나치에 대항했던 지역 가운데 하나로 표시되어 있지 않았다면 나는 그곳을 방문하지 않았을 것이다. 베텔이 저항지역으로 표시된 이유는 그곳 소장이던 프리드리히 폰 보델슈빙 목사가 안락사 시술자는 단 한 명도 요양소에 발을 들여놓을 수 없다고 거절했기 때문이었다. 경찰차가 요양소로 들이닥쳐 '자신의 환자'를 끌고 가려 하자 그는 정문에 서서 그들을 가로막았다.

"요양소 안으로 들어가려면 내 시체를 밟고 가시오."

여기까지가 내가 들은 이야기의 전부였다. 전쟁이 끝난 후 독일 교회들은 그를 '기독교 정신의 위대한 수호자', '교인들 중 가장 명확한 비전을 지녔던 사람', '몸을 사리지 않고 굽히지 않은 저항'의 본보기라고 칭송했다. 내가 요양소의 기록 보관소에 도착했을 때, 그들은 나를 따뜻하게 맞아주었다. 기록 보관소 직원은 내 이야기를 듣고는 쑥스럽게 웃었다.

"음, 솔직히 말해야 할 것 같군요."

나이 든 사람은 영웅에 관한 이야기를 필요로 하지만 젊은 세대는 단지 진실에만 관심이 있는 모양이었다.

"약 10년 전에 당시 사건에 대한 철저한 조사가 있었습니다. 직접 보시지요."

그가 건네준 두꺼운 보고서는 슈테판 퀼이 쓰고 빌레펠트 대학의 학생회에서 출판한 것이었다. 그 보고서는 일련의 시리즈 중에서 그 지역의 국가사회주의의 행적을 다룬 부분이었으며 저자가 자료를 모으는 과정에서 한 점의 의혹도 남기지 않기 위해 노력했음을 충분히 알 수 있었다. 나는 책을 읽기 시작했다. 베텔의 과거는 용기의 역사지만 동시에 용기의 부재에 관한 이야기이기도 했다. 그것은 알아야만 하는 것을 알리려고 하는 이야기였으며, 무엇보다 침묵한 것에 대해 침묵한 이야기였다.

베텔 요양소의 숨겨진 진실

"잔인한 체제는 모든 방향으로, 특히 약자들을 향해 잔인함을 퍼뜨리고 확장시킨다." 이탈리아 강제수용소에 수감되어 있던 프리모 레비가 남긴 말이다. 그리고 그 잔인함은 우리의 판단력을 갉아먹는다. "인간은 폭력에 굴하지 않으며 오히려 저항한다는 일반적인 인식은 막연한 언제가 아니라 지금 이 순간부터 시작되어야 한다." 저항 정신은 배워서 길러지는 것이다. 1930년대에도 저항은 소수만이 가진 특별한 능력이었다. 베텔의 역사가 적혀 있는 서류는 배움의 과정이 얼마나 어려울 수 있는지를 분명히 보여준다.

베텔은 복음주의 교회 시설이다. 베텔(우리 성경에서는 베델_옮긴이 주)이란 이름은 엠마오, 가버나움, 카르멜 산처럼 약속의 땅에서 유래되었다. 과거 파트모스로 알려졌던 베타니는 8개의 물림간을 가진 복합 건물이며 오늘날 이곳에는 신경학 전문병원이 들어서 있다. 1930년대에는 100여 명의 간질 환자와 젊은 중증 장애인이 있었다. 그들은 당시 나치가 벌이던 유전자 정화 운동의 직접적인 대상자였다.

시작은 이미 우리가 살펴본 것처럼 '열성인자를 가진 사람들'의 종족 번식을 막는 것이었다. 베텔의 운영자 측은 이에 반대하지 않았다. 1933년 당시 그들은 불임 조건에 들어맞는 사람들에게 순순히 불임 수술을 시행했다. 그러나 6년 뒤 안락사 운동이 시작됐을 때 그들은 전에 없이 흥분했다. 1939년 말, 베텔의 브란덴부르크 지부는 모든 환자의 '지원서'를 작성하라는 명령을 받았다. 명목상으로는 '통계학적인 조사를 위한 조치'라고 말했다. 하지만 병원 책임자인 성직자 파울 브라우네는 질문서의 내용을 읽어보고 깜짝 놀랐다. 그와 베텔의 운영자 측은 서류 작성을 거부했다.

두세 달 후인 1940년 3월, 브라우네는 간질 환자 13명이 갑작스레 사망한 사건에 대한 조사를 부탁받았다. 그는 여러 시설을 조사하며 자신이 그동안 의심하고 있던 사실을 확신하게 되었다. 즉 암암리에 이미 살인 캠페인이 시작되었던 것이다. 그는 이러한 결과를 당국에 보고했지만 오히려 그들로부터 조사를 더 진행하지 않는 것이 현명한 처사일 것이라는 소리를 들어야 했다.

이후 몇 주 동안 브라우네와 보델슈빙은 그들이 접촉할 수 있는 모든 사람들, 즉 다른 시설에 있는 동료나 정부 관료, 교회의 지도자들에게 이러한 사실을 알렸다. 1940년 여름에는 독일 복음주의 교회의 종교자문회를 포함한 모든 교회의 최고 권위자들이 이 사실을 알게 되었다. 1940년 7월 9일, 브라우네는 교회 지도자들에게 편지를 보냈다.

> 가능한 빨리 행동을 취해주시길 바랍니다. 지금 이 순간 사상 유례가 없는 심각한 위험이 닥쳐오고 있습니다.

다음 날 뷔르템베르크 복음주의 교회의 테오필 부름 주교가 외무부 장관에게 10페이지에 걸친 편지를 써 자신이 들은 소문에 대해 깊은 우려를 표시했다.

교회 지도자들이 그 문제에 관해 공개적인 저항의 목소리를 냈더라면 수만 명의 장애인이 목숨을 건질 수 있었을 것이다. 히틀러가 여론에 무척 민감하게 반응했기 때문이다. 브라우네는 애매한 내용의 회신을 한 통 받았을 뿐이었다. 한 달 후 그는 게슈타포에 의해 체포되었다. 보델슈빙 역시 자신에게 체포 영장이 발부되었다는 소식을 들었다.

이 저항운동의 첫 번째 단계는 비밀유지를 특징으로 했다. 모든 것이 보이지 않는 곳에서 일어났다. 공개적인 여론이야말로 가장 중요하고도 확실한 무기였지만 사용되지 않았다. 해외에 접촉할 수 있는 사람이 있었지만 보델슈빙은 이들을 좀처럼 활용하지 않았다.

주목할 만한 점은 상황이 이러했음에도 이 두 성직자가 정부를 신뢰하고 있었다는 것이다. 그 두 사람은 여전히 국가사회주의 치하의 독일은 법에 의해 운영되는 나라라고 믿고 있었으며 안락사 프로그램은 단순한 탈선, 즉 사소한 잘못 정도로만 생각했다.

저항운동의 두 번째 단계가 시작되었다. 파울 브라우네는 1940년 10월 석방된 뒤 '정부와 당이 취하는 조치'에 더는 저항하지 않겠다고 약속해야만 했다. 그의 주위에 있던 사람들 모두 그가 체포된 이유와 침묵하는 이유를 알고 있었다. 보델슈빙은 자신이 책임지고 있는 시설을 제외하고는 다른 일에 개입하려 들지 않았다. 일부 동료 성직자들과 달리 그는 대중적인 저항이라는 말을 다시는 언급하지 않았.

한편 베텔은 7명의 유대인 환자가 이송되는 것을 허락했다. 그 환자들은 나치의 최우선 목표였으므로 과거 브란덴부르크 소년원이었던 곳에서 가스에 의해 독살되었다. 다른 환자 5명은 가족들이 아슬아슬하게 시설에서 빼내는 데 성공했지만 얼마 지나지 않아 역시 살해되었다. 베텔에 의해 보호받은 유대인은 단 한 명도 없었다. 하지만 베텔은 비유대인 환자들에겐 매우 다른 입장을 취했다.

보델슈빙과 그 직원들은 안락사를 위한 지원서 작성을 계속 완고하게 거절했다. 그 이유는 기독교적 양심 때문이라고 주장했다. 하지만 퀼이 연구를 통해 밝혀낸 바에 따르면 그들은 T-4에 속한 의사들에게 일종의 협조를 요청하고 있었다.

결국 절충안이 타협되었다. 1941년 3월, 18명의 안락사 시술자로 구성된 위원회가 베텔을 방문해 환자들에게 추가 검사를 실시했다. 보델슈빙은 이를 통해 시간을 벌고자 했지만 그가 취한 일련의 조치들에는 애초 의도와는 맞지 않는 모호한 점들이 있었다. 예를 들면 "우리에게는 양심과 법이라는 문제가 있으니 지저분한 일은 당신들이 해결하시오"라는 글귀였다.

그들은 여기서 한 발 더 물러난다. 클리닉 의사들이 환자를 미리 선별해주기로 한 것이다. 이 작업은 아주 능숙하게 진행되었다. 따라서 안락사 시술자들은 거의 대부분 베텔의 추천을 그대로 따라 예상보다 훨씬 신속하게 임무를 끝마칠 수 있었다.

다시 말하면 환자를 구하기 위해 트럭에 몸을 던지다시피 한 소장은 애초부터 없었던 것이다. 오히려 그 반대였다. 보고서에는 안락사 시술자들이 빌레펠트로 출장 가는 것을 즐거운 외출 정도로 여겼다는 사실이 기록되어 있다. 멘네케 박사가 자신의 '사랑하는 연인'에게 쓴 편지를 보면, 그들은 도착한 첫날 오후 마을에 있는 '라츠켈러Ratskeller'(시청이나 마을회관에 있는 술 저장고_옮긴이 주)에서 '상당히 사치스러운 식사'를 했다. 일요일이 되면 이 신사 분들은 모두 함께 버스를 타고 토이토부르크 숲을 방문해 게르만족의 지도자였던 헤르만Hermann(영어로는 아르미니우스Arminius)을 기리는 기념물을 구경했다.

그들은 빌레펠트를 방문한 진짜 목적을 굳이 숨기려 하지 않았다. 특히 그들이 라츠켈러에서 식사할 때 그 주변에 있던 사람들은 많은 이야기를 엿들을 수 있었다. 보델슈빙은 히틀러의 주치의이자 자신의 지인이던 카를 브란트Karl Brandt에게 보낸 편지에서 "소문은 시골 마을 전체로 산불처럼 빨리 퍼져나갔다네. 의사들이 마을에 온 바로 다음 날 농부들이 병원으로 찾아와 마침 들에서 일하고 있던 우리 환자들에게 물었지. '살인 위원회가 마을에 들어왔다던데 알고 있었수?' 질문을 받은 환자는 바로 불안한 기색을 보이며 이렇게 말하더군. '총통에게 이 문제를 최소한 전쟁이 끝날 때까지만이라도 보류해달라고 부탁할 수 없을까요? 그때가 되면 법적으로 확실한 기틀이 만들어질 텐데요'"라고 적었다.

안락사 시술자들이 방문한 후, 환자가 위험에 처했다는 사실을 가족에게 알리려는 시도가 있었다. 그리고 베텔의 기록 보관소에서 실제로 보델슈빙이 쓴 "조만간 환자들이 베텔에서 다른 시설로 옮겨질 가능성이 있음"을 알리는 편지 초안이 발견되기도 했다. 이 편지에서 보델슈빙은 "많은 환자에게 베텔이 약속했던 의무를 더는 완수할 수 없다"는 사실을 강조했다.

하지만 슈테판 퀼은 이 편지는 절대 발송된 적이 없다고 확신했다. 이 편지를 받은 가족들이 보내온 질문서나 회신으로 보이는 편지가 한 통도 없었기 때문이다. 그리고 이 편지 초안을 통해 또 다른 사실을 알 수 있었다. 보델슈빙이 가까운 미래에 저항운동을 그만두어야 한다고 생각했다는 사실이었다.

베텔 사건에 대한 조사를 마친 나는 그 사건을 어떻게 결론 내려야 할지 고민했다. 일단 비젠탈이 만든 저항운동 지도에 이곳이 명예의 장소로 표시되어 있는 것은 완전한 잘못이었다. 보델슈빙은 협박을 당하자 병원과 양심, 자신의 안위를 지키려 했다. 그것은 평범한 인간이라면 당연한 행동이었다. 하지만 사후에 그를 저항운동을 펼친 개신교 성인의 지위에 올려놓을 뻔한 것은 잘못이었다. 그는 '저항운동을 펼칠 수 있는 드문 능력'을 가진 사람이 아니었다. 오히려 상대적으로 유명하지 않은 파울 브라우네 혹은 다른 성직자나 의사들이 그런 사람이었을지도 모른다.

보델슈빙 이외의 사람들은 저항운동의 영웅으로 만들기에 적당하지 않았을까? 아니면 뭔가 다른 이유가 있었던 걸까? 전쟁 후, 자신들의 도덕적 권위를 유지하기 위해 특히나 영웅이 필요했던 사람은 복음주의 교회의 엘리트였을까?

수년 동안 보델슈빙의 계승자들은 베텔에서 진행되었던 '저항'의 역사를 조사하기 위해 병원의 문서 기록을 열람하려는 시도를 저지해왔다. 1964년, 그들 중 한 명이 솔직하게 털어놓은 바에 따르면 그러한 조사는 '많은 교회단체가 지닌 암울한 실패의 역사'를 대중에게 공개할 염려가 있기 때문이었다. 그리고 그 사람의 말은 전적으로 옳았다.

보델슈빙은 이미 네덜란드에서 언급했던 전형적인 '전시 시장'이었다. 그는 결코 원칙적인 사람이 아니었고 영웅도 아니었다. 최근 베텔에서 만들고 있는 영웅 기념 건조물과 관련해 머릿수만 하나 늘렸을 뿐이다. 보델슈빙은 윤리가 아닌 법에 근거를 두고 안락사 운동을 반대했다. 그런 점에서 그는 혼자가 아니었다. 안락사 운동을 벌이는 데 특별법 제정이 필요하다고 느낀 것은 나치도 마찬가지였기 때문이다.

보델슈빙은 이 모든 계략을 통해 마침내 자신의 목표를 달성했다. 그에게는 시간이 생겼고, 병원은 간섭에서 자유로워졌던 것이다. 1941년 여름, 베스트팔리아에 있는 다른 27개의 병원 차량들이 바다마르에 있는 가스실로 2,890명의 환자를 데려갔다. 하지만 베텔은 이 일에서 면제되었다. 그리고 8월 말에는 히틀러의 명령으로 안락사 운동이 잠정 중지됐다. 히틀러 총통에게는 교구의 저항을 감수하며 굳이 이 운동을 계속할 필요가 없었던 것이다.

어쨌든 나치당의 원래 계획은 이미 완수된 상태였다. 정확히 7만 273명의 독일인 장애인들이 '훈증 소독'되었다. T-4 관리의 계산에 따르면 이 안락사 운동 덕분에 향후 의료비용으로 사용될 8억 8,543만 9,800마르크를 절약할 수 있었다. 독일 교구 지도자들은 이 모든 과정을 두 눈을 뜨고 지켜봤다.

1941년 여름이 지난 뒤 유럽에 있는 유대인과 집시들에 대한 '최종해결책'의 움직임이 시작된 곳 역시 이곳 티어가르텐 4번지였다. 그곳은 베를린의 깔끔한 티어가르텐 지역에 위치해 있었다. 바로 이 수수한 건물에서 여느 때와 마찬가지로 고요하게 일이 진행되었다. 총 400명에 달하는 T-4 회원 중 100명이 채 되지 않는 숫자가 '라인하르트 작전Aktion Reinhardt', 즉 폴란드 유대인을 멸종시키기 위한 작전에 지휘자로 발탁되었다. 하르트하임 성에 있는 가스실(장애인 안락사 용도로 개발되었다)은 마우트하우젠에서 이송되는 정치범을 수용하며 1941년 11월까지 꾸준히 운영되었다. 그곳에서 사용된 기술은 다른 모든 강제수용소에도 적용되었다. 숙련된 화장터 일꾼을 의미하는 '브레너Brenner'는 매우 인기 있는 고용 대상이었다.

안락사 프로젝트는 후에 나치가 수백만 명에 대한 조직적인 집단 학살을 계획하는 데 일조했다. 또한 심리적인 측면에서도 나치에게 확신을 주는 계기가 되었다. 나치는 안락사가 매우 민감한 문제라는 사실을 확실하게 인식하고 있었다. 따라서 환자 가족 중 오직 10퍼센트만 안락사 반대 운동에 서명했다는 사실을 알고 더욱 놀랐다. 대다수의 독일 국민들은 안락사에 반대하지 않은 나머지 90퍼센트의 환자 가족들이 그랬던 것처럼 설사 자신의 가족이 관련되었더라도 사안의 다른 측면을 볼 터였다. 이제 나치가 가야 할 길은 분명했다.

18

나치스의 본거지, 뮌헨

Munich

나치의 흔적

한편 내가 여행을 하고 있는 이 시대에도 몇 주에 걸쳐 전쟁, 진짜 전쟁이 진행되고 있었다. 세르비아에서 코소보를 독립시키기 위해 미국과 유럽이 손을 잡았다. 코소보에서 자행되고 있는 피비린내 나는 인공 청소 작전에 관한 소문이 무성했다. 이 전쟁으로 인해 최소 75만 명의 피난민이 떠돌고 있으며 알바니아인 수십만 명이 서유럽 국경으로 몰리고 있었다. 유럽의 나머지 다른 나라들 역시 긴장하고 있지만 특별히 전투 의지를 불태우고 있지는 않다. 유럽 사람들은 여전히 이 전쟁을 단지 용인 가능한 사회 변화의 한 측면으로 간주하고 있는 것 같다.

발칸 지역의 상황은 분명히 용인될 수 없다. 더욱이 오늘날 서유럽

군인들은 이상을 위해 기꺼이 죽으려 하지 않는다. 그로 인해 전쟁을 수행하는 데 필요한 다양한 가능성이 심각하게 제한되고 있다.

1933년에는 정확히 지금과 반대 상황이었다. 진짜 전투가 시작하기 전이었지만 행동과 말에서는 이미 격렬한 전쟁이 진행되고 있었다. 1999년 현재, 유럽의 절반에 달하는 나라들이 참전하고 있지만 구호도, 통일된 제복도 없거니와 전쟁 중인 나라를 여행하고 있다는 느낌을 줄 만한 어떠한 움직임도 없다. 아우토반에는 군대 행렬은 고사하고 레저용 보트를 매달고 달리는 자동차뿐이다. 하늘에는 휴가지로 가는 비행기가 만든 하얀 수증기 꼬리만 보인다. 그렇다. 이곳에서 전쟁은 신문 머리기사와 텔레비전, 한밤의 쓸데없는 생각 그리고 길거리 레스토랑의 테이블 주위에서만 진행되고 있다.

중요한 것은 유럽 전체가 공동으로 전쟁을 수행하고 있음에도 단결된 유럽의 모습을 볼 수 없다는 점이다. 통일된 유럽으로서 공동체 정신이나 애국심 또한 전혀 없다. 암스테르담에서 나는 불꽃 튀는 신문들의 머리기사와는 반대로 사회에 팽배해 있는 무관심을 지켜봤다. 네덜란드는 50년 만에 처음으로 공격적인 역할을 담당한 채 전쟁에 참여했지만 총리는 그러한 사실을 의회에 통보할 필요조차 없다고 생각했다.

이곳 독일에서는 어디를 가든 대화를 시작한 지 15분 안에 새로운 전쟁에 대한 이야기가 주제로 떠오른다. 네덜란드와 독일 국경에 갑자기 깊고 거대한 바다가 생겨 두 세계를 갈라놓은 듯하다. 한 조사에 따르면 독일인 가운데 과반수가 곧 유럽에서 대대적인 전쟁이 벌어질 것이라고 대답했다. 노천카페에 앉아 있던 나는 뒤셀도르프에서 온 한 나이 든 부부와 대화를 나누었다. 그들은 잠이 오지 않아 어려움을 겪고 있다고 말했다. 코소보가 예전 기억을 휘저어냈기 때문이었다. 노부인이 말했다.

"거의 모든 가족들이 밤거리를 배회했어요. 우리 아버지는 종종 그들을 집안으로 들이셨죠."

은퇴한 도급업자인 그녀의 남편이 말했다.

"나는 당시에 내 생명을 구해준 자전거를 아직도 가지고 있어요. 그 자전거 덕분에 진격 중인 러시아 군대를 간신히 따돌렸지요. 어떻게 보면 우리 세대는 모두 피난민이었습니다. 대부분이 폭격을 겪었지요. 두 번 다시 전쟁이 일어나면 안 된다는 신념이 우리 영혼 속에 확고하게 자리 잡고 있어요."

그의 아버지는 동부전선에서 동사했다.

뻐꾸기시계와 온갖 장난감, 인종차별법, 유럽 최대의 소시지 회관이 있고, 나치당 전국대회, 전쟁범죄 재판이 열렸던 도시인 뉘른베르크에서 주말을 보냈다. 그 도시에는 관광객들을 위한 구시가지와 가짜 시가전차가 있다. 실제로는 이곳에 55년 이상 된 시멘트는 단 한 조각도 없다. 폭격으로 인해 뉘른베르크에 있던 구도심이 완전히 초토화되었지만 이 지역 역사책들은 대부분 전쟁에 대해 겨우 한두 쪽 할애하고 있을 뿐이다. 재판소에서는 이제 일상적인 범죄에 대한 재판이 진행되고 있다. 나치가 사용했던 거대한 연병장 중 일부만 생생한 기념물로 보존되고 있고 나머지는 저가 공영주택을 위한 부지로 사용되었다.

그날 저녁 나는 얼마 남지 않은 나치의 건물 단지 중 한 곳에 앉아 있었다. 그곳은 연병장에 딸려 있는, 지붕이 덮인 관람석이었다. 조용하고 온화한 전형적인 봄날 저녁이었다. 언젠가 알베르트 슈페어에 대한 전기를 쓰고 싶어 했던 작가 지타 세레니Gitta Sereny는 1934년에 이곳에서 벌어졌던 나치 전당대회를 우연히 목격했다. 당시 열 살이었던 이 새침한 여학생은 빈에 있는 어머니를 만나러 가던 중이었다. 그녀는 후에 그 전당대회에서 받은 강렬한 인상을 글로 남겼다. 당시 그녀는 전당대회가 무엇인지도 몰랐지만 극적인 효과와 움직임, 예컨대 "대칭을 이루며 행진하는 사람들, 여기저기서 즐거워하는 사람들, 반복적으로 들리는 소리, 장엄한 침묵의 순간, 형형색색의 깃발, 마법 같은 조명"에 압도되었다.

거대한 전당대회가 열렸던 곳에는 지금까지도 생명 없는 돌과 깨진 콘크리트가 남아 있다. 히틀러와 슈페어는 이곳에 40만 명의 관객을 수용할 수 있는 스타디움을 만들려고 했다. 그것은 고대 로마 원형 경기장의 두 배에 달하는 크기로 길이 500미터에 폭이 400미터가 넘고 지상에서 최상층까지의 높이가 100미터에 육박했다. 이 건물은 장차 올림픽 경기가 치러질 장소가 될 것이었다. 슈페어는 빌헬름 황제를 본 따 이러한 건축물이 '국가의 위엄을 바로세우고', 후대인에게는 '영구불변한 위엄에 대한 상징'으로 남을 것이라고 말했다.

그리고 이 '전통을 잇는 다리'를 만드는 일은 히틀러와 슈페어의 몫이었다. 그들은 수백 년이 지나 모든 건축물이 무너지고 담쟁이덩굴이 그 위를 뒤덮게 되더라도 폐허 속에서 유일무이한 가치를 지니는 기념 건조물을 만들고자 했다. 수백 년이 흐른 뒤의 뉘른베르크 특별관람석에 대한 상상도가 그려지기도 했다.

그처럼 허황돼 보였던 가치가 이제 그 모습을 활짝 드러내고 있다. 내 앞으로 끝이 보이지 않는 '위대한 길'이 펼쳐져 있다. 언젠가는 틀림없이 승리할 것이라 믿었던 독일군의 개선행진에 대비해 건설된 6차선 도로는 수 킬로미터에 달한다. 오늘날 이 도로는 일종의 자동차 주차장으로 사용되고 있다. 이번 주에는 도로 맨 뒤편 끝자락에서 축제가 열리고 있다. 6개의 만곡선으로 이루어진 롤러코스터와 하늘 높이 솟아 있는 담청색 관람차, 유령의 집 두 채와 소시지 애호가 300명 이상을 수용할 수 있는 커다란 식당, 수많은 가판대와 도박장, 사탕 가게 등을 갖춘 대규모 축제이다.

한때 레니 리펜슈탈 감독이 만든 대작 나치 영화 *의지의 승리*의 핵심 배경이 되었던 거대한 연단 역시 천천히 붕괴되고 있다. 고전 양식으로 만들어진 가짜 벽들은 검은 곰팡이와 푸른곰팡이로 뒤덮여 있다. 곳곳에 잡초가 자라고 있고, 일부 계단은 헐거워져 덜컥거린다. 연단 꼭대기에서는 머리를 민 몇 명의 젊은이가 석양 속에서 맥주를 마시고 있다.

어디선가 찌르레기가 노래한다. 사람들이 오래된 연병장에서 조깅을 하고 있다. 내 옆에서는 4명의 소년이 헐렁한 바지를 입고 야구모자를 뒤로 돌려쓴 채 스케이트보드를 타고 있다. 그들은 연단에 있는 벤치를 가로지르기도 하고 계단식 관람석에서 한 층, 한 층 점프를 하기도 한다. 그렇게 그들은 팽팽한 긴장감이 감도는 콘크리트 구조물에서 춤을 추고 있다.

생체 실험의 현장, 다하우 강제수용소

네덜란드에서 프리슬란트와 덴마크를 거쳐 남쪽으로 줄곧 내려가다 오스트리아에 이르면 유럽에 비스듬하게 걸치는 거대한 삼각형이 만들어진다. 나는 이 거대한 삼각형의 남쪽 측면을 따라 운전하고 있다. 이쪽 바이에른 마을에서 저쪽 바이에른 마을로, 녹색 목초지와 완만한 언덕이 펼쳐진 풍경을 가로지르며 양파 모양의 첨탑을 가진 교회를 지나간다.

이곳을 다스리는 하느님은 질서를 좋아하시는 분임에 틀림없다. 갈퀴질이 되어 있지 않은 오솔길이 없고, 손바닥만 한 땅에 자란 풀마저 깔끔하게 다듬어져 있다. 집들은 견고한 장방형 모양이다. 아이히슈테트와 마르크트 인데르스도르프를 지나 다하우로 향하는 길목으로 들어서자 곧바로 다하우가 나타났다. 역시 깔끔한 이 작은 마을은 드넓은 뮌헨의 끝자락에 위치한다.

알려진 바에 의하면 강제수용소는 이 지역 공업단지의 일부일 뿐이었다. 그곳은 도시의 일상적인 산업시설 가운데 하나였기 때문에 누구도 이 공업단지를 은폐하려 하지 않았다. 강제수용소가 들어섰을 때 〈다하우 자이퉁〉은 마을을 위한 '다하우 상업 및 공업'의 새로운 희망이 생겼으며 이것은 '경제 발전을 위한 전환점'이자 '행복한 시대의 서막'이라고 논평했다. 그러나 불과 얼마 지나지 않아 사람들은 12명의 수감자가 그곳에서 죽었다는 소식을 접하게 되었다. 신문 기사에 따르면 간수는 '정당방위'를 했을 뿐이며 희생자들은 '사디스트적인 성향'을 가지고 있었다.

▲ 나치가 생체 실험을 벌였던 다하우 강제수용소의 전경이다.

66년이 지난 오늘, 지역 신문에는 뮌헨 남쪽에 위치한 바아키르셴이란 마을에서 열린 지방의회 모임에 관한 기사가 실렸다. 5월 초에 그곳에서 다하우에서 있었던 '죽음의 행렬'을 추모하는 기념식이 열릴 것이라는 내용이었다. 다하우의 강제수용소에서는 그곳이 철폐되기 직전까지 엄청나게 많은 수감자가 죽었다. 과거 이 수용소에 수감되었던 두 사람이 그 행사에 초대되었다. 지역 의회는 그 두 사람의 체류 비용을 지원해달라는 요청을 거절했다. 페터 펑거 시장은 "우리는 이미 기념비를 세우기 위해 시에서 소유한 땅을 충분히 내놓았습니다. 그리고 잊지 말아야 할 것은 이 추모행사를 위해 시에서 화단도 조성해야 한다는 사실입니다"라고 말했다.

다하우는 남아 있는 수용소 시설을 주로 홍보에 이용하려 한다. 여기에는 가장 중요한 것이 빠져 있는데 유럽의 홍보행사에 항상 등장하는 자매도시의 이름이다. 즉 이 도시와 친구로 지내고 싶은 곳이 하나

▲▲ 다하우 강제수용소 안에서 수감자들이 사용했을 침대.　　▲ 다하우 강제수용소 안 화장터.

도 없었다는 뜻이다.

　1950년대에 폐허가 된 수용소 시설을 수없이 없애려 했고, 실제로도 경찰이 나서 수용소 안에 설치되어 있던 최초의 임시 전시장을 철거했다. 당시 시장(전시에 마을의 시장 대행을 맡고 있던 인물이었다)은 그곳에서 일어났던 소동은 완전히 과장된 것이라고 말했다. 즉 주로 평범한 범죄자들과 체제 전복을 기도하는 정치범들이 수용소를 점령하고 있었다는 것이었다. 오늘날에는, 수용소를 나서다 보면 다하우의 아름다운 교회며 고성, 상냥한 레스토랑에 관한 커다란 표지판들이 방문자의 주의를 끌고 있다.

하지만 다른 목소리를 내는 사람들도 있다. 독일 사회민주당 소속의 바아키르셴 지방의회 의원은 "저는 아마 여러분 가운데 실제로 죽음의 행렬과 수척한 수용소 수감자들을 목격한 유일한 사람일 겁니다. 그들은 마麻로 만든 죄수복을 입고 나무로 된 신발을 신고 있었습니다"라고 말했다. 그리고 독일 기독교사회당연합(CSU)의 제프 가스트는 좀 더 개인적인 감정을 표출했다. 자신의 아버지가 다하우에 수감되어 있었기 때문이었다. 이 두 사람은 사재를 털어 수용소에 수감되었던 두 사람의 체제 비용 일부를 지원하겠다고 약속했다.

수용소에 들어서면 막사로 둘러싸인 넓은 마당이 나타난다. 현재는 수용소 전체가 하나의 학습장이다. 마치 한 권의 책을 읽듯이 쭉 훑어볼 수 있는 박물관이자 시체와 악취를 씻어낸 유용하고 생생한 역사 강연장이다.

나는 나무로 만들어진 교수대를 발견했다. 여기저기 긁히고 닳은 목재 기둥과 곳곳에 찍힌 자국이 선명한 받침대로 이루어진 사형기구가 고집스러운 모습으로 거기 서 있었다. 전시관에는 익숙한 사진이 보였다. 아사餓死와 처형, 소위 '고공 실험'에 관한 사진들이었다.

연속적으로 생체 실험 과정을 보여주는 사진이 있었다. 한 남자가 작은 상자 안에 들어가 있다. 생기 있는 얼굴이었지만 눈빛은 암울했다. 프랑스 사람인 것 같았다. 곧 상자 안의 공기 압력이 낮아졌다가 올라가기를 반복한다. 그는 겁에 질린 표정으로 손으로 머리를 감싸 쥔다. 곧 그가 쓰러진다. 압력이 다시 원래대로 돌아왔다가 다시 낮아지기를 반복한다. 마침내 그 남자는 숨을 거둔다. 마지막 사진에는 해부한 그 남자의 두개골 모습이 담겨 있었다.

사람이 영하의 온도에서 얼마나 오래 버틸 수 있는지 실험한 사진도 있었다. 어떤 사람들은 하루 넘게 버티기도 했다. 어떤 사람들에게는 마취도 하지 않은 채 간에 구멍을 뚫는 실험이 행해지기도 했다. 의학 박사인 지그문트 라셔가 1942년 4월 16일에 뮌헨의 트로거 슈트라세 56번지에서 수용소에 있는 감독관에게 보낸 편지가 있었다.

> 나는 가장 최근의 실험 대상이었던 바그너의 호흡이 정지한 후 혈압을 높임으로써 그를 다시 회생시킬 수 있었소. 바그너에 대한 최종 실험이 예정되어 있긴 했지만 그에게 더 실험을 해봐야 어차피 새로운 결과가 나올 것도 아니었기에, 그리고 당신이 보낸 편지가 아직도 내게 도착하고 있지 않기 때문에 나는 즉시 새로운 사람을 상대로 바그너가 견뎌내지 못했던 실험을 다시 시작했소.

라셔는 '좀처럼 구하기 어려운 다발성 폐색증 조직을 자세히 기록하기 위해' 다하우를 방문해 부검 샘플에 대한 사진을 찍어도 되겠는지를 급하게 요청했다.

나치의 먹잇감, 〈뮌헨 포스트〉

역시 수감자였던 발터 호르눙의 기록을 통해 1936년 다하우 수용소 생활의 일면을 볼 수 있다. 나치 친위대가 들어와 수용소 안을 들쑤셔 놓았다.

> 유대인의 피로 칼이 흥건해지고 피가 뚝뚝 떨어질 때,
> 알다시피 우리는 기분이 좋아진다.

그러고는 수감자들에 대한 점호가 이어졌다. 그들은 선별을 통해 중노동에 처해졌다. 호명될 때마다 다양한 부류의 사람들이 앞으로 나왔다.
"의회파 인간과 그 비서 앞으로 나와! 다음, 편집 발행인과 언론인! 끝으로, 〈뮌헨 포스트〉 기자 나와!"
키가 작고 다리를 저는 한 남자가 뒤에서 걸어 나왔다. 그는 친위대의 완벽한 먹잇감이었다. 왜 〈뮌헨 포스트〉 기자가 완벽한 먹잇감이 되었을까? 이 사회민주당 신문의 기자들은 처음부터 나치를 예의주시하며 나치 관련 정보를 조사해 공개했다. 그리고 이들은 특히 나치 당원들의 본질을 꿰뚫고 있었다. 바로 자객 집단이라는 본질을….
히틀러는 이 신문사를 '독사 소굴'이라 불렀다. 히틀러가 베를린에 있는 호화로운 호텔에서 작은 사치라도 부릴라 치면 바로 다음 날 그 호텔 영수증이 '히틀러가 사는 법'이라는 머리기사와 함께 〈뮌헨 포스트〉 지면에 공개되었다. 히틀러의 조카이자 연인이었던 겔리 라우발이 1931년 9월에 자살하자 〈뮌헨 포스트〉는 그와 관련된 뒷이야기까지

포함해 모든 내용을 즉각적으로 보도했다.

병적으로 진실을 파헤치는 무시무시한 기사들처럼 〈뮌헨 포스트〉에는 다음과 같은 기사가 매일 1면을 장식했다. '갈색 셔츠단에 의한 새로운 희생자들', '사회민주주의 언론인에 대한 소이탄 공격', '농부들을 향한 나치 테러-6명의 소년 사망하다', '평화로운 크리스마스 때를 노려, 나치 공산주의자를 죽이다.'

1931년 12월 14일, 이 일간 신문은 한쪽 면을 모두 할애해 '2년에 걸친 나치의 살인 행각'이라는 표제와 함께 희생자 명단을 게재했다. 표제 아래에는 아돌프 히틀러가 했던 말이 인용되어 있었다.

> 나치 운동과 관련해 내가 알지 못하는 일이란 있을 수 없으며 나의 동의를 받지 않고 진행되는 일도 없다. 더욱이 그 안에서 내가 원치 않는 일이 일어나는 경우도 없다!

그 밑으로는 60명에 달하는 희생자 명단이 이어졌다. 희생자 대부분은 노동자였고 그들은 단순히 살해되었거나 끔찍한 가혹행위로 인해 목숨을 잃었다.

미국 역사가 론 로젠바움은 이 신문사를 기념하는 글에서 〈뮌헨 포스트〉를 기리기 위한 기념비를 세워야 한다고 적었다. 나도 그와 같은 생각이다. 나치는 온 정열을 불태워 〈뮌헨 포스트〉를 증오했다. 그리고 권력을 잡자마자 이 신문사를 철저히 짓밟았다.

1933년 3월 9일 저녁, 일단의 갈색 셔츠단 패거리가 편집실에 난입해 집기를 부수고 타자기를 몽땅 길거리로 던져버렸다. 그리고 인쇄기마저 망가뜨렸다. 그걸로 신문사는 끝이었다. 편집자들은 다하우 수용소로 보내지거나 외국으로 망명한 뒤 잠적했다. 그리고 아주 운이 좋은 경우 그 안에서 무사히 제3제국 시절을 버텨냈다.

나는 뮌헨 중심가의 커다란 백화점들 뒤로 나 있는 좁고 구불구불한 알트하이머 에크 거리를 걸으며 잠시 추모의 시간을 가졌다. 그 거리 13번지(전에는 19번지였다)에는 낯익은 대문이 있다. 이곳이 바로 〈뮌헨 포스트〉가 있던 마당이다. 지하실에 있던 인쇄소는 바로 1년 전에 철거되었지만 이곳에서는 여전히 다른 신문이 발행되고 있다. 바로 〈아벤트차이퉁〉(저녁 신문이란 뜻)이다. 이 신문은 가벼운 소재를 다루는 일간지이며 종종 여성의 가슴에 대한 눈요깃거리 기사를 낸다.

〈아벤트차이퉁〉에서 일하는 사람은 전쟁이 끝난 이후부터는 그곳에 〈쥐트도이체차이퉁〉(남부 독일 신문이란 뜻)이 있었으며 오늘날에는 〈뮌헨 포스트〉에 대해 아는 사람이 아무도 없다고 말했다. 출입구 위에 있던 '뮌헨 포스트'라는 이름은 두껍게 칠해진 회칠 속으로 묻혀버렸다. 영웅을 표시한 시몬 비젠탈의 지도에는 〈뮌헨 포스트〉의 모든 영웅적인 정신에 대한 자취나 명판 등 그 어떤 작은 것조차 표시되어 있지 않다.

유일하게 〈뮌헨 포스트〉의 자취가 남아 있는 곳은 바이에른 주립도서관이다. 나는 그곳에서 공부하거나 시시덕거리고 있는 학생들 틈에 섞여 마이크로필름과 조악하게 인쇄된 〈뮌헨 포스트〉를 보며 꼬박 하루를 보냈다. '공영주택의 미래'나 '자금 지원 프로그램에 대한 합의' 그리고 '사회민주주의와 고용 전망'이라는 머리기사가 보여주듯이 1920년대까지 이 신문은 단지 시시한 성향을 가진 신문이었다. 나치의 활동에 대한 기사는 일반적으로 잡다한 지역 소식을 전하는 면 하단에

짤막하게 다루어졌다.

하지만 1929년부터 편집자들이 눈을 떴다. 머리기사에는 느낌표가 보다 빈번하게 사용되었다. '유권자들이여, 한 번 더 생각하라!', '공무원들이여, 깨어나라!' 이 신문은 1929년 12월 20일에 '투표소에 테러가 필요하다면' '찬성'과 '반대' 양쪽에 표시를 해 투표용지가 무효가 되도록 만들라고 촉구했다. 〈뮌헨 포스트〉는 나치 살인자들에게 전면적인 관심을 쏟았고, 급격한 개혁을 통해 성실한 당 기관지에서 거의 매주 폭로성 기사를 내놓는 직설적인 신문사로 거듭났다.

한 예로 1932년 7월 5일자 신문 1면에는 1923년 11월에 있었던 '비어홀 폭동'에서 나치가 자신들 편에 섰던 수많은 군인에게 지급한 금액을 꼼꼼하게 분석한 기사가 실려 있었다. 크리에겔 중위라는 특정 인물은 폭동에 참여한 대가로 200스위스 프랑을 받았으며 일반 군인들은 대략 15프랑을 받았다. 당시 총 1,173프랑이 일시불로 지급되었고 그 돈의 대부분은 유명한 피아노 제작자인 헬레네 베흐슈타인 Helene Bechstein과 그녀의 남편이 지원한 것이었다.

또한 〈뮌헨 포스트〉는 미래를 전망하며 매우 흥미로운 사실을 보여주었다. 1931년 12월 9일자 신문을 보면, 당시에 이미 〈뮌헨 포스트〉는 나치 돌격대 고급장교들 사이에 떠돌아다니던 비밀 계획을 입수하는 데 성공했다는 사실을 알 수 있다. 그 계획서에는 '최후의 해결책'에 대한 막연한 계획을 포함해 후에 유대인에게 실제로 행해진 다양한 조치들이 놀라울 정도로 정확하게 정리되어 있었다. '최후의 해결책'과 관련해서는 늪지에서의 '세부적인 노동 지침'에 따라 '특별히 나치 친위대가 관리 역할을 수행한다'는 내용이 들어 있었다.

한 달 후에는 불임화 운동에 관한 기사가 소개되었다. 1932년 1월 12일자 신문은 켐니츠에서 슈탐베르크 박사가 연설한 '제3제국의 인종 위생'에 대해 보도했다. 그는 당시 연설을 통해 채점제를 제안했다. 중증 장애인이나 매춘부, 전문적인 강도에게는 마이너스 100점, 비유럽계 인종에게는 마이너스 25점, 무식한 사람에게는 마이너스 6점을 주고 마이너스 25점 이상을 받은 사람은 누구든 '자식을 갖는 것이 바람직하지 않은 사람'으로 분류해야 한다는 내용이었다.

1932년 4월 8일, 〈뮌헨 포스트〉는 나치가 정권을 잡은 후 추진하려 했던 계획을 상당히 자세하게 폭로했다. 그 계획안에는 지역별 나치 돌격대에 '정확히 24시간 동안 자율권'을 부여해 정체가 드러난 적들을 체포하고 '알아서 그들을 제거'하도록 한다는 내용이 포함되어 있었다.

〈뮌헨 포스트〉가 지닌 가장 큰 매력은 과거에도 그랬고 현재도 그렇지만 그들이 신문 편집과 관련해 보여주고 있는 대전제이다. 예컨대 이 신문사의 편집 발행인들은 나치를 정치적인 현상으로만 본 것이 아니라 범죄의 주체로 간주했다.

이안 커쇼Ian Kershaw는 히틀러의 전기에서 고위급 나치당원인 한스 프랑크의 말을 인용하고 있다. 1920년 당시 스무 살이던 한스 프랑크는 히틀러의 연설을 듣기 위해 달려갔다. 당시 히틀러는 낡은 청색 정장을 입고 비교적 느슨하게 넥타이를 매고 있었다. 한스가 본 히틀러는 반짝이는 파란 눈에 매끈하게 뒤로 넘긴 머리를 한 솔직한 연설가였다. 당시 히틀러는 정치에 입문한 지 겨우 6개월밖에 되지 않았을 때였다. 하지만 대중은(중산층과 군인, 학생들이 어깨를 맞대고 있었다) 그의 연설을 한 마디도 놓치지 않고 열심히 들으려 했다.

"그는 자신뿐 아니라 우리 모두와 깊은 관계가 있는 것들을 전부 이야기했습니다."

1920년 8월 13일 '왜 우리는 유대인을 반대하는가?'라는 주제로 행한 그의 연설은 2,000여 명의 군중이 수없이 환호성을 보내는 바람에 58번이나 중단되어야 했다. 다음 날 〈뮌헨 포스트〉는 사회면을 통해 다음과 같이 보도했다.

> 새로운 매력이 국가사회주의노동자당 대회에서 최근 빛을 발했다. (…) 하인츠 보트머Heinz Bothmer를 상기시키는 이 젊은이는 기백과 정력을 앞세워 (…) 자신의 표현에 따르면 보잘것없는 작가지만 열정을 가진 히틀러 씨이다.

이듬해 〈뮌헨 포스트〉는 많은 지면을 할애해 범죄단체와 단단히 손을 잡고 위협이나 난폭한 일처리, 협박, 위조, 심지어 살인까지 마다하지 않는 나치당의 정치적 움직임을 점차적으로 폭로했다. 1931년 7월 12일, 〈뮌헨 포스트〉는 '이것이 히틀러의 일반적인 부하들이다'라는 표제 아래 배신당한 한 나치당원이 감옥에서 쓴 편지를 소개했다. 그는 자신의 예전 동료들이 '강도나 포주, 소매치기, 사기꾼, 약탈자, 암살자, 위증자'였다고 증언했다.

그로부터 얼마 후에는 바에서 가벼운 음료를 팔던 한 젊은 여인이 나치 돌격대 대원에 의해 매춘을 강요당했다는 기사가 실렸다. 1932년 12월 27일에는 '안할트 가街의 나치 클럽회관에서 나치 돌격대와 친위대의 유혈 다툼으로 얼룩진 크리스마스'라는 기사가, 12월 29일에는 '날조된 히틀러의 청년 시절'이라는 기사가 실렸다. 이런 기사들은 〈뮌헨 포스트〉가 무작위로 들춰 찾아낸 것이었다.

국가사회주의의 사악한 발생지는 오늘날 로젠하임 슈트라세에 있는 힐턴 호텔 옆의 휑한 주차장으로 변해 있다. 다이너마이트를 이용해 예전에 있던 건물을 폭파하고 허물어 지금처럼 평평하게 바꾸어놓은 것이다. 원래 이곳은 거대한 맥주홀인 부르거브라우켈러가 있던 곳이다. 수많은 여행자가 찾아와 양껏 먹고 마시던 곳이자 아돌프 히틀러가 쇼맨십을 더욱 갈고 닦은 곳이기도 하다.

또한 히틀러와 루덴도르프 장군이 결국 실패로 끝나기는 했지만 1923년 11월 8일에 쿠데타를 일으킨 곳도 바로 이곳이었다. 당시 쿠데타와 관련된 모든 것이 흐지부지 끝나버리자 맥주홀 주인은 술주정뱅이들의 혁명으로 인해 발생한 피해를 보상해달라고 요구했다. 쿠데타로 맥주잔 143개와 유리잔 80개가 깨졌고 스툴의자 98개가 망가졌으며 식탁용 날붙이 148개가 없어졌다. 천장에 생긴 숱한 총알구멍은 말할 것도 없었다.

히틀러가 보다 교양 있는 사람들과 어울리기 시작한 것 또한 바로 그해였다. 히틀러는 바그너를 열렬히 좋아했다. 그로 인해 그는 젊은 재력가이자 출판업자인 에른스트 '푸치' 한프슈텡겔Ernst 'Putzi' Hanfstaengel과 금방 친분을 쌓을 수 있었다. 에른스트는 1922년부터 히틀러를 상류사회에 소개시켰다. 1년 뒤 히틀러는 바이로이트에서 지그프리드와 위니프레드 바그너 부부를 만난 뒤 그들의 절친한 친구가 되었다.

뮌헨의 상류층 아가씨 두 명이 경쟁적으로 전도유망한 젊은이 히틀러를 돕기 시작했다. 앞에서도 언급됐던 헬레네 베흐슈타인은 모든 연회에 히틀러를 초대했다. 또한 히틀러에게 깔끔한 구두와 훌륭한 연회복을 선물했다. 태생이 루마니아 공주인 엘자 브루크만은 히틀러에게 와인을 마실 땐 설탕을 넣지 않는다는 것 등 유용한 예법을 가르쳤다. 이 두 여인은 히틀러의 인격 형성에 도움을 주었고, 그가 큰 세상으로 나아갈 수 있도록 준비해주었다.

훗날 유명한 나치 지도자가 된 발두르 폰 시라흐Baldur von Schirach는 내성적이고 귀족적인 자신의 아버지가 히틀러가 가진 매력에 빠져드는 과정을 지켜봤다. 그는 당시를 회상하며 오직 한 가지 해답을 찾을 수 있었다. 독일제국이 쇠퇴해가는 가운데 상류층에 속해 있던 사람들 역시 자신들의 구세주를 찾기 위해 혈안이 돼 있었고 히틀러는 마치 '마법사처럼' '불과 물만큼이나 절대 양립할 수 없는' 두 가지 개념을 하나로 묶었던 것이다. 그것은 바로 국가주의와 사회주의였다.

히틀러를 만들어낸 뮌헨

뮌헨과 관련된 의문들이 끝없이 이어진다. 이 친절한 남쪽 도시, 보기 드문 유쾌한 마을이자 명랑한 기운으로 가득한 예술의 중심지에서 어떻게 그처럼 파괴적인 운동이 탄생하게 되었을까? 무엇보다 바로 이곳에서 나치당이 만들어졌다. 히틀러가 자신의 카리스마적 능력을 발견한 곳도 이곳이었고, 1923년에 처음으로 나치 운동의 희생자가 발생한 곳도 이곳이었으며, 1938년 평화회의가 열린 곳 또한 이곳이었다.

19세기 말까지 보수적인 바이에른 왕국의 수도였던 뮌헨은 넓은 도로와 눈부시게 아름다운 명소가 있는 화려한 도피처로 발전했다. 그곳은 베를린이 가진 한계에서 벗어나고자 했던 작가와 예술가, 연극인을 위한 항구 같은 도시였다. 슈바빙 구역은 제2의 몽마르트르였다. 뮌헨에 거주하는 미술가와 조각가의 수는 빈과 베를린에 사는 사람들을 합한 수보다 많았다. 전통적인 예술가뿐 아니라 프란츠 마르크Franz Marc, 파울 클레 같은 사람들, 청기사파Der Blaue Reiter(서정적 추상의 형태를 띤 표현주의 화가 모임_옮긴이 주) 연감과 관련된 전위적인 예술가도 있었다. 그러므로 1913년, 스물네 살의 화가 아돌프 히틀러가 빈에서 슈바빙으로 이사하기로 결심한 것은 절대 우연이 아니었다. 러시아 화가인 바실리 칸딘스키는 "슈바빙은 독일에 있는, 그것도 바로 뮌헨 안에 위치한 영혼의 섬이었습니다"라고 적었다.

1896년부터 뮌헨은 유명한 〈짐플리치시무스〉의 본거지가 되었다. 빨간 개를 상징으로 하는 이 풍자적인 잡지는 황제와 교회에 대한 농담이 주를 이룬 출판물이었고, 여러 페이지에 걸쳐 남자를 위한 '정력제', '알코올과 모르핀, 아편, 코카인' 중독 치료제를 광고했다. 이 잡지는 판매가 금지되자 한 달 만에 1만 3,000부에서 8만 3,000부로 판매 부수가 급증했다.

그로부터 채 20년도 지나지 않아 뮌헨은 나치당의 공식적인 본거지인 동시에 제3제국의 두 번째 수도가 되었다. 하지만 나치 독일에 저항하는 조직이 좀처럼 드물던 시절, 그들에게 저항한 '백장미단Weiße Rose'이 활동했던 곳도 바로 뮌헨이었다. 한창 전쟁이 진행되던 와중에 여대생들이 바이에른의 나치 지방장관에게 야유를 퍼부은 곳도 이곳이었다. 그 지방장관이 여대생들에게 학교를 그만두고 히틀러 총통을 위해 아기를 가지라고 종용했기 때문이었다. 그리고 1936년 가을, 최초의 히틀러 암살 시도가 있었던 곳도 다름 아닌 부르거브라우켈러였다. 가구 제작자이자 단독 저항운동가인 요한 괴오르그 엘저Johann Georg Elser가 속을 파낸 기둥에 시한폭탄을 설치해 그를 암살하려 했다.

오늘날 슈바빙은 상당히 화려한 거리이다. 넓은 도로와 파리를 연상시키는 아파트 건물, 셀 수 없이 많은 레스토랑과 상점, 서점, 미술 화랑이 즐비하다. 두드러진 특징은 19세기 초반에 지어진 육중한 사무실과 학교 건물들이다. 이것들은 주변에서는 좀처럼 보기 힘든 크기를 자랑한다. 역사는 마치 이 건물들을 통해 우리에게 이렇게 말하는 듯하다.

"우리가 여기 서 있으며 앞으로도 이곳에 버티고 있을 것이다. 우리는 바이에른의 왕들이다."

뮌헨은 암스테르담을 제외하면 주요 도시 가운데 시장조차 자전거를 타고 다니는 유일한 곳이다. 최근 들어 곳곳에 자전거 도로가 만들어졌으며 오늘날에는 그 길을 따라 몇몇 사람들이 전문가용으로 보이는 자전거를 타고 엄청난 속도로 달리고 있다. 독일인들에게 자전거 타기는 하나의 생활방식으로 정착되었다. 어떤 사람이 자전거를 타고 다닌다면 그것은 그 사람의 고유한 생활방식을 보여주는 것이다. 여기에서 자전거를 타는 것은 고유한 생활방식과 그 사람이 가진 고유한 신념을 의미한다.

내 자전거는 밴 뒤에 묶여 있다. 암스테르담에서 가져온 낡은 경주용 자전거는 여기저기 찍혀 있고 곳곳에 녹이 슬어 있다. 신념을 가지고 자전거를 타는 사람들의 완벽한 경주용 자전거들 틈에서 무척이나 평범해 보인다. 나와 내 자전거는 자리를 잘못 찾은 것 같다.

나는 뮌헨이 1차 세계대전 전에는 헨리크 입센, 리하르트 바그너, 바이에른 군주 루트비히 2세, 화가 아담 루이트폴트가 자주 찾던 유쾌한 문화 정원이었다는 사실을 생각하며 조심스럽게 이자르의 아테네(왕의 광장을 뜻하는 쾨니히 광장의 별명_옮긴이 주) 광장을 요리조리 헤집고 다녔다. 끽끽거리는 소리가 요란한 가운데 나는 자전거를 타고 오래된 아치 입구를 지나 우아한 분수와 가짜 로마 국립극장, 깔끔하게 정리된 19세기의 루트비히 거리를 지나갔다.

보라! 베흐슈타인이 아돌프 히틀러에게 굴 먹는 법과 아티초크 다루는 법을 가르쳤던 바이에른 호프가 여전히 저기 있다. 그리고 저기 프린스레젠텐 광장 16번지 2층이 히틀러가 살던 아파트이다. 지금은 또 다른 지체 높으신 일가족이 살고 있다. 그리고 여기, 히틀러가 새로운 시작을 했던 슈바빙 거리는 슐라이스하임 슈트라세 34번지에 있는 중국, 인도, 러시아, 이탈리아, 멕시코 레스토랑이 만들어내는 이국적인 냄새로 가득하다. 한때 이곳에 걸려 있던 거대한 명판은 이제 두꺼운 회반죽 아래 묻혀 있다.

칸딘스키의 적절한 비유처럼 슈바빙은 일종의 섬이었다. 20세기에 들어선 뒤에도 뮌헨은 슈바빙으로 인해 유명세를 누렸지만 슈바빙 자체는 주변과 단절된 듯한 지역이었다. 성실한 뮌헨 시민들은 매춘부와 학생, 무정부주의자로 가득한 이 지역 주민들을 혐오했다. 반대로 슈바빙 주민들은 조건 좋은 사람과 결혼하고, 3리터 맥주에 목을 매는 야비한 뮌헨 시민들을 경멸했다.

　역사학자 게오르그 프란스의 견해에 따르면, 그처럼 분열된 뮌헨의 모습은 1919년에 잠시 나타났다가 사라진 쿠르트 아이스너의 바이에른 국민 공화국으로 인해 중산층이 겪어야 했던 고통에서 비롯된 것일 수 있었다. 프란스는 뮌헨에서 나치가 득세했던 것도 당시 처참했던 내전이 불러온 직접적인 결과였다고 말했다. 다비드 라르게는 히틀러를 만들어낸 뮌헨을 설명하며 좀 더 깊이 있는 접근을 시도했다. 그는 뮌헨이 자랑으로 생각하는 도시적인 문화가 항상 반세계주의와 자유를 제한했다고 판단했다.

　그러한 면에서 뮌헨은 빈과 유사했다. 예컨대 겉으로는 조화롭고 명랑해 보였지만 사회 저변 깊숙한 곳에는 가진 자와 못 가진 자 사이의 불화가 도사리고 있었다. 1880년부터 1910년까지 30년 동안 뮌헨은 지방의 한 작은 도시에서 메트로폴리스로 성장했다. 인구는 두 배로 늘었지만 주택 공급은 턱없이 모자랐으며 이민자는 계속해서 늘어났다.

　유대인 상인과 과학자 그리고 은행가들은 이 새로운 도시에서 자신들의 색깔을 굳혀가고 있었다. 예컨대 유대인의 뿌리를 가진 헤르만 티에츠는 바로 이곳에서 백화점 체인을 연 뒤, 소상인들로부터 격렬한 비난을 받았다. 또한 부동산 가격이 올라감으로써 유대인 은행가들에 대한 비난이 거세졌다.

　매춘이 급증했고 사람들은 티에츠가 백화점에서 일하는 소녀들에게 급료를 충분히 주지 않았기 때문에 그들이 오명을 얻게 되었다고 주장했다. 상류층을 위한 일간지인 〈스타츠부르크 자이퉁〉은 '우리 도시에 나타나는 유대인적 요소의 걱정스러운 증가'라는 기사를 통해 불만을 제기하기 시작했고, '뮌헨 상인들이 전통적으로 지녀왔던 가치의 쇠퇴'를 전망했다.

1891년, 뮌헨에서는 최초로 반인종적 성향을 가진 당이 설립되었다. 그다음 전쟁이 일어났고 전쟁이 끝난 뒤에는 지역 정치에 폭력이 개입되기 시작했다. 마침내 부르거브라우켈러 출신의 초라한 오합지졸들이 도시를 접수했다.

갈색의 저택

뮌헨은 아름답고 경외감을 주는 도시였다. 나치 또한 그러한 점을 잘 알고 있었다. 그들은 브라이너 슈트라세에 있는 '갈색의 저택 Braunes Haus'(나치당 본부_옮긴이 주)에서 시작해 자신들의 영역을 계속 넓혀갔다. 1940년에 나치가 차지한 전체 구역은 뮌헨의 중심가까지 늘어나 있었다. 그리고 그들이 보유한 50여 개의 건물에서는 6,000여 명이 일을 하고 있었다. 미래를 대비한 웅장한 전략이 세워졌다. 그 계획에 따르면, 튀르켄 슈트라세 모퉁이에 있는 부지에 다른 시설들과 함께 히틀러의 기념묘가 들어설 예정이었다.

갈색의 저택은 폭격당했다. 그리고 이후 1945년에 폭발물이 설치되어 완전히 파괴됐으며, 비밀 통로와 벙커를 제외한 모든 것이 허물어졌다. 하지만 나치 구역이었음을 증명하는 요소가 여전히 꽤 많이 건재해 있다. 1938년에 히틀러는 차이스 슈트라세에 있던 건물 '퓌러바우Fuhrerbau'에서 체임벌린[1], 달라디에, 무솔리니[2]와 함께 평화회의를

▲ 쾨니히 광장의 현재 모습이다.

개최했다. 그곳은 내부가 엄청나게 거대한 의전용 계단실로 되어 있었다. 오늘날 이곳은 노래와 그랜드 피아노 소리가 가득한 연극 및 음악 아카데미 건물로 변해 있다. 하지만 역사는 한때 총통의 명예를 드높이기 위해 건물 앞에 조성한 멋스런 인도를 통해 여전히 빛나고 있다. 또한 길 건너에는 독일 예술의 전당이 놀라운 모습으로 서 있다. 이 미술관은 위압적인 기둥과 급조한 장식으로 꾸며져 있으며 금방이라도 무너질 듯 겉만 번지르르한 모습이다.

쾨니히 광장 모퉁이에 나치가 지은 두 개의 신전이 있다. 이곳은 겨우 기초만 남은 상태이지만 지금은 그마저 덤불만 무성하다. 광장 자체는 화강암 석판이 모두 뜯겨나간 상태이다. 오늘날 이 광장에는 평화주의자들이 심은 잔디가 덮여 있는데 그로 인해 바이에른 왕들이 꿈꾸던 아테네의 시민 광장 같은 모습이다. 여기에 있던 모든 것은 이미 한 번 뒤엎어져 대부분 땅속에 묻혔다.

계속해서 나는 자전거를 탄 채 후버 교수 광장, 숄 자매 광장, 루트비히 막시밀리안 대학을 돌아다녔다. 이 지명은 실제 인물의 이름에서 따온 것들이다. 이곳 대학교에는 모든 것이 집중되어 있다. 화려한 계단을 비롯해 나란히 서 있는 두 개의 가짜 로마 동상(실제로는 복장만 다를 뿐 둘 다 바이에른 왕이다), 강당을 덮고 있는 거대한 돔까지…. 하지만 그뿐만이 아니었다. 1943년 2월 18일, 당시 대학생이던 한스와 소피 숄이 미술관에서 이곳까지 뿌리고 다녔던 순수하고 필사적인 얇은 팸플릿도 있었다.

> 독일 젊은이의 이름으로 우리는 아돌프 히틀러 정부에 개인적인 자유를 돌려줄 것을 촉구한다. 자유는 우리가 가진 가장 소중한 보물이며 히틀러는 가장 비극적인 수단으로 이 자유를 뺏어갔다.

그들은 팸플릿을 배포했고 초기에는 '자유', '히틀러는 사임하라' 등의 낙서를 남기기도 했다. 백장미가 한 일이라고는 그것이 전부였다. 그럼에도 학교 관리인은 그들을 붙잡아 게슈타포에게 넘겼다. 4일 후 그들은 동료인 크리스토프 프로프스트와 함께 목이 잘렸다. 남은 행동대원들(알렉산더 슈모렐, 빌리 그라프와 그들의 교수인 쿠르트 후버)은 그해 안에 모두 체포되어 사형당했다. 몇 명의 화학과 학생들이 팸플릿 배포 운동을 계속하려 했지만 그들 역시 사형당하고 말았다. 이후로는 누구도 감히 그 운동을 이어가려 하지 않았다.

대학교의 커다란 원형극장에 가려면 길을 따라 조금 더 내려가야 했다. 4월의 풍부한 아침 햇살이 건물에 쏟아지고 있었다. 나는 조심스럽게 문을 열었다. 아무도 없는 듯했다. 하지만 곧 지휘대 아래에서 혼자 피아노를 연주하고 있는 학생을 발견했다. 바흐의 곡이었다. 그는 연주에 심취해 아무것도 보이지 않는 모양이었다. 그의 친구들이 조용히 청중석으로 들어와 숨죽인 채 연주를 감상했다. 그들은 젊고 분명한 비전을 가지고 있었다. 극장 안은 빛과 선율 그리고 그것들을 통해 되살아난 수많은 영상으로 충만했다. 아무도 자리를 뜰 수 없었다.

암흑가의 전쟁, 장도의 밤

이탈리아는 뮌헨에서 모퉁이만 돌면 있는 곳처럼 생각될 수 있을 것이다. 이곳의 삶은 느슨하고 약간은 게으른 편이다. 이 도시는 벌써부터 독일과는 다른 모습을 보여주고 있다. 그것은 베를린보다는 볼로냐에 가까운 모습이다. 하지만 남쪽으로 방향을 바꾸는 순간 저 멀리 알프스 산맥이 마치 수호신처럼 육중한 은회색 벽을 드러낸다. 그 육중한 벽에 둘러싸인 이 낮고 평평한 나라에는 좀처럼 따사로운 햇빛이 들지 않는다. 봄이 된 지 꽤 오래되었지만 이곳에는 다시 눈이 오기 시작했다. 하늘이 새까맣다. 나무는 세월을 거치면서 거목이 되어간다. 내 작은 밴은 으르렁거리며 미끄러운 비탈길을 오르고 있다. 길이란 길은 온통 하얗고 다니는 차도 없다.

나는 바트 비스제 마을에서 레데러 암 제 호텔에 방을 구했다. 그 호텔은 짙은 물색을 띤 테게른제 호수를 내려보고 있었다. 때때로 멀리 있는 산 위에서 눈보라가 일었다. 다른 손님들은 모두 은퇴한 부부였다. 그리고 그들이 행복했던 시절과 딱 맞는 노래가 배경 음악으로 흘러나왔다. 1930년대에 나온 글렌 밀러의 파티 노래였다.

나는 기념 책자를 보다가 그 호텔이 과거에는 '펜션 쿠르하임 한젤

▲ '장도의 밤' 사건이 일어났던 레데러 암 제 호텔 앞에 펼쳐진 테게른제 호수. 이곳에서 룀의 소년들이 다이빙을 했을 것이다.

바위'라고 불렸다는 사실을 알게 되었다. 책에는 호텔 설립자와 그곳에서 열렸던 파티 및 행사, 직원들의 취미 등이 소개되어 있었다. 이를테면 '테게른제 호수의 경이로운 세상'과 관련된 모든 것을 소개하고 있는 책이었다. 하지만 매우 흥미롭게도 그곳에는 언급되지 않은 사건이 하나 있었다. 그것은 이 호텔을 유럽 역사에서 불멸의 장소로 만들어준 바로 그 룀 폭동이었다.

히틀러는 1934년 6월 30일 이른 아침에 바로 이 레데러 암 제 호텔에서 에른스트 룀과 다른 나치 돌격대 정예 대원들(그들 중 일부는 잘생긴 나치 돌격대 대원들과 한 침대에 누워 있었다)을 침대에서 끌어냈다. 그들은 그렇게 체포되었고 이튿날부터 한명씩 처형되기 시작했다. 그리고 히틀러는 그 기회를 이용해 국가 보수단체를 비롯한 일련의 숙적들에게 복수를 감행했다. 이 '장도의 밤'(실제로는 일주일간 지속되었다)에,

4부 | 준비된 잔혹함, 나치에 중독된 유럽 • 479

150~200명에 달하는 히틀러의 정적들이 살해된 것으로 추정된다.

처형의 맨 마지막 대상이 룀이었다. 처음에 히틀러는 망설였다. 어쨌든 그는 자신의 오랜 전우였기 때문이었다. 마침내 감방에 갇힌 룀에게 그의 '배신행위'를 보도한 〈민족의 파수꾼Völkischer Beobachter〉(당시 나치당 기관지_옮긴이 주)과 권총이 주어졌다. 하지만 그는 아무 생각 없이 자리에 주저앉아 신문을 읽기 시작했다. 결국 두 명의 나치 친위대 장교가 그를 총살해야만 했다.

히틀러에게 있어서 1934년 6월 30일은 1933년 1월 30일만큼이나 중요한 순간이었다. 1933년에 그는 권력을 잡았지만 1934년이 돼서야 그 권력을 공고히 할 수 있었다. 그러한 맥락에서 펜션 한젤바워 사건은 깊은 의미를 가졌다.

나치스는 '장도의 밤' 사건을 정치적, 도덕적 정화를 위한 행동이었다고 정당화시켰다. 하지만 룀과 그의 동료들이 갖고 있던 동성애적 습성은 이미 대중에게 알려진 사실이었다. 일찍이 〈뮌헨 포스트〉는 1931년 6월 22일에 '갈색 저택의 형제애'라는 냉소적인 머리기사와 함께, 많은 나치 지휘관이 갖고 있는 성적 편애와 그로 인해 난무하게 된 온갖 협박 시도에 대한 폭로성 기사를 내보냈다. 하지만 그것이 실질적인 핵심은 아니었다.

많은 희생자가 살해된 방식(거실이나 현관, 길거리에서 살인이 일어났다)은 암흑가의 전쟁을 연상시켰다. 히틀러는 모든 정적에게 최후의 복수를 하기 위해 닥치는 대로 살인을 저질렀다. 하지만 희생자 대부분은 자신이 거느리던 나치 돌격대에서 나왔다.

나치가 권력을 잡은 후, 룀의 부하들에게 자율적으로 행동할 수 있는 권한이 주어졌다. 하지만 오래지 않아 나치 돌격대의 폭력성과 변덕에 대한 불만이 봇물 터지듯 쏟아져 나왔다. 벨라 프롬은 자신의 일기에 나치 돌격대 때문에 칵테일파티를 망칠 뻔했던 사건을 기록했다. 그녀는 칵테일파티를 준비하고 수많은 외교관과 장교를 초대했다. 그런데 나치 돌격대원이 찾아와 그녀의 집이 '비아리아인'으로 구성된 스파이 소굴이므로 집에다 '연기를 피워' 스파이를 색출하겠다고 우겼던 것이다. 히틀러의 개인 참모가 재빨리 중재에 나선 뒤에야 간신히 외교적인 재앙을 막을 수 있었다.

이 밖에도 유사한 사고가 많이 일어났다. 히틀러가 혁명가였다면 이러한 사고들이 일어난 것에 박수를 쳤겠지만 이미 총리의 자리에 올라 있던 그에게는 끝없는 골칫거리일 뿐이었다. 나치 돌격대는 나치당에서조차 심각한 골칫거리가 되었다.

1934년에 400만 명에 달하는 나치 돌격대원이 활동했고, 룀에게는 군부의 권력을 뺏고자 하는 희망이 생겼다. 나치 돌격대의 일반 사병들 사이에서는 이미 '두 번째 혁명의 필요성'에 관한 이야기가 나돌았다. 그들은 불만을 성토했다. 자신이 쏟은 그 많은 노력의 대가, 즉 보다 쉬운 일이나 관직, 포상은 어디로 갔단 말인가? 깡패 용어로 말하자면, 노획물에 대한 자신의 몫은 어디 있단 말인가?

이러한 상황에 더해 정치계 안에서 히틀러의 입지마저도 흔들리고 있었다. 민족주의자이며 보수주의자인 엘리트들은 정체불명의 무력집단이 활개 치고 다닌다는 것과 그들의 행동을 더는 통제할 수 없다는 사실을 마침내 인식하기 시작했다. 그들은 '이러한 친구'에게 권력을 넘겨주었다는 사실에 책임감을 느꼈고 가능한 한 빨리 그를 권력

밖으로 밀어내려 했다.

프란츠 폰 파펜의 주변에 있던 무리와 군부 최고급 장교는 나치 돌격대 문제를 이용해 히틀러의 권력을 약화시키려 했다. 그들은 힌덴부르크 대통령이 나이가 들어 병약해진 마당에 대통령 직위마저 히틀러의 손에 들어가는 것을 지켜보고 싶지 않았다. 심지어 군주제를 부활시키자는 목소리까지 나왔다. 히틀러가 절대 권력을 쥐지 않을 수만 있다면 무엇이든 상관없었다.

6월 17일에 파펜은 그동안 보여주었던 모습과는 달리 매우 파괴적인 연설을 했다. 그는 모든 '이기주의와 몰인격, 위선, 거만함, 기사도의 부재'에 분노를 표시하고 '인격에 대한 가식적인 존중'을 비난했다. 바로 당일 히틀러가 반격에 나섰다.

"그것은 아무리 사소하더라도 감히 파괴행위를 기도하는 자들을 봉쇄하고자 하는 국가의 결연한 의지이다."

1934년 6월 29일, 나치당 지도부가 히틀러를 만났을 때만 해도 괴벨스는 파펜 주변에 있는 고상한 보수주의 단체들에 복수하기 위한 회의라고 생각했다. 하지만 그는 당이 보유한 나치 돌격대에 관한 회의라는 사실을 알고 매우 놀랐다. 룀의 '대역죄'는 전혀 증명된 것이 없었고, 나치 돌격대가 쿠데타를 계획했다는 정황증거 또한 없었다. 쿠데타 계획을 세웠다는 '증거'는 조작된 것이 확실했다.

이제 외국의 감시자들은 처음으로 나치 깡패들이 한 짓거리를 낱낱이 알게 되었다. 반응은 매우 거셌다. 하지만 유독 독일 안에서는 규탄의 목소리가 들리지 않았다. 그들이 살해한 사람들 중에는 에리히 클라우제너Erich Klausener와 '베를린 가톨릭 행동'의 의장이 포함되어 있었지만 교회마저 침묵을 지켰다. 군부는 장교들에게 쿠르트 폰 슐라이허 장군과 그의 아내의 장례식에 참석하는 것을 금지했다.

이안 커쇼의 지적대로 군대가 나치 돌격대의 해체를 반대할 이유는 없었다. 커쇼는 군의 지지가 없었다면 '장도의 밤'은 불가능했을 것이라며 "군부는 1934년 6월 30일에 일어난 사건에 공조한 것을 계기로 히틀러와 유례없는 굳건한 결속을 다졌다"라고 덧붙였다.

이런 식으로 군부의 장군들은 불과 1년 전에 파펜을 옭아맸던 것과 똑같은 덫에 걸려들었다. 그들은 자신이 히틀러를 이용하고 있다고 믿었지만 실제로는 군대 스스로 나치스의 도구가 된 것이었다.

내 방(따뜻한 오크나무 벽으로 둘러싸인 구석에 있다)은 그 모든 일이 일어났던 복도와 맞붙어 있다. 밖에는 양동이로 퍼붓듯이 눈이 오고 있다. 눈송이들이 시커먼 물과 나무, 풀밭 위, 룀의 소년들이 다이빙을 하던 선창 위로 떨어진다. 그들이 혹시 여기 이 방에 묵었던 게 아닐까? 히틀러가 입에 거품을 물고 이 방에 들이닥쳤던 것은 아닐까?

실제 그랬더라도 역사를 체험하고 있다는 느낌은 들지 않을 것이다. 게다가 그것은 그다지 중요한 문제가 아니다. 무엇보다 부지런한 객실 담당 여종업원이 이미 지난 60년 동안 이곳을 청소하고 세탁하는 과정 속에서 예전에 있었던 죄악까지 모두 씻겨 없어졌을 것이다. 눈이 모든 것을 덮어버리고, 정적과 고요함 그리고 시간이 남은 찌꺼기마저 처리하지 않는가.

19

나치에 열광하다, 빈

Vienna

히틀러의 요새

긴 겨울에서 벗어날 도리가 없는 것 같다. 오스트리아와 이탈리아로 가는 도중에 다시 폭설이 내리기 시작했다. 트럭들마저 점점 속도를 늦추고 그르렁거리는 소리를 내며 배기가스를 내뿜었고, 그 가스는 차가운 공기와 만나 커다란 구름을 만들었다. 멀리서 파란 불빛이 반짝였다. 눈을 흠뻑 맞은 경찰관이 손을 흔들어 차를 길가에 세우도록 했다. 브레네르 고개에는 폭설이 내려 제설차마저 운행이 불가능했다.

인스부르크에 밤이 찾아왔다. 길거리는 쥐죽은 듯 고요했고 눈송이만 노란색이나 분홍색으로 칠해진 낡은 건물들 사이를 날아다니거나 텅 빈 와인 식당의 창문을 두드린다. 몇몇 소년들이 마르크트그라벤에서 축구를 하고 있었다. 한 소년이 밖으로 뛰어나와 눈송이를 받아먹으려고 혀를 내민다. 봄에 다시 찾아온 이 겨울 때문에 모든 것이 고독하고, 약간은 쓸쓸하기까지 하다.

빈으로 오는 도중에 나는 매우 고집스러운 두 사람을 만났다. 솔직히 말해, 그 두 사람을 만난 곳은 전혀 생각지도 못한 곳이었다.

첫 번째 인물은 알프스 산맥이 시작되고 한때 히틀러의 별장인 베르크호프가 서 있던 오버잘츠베르크에서 만났다. 미국인들은 4년 전에 히틀러의 별장이 있던 이 지역을 일반인에게 공개했다. 1923년부터 히틀러는 많은 시간을 그곳에서 보냈다. 처음에는 '모리츠 가스트하우스'(호텔)가 운영하는 작은 방갈로를 이용했다. 그러다 임대 저택을 빌렸고, 1933년부터는 베르크호프에서 묵었다. 1930년대를 거치면서 그 지역은 히틀러의 비서이자 오른팔인 마르틴 보어만Martin Bormann[1]이 관리하고 운영하는 완벽한 나치의 산으로 탈바꿈했다. 나치당의 모든 수뇌부가 그 지역에 있는 저택으로 이사했다.

모리츠 호텔은 일반 나치당원들을 위한 숙소가 되었고 춤 튀르켄 호텔은 보어만이 원래 소유주에게 아주 약간의 돈만 지급하고 강탈하다시피 뺏어왔다. 마침내 더는 땅 위에서 할 일이 없게 되자 보어만은 수많은 벙커와 5킬로미터에 달하는 터널로 이루어진 방대한 '요새화' 공사를 시작했다. 그렇게 지어진 요새의 대부분이 지금도 남아 있다.

'독수리 둥지'로도 알려진 켈슈타인하우스 역시 높은 바위산 꼭대기에 남아 있다. 이 전망대는 밖에서 볼 때는 딱딱한 모습이지만 그 안은 '소박한 느낌을 살린 증기선 형태'로 만들어져 있다. 오직 승강기를 통해서만 올라갈 수 있다. 1938년에 일꾼 수백 명이 동원되어 지어진 켈슈타인하우스는 히틀러의 50번째 생일을 기념하기 위한 축하선물로

▲ '독수리 둥지'라고도 일컬어지는 켈슈타인하우스는 바위산 꼭대기에 위치해 있다. 히틀러의 50번째 생일을 기념하기 위해 만들어졌다.

만들어졌다.

200~300미터 아래에는 샤리츠켈 목초지가 펼쳐져 있는데, 그곳에는 벌목꾼인 휠츨 일가가 운영하는 오래된 카페가 있다. 나는 그 카페 현관에서 우연히 액자 하나를 발견했다. 그곳에는 시몬 휠츨에게 보내진 색 바랜 낡은 퇴출 통지서가 들어 있었다. 나치스가 보안상의 이유로 카페를 폐쇄하고자 했지만 휠츨은 이를 거부했다. 그는 산과 목초지가 있는 이곳에서 우유와 커피, 맥주 등을 팔며 짭짤한 수입을 올리고 있었기 때문에 절대 장사를 포기하려 하지 않았다. 보어만이 보낸 최후의 독촉장은 이렇게 시작하고 있었다.

당신이 보낸 1940년 2월 10일자 서신에 대한 우리의 대답은 오직 당신을 다하우 강제수용소로 보내겠다는 것이오.

베르크호프가 일종의 산속 요새로 탈바꿈한 것은 히틀러의 생활방식에 나타난 변화를 특징적으로 보여준다. 1936년 이후, 히틀러는 전보다 더 많은 시간을 혼자 보내려 했다. 대중적인 인기를 누리고 있던 나치당의 지도자는 점점 시무룩한 왕이 되어갔다. 그는 자신을 따르는 사람들 옆에 더욱더 넓은 궁전을 짓고 스스로 쳐놓은 거미줄 속에서 한 마리 거미처럼 살았다. 또한 바로 곁에는 본인이 직접 고른 20~30명의 사람들만 머물도록 허락했다.

1935년부터 히틀러는 쉰 목소리와 내장 질환으로 고생하다 결국 대체 치료 전문가 테오도르 모렐 박사를 찾게 되었다. 모렐 박사는 '불가리아 농부가 최선을 다해 재배한' 장에 좋은 식물에서 약을 추출해 그에게 투여했다. 히틀러는 앞으로 살 날이 그리 많지 않다고 생각했다.

"건강이 점점 악화되고 있으므로 나는 내가 세워놓은 계획들을 빨리 실행에 옮겨야만 한다."

알베르트 슈페어는 자신의 회고록에서 1937년에 히틀러가 발간한 화보집에 대해 언급했다. 보트를 젓거나 들판에 누워 있거나 아니면 화가를 방문한 명랑하고 여유로운 일반인에 관한 그림들이었다.

"그 화보집은 출간 당시 이미 진부한 것이었습니다. 나는 1930년대 초반부터 히틀러를 알고 지내왔지만 매우 가까운 동료들이 보기에도 당시의 그는 몰락한 독재자처럼 변해갔고 바깥세상과 좀처럼 접촉하려 들지 않았습니다."

슈페어는 잠깐씩 그 산에 거주했던 한 사람으로서 히틀러와 함께 지루한 오후와 저녁을 보내야만 했다. 점심 식사를 하고 산책을 한 다음, 차를 마시고 낮잠을 자고, 다시 저녁을 먹고 영화를 보는 일과가 반복되었다. 히틀러는 혼잣말로 함께 있는 사람들을 지치게 했고, 괴링은 사디스트적인 농담으로 사람들을 괴롭혔다. 보어만은 낮잠 시간에 비서들을 희롱하는 취미가 있었고, 에바 브라운Eva Braun[2](히틀러의 정부_옮긴이 주)은 과묵하고 끔찍했다. 슈페어는 매일 저녁마다 '아무것도 하지 않는 일에 지쳐서' 집으로 돌아갔다. 히틀러는 이것을 '산山병'이라 불렀다.

1999년, 운터스베르크와 베르히테스가덴의 봄 경치는 예전과 다름없이 인상적이었다. 하지만 그뿐이었다. 산은 깊은 정적에 휩싸여 있었다. 베르크호프는 1945년에 폭격을 당해 철저히 파괴되었고, 남아 있던 폐허마저 1952년에 폭발물을 이용해 완전히 허물었다. '진정한 이야기꾼' 히틀러가 1938년 〈집과 정원〉 독자들을 위해 포즈를 취했던 '안전하고 상쾌한 별장'과 벽난로가 있는 식당, 유리벽이 있는 회의실, '유럽 전체를 통틀어 가장 깨끗한 전망', 에바 브라운과 함께 사진 속에 빈번히 등장했던 테라스 등은 모두 사라지고 없었다. 지금은 콘크리트 잔해와 두세 개의 벙커, 과거에 차고로 쓰

▲ 히틀러와 괴링의 인형.

였던 건물의 창문만 남아 있을 뿐이다. (그건 그렇고 화제를 모았던 그 회의실의 아래층에 있던 차고에서 지독한 배기가스와 가솔린 냄새가 올라왔는데, 이것은 건축가 히틀러가 저지른 설계상의 오류 때문이었다.)

나는 숲길을 따라 걷다 우연히 이상한 콘크리트 구조물을 발견했는데 풀과 잡목이 무성했음에도 일종의 테라스처럼 보였다. 마을의 친절한 한 아주머니가 "맞아요, 거기가 괴링의 집이었어요. 하지만 저것 말고는 아무것도 남아 있지 않아요. 그래도 슈페어의 작업실은 그나마 온전하게 남아 있죠"라고 말해주었다.

횔츨 일가는 모두 살아남았다. 내가 찾아갔던 1999년 이른 봄에도 그들은 여전히 그곳에 살고 있었다. 수십 명의 일꾼이 야외에 앉아 샤리츠켈의 목초지에 내리쬐는 햇빛을 즐기고 있었다. 녹은 눈은 물이 되어 시냇물을 따라 졸졸졸 흐르고, 새들은 노래했으며, 토실토실한 어린아이가 걸음마를 배우고 있었다.

나치를 환영하라

다음 날 나는 좁은 길을 운전해 오스트리아의 끝자락에 위치한 아름다운 국경 마을 상트 라데군트로 내려갔다. 고양이 두 마리가 도로를 가로질러 지나갔다. 모퉁이에 있는 성모 예배당에서는 촛불이 깜박거리고 있었다. 머리에 밝은 색 스카프를 두른 할머니 한 분이 정원을 손질하고 있었다. 며칠만 있으면 52번째 귀향 군인 참배단이 마을에 들어올 예정이었다. 하지만 내가 그곳을 방문한 목적은 다른 데 있었다.

이곳은 한 개인이 대중적인 저항과 맞먹는 운동을 펼쳤던 드문 장소 중 하나였다. 나는 그의 묘소를 찾고 있었다.

1938년 3월, 모든 오스트리아 국민들이 길가로 나와 나치 군대가 오스트리아의 영토 안으로 행진해 들어오는 모습을 지켜보며 환호했다. 오스트리아 국민 중 일부는 아주 오랫동안 전全독일주의 제국의 꿈을 키워왔다. 이러한 정서는 합스부르크제국 붕괴 이후 더욱 강해졌다. 1919년부터 이미 잘츠부르크와 티롤의 유권자들 중 90퍼센트가 '독일과 오스트리아의 합병'을 지지했다. 히틀러가 독일에서 정권을 장악한 뒤 그러한 욕망은 더욱 강해졌다.

1932년 선거에서 오스트리아 나치는 전체 투표수의 16퍼센트를 득표하는 데 그쳤지만 1년 뒤, 인스부르크의 지방자치 선거에서는 40퍼센트를 득표했다. 그들이 자신들이 갖고 있던 무기를 또 한 번 적절하게 사용했음은 물론이었다. 예컨대 길거리 폭력과 습격, 협박 같은 것 말이다. 1943년 7월 25일, 기독교사회당 출신의 총리 엥겔베르트 돌푸스Engelbert Dollfuss가 쿠데타에 실패한 뒤 살해되었다.

오스트리아에서 나치 혁명은 3단계에 걸쳐 진행되었다. 첫 번째 단계는 친독일 성향의 정치운동 기반을 확립하는 것이었다. 1934년 초, 한 영국 특파원의 기록에 따르면 오스트리아의 상황을 잘 모르는 외부인이 그라츠로 차를 몰고 들어오면 독일에 왔다고 착각할 정도였다고 한다. 길거리는 나치 행진과 펄럭이는 나치 깃발로 가득했으며 그 숫자는 해가 갈수록 늘어나기만 했다.

그리고 정부 차원에서는 (겉보기에는) 합법적인 정권 교체가 진행되고 있었다. 오스트리아의 독립 유지와 관련된 투표 예정일이 1938년 3

월 13일 일요일로 공표되었다. 히틀러는 투표를 진행하는 것이 너무 위험하다고 판단했다. 이에 따라 3월 11일, 괴링은 베를린에서 쿠데타를 위한 두 번째 단계를 준비했다.

괴링은 일련의 전화 통화를 통해 새로운 총리 쿠르트 슈스니히크Kurt Schussnigg에게 압력을 행사했고, 그는 마침내 나치스 변호사인 아르투르 자이스 인크바르트Arthur Seyss-Inquart에게 총리 자리를 넘겼다. 그러한 와중에 나치스는 주요 도시들의 모든 요직을 차지했다. 국민투표는 당연히 취소되었다.

세 번째 단계에서 쿠데타는 외부의 힘에 의해 완성되었다. 3월 12일 토요일 이른 아침에 독일의 제8군단이 오스트리아 국경 초소를 통과했다. 표면상으로는 새로운 오스트리아 정부의 '질서 재정립'을 돕는다는 이유였다.

하지만 지나치리만큼 꼼꼼하게 계획을 세웠음에도 그들이 간과한 것이 하나 있었다. 오스트리아 국민들의 압도적인 지지였다. 나치스는 진군 중인 독일 군대가 꽃과 환호성을 받으며 뜻밖의 환영을 받자 놀라지 않을 수 없었다. 독일군은 보고서를 통해 '노래와 웃음', '믿을 수 없을 정도의 행복감'을 전했다. 빈에 있던 미국, 영국 특파원들은 모든 군중이 길에서 노래하고 춤추는 광경을 묘사하고 그들이 외친 "유대인을 몰아내자!", "승리 만세!"라는 구호를 강조했다.

그날 오후, 히틀러는 교회의 종이 울리는 가운데 개선행진을 통해 린츠에 입성했다. 가톨릭과 신교의 종교계 인사들은 무혈혁명이 일어난 것에 대해 신께 감사했다. 월요일에 히틀러가 빈에 도착했다. 수만 명의 시민이 길거리로 쏟아져 나왔다. 당시 그 광경을 목격했던 사람은 "내 평생 빈에 그렇게 많은 군중이 모인 것은 처음 봤습니다"라고 말했다. 〈맨체스터 가디언〉의 특파원은 당시 상황에 대해 이렇게 기록했다.

> 길가에 있던 위풍당당한 가로수들이 말 그대로 허리를 굽혀 인사하는 꼴이 되었다. 수많은 사람이 좀 더 잘 보이는 자리를 찾아 너도나도 나무 위로 올라갔고 결국 나뭇가지가 무게를 견디지 못했기 때문이었다.

바로 그 주부터 체포가 시작되었다. 약 2만 명의 오스트리아 국민(공산주의자, 언론인, 유대인 은행가, 노동자, 귀족 그리고 온갖 계층의 반나치주의자)이 체포되었다. 동시에 '현대적으로 포장된 중세의 학살'이 시작되었다. 나치가 권력을 잡은 3월 11일 금요일 저녁, 수만 명의 빈 시민이 다뉴브 강을 따라 형성된 유대인 거리 레오폴드슈타트를 행진했다. 집안에 있던 가족들이 공격을 당하고, 택시를 타고 있던 사업가들이 끌려갔으며, 수백 명의 유대인이 자살했다.

미국 특파원 윌리엄 시러는 로스차일드 저택을 차지한 나치스 친위대 본부를 방문한 후, "우리는 건물 안으로 들어가며 친위대 장교들과 부딪힐 뻔했다. 그들은 지하실에서 은과 다른 노획물을 옮기고 있었다. 어떤 사람은 황금 액자에 든 그림을 팔에 끼고 있었는데, 그 어떤 이가 바로 사령관이었다. 그는 손에 은제 칼과 포크를 잔뜩 들고 있었지만 전혀 당황하지 않았다"라는 기사를 내보냈다.

당시 열네 살이던 지타 세레니는 도시 곳곳에서 "독일이여, 깨어나라! 유대인을 멸절시키자!"라는 소리를 귀가 따갑도록 들어야 했다.

그녀와 그녀의 친구 한 명은 그라벤에서 갈색 제복을 입은 사람을 두세 명 만났다. 그들은 통쾌하게 웃고 있는 빈 시민들에게 둘러싸여 있었다. 그녀는 그 군중 한가운데에 10여 명의 중년 남녀가 무릎을 꿇고 있는 것을 보았다. 그 사람들은 길에 깔린 돌을 칫솔로 일일이 닦고 있었다. 세레니는 무릎을 꿇고 있는 남자들 중에서 베르그루엔 박사를 알아봤다. 그는 소아과 의사였고 그녀가 디프테리아에 걸렸을 때 목숨을 구해준 분이었다.

> 나는 그날 밤을 한 번도 잊은 적이 없었다. 그분은 차갑게 적신 담요로 나를 감싸주었다. 담요가 식으면 새로운 담요를 적셔 다시 감싸주기를 밤새 되풀이했다. 그리고 나는 새벽녘에 그분이 하시는 말씀을 들었다. "이 아이는 살 수 있을 겁니다!"

의사는 그녀가 갈색 제복을 입은 남자들에게 다가가는 것을 보고는 고개를 저었다. 하지만 그녀가 소리 지르는 것을 막을 수는 없었다.
"어떻게 감히 당신들이!"
소녀는 수많은 생명을 살린 한 위대한 의사가 지금 이곳에서 모욕을 당하고 있다고 소리쳤다. 옆에 있던 그녀의 친구가 "당신들이 부르짖는 해방운동이 이런 것인가요?"라고 말하며 눈물을 흘렸다. 세레니가 당시를 회상하며 말했다.

> 정말 이상한 일이 벌어졌다. 채 2분도 지나지 않아 통쾌하게 웃고 있던 군중이 모두 사라졌다. 갈색 친위대도 가버렸다. '길거리 청소부'들도 하

나둘씩 자리를 떠났다. 베르그루엔 박사님이 우리에게 매우 엄하게 말씀하셨다. "두 번 다시 그런 짓 하지 말거라." 옆에 계시던 그분의 사모님도 열심히 고개를 끄덕이셨다. 절망감이 가득한 그녀의 얼굴은 매우 지쳐 보였다. "너무 위험해요!"

베르그루엔 부부는 1943년 소비부르 수용소의 가스실에서 사망했다.

프란츠 야거슈테터의 외로운 투쟁

4월 10일 일요일에 독일-오스트리아 합병을 비준하기 위한 국민투표가 열렸다. 공개적으로 '찬성'에 투표하지 않은 사람은 즉시 요주의 인물로 전락했다. 결과는 전혀 자연스럽지 않을 정도로 엄청났다. 전체 인구의 99.73퍼센트가 찬성했던 것이다.

사실 대다수의 오스트리아 국민들은 진심으로 합병을 원했을 것이다. 그것은 대부분 독일어를 사용하는 오스트리아인의 꿈이었다. 게다가 주요 교회단체와 정치단체 또한 합병을 지지했고, 독일은 기적적인 경제 회복의 본보기로 여겨지고 있었다. 히틀러의 고향인 브라나우에서는 전체 거주자 3,600명 중 5명만이 반대표를 던졌다.

상트 라데군트에서 밑으로 35킬로미터 떨어진 작은 마을에서는 정확히 한 남자만 '반대'표를 던졌다. 프란츠 야거슈테터는 마을에서 가장 영향력 있는 주민 중 한 사람이었다. 그의 사진을 본 적이 있다. 잘 생긴 얼굴에 자부심이 가득 담긴 남자가 번들거리는 가죽옷을 입고 반짝이는 오토바이에 걸터앉아 있었다. 그의 곁에는 부모와 어린 누이동생이 어색한 자세로 함께 서 있었다. 야거슈테터는 단순한 농부인 동시에 비순종주의자였다. 그는 학구적이었고, 마을에서 최초로 오토바이를 소유했으며, 상트 라데군트에서 처음으로 자녀의 유모차를 밀어준 남자였다.

세상에 대한 명확하고 냉정한 관점을 지녔던 야거슈테터는 나치스의 원칙이 가톨릭 신앙에 위배된다는 사실을 즉시 깨달았다. 그는 교회에 지원을 촉구하려 했다. 하지만 1938년 3월 27일(전국 방방곡곡에서 읽혀진 교서의 내용을 그대로 인용하자면), 그가 도움을 청하려 했던 그 교회는 "국가사회주의 운동이 이루어낸 위업에 기쁨에 겨워" 감사하고 있었다. 결국 그는 1940년에 군대에 들어갔다. 6개월 뒤 특별 휴가를 받아 교향에 돌아온 그는 만나는 모든 사람들에게 군대로 돌아가지 않겠다고 말했다. 야거슈테터는 '히틀러의 군대에서 싸우는 것은 개인적인 치욕이며, 종교적으로도 중대한 죄를 짓는 일'이라고 생각했다.

"이러한 침략 행위에 대해 가톨릭교회가 감히 뭐라고 할 수 있겠는가? 독일은 진작부터 침략 행위에 착수했으며 오늘날에도 수많은 나라에서 정의와 신성한 전쟁이라는 이름으로 침략 행위를 계속하고 있다."

그의 완고한 입장은 가족 내에서도 심각한 다툼으로 번졌다. 3명의 어린 자녀를 둔 야거슈테터는 1943년 초에 부대로 복귀하라는 소환 명령을 받았다. 지역 교구에서도 그에게 압력을 행사했다. 하지만 그는 거부했다. 그것이 곧 죽음을 의미한다는 사실을 너무도 잘 알고 있었기 때문이었다. 감옥에서 보내온 그의 편지에는 깊은 평정심이 묻어났다. 1943년 8월 9일, 야거슈테터는 브란덴부르크에서 목이 잘렸다.

그의 부인은 세 딸을 키우며 혼자 농장을 꾸려나갔다. 그녀는 전쟁이 끝난 직후에는 연금을 받지 못했다. 야거슈테터가 "조국을 버렸다"는 이유에서였다. 나는 상트 라데군트에 있는 작은 교회의 현관에서 마르틴 보어만 주니어(마르틴 보어만의 장남)가 남긴 '어두운 그림자에 직면한 삶'이란 짧은 글을 봤다. 교회 마당에는 제비꽃이 만발해 있었고 프란츠 야거슈테터의 무덤도 그 제비꽃으로 덮여 있었다.

칫솔질하는 유대인

여기에서는 잠시 경의를 표하는 것이 의무일 듯했다. 야거슈테터는 가톨릭 신자였고 그가 벌인 외로운 투쟁은 히틀러의 침략 전쟁에 반대하기 위한 것이었다. 단언하건대 그의 입장에서 유대인의 비운은 그다지 중요하지 않았다.

나는 3개월 전 빈에서 홀로코스트를 추모하는 기념상을 본 적이 있었다. 그 기념상은 한 유대인이 칫솔로 길거리를 청소하는 모습을 묘사하고 있었다. 작가는 최선을 다해 그 작품을 구상했겠지만 중대한 실수를 저질렀다. 그 기념물이 유대인보다는 빈 시민들을 위해 만들어진 것처럼 보였기 때문이다. 그것은 길거리를 청소하던 유대인을 지켜보며 마음속 깊이 수치심을 느껴야 했던 그리고 그로 인해 여전히 악몽에 시달리고 있는 모든 사람들을 위한 기념물이었다. 하지만 그 동상을 보며 단순히 통쾌했던 기억만을 떠올릴 나이 든 빈 시민도 있지 않을까? 빈 시민들은 유대인이 길거리를 청소하고 있을 때 기쁘게 그들을 지켜보며 조롱을 퍼붓지 않았던가?

독일의 다른 도시에서와는 달리 빈에서는 폭력을 저지르고 그것을 부추긴 사람들이 단지 소수가 아니었다. 증언에 따르면 빈에서 벌어진 유대인 학살은 수만 명의 시민에 의해 자행되었다. 어떤 사람들은 당시 여기에 가담했던 인구가 10만 명에 달했던 것으로 추산하기도 한다. 학살은 이후에도 몇 주에 걸쳐 밤이면 밤마다 계속되었다. 마치 쇠네러와 뤼거가 과거에 만들어두었던 시한폭탄이 마침내 폭발하는 것 같았다.

백화점과 상점, 유대인 교회에 대한 약탈이 자행되었고 아파트를 습격해 가구들을 때려 부수거나 가정집을 약탈하기도 했다. 군중들은 랍비의 수염을 밀며 환호했다. 2~3주가 지나자 대부분의 유대인 회사가 '아리아인화'되었다. 도시에 있던 68개의 유대인 은행 중에서 겨우 8개만 남겨졌다. 빈에는 유대인 소유의 집이 7만 채가량 있었지만 1938년 후반에는 3만 4,000가구가 오스트리아인에게 넘어가 있었다.

유대인에게 칫솔을 이용해 길거리 청소를 시키는 것은 아무리 해도 질리지 않는 일 중 하나였다. 부녀자와 아이들이 길거리로 끌려나왔고 종종 그들에게 염산이 뿌려지기도 했다. 갈색 셔츠단은 수백 명의 유대인을 끌고 프라터Prater(오스트리아의 대표적인 놀이공원_옮긴이 주)로 가 그들을 때리고 거대한 회전목마를 따라 달리도록 했으며 실제 말처럼 풀을 먹이기까지 했다. 주위에는 이런 광경을 지켜보는 군중이 서 있었다.

후에 독일에서 발생한 '크리스탈나흐트'는 이미 9개월 전에 빈에서 자행된 유대인 학살을 흉내 낸 것에 불과했다. 빈에서 일어난 학살이 거의 즉흥적으로 이루어진 것이었다면 크리스탈나흐트는 세심한 계획 아래 진행되어야 했다. 빈에 있던 나치 친위대 특파원은 친위대 공식 기관지인 〈검은 군단〉에 감탄스런 어조로 이런 글을 남겼다.

> 빈 시민들은 우리가 해내지 못했던 것을 하룻밤 사이에 이루어냈다. 오스트리아에서는 우리가 유대인 배척 운동을 조직화할 필요가 없다. 그들은 그들 스스로 시작했다.

오스트리아에 있던 유대인의 입장에서 보면 이 갑작스런 비극에는 그래도 다행스러운 면이 있었다. 적어도 그들은 자신들이 어떤 상황에 처했는지를 바로 알 수 있었다. 독일의 경우에는 일부 순진한 영혼들이 여전히 곧 괜찮아질 거라는 헛된 희망을 품고 있었다. 하지만 오스트리아의 모든 유대인은 그나마 사정이 괜찮을 때 서둘러 탈출해야 한다는 사실을 분명하게 인식했다.

지타 세레니가 다니던 연극학교는 텅 비었다. 유난히 따뜻한 가슴을 지녔던 연극 선생님은 5층 창문에서 뛰어내려 스스로 목숨을 끊었다. 다른 두 명의 교사 역시 미국으로 떠났다. 이제 그녀가 움직일 차례였다. 5월의 어느 날 저녁, 지타의 어머니는 그녀와 그녀의 유대인 동료가 더는 안전하지 않다는 편지를 받았다. 그들은 그날 밤 바로 짐을 쌌고, 다음 날 제네바로 향하는 기차에 몸을 실었다.

여든두 살의 지그문트 프로이트 역시 베르가제 19번지에 있던 집에서 괴롭힘을 당했다. 6월 4일, 그는 마침내 아주 어린 시절부터 살아온 그 도시를 떠나도 좋다는 허가를 받았다. 영국으로 건너간 프로이트는 1년 뒤 그곳에서 숨을 거두었다. 외국으로 떠나는 것을 허락하기 전에, 나치는 세계적으로 유명한 이 프로이트 박사에게 그동안 대우를 잘 받았다는 내용의 진술서에 서명하라고 요구했다. 프로이트는 지체 없이 서명했고 스스로 한 문장을 추가하기까지 했다.

나는 모든 사람들에게 게슈타포를 강력히 추천합니다.

독일-오스트리아 합병이 있은 지 1년 남짓 지난 1939년 5월, 오스트리아에 있던 유대인 중 절반 이상이 나라를 떠났다.

5부

무솔리니의 파시즘, 스페인 내전으로 꽃피다

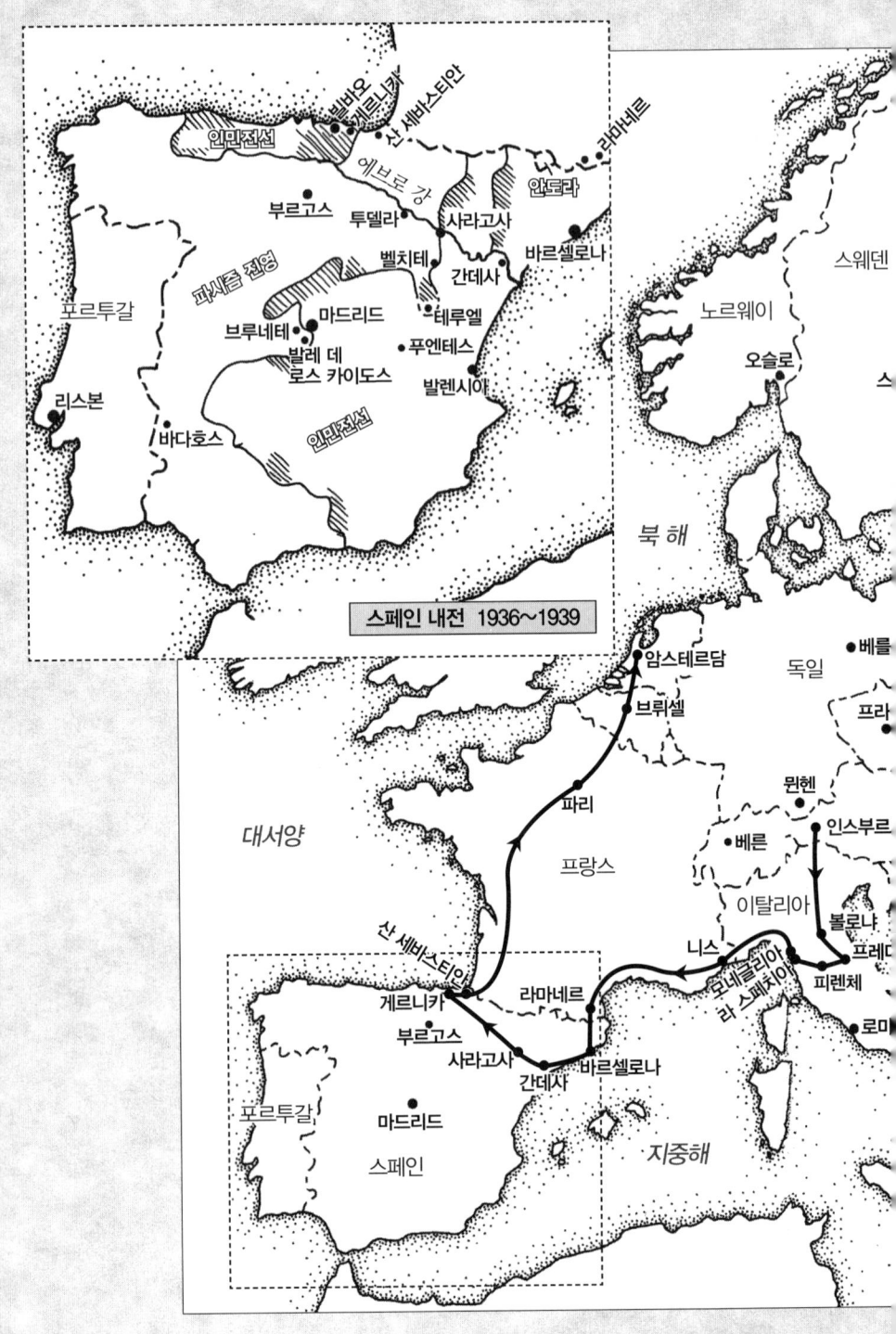

20

파시스트의 집, 프레다피오

Predappio

| **인터뷰** | 진보 이탈리아의 할아버지 – 비토리오 포아

나는 비토리오 포아라고 합니다. 1910년에 태어났으니 거의 아흔 살이군요. 사람들은 종종 나를 진보 이탈리아의 할아버지라 부르지만 당연히 말도 안 되는 소리지요. 고작 몇 년 동안 한 단체를 이끌었을 뿐이에요. 나는 맨 처음부터 파시스트에 반대했어요. 맞아요, 그랬었지요.

내 조부는 토리노의 수석 랍비였어요. 가족의 전통이었죠. 다른 이유는 없었어요. 이탈리아 북부에 사는 대부분의 유대인 가족처럼 우리도 도시 상위계층에 속했지요. 유대인이 거대한 프롤레타리아 집단을 형성하는 것은 로마에서나 가능한 일이었습니다. 아니요, 내가 가진 반파시즘 성향은 유대인이라는 배경과는 거의 상관이 없어요. 나는 나를 이탈리아의 자손, 르네상스와 계몽운동, 자유의 자손이라고 생각했습니다. 우리를 유대인으로 몰고 간 것은 독일 사람들이었죠.

언제부터 이러한 것들을 깨닫기 시작했는지 알고 싶나요? 열세 살 정도였던 것으로 기억되는군요. 1924년에 사회주의당 서기였던 자코모 마테오티Giacomo Matteotti가 살해되었죠. 그는 국회에서 공개적으로 파시스트가 자행한 테러를 비판할 만큼 용기 있는 분이었습니다. 파시스트들은 즉시 그분을 납치해 칼로 찔러 살해했어요. 나는 그 일련의 사건에 완전히 빠져들었지요. 아직 어릴 때였지만 그 살인 사건이 민주주의에 대한 공격 그 이상이라는 것은 충분히 알 수 있었어요. 즉 그 사건은 노동운동에 대한 공격이기도 했던 겁니다.

그 사건 이후로 나는 어디서든, 심지어 내가 살고 있는 도시에서도 파시즘의 진면목을 볼 수 있었어요. 나는 길거리에서 폭력이 자행되는 모습을, 검은 셔츠단Blackshirt[1](무솔리니가 이끈 이탈리아의 파시스트 무장부대_옮긴이 주)과 민족주의가 가진 오만을 봤지요. 파시스트들은 노동조합 강당을 태워버렸고 노동자들은 재가 되어버린 자신들의 집을 멍하니 바라보고 있었습니다.

좀 더 나이가 들어서 나는 소책자와 팸플릿에 실을 글을 쓰기 시작했어요. 그것들은 프랑스에서 인쇄되어 들어왔지요. 나는 카를로 로셀리가 이끄는 지하운동 조직 '정의와 자유'에 가담하고 있었어요. 발행인 레오네 진즈부르그와 작가 체사레 파베세 그리고 후에 이탈리아의 대통령이 된 알레산드로 페르티니Alessandro Pertini도 그 조직의 일원이었죠. 우리는 토리노 외부에서 일했어요. 로셀리는 파리에서 망명생활을 하는 중이었죠. 당시 나는 파시즘이 이탈리아 역사를 강간하고 있다고 여겼는데 비약해서 말하자면 이탈리아와는 아무런 상관이 없었던 셈이에요. 요즘에 와서 나는 약간 다르게 생각해봅니다. 이탈리아 역사에서 파시즘은 그 뿌리가 깊어요. 20년간이나 지속되었죠. 반면 국가사회주의는 독일에서 겨우 12년 동안 지속되었을 뿐이었어요. 자유주의와 자유, 합법적인 정부가 이탈리아를 정복해야 했지만 우리는 아직 그렇지 못했습니다.

1936년 봄, 내가 스물다섯 살이 되었을 때 한 파시스트 판사가 나에게 징역 15년형을 선고했습니다. 순전히 내가 쓴 글 때문이었지요. 비밀경찰은 사방에 밀고자를 심어놓았는데 알고 보니 우리 쪽에 있던 한 '투사'가 파시스트였습니다. 나는 기습이나 그런 비슷한 어떤 행위에도 참가한 적이 없었어요. 단지 말과 글을 통해서만 저항운동을 했지요. 1943년에 석방된 뒤 바로 지하 저항운동에 가담했습니다. 그건 정말 말이 안 됐어요. 감옥 안에서는 아무도 내가 유대인인지 궁금해하지 않았지요. 오히려 그 안이 더 안전하게 느껴질 정도였습니다. 꼬박 7년 동안 감옥에 있으면서 세상 밖의 소식은 거의 들을 수가 없었어요. 세상과 완벽하게 격리되어 있었죠. 방문객이나 신문, 라디오도 없었어요. 일주일에 한 번씩 (검열을 통과한) 부모님이 보내오는 편지가 전부였죠. 감옥에서 나오자 주위는 온통 놀라운 일로 가득했습니다. 세상이 완전히 변해 있었어요!

유럽 여기저기에 독일이 진출해 있었죠. 프랑스는 물론이고 벨기에와 네덜란드, 심지어 이탈리아의 일부 지역까지 점령하고 있었습니다. 1936년에는 이탈리아에 파시즘을 반대하는 사람이 거의 없었습니다. 우리는 무척이나 외로운 투쟁을 했었더랬죠. 하지만 내가 석방되어 나왔을 즈음엔 모든 젊은이가 독일에 대항해 싸우려고 기를 쓰고 있었습니다.

그 뒤에 나는 정치행위와 우리의 지하 저항운동 선전을 위한 준비를 시작했어요. 우리가 벌이는 투쟁이 그 거대한 전쟁의 틈바구니 안에서 아무런 도움이 되지 않는다는 사실을 잘 알고 있었습니다. 현실적으로 전쟁을 주도할 수 있는 나라는 러시아와 미국이었죠. 하지만 어쨌든 우리는 싸움을 계속했어요. 우리도 전쟁 당사자 중 하나이고 싶었기 때문입니다. 다른 사람들의 희생과 그들의 결정에 의해 새로운 이탈리아가 만들어지도록 내버려둘 수 없었습니다. 우리는 과거보다 더욱 강한 새로운 민주주의를 원했습니다.

또한 우리는 새로운 일체감을 느꼈어요. 나는 지하 저항운동을 하면서 안드레오티와 코시가 같은 사람들과 사귀었죠. 전쟁이 끝난 뒤 우리는 의회에서 일하게 되었어요. 당시에는 새로운 헌법 초안이 만들어질 참이었어요. 우리는 매일 아침 토론을 하고, 오후에는 열심히 일을 하고, 저녁에는 일치단결해 투표를 했어요. 그러한 일체감은 저항운동에서 비롯된 것이었죠.

자유주의와 민주주의는 이탈리아에서 한동안 힘든 시기를 보냈습니다. 이탈리아 국민들이 파시즘을 만들어냈기 때문이었죠. 맞아요, 파시즘은 우리가 만든 것입니다! 그에 대한 책임을 절대 피하려 하지 말아야 합니다. 하지만 당시 우리가 기초한 반파시즘 헌법은 이제 우리에게 무엇보다 소중한 것이 되었습니다. 결코 아무에게도 뺏길 수 없는 것이지요.

지금 나는 너무 나이가 들어 거의 장님에 가까워요. 내가 세상에 처음 눈을 뜨기 시작했던 1915년에는 유럽의 모든 나라가 서로를 학살하느라 바빴지요. 그리고 그들은 각각 자기가 정의라 생각했습니다. 1차 세계대전과 관련해 여전히 기억하고 있는 것들이 몇 가지 있어요. 그것들은 나를 격정적이고 비극적인 기분에 빠지도록 만듭니다. 맞아요, 우리 가족은 전쟁 때문에 정신이 없었어요. 1915년, 이탈리아가 참전을 결정했던 때가 아직도 기억납니다. 당시 나는 네 살이었고 사방에서 전쟁이 벌어져 겁에 질려 있었지요.

이제 내 눈은 거의 안 보여요. 마지막으로 눈을 감기 전에 유럽의 많은 나라가 서로 포용하고 국경을 초월하는 모습을 보게 되었습니다. 내가 살아온 90년 동안 그 모든 변화가 일어났지요. 돌아보면 정말 믿기지 않는 변화였습니다. 하지만 그러한 변화를 만들어내기까지는 정말 쉽지 않았습니다.

무솔리니의 고향

자동차 고속도로가 20세기의 예배당이라고 하면 브레네르 고개는 성 베드로 대성당쯤 될 것이다. 그만큼 이 길은 도로 건설의 기적이랄 수 있으며, 유럽에 혈액을 공급하는 대동맥 역할을 하고 있다. 며칠을 기다린 끝에 나는 드디어 북극 같던 곳을 떠나 길고 느린 자동차 대열에 합류할 수 있었다.

거대한 오렌지색 제설차가 사방에서 작업을 하고 있었는데, 그 제설차를 운전하는 기사들은 티셔츠만 입은 채였다. 그들이야말로 이 산의 영웅이었다. 산 정상 근처에 다다르자 끝이 보이지 않는 교통 체증으로 수많은 트럭이 낮은 엔진소리와 수증기를 내뿜으며 정지해 있었다. 자동차들이 늘어선 길이가 최소 10킬로미터는 되어 보였다. 그 행렬 안에는 다양한 짐을 실은 트럭들이 있었다. 네덜란드에서 만든 세탁기, 덴마크 치즈, 독일에서 온 벨룩스 창호, 펜로에서 내려온 가정용품, 스웨덴의 이케아 가구, 얼린 돼지고기·닭고기·소고기, 와인, 윤활유 등 유럽에서 판매하고 있는 모든 것들이 그 길을 통해 이곳저곳으로 운반되고 있었다.

마침내 길이 내리막으로 변했고 한순간에 겨울의 마지막 흔적들이 사라졌다. 드넓고 탁 트인 세상이 나타났다. 트렌토에서는 포도주 상인들이 흥에 겨워 포도주를 뿌렸고 식물들은 꽃을 피웠으며 베로나에는 오순절이 찾아왔다.

볼로냐에서 길이 봉쇄되었다. 나는 처음으로 새로운 전쟁과 맞닥뜨렸다. 북유럽 사람들이 텔레비전 앞에 조용히 앉아 낯선 도시에서 발생한 희생자들을 구경하고 있는 동안 이곳에서는 항의의 목소리가 길거리에 울려 퍼지고 있었다. 항의 행렬의 선두에는 지붕에 확성기 3개를 장착한 피아트 자동차가 있었고, 각종 현수막과 붉은 깃발이 그 뒤를 이었으며, 다음으로는 사회주의자와 공산주의자, 무정부주의자 심지어 집시까지 그 뒤를 따르고 있었다.

이탈리아 신문에 보도된 것을 직접 세어본 바에 따르면 주말 동안 그런 시위가 40개나 일어났다. 밀라노에서, 로마에서 그리고 제노바, 나폴리, 크레모나에서…. 피아트와 알파 로메오에서 일하는 노동자들이 자스타바(전 세르비아의 국영 자동차 회사_옮긴이 주) 공장에 있는 동료들을 돕기 위해 힘을 규합하고 있었다. 그리고 베오그라드와 노비사드를 위한 모금이 진행되었다.

볼로냐의 구시가 중심지에서 항의의 노래가 울려 퍼졌다. 사방에서는 북소리와 트럼펫 소리가 들려왔다. 게다가 좌익 프롤레타리아 동지 몇 사람이 구식 공습 사이렌까지 들고 나와 마치 베오그라드에 있는 듯한 착각을 불러일으켰다. 항의 시위대는 주로 나이 든 투사들로 이루어져 있었는데 그들은 조용히 대화를 나누며 길을 따라 걷다 틈틈이 구호를 외쳤다.

"아돌프 클린턴은 물러가라!"

그들은 따뜻하게 인사('Mio caro', 오랜만이군요라는 뜻이었다)를 나누었으며 인터내셔널의 노래가 흐를 땐 볼에 입맞춤하는 소리도 들렸다. 이번에는 군중 속에서 휴대전화가 큰 소리로 울렸다.

일정한 간격을 두고 행진하던 사람들이 갑자기 멈추어 섰다. 맨 앞에서 걷던 남자들이 확성기를 설치한 피아트 자동차를 밀어서 시동을 걸어야 했기 때문이었다. 공산주의자들은 *안녕, 내사랑!*이라는 노래를 불렀다. 잔뜩 몰려든 볼로냐의 남녀평등주의자와 레즈비언들은 꽃무늬 드레스를 맞춰 입은 채 견고한 연합을 형성했다. 장님 두 명은 하얀 지팡이를 더듬거리며 그 행렬 사이로 길을 건너려고 했다. 프롤레타리아들은 예의 그 공습경보기를 울려댔고 무정부주의자들은 검은색과 빨간색이 들어간 깃발을 휘둘렀다. 시민들은 이러한 시위에 매우 익숙했고 그것이 볼로냐가 지닌 장기 중의 하나였다.

나는 도시에 있는 거대한 전시장 근처에 밴을 세워두고 차 안에서 하룻밤을 보냈다. 향수와 립스틱을 거래하는 이탈리아 상인들이 그곳에서 총회를 열고 있었다. 주차장으로 들어가는 출입구에 거인 같은 남자가 서 있었는데 그는 주차비로 차 한 대당 1만 리라를 받고 애매하게 생긴 작은 표를 주었다. 한 시간 후 그는 경찰에 체포되었지만 그럼에도 긴박감 같은 것은 전혀 느껴지지 않았다. 심지어 경찰은 차로 연행하기 전에 그 남자에게 샌드위치 살 시간을 주기도 했다. 그러한 사기극이 일상적으로 벌어지고 있는 것이 분명했다. 밤이 되면 전시장은 아무도 거들떠보지 않는 장소가 되었다. 하지만 그곳에는 특정한 열기가 지속되고 있었다. 매춘과 암거래, 청소년들, 자동차를 이용한 매춘 등이 그 장소를 차지했다. 위험한 일은 아무것도 없었고, 모든 일은 조용하고 틀에 박힌 듯 벌어졌다.

다음 날 나는 라벤나로 가는 지름길을 탔다. 무솔리니가 태어난 마을인 프레다피오로 가려면 고개를 여럿 넘어야 했다. 갓 새싹을 피우기 시작한 연두색 봄이 한창이었다. 프레다피오로 가던 중 나는 길가에 있는 쓰레기통과 거의 충돌할 뻔했다. 겨우 마음을 추스르고 고개를 든 순간 길 반대편을 보고는 아연실색할 수밖에 없었다. 그곳에 늘어선 상점들은 1945년 이후 이곳을 제외한 전 유럽에서 저주받고 있는 물건들을 팔고 있었다. 나치 친위대 제복과 2차 세계대전 때의 독일군 군복, 이탈리아 파시스트의 모자·무기·서적, 나치 문장 등이었다. 마을 전체가 하나의 거대한 기념품 가게 같았는데 모두 역사적으로 잘못된 편에 섰던 집단의 물건들을 팔고 있었다.

프레다피오에 있는 건축물은 놀라울 정도로 획일적이다. 건물들이 보여주는 획일성은 모범적인 파시스트를 길러내기 위해 계획된 것이었다. 각진 형태의 건물로 이루어진 주거지역이 있었고, 카프로니 항공사의 창고 건물들과 지금은 폐허가 된 '파시스트의 집'이 마을 중심에 위치했다.

무솔리니는 자신의 고향에 무제한 혜택을 제공했다. 1926년에서 1938년 사이에 마을은 파시스트의 '이상적인 도시'로 바뀌었다. 모든 구역이 상자처럼 네모난 구조로 배열되어 있다. 기둥들은 차렷 자세를 유지한 채 단단하게 서 있으며 창문들은 오연한 태도로 하늘을 바라보고 있다. 경찰관 막사는 광장 건너편에 있는 투지 넘치는 당 본부를 향해 팔을 들고 발꿈치를 부딪치며 경례를 하고 있다.

오늘날 지하 벙커는 버섯을 재배하는 데 사용되고 있다. 모든 건물에서 일 두체Il Duce(파시스트 당수 무솔리니를 가리키는 호칭_옮긴이 주)와 관련된 것은 거의 전부 엄격하게 제거됐으나 그의 두툼한 얼굴(튀어나온 턱까지 완벽하게 재현된)은 재떨이와 꽃병, 라이터, 단추, 포스터, 티셔츠, 와인 병을 통해 훨씬 자주 눈에 띄게 되었다. 그가 태어난 집은 완벽하게 보존되어 있고, 원하기만 한다면 안내자를 동반한 채 구경할 수도 있다. 정문 앞에 놓인 계기 상자에는 이런 글이 새겨져 있다. "일두체, 당신을 사랑합니다."

열등감, 파시즘을 낳다

파시즘은 단지 하나의 사건일 뿐일까? 이탈리아 역사에 있어 이상하게 한 번 뒤틀린 것에 불과한 것일까? 아니면 1920년쯤에 이탈리아인을 덮쳤다가 1945년에 치유된 일종의 질병이었을까? 또는 개방적인 사고를 가졌던 지우스티노 포르투나토Giustino Fortunato가 1924년에 썼던 것처럼 파시즘은 '혁명이 아니라 진작부터 가지고 있던 것을 마침내 드러낸 것'이고 이탈리아 사회에 있던 약점을 무자비하게 보여준 운동이었을까? 파시즘을 통해 우리는 이탈리아에 대해 무엇을 알 수 있을까?

1945년 4월 29일, 무솔리니와 그의 애인 클라레타 페타치의 시체가 밀라노에 있는 주유소 옆 표지판에 거꾸로 매달린 채 유기된 그날부터 거의 모든 이탈리아 역사가들은 이러한 질문에 대답하고자 고심하고 있다.

바깥세상 사람들은 파시즘을 단일 이데올로기이자 단일 정치운동으로 여겼고, 그것은 지금도 마찬가지이다. 하지만 실제로 파시스트는 수많은 단체와 출신 성분을 가진 사람이 색다르고 잡다하게 얽히면서 형성된 집단이었다.

그들은 모든 면에서 1920년대 격동에 휩싸인 이탈리아의 모습을 반영하고 있었다. 이 무리에는 좌절당한 장교나 기업가뿐 아니라 겁에 질린 시민과 화난 농부들이 가담했다. 그들 중에는 듬직한 민족주의자도 있었지만 국가에 전혀 바라는 것이 없는 사람들도 많았다. 무솔리니가 독보적인 지도자였다는 것은 단지 밖에서 보는 사람들의 관점일 뿐이었다. 실제로 그는 다양한 파벌을 가진 사람들과 타협하기 위해 끊임없이 게임을 벌여야만 했다.

이탈리아 사람들이 희망하고 염원하는 바는 제각각이었지만 그럼에도 그들을 모두 움직이게 만든 힘은 무엇보다 열등감이었다. 그들은 계속해서 좋은 기회를 놓치고 있었다. 19세기 중반 이후, 유럽의 모든 강호들이 집중적으로 산업을 확장하고 새로운 식민지를 개척하며 육군과 해군력을 강화하고 있을 때 이탈리아는 여전히 자국의 통일 전쟁을 치르느라 바빴다. 이탈리아가 마침내 지도상으로 단일한 자주국이 되었을 때 그들에게는 위대한 야망을 달성하는 데 필요한 군사력이나 경제력이 없었다. 비스마르크는 "이탈리아인은 훌륭한 미각과 더할 나위 없이 부실한 이를 가지고 있다"라고 말했고, 이 말은 전적으로 옳은 평가였다.

1914년, 세계 시장에서 이탈리아 공산품이 차지하는 비율은 2.4퍼센트였다. 이에 반해 영국은 13.6퍼센트, 독일은 14.8퍼센트였다(오늘날에는 각각 3.4퍼센트와 4.4퍼센트, 5.9퍼센트이다). 대지주와 투기꾼들이 수도원이 소유하고 있던 토지를 차지했고 수십만 명의 배고픈 농부는 도시로 떠나거나 아예 이탈리아를 떠나갔다. 전통적인 사회구조가 완전히 붕괴되었다. 당시는 야망과 빈곤, 좌절의 시대였다.

그렇다면 파시즘은 이탈리아가 민족 국가로 발전하는 과정 속에서

▲ 히틀러와 무솔리니가 그려진 우표. 1941년에 이탈리아에서 발행됐다. 히틀러는 마음속 깊이 무솔리니를 동경하고 있었다.

생겨난 하나의 현상이었을까? 반세기 전에 사라진 성장통이었을까? 프레다피오 마을을 살펴보면 오히려 그 반대라는 것을 알 수 있다. 파시즘은 이곳에서 여전히 그 모습 그대로 살아 있으며 순수한 자부심의 형태로 나타나고 있다. 특정한 파시즘적인 요소들이 여전히 이탈리아 정치에 작용하고 있으며, 표면적으로 드러나지는 않지만 전 유럽에 걸쳐 하나의 중요한 흐름을 형성하고 있다. 파시즘은 이탈리아의 역사에서 갑자기 툭 튀어나온 것이 아니었다.

1930년대에 〈뮌헨 포스트〉는 이미 '파시스트'와 '나치'라는 용어를 사용하고 있었고 이 두 정치운동은 오늘날 동일한 것으로 간주되기도 한다. 하지만 무솔리니에게 히틀러는 시작부터 별로 효용가치가 없는 인물이었다. 무솔리니는 그를 '성적 변질자'로, 그의 유대인에 대한 증오심을 완전히 정신 나간 짓으로 간주했다.

1934년 7월에 나치스가 돌푸스 총리를 살해하고 오스트리아에서 정권을 잡으려 하자 무솔리니는 브레네르 고개에 군대를 결집시켜 나치에게 위협을 가했다. 무엇보다 그는 돌푸스 총리와 개인적인 친분이 있었다. 살인이 있던 날, 총리의 부인과 아이들은 무솔리니 가족을 만나고 있었고 무솔리니가 직접 그들에게 비통한 소식을 전해야 했다. 1년 뒤 그는 (계획보다 일찍) 에티오피아를 침략하기로 결심했다. 2~3년 안에 독일과 전쟁을 벌일 작정이었기 때문이다.

　무솔리니는 에티오피아를 정복하는 것이 영국이나 프랑스처럼 자신만의 제국을 건설하기 위한 첫걸음이라고 생각했다. 이탈리아인들은 피해를 최소화하여 신속하게 승리해야만 했기 때문에 모든 수단(정당한 방법과 지저분한 방법을 가리지 않고)을 동원했다. 가스 공격, 화학무기 사용, 일반 시민들에 대한 무차별 폭격까지 가리지 않았다. 실질적으로 무방비 상태였던 에티오피아 국민 수만 명이 학살당했다.

　결과적으로 이 해외 원정은 무솔리니가 저지른 가장 큰 외교적 실수가 되었다. 전 세계가 그들이 벌인 전쟁을 비겁하고 악랄한 짓이라고 규탄했으며 무솔리니는 동맹국이라고 생각했던 영국마저 등을 돌리자 매우 당황했다. 이 사건으로 인해 선택의 여지가 없어진 무솔리니는 결국 히틀러와 손을 잡게 되었다.

　히틀러는 무솔리니에 대해 마음속 깊이 탄복하고 있었다. 뮌헨에 있는 갈색의 저택에는 실물 크기의 무솔리니 흉상이 있었다. 나치가 보기에 무솔리니는 분열된 조국을 구한 역동적인 지도자의 본보기였다. 무솔리니의 유명한 '로마 진군'이 있은 지 일주일도 지나지 않아 호프브로이하우스에 모인 뮌헨 군중은 이렇게 외쳤다.

"아돌프 히틀러는 독일의 무솔리니다!"

그때부터 히틀러는 무솔리니처럼 '총통Fhürer'(무솔리니를 가리키는 Duce와 히틀러의 Fürer는 모두 우두머리라는 뜻_옮긴이 주)이라는 호칭으로 불리기 시작했다. 그리고 1년 뒤 히틀러가 뮌헨에서 최초의 쿠데타를 기도했을 때 그는 이것을 '베를린 진군'이라고 불렀다.

국가사회주의와 파시즘은 놀랄 만큼 닮은 구석이 있지 않은가? 두 운동 모두 유사한 토양에서 싹을 틔우지 않았던가? 어쨌든 독일과 이탈리아는 국가적인 기틀이 완성되지 않은 젊은 나라였고, 작은 지방정부 여러 개가 하나로 모여 구성된 연맹국 성격의 나라였다. 또한 두 나라에서는 모두 좌절된 민족주의가 중요한 역할을 했다. 베르사유 조약은 이탈리아인에게도 치욕스런 경험이었다. 독일 국민은 공공연하게 자를란트와 알자스 로렌 지방에 대한 애석함을 표시했고, 이탈리아 국민은 오스트리아와 달마치야 해변에 '억압받고 있는' 소수의 동포를 갖고 있었다.

이들 두 나라가 갖는 또 하나의 주요한 유사점은 그들 문화에 만연한 폭력성이었다. 이탈리아어는 다른 어느 나라 언어보다 '갱gang'이라는 말을 많이 사용한다. 이탈리아에서는 일찍이 1887년부터 대규모 봉기가 일어났는데, 영세 소작농들이 '파시fasci'라는 세력과 연맹을 결성하고 대지주와 지역 정부에 대항하여 반란을 일으켰다. 그들은 마르크스와 동정녀 마리아, '어진 왕 움베르토'의 기치 아래 세무서를 약탈하고 대규모 농지를 점령했다.

무솔리니가 기반으로 삼았던 것이 이러한 농민 반란의 전통과 미하일 바쿠닌에 의한 시골 무정부주의, 소수정예주의를 지향하는 '이질적인' 지역 정부에 대한 투쟁이었다. '두려움을 모르는 사람'이라는 뜻의 '아르디티Arditi'(1차 세계대전 중에 만들어진 돌격대로 그 이후에도 계속 운영되었다)는 이탈리아판 독일 의용단이었다. 이 의용군은 대략 1만 명쯤 되었고, 검은색 옷을 입고 다니며 해골과 뼈가 교차되어 있는 문장을 사용했다. 그리고 지휘관과 부대원은 고함치듯 큰 소리로 말을 주고받았다. 무솔리니는 그들이 사용하는 말과 옷, 독특한 전통문화를 '전형적인 이탈리아 남자'의 기준으로 채택했다. 그리고 이것은 후에 전 유럽의 파시스트와 나치들에게 적용되었다.

무솔리니가 1919년 3월 23일 밀라노의 산 세폴크로 광장에서 '파시 디 콤바티멘토'(전투 파쇼)를 조직한 지 얼마 지나지 않아 그의 파시는 아르디티와 구분할 수 없는 지경에 이르렀다. 전투 파쇼가 조직된 그달에 밀라노 파시는 〈아반티〉의 편집 사무실을 공격했는데, 〈아반티〉는 무솔리니가 젊은 시절 열정을 바쳐 이끌었던 사회주의당 기관지였다.

3년 뒤 이 파시들은 대지주의 도움을 받아 효과적이고 잔혹한 방법으로 사회주의자와 가톨릭 노동자 운동을 근절시켰고 살인과 폭력, 방화와 협박으로 그들의 대리인 역할을 하던 지방 정계를 청소했다.

테러에는 보상이 따른다. 이것도 히틀러가 무솔리니에게 배운 것이었다. 1922년 10월 16일, 무솔리니와 그의 동조자들(파시의 압력 아래)은 앞으로 2주 안에 로마를 점령하기로 결정했다. 1922년 10월 27~28일, 전설적인 로마 진군이 행해졌다. 어설프게 무장한 2만 명의 파시스트가 수도를 향해 진군하다 로마 시내를 30킬로미터 남겨두고 정지했다. 그곳에서 절반에 해당하는 동조자들이 등을 돌려 집으로 돌아갔다. (한편 무솔리니는 밀라노에서 로마까지 급행열차를 타고 갔다.)

하지만 그것만으로도 로마 정부는 완전한 공황상태에 빠져 결국 물러나고 말았다. 국왕 비토리오 에마누엘레 3세는 비상사태 선포를 거부했다. 대신 바로 다음 날 무솔리니에게 새로운 정부 구성을 요청했다. 국왕은 독일의 프란츠 폰 파펜처럼 이러한 방법으로 파시스트를 흡수하고 싶었다. 하지만 무솔리니는 폭력배로 구성된 자신의 패거리를 해산할 마음이 전혀 없었다.

1924년 4월에 있었던 선거를 통해 무솔리니 정부는 전체 투표수 중 3분의 2를 획득했다. 사회주의자인 자코모 마테오티는 의회 연단에 올라 선거 결과가 사기와 테러에 의해 조작됐다고 말했다. 그는 전적으로 사실을 말했지만 그 대가로 목숨을 잃어야만 했다.

1920년대 내내 나치가 꿈만 꾸고 있었던 모든 일이 이탈리아에서는 이미 1925년에 이루어진 상태였다.

무관심의 시대

이때를 기점으로 알베르토 모라비아Alberto Moravia의 소설 《무관심한 사람들》의 제목처럼 이탈리아인들에게 무관심의 시대가 찾아왔다. 1925년부터 파시스트의 '로마식 경례'가 대학을 비롯한 모든 학교에서 의무적으로 행해졌고 거의 모든 사람들이 이 인사법을 따랐다. 교과서는 정부의 엄격한 검열 아래 놓이게 되었고 모든 공무원은 무솔리니에 대한 충성의 맹세에 서명해야만 했다. 오직 소수의 사람만이 이를 거부했다. 미국 작가인 알렉산더 스틸Alexander Stille의 말에 따르면 파시스트의 나라 이탈리아에서는 타협하고 시키는 대로 하는 것이 일상이 되었다. 수많은 사람이 도덕적으로 혼란한 세계 속에서 삶을 꾸려가며 직접적인 저항의 길을 택하기보다는 자신을 보전(자신의 일만 잘하고, 반항적인 인상을 주지 않도록 조심하며, 도덕적으로 결점이 없는 삶을 사는) 하는 방법을 찾기에 여념이 없었다.

이러한 분위기 속에서 더욱 특별해 보이는 소수의 젊은이들이 있었는데, 그들은 실제로 적극적인 저항을 시작했다. 비토리오 포아의 '정의와 자유' 운동에 참여한 이들이 대표적이었다. 1937년, 스페인에서 파시즘에 대항해 싸울 것을 촉구한 뒤 이 운동의 지도자들인 카를로와 넬로 로셀리 형제는 이탈리아 비밀경찰을 대신해 작전을 수행하던 프랑스 파시스트에 의해 살해되었다. 포아 본인은 감옥에서 8년을 보냈다. 그는 무솔리니에게 용서를 구하기만 하면 언제든 자유를 얻을 수 있었지만 이를 거부했다.

비토리오 포아의 친구인 레오네 진즈부르그는 파시스트 맹세를 거부했다는 이유로 1933년 토리노 대학에서 더는 일할 수 없게 되었다. 그는 1934년에 '정의와 자유'와 관련된 일을 한 혐의로 2년의 징역형을 선고받았고, 1940년부터는 아내와 어린아이들을 데리고 궁벽한 아브루치에서 유배생활을 했다. 그는 전쟁이 끝나기 전에 사망했다. 이후 포아는 진즈부르그가 '음모'에 가담하기 전에 왜 이탈리아 시민(진즈부르그는 우크라이나 오데사 태생이었고 어려서 가족과 함께 이탈리아로 왔다_옮긴이 주)이 되고자 했는지 스스로 반문해보았다. 그가 찾은 답은 이러했다.

"자신이 갖고 있던 반파시즘에 대한 토대가 바로 이탈리아의 전통에서 나왔다고 생각했기 때문이었다."

이탈리아의 구세주

하지만 유럽 사람들은 처음에 무솔리니의 실험(독일의 국가사회주의와는 달리)을 일종의 감사하는 마음으로 지켜봤다. 많은 지성인이 공산주의처럼 파시즘을 '우유부단한' 민주주의를 대신할 매력적인 대안으로 생각했다. 그들에게 테러는 기꺼이 감수할 수 있는 대가였다. 무솔리니가 제시하는 새로운 사회는 소모적인 정당정치나 종교적인 반목, 계층 간 투쟁보다 훨씬 뛰어나 보였다. 모든 사람들이 '정치적인 부패와 사회 무질서, 국가적 퇴보'에 대항하는 독재자를 칭송했다. 언론은 그가 건축 계획을 실행에 옮기고 연금과 기타 사회복지사업을 척척 진행해나가는 모습에 놀라움을 금치 못했으며, 유럽인들이 모인 자리라면 어디서든 이런 말이 들려왔다.

"이제 이탈리아에서는 적어도 기차가 다시 제시간에 다니게 되었습니다."

윈스턴 처칠은 그를 '로마의 천재'라고 불렀다. 또한 1927년에는 이탈리아 기자들 앞에서 만약 자신이 이탈리아인이었다면 '추잡한 성적 편애와 레닌주의의 야욕에 저항하여 승리를 쟁취한 무솔리니의 싸움에서 처음부터 끝까지 전심전력으로' 그를 따랐을 것이라고 단언했다. 인도의 자유 투쟁가 마하트마 간디는 무솔리니를 이탈리아의 구세주라고 칭찬했다. 1927년 10월, 네덜란드 일간지 〈알헤메인 한델스블라트〉의 독자들은 무솔리니를 '당시의 가장 위대한 인물'로 선정했다. 그의 뒤를 이은 두 번째 인물이 토마스 에디슨이었다.

무솔리니의 가장 커다란 외교적 승리는 1929년에 로마 교황청과 이탈리아의 관계를 규정짓는 협약을 체결한 것이었다. 1935년, 그가 에티오피아 침략(당시 독일은 동쪽으로 영토를 확장하고 있었지만 무솔리니는 지중해 연안에 식민지 제국을 건설하고자 했다)을 시작하려 할 때 로마 교황 피우스 11세는 그 원정이 승리할 수 있도록 축복해주었다. 밀라노에 있는 성당에서는 알프레드 슈스터 추기경이 '에티오피아에 예수의 십자가를 전파할' 깃발을 축복했다.

그것을 마지막으로 파시즘에 대한 국제적인 호의는 끝이 났다. 무솔리니는 카멜레온처럼 색깔을 바꿨다. 그는 1937년 말에 반유대인 정책으로 전환했다. 이를 통해 히틀러의 호감을 사려는 의도도 있었지만 동시에 국제 '유대인' 언론이 에티오피아에서 진행하고 있는 전쟁을 점점 강하게 비판하고 나오자 화가 났기 때문이었다. 비판은 그가 절대 익숙해질 수 없는 것 중 하나였다.

독일에서 시행되고 있던 규제를 그대로 들여왔다. 유대인과 '아리아인 후손'의 결혼이 금지되었고 유대인 교사와 학생들이 학교에서 쫓겨났으며 유대인 기업가에게는 각종 제한이 가해지기 시작했다. 레오네 진즈부르그는 유대인이었음에도 1931년에 이탈리아 시민권을 신청하는 데 성공했지만 1938년에는 이것이 철회되었다.

그렇더라도 무솔리니 정권 아래에서 진즈부르그나 포아는 한 번도 유대인이라는 이유로 박해받지 않았다. 이탈리아는 진짜로 반유대인 정책을 펼친 나라가 결코 아니었다. 이탈리아 공무원이나 경찰관이 반유대인 조치를 실행하는 데 갖고 있던 거리낌은 독일이나 오스트리아, 네덜란드 공무원들이 보여주었던 엄격함과는 완전히 반대되는 것이었다.

유대인을 국외로 추방한 것은 독일인이 권력을 잡은 1943년 9월 이후에나 시작되었다. 따라서 당시 이탈리아에서 사망한 유대인의 수는 독일에 비해 월등히 적었다. 대략 7,000명에 가까운 숫자가 사망했는데, 이것은 이 나라에 살던 전체 유대인 인구의 16퍼센트에 해당한다(참고로 프랑스에서는 25퍼센트, 벨기에에서는 40퍼센트, 네덜란드에서는 75퍼센트에 달하는 유대인이 살해되었다). 전 유럽을 통틀어 파시스트가 정권을 쥐고 있던 이탈리아에서처럼 홀로코스트가 전적으로 방해를 받은 곳도 드물었다.

내용적인 측면을 따져봤을 때 파시스트의 인종차별은 그들이 주장한 다른 많은 구호만큼이나 무의미한 것이었다. 그것은 나치스만큼 광신적이거나 원칙에 입각한 것이 아니었고, 단지 기회주의적인 성격을 띠고 있었다. 처음부터 파시스트 운동에는 유대인이 가담하고 있었고 일부는 그 안에서 재무관으로 일하기도 했다. 로마 진군에 동참한 사람들 중 230명이 유대인이었고 그 이후에는 유대인 당원이 1만 명 이상으로 늘어났다. 조바니 프레치오시 같은 반유대인 정책 이론가들은 거의 영향력이 없었다.

1932년에 무솔리니와 로마 교황 피우스 11세가 만났을 때 공공연하게 반유대인적인 말을 했던 사람은 무솔리니가 아니라 교황이었다. 무솔리니의 전기 작가인 리처드 보즈워스Richard Bosworth가 찾아낸 보고서에 따르면 교황은 소비에트 연방과 멕시코, 스페인 공화국의 교회 문제가 '유대교의 반기독교적인 정신'에 의해 심화되고 있는 것처럼 말했다. 무솔리니에게는 수년간 유대인 정부가 있었고, 1932년까지도 재무장관으로 유대인을 임명했다. 독일의 박해가 시작된 처음 몇 년 동안 그는 최소 3,000여 명의 유대인이 이탈리아로 망명하는 것을 허가했는데, 이 때문에 독일 나치스의 창시자인 안톤 드렉슬러Anton Drexler는 공개적으로 무솔리니를 유대인이라 말하기도 했다.

따라서 파시즘은 근본적으로 이탈리아의 정치운동이었다. 무솔리니는 1920년에 "이탈리아는 반유대인 정책을 알지 못하며 앞으로도 결코 알지 못할 것이라고 믿는다"라는 글을 남겼다. 독일 사람들이 '게르만' 종족과 민족학적으로 순수한 '민족 공동체'를 꿈꾸었던 것과 달리 이탈리아인들은 잃어버린 '이탈리아' 종족에 대한 향수를 전혀 갖고 있지 않았다.

이탈리아에는 수세기에 걸쳐 셀 수 없이 많은 인종이 섞여 살고 있었다. 에트루리아인, 켈트인, 그리스인, 서고트족, 롬바르드족, 프랑크족, 사라센 사람, 훈족, 기타 민족 등 다양한 인종들이 살았으며 일부는 원주민이었지만 대부분은 그곳에 정착한 정복자들이었다. 19세기에 이탈리아가 통일 국가가 되었을 때 그들에게 '민족', '인종', '종족' 같은 용어를 적용하여 '개념적인 공동체'를 구성한다는 것은 절대적으로 불가능한 일이었다. 이탈리아에서 통일을 나타내는 상징은 전혀 다른 것들이었다. 언어와 문화, 프랑스 혁명이 가져온 자유, 미술품 그리고 수세기에 걸쳐 이탈리아인에게 북쪽의 원시인들보다 우월하다는 느낌을 심어준 창조적인 문명의 형태 등이었다.

파시즘과 국가사회주의가 다른 점이 또 하나 있다. 독일인과 달리 이탈리아인은 특히 '정부'가 갖는 경이로움에 매혹되지 않았다. 16세기부터 이탈리아는 스페인과 오스트리아에 의해 끊임없이 착취당해 왔다. 게다가 로마 교황청은 강철 같은 지배력으로 이탈리아의 영혼을 오랫동안 억눌러왔으며 새로운 문화가 유입되는 것을 교묘하게 차단해 르네상스와 바로크 양식이 주는 즐거움을 빼앗아버렸다. 이를테면, 300년이라는 긴 시간 동안 이탈리아인은 정부를 증오하게 되었다. 보통의 이탈리아인에게 정부는 외국인이었고 압제자였으며 대개는 부패하고 비효율적인 데다 어떻게든 이용해먹으려 하지 않는 이상 피하는 것이 상책인 기관이었다.

게다가 이탈리아에는 뚜렷한 기업가 계급이 제대로 발전한 적이 한 번도 없었다. 상공업은 항상 정치나 정부와 얽혀 있었고 모든 사업은 비호나 특혜를 받는 조직의 일부였으며 사업가들은 모두 어떤 식으로든 정치가와 연줄이 있었는데 그 연줄은 종종 대통령까지 이어지고는 했다. 이러한 배경으로 인해 이탈리아인에게 가족은 가장 중요한 피난처였고 진심으로 믿을 수 있는 유일한 동맹이었다.

이탈리아인이 생각하는 정부에 대한 이미지는 의심에 기반을 두고 있다. 따라서 정부의 가장 중심에는 조국을 위해 양도할 자리가 준비되어 있어야 한다는 프로이센의 생각과는 절대적인 차이가 있었다. 그러므로 히틀러는 무솔리니와 매우 다른 종류의 지도자였다. 히틀러는 훌륭하게 조율된 정부 조직을 갖출 수 있었지만 무솔리니에게 그것은 단지 꿈에 불과했다. 히틀러가 좌절을 겪은 군인과 상인을 대상으로 정치적 운동을 이끈 반면 무솔리니는 적어도 초기에는 주로 화난 농부들로 구성된 무리에 관심을 가졌다. 국가사회주의 운동의 뿌리는 도시에 있었고 이탈리아 파시즘의 뿌리는 시골에 있었다.

고마워요, 무솔리니

영화 *1900년*에서 도널드 서덜랜드는 완벽한 파시스트를 연기했다. 커다란 손과 비열한 눈, 더러운 치아 등 하나부터 열까지 완벽한 악한이었다. 이제 프레다피오에서 그처럼 굉장한 파시스트를 만나는 것은 불가능하다. 오늘날 《나의 투쟁》이나 《아우슈비츠에 대한 거짓말》과 같은 책을 집기 위해 옆 사람에게 예의바르게 양해를 구하는 사람들은 대부분 17세 정도 되는 소년들이다.

지금은 150유로만 내면 무장 친위대 재킷을 살 수 있고, 20유로만 내면 산뜻한 검은 셔츠를 살 수 있다. 그것과 어울릴 모자와 멜빵 달린 장교용 혁대를 사려면 두 배 이상의 돈을 지출해야 한다.

또한 무솔리니를 찾아갈 수도 있다. 무솔리니의 유골이 교회 근처 지하 납골당에 있기 때문이다. 그는 커다란 석관에 안치되어 있다. 석관 위에는 특유의 큰 머리가 인상적인 흉상이 있으며 발치에는 양초가 한 움큼 놓여 있다. 주변 이곳저곳에는 최근에 헌화된 것으로 보이는 신선한 꽃다발이 20개가 넘게 놓여 있고, 방문객들의 발걸음이 끊이지 않는다. 무솔리니의 왼쪽과 오른쪽에는 각각 어머니와 아내의 유해가 안치돼 있다.

"그는 억센 여자를 좋아했어요."

전쟁이 끝난 뒤 미망인 라켈레 무솔리니가 말했다. 하지만 그녀는 진실을 밝혀야 한다면서 "오늘 저는 여러분께 무솔리니가 정복한 여자들이 여자의 호감을 살 만한 평균적인 이탈리아 남자의 수와 비슷했다고 말씀드릴 수 있어요"라고 주장했다. 그녀의 남편은 여행할 때를 제외하면 항상 집에서 잠을 잤다. 그렇다면 언제, 어디서 그것이 가능했을까?

"어디서요? 그건 저도 알 것 같군요. 그이의 사무실이었겠죠. 그곳에는 거실이 있었어요. 침대는 없었지만 앉아서 쉴 수 있는 소파가 있었지요. 언제요? 당연히 시간 날 때마다 아니었겠어요?"

인간적으로도 히틀러와 무솔리니는 극과 극이었다. 히틀러는 결혼을 하지 않은 예술가이자 병을 무서워하는 채식주의자였지만 무솔리니는 5명의 자녀와 많은 정부를 둔 가정을 가진 남자였다. 히틀러는 실패한 화가의 온갖 좌절을 보여준 반면 무솔리니는 나이 서른에 가장 큰 일간 신문사 중 한 곳에서 성공한 수석 편집자로 일했다. 유럽의 엘리트들 눈에 히틀러는 항상 산만한 미친 사람으로 보였지만 무솔리니는 1차 세계대전이 발발하기도 전에 이미 전도유망한 정치가가 되어 있었다. 무솔리니가 사회주의에 등을 돌리자 레닌은 그가 떠나도록 놔두었다며 이탈리아에 있던 동료 당원들을 호되게 나무라기도 했다. 모스크바에서는 그를 이탈리아에서 위대한 사회주의 혁명을 이끌 완벽한 지도자라 여기고 있었다.

60년이 지난 지금, 그의 신화는 여전히 계속되고 있다. 머리를 면도한 소년 4명이 서로 사진을 찍어주고 있다. 한 명이 내게 다가와 단체

▲ 프레다피오에 있는 무솔리니의 무덤 입구이다.

사진을 찍어줄 수 있느냐고 속삭이듯 물었다. 무솔리니의 무덤에 가져다 놓을 사진이라고 했다. 기도대에 있는 커다란 방문록에는 "고마워요, 일 두체!"라고 적힌 글이 수없이 많았다. 나이 많은 시민을 가득 태운 관광차들이 하루에도 수없이 주차장을 들락날락거린다.

"일 두체, 당신은 우리 마음속에 영원히 살아 있습니다!"

나는 밖에서 기념품을 파는 어떤 부인과 이야기를 나누었다. 그녀는 진열해둔 철십자훈장 한가운데 서서 "여기 이 마을에는 이제 공산당밖에 없어요"라고 말했다.

"하지만 옛날에는 모두 그분을 존경했지요."

어린 소년 한 명이 우편엽서 3장을 골라 값을 치르기 위해 줄을 서 있다. 엽서 하나에는 파시스트 깃발에 키스하는 여인의 모습이 실려 있는데 그것은 이탈리아 경찰 연대를 모집하던 포스터였다. 그리고 하나는 스탈린과 엉클 샘Uncle Sam(풍자만화에 등장하는 미국을 상징하는 인물_옮긴이 주)이 대서양을 가로질러 악수하는 모습을 담고 있다. 엽서에는 '유대인의 음모'라는 글이 적혀 있다. 발걸음을 옮기는데 그 부인이 내 뒤통수에 대고 외친다.

"이탈리아 사람들이 이렇다니까요! 위대한 지도자를 알아보지 못한다고요!"

21

스페인 피난민의 도주로, 라마네르

Lamanère

가난한 시골에서 벌어진 사건

다음 날 저녁 나는 제노바에서 그리 멀지 않은 해안가의 을씨년스런 관광촌 모네글리아에 머물렀다. 우중충한 날이 이어졌다. 바람이 내가 탄 밴의 차창을 강하게 스치고 빗물이 요란한 소리를 내며 차 천정 위로 떨어졌다. 데르나 카페 안에 들어가 온기를 느낀 뒤에야 마음이 푹 놓였다.

마을은 해안을 따라 터널에서 터널로 끝없이 이어지는, 보기 드문 모습의 좁은 아스팔트 도로로 바깥세상과 연결되어 있었다. 양방향에서 지나다니는 차는 신호등을 지켜야만 했다. 이 신호등은 한 시간에 세 번씩 바깥세상으로 향하는 문을 열어주지만 그 시각은 매번 조금씩 늦어지곤 했다. 따라서 마을 주민의 생활 리듬은 신호등 불빛에 따라 결정되었다. "서둘러, 꾸물거리면 3시 45분에 켜지는 파란 신호를 놓칠지 몰라"라는 말이 일상적으로 나왔다.

카페에서 마을 주민에게 들은 이야기에 따르면, 이 기묘한 모양의 도로는 20세기 초 난공사 끝에 해안선을 따라 부설된 철도의 흔적이라고 한다. 당시만 해도 후대인에게 도움이 될 대단한 일을 해낸 것 같았지만, 사실 철도는 겨우 25년 동안만 사용되었다. 그 후 이곳에서 약간 멀리 떨어진 곳에 복선 전철 노선이 깔렸다. 앞으로 오랜 세월 동안 사용될 노선이 깔린 것이다.

다른 곳에서도 이와 비슷한 광경이 쉽게 목격된다. 아주 오랫동안 사용할 것처럼 깎아지른 절벽 위에 다리까지 놓아가며 선로를 깔았으나 끝내 버려지고 만 철도가 농촌 곳곳에 남아 있다. 지난 50년 동안 엄청난 노동력을 투입하여 힘들게 공사한 덕분에 유럽 대륙에는 터널과 교량, 콘크리트 고가선로 등으로 연결된 철도망이 거미줄처럼 깔려 있다. 로마 시대 수도교의 공사 기간이 수백 년이었다는 사실을 떠올리면 실로 엄청난 속도로 건설된 것이었다. 그러나 얼마 안 있으면 20세기에 건설한 이 터널과 고가도로도 낡은 유물이 되고 말 것이다. 이렇게 빨리 낡은 유물이 발생한 것은 역사에서 그 유래를 찾기 힘들다.

나는 빗속을 뚫고 니스와 프랑스령 리비에라 해안을 따라 운전했다. 엑상프로방스에 도착하니 안개가 마치 작은 도깨비처럼 아스팔트 위를 굴러다니는 신문지 조각과 비닐 봉투 뒤를 따라가며 슬금슬금 퍼지고 있었다. 언젠가 안개가 피어오르면 불안을 억누르지 못해 기절하고 마는 할머니가 있다는 이야기를 들은 적이 있었다. 지금 눈앞에 펼쳐진 광경을 보니 어떤 상황이었을지 충분히 짐작이 갔다.

가만히 있는 것은 아무것도 없다. 나뭇가지, 나뭇잎, 새 그리고 나의 온갖 상념과 감정이 거세게 몰아치는 바람 앞에서 마구 흔들린다. 이런 날이 지나면 곧 남부 프랑스의 아늑하고 화사한 언덕이 모습을 드러내는 법이다.

나는 페르피냥에서 피레네 산맥 쪽으로 우회전했다. 노인과 키 큰 플라타너스 나무밖에 눈에 띄지 않아 어딘가 나른해 보이는 여러 마을의 광장을 지나며 폭이 좁은 도로를 따라 15킬로미터쯤 가니 마침내 프랑스 남단에 도착했다. 1837년 한 경제학자는 피레네 산맥 인근 마을에 관한 글을 쓰면서 이렇게 말한 적이 있었다.

> 골짜기마다 이웃 세계와 전혀 다른 세계가 펼쳐진다. 그 차이는 수성과 천왕성의 차이만큼 크다. 자기 나름의 애국심으로 무장한 일종의 씨족 국가가 각 골짜기에서 할거하고 있는 셈이다.

이곳의 여러 마을은 서로에게 끊임없이 적대감을 보이면서도 외부 세계의 귀족이나 도시, 국가에는 하나로 뭉쳐 적대감을 표시했다. 하지만 그 대가로 받은 것은 불행뿐이었다.

라마네르도 그런 마을이었다. 그 안에는 골짜기를 따라 점점이 흩어진 몇 안 되는 가옥만 있을 뿐이었다. 1950년대만 해도 50명의 주민이 살았으나 현재는 겨우 36명만 남아 있다. 나는 친구와 함께 이 마을에 머물렀다. 우리는 이웃에 사는 40대 후반의 명랑한 부부, 미셸과 이자벨의 집에 놀러가 보았다. 떡갈나무로 짜 맞춘 따스한 주방에 앉아, 이 부부는 마을의 학교 이야기부터 시작해 장사가 잘 되는 가게, 지난 20

▲ 라마네르에서는 "염소는 언덕 위로 올라가고 여자애는 언덕 아래로 내려간다"는 말을 흔히 들을 수 있다.

년 동안 죽은 사람 등 유럽의 어느 마을에서나 있을 법한 이야기를 들려주었다. 미셸이 말했다.

"이곳에도 에스파드리유를 만드는 작은 공장이 두 개 있었어요. 1970년쯤 이 공장들이 문을 닫자 마을 전체가 이삿짐을 꾸려 계곡 아래로 내려갔죠. 당연히 젊은 애들이 앞장섰습니다."

이자벨도 거들었다.

"하지만 우리는 가난했습니다. 버섯이건 산딸기건 가리지 않고 눈에 띄는 대로 따 먹어야 했지요. 덫을 놓아 산짐승을 잡아보려고도 했어요."

미셸은 애써 옛날 기억을 되살리며 말했다.

"가끔 먹을 것이 떨어질 때가 있었습니다. 그러면 산을 내려가 몰래 돼지를 끌고 와서 잡아먹었지요. 저희 어머니도 12켤레당 6펜스를 받고 에스파드리유를 만들었습니다."

이자벨이 또 끼어들었다.

"우리가 땅에서 생산한 것의 절반가량이 지주에게 돌아갔답니다. 돼지가 두 마리 있다면 그중 한 마리는 카쉬 씨의 것이었어요. 1960년대까지 그런 생활이 계속되었습니다. 우리는 말 그대로 노예처럼 일했어요."

이 근방에서는 "염소는 언덕 위로 올라가고 여자애는 언덕 아래로 내려간다"는 말을 흔히 들을 수 있었다. '언덕 위'의 노예 같은 삶에서 벗어나기 위해 19세기 프랑스 농촌의 수많은 처녀가 애를 밴 다음 도시로 떠나 부유한 가정의 아기를 돌보며 돈을 벌었다. 모르방 등에서는 처음으로 철도가 부설된 후에도 여성들이 보모 일로 벌어오는 돈이 지역의 주된 소득원이 되었다. 이후 여성들은 가정부나 여공으로 일했는데, 어떤 경우든 마구간에서 일하는 것보다는 수입이 나았다.

작은 마을에서 함께 지내던 주민들은 도시로 나간 뒤에도 고향 사람끼리 모여 일했다. 그래서 크뢰즈 출신의 석공, 타른 출신의 나무꾼, 리브라우다 출신의 배관공이 등장했다. 이들의 유일한 목적은 돈을 벌면 고향으로 돌아가 땅을 산 뒤 가족과 함께 그 땅에서 농사를 짓는 것이었다. 그러나 마음먹은 대로 되지 않는 경우가 많아 여러 도시를 떠돌아다니는 신세로 전락하는 사람이 대부분이었다. 그러다 이들은 점점 도시생활의 편안함이나 도시에서 누리는 밝은 불빛, 더 나은 임금과 비교적 짧은 노동시간에 익숙해져갔다.

크뢰즈 지방의 누군가가 쓴 글을 보면 "도시에서 내려온 사람들과 접촉할 기회가 많아질수록 노동자가 말을 안 듣는 것 같다"고 적혀 있다. 외젠 베베르Eugene Weber가 19세기 말의 프랑스 농촌에 대해 연구한 《프랑스 농민》에서 "전에 없던 변화의 싹이 보였다. 귀향 노동자는 마을 문턱에 들어서자마자 마을 사람들에게 다른 지역의 상황은 전혀 다르며 이곳도 그렇게 변할 수 있다는 사실을 가르친다"라고 지적했듯이, 불만이 아무런 이유 없이 갑자기 터져 나온 것은 아니었다. 이자벨의 이야기를 들어보자.

"라마네르의 모든 부모는 자식에게 우체국 직원이나 세관원, 경찰관, 군인이 되라고 강요했어요. 젊은이는 거의 등 떠밀리다시피 이 마을을 벗어났지요. 공무원이 되어 금의환향하는 것, 이것이 농노생활을 벗어날 수 있는 유일한 방법이었습니다. 도시 주민과 히피족 농민들이 몰려온 적도 있었어요. 이들은 얼마 동안은 이곳에서 전원생활을 즐기며 즐겁게 지냈으나 농촌을 위한 일은 아무것도 하지 않고 다시 떠나기만 했답니다. 여기서 태어나고 자란 주민만이 여전히 오래된 나무와 땅을 사랑하는 법이지요. 그러나 돈이 모든 것을 망치고 말았습니다."

눈 덮인 산꼭대기를 바라보았다. 믿을 수 없을 만큼 사방이 고요했다. 유럽이 아닌 별천지에 온 듯했다. 밤이면 올빼미의 날갯짓 소리가 들렸고, 별이 반짝이는 하늘을 보면 눈이 어지러울 정도였다. 끝없이 펼쳐진 숲과 그 속에 자리 잡은 마을 그리고 대지가 조용하게 숨 쉬는 소리, 이 모든 것이 천지가 창조된 후 하나도 변하지 않고 그대로 있어 온 것만 같았다. 마을 주민 파트리크 바리에르와도 대화를 나누었다. 그 역시 여느 농민처럼 자기가 기르던 가축 얘기부터 꺼냈다.

"지난주에 기르던 송아지가 한 마리 죽었는데, 얼마 후 하늘에서 뭔가가 날아왔어요. 처음에는 웬 행글라이더가 날아오나 했어요. 그런데 자세히 보니 독수리지 뭐예요. 죽은 송아지 옆에 내려앉았는데 거짓말 하나 안 보태고 덩치가 큰 목양견만 했어요. 독수리가 배를 채우고 간 다음에는 여우와 스라소니가 떼 지어 몰려왔어요. 사흘도 채 지나지 않아 송아지 시체는 뼈만 앙상하게 남았지요."

그는 이 말이 끝나자 화제를 땅으로 돌리더니 땅에는 영원한 것이 아무것도 없다고 말했다.

"아, 선생님. 옛날에는 나무들이 이렇게 무성하지 않았습니다. 제 아버지가 살아계실 때만 해도 이 골짜기에는 주민들이 바글바글했지요. 노는 땅은 한 뼘도 없었답니다. 숲은 물론 목양지, 작은 밭도 곳곳에 널려 있었어요. 얼마 전 여기서 산불이 난 적이 있는데, 저기 오래된 계단식 밭 흔적이 보이죠. 그래요. 저기서 우리 부모님이 손발이 닳도록 뼈 빠지게 일했어요. 왜 그랬겠어요? 가난해서 먹을 것이 부족하고 몸뚱이 누일 곳도 마땅치 않아 그랬지요."

외젠 베베르의 말에 따르면, 이러한 농민들은 기댈 곳 하나 없는 절망적인 처지에서 공포에 질린 눈으로 세상을 바라봤다. 농민의 눈에 비친 마을 모습은 "파도가 심하게 몰아치는 바다에서 하염없이 표류하고 있지만, 그 안에서만큼은 서로에게 살 수 있다는 확신을 심어주며 동요를 막는 분위기가 넘쳐흐르는 한 척의 구명보트와도 같았다. 불안이 만연해 있었고 목숨은 끊임없이 오락가락했다. 전통, 일상사, 가족과 마을 그리고 마을에서 면면히 이어져온 규칙에 대한 강한 집착만이 목숨을 유지해주는 유일한 장치였다."

1940년경 라마네르는 큰 전환점을 맞았다. 당시 유럽 전역에서 농민들이 기계식 농업으로 전환하고 있었지만, 이 산악지대의 농민은 여전히 맨손과 소의 힘만으로 농사를 짓고 있었다. 당연히 다른 지역의 농민과는 도저히 경쟁상대가 되지 않았다. 농민의 자녀 역시 도살장에 끌려가는 소처럼 억지로 공장에 내몰리는 처지였다. 이때 정부가 매력적인 가격으로 토지를 인수하여 숲으로 조성하겠다고 제안했는데, 이것은 곧 농사를 포기하는 결정적인 계기로 작용했다. 그 후 10년 이내에 밭, 정원, 과수원 등 농지의 절반이 사라져버렸다.

요즘에는 막대한 유로화의 뒷받침을 받아 '새로운 자연'이 천편일률적으로 조성되고 있는 중이다. 오래된 오크나무와 밤나무가 가차 없이 잘려나가고, 성장속도가 빠르며 효용성도 뛰어난 여러 종류의 나무가 외지에서 이식되고 있다. 파트리크 바리에르는 요즘 이웃과 거의 교류하지 않는다고 말했다. 그러나 전혀 외로워 보이지 않았다. 우리는 파스티스를 한 잔 더 마신 다음 화제를 역사로 돌렸다. 파트리크가 말했다.

"들판을 다니다 보면 지금까지도 곳곳에서 탄환이 발견됩니다. 이 부근에서 몇 가지 사건이 일어났습니다. 말씀드려볼까요? 1939년 겨울, 수만 명의 스페인 피난민이 이곳 산악지대를 가로질러 갔어요. 내전에서 패했기 때문에 도망치느냐, 아니면 그대로 앉아서 죽느냐, 이 둘 중 하나를 선택해야 했지요. 저기 프라드몰로에서는 코소보 사태를 방불케 하는 일이 벌어졌어요. 그들은 뭐든지 돈을 주고 사야 했어요. 이 지역의 농민 중 몇몇은 카탈루냐 지방 출신 부자를 붙잡아 인질로 삼은 다음 원하는 것을 마음껏 뜯어냈답니다. 빵 한 덩어리 값으로 금괴를 받거나 하룻밤 재워주는 대가로 비싼 그림을 받은 경우도 적지 않았어요."

이자벨이 "저도 그때 피난민이었던 사람의 손녀랍니다"라고 말했다. 그러자 파트리크는 자신의 할아버지에게 바르셀로나 함락 이후 수천 명의 공화파가 산악지대를 가로질러 프랑스 땅으로 넘어오던 일에 대해 들었다고 말했다.

당시 공화파 정부의 외무상을 역임했던 호세 로페스 레이Jose Lopez Rey는 훗날 열쇠를 숨긴 채 프랑스로 넘어온 뒤 공화파의 마지막 외무상에게 그것을 넘겨주기까지의 긴박했던 과정에 대해 회고했다. 그는 국경 근처의 초등학교 건물에서 열쇠를 건네준 직후 심한 괴혈병으로 쓰러지고 말았다. 그는 바르셀로나 함락 전 여섯 달 동안 말린 쌀만 먹으며 버텼던 것이다.

공화파군 장병은 쿠스투주에서, 정확히 말하면 그곳에서 멀지 않은 산 정상 빙판길에서 눈물을 머금고 무기를 내려놓았다. 농촌 출신 소년병 중 몇몇은 고향 마을을 떠날 때 가져온 한 줌의 흙을 그때까지도 간직하고 있었다. 다른 몇몇은 구슬픈 노래를 불렀다.

프랑스 국경 경비대원은 흙먼지 날리는 도로 위에서 이들의 더플백을 거꾸로 들고 흔들었다. 마지막으로 남은 몇 가지 소지품이 흙구덩이에 처박혔고 사진은 바람에 날려 산비탈 아래로 흩어졌다. 프랑스 국경수비대가 소련제 탄약, 비행기 부속품, 대포 및 기타 군수품을 잔뜩 실은 화물 마차를 압수하는 일도 벌어졌다. 공화파는 그 후 맨몸으로 프랑스 땅에서 살 길을 찾아야 했다.

아스팔트 도로 옆에 서 있는 자그마한 기념비는 1939년 2월에 일어났던 레티라다(스페인어로 '후퇴'라는 의미) 50주년을 기념해 세워진 것이었다. 이 기념비에는 "이 길을 가로질러 7만 명의 스페인 공화파가 프랑스로 들어왔다. 이들은 두 명 중 한 명꼴로 얼어 죽었다"라고 쓰여 있다. 운전을 계속해나가면 굴참나무 숲과 군데군데 양귀비가 핀 밀밭이 보인다. 그리고 이어서 건조하고 붉은 땅이 나타난다.

스페인 내전의 배경

일반적인 생각대로 우익운동은 농촌에서, 좌익운동은 도시에서 시작되었다. 농민과 대지주는 사유재산을 보호하고 현재 체제를 유지하자는 주장을 지지했고, 노동자는 현재의 모든 질서를 바꾸고 필요하다면 혁명을 일으켜야 한다는 주장을 지지했다. 사회민주당과 공산당은 언제나 활동 초점을 도시의 프롤레타리아에만 맞추었을 뿐 농민 문제를 어떻게 처리해야 할지 뾰족한 방침을 세우지 못했다. 그러니 농촌에서는 사회민주주의 이론이나 공산주의 이론이 전혀 먹혀들지 않았다. 볼셰비키가 농민을 집단농장(콜호즈) 단위로 묶거나 강제 이주시키는 방법으로 도시와 농촌 사이의 모순을 해결하려 했으나, 그 과정에서 무고한 농민들만 굶어 죽어갔다. 좌익 진영의 나머지 정파는 거의 손을 쓰지 못한 채 농민 문제를 방치하다시피 했고, 그 결과 농민의 지지는 보수파 기독교민주당과 극우 세력 그리고 1918년 이후 무수히 등장하기 시작한 농민 정당 쪽으로 향하게 되었다.

물론 일부 예외적인 사례도 있었다. 프랑스의 좌익 급진당은 소농 계급에서 많은 지지를 받았다. 고전적인 좌파 공화주의 이념을 고수하되 소지주도 보호하는 정책을 내세웠기 때문이었다. 이탈리아에서도 공산주의자와 사회주의자가 농업 노동자 조합을 굳게 장악했다. 1920

년경 토스카나와 에밀리아-로마냐 지방에서는 파시스트와 '붉은 귀족'이 사실상의 농민 전쟁을 벌이기도 했다. 그리고 스페인에서는 무정부주의자가 농민의 지지를 받았다.

1935년과 1936년에 영국 출신의 한 젊은 바이올리니스트가 삶의 의미를 찾기 위해 스페인 전역을 돌아다니며 바이올린을 연주했다. 훗날 그 바이올리니스트, 로리 리Laurie Lee는 《어느 한여름 날 아침 집 밖으로 걸어 나갔을 때》라는 회상록을 썼는데, 그 안에는 제목만큼이나 담백한 이야기가 주를 이루고 있다. 1930년대에 리가 돌아다녔던 스페인은 평범한 나라였고 사는 모습도 남다를 게 없는 곳이었다. 다만 유례없는 사건이 하나 일어났을 뿐이었다. 그는 먼저 낮에는 일하며 가축을 돌보고, 밤에는 음식을 먹으며 이야기를 나누는 생활과 이런 삶에 필요한 것 외에는 아무것도 없는 산기슭의 오두막에 대해 묘사했다.

> 이 이름 없는 궁벽한 마을에서는 밤만 되면 가족과 나그네가 외양간에서 장작 타는 냄새와 음식 냄새, 가축 냄새를 맡아가며 긴 통나무 식탁에 모여 앉았다.

그는 시에라 몰레나에서 3시간 동안 '가파른 비탈길을 밧줄을 잡고' 겨우 올라간 끝에 '거친 돌로 대충 지은 가축우리 같은 집이 이끼에 뒤덮인 채 둥글게 옹기종기 모여 있는' 고지대의 한 마을에 갈 수 있었다. 그는 와인 한 병과 딱딱한 치즈 한 조각을 받고 바이올린을 연주했다.

연이은 기근과 학살이 약간 뜸해진 시기를 틈타 난민이 모여 살던 17세기의 스코틀랜드 마을에 와 있는 듯한 느낌이 들었다. 아이들은 맨발로 이슬을 밟으며 서 있었고, 할머니들은 썩은 양가죽을 온몸에 두르고 있었다. 그리고 텁수룩한 머리의 키 작은 사내들은 웃지도 화내지도 않는 묘한 표정을 짓고 있었다.

스페인은 유럽에서 상당히 예외적인 나라였다. 피레네 산맥을 넘어간 사람이라면 누구나 유럽의 주요 국가가 거친 여러 발전 단계를 건너뛴 채 독자적인 발전 경로를 밟고 있는 나라에 도착했음을 깨달을 것이다. 카를 마르크스는 한때 스페인을 가리켜 '유럽 여러 나라 중 이해하기가 만만치 않은 나라'라고 말했다. 스페인에서는 모든 일이 지나치게 앞질러 일어나거나 뒤처져 일어났으며, 그 양상도 다소 극단적이었다.

예를 들면, 중세 시대 초부터 이슬람교도에 의해 침략을 당했고, 늦게 형성된 봉건관계는 완강하게 위세를 떨치며 오랫동안 유지되었다. 교회는 계몽운동과 지성의 발달을 억눌렀고 대지주 집단은 막강한 권력을 휘두르며 경제적 근대화의 길을 차단했다. 더구나 지방 권력과 중앙 권력 사이의 다툼이 끊이지 않았고 자유주의자와 전통적 왕당파, 농민 사이에는 증오심이 가실 날이 없었다. 귀족, 교회, 군대는 나라의 무거운 짐이었고 세계 제국의 지위를 잃지 않았다는 망상은 나라 전체를 불구의 상태로 만든 채 오랫동안 좀처럼 사라질 줄 몰랐다.

"스페인 사람의 절반은 먹기만 할 뿐 일하지 않으며, 나머지 절반을 일하기만 할 뿐 먹지 않는다"는 유명한 속담이 생겨날 정도였다. 사실 이 유서 깊은 속담만큼 스페인의 실상을 정확히 말해주는 것도 없다.

1788년에 실시된 인구조사에 따르면 남성 인구 중 약 50퍼센트가 어떤 형태의 생산적 노동에도 종사하지 않았다. 19세기에도 이 비율에는 별다른 변화가 없었다. 과거에는 유럽의 3대 곡물 생산국 중 하나였으나 숲은 황폐화되고 경작 가능한 토지는 고갈되고 말았다. 1930년대에 들어와서도 인구의 3분의 2가 글을 읽거나 쓸 줄 몰랐다. 전체 인구의 1퍼센트도 안 되는 지주가 토지의 50퍼센트를 소유했다.

1814년부터 1874년 사이에 무려 37회의 쿠데타 시도가 있었고 그중 12회는 성공을 거두었다. 20세기에 들어서자마자 스페인 경제는 파산 일보 직전에 도달했다. 군대에는 100명의 병사당 장군이 한 명꼴이었고 농촌의 농민 중 절반은 굶어 죽기 일보 직전의 상태에 내몰렸다.

바르셀로나에서 파업이 빈번하게 일어났던 1918년과 1920년 사이에 고용주와 경찰이 노동조합 지도자를 살해하기 위해 저격수를 고용하는 일까지 일어났다. 노동조합 역시 독자적으로 저격수를 양성하며 맞대응했다. 당연히 노동자가 주축이 된 소요사태가 일어났다. 이 사태는 경찰국장 미겔 아를레기의 지시로 이틀 동안 무려 21명의 노동조합 지도자가 집과 거리에서 무차별적으로 살해됨으로써 마침내 종식되었다.

우리가 흔히 말하는 스페인 내전은 스페인에서 벌어진 최초의 내전이 아니었다. 그 이전 100년 동안 벌어진 내전부터 따지면 벌써 네 번째 내전이었다. 그리고 지난 150년 동안 고집불통의 군주제 지지자와 자유주의자, 앞뒤가 꽉 막힌 보수주의자와 공산주의자 등 아무것도 바꾸지 말자는 세력과 모든 것을 바꾸어놓자는 세력은 합종연횡을 거듭하며 지치지 않고 극심한 투쟁을 벌여왔다.

이렇게 양 극단이 대립하는 세계가 펼쳐지다 보니 1936년과 1939년 사이에 스페인에서 전개된 드라마에 참여할 세력이 점점 늘어만 갔다. 그중에서도 무정부주의가 중심적인 역할을 맡았다. 미하일 바쿠닌의 철학은 톨스토이의 철학과 더불어 자유롭고 자율적인 러시아의 농촌 공동체 '미르'를 이상으로 삼았다. 바쿠닌의 사상은 남유럽 곳곳에서 열렬한 지지를 받았고, 특히 스페인에서는 '무정부주의 이상'이 새로운 종교로까지 여겨지며 많은 신봉자를 낳았다. 이것이 도시와 농촌을 막론하고 무정부주의자가 혁명 운동에서 두각을 나타내며 중요한 역할을 수행한 배경이었다.

1873년까지만 해도 스페인에는 약 5만 명의 바쿠닌 추종자가 있었다. 무정부주의를 지지하는 교사와 학생은 먼 옛날 탁발승이 그러했듯 농촌 마을을 돌아다니며 야학을 조직하고 농민에게 글 읽는 법을 가르쳤다. 결국 1918년에는 200개 이상의 무정부주의 신문과 정기간행물이 발행되기에 이르렀다. 이 무렵 사회주의자 노동조합 UGT의 조합원 수는 20만 명에 그쳤지만, 무정부주의 노동조합 CNT의 조합원 수는 70만 명에 달했다.

무정부주의는 본질적으로 향수를 자극하는 운동이었기 때문에 높은 인기를 얻을 수 있었다. 농민뿐만 아니라 바르셀로나, 빌바오, 마드리드 등지의 노동자가 강하게 느꼈던 일종의 향수병에 호소했던 것이다. 이들 노동자 역시 따지고 보면 대부분 농민의 자식이거나 손자였다. 그들은 지주제도는 한마디로 합법적인 도둑질이며, 노동자가 공장과 그 부지를 소유해야 하고, 상품과 서비스의 공정한 교환이 이루어져야 한다는 무정부주의의 이념에 귀가 솔깃해지지 않을 수 없었다.

한편 무정부주의 운동은 이탈리아에서와 마찬가지로 중앙 국가에 배타적이고 적대적인 입장을 취하며, 자발성에 기초한 상호합의에 따라 자주적으로 운영되는 공동체를 마을이나 구역, 공장 단위로 세우려 했다(도시의 무정부주의자는 이후 좀 더 복잡한 '신디케이트' 모델로 발전해나갔지만, 농촌의 무정부주의자는 본래의 마을 단위 모델을 고집했다).

무정부주의가 꿈꾸는 사회를 실현시키려면 바쿠닌이 표현한 대로 '대중의 자발적 창조성'을 분출시킬 전면적인 봉기가 뒤따라야 했다. 간단히 말해 무정부주의는 엄격한 중앙집권주의, 교회와 정부의 타락, 귀족과 지주의 억압을 명확하게 해결하여 천국을 실현시키는 이념처럼 여겨졌다. 물론 무정부주의는 과거, 즉 유럽이 근대화되기 이전의 도시와 농촌 공동체를 지나치게 이상화하는 이념이라는 약점도 갖고 있었다. 역사학자 휴 토마스Hugh Thomas는 "1840년대의 산적이 1880년대에는 무정부주의자로 변신했다. 따라서 산업화를 대중의 이익에 맞게 재구성하려는 운동이라기보다는 무작정 산업화 자체에 저항하고자 하는 운동으로 무정부주의를 이해해야 한다"고 말했다.

나는 이렇게 생각한다. 우익이 내전에서 승리했다기보다는 좌익이 패배했다고 보는 것이 더 옳다고.

내전의 그날

일요일 아침 바르셀로나에 도착해 교외 부근의 공터 캠핑장에 밴을 주차시켰다. 그곳에는 입간판들만 우뚝우뚝 솟아 있었다. 길을 이루며 죽 늘어서 있던 수많은 텐트와 이동 주택이 햇빛을 받아 반짝거렸다. 보잉기가 5분 간격으로 머리 위를 지나가며 굉음을 냈다. 밖은 벌써 찌는 듯이 더웠다. 자동판매기의 소시지말이처럼 생긴 작은 침대에서 잠이 든, 30명 남짓 되는 독일인을 실은 버스가 내 앞에 섰다. 다스 롤렌데 호텔이란 이름이 버스 옆구리에 적혀 있었다. 3주 동안 스페인과 포르투갈을 여행하는 단체 관광객을 실은 버스였다.

"그렇게 불편하지는 않아요. 여객선의 선실과 비슷한 느낌이 나요."

관광객 중 한 명이 내게 말했다. 몇몇은 버스에서 내리지 않은 채 물끄러미 차창 밖을 내다보기만 했다. '오늘은 어디를 돌아다닐까'라는 생각에 잠긴 듯했다.

그날 오후 늦게 바르셀로나 시내의 대규모 시장 거리이자 산책로인 라스 람블라스 일대를 배회했다. 팔려고 내놓은 꽃과 투계가 발에 채였고, 작은 개를 앞세우고 의족을 드러낸 채 구걸하는 걸인이 득시글거렸다. 복화술사와 춤추는 집시가 한쪽 구석에 있었고, 그 사이를 뚫고 성 과달루페 행렬이 드럼을 치

◀ 바르셀로나 시내에 위치한 시장 거리이자 산책로인 라스 람블라스 전경.

며 빠져나갔다. 남미 출신 악단이 카탈루냐 광장에서 연주를 하고 있었다. 늙은 노부부가 라틴 음악에 맞춰 경쾌한 춤을 추고 있었는데, 남자는 벗겨진 머리 위에 검버섯이 돋아 있고 여자는 양털과도 같은 흰 머릿결을 가지고 있었다. 이 두 사람은 거리 한가운데서 50년도 더 지난 것 같은 스텝을 밟으며 발끝을 세워 빙그르르 돌았다. 정말 시간 가는 줄 몰랐다.

1936년 7월 19일 고요한 아침, 성긴 빨간 머리카락을 아무렇게나 늘어뜨린 한 청년이 자전거를 타고 라스 람블라스를 누비며 "군인들이 대학교 광장에 모여 있습니다. 군인들이 대학교 광장에 모여 있다구요!"라고 목청껏 외치고 다녔다. 훗날 이 장면을 목격한 한 사람이 말했다.

"그 청년은 자전거 앞에 큰 빗자루를 달고 있었는데, 그 빗자루로 사람들을 라스 람블라스에서 대학교 쪽으로 쓸고 갈 것 같았어요."

이것이 군사 반란을 일으킨 프랑코 장군에 대한 좌익 저항운동의 발단이었다.

병들어가는 스페인

스페인은 유럽 곳곳에서 좌익과 우익 사이의 긴장이 팽배해질 대로 팽배해졌을 때 내전에 돌입했다는 점에서 운이 좋지 않았다. 좌우익을 막론한 모든 정파는 스페인을 선과 악을 가를 시금석으로 여기며 새로운 전술과 무기체계를 실험해보려 했다. 곧 벌어질 2차 세계 대전을 위한 최종 연습 무대였던 셈이다.

하지만 그렇다 해도 내전은 어디까지나 스페인인이 겪은 고통이었다. 역사상 보기 드문 잔인하고 파괴적인 전쟁이었다. 대립하는 두 진영은 마치 선과 악의 투쟁인 양 필사적으로 싸웠다. 무정부주의자는 새로운 예루살렘을 위해서라는 종교적인 각오로 무장한 채 죽기 살기로 싸웠으며, 공산주의자와 사회주의자, 자유주의자 역시 계몽이라는 목적을 달성하기 위해 전력을 다했다. 프란시스코 프랑코[1]의 반란군은 구 스페인의 신성한 가치를 옹호하는 십자군이라도 된 듯이 싸웠다. 프랑코만큼 '적'을 악마로 만든 사람도 찾기 힘들었다.

프랑코 장군은 1936년 7월 17일을 기해 반란을 일으켰지만, 준비는 이미 오래 전부터 진행되고 있었다. 사실 1920년대의 혼란기에 이미 한 번 권력을 장악한 적이 있었다. 1923년 9월 미겔 프리모 데 리베라 장군이 국왕과 동등한 지위를 가진 독재체제를 세웠던 것이다. 국왕 알폰소 13세는 새로운 상황에 잽싸게 적응해 '나의 무솔리니'라는 애칭을 붙여가며 그를 외국 사절단에 소개했다. 그러나 프리모 데 리베라는 파시스트가 아니었을 뿐더러 무솔리니만 한 인물도 아니었다.

그는 유명한 귀족 가문 출신이었으나 어떤 면에서는 스페인 근대화의 아버지와 같은 역할을 하기도 했다. 재임 중에 현대화로 향한 신중한 발걸음을 처음 내디뎠기 때문이다. 그는 무정부주의자와 자유주의자를 향해 철권을 휘둘렀으나 그렇다고 히틀러나 무솔리니처럼 정치적으로 완전히 제압해버리지는 못했다. 성격이 무른 편이었으며 묘한 습성까지 지니고 있었다. 홀아비였던 그는 주중에도 툭하면 업무를 중단한 채 마드리드 시내의 카페를 돌아다니며 몇 날 며칠 미친 듯이 술을 퍼마시거나 춤을 추는 기벽을 보였던 것이다.

프리모 데 리베라는 자신을 중심으로 대중운동을 조직하는 데까지 나가지는 못했다. 게다가 구 지주 출신으로서 법과 제도를 운영해본 경험이 없는 계몽적 폭군이었기에 그는 자신의 생활방식 그대로 나라를 통치해나갈 수밖에 없었다. 상황이 이렇다 보니 주변에는 정적이 들끓었고 당연히 예상보다 빨리 몰락의 순간이 찾아왔다.

1929년 그는 안달루시아 출신의 창녀 '라 카오바'(말 그대로 '마호가니 색 피부의 소녀'라는 뜻)를 감싸기 위해 담당 판사에게 그녀에게 제기된 마약 복용 관련 소송을 각하 처리하라는 명령을 내렸다. 담당 판사는 이 같은 명령에 대해 불평을 늘어놓고 다녔는데, 이 소문이 리베라의 귀에까지 들어갔다. 격노한 리베라는 즉각 전보 명령을 내렸고, 잇따라 부하 판사를 옹호하던 스페인 대법원장을 파면시켜버리는 무식한 조치를 취했다. 심지어 이 사건을 심층 취재하던 두 명의 기자마저 카나리아 제도의 감옥에 가두어버렸다. 이렇듯 국정이 제멋대로 흘러가자 1930년 1월 28일 국왕은 결국 리베라를 해임한다는 명령을 내리고 말았다. 국왕의 최종 발표문은 이랬다.

> 지난 2,326일 동안 무력하게 지냈으나 이제 평화를 회복하기 위해 내게 주어진 책임을 다하고자 한다.

리베라는 즉시 스페인을 떠났고 그로부터 7주 후 파리의 퐁루아얄 호텔에서 쓸쓸한 죽음을 맞이했다.

알퐁소 국왕은 나라 안의 분위기가 어떻게 흘러가는지 시험해보려

했다. 그래서 일요일인 1931년 4월 12일, 자신의 대중적 인기를 확인해보는 리트머스 시험지로서 지방자치 선거를 실시했다. 그러나 선거 결과는 애매하기 짝이 없었다. 나라 전체로 보면 국왕을 지지하는 왕당파가 다수를 차지했지만 도시에서는 공화파가 선거 분위기를 주도하며 승리를 거두었다.

지주가 왕당파를 찍으라고 압력을 행사한 농촌 마을이 부지기수라는 소문이 급속도로 퍼져나갔다. 선거 다음 날 여러 주도에서는 공화정이 선포되었고, 선거 이틀 후에는 마드리드 시내에서 대규모 시위가 벌어지기에 이르렀다.

결국 알폰소 국왕은 시위대의 요구에 굴복해 "해가 지기 전까지 마드리드를 떠나겠다"고 약속했다. 그는 이어 "지난 일요일의 선거 결과는 내가 더는 국민의 사랑을 받지 않는다는 사실을 보여주었다"고 덧붙이며 자신이 마드리드를 떠나는 것이 내전을 막을 수 있는 유일한 방법이라고 밝혔다. 그 이후 권력은 사상 최초로 개혁 진영의 손에, 즉 '젊고 열성적인 스페인인'의 손에 넘어갔다. 나라 전역에서 학교와 병원, 운동장을 새로 짓는 공사가 시작되었고 주거지와 휴양지의 신축도 진행되었다.

하지만 스페인은 곧 통제 불능 상태에 빠지고 말았다. 톨레도의 대주교가 새로 탄생한 공화파 정부를 인정하지 않겠다는 입장을 발표한 후 곧바로 망명을 떠나는 바람에 새로 제정된 교육과 이혼 관련 법이 효력을 발휘하지 못하게 되었던 것이다. 지주 역시 농업 개혁 법안이 제정되려는 움직임이 보이자 소농에게 빌려준 토지를 돌려달라고 요구했다. 한편 아스투리아스 광산에서 광산 노동자가 벌인 파업과 총파업이 폭력적으로 진압되었다.

이로부터 5년이 지나 우익 세력은 1936년 2월 의회 선거에서 합법적인 방법으로 권력을 되찾았다. 우익 정당, 군주제 지지파, 카를로스 지지파는 국민전선을 결성하고 세력을 규합하는 데 총력을 기울였다. 따라서 정국의 긴장감이 빠른 속도로 고조되어갔다. 선거 후 4개월 동안 정치적 동기에서 비롯된 살인 사건이 269건 발생했고, 1,287건의 정치적 폭력 사건이 일어났으며, 169곳의 교회가 불에 탔다. 69곳의 정당 사무실과 10여 곳의 신문사가 습격을 당했으며, 113건의 총파업과 228건의 소규모 파업이 일어나 나라의 기능이 전반적으로 마비되는 상황에 이르렀다. 신뢰성이 떨어지기는 하지만 이러한 수치는 1936년 상반기 동안 스페인 전체의 분위기가 어떠했는지를 한눈에 보여준다.

스페인은 오랫동안 파시스트 독재 치하에 있었으나 파시스트 이념이 활짝 꽃피는 비옥한 토양이 형성되지는 않았다. 이것은 기묘한 역설이 아닐 수 없다. 먼저 스페인에는 오갈 데 없는 처지에 몰린 퇴역군인, 도시의 대규모 실업자 집단, 좌절된 국가적 야망 등 타 국가에서 파시즘을 싹트게 했던 요소가 없었다. 그리고 옛날부터 나라를 떠받치는 기둥 역할을 해온 교회와 국왕이 그 힘을 잃지 않았던 것이 큰 역할을 했다. 그래서 우익 팔랑헤 에스파뇰라 운동이 최초로 소개했던 파시즘 이념은 당연히 별다른 인기를 끌지 못했다. 1936년 선거에서 팔랑헤 에스파뇰라 운동은 4만 4,000표만을 얻었을 뿐이었다(0.6퍼센트의 득표율). 우파 지지자는 전통적인 가톨릭 정당과 군주제 지지 정당만을 친숙하게 여기며 많은 표를 몰아주었다.

이탈리아나 독일, 헝가리, 루마니아에서와는 달리 스페인의 초창기

파시즘은 주로 지식인 운동이었다. 그 창시자였던 철학자 라미로 레데스마 라모스Ramiro Ledesma Ramos만 하더라도 마드리드에서 인기 있는 문필가 중 한 명이었다. 독일에서 나치 정권이 등장한 데 고무된 바모스의 젊은 동지들은 결국 1933년 여름, 팔랑헤 에스파뇰라를 결성하여 전국적으로 알려진 문필가와 지식인을 끌어들였다.

초기에 정당 기관지 〈FE〉(팔랑헤 에스파뇰라)는 문학잡지의 성격이 강했다. 성난 팔랑헤당원 중 일부가 "만약 〈FE〉가 계속 문학적, 지식인적인 논조를 유지한다면, 판매원이 굳이 생명의 위협을 느끼면서까지 팔려고 애쓸 이유가 없다"고 질타했을 정도였다. 그런데 이러한 질타는 한 귀로 듣고 흘려버릴 선동이 아니라 근거가 있는 것이었다. 순전히 호기심에서 〈FE〉 창간호를 사보려 했던 한 학생이 마드리드에서 최초로 희생당하는 일이 벌어졌다. 잡지를 사서 손에 들자마자 바로 총에 맞았던 것이다.

〈FE〉는 군국주의적인 독일 이야기에는 별다른 관심을 기울이지 않은 채 이탈리아 이야기를 주로 다루었다. 잡지에 실린 해외 기사 중 절반이 이탈리아 관련 기사였다. 한편 스페인의 '유대인 문제'는 인종 문제가 아니라 종교 문제라고 지적하는 등 반유대주의 성향은 그다지 강하지 않았다.

팔랑헤당의 핵심 지도자는 호세 안토니오 프리모 데 리베라였다. 그는 전형적인 지식인이자 젊은 변호사였다. 책을 좋아하고 다양한 사상에 관심을 기울였으며 잡다한 일에도 호기심을 느끼던, 한마디로 말해 1930년대 유럽에서 흔히 볼 수 있던 유형의 인물이었다. 그는 프리모 데 리베라 장군의 아들이었는데 아버지의 성향을 물려받았기 때문인지 정당을 불신하다 못해 혐오하기까지 했고, 자신의 지도력과 '직관'에 강한 자신감을 나타내곤 했다. 그는 아버지의 과업을 이어받는 것이 자신의 유일한 목표라고 공개적으로 떠들고 다녔다.

그러나 애정 문제는 호세 안토니오의 발목을 잡는 결정적인 약점이었다. 그는 필라르 아즐로르 데 아라곤 공작의 어린 딸에게 홀딱 반해 있었다. 두 사람은 서로 사랑했지만, 보수적인 군주제 지지자였던 여자의 아버지는 결혼을 적극적으로 반대했다. 그는 프리모 데 리베라를 군주제에 오점을 남긴 벼락출세자로 여기며 그 아들인 호세 안토니오와는 상대조차 하지 않았다. 하지만 호세 안토니오 역시 순순히 물러나지 않은 채 여러 해 동안 다양한 통로를 이용해 자신의 필생의 연인과 꾸준히 만남을 이어갔다.

그는 행복이 아닌 운명을 선택했고, '명예'와 '고통'에 특별한 가치를 부여했다는 점에서 고전적인 스페인식 영웅의 전형과도 같았다. 게다가 결코 소심한 인물이 아니었다. 1934년 4월 자동차를 타고 가던 중 누군가 불발 폭탄 두 발을 던지자 차에서 뛰어내려 범인을 뒤쫓으며 서로 권총을 쏴대는 장면을 연출했을 정도였다. 그리고 코르테스에서는 자신의 아버지를 거론하며 '강도'라고 비난한 사회주의자 의원을 주먹으로 때려 좌파와 우파를 막론하고 모든 의원의 비난을 한 몸에 받기도 했다.

전기 작가 스탠리 페인Stanley Payne의 기록에 따르면, 호세 안토니오는 '파시즘적인 기질'을 갖추고 있지 않았다. 그는 관대하고 탁 트인 성격을 지녔으며 통도 컸다. 정치적 입장을 가리지 않고 다양한 친구와 사귀었으며, 정적이라 해도 인간적인 면은 충분히 인정해주었다.

그리고 단호하게 자신을 비판하는 면모도 가지고 있었다.

당시에는 주된 이념 논쟁이 좌파와 우파 사이에서가 아니라 우파 내부에서 벌어지고 있었다. 즉 구 귀족과 관료, 인종주의자와 비인종주의자가 우파의 이념을 둘러싸고 서로 논쟁을 벌였으며, 포르투갈 출신 독재자 안토니우 살라자르Antonio Salazar를 따르려는 보수주의 엘리트와 무솔리니처럼 대중운동을 전개하려는 청년층도 치열한 노선 다툼을 전개했다. 이렇게 우파 내의 다양한 집단 사이에서 전개된 논쟁은 결국 급진파와 비급진파를 확실하게 구분 짓는 방향으로 마무리되었다.

이렇게 따지면 살라자르와 프랑코, 그리스의 독재자 요안니스 메타크사스Ioannis Metaxas와 무솔리니는 구질서가 지속되는 것을 다소 용인하자는 비급진적인 노선을 취한 덕분에 권력을 장악했다고 할 수 있다. 반면 독일과 오스트리아의 나치주의자는 교회를 비롯한 기존 질서와 타협하기를 전면 거부하는 급진적인 노선을 취했다고 볼 수 있다.

호세 안토니오는 두 노선 사이에서 어중간한 태도를 취했지만, 나치를 과장된 독일 낭만주의의 표현 정도로만 여겼을 뿐 그다지 좋아하지는 않았다. 그러나 무솔리니는 계급과 민주주의라는 병폐를 만들어내지 않고서도 현대적인 우익 정부를 발전시켰다고 높이 평가하며 깊은 관심을 보였다.

그런데 죽기 얼마 전에 쓴 글과 연설문을 보면 호세 안토니오는 '파시즘'이라는 용어를 사용하지 않으려고 노력했음을 알 수 있다. 전통과 현대, 세속화와 종교, 지역의 자율성과 중앙집권, 신비주의와 합리주의를 절충하는 진정한 스페인식 우파 운동을 더 선호했기 때문일 것이다.

호세 안토니오는 1934년부터 무장봉기에 대해 진지하게 고민하기 시작했던 듯하다. 그래서 그해 하반기에 '스페인 군인에게 보내는 편지'를 써 몇몇 고위 장군들에게 보내기도 했다. 그는 이 편지 속에서 부르주아가 지나치게 외래 사상에 중독되어 있는 데다 프롤레타리아 대중도 마르크스의 주술에서 벗어나지 못하고 있는 스페인의 상황에서는 군부만이 권력의 진공상태를 채워줄 수 있다고 설파했다. 그러나 장군들은 그의 주장에 큰 관심을 보이지 않았다. 그중 가장 핵심 인물이었던 프랑코 장군 역시 미동도 하지 않았다.

그러나 1935년 9월부터 무장봉기 계획은 점차 구체성을 띠어갔다. 호세 안토니오는 마드리드 인근의 파라도르 데 그레도스에서 동료와 함께 팔랑헤당이 주도할 완벽한 쿠데타 시나리오를 작성했다(이와 동일한 계획이 1년 후 군부에 의해 부분적으로 실행에 옮겨졌다). 하지만 마치 악마의 장난처럼 공교롭게도 그날 같은 호텔에서는 그가 사랑을 퍼붓던 여인 필라르 아즐로르 데 아라곤이 귀족 출신의 해군 장교 신랑과 함께 신혼여행을 즐기고 있었다. 부모의 성화에 굴복해 결혼하고 말았던 것이다. 호세 안토니오에게는 말 그대로 '일생 중 가장 참담한 밤'이었다.

약 6개월 후인 1936년 2월, 호세 안토니오는 몇몇 팔랑헤당원과 함께 체포당했다. 당시 법원이 발부한 체포 영장에는 경찰이 팔랑헤당의 본부에 붙여놓은 봉인을 호세 안토니오 일당이 제거했다는 혐의가 적혀 있었으나 이것은 사실이 아니었다.

하지만 체포 직후부터 불법적인 집회, 불법적인 무기 소유 등의 혐의가 차례로 추가되었고, 호세 안토니오가 분통을 터뜨리며 저항하자 법정모독죄까지 덧씌워졌다. 마침내 6월 6일 그는 공화파 정부를 향해 전쟁을 선포한다는 말을 내뱉고 말았다.

"더는 평화적인 해결책은 있을 수 없다. 팔랑헤당을 지키기 위해서, 스페인을 지키기 위해서 우리는 이제 전쟁을, 폭력투쟁을 선언하는 바이다."

하지만 그는 반란을 망설였다. 반란을 일으켜봤자 장기간의 내전에 이르는 길만 활짝 열어놓은 채 실패로 돌아갈 수밖에 없다는 사실을 너무나 잘 알고 있었기 때문이었다. 이 와중에 가두시위는 점점 악화되어 폭력사태가 빈번하게 일어났다.

1936년 7월 13일 밤, 군주제 지지파 소속 의원 호세 칼보 소텔로가 사회주의 민병대원에게 납치당해 뒤통수에 총을 맞고 소련식으로 살해당하는 사건이 발생했다. 이 사건은 12년 전에 일어난 이탈리아 의원 자코모 마테오티 살해 사건과 똑같았다. 마테오티와 마찬가지로 소텔로 또한 유명한 정치인이었기에 그 파장도 심각했다. 하지만 정부를 안전하게 이끌어 위기를 수습한 무솔리니와 달리 스페인 공화파 정부는 위기를 평화롭게 해결할 새도 없이 곧 내전에 휘말렸다는 점에서 두 사건은 큰 차이가 있었다. 소텔로 살해 사건 이후 일주일도 채 지나지 않아 본격적인 내전이 시작되었다.

막을 수 없는 혼란

스페인 내전에서는 다양한 배경을 가진 사람들이 맞서 싸웠다. 교회법을 지키면서도 공화제를 옹호한 가톨릭교도가 있었는가 하면 프랑코에게 끝까지 맞서 싸운 가톨릭교도도 있었다. 소련이 배후 조종하던 코민테른을 매개로 4만여 명의 의용군이 국제 여단 소속으로 모집되어 파시즘과의 전쟁에 나섰다. 한편 청년 무정부주의자 조직은 이 내전을 통해 독자적인 혁명을 일으키려 했다. 농촌 출신의 소년병도 지주와 맞서 싸웠다. 프랑코를 지지하는 보수파는 공산주의에 대항해 싸운다고 했지만, 이들이 진정으로 맞서려 했던 것은 진보였다. 한편 보수파의 동맹국이었던 독일은 신무기를 시험해볼 좋은 기회라며 스페인 내전에 적극 개입하고 나섰다. 이탈리아도 원조 파시즘 국가라는 위신을 살리기 위해 가담했다. 결국 내전에 개입한 모든 국가나 정치 세력은 자기 나름의 숨은 목적을 갖고 있었던 셈이다.

스페인 내전에서 나타난 주요 대립과 갈등은 최소 세 가지로 정리해볼 수 있다. 먼저 프랑코와 공화파 사이의 전쟁이다. 그리고 이와 동시에 공화파 내부에서는 지극히 전투적인 태도를 보이던 무정부주의 대중운동 세력이 혁명을 시도했으나, 공산주의자와 중산층에 의해 실패하고 말았다. 마지막으로 신구 우파 사이에서도 대립과 갈등이 나타났다. 구 우파는 낡은 질서의 유지만을 주된 목표로 삼았지만, 신우파는 권위주의적이고 비민주적인 수단을 통해 스페인 사회의 변화와 근대화를 추진하는 것이 주된 목표였다. 이것은 달리 말하면 프란시스코 프랑코와 호세 안토니오 프리모 데 리베라 사이의 대립이었다.

프랑코는 쿠데타를 일으킬 때만 해도 스페인을 완전히 평정하는 데 그리 오랜 시간이 걸리지 않을 것이라 예상했다. 그러나 초반에 권력을 장악하는 데 실패했기 때문에 장기간의 내전이 이어질 수밖에 없었다. 당시 프랑코 휘하의 장군들이 확보한 영토는 스페인 전체 영토의 3분의 1정도였다. 따라서 공화파는 민병대를 동원하고 독자적인 군대를 조직할 시간을 벌 수 있었다. 그리고 소리 없이 피어오르던 무정부주의 혁명의 불꽃이 쿠데타가 벌어진 틈을 타 순식간에 활활 타올라 나라 전체로 번지고 말았다. 아울러 프랑코가 쿠데타를 일으킨 탓에 장군들이 그토록 막아내고 싶었던 '좌파에 의한 혼란'이 한꺼번에 초래되었다.

이때 알리칸테 교도소에 수감되어 있던 호세 안토니오는 프랑코의 설익은 쿠데타가 참혹한 결과만을 낳을 것이라 예상했다. 그래서 그는 몇 주 동안 내전이 진행되는 상황을 지켜보다 생각을 180도로 바꾸었다. 우선 공화파 정부쪽에 편지를 보내 자신의 가족을 인질로 삼고서라도 중재자로서 나서겠다는 뜻을 밝히며 정부 내에 '국민 화해' 기관을 설치하자고 제안했다. 한마디로 그는 자신이 결집시킨 여러 세력이 함부로 준동하지 못하도록 온 힘을 쏟아 막겠다는 의사를 내비쳤던 것이다.

공화파 정부는 호세 안토니오의 제안을 무시하지는 않았으나 이 정도의 제안으로는 수습되기 힘들 만큼 전반적인 상황이 악화일로를 걷고 있었다. 9월이 지나면서 더욱 급진적인 새로운 공화파 정부가 들어섰다. 이 새로운 정부의 각료들에게 타협 따위는 안중에도 없었다. 타협하기에는 이미 너무 많은 피를 흘렸던 것이다.

11월 16일, 호세 안토니오에 대한 재판은 엄격한 분위기 속에서 진행되었다. 그는 반란음모죄로 기소되었다. 터무니없는 죄목은 아니었다. 노련한 변호사였던 그는 혼자 힘으로 변론을 준비해나갔다. 그러나 재판 절차는 그가 '귀를 쫑긋 세우고 빗물 떨어지는 소리까지 들으려는 사람처럼' 서 있는 가운데 일사천리로 진행되었다. 결국 사형선고가 내려졌고 그 순간 그는 정신을 잃고 말았다.

11월 20일 이른 아침, 호세 안토니오는 다른 정치범들과 함께 알칸테 교도소 마당에 서 있었다. 그의 앞에는 총살집행 대원이 있었다. 이 다섯 사람은 당시 좌익에서 우익에 이르는 수천 명의 스페인인이 처형당할 때처럼 벽을 등지고 서 있다가 총에 맞았다. 그들은 죽는 순간까지도 위엄을 잃지 않았다고 한다.

프란시스코 프랑코와 호세 안토니오

훗날 '전사자의 계곡'을 뜻하는 발레 데 로스 카이도스의 팔랑헤당원 전용 묘지에 호세 안토니오의 관과 프랑코의 관이 나란히 놓이게 되었다. 내가 찾아갔을 때 프랑코의 관에는 세 개의 화환이 있었고 호세 안토니오의 관에는 한 개의 화환이 있었다. 돌로 만들어진 천사가 다리 사이에 검을 끼고 이 두 사람을 지켜보고 있었다. 지금도 수많은 방문객이 다녀가고, 매일 아침 미사가 열리고 있다.

묘지는 그 안에 묻힌 사람의 성격을 드러내는 법이다. 두 사람이 영원히 잠들어 있는 바실리카는 러시아의 지하철역처럼 생겼지만, 그보다 3배 정도 규모가 크고 10배 정도 더 위압적이다. 안에는 약 4만여 명의 전몰 국가주의자가 잠들어 있다. 이 바실리카를 건설하는 과정에서 14명이 사망했다는 주장이 나오기도 했다. 과거 공화파로 이루어진 '도망자 파견대'와 '노동 군단'이 16년에 걸쳐 바실리카 건설에 동원

▲ 팔랑헤당원 전용 묘지인 발레 데 로스 카이도스의 모습. 이곳에는 호세 안토니오와 프란시스코 프랑코가 나란히 묻혀 있다.

되었다. 한때 2만여 명의 죄수를 수용했던 막사가 아직도 인근 숲에 남아 있다. 그런데 여기서도 화해는 이루어지지 않았다. 공화파는 도로와 들판을 따라 세워진 이름 없는 무덤에 묻혔다.

내가 찾아갔던 날, 이곳 분위기와 어울리게 날씨마저 우중충했다. 짙은 안개가 언덕을 뒤덮은 가운데 산꼭대기의 십자가가 먹구름과 소나기 사이를 뚫고 언뜻언뜻 모습을 드러냈다 감추기를 반복하고 있었다. 방문객은 핏빛으로 붉게 칠해진 십자가상과 성모 마리아의 굳은 얼굴, 예리한 검 모양의 램프, 제단 위에 놓인 관 그리고 이 신성모독적인 교회가 생기기 이전부터 스페인인을 불러들이던 석조 묘비명 등을 경외심 어린 눈빛으로 바라보고 있었다.

생전에 날카롭게 맞섰던 두 사람을 죽은 뒤 한곳에 둔다는 것은 역사의 섬뜩한 장난이 아닐 수 없다. 유럽의 다른 곳에서는 찾아보기 힘든, 마치 순교자인 것처럼 꾸며놓은 묘지는 지식인 호세 안토니오에게는 결코 어울리지 않는다. 하지만 프랑코의 경우는 약간 다르다. 그는 거리낄 것이 없었다. 그가 필요로 했던 것은 오로지 상징이었다. 그래서 그는 아무런 망설임 없이 호세 안토니오의 시신 옆에 자신의 시신을 놓도록 함으로써 자신에게 부족한 점을 보완할 수 있었다.

호세 안토니오는 유흥을 즐겼고 여러 여자와 바람을 피우기도 했지만, 프랑코는 여자 꽁무니를 쫓아다니며 애정행각을 벌였던 아버지를 싫어했기 때문인지 여자 문제에 관해서만큼은 담백했다. 호세 안토니오는 열정적인 정치인이었으나 프랑코는 권력만을 최우선시하는, 뚜렷한 원칙 없는 실용주의자이자 영리한 기회주의자였다. 그리고 중간계급으로 태어나 귀족이 지닌 특권에 한평생 증오심을 품고 산 '그저 그런 인물'에 지나지 않았다. '지식인을 타도하라'는 프랑코가 외인부대 시절부터 마음속에 새기던 신조였다.

처형당하기 직전 호세 안토니오는 자기가 연 악마의 관 뚜껑을 다시 닫기 위해 필사적으로 노력했으나 별다른 성과를 거두지 못했다. 프랑코는 자신의 사생활에 관한 이야기가 새나가지 않도록 엄격히 통제했다. 이 점에서 볼 때 프랑코는 사람을 조종하는 천부적인 능력을 타고났다고 할 수 있다. 프랑코는 공화파 정부 시절의 군대 경력, 쿠데타 성공, 내전 이후의 '피의 숙청', 동맹국인 독일과 이탈리아의 2차 세계대전 패배, 1945년 무렵 미국이 세웠던 스페인 해방 계획(마지막 순간 처칠에 의해 중단되었다), 근 40년에 걸친 독재정치 등을 모두 안고 갔다.

한편 호세 안토니오의 유산도 프랑코의 죽음과 함께 사라졌다. 쿠데타를 일으킬 때까지만 해도 프랑코는 호세 안토니오의 팔랑헤 에스파뇰라에 아무런 관심이 없었다. 그러나 쿠데타 이후 이 운동이 '무시무시한 속도로 성장해나가자' 비로소 관심을 기울이기 시작했다. 불과 몇 주 지나지 않아 프랑코를 지지하는 의용군의 절반 이상이 팔랑헤당원으로 구성되었다. 결국 17만 명 이상의 스페인인이 팔랑헤 민병대에 가담했다.

그런데 호세 안토니오가 사망한 후 팔랑헤 에스파뇰라는 점차 무질서한 조직으로 변해갔다. 당 지도부는 파시즘의 상징을 몸에 두른 채 거들먹거렸으며, 화려한 유니폼을 맞춰 입고, 때로는 훔친 리무진을 타고 여러 도시를 돌아다니며 테러행위를 저지르기도 했다. 당 기관지 또한 반유대주의 혹은 나치스의 선전을 게재하거나 《시온장로 의정서》를 빈번하게 인용했다.

프랑코는 이렇게 무질서하게 세를 확장해가던 팔랑헤 운동을 불과 몇 달 만에 자신의 신팔랑헤 운동에 통합시켜버렸다. 프랑코는 돌연 호세 안토니오와 긴밀한 관계를 맺었다는 사실에 자부심을 느낀다는 것을 공개적으로 밝히고 나섰다. 그리고 팔랑헤 운동의 선구자와 그 후계자인 자신을 둘러싼 온갖 신화를 창조해냈다.

사실 프랑코는 호세 안토니오를 감옥에서 석방시키기 위해 손가락 하나 까딱하지 않았다. 그에게 호세 안토니오는 관심 밖의 인물이었기 때문이다. 또한 1936년 프랑코는 독일 해군의 도움을 받아 호세 안토니오를 구출할 수 있었지만, 여러 차례 이 작전의 취소를 주장했다. 그리고 프랑코는 호세 안토니오가 처형당한 후에도 그의 사망 소식을 비밀에 붙이라는 명령을 내렸다.

한편 이 와중에도 프랑코의 선전 담당자는 호세 안토니오의 공백 상태를 교묘히 이용했다. 프랑코로 하여금 호세 안토니오가 소련으로 인도될 경우 '거세당할지 모른다'는 말을 넌지시 내비치게 해 공산주의에 대한 혐오감을 불러일으키도록 했던 것이다. 1938년 11월이 되어서야 호세 안토니오의 죽음이 공개적으로 발표되었다.

내전 발발 직후, 교도소 안에 있던 호세 안토니오는 국가주의자가 내전에서 승리할 것이라고 분석했다.

"장군들은 의도는 좋지만 정치 감각은 형편없다. 그 배후에는 비타협적이고 촌스러우며 냉혹한 카를로스주의자가 진을 치고 있다. 보수파는 자기들의 이익만 고집하기 때문에 근시안적이고 게으르다. 이들이 농업자본주의와 금융자본주의에만 관심을 쏟는 한 지난 몇 년 동안 싹이 보이는 듯했던 근대화된 스페인의 건설 가능성은 사라지고 말 것이다. 국가 전체를 놓고 넓은 관점에서 바라보지 못하기 때문이다."

호세 안토니오가 만든 팔랑헤당은 들러리 역할만 했다. 하지만 처음에 소규모 집단으로 시작해서 1977년 해체될 때까지 총 46년 동안 명맥을 유지한 팔랑헤당은 유럽에서 가장 오래 활동한 우익 전체주의 정당이었다.

22

스페인 내전의 격전지, 바르셀로나

Barcelona

조지 오웰, 스페인 내전에 뛰어들다

　바르셀로나는 게으르지만 눈이 예쁜 여자와 같다. 아름다운 시가지가 펼쳐지는 가운데 가끔 화려한 건물이 눈에 띄지만 그다지 매력적으로 보이지 않는 도시이다. 또한 판자촌이 널려 있으면서도 장엄한 분위기가 넘쳐흐르는 도시이기도 하다. 뭐라 한마디로 정의하기 힘든 도시이다. 바르셀로나 시내 한복판을 걷다 보면 눈길을 잡아끄는 것이 세 가지 있다.

　먼저 관광객의 천국임에도 도시는 놀라울 정도로 단조롭다. 제화점, 이발소, 야채가게, 신문가판대, 카페, 잡화점 등 한때 라스 람블라스에 끝없이 늘어서 있던 다양한 점포가 이제는 거의 여성복 전문점과 관광기념품 가게로 변했다. 신문가판대는 하나같이 똑같은 신문과 잡지를 늘어놓고 있으며, 노점 식당도 똑같은 상표의 즉석 파엘랴만을 팔고 있다. 기념품 가게도 마찬가지이다. 어디를 가나 크게 구별되지 않는 장식품만을 진열해놓고 있다.

둘째로, 스페인어가 눈에 띄지 않는다. 바르셀로나에는 프랑스나 이탈리아 같은 지중해풍의 분위기가 물씬 풍긴다. 그러나 다른 무엇보다 바르셀로나는 바르셀로나 그 자체이다. 낙서, 안내책자, 어린이 책, 신문 등은 카탈루냐어 일색이다. 심지어 지하철 탑승권 자동판매기의 안내문까지도 카탈루냐어로 되어 있다. 여기가 과연 스페인인가라고 물으면 '그렇다'라고 대답할 사람은 아무도 없을 것이다.

셋째로, 두드러지게 눈에 띄는 현상 중 하나가 역사 유적지가 전혀 없다는 점이다. 스페인 전체가 20세기의 상처를 가리는 데 급급했듯이 바르셀로나도 과거를 멋지게 윤색하는 데 바빴다. 20세기 동안 수많은 전투를 겪은 유럽의 여러 도시는 당시의 총탄 흔적 하나하나에 각별히 신경을 쏟고 있다. 과거 동베를린으로 불렸던 곳에서는 지금도 길거리 모퉁이나 각종 건물 출입구에 쏟아졌던 총탄 흔적을 찾아볼 수 있다. 물론 그런 흔적들이 급속히 사라지고 있기는 하지만, 누구나 시가전이 벌어지던 1945년 그 무렵에 저격수가 숨어서 총구를 겨누었을 곳을 머릿속에 그려볼 수 있다.

하지만 바르셀로나에서 총탄의 흔적을 찾아내려면 여간 주의 깊게 살펴보지 않으면 안 된다. 예컨대 카레르 데카 카눌라의 모퉁이에 있는 한 의류점 문에는 총격전이 벌어졌던 곳임을 알리는 희미한 표지판이 붙어 있지만 회반죽에 가려져 있기 때문에 눈에 띨까 말까 하다. 또 현재 식당과 휴대폰 판매점 등 각종 상점이 들어서 있는 플라카 데 카

▲ 카탈루냐 광장에 있는 구 전화국 건물은 스페인 내전 당시 만남과 소통의 중심지 역할을 했다.

탈루냐(카탈루냐 광장)의 구 전화국 건물은 스페인 내전 당시 만남과 소통의 중심지 역할을 했던 곳으로 역사에 길이 남을 전투가 그 근처에서 벌어진 바 있다. 그러나 건물 외관을 아무리 찬찬히 살펴봐도 총탄의 흔적은 찾기 힘들다. 총탄에 파인 구멍이나 검게 그을린 흔적이 눈에 띄지 않는 것이다. 전쟁의 흔적을 이처럼 말끔하게 지워버린 곳은 유럽 어디에도 없을 것이다.

본명보다 필명인 조지 오웰George Orwell[1]로 더 유명한 영국인 작가이자 모험가인 에릭 블레어Eric Blair는 1936년 12월 말 국제 의용군에 자원입대하기 위해 바르셀로나에 도착했다. 그는 훗날 그때서야 비로소 노동 계급이 지배하는 도시로 들어왔다는 사실이 실감나기 시작했다고 적었다. 그가 도착했을 무렵까지도 바르셀로나는 혁명 세력이 장악하고 있었으며, 무정부주의자의 주도 아래 수천 개의 공동체가 꽃피우고 있었다.

도시의 모든 벽면에는 혁명 포스터가 붙어 있었고, 노동자가 점유한 크고 작은 건물에는 빨간 깃발과 검은 깃발이 내걸렸다. 카페와 점포는 모두 공영화되어 있었다. 다른 사람을 부를 때 '…나리'라고 하거나 '…님'이라며 존칭을 사용하는 사람은 없었다. 그 대신에 '동지'나 '당신'이라는 말을 덧붙였다. 손가락질로 사람을 가리키는 것은 금기시되었다. '멋진 옷을 차려 입은' 여자나 남자가 더는 보이지 않았다. 너 나 할 것 없이 노동복과 푸른색 작업복, 혹은 전투복을 걸쳤다. 더는 투우 시합도 열리지 않았다. "왜 그런지 몰라도 뛰어난 투우사는 모두 파시스트였다."

조지 오웰은 "이 모든 일은 낯설었지만 감동적이었다. 이해하기 힘들고 마음에 들지 않는 일들이 수차례 눈에 띄기는 했지만, 싸워서 얻을 만한 가치가 있음을 즉각 깨달았다"라고 썼다. 그는 마르크스주의 통합노동자당(약칭 POUM) 휘하 급진 좌파 민병대에 가입했다. 당시에는 미처 알지 못했지만, 이는 훗날 엄청난 영향을 미친 선택이 되었다.

POUM 민병대에서는 토론을 통해 모든 결정이 내려졌다. 그러나 매복하는 방법이라든가 무기 조작 방법과 같은 가장 필요한 훈련은 이루어지지 않았다. 젊은 신병은 오로지 제식훈련만 받았다.

열의는 높지만 아직은 애송이에 불과한 이 사람들은 소총을 발사하는 법이나 수류탄의 안전핀을 뽑는 방법조차 배우지 못한 채 말 그대로 최전선에 내동댕이쳐졌다.

얼마 후 오웰은 그 이유를 깨달았다. 훈련소를 구석구석 다 뒤져보았지만 소총을 한 정도 발견할 수 없었던 것이다. 결국 오웰은 갖은 고생 끝에 혼자 힘으로 소총을 구해 무장했다. 1896년에 제작된 낡은 독일제 모제르총이었다. 당연한 말이지만 현대식 무기로 무장한 군대가 하루아침에 뚝딱 만들어질 수는 없었으므로, 공화파로서는 제대로 훈련된 군대를 갖추기까지 상당한 시간을 보내야 했다.

사정이 이렇다 보니 프랑코군은 거의 아무런 저항도 받지 않은 채 전황을 주도할 수 있었다. 오웰이 배치된 전선은 '먼 불빛이 배 옆구리의 창문처럼 점점이 띠를 이루며 늘어선' 사라고사가 시야에 들어오는 곳이었다. 간간이 이루어진 야간 공격을 제외하고 처음 몇 달 동안은 별다른 상황이 발생하지 않았다.

참호전에서는 땔감, 식량, 담배, 양초, 적군, 이 다섯 가지가 중요하다. 사라고사 전선에서 겨울을 나는 동안 내가 말한 순서대로 중요도가 높다는 것을 절실히 깨달았다. 아무튼 적군은 맨 나중이었다.

서로 맞서며 대치하던 병사들은 총격전을 펴는 대신 신랄한 말싸움을 벌였다. "에스파냐 만세! 프랑코 만세!"라고 한쪽이 외치면, 다른 쪽은 "야, 이 파시스트 호모새끼들아!"라고 응수하는 식이었다. 마침내 고함지르기 전문 특수부대가 만들어지기에 이르렀고, 공화파군에서는 야유를 예술의 경지로까지 승화시켰다. 오웰은 당시의 광경에 대해 온몸이 꽁꽁 얼어붙을 것 같은 어느 추운 밤 이웃 참호의 누군가가 길 건너편의 파시스트 적군에게 "야, 이놈들아. 나는 토스트에 버터를 발라서 먹고 있다"라고 고함을 지르면 그 소리가 어두운 골짜기에 메아리쳐 누구에게나 들렸다고 썼다.

"우리는 편히 앉아서 버터 바른 토스트를 먹고 있다, 이 녀석들아! 야, 토스트 정말 맛있구나!"

사실 양쪽 진영의 어느 누구도 여러 주, 혹은 여러 달 동안 토스트나 버터 근처에도 가 보지 못했기 때문에 이 말만 들어도 입에서 군침을 질질 흘렸을 것이다.

1937년 4월, 오웰은 바르셀로나로 돌아왔다. 석 달 보름 만에 바르셀로나는 완전히 다른 도시로 변해 있었다. 거리마다 우아한 여름옷을 한껏 차려 입고 멋진 차를 모는 부자들, 빳빳이 다린 카키색 인민군 군복을 걸치고 허리띠에는 빈 자동권총 총집을 매단 채 한가롭게 산책하는 장교들로 넘쳐났다. 마치 혁명은 그림자조차 얼씬거리지 않았던 것처럼 보였다. 부르주아 계급은 지난 6개월 동안 겉으로만 변한 척하며 숨죽이고 있다가 본색을 드러냈다.

오웰은 당시의 정치적 분위기가 이상한 방향으로 흘러가고 있다는 사실을 깨닫고 경악을 금치 못했다. 그는 전선에 있을 때만 해도 무정부주의자와 공산주의자 그리고 기타 잡다한 정치적 분파 사이의 경쟁의식을 거의 감지하지 못했다. 하지만 전선에서 한참 떨어진 바르셀로나에서는 무정부주의자와 POUM 민병대 사이를 이간질시켜 인민군에 유리한 상황을 조성하기 위한 조직적인 운동이 전개되고 있었다.

아무도 전선의 진흙 구덩이에서 구르다 돌아온 병사에게 관심을 기울이지 않았다. 라디오 방송과 공산주의 언론은 민병대에 대해 '훈련 상태가 극히 불량하고 규율이 흐트러져 있다'며 악의적인 소문을 퍼뜨리는 한편 인민군에 대해서는 소비에트 선전 임무를 훌륭하게 수행하는 군대답게 '영웅적인' 전투를 벌이고 있다고 떠들어댔다. 그러나 실제 6개월 이상 전선을 지키고 있던 것은 민병대였고 인민군은 후방에서 훈련만 받았을 뿐이었다.

다른 수많은 국제 의용군이 그렇게 느꼈듯, 오웰도 처음에는 자신이 도대체 어떤 종류의 전쟁에 참전하고 있는 것인지 어리둥절하기만 했다. 그는 단지 '파시스트에 맞서 싸우기 위해' 스페인에 왔다가 우연히 민병대에 들어갔을 뿐이었다. 하지만 바로 그때 그는 공화파 정부 내에서도 또 다른 혁명이 진행되고 있음을 깨달았다. 우선 눈앞의 전쟁이 급했던 무정부주의자는 혁명의 '자산'을 하나씩 포기하고 있었다. 그리고 공산주의자는 혁명 세력 내부의 투쟁에서 결코 혁명을 지지하는 편에 서지 않았다. 오히려 극우파의 편에 서 있었다.

마드리드와 바르셀로나에서는 특정 조직과 위원회를 장악하기 위해 수없이 많은 전투가 벌어졌고, 그로 인한 사상자 수는 꾸준히 늘어만 갔다. 그리고 무정부주의자 각료는 서서히 지지자에 대한 영향력을 상실하기에 이르렀다.

1937년 봄, 드디어 혁명 세력 내부의 팽팽한 긴장감이 전면에 드러나게 되었다. 그 무렵 바르셀로나의 전화국 건물은 무정부주의자가 장악하고 있었는데, 어떤 무정부주의자 조직은 전화 대화를 도청하고 있다가 마음에 들지 않는 내용이 들릴 경우 연결을 끊어버리곤 했다. 일정 시기가 지나자 혁명 도시 바르셀로나에서도 이런 일이 점점 잦아졌다.

5월 3일 월요일, 드디어 공산주의자 경찰총장과 그 밑의 경찰들이 전화국 건물을 기습했다. 총격전이 벌어졌고, 곧 바리케이드가 설치되었다. 공산주의자는 전화국 건물의 대각선 쪽에 있던 콜론 호텔로 이동해 지휘 본부를 차렸다. 그 뒤 며칠 동안 공산주의자와 경찰을 한편으로 하고 무정부주의자와 좌익 급진주의자를 다른 편으로 하는 끔찍한 시가전이 전개되었다. 바르셀로나에 상당한 병력을 두고 있던 POUM은 당연히 바리케이드 사수파의 최선봉에 섰다.

무정부주의자 각료 프레데리카 몬트세니는 라디오 방송을 통해 이제 같은 편끼리 싸우는 짓을 중단하자고 호소했다. 한 목격자의 말에 따르면 바르셀로나 지역 무정부주의자 조직원이 격분한 나머지 "권총을 꺼내들고 라디오를 박살냈지만, 그래도 명령에 따랐다"고 한다.

이러한 소규모 내부 분쟁은 무정부주의자에 대한 경찰의 앙갚음에 지나지 않았다. 하지만 무정부주의자의 편에 서서 싸웠던 사람들은 그 이상이었다고 주장했다. 혁명의 지속을 원하던 진영과 전반적으로 혁명을 통제하며 그 속도를 늦춰보려던 진영을 구분하는 계기가 되었다는 것이다.

한편 공산주의 언론은 이 사건을 확대 해석하여 POUM이 주도하는 공화파 전복 음모의 일부가 드러났다고 주장했다. 그리고 한 걸음 더 나아가 불화의 씨앗을 퍼뜨려 공화파 정부를 마비시키려는 파시스트의 음모라고까지 선전해댔다. POUM은 결국 프랑코의 '제5열', '파시스트와 긴밀히 연락하며 옷을 바꿔 입고 몰래 잠입한 트로츠키파 조직' 등으로 매도당하고 말았다.

전화국 건물에 있던 POUM 측 이야기는 정반대였다. 이들은 음모란 있을 수 없다고 주장했다. 응원군이 미리 바르셀로나 시내로 들어와 대기했다는 것은 터무니없는 말일 뿐더러 사전에 전투 물자를 비축해놓는다는 것도 불가능한 일이라며 공산주의자의 억지 주장을 적극 부인하고 나섰다.

사태가 진행되는 과정을 지켜봤던 오웰 역시 "양쪽 진영 모두 때마침 손에 무기를 들고 있었고, 그것을 사용할 의지마저 없잖아 있었기 때문에 유혈사태로 발전하게 된" 단순한 소동에 지나지 않았다고 증언했다.

그러나 공산주의자에게는 이러한 '음모론'이 반스탈린주의 경쟁세력을 짓밟을 절묘한 구실이 되었다. 몇 주 후 POUM 지도부가 모두 체포당했고, POUM 자체가 불법 조직으로 규정되었다. POUM 산하 모든 사무실, 병원, 지원센터, 서점 등이 몰수당했으며 민병대는 해체되고 말았다. 전선에서 귀환한 민병대 출신 POUM 지지자를 겨냥한 전면적인 수색작전이 펼쳐졌다. 수십 명의 외국인 의용군을 비롯한 수백 명의 POUM 조직원이 의문의 실종을 당했다.

오웰도 위기에 몰렸으나 간발의 차로 벗어나 마녀사냥을 모면할 수 있었다. 그러나 오웰의 상관이자 동료였던 벨기에 출신 기술자 조르주 코프는 운이 좋지 않았다. 코프는 자신의 모든 것을 내던져 파시스트와 싸운 인물이었다. 그는 전선에서 겨울을 보낸 뒤, 바르셀로나에서 유혈사태가 진행되던 무렵에는 중재자로 활동하며 수십 명의 목숨을 구한 바 있었다. 하지만 스페인과 소련의 공산주의자는 적절한 기소와 재판 절차 없이 감옥에 가둬두는 것으로 그에게 보답했다.

오웰은 아내와 함께 코프의 석방을 위해 백방으로 뛰어다녔다. 처음 몇 달 동안 오웰 부부는 교도소에서 미리 석방된 사람 편에 몰래 편지를 전달받을 수 있었다. 편지에는 어두컴컴하고 지저분한 감방에 대한 묘사와 더불어 먹을 것이 너무 부족하고 만성적인 질병에 시달리지만 어떤 치료도 기대할 수 없다는 내용이 빠지지 않고 등장했다. 그러던 어느 날 마침내 편지가 중단되고 말았다. 오웰 부부는 코프가 비밀 교도소 중 한 곳으로 끌려갔다고 짐작했다. 하지만 코프는 정말 기적적으로 '국제적인 연대'에 힘입어 살아남을 수 있었다.

미국인 의용군, 밀턴 울프

《카탈로니아 찬가》를 끝내면서 오웰은 "나의 당파성이 뚜렷하다는 점, 내가 사실을 잘못 이해했을지도 모른다는 점, 내가 사건의 한 측면만을 봤기 때문에 글이 왜곡되었을 수도 있다는 점을 염두에 두고 이 책을 읽기 바란다"라는 경고의 말을 남겼다. 이렇게 정직한 자기 고백의 글이 또 어디 있을까?

스페인 내전처럼 지금까지도 무수한 거짓말이 난무하는 전쟁은 없을 것이다. 모든 진실이 선전이라는 두꺼운 장막에 가려져 있다. 지금도 역사가는 진실에 접근하는 데 어려움을 겪고 있다. 무려 13만 명이

나 되는 테러의 희생자들이 왜, 어떻게 종말을 맞았는지 그리고 이들의 시신이 어디에 묻혔는지 아무도 모른다.

우리가 갖고 있는 구체적인 증거라고는 목격자의 목격담뿐이다. 스페인 내전에 의용군으로 참여했던 유일한 외국인은 캘리포니아 주 오클랜드에 살고 있다. 그는 동양풍 숄을 걸친 채 크림색 자동차를 타고 미국 곳곳을 돌아다니며 기회가 날 때마다 새 연인 벳시의 이름을 자랑하고 다녔다. 그의 이름은 밀턴 울프Milton Wolff였다. 처음 만났을 때 그의 나이는 70대 후반이었다. 그는 미국인 의용군으로 구성된 에이브러햄 링컨 대대의 마지막 대대장을 지냈다. 당시 그의 나이는 23세였다.

불과 2년 사이에 8명의 대대장이 밀턴이 소속되어 있던 대대를 거쳐 갔다. 그중 4명은 전사했고, 나머지 4명은 심한 부상을 당했다. 밀턴은 9번째 대대장이었다. 1938년, 어니스트 헤밍웨이 또한 "허리케인이 스치고 지나간 곳에 근근이 붙어 있는 키 큰 야자수의 이파리처럼" 운 좋게 살아남았다고 자신의 경험담을 기록한 바 있다. 밀턴도 브루네테에서 저질러진 대학살, 플루엔테스에서 겪은 처참한 살육, 테루엘에 내린 폭설을 꿋꿋하게 견뎌내고 살아남았다. 이처럼 산전수전 다 겪은 인물이 지금은 크림색 차를 몰고 다닌다.

1993년 어느 화창한 날, 캘리포니아에서 온 친구들과 식사를 나누던 자리에서 밀턴을 다시 만났다. 그는 여전히 키가 훤칠한 미남이었으며 항상 그랬듯 자기 나이의 절반 정도밖에 안 돼 보이는 여자 친구와 함께 있었다. 그는 2차 세계대전 때 영국의 비밀 정보기관에 소속되어 미얀마에서 상당 기간 근무하기도 했다. 그 후에는 유고슬라비아와 이탈리아의 공산주의자 저항운동 지원 임무를 띤 미국 정보기관의 연락관으로 활동했다.

전쟁 후 미국 정부는 과거 스페인 의용군으로 활동했던 사람들에게 '조숙한 반파시스트 운동가'라는 매혹적인 명칭을 붙여주며 일정한 대우를 해주었다. 따지고 보면 그는 정식으로 군 복무를 하지 않은 셈이었다. 80대에 접어든 지금도 쿠바를 위해 의약품을 모집하고 니카라과에 앰뷸런스와 병원 유지비를 후원하는 등 세상을 위한 일을 열심히 해나가는 중이다. 그러나 1993년의 그날 오후 밀턴은 침울한 기분에 잠겨 있었다.

"요즘 내 오랜 동지들이 허망하게 죽고 있어."

그는 그 옛날 모든 것을 망가뜨렸던 '개새끼들'에 대해 뭐라고 중얼거린 후 내 여자 친구의 금발 머리로 시선을 돌렸다. 다람쥐가 담장 위를 뛰어다니고 있었다. 부엌에서는 집주인이 망치로 빈 깡통을 납작하게 만드는 소리가 요란하게 들려왔다. 금속은 금속으로, 퇴비는 퇴비로, 종이는 종이로 재활용하는 지역 사업의 일환이었다.

조지 오웰은 "그것은 지구 표면 곳곳에서 벌어지는 거대한 게임의 일시적이고 국지적인 국면에 지나지 않았다. 하지만 그것을 한 번이라도 경험한 이에게는 오랜 세월 동안 심대한 영향을 미쳤다. 그때를 살았던 사람들은 시대를 저주했으나, 시간이 흐르면서 누구나 낯설지만 가치 있는 일을 경험했다는 사실을 깨닫게 되었다. 그들은 무관심이나 냉소보다는 희망을 정상으로 여기는 공동체를 꾸렸으며, '동지'라는 말이 사기나 협잡이 아닌 말 그대로 동지애를 의미하는 곳에서 살았다. 누구나 평등의 공기를 들이마시며 숨 쉴 수 있는 곳 말이다"라고 썼다.

내전이 발발하자마자 독일과 이탈리아는 프랑코에 대한 지원을 아끼지 않았다. 융커 전투기, 하인켈 폭격기, 메세르슈미트 전투기 등은 물론 각종 비행기 정비사와 조종사, 수천 명의 의용군을 보냈다. 하지만 그 내막을 살펴보면 무상원조는 일부에 지나지 않았고 순전히 상업적인 거래가 주를 이루었다. 프랑코는 지원을 받는 대가로 독일에 광산을 하나씩 하나씩 팔아치웠다. 미국도 겉으로는 중립을 지키는 척하면서 원유와 1만 2,000대의 트럭을 프랑코에게 지원했다. 미국의 입장에서는 '파시스트' 쿠데타가 '공산주의' 혁명보다는 덜 위험했던 것이다.

공화파 정부는 내전 발발 직후 멕시코로부터 2만여 정의 소총을 지원받았다. 그 이후 공화파 정부의 모든 시선은 좌익 인민전선이 권력을 잡고 있던 프랑스로 향했다. 공화파 정부의 프랑스 친구들은 70대 이상의 비행기로 전쟁 수행 물자를 수송해줄 것을 약속했지만, 얼마 안 가 이러한 지원마저 중단되고 말았다. 당시 대륙에서 벌어지는 또 한 차례의 불분명한 전쟁에 휘말려들지 않겠다는 영국의 결정에 프랑스도 맞장구를 쳤던 것이다. 이 무렵에는 '유화정책'이 시대를 상징하는 핵심 단어였다. 즉 호전적인 정책을 폈던 1914년과는 달리 이번에는 신중과 인내로 독재를 봉쇄하겠다는 정책을 폈던 것이다.

1936년 8월 8일, 프랑스는 스페인 국경을 봉쇄하여 군수물자의 수송을 막았다. 이로 인해 공화파 정부는 불가피하게 마지막 남은 동맹군인 공산주의자와 스탈린의 소련이 제공하는 무기에 의존할 수밖에 없었다. 결국 공화파 정부는 내전 초기 몇 주 동안 옴짝달싹 못하는 처지에 놓이고 말았다.

밀턴 울프가 싸웠던 지역은 바르셀로나에서 남서쪽으로 120킬로미

▲ 전선에서 빠져나오기 위해 밀턴 울프가 목숨을 걸고 헤엄쳤던 에브로 강의 모습이다.

터 떨어진 곳이었다. 오늘날에는 방갈로와 주유소를 양 옆에 두고 고속국도 N420호가 죽 뻗어 있다. 밀턴은 간데사 인근 구릉지의 올리브 숲 한가운데서 자기 위치를 사수하고 있었다. 그의 회고록에 따르면 "비행기 한 대가 나타나 언덕 위를 선회했다. 잠시 정적이 흘렀다. 그러다 갑자기 언덕 전체가 고함소리, 총격소리, 기관총이 발사되는 소리로 뒤덮였다. 얼마 안 가 전투 상황이 종료되었고, 나는 고립되고 말았다." 그에게는 이때가 가장 아찔한 순간이었다. 소속 부대와 연락이 끊겼던 것이다. 그가 숨어들어 간 '가난한 갈색 마을'은 아스코였다. 이 마을 뒤편으로 에브로 강이 흐르고 있었는데, 그는 강을 헤엄쳐 건넌 뒤 가까스로 전선을 빠져나올 수 있었다. 강물은 지금도 붉은빛을 띠며 세차게 흐른다.

5부 | 무솔리니의 파시즘, 스페인 내전으로 꽃피다 • 575

아스코에서 한참을 더 가면, 강렬한 햇빛이 내리쬐는 칼라세이테와 알카니스가 나타난다. 모든 가게의 문이 닫혀 있다. 할머니 두 명이 집 앞에서 뜨개질로 조끼를 짜고 있다. 길을 따라가다 보면 깔려죽은 여우, 토끼, 오소리, 너구리, 자고새 등을 끊임없이 볼 수 있다. 산 위로는 뭉게구름이 높이 떠 있다. 길가 식당의 손님은 영업사원과 트럭 기사가 대다수이고 종업원은 묵묵히 오늘의 특별요리인 샐러드, 가지무침, 토끼볶음을 손님 식탁으로 나르고 있다.

고개를 돌려 서쪽을 바라보니 더욱 험한 풍경이 눈에 들어온다. 언덕은 나무로 뒤덮인 평원과 이어지고 있다. 대지는 아주 딱딱하고 메말라 보인다. 내가 탄 밴 주위에서 뜨거운 바람이 불고 있다. 도로는 가끔 갈색으로 보이는 조용한 마을 근처에서 급커브를 그린다. 이 지역에는 버려진 밭, 농가, 가게, 수도원 등의 잔해가 군데군데 놓여 있다. 거의 모든 폐허 뒤에는 비극이 숨어 있겠지만, 지금으로서는 어떤 비극인지 알 도리가 없다.

간데사에서 10킬로미터쯤 떨어진 곳에 죽 늘어서 있는 부서진 집의 숨은 이야기는 무엇일까? 내전 중 불에 탔을까? 아니면 더는 좋은 날이 오지 않을 것이라 생각됐던 1960년대에 버려진 것일까? 알카니스 근처의 거대한 주택은 무너진 것일까, 아니면 군인들이 폭파한 것일까?

이곳은 과거에 에브로 강 전선이 있던 곳이다. 1938년 여름, 공화파가 4개월 동안 군사력을 집중 배치해 결사적으로 지키려 했던 곳 말이다. 이곳 동쪽의 버려진 마을 벨치테를 들여다보면 아직도 건물 잔해 더미, 무너지다 만 벽의 벽돌 조각, 지붕이 날아간 교회 건물, 철근 조각 그리고 그 사이를 비집고 들어와 무성하게 자란 나무 등 전쟁의 자취가 고스란히 남아 있다.

1938년 3월, 밀턴 울프가 속한 에이브러햄 링컨 대대는 이 마을에서 최후까지 저항한 공화파군이었다. 대대장이 전사한 상황에서 프랑코군의 탱크에 밀려 이곳까지 후퇴했던 것이다. 당시 양 측 모두 합쳐 6,000명 이상의 전사자가 나왔다. 이 폐허는 최근 "우리는 평화 유지 임무를 수행합니다"라는 네덜란드군의 텔레비전 광고 속에서 배경으로 등장했다.

격렬한 전투가 벌어졌던 다른 언덕들은 무슨 일이 있었냐는 듯 그대로 있다. 전사자는 그 아래 어딘가에 묻혀 있을 것이다. 당연히 어떤 표지 하나 없다. 여기서는 '망각'이 대원칙이다. 아무도 과거를 샅샅이 살펴보려 하지 않는다.

23

폭격당한 도시, 게르니카

Guernica

바스크인이 꿈꾸는 나라

18세기 중반 장 자크 루소는 "게르니카는 지상에서 가장 복 받은 도시라고 할 만하다. 이곳 주민은 오크나무 아래에서 열리는 대표자 회의에서 내부 문제를 논의하고 결정하는데, 이렇게 해서 내려진 결정은 언제나 올바를 수밖에 없다"라고 말했다. 적어도 바스크 지방의 자료에는 그렇게 쓰여 있다. 사실 루소는 스위스를 가리켜 한 말이었지만 이곳에서 그런 사실은 조금도 중요하지 않다.

바스크로 흔히 알려진 에우스카디Euskadi는 꿈의 지방이다. 여기에 오면 누구나 깊은 늪에 빨려 들어가는 것처럼 풍광에 취한다. 그러다 갑자기 정신을 차려보면 스페인인과는 전혀 다른 민족이 전혀 다른 언어를 사용하며 살아가는 모습을 발견하게 된다. 바싹 마른 스페인의 평야를 지나 이곳에 오면 낯선 고대 민족이 사는 녹색의 스위스가 눈앞에 펼쳐진다.

이곳의 문자는 쐐기문자처럼 생겼다. 외부인은 바스크인이 무슨 언어를 사용하고 무슨 글자를 쓰는지 잘 모른다. 이들은 타지방 사람들과는 보통 맛과 냄새로 의사소통을 한다. 바스크인은 부엌에서만큼은 진정한 마술사로 변신한다. 언덕을 올려다보면 하얀 밭과 목에 종을 단 소가 곳곳에서 눈에 띈다. 바다 냄새도 맡을 수 있다. 여기서 마드리드는 아주 머나먼 곳이다.

바스크인의 일반적인 생활 모습은 다른 유럽인의 일반적인 생활 모습과 크게 다르지 않다. 평범한 바스크인은 도노스티아(산 세바스티안)나 이바이사발(빌바오) 근처의 대규모 주택단지 혹은 지저분한 고층 아파트에서 생활하며, 사무실이나 점포, 학교, 컨베이어 벨트 옆에서 하루의 대부분을 보낸다. 주말이면 친구 또는 가족과 함께 식당에서 외식을 하거나 디스코 클럽에서 춤을 추며 논다. 하지만 만약 바스크인에게 이상적인 삶이 무엇이냐고 묻는다면 밭에서 농사를 짓고 소도 몇 마리 기르며 지내는 삶, 또는 손자나 증손자와 함께 편안하게 여생을 보내는 삶이라고 대답할 것이다.

모든 바스크인에게 바스크 분리주의 운동은 또 다른 의미로 다가온다. 우리는 민족주의를 반대할 수도 있고 급진적인 민족주의자일 수도 있다. 또는 유연한 민족주의자이거나 폭력적인 민족주의자, 평화주의적인 민족주의자일 수도 있다. 도로에 폭탄을 매설하며 격렬하게 투쟁하는 민족주의자이거나 그러한 투쟁을 비난하는 민족주의자일 수도 있다. 이러한 민족주의자를 싸잡아 욕할 수 없듯이 바스크인은 물론 바스크 민족주의자도 하나로 묶어 평가할 수 없다.

15세기 이후 바스크는 스페인의 다른 지방과 마찬가지로 지방 귀족과 일반 시민의 권리를 위해, 대대로 내려온 전통을 지키기 위해 투쟁해왔다. 독립을 지향하는 이러한 투쟁은 대개 특권, 조례와 지방세 등 실질적인 문제와 뒤얽혀 전개되었다. 그리고 19세기 말에 이르러서는 유럽의 다른 지역들처럼 '독립을 향한 강한 열망'이 담긴 투쟁에 짙은 낭만적 색조가 가미되기 시작했다.

당시 사비노 아라나Sabino Arana는 새로운 운동을 주창하면서 바스크 민족주의의 성격이 강하며 가톨릭과 순혈주의를 고수하는 정부를 수립하자고 외쳤다. 그는 당연히 국가를 건설하는 방안에 대해서도 열심히 연구했다. 바스크의 다양한 방언을 토대로 공용어를 만들어냈고 직접 국가를 작곡했으며, 심지어 '바스크만의' 활자를 고안해내기까지 했다.

그의 희곡 〈연인〉은 스페인인과의 결혼 대신 죽음을 선택한 한 여성에 관한 이야기이다. 아라나는 혈통의 '순수성'을 유지하기 위해 솔선수범하는 자세로 농촌 아가씨와 결혼했다. 하지만 아라나의 부인은 그가 죽자마자 경찰관 출신의 스페인인 남편을 맞아들였다. 아라나는 새로 건설하고자 했던 나라의 이름을 '바스크어가 사용되는 나라'라는 뜻의 '에우스칼 헤리아'라고 지었다. 그의 구상에 따르면 이 나라는 스페인령 바스크 주와 나바라 주 그리고 프랑스령 바스크 주로 이루어져 있었다.

요즘 들어 많은 바스크 민족주의자가 그를 망상에 사로잡혔던 사람으로 여긴다. 그러나 그가 만든 바스크 민족당(약칭 PNV)은 여전히 바스크 지방 최대 정당이며, 그의 흉상은 PNV 중앙당의 상징처럼 여겨지고 있다. 아울러 민족주의 운동 관련자에게 주는 중요한 상에는 그의 이름이 붙어 있으며, 바스크 민족주의에 관한 그의 연설 역시 지금껏 명연설로 평가되고 있다.

스페인 내전이 전개될 때 바스크 민족주의는 무장 저항운동으로 그 성격이 바뀌었다. 초기에 스페인 국가주의자는 가톨릭을 충실하게 믿는 바스크인을 동맹자로 여겼다. 그러나 이것은 착각에 불과하다는 사실이 곧 드러났다. 강력한 중앙집권 국가 수립을 원하던 프랑코 국가주의 세력과 독립을 꿈꾸는 바스크 민족주의 세력은 결코 함께 갈 수 없었던 것이다. 바스크 민족주의자는 프랑코 세력에 반기를 들었다.

한편 공화파 정부는 자신들을 지지해주면 그 대가로 바스크인이 그토록 꿈꾸던 자치공화국을 세워주겠다고 약속했다. 그러나 독립국 에우스카디는 오래가지 못했다. 1937년 5월, 수립된 지 채 몇 개월도 지나지 않아 프랑코군의 군홧발에 짓밟히고 말았던 것이다. 바스크 민족주의자 지도부는 망명을 떠나거나 투옥되었고 자치의 싹은 송두리째 뽑혀나갔다. 바스크어 또한 사용이 금지되었고 바스크인 교사는 교단에서 쫓겨났다. 수많은 바스크인이 처참하게 죽어갔는데, 추정치에 따르면 그 수는 약 2만여 명에 이른다. 1947년까지 산 세바스티안 교도소에서는 매일 바스크 민족주의자에 대한 사형집행이 이루어졌다고 한다.

PNV는 이런 혹독한 시련을 이겨내고 살아남았다. 그리고 이제는 보수 온건 기독교 정당으로 발전해 여러 해 동안 바스크 지방의 권력을 쥐고 있다. 그러나 빌바오의 소규모 마르크스주의 학생 조직이 보

▲ 장 자크 루소는 "게르니카 주민은 오크나무 아래에서 열리는 대표자 회의에서 내부 문제를 논의하고 결정하는데, 이렇게 해서 내려진 결정은 언제나 올바르다"고 말했다.

기에 PNV는 너무나 무기력한 정당이었다. 1959년 이들은 더욱 급진적인 강령을 내세운 후 '바스크족의 고향과 자유'[1] (약칭 ETA, 원명은 Euskadi Ta Askatasuna)를 결성했다. 1961년 이 조직은 프랑코 정부의 퇴역군인들이 탄 세바스찬행 기차를 습격하며 공격 활동을 개시했다. 이 습격 사건 직후 프랑코 정부는 강경책으로 일관하며 최소한 100명 이상의 가담자를 체포했는데, 체포된 사람들은 대부분 심한 고문을 당했다. 주모자급은 처형당하거나 10년 이상의 장기형을 선고받았다.

ETA의 공격 중 가장 유명한 것으로는 1973년 12월 20일 프랑코의 후계자 루이스 카레로 블랑코Luis Carrero Blanco 장군을 폭사시킨 사건을 꼽을 수 있다. 당시 얼마나 강력한 폭탄이 터졌던지 블랑코 장군은 타고 있던 승용차 및 수행원과 함께 공중으로 15미터쯤 솟구쳐 올랐다가 이웃한 예수회 수도원 마당에 떨어져 사망했다고 한다. 이 닷지 승용차는 흉측하게 부서진 모습 그대로 PM16416이라는 번호판을 달고 지금도 마드리드 군사 박물관에 전시되어 있다. 당시 블랑코는 프랑코가 사망하면 자연스럽게 권력을 승계할 것으로 점쳐지던 인물이었다.

몇몇 바스크인의 말에 따르면 처음에는 '착한 사람이었지만' 시간이 지나면서 '악한 사람으로' 변모한 ETA 조직원은 없었다. 작가이자 초기 ETA 지도자였던 미켈 아수르멘디Mikel Azurmendi는 훗날 "ETA 조직원은 언제나 악했다"고 술회했다. 그는 목적과 수단이 총체적으로 불균형했다는 데서 그 이유를 찾았다.

프랑코 사후 ETA는 수없는 내부분열을 겪으며 점차 단순하지만 강력한 테러조직으로 타락해갔다. 그러면서 ETA는 말 그대로 '세금'을 갈취하는 방식으로 테러자금을 조달했다. 여성과 어린이가 붐비는 바르셀로나의 한 백화점을 폭파시키겠다고 협박하거나 정치적 견해가 다르다는 이유만으로 살해하겠다는 위협을 가하여 돈을 뜯어냈던 것이다. 이렇게 온갖 만행을 저질렀지만 ETA는 지금도 상당한 지지도를 확보하고 있다. 특히 바스크인 청년층 사이에서 지지도가 높다.

1999년 5월, 내가 바스크 지방을 가로질러 여행하던 때는 마침 ETA의 활동이 중지된 기간이었다. 내가 도착하기 직전 ETA는 휴전을 선언한 후 스페인 당국과 대화할 의향이 있음을 밝혔다.

나는 바스크 출신 사회학자 모니카 앙굴로Monica Angulo를 만났다. 매년 1년의 절반을 미국에서 지내는 그녀는 그 무렵 바스크 지방에 들어와 있었다. 친구를 대동하고 나타난 그녀는 게르니카의 명소라 할 만한 곳으로 나를 안내했다. 루소가 말한 전설적인 오크나무 그루터기, 옛날부터 ETA 조직원이 접선장소로 사용해온 낡은 회관 건물, 성직자가 그려진 회화와 각종 깃발, 엄숙한 서약서 등이 보관된 박물관, 140년 동안 역사의 현장을 지켜본 오크나무 등을 구경했다. 모니카는 "바스크 민족주의는 한마디로 말해 반마드리드 운동입니다"라고 말했다.

"바스크인은 개인적인 이유에서 민족주의적 성향을 띠게 됩니다. 이곳의 바스크인들은 평범한 삶을 꾸려가다 갑자기 교도소에 수감되거나 마드리드로 인해 인생의 파멸을 겪은 친구 혹은 형제, 사촌을 한둘쯤은 알고 있습니다. 이러니 자동적으로 민족주의를 지지할 수밖에 없지 않겠어요?"

대화를 나누며 걷는 동안 내가 알고 지내는 바스크인은 하나같이 절박하게 정치적 독립 이상의 것을 추구하고 있다는 사실을 어렴풋이 눈치챌 수 있었다. 무언가 감추는 게 있어서 그런지 시간이 흐를수록 대화가 겉돈다는 느낌이 가시지 않았다. 모니카는 물론 그녀의 친구도 대단히 유쾌하고 총명하며 열정적인 사람이었지만, 대화가 어느 지점에 이르면 장벽을 만난 것처럼 더는 진척되지 않았다.

"왜 여러분은 민족주의에 강한 집착을 보이는 겁니까? 누구나 만사를 제쳐놓고 독립, 독립 목소리를 높이는데, 독립이 그렇게 중요한 것입니까?"

나는 묻고 또 물었지만, 아무런 대답도 들을 수 없었다. 바스크 민족주의는 낡은 것과 새로운 것, 저항과 향수의 혼합물 같은 것이다. 어떤 면에서 보면 민족주의는 19세기의 낡은 유물임과 동시에 20세기 내내 스페인을 분열시킨 근본적인 갈등의 부산물이라 할 수 있다. 사실 아직까지도 스페인은 여러 개의 나라로 이루어진 연방이어야 한다는 공화파 정부 시절의 주장과 통일된 나라로 유지되어야 한다는 프랑코 세력의 주장이 대립하고 있다. 바스크 민족주의의 생명력이 끈질기게 유지되는 이유가 바로 여기에 있다. 다른 측면에서 볼 때 바스크 민족주의는 20세기 후반 유럽에서 발생한 다양한 운동, 즉 현대화와 세계화에 맞서는 각 지역 고유의 의미 있는 운동과 딱 맞아 떨어졌다. 모니카는 "바스크인의 민족주의 운동은 전형적인 농민 운동이기 때문에 카탈루냐 민족주의와는 성격이 다르다"고 주장했다.

이곳에 와서 보니 민족주의 운동이 바스크 지방은 물론 유럽 전역의 대안을 추구하는 청년 모임에서 인기를 얻는 이유를 알 것 같다는 생각이 들었다. 과거에도 그랬고 지금도 그렇지만 향수는 무언가를 알려주는 중요한 신호이다. 그 본질상 새로운 것에 대한 맹목적인 믿음으로 가득 찬 현대 문명과 물질주의에 대한 통렬한 고발장인 것이다. 그러나 향수는 괴물을 만들어낼 수도 있다. 그래서 코소보와 루테니아, 바스크 지방에 이르기까지 모든 곳의 유럽인은 아무도 그 실체를 밝혀낸 적 없고 한 번도 존재한 적 없는 어떤 조국을 향한 열망에 사로잡혀 있다.

모든 상황을 감안해볼 때 현재 바스크 지방의 입지는 매우 애매해졌다. 대양의 광대한 하늘을 향해 열려 있으면서도 동유럽 산촌처럼 인구가 조밀하다. 유럽을 통틀어 봐도 바스크 지방만큼 자치권을 누리는 지역은 별로 없을 것이다. 북아일랜드만이 누릴 수 있는 지위를 바스크 또한 확보하고 있는 셈이다.

한편 바스크 지방의 생활 모습을 보면 상당히 현대적이고 산업화도 다른 지방 못지않을 만큼 진행되어 있다. 스페인은 물론 유럽연합도 다양한 보조금을 교부하는 등 많은 혜택을 베풀고 있는 상황이다. 그러나 주변에서 아무리 노력해도 바스크 지방에 국제주의나 관용의 물결은 흘러들어오지 않았다.

바스크 민족주의자의 눈에 비친 마드리드는 여전히 어떤 수단을 동원해서라도 싸워야 하는 식민 권력인 것이다. 하지만 현실은 그렇지 않다. 인구의 상당 부분이 비바스크인이고, 바스크인이라 해도 그중 3분의 2가량이 바스크어를 구사하지 못한다. 또한 한 여론조사 결과를 보더라도 연방탈퇴에 반대하는 쪽이 지지하는 쪽을 압도하고 있다. 나는 잘 아는 바스크인에게 "이러한 현실에 비춰볼 때 바스크어 문제와 독립 문제는 어떻게 될 것 같으냐"고 물어보았다.

"연방탈퇴 반대파가 경호원의 호위를 받으며 연방탈퇴 반대 운동을 펼치는 상황에서 당신들이 꿈꾸는 바스크가 과연 민주적으로 실현될 수 있을까요? 도대체 어떤 종류의 나라를 꿈꾸고 있는 겁니까?"

또다시 나는 아무런 대답도 들을 수 없었다.

바스크인 대 바스크인

게르니카 머큐리 파운틴 근처에는 1937년 4월 26일에 발생한 독일 공군의 무자비한 폭격을 잊지 않기 위해 수수한 기념비가 세워져 있다. 거기에는 '희생자를 기리기 위해'라는 말이 쓰여 있다. 아마 이 말은 모든 당파가 동의할 수 있는 유일한 말일 것이다.

게르니카 폭격은 보는 관점에 따라 여러 가지로 해석된다. 대부분의 유럽인은 무고한 스페인인을 향한 나치스의 만행이었고 바르샤바와 로테르담 폭격을 위한 예행연습이었다고 생각했다. 일반 스페인 국민은 프랑코의 추잡한 술책 중 하나였다고 생각했다. 따라서 오늘날까지도 바스크 민족주의자들은 게르니카 학살을 '마드리드가 그들의 신성한 도시에 가한 학살'로 해석하지만, 프랑코의 골수 지지자들은 폭격 자체가 없었다고 주장한다. 이들의 주장에 따르면 게르니카는 '붉은' 바스크인이 저지른 불에 의해 잿더미로 변한 것이었다. 독일 정부는 이미 오래 전에 나치스 독일이 저지른 만행임을 인정했지만, 스페인 정부는 프랑코식의 해석을 버리지 않고 있다. '지난 일은 지난 일이다'가 스페인 정부가 과거를 다루는 방식이다.

게르니카 문제는 마드리드와 바스크인 사이의 관계를 명확하게 보여준다. 양쪽 모두 야만에 사로잡혀 상대방에게 대놓고 상처 입히는 짓을 반복하고 있는데, 바로 이런 점에서 서로 닮았다고 할 수 있다. 지금도 ETA 테러리스트 용의자로 찍히면 누구나 적법 절차를 거치지 않고 여러 해 동안 구금될 수 있다. 바스크어로 발행되는 일간지의 편집장도 예외가 아니다. 오죽하면 국제사면위원회가 해마다 (수감자를 고문한다는 이유로) 스페인 경찰을 고발하겠는가? 하지만 고문 희생자가 아무리 증거를 갖춰 고소하더라도 스페인 정부는 ETA 조직원의 상투적인 수작쯤으로 여기기 일쑤이다.

그렇다면 제멋대로 그어진 국경선 때문에 스페인 내에서 영원히 '소수민족' 노릇만 하며 살아가야 하는, 고전 드라마에나 나올 법한 운명에 처한 민족에 대해 뭐라 더 말할 수 있을까? 바로 여기가 '민족'과 '국민' 사이의 해묵은 갈등이 고개를 쳐드는 곳 아니겠는가? 지도에 잘못 그어진 점선으로 인해 하루아침에 뿔뿔이 흩어지게 된 헝가리인, 래프족, 프리지아인, 웨일스인, 스코틀랜드인이 받은 것과 똑같은 상처가 뚜렷하게 나 있지 않겠는가?

이런 물음에 대한 대답은 '그렇다'일 수도 '아니다'일 수도 있다. 역사적으로 볼 때 일치단결하여 스페인과 프랑스에 맞서 싸운 '바스크 지방'이란 존재하지 않았다. 언제나 바스크 내 지역 갈등은 심각하고 빈번하게 일어났다. 그리고 스페인 내전을 비롯한 대규모 갈등은 거의 예외 없이 바스크인 사이의 내부 전쟁이기도 했다. 그래서 민족적인 관점에서 볼 때 '바스크인'이라는 하나의 말로 일컫기에는 그 근거가 미약한 것이 사실이다. 특히 지난 50년 동안 이민자가 파도처럼 밀려와 다양한 민족이 뒤섞였기 때문에 지금은 이름 뒤에 바스크식 성이 붙어 있는지 따져야만 '진정한' 바스크인을 식별해낼 수 있다. 결국 바스크 민족주의는 막다른 골목에 다다른 운동이라는 숨길 수 없는 징표를 담고 있는 셈이다. 과거에 한 번도 존재한 적 없었고 앞으로도 존재할 수 없고 존재할 것 같지도 않은 나라를 꿈꾸는 너무 때늦고 너무 미약한 운동이라는 징표 말이다.

그러나 설령 바스크 민족주의가 이렇게 어려운 현실에 처해 있다 해도 스페인이라는 국가가 여전히 그 문제로 골머리를 앓고 있다는 사실에는 변함이 없다. ETA는 유럽에서 각종 테러 활동을 하며 약 800명의 희생자를 낳았다. 이 숫자는 IRA[2]의 테러 활동으로 인한 희생자 수에 버금간다(말 나온 김에 비교해보면, 이탈리아의 붉은 여단은 1970년대에 약 400명을 살해했고 독일의 적군파는 28명을 살해했다). 더구나 ETA는 고립되어 있지도 않다. 무수한 지지자를 거느리고 있으며 평화주의를 주창하는 민족주의자조차 언제든지 ETA의 '성공'에 편승할 준비가 되어 있다.

ETA의 테러 활동은 결과적으로 그 어떤 정부도 그냥 무시하기 힘들만큼 참혹할 뿐 아니라 극히 복잡한 상황을 초래하고 있다. 사실 분리주의 무장단체가 영토 내에서 준동하면 민주국가의 합법성은 의문시되기 마련이다. 합리적인 정부라면 장기적인 해법을 찾기 위한 협상에 온갖 노력을 쏟아 부을 것이다. 그래서 샤를 드골은 프랑스 극우 군인 집단(OAS)의 테러분자와 줄기차게 협상을 시도했고, 영국도 IRA와 타협할 방안을 꾸준히 모색했다. 평화 교섭의 상대는 아군이 아닌 적군이었던 것이다.

그러나 과거 여러 해 동안 스페인은 이러한 경험 법칙 자체를 무시하는 태도로 일관해왔다. 얼핏 보기에 스페인은 여러 지역에 자치를 허용하는 현대적이면서 강력한 국가를 추구하는 것 같으나, 깊이 들여다보면 봉건주의의 낙인을 찍을 테면 찍어봐라는 식의 정서가 밑바탕에 깔려 있다. 이렇게 누가 봐도 명백한 야만성은 두려움의 산물, 즉 마지막 연결선까지 끊어져버리면 나라가 산산이 조각나지 않을까 하는 불안감의 산물일 것이다. 유럽의 여러 나라가 겪었던 국가 형성 과정이 스페인에서는 미완의 상태에 있다고 해도 과언이 아니다. 마드리드는 마드리드이고 카탈루냐는 카탈루냐이며 바스크는 바스크라는 식의 사고가 좀처럼 사라지지 않고 있다.

그런데 이와 비슷한 내부 혼란이 ETA에서도 엿보인다. 스페인을 표적으로 한 공격보다는 바스크 내부에서 저질러지거나 바스크인을 향한 테러 공격이 점차 늘어나는 추세에 있다. 그래서 일부 전문가는 이른바 바스크 지방의 갈등은 스페인과 바스크 사이의 갈등이 아니라 '우리의 조국은 어디인가'라는 물음을 둘러싼 바스크인 내부의 갈등이 되고 말았다는 결론을 내리기도 한다.

누가 게르니카를 폭격했는가

게르니카의 박물관에는 프랑코에게 우호적이었던 일간지 〈헤랄도 데 아라곤〉의 1937년 4월 30일자 기사가 전시되어 있다.

> 고투 끝에 우리의 군대는 게르니카를 장악했고, 병사들은 좌익 세력에 의해 처참하게 파괴된 마을을 보고 경악을 금치 못했다.

〈디아리오 데 부르고스〉의 1937년 5월 4일자 머리기사 제목은 '게르니카의 아비규환, 좌익 방화범의 소행으로 밝혀져'였다. 1960년대 말, 진흙더미에서 독일제 폭탄이 발견되자 군인이 잽싸게 차단선을 치고 수거해갔다. 그 후 이 폭탄에 대한 이야기는 들려오지 않았다. 거기에 있어서는 안 되는 것이었기 때문이다.

"폭격이 있은 직후 어머니는 프랑코군 장교와 우연히 마주쳤어요. '누가 게르니카를 파괴했어?' 그는 잡아먹을 듯한 표정을 지으며 물었지요. 어머니는 마치 아무것도 보지 않은 것처럼 행동해야 했어요. 그 장교는 '좌익이 그랬지. 좌익 말이야. 당신, 이 사실을 분명히 알고 있어야 해'라고 엄포를 놓았습니다"라고 아순시온 가르멘디아가 내게 말해주었다. 아순시온의 어머니는 그날 이후 아무 말도 하지 못했다. 단지 독일의 폭격으로 부서진 집의 열쇠를 죽을 때까지 앞치마에 넣고 다녔을 뿐이다.

요즘 아순시온은 폭격 속에서 살아난 이야기를 해주며 돈을 번다. 그녀는 바스크 민족주의 성향이 농후한 희생자 단체의 회원이다. 이 단체는 감상적인 색채가 다분한 유럽 평화 단체 소속의 게르니카 희생자와는 전혀 다르다. 그녀는 증언하기 전부터 이 점을 분명히 해두고자 했다. 아순시온은 체구가 작은 백발의 노파지만, 1937년 4월 26일에는 17세의 소녀였다.

"나는 군수품 공장에서 일했어요. 폭탄을 만들었는데, 우리는 그것을 가리켜 '반달'이라 불렀지요. 커다란 와플처럼 생겼었거든요. 아마 월요일 장날이었을 거예요. 산꼭대기마다 망루가 있어서 비행기가 날아오면 깃발을 흔들어 교회 뾰족탑의 망지기에게 알렸어요. 망지기가 신호를 보고 비상벨을 누르면 공장에는 사이렌이 울리곤 했지요. 공습경보가 내려지는 것이었어요. 하지만 그날 오후에는 벨소리가 미친 듯이 울리자마자 곧 대형 폭격기가 날아와 쾅, 쾅, 쾅하며 폭격을 가했어요. 우리 사장님이 외쳤어요. '빨리 방공호로 피해. 어째 심상치 않아.' 그래서 우리는 방공호로 가 4시간 동안 기다렸어요. 쿵, 쿵 하는 소리만 들렸고 지하실에서는 검은 연기가 새어 나왔어요. 사방에는 사람들이 울부짖으며 기도하는 소리 천지였어요. 그때 내 머릿속에는 이 폭격이 끝나면 무엇을 해야 하지, 우리 가족은 어디에 있지 등의 생각으로 꽉 차 있었어요. 마침내 어떤 남자가 들어와서 말했어요. '모두 나가도 괜찮아. 그러나 게르니카는 사라졌다. 이 순간부터 게르니카는 존재하지 않아. 알겠나?' 우리는 밖으로 나왔어요. 몸통에서 떨어져 나온 팔과 다리가 여기저기 굴러다녔고 으깨진 머리통도 눈에 띄었지요. 시가지 전체가 피로 물들어 있었어요. 사방은 조용했고 온통 핏빛이었어요. 바로 저 색깔이었어요."

이렇게 말하며 그녀는 코카콜라 캔을 가리켰다.

침묵하는 사회

나는 바스크인 작가 모니카와 함께 아리엔 카페 안뜰에 앉아 있었다. 포근한 날씨였다. 저편 분수 주위에서는 아이들이 여기저기 돌아다니며 뛰어놀다 둥글게 원을 그리며 춤을 추기도 했다. 그 뒤편에는 고대 건축물을 본떠 1950년경에 (내전 중에 발생한 구속자를 동원하여) 다시 지은 게르니카 회관이 보였다.

우리는 '침묵을 지키는 사회'를 주제로 대화를 나누었다. 스페인이 과거사를 다루는 방식에 대해 이야기했던 것이다. 모니카는 "아버지께서는 내전 당시 얼마나 배가 고팠는지에 대해서만 이야기했어요. 내전의 실상에 관해서는 한마디도 하지 않으셨죠. 내전이나 프랑코에 관한 괜찮은 책은 아무리 찾아봐도 외국인이 쓴 것밖에는 없습니다"라고 말했다. 아직도 스페인에서는 내전에 관한 말이 금기시되는 모양이다.

"이곳에서 원만한 결혼생활을 하고 싶다면 두 가지 사항을 꼭 지켜야 해요. 즉 태어난 곳의 언어로 말해서는 안 되고, 내전에 관해서도 입을 다물어야 한답니다. 우리 부모님은 두 가지 모두 해당되었지요. 아버지께서는 좌익 정치범 출신으로, 고향인 남부 지방에서 추방되어 이곳으로 온 노동자였습니다. 어머니께서는 바스크 토박이이자 독실한 가톨릭 신자였지요. 어느 크리스마스이브 날 두 분이 대판 싸운 적이 있었어요. 어머니께서 '당신네 공산주의자와 무정부주의자는 이곳으로 와서 신부들을 살해하고 수녀들을 강간했어'라고 소리를 질렀어요. 그러자 아버지께서도 '아니, 질리지도 않아? 그런 이야기는 이제 그만하라고!'라고 맞고함을 질렀지요. 그런 이야기가 나온 것은 그때 딱 한 번뿐이었어요."

우리가 앉아 있는 카페 건너편에서는 지역의 젊은 남녀들이 사랑을 속삭이고 있었다. 카페 벽에는 쿠바, 아일랜드, 팔레스타인의 영웅들 사진이 걸려 있었다.

게르니카는 극단적인 민족주의자만이 사는 작은 세계이다. 바스크인의 약 15퍼센트가 살아가는 폐쇄회로 같은 곳으로써 바스크인 정당, 바스크인 노동조합의 핵심 근거지이자 바스크인의 운동, 언어, 역사, 요리 클럽, 신문, 각종 의식의 중심지이다. 이곳에서 스페인 공직자는 모두 '파시스트'로 여겨지며 아무리 온건한 논조의 신문도 그 '부역자' 취급을 당한다. 시내 곳곳에서 이런 슬로건을 볼 수 있다. "A 모델

▲ 1997년에 개관한 빌바오 구겐하임 미술관의 모습. 이 유명한 미술관도 ETA의 공격을 피하지는 못했다.

은 바스크어를 더럽히고 있다. 여기서 꺼져라!"

"앞으로도 변함이 없을까요?"

내가 물었다.

"ETA는 활동을 중단한 상태입니다. 그러나 발전이 위축된 것은 아닙니다. 수없이 많은 토론을 해왔습니다."

모니카가 대답했다. 우리는 IRA가 정치 노선을 결정하는 방식에 관해 토론했고, 이어 자연스럽게 ETA도 정치 노선을 결정하려 하지만 그 규율은 약한 것 같다는 이야기를 나누었다. ETA의 지지층은 대체로 18세에서 25세 사이의 청년이다. 30세가 넘은 바스크인의 삶에서 자치 문제는 중요한 역할을 하지 않는다. 모니카 역시 ETA는 전략적으로 사고하기를 중단한 것 같으며, 작더라도 그들만의 세계를 확보하기 위해 공격전술을 구사한다고 말했다.

"1997년 7월에 일어난 시의원 미겔 앙헬 블랑코 처형 사건을 예로 들어볼게요. 그는 다른 사람과 다를 바 없는 평범한 인물이었어요. 이 사건은 운동이 얼마나 도덕적으로 타락할 수 있는가를 보여주는 예입니다. 당시 바스크의 유명한 미술관인 빌바오 구겐하임도 공격을 받아 바스크인 경찰관 한 명이 살해당했어요. 이렇게까지 할 필요는 없었는데 말이에요…."

모니카는 분명 더 많은 말을 할 수도 있었을 것이다. 그러나 카페 아리엔에서는 대화가 일정 지점에 이르면 더는 진행되지 않았다.

6개월 후 ETA의 공격이 다시 시작됐다. 새로운 세대가 무대 전면에 등장했기 때문이었다.

24

평화를 가장한 뮌헨 협정

Munich

굴욕이냐 전쟁이냐

1938년 9월 29일 이후 전쟁과 평화를 둘러싼 유럽의 논의는 사라예보가 될 것인가, 아니면 뮌헨이 될 것인가라는 언제나 똑같은 물음 주변을 맴돌고 있었다. 다시 말해 외교적 노력을 기울일 경우 불안정한 균형이나마 달성할 수 있는가, 아니면 무력을 동원해서라도 악을 분쇄해야 하는가라는 물음이 항상 화두로 떠올랐다. 우리는 두 가지 경우 모두 사태가 악화되기만 하다가 결국에는 전쟁으로 귀결되었다는 사실을 잘 알고 있지만 전쟁과 평화를 입에 올릴 때마다 20세기의 대위법적 준거점인 두 도시를 언급하는 것으로 되돌아가고 만다.

런던의 대영제국 전쟁박물관에는 18249라는 숫자가 적힌 항공권이 전시돼 있다. 영국의 수상 네빌 체임벌린이 1938년 9월 29일 아침, 뮌헨행 비행기를 탈 때 사용했던 항공권이다. 당시 무솔리니가 주선한 회담에서 히틀러는 '억압받는' 주데텐란트의 독일인을 돕는다는 것을 구실로 전쟁마저 불사하겠다는 뜻을 기세등등하게 내비쳤고, 영국과 프랑스는 히틀러에게 기존의 국경선을 유지하겠다는 다짐을 받아내려 했다.

한편 체코슬로바키아 대표단은 대기실에서 회담 결과를 초조하게 기다리고 있었다. 그러나 체코의 에드바르트 베네슈 대통령은 동맹국의 압력에 시달린 나머지 평화를 유지하기 위해 영토의 일부를 독일에 할양하겠다는 제안을 내놓고 말았다. 당연히 모든 협상 참가국이 이 제안에 즉각 동의했다.

한편 체임벌린의 항공권 옆에는 그가 영국으로 되돌아왔을 때 '이제 평화가 정착되었다'고 말하며 내보인 유명한 문서도 전시돼 있다. 여기서 나는 처음으로 뮌헨 협정문 안에 담긴 "두 번 다시 전쟁을 하지 않겠다는 소망", "이것은 앞으로도 계속 문제를 처리하는 협상 방식이 될 것이다"와 같은 문제의 문구를 직접 보았다.

독일은 체코슬로바키아의 독립을 보장하겠다는 그 어떤 약속도 하지 않은 채 주데텐 지방을 병합했으나, 영국과 프랑스 등 유럽 각국의 지도자들은 눈앞의 평화에 흡족해했다. 그래서 당시 프랑스 수상이었던 에두아르 달라디에는 귀국하면 공항에 환영 인파가 몰릴 것이라 기대했다. 그러나 돌아온 것은 야유뿐이었다. 공항을 메우는 야유 소리를 듣고 깜짝 놀란 달라디에는 수행원에게 "이 사람들 제정신이 아닌 거 아냐?"라고 말했다고 한다. 사실 당시의 정세에서 제정신이 아닌 쪽은 협상단이었다. 그들은 대다수 유럽인과 마찬가지로 히틀러의 속

▲ 런던에 있는 대영제국 전쟁박물관에는 당시 영국의 수상이었던 네빌 체임벌린이 1938년 9월 29일 아침, 뮌헨행 비행기를 탈 때 사용했던 항공권이 전시돼 있다.

임수에 당했던 것이다.

뮌헨 회담은 어떤 면에서는 이미 진행되고 있던 전쟁을 손쉽게 승리로 마무리한 고전적인 사례였다. 그 무렵 거의 모든 유럽인은 새로운 사라예보가 미연에 방지되었다고 믿었다. 영국의 하원에서는 해럴드 니콜슨 의원 정도만이 체임벌린을 공개적으로 비난했을 뿐이었다. 어쩌면 체임벌린과 달라디에는 국민의 마음을 정확하게 읽고 있었는지 모른다. 1938년 9월, 영국과 프랑스는 주데텐 지방과 같은 사소한 문제를 해결하기 위해 전쟁을 할 이유가 전혀 없었기 때문이다. 두 나라의 국민은 모두 1차 세계대전을 경험해봤기에 전쟁이 얼마나 무서운지 충분히 알고 있었다.

게다가 두 나라 모두 경제적으로나 군사적으로 새로운 전쟁을 벌일 준비가 전혀 되어 있지 않았다. 체임벌린은 이 사실을 너무나 잘 알고 있었다. 두 나라 국민 역시 잘 알고 있었다. 그래서 히틀러의 뜻에 따라 합의해주는 것 외에는 선택의 여지가 없었을 것이다.

체임벌린의 지지자가 말했던 대로 뮌헨은 '유화정책'이 빛나는 승리를 거둔 곳이었다. 그리고 이와 동시에 유화정책의 종말을 알린 곳이기도 했다. 뮌헨 협정[1]을 통해 히틀러는 평화라는 가면을 쓰기만 하면 영국과 프랑스가 자신의 침략 야욕을 저지할 어떠한 조치도 취하지 못할 것이라는 사실을 똑똑히 깨달았다. 아니 이와 정반대로 뮌헨에서 낭패를 겪은 후 영국과 프랑스는 협상에 대한 미련을 버렸다고 보는 것이 더 맞을 것이다.

새로운 목소리가 터져 나왔다. 윈스턴 처칠의 말에 따르면 영국은 "굴욕이냐 전쟁이냐 둘 중 하나를 선택하는 기로에 섰다. 이번 일은 쓴 잔을 살짝 맛본 것에 지나지 않는다. 앞으로 해마다 우리 앞에는 이와 같은 쓴잔이 놓일 것이다. 우리는 굴욕을 선택했으나 전쟁을 수확하게 될 것이다."

상처뿐인 영광

뮌헨 회담 대기실에서 스페인 공화파 정부의 운명도 논의되었다. 유럽의 주요 국가는 스페인 내전에 지칠 대로 지친 상태였다. 무솔리니는 체임벌린에게 스페인은 이제 진절머리가 난다고 말했다. 그리고 이미 1만 명 이상의 병력을 잃었으며, 프랑코는 너무 많은 기회를 놓쳤다고 떠들어댔다. 체임벌린은 자기만의 '체코슬로바키아식 해법'을 스페인에도 적용하고 싶어 했다.

한편 스탈린은 자신이 품었던 환상이 현실 속에서 차례대로 무너지고 있다는 사실을 깨닫게 되었다. 그가 보기에 뮌헨 협정은 낡은 민주주의 진영이 히틀러의 침략정책을 지지해준 것에 불과했다. 그래서 그는 새로운 정책 노선을 정했는데, 이것은 스페인 내전에 즉각적인 영향을 미쳤다.

먼저 소련이 지원하는 군수물자의 양이 점점 감소하더니 마침내 뚝 끊어졌다. 이어 국제 여단Brigadas Internacionales도 철수한다는 방침을 정했다. 공화파 정부는 외국인 의용군을 조용히 철수시켰다. 그 당시 외국인 의용군은 이미 선전활동을 중단한 지 오래였고, 전장에서 단련된 의용군 병사 역시 대다수 전사하거나 도주해 그 힘이 약해진 상태였다. 밀턴 울프의 에이브러햄 링컨 대대만 보더라도 부대원의 4분의 3이 스페인인이었다.

1938년 11월 외국인 의용군은 바르셀로나에서 고별 행진을 거행했다. 군중은 환호했고 꽃다발 세례가 이어졌으며 곳곳에서 흐느끼는 소리가 들려왔다. '라 파시오나리아La Pasionaria'(정열의 꽃이라는 의미_옮긴이 주)라는 별칭으로 유명한 돌로레스 이비루리Dolores Ibirruri는 바르셀로나의 여성에게 "어머니 그리고 여성 동지 여러분! 세월이 흘러 전쟁의 상처가 치유되는 날이 온다면, 자유와 사랑, 행복을 마음껏 누리다 문득 슬프고 처참했던 과거에 대한 기억이 떠오르기라도 한다면, 원한이 사그라지고 누구나 자유로운 나라에 대한 자부심을 느끼는 시절이 온다면, 바로 그때 여러분의 자녀에게 이야기해주세요. 국제 여단이 어떤 활약을 했는지 그들에게 말해주세요"라고 외쳤다.

이후에도 내전은 끝나지 않았다. 1939년 1월 중순까지 5,000명 정도의 의용군이 스페인을 떠났다. 독일인, 유고슬라비아인, 체코인, 헝가리인 등으로 구성된 나머지 6,000명은 계속 머물렀다. 이들은 카탈루냐로 갔고 결국 공화파 정부와 운명을 함께했다. 바르셀로나는 1월 말에, 발렌시아는 3월 말에 각각 함락되었다. 이로써 내전은 종지부를 찍었다.

체코슬로바키아가 '유화정책'의 희생양으로 널리 알려져 있는 반면, 스페인은 상대적으로 덜 알려져 있는 편이다. 스페인 내전의 운명은 이른바 민주 진영 국가가 손을 떼고 무기 수출을 금지하면서 결정되었다. 무정부주의자와 트로츠키주의자가 훗날 주장한 대로 '붉은' 혁명이 성공을 거두었더라면 스페인 내전이 어느 한쪽의 승리로 귀결되지 않았을지도 모른다.

당시 프랑코는 신속하게 직업 군인을 자기편으로 끌어들이고 현대식 무기를 손에 넣었는데, 여기에 대해 공화파 정부가 각종 공약과 국유화된 공장으로 맞설 수는 없었다. 프랑코에 대한 독일과 이탈리아의 지원은 실제적이고 신속했지만, 공화파 정부에 대한 민주 진영 국가의 지지는 애매하고 알맹이가 없었다. 소련의 지지 역시 기회주의에 편승한 명목상의 지지에 불과했다.

베트남 전쟁이 1960년대 청년의 정신세계를 형성했다면 스페인 내전은 1930년대 정치적으로 각성한 청년의 준거점 역할을 했다. 과거의 소련에 대해 아무리 우호적인 생각을 품고 있었다 해도 스페인 내전 당시 소련은 우익 편에 서서 싸웠다는 사실을 제대로 인식해야 했다. 하지만 그 외양에 속아 소련을 좌익 진영으로 여겼다는 사실이 뒤늦게 밝혀졌다. 하지만 스탈린이 한 일이라고는 권력정치에 푹 빠져 유럽에 대한 소련의 영향력 확대에만 골몰한 것뿐이었다. 스탈린은 기회가 주어질 때마다 과거 러시아의 짜르와 다를 바 없는 짓을 했던 것이다.

1990년대에 러시아 군사 문서가 공개되자 모스크바 공산주의자의 비밀 안건에 관한 증거가 홍수처럼 쏟아져 나왔다. 이 증거에 따르면, 공산주의자의 '원조'가 이루어진 적은 단 한 번도 없었다. 모든 소련제 무기는 언제나 현금으로 결제되었고 그 가격은 터무니없는 수준까지 오르기만 했다. 스탈린은 결국 공화파 정부가 보유한 금의 상당 부분을 손에 넣을 수 있었다. 공화파 정부는 막심중기관총을 일반 공개시장에서 살 때보다 두 배 이상 비싼 가격으로 사기도 했다. 소련은 두 가지 종류의 비행기만 팔고도 수천만 달러 이상의 이익을 거둘 수 있었다.

스탈린은 이러한 원조의 대가로 공화파 정부를 위성국가로 만들려 했다. 일종의 독일민주공화국(동독)을 미리 세워보려 했던 것이다. 이러한 시도는 공화파 정부의 사기를 떨어뜨리는 작용만 했다. 내전 초기에 작성된 문서에서조차 무정부주의자는 '혁명의 정의'가 적용되어야 하는 '파시즘의 인질', '무책임한 선동자'로 취급되었다. 그래서인지 이후 코민테른의 정치위원과 정보요원은 공화파군 내부에서 암약하며 통제에 따르지 않는 인물을 협박, 체포하거나 숙청해나갔다.

결국 코민테른은 자기 새끼마저 해치우고 말았다. 모스크바에서 파견한 주요 고문관이나 정치위원은 내전의 막바지까지 활동하고 있었다. 하지만 이들 중 전선에서 전사한 사람은 아무도 없었다. 내전이 프랑코군의 승리로 끝날 것이 분명해 보이자 이들은 본국으로 한 명씩 차례로 소환당한 후 엉터리 법정에서 사형을 선고받거나 공산주의 사회 내부에서 벌어지는 무수한 정치적 음모의 희생양이 되어 처형당하고 말았다. 책임을 회피하려는 스탈린의 교묘한 책략에 제물로 바쳐졌던 것이다.

내전 이후 스페인은 다시 한 번 정체상태에 빠지게 된다. 내전에서 승리한 후 국가주의자는 10만 명의 정적을 살해했는데, 그때는 아무도 무자비한 숙청을 막기 위해 노력하지 않았다. 스페인 곳곳에는 지금도 당시 살해당한 사람들의 묘가 산재해 있다. 아무런 표지판도 없이 말이다.

최소 40만 명 이상이 노역 부대에 편성되어 1960년대 말까지 도로와 댐, 호화주택 건설사업에 강제 동원되었다. 그리고 3만 명이 넘는 어린이가 실종되었다. 이들은 '붉은' 부모와 생이별을 당한 후 고아원에 보내졌고 얼마 후 '정치적으로 올바른' 집안에 입양되었다. 어린 여자 아이들은 보통 수녀원으로 보내진 다음 새로운 이름을 받았다. 이들은 이곳저곳으로 자주 옮겨 다녀 종적이 묘연한 지경에 이른 경우가 많았다. 유럽의 주요 국가들은 이런 문제에 대해서는 애써 눈을 감았다.

스페인의 부르주아와 봉건지주는 민주적으로 선출된 정부를 전복시켰고, 이어 대중 봉기를 분쇄하는 데에도 성공했다. 더구나 동시다발적으로 일어난 혁명도 무정부주의자에 의해 수포로 돌아갔고 볼셰비키로부터 배신도 당했다.

오랜 시간이 흘렀지만 자유 스페인은 환상으로만 남아 있다. 내전이 끝난 지금 남아 있는 것이라고는 이와 같은 냉정한 현실뿐이다.

안드레스 닌, 호세 안토니오 프리모 데 리베라, 라 파시오나티아, 힐 로블레스, 호세 칼보 소텔로 등 좌익과 우익의 뛰어난 사상가와 문필가가 살해당하거나 강제로 망명을 떠날 수밖에 없었다. 내전을 치르면서 거의 50만 명 이상이 목숨을 잃었다. 약 20만 명 이상이 전장에서 전사했으며, 3만 명이 굶어 죽었고 나머지는 살해당했다. 그 후 통계수치, 기도와 침묵으로 점철된 무심한 세월만이 오랫동안 흐르고 있다.

6부

예고된 전쟁,
2차 세계대전 속으로

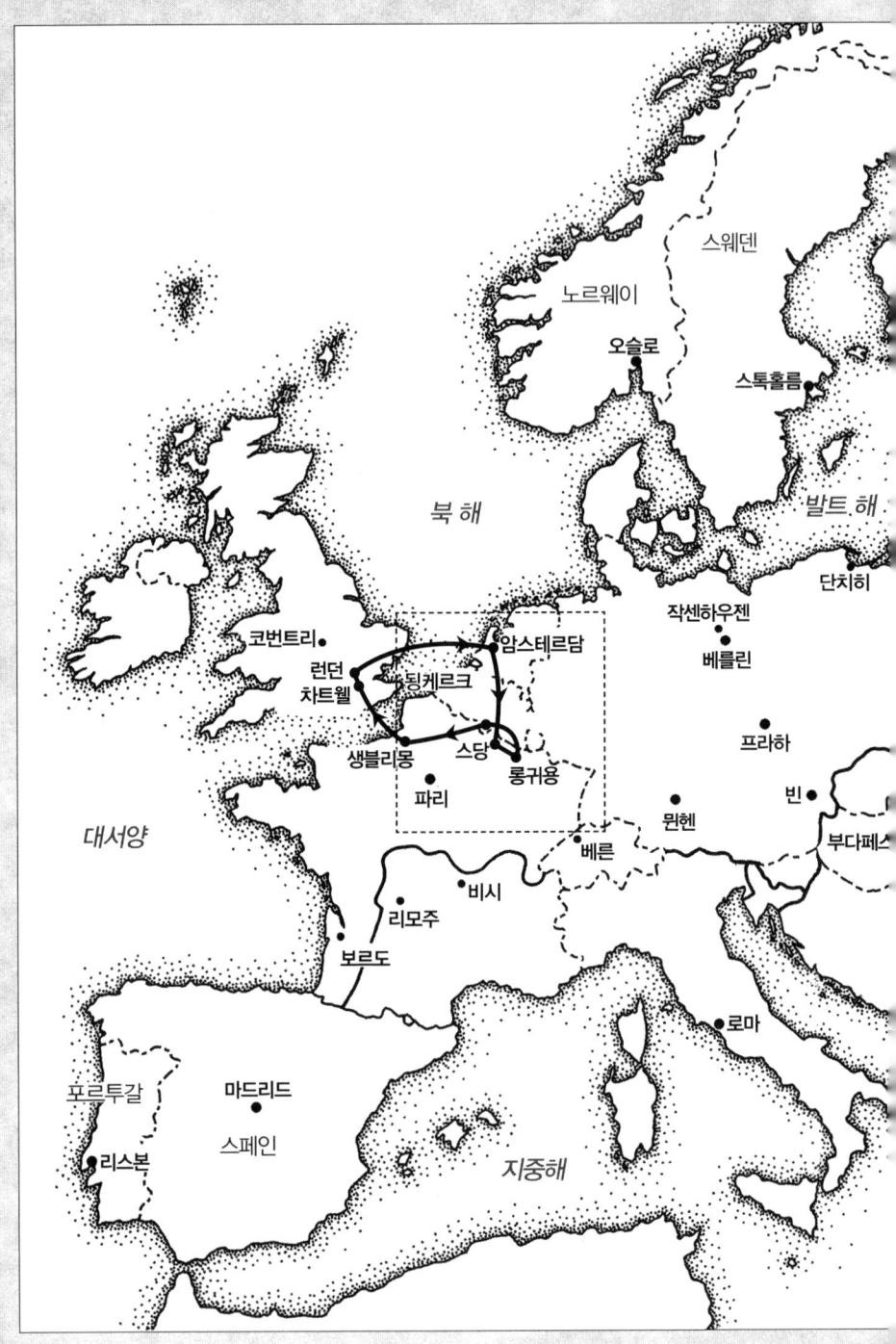

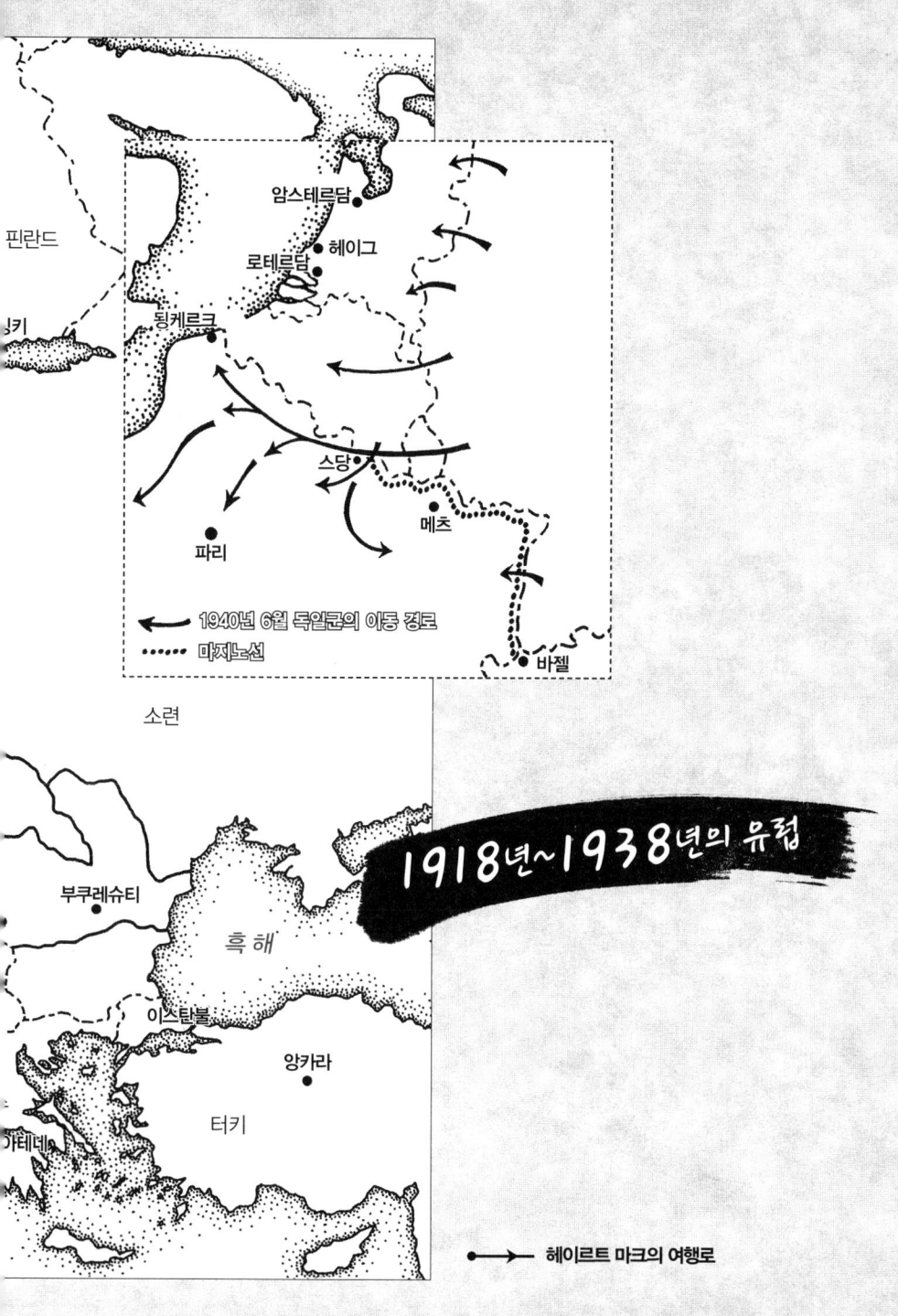

25

평화를 소망하다, 페르몽
Fermont

| 인터뷰 | 독일 6대 대통령 – 리하르트 폰 바이츠제커

    제 부친은 에른스트 폰 바이츠제커Ernst von Weizsäcker입니다. 그분은 독일 외무부 관리셨고, 나중에 국무장관과 대사로 일하셨지요. 뮌헨 협정을 추진한 분이기도 합니다. 히틀러가 권력을 잡았을 때 저는 열세 살이 채 안 되었습니다.

    후에 증언이나 기록을 통해 알려진 사실과 개개인이 직접적인 기억을 통해 알고 있는 것에 선을 긋는 것은 어려울 것 같습니다. 제가 확실히 기억하는 것은 그 당시에 아버지가 갖고 있던 견해입니다. 평화적인 수단으로 베르사유 조약을 수정하는 것이 당시 독일 전체 외교단의 정치적 방침이었죠. 대부분의 독일 외교관들은 나치당이 보여주는 호전적인 아마추어리즘에 치를 떨었다고 합니다. 제 부친과 그분의 동료들이 직면한 커다란 문제이기도 했습니다. 다른 독일 외교관들은 대체로 국가사회주의당이 가진 위험성과 타락한 도덕성을 특별히 인식하지는 못하고 있었습니다. 그들로서는 상상할 수도 없는 일이었지요. 물론 그들이 갖고 있던 사고방식으로는 전혀 상식적이지도 않았습니다.

저는 1934년 6월의 아름다웠던 여름날을 지금도 생생하게 기억하고 있습니다. 물론 악명 높은 '장검의 밤' 사건이 일어났던 주말도 기억하고 있지요. 새 독일 정권은 필요하다면 얼마든지 법과 질서를 무시할 것이라는 사실이 그때 처음 수정처럼 명백해졌습니다. 당시 제 부친은 베른에서 일을 하고 계셨고 저도 그 주말에 함께 있었던 것으로 기억합니다. 왜냐하면 제 부친이 "리하르트, 독일로부터 오는 소식은 모두 곧장 내게 알려줘야 한다!"라고 하시며 저에게 라디오를 듣고 있으라고 말씀하셨던 기억이 나거든요. 저를 압도했던 그 깊은 불안감이 지금도 생생히 기억납니다.

저는 탄탄하고 교양 있는 독일 가정 출신입니다. 우리 가족은 적어도 그 당시에는 그다지 부자가 아니었습니다. 그냥 수수하고 평범한 살림이었습니다. 일요일이 빵에 버터를 발라 먹을 수 있는 유일한 날이었지요. 한번은 팔이 부러졌을 때 진료비를 내지 못할 뻔한 적도 있었습니다.

제 어머니는 사회 참여가 활발하고 매우 노련한 여성이었습니다. 1차 세계대전 중에는 야전병원에서 간호사와 외과 조수로 일하셨지요. 우리 가족 내에서는 중심적인 역할을 하셨습니다. 가족들 사이에는 강력한 유대가 있었습니다. 이상적인 형이었던 하인리히와는 특히 친했습니다. 집안에는 항상 음악이 흘렀고 언제인가 누이는 피아노를 맡고 하인리히는 첼로, 저는 바이올린을 맡아서 트리오를 조직하기도 했지요. 크리스마스에는 부모님이 오래된 인형 극장에서 연극을 상연하곤 했습니다. 우리는 일요일 오후가 되면 각자 배역을 받고 고전 희곡들을 큰 소리로 읽었어요. 그렇게 오랜 시간이 지나고 우리는 가족의 울타리 밖에서 각자의 친구를 사귀기 시작했습니다.

일찍부터 어머니는 성직자에 대한 박해를 반대하는 운동에 아주 헌신적으로 참가하셨습니다. 어머니는 마틴 니묄러라는 사람과 친분이 있었지요. 그는 잠수함 사령관이었다 목사가 된 분으로 자신이 지닌 신념에 대해 매우 거침없이 말하는 사람이었습니다. 그는 《잠수함에서 설교단으로》라는 책을 쓰기도 했는데 제 부친은 항상 "그 책은 '잠수함과 함께 설교단에서!'로 불러야 돼"라고 말씀하셨지요. 니묄러는 그런 사람이었고 얼마 안 있어 체포되었습니다. 어머니는 다른 사람들과 함께 그를 석방시키기 위해 애쓰셨지요. 당시 저는 독일에서 그다지 많은 시간을 보내지 않았습니다. 주로 외국의 기숙학교에 있었지요. 우리 가족은 편지에 우리만 알아볼 수 있는 암호를 적어넣었습니다. 예를 들어 문장 끝에 있는 줄표는 그 문장이 반대의 내용을 의미한다는 걸 가리켰지요.

제 부친은 독일 정부를 위해 계속 일하셨습니다. 그러는 동안 중요한 협상가가 되셨지요. 히틀러는 외교관에게 엄포 놓는 것을 외교정책의 근본으로 삼았습니다. 그가 장군에게 관습적인 격식을 차리지 않음으로써 전쟁에서 얼마만큼 멀리 갈 수 있는지를 보여주고자 한 것과 같은 논리였습니다. 라인란트를 점령하고 주데텐란트를 합병한 것은 히틀러가 이런 특유의 무례함과 공격성을 가졌기 때문에 가능했던 정치적 성공 사례들이었습니다.

이러한 정치적 성공 사례의 최고봉으로 뮌헨 협정을 꼽지만 정작 히틀러는 후에 뮌헨 협정이 자신이 저지른 가장 큰 실수 중 하나였다고 말했습니다. 그는 1938년 가을에 모든 타협을 중지하고 곧장 전쟁에 돌입했어야 했다고 뒤늦게 후회했지요. 만약 그랬다면 당시 전쟁 준비가 거의 되어 있지 않은 다른 세계 강대국들에 비해 압도적으로 유리한 위치를 차지했을 것이라고 생각했던 겁니다.

제 부친은 뮌헨 협정의 막후에서 평화조약의 초안 작성을 돕는 데 최선을 다했습니다. 또한 영국과 이탈리아 대사와도 긴밀한 접촉을 유지했지요. 마침내 그들은 완성된 타협안을 무솔리니에게 슬쩍 건네줄 수 있었습니다. 이 덕분에 히틀러와 달라디에, 체임벌린이 벌인 수뇌회담에서 뮌헨 협정을 위한 토대가 만들어진 것입니다. 샴페인 딜러였다가 외무부 장관이 된 요아힘 폰 리벤트로프는 불같이 화를 냈습니다. 이 모든 것이 그의 등 뒤에서 이루어졌기 때문이었죠. 제 부친은 체임벌린이 외치던 '우리 시대에 평화를!'이라는 주장을 지지하셨습니다. 제 부친은 후에 "뮌헨 협정을 체결한 날이 내 인생에서 마지막으로 행복한 날이었다"라고 말씀하셨지요.

그 후 독일은 뮌헨에서의 약속이 있었음에도 체코슬로바키아를 침략했습니다. 곧바로 독일이 폴란드까지 침공하는 것을 막기 위한 최후 협상이 벌어졌지요. 하지만 제 부친은 협상이 시작도 하기 전에 이미 실패했다고 느꼈습니다. 당시에 부친은 반역죄로 몰릴 수도 있는 위험한 방법까지 모두 동원해 가능한 최선의 조치를 취했습니다. 그분은 여러 차례에 걸쳐 다른 외교관 친구들에게 "자네들은 지금 행동해야 하네. 히틀러가 다른 국가의 개입 없이 계속해서 나아갈 수 있다고 착각하게 놔두면 안 된다는 말일세. 자네들이 나서서 독일로 장군들을 보내게. 그들이 히틀러 앞에 가서 탁자를 내리치며 이 전쟁을 멈춰야 한다는 사실을 깨우쳐주도록 하란 말일세"라고 말씀하셨습니다. 실제로 1939년 9월 초 영국이 독일에 선전포고를 하자 히틀러와 리벤트로프는 깜짝 놀랐지요.

후에 뉘른베르크에서는 침략 전쟁을 도왔다는 혐의로 제 부친을 고발했지만 그것은 전혀 사실이 아니었습니다. 제 부친과 몇몇 동료들은 전쟁을 막기 위해 최선을 다한 분들이었습니다.

그러면 왜 제 부친은 나치 정권을 위해 수년간 계속 일을 했을까요? 음…. 그러니까, 상상은 또 다른 상상을 낳는 법이지요. 이후로도 그 점에 대한 의견이 분분했습니다. 제 부친은 고위 간부였고 틀림없이 많은 정보를 공유할 수 있었을 것입니다. 비록 자신이 가진 정보와 상상력만으로 홀로코스트 같은 일을 추측할 수는 없었겠지요. 하지만 그분이 당시에 읽고 서명한 서류들을 살펴보면 분명히 스스로 결론을 도출할 수 있을 만큼은 알고 계셨다고 생각합니다. 제 부친은 매우 많은 사람을 구했고(이것은 이미 증명된 사실입니다), 유대인에게 가해진 범죄에 대해서도 분명 알고 계셨을 겁니다. 하지만 1945년에 아우슈비츠에 관한 끔찍한 전모가 밝혀지자 당시 젊은 병사였던 저처럼 그분도 경악을 금치 못했습니다. 부친은 정말로 홀로코스트의 전모를 알지는 못했다고 확신합니다.

제 생각에 부친이 계속 나치 정권에 남아 있었던 유일한 이유는 때가 되면 자신이 독일의 외교정책에 긍정적인 영향을 끼칠 수 있을 것이라는 희망 때문이었습니다. 처음부터 그분은 자신이 전쟁이 발발하는 것을 막을 수 있을 거라 믿었고 후에는 소련 침공을 막을 수 있다고 생각했습니다. 대부분의 역사학자들도 나중에는 이러한 사실에 동의했습니다. 그들 중 한 명은 제 부친이 '적절한 투지와 교활함을 가지고' 전쟁을 막으려 했다고 썼지요.

그 당시에 관한 기록을 많이 읽어봤지만 모든 것을 다 알아낼 수는 없었습니다. 하지만 한 가지는 확실합니다. 제가 그분의 본연의 모습을 알고 있다는 사실이죠. 또한 뉘른베르크에서 그분의 본질을 왜곡하려 했다는 사실도 알고 있습니다.

1938년에 저는 군에 입대하기 위해 포츠담으로 갔습니다. 당시 열여덟 살이었죠. 제9 보병연대의 기관총 사수 중대에 배치 받았는데, 나치당과는 상관없이 구식 프로이센 방식으로 운영되는 곳이었습니다. 나치당은 매우 다른 유형의 사람들이었습니다. 외교단에서 그랬던 것처럼 베르마흐트와 나치당 사이에는 커다란 긴장감이 흐르고 있었습니다. 대부분의 장교들은 강력한 독일 육군이 부활한 것을 기뻐했지만, 나치당에 대해서는 기형적으로 벼락출세한 사람들이라고 생각했습니다.

당시 형 하인리히는 같은 연대의 중위로 진급해 있었습니다. 형은 중세 역사를 공부하고 싶어 했지만 나치당이 진작부터 교육과정을 정치화했기 때문에 자신이 원하던 공부를 할 수가 없었어요. 따라서 그에게 있어 군대는 원하는 것을 얻기 위한 일종의 섬이었습니다. 내부적 이민의 한 형태라 부를 수도 있겠지요. 이외에도 베르마흐트를 일종의 피난처로 여기는 사람이 이상하리만치 많았습니다.

우리는 과연 자신이 하고 있는 일에 의심을 품고 있었을까요? 독일군 안에서 종종 그런 대화가 오가긴 했지만 흔하지 않은 일이었습니다. 젊은 병사였던 저는 집에서 들은 일들에 대해 막사 안에 있는 동료들과 절대 이야기하지 않았습니다. 그럼에도 나치 돌격대와 나치 친위대가 벌이는 잔혹한 행동들에 대해 약간의 진지한 비판이 존재하기는 했습니다. 헌법은 우리가 복종해야 하는 프로이센의 일부였습니다. 하지만 아시다시피 우리는 매우 젊었고, 가벼움과 극도의 진지함이 뒤섞인 삶을 살고 있었지요. 우리는 윤리적인 측면에 있어서도, 어쩔 수 없는 도덕적 딜레마에 빠져 있었지만 당장은 전장에 있다는 사실을 겨우 서서히 인식하기 시작할 뿐이었습니다.

1941년에 육군 지휘관들은 우리에게 모스크바를 향해 최대한 진군하라고 명령했습니다. 12월 중순 무렵 우리는 결국 패배해 그곳에서 추위에 떨고 있었어요. 상부는 온전한 정신을 가진 사람이라면 누가 봐도 방어가 불가능한 위치를 사수하라고 명령을 내렸던 겁니다. 우리가 그들 입장이었다면 자신이 데리고 있는 병사들에게 그러한 명령을 내릴 수 있었을까요? 우리는 이미 자행된 범죄들에 대해 많이 알지는 못했지만 한 가지만은 명백히 알고 있었습니다. 그들이 내린 명령을 수행함으로써 스스로 악의 도구가 되었다는 사실이었습니다. 그것이 결국 우리가 처한 상황이었습니다.

시간이 흘러 1942년 10월, 제 친구 악셀 폰 뎀 부셰는 전선에서 한참 떨어진 곳에서 무방비 상태인 유대인들이 총에 맞아 죽는 장면을 직접 목격하게 되었습니다. 부대로 복귀하자마자 저에게 자기가 본 것을 이야기해주었지요. 그는 필요하다면 자신의 목숨을 바쳐서라도 히틀러를 죽이겠다고 결심했습니다. 우리는 다른 친구들을 통해 클라우스 폰 슈타우펜베르크 백작과 접촉했습니다. 백작은 베르마흐트의 새 군복을 발표하는 1943년 12월이 기회라고 생각했어요. 악셀 부셰는 많은 훈장을 받은 젊은 장교로서 히틀러에게 새 제복을 선사할 기회를 얻게 될 것이고 그때를 이용해 총통을 살해하고 자신도 자결할 생각이었습니다. 저는 여행 서류를 준비하고 슈타우펜베르크 백작과 연락하는 임무를 맡았습니다. 하지만 그 행사가 열리기 24시간 전에 영국군이 공습을 감행해 모든 계획이 취소되었죠. 솔직히 말하면, 게슈타포가 슈타우펜베르크 무리가 계획한 그 암살 시도를 전혀 눈치채지 못한 것은 기적에 가까운 일이었습니다.

그건 그렇고 당시는 전쟁이 시작되기 전인 1939년이었습니다. 저는 수술에서 회복하느라 집에 있었지요. 갑자기 부대에서 즉시 복귀하라는 소환장이 왔어요. 전쟁이 일어나기 3일 전, 하인리히와 저는 병영에서 기차역까지 함께 행군했습니다. 당시 분위기는 그동안 제가 들어왔던 1차 세계대전 때의 분위기와는 전혀 달랐습니다. 대중적인 열광의 흔적은 어디에도 없었어요. 모든 것이 매우 비밀스럽고 의기소침하게, 말 그대로 영화 제목 *밤과 안개*처럼 진행되었지요. 우리는 폴란드 근처에서 하차했고 1939년 9월 1일 아침에 국경을 넘었습니다.

저는 제가 전쟁을 벌이려고 하는 나라에 대해 아는 것이 거의 없었습니다. 신문에서 민족적 갈등 문제가 있고 단치히 문제에 관한 의견 불일치가 있다는 기사를 읽은 것이 전부였습니다. 후에 정치인이자 서독의 대통령으로서 저에게 주요한 정치적 주제는(물론 동독에 관한 지속적인 관심 외에) 독일과 폴란드의 친선관계를 회복하는 일이었습니다. 하지만 당시 군인이었던 저에게는 그다지 의미 없는 일이었지요.

폴란드로 진군하면서 국경 초소나 그 비슷한 것을 지나갔던 기억은 없습니다. 그저 조용하고 질식할 것 같은 분위기였죠. 그러한 분위기는 둘째 날 저녁이 되어서야 바뀌었는데 소총이 발사되는 커다란 소리가 들린 뒤 마침내 처음으로 폴란드 부대와 맞닥뜨렸습니다. 클로노보의 철로 근처에 있는 투헬 히스 숲 주변이었습니다. 하인리히는 제가 서 있던 곳에서 몇 백 미터 떨어진 곳에 있었죠. 그는 우리 연대에서 최초로 전사한 장교였습니다. 다음 날 우리는 그와 다른 전사자들을 숲 주변에 묻었습니다. 저는 밤새도록 사랑하는 형 곁에서 경야를 했어요.

어머니는 편지에 "어째서 신께서는 단 한 사람이 이 모든 참사를 일으키도록 내버려두시는 거지? 특히 내 아들들에게 말이야. 나는 이 전쟁을 위해 내 아들을 희생시킬 수 없어. 난 이미 전쟁을 겪어봤기 때문에 우리 가족, 새로운 생명의 탄생이 주는 한없는 행복, 우리가 지닌 자존심 등이 전쟁으로 인해 모두 사라진다는 게 어떤 것인지 알고 있어. 삶은 계속되지만 우리가 전에 누렸던 것은 다시는, 다시는 돌아오지 않지. 우리가 그토록 자랑스럽게 여겼던 것들을 모르는 전혀 새로운 사람들이 나타나겠지"라고 쓰셨지요. 어머니는 그 편지를 형이 전사하기 불과 이틀 전에 쓰셨습니다.

보병의 꿈, 페르몽 요새

평화로운 풍경은 전쟁터처럼 변했다가 잠시 후에는 언제 그랬냐는 듯 다시 본래 모습으로 돌아온다. 나는 스당에서 바다 쪽으로 43번 국도를 따라 운전했다. 완만하게 경사진 노란 유채꽃 들판을 지나 작은 마을들을 통과하고 깊고 풍성한 정원 뒤로 호젓하게 물러나 있는 집들을 차례차례 지나친다. 밤나무는 꽃이 활짝 피었고 젖소들은 미나리아재비 밭에 몸을 파묻고 있다.

이 도로는 룩셈부르크 근처 어딘가에서 마치 작은 샘물처럼 튀어나와 들판과 수줍음 많은 메그레 경감(조르주 심농의 추리소설 시리즈 주인공_옮긴이 주)이 활약하던 마을을 가로지르고 교차로와 시청, 전차 정거장, 3개의 카페, 역 근처 호텔, 빵가게를 거치며 되돌아나간다. 이 건물들은 모두 건축의 혼란기라 할 수 있는 1880년에서 1920년 사이에 지어졌다. 검게 그을린 채 세월의 흔적이 묻어나는 그 건물들은 유럽에서 벌어지는 모든 역사를 지켜봤다.

저녁 8시가 다되어 롱귀용에 도착했다. 거리에는 여기저기 물웅덩이가 가득하고 봄 소나기가 남겨놓은 빗물이 여전히 나무에서 뚝뚝 떨어지고 있었다. 제비는 옥상에서 윙윙거리고 비둘기는 주택가 여기저기에서 구구거렸다. 교회 종이 또렷한 소리로 울렸다. 어부가 강변 자갈길을 따라 걷는 게 보였고, 텃밭에서는 비옥한 냄새가 풍기고 콩이 무르익어갔다. 카페에서는 웃음소리가 흘러나왔다.

이런 저녁 시간에 누가 전쟁에 나가길 원하겠는가? 1939년 9월, 프랑스 국민들은 "왜 단치히를 위해 죽어야 하지?"라고 반문했다. 1940

년의 아름다운 봄날, 이러한 거리낌은 더욱 심해졌다. 그들은 자국 군대가 가진 힘을 믿어 의심치 않았고 미리부터 패배를 각오한 것도 아니었다. 하지만 1차 세계대전 때와 같은 일이 되풀이될까 봐 매우 두려웠다. 형제, 아버지, 삼촌들이 참호와 지옥 같은 전장에 관해 이야기하는 것을 20년 넘게 들어왔기 때문이었다. 프랑스 병사 10명 중 7명이 베르됭 전투를 직접 경험했다.

'라 데흐니에르 데 데르La dernière des ders'는 프랑스인들이 1차 세계대전을 가리키는 말로 최후 중의 최후, 즉 최후의 전쟁이란 뜻이다. 1939년 겨울, 전쟁이 아직 실생활에 영향을 미치지는 않았지만 언론에서는 이미 맹위를 떨치고 있을 무렵 프랑스인들은 '하얀 마른 강la Marne Blanche(피를 흘리지 않는 마른 강_옮긴이 주)을 희망하고 있었다. 예컨대 지난 전쟁처럼 외교적이고 정신적인 수단을 취하되 격정이나 유혈사태 없이 진행되길 희망했다.

1919년, 롱귀용에는 깃발을 든 채 쓰러지는 군인의 모습을 한 전쟁 기념비가 세워졌다. 그리고 여기에는 500명에 달하는 군인들의 이름이 새겨져 있었는데(그 도시의 인구는 7,000명이었다) 아무도 거기에 새로운 이름이 추가되길 원치 않았다. 하지만 결국에는 150명의 이름이 더해졌다.

롱귀용 근처 지하 30미터 깊이에는 페르몽 요새가 있다. 그 요새는 마지노선에서 중요한 연결점이었다. 마지노선은 프랑스가 동쪽에 있는 훈족(독일을 가리킴_옮긴이 주)으로부터 나라를 지키기 위해 바젤에서 룩셈부르크까지 쌓은 장벽이었다. 1916년 당시 보병의 꿈을 보여주는 페르몽 요새는 침실과 구내식당, 작업장, 전기 철로, 비밀 천장 문, 의

▲ 마지노선은 프랑스가 동쪽에 있는 독일로부터 나라를 지키기 위해 바젤에서 룩셈부르크까지 쌓은 장벽이었다.

무실, 빵집, 심지어 폐소공포증을 예방하기 위한 영화관까지 갖춘 최고급 참호였다. 700명에 달하는 병사들은 외부 세계와 단절된 채, 이곳에서 수개월을 버틸 수 있었다. 지금은 곰팡이가 덮인 그리고 하얀 조각들이 덕지덕지 붙은 라디오 한 대만 선반 위에 남아 있을 뿐이다.

앞서 벌어진 전쟁에 적용됐던 구식 생각이 이 모든 구조물을 짓는 데에도 그대로 적용되었다. 당시 프랑스 지도자들도 이 구조물을 지은 사람과 똑같은 생각을 가지고 있었다. 그 지도자들 역시 옛날 사람이었기 때문이다. 프랑스군 총사령관, 모리스 가믈랭 장군(때때로 가가믈랭 장군으로 불렸다)은 당시 67세였다. 막심 베강 장군은 70대에 가믈랭의 후임으로 프랑스군 총사령관이 됐고, 페탱 원수는 부총리로 임명될 때 이미 84세였다.

베르마흐트의 젊은 참모들이 한창 새로운 무기체계와 전술을 개발할 때 프랑스는 아무것도 하고 있지 않았다. 1937년 즈음 독일 공군은 프랑스나 영국이 보유한 어떤 전투기보다 빠른 메서슈미트기를 1,000대 이상 보유하고 있었다. 같은 해, 프랑스 상원에 속한 국방위원회에 "독일 공군은 아무런 제재 없이 프랑스 상공을 날 수 있다"라는 보고서가 제출되었다. 그 보고서에는 탱크가 가져다주는 막대한 이익과 전투 현장에서 급강하 폭격기가 갖는 무한한 가능성 또한 언급되어 있었다. 하지만 프랑스군 참모들은 전혀 신경 쓰지 않았다. 1939년에 페탱 장군은 '탱크는 전쟁의 원리를 바꿀 수 없다'고 확신했다. 샤를 드골 소령은 〈미래의 군대〉를 통해 현대적이고 기계화된 군대를 개발해야 한다고 주장했는데, 그로 인해 대령 승진에서 3년 연속 누락돼야 했다. 앙드레 마지노André Maginot가 완성한 일생의 역작은 거대하고 쓸모없는 전쟁기념물이 되었다. 그 장벽은 자금 부족으로 벨기에 국경에서 갑작스레 건설이 중단됐고, 독일군은 단순히 그 장벽을 돌아 행군하면 그만이었다.

페르몽 요새에 있는 문과 밸브, 전등, 레버, 바퀴 등은 지금도 작동된다. 요새 위에서 젖소들이 풀을 뜯는 가운데 철재 천장 문이 하루에도 몇 차례씩 열린다. 그러고는 대포의 포신이 나타나 회전하기를 반복한다. 이러한 기계장치를 포함해 이 요새에 있는 모든 것이 과거의 쾌속 범선처럼 비극적인 무언가를 포함하고 있다. 그것들은 최첨단 장비였지만, 중대한 판단 착오에 불과했다. 그 기계장치들의 개발 전제가 이미 과거의 것이 되었기 때문이었다.

소련과 독일의 비밀 협약

1916년, 그들은 10개월 동안 베르됭을 차지하려 애썼지만 실패하고 말았다. 하지만 1940년에는 하루도 걸리지 않아 베르됭을 손아귀에 넣었다. 어떻게 그럴 수 있었을까?

우선 '패자가 모든 것을 얻는다'는 원칙이 있었다. 베르사유 조약에 의해 독일 군대는 대폭 감축되었고 바로 그러한 점은 독일군 장군들로 하여금 가능한 한 최소의 병력으로 가장 효율적인 군대를 구축하게 만들었다. 유용할 것 같은 모든 발명품이 시험대에 올랐다. 이처럼 독일은 베르사유 조약 덕택에 1931년에 이미 초현대식 공군을 만들기 위한 기초를 다질 수 있었다. 독일군은 1934년 12월에 보르쿰 섬에서 20세기 최초의 미사일을 발사했다. 폰 브라운이 개발한 A-4로켓은 고도 2킬로미터까지 도달했다.

독일인은 자신들이 저지른 외교적 실수에서도 교훈을 얻었다. 두 개의 전선에서 새로운 전쟁을 벌이는 위험성은 (적어도 당분간은) 교묘하게 배제되었다. 난데없이 리벤트로프와 소련의 뱌체슬라프 몰로토프가 1939년 8월에 모스크바에서 협정을 체결했다. 리벤트로프는 스탈린 참모들 사이에서 "마치 나의 당원들과 함께 있는 것처럼 대단히 편안하게" 느꼈다. 소련은 호의의 표시로 수백 명의 유대인과 반파시즘 망명자들을 독일로 돌려보냈다.

11월 중순, 이번에는 몰로토프를 위시한 소련 대표단 일행이 엄숙한 인터내셔널의 노래의 반주가 들려오는 가운데 베를린의 안나할터 역에서 환영을 받았다. 보통 상황이었다면, 그 노래를 연주하는 것만으로도 다하우 강제수용소로 가는 편도승차권을 얻기에 충분했겠지만, 당시에는 나치당 엘리트가 전부 노래를 들으며 차려 자세로 서 있었다. 인접한 공장의 창문을 통해 노동자들이 빨간 손수건을 흔들었다.

1990년대에 이르러 소련이 붕괴한 후에야, 몰로토프-리벤트로프 조약에 존재했던 비밀 보충협약이 드러났다(1990년에도 미하일 고르바초프[1]는 여전히 비밀 보충협약의 존재를 부인했다). 그 비밀 보충협약에는 두 강대국이 유럽을 어떻게 나누어가지려 했는지 자세히 나와 있었다. 소련은 폴란드 일부와 핀란드, 에스토니아, 라트비아, 리투아니아 그리고 베사라비아를 차지하기로 했다. 독일은 폴란드의 나머지 부분과 덴마크, 노르웨이, 네덜란드, 벨기에, 룩셈부르크, 프랑스, 유고슬라비아 그리고 그리스를 원하는 대로 하기로 했다. 엄격히 말하면, 그것은 상호불가침 조약이었다. 하지만 실제로는 전적으로 침략 조약이었고, 다가올 정복 전쟁에 대한 잘 짜인 시나리오였다.

가짜 전쟁

1939년 9월 1일, 첫 침공이 있은 뒤 불과 몇 주 만에 폴란드는 독일과 소련에 의해 정복되고 분할되었다. 폴란드인은 약탈을 당하며 불안과 공포에 떨어야 했다. 제3제국은 서부 폴란드를 흡수하자마자 바르샤바와 크라쿠프, 라돔, 루블린을 나치 친위대의 나라로 탈바꿈시켰다. 이 '폴란드 총독부'는 곧 모든 폴란드인과 유대인 그리고 다른 '비독일파'가 강제 추방될 지역이었고 나치 친위대에 의해 '다스려질' 예정이었다.

서부 유럽은 여전히 잠이 덜 깬 상태였다. 벨기에, 네덜란드 그리고 스칸디나비아 국가들은 중립을 고수했다. 영국은 나중에 1939년 겨울을 표현하기 위해 '가짜 전쟁'이라는 용어를 만들어냈는데 그것은 평화와 전투 사이의 모호한 상태, 무언가 일어나기 전의 고요함을 의미했다. 프랑스는 그 고요함이 영원히 지속되기를 간절히 바랐다. 그들은 라인 강에 기뢰를 잔뜩 설치해 루르Ruhr로 가는 독일군 보급품을 차단하자는 처칠의 제안을 단칼에 거절했다. 그렇게 되면 정말 전쟁이 시작될 것이 불을 보듯 뻔했기 때문이다. 심지어 프랑스 병사들은 전선의 일부 지역에 이런 푯말을 세워두기도 했다. "쏘지 마시오. 우리도 쏘지 않겠소!"

그러나 영국과 프랑스는 1940년 3월에 핀란드가 소련에 대항하는 것을 돕기 위해 10만 명의 연합병력을 결성했다. 영국의 저명한 전쟁 역사학자인 A. J. P. 테일러A. J. P. Taylor는 이 결정에 대해 어떤 합리적인 설명도 불가능하다고 말했다. 그는 연합군이 이미 독일에 전쟁을 선언한 상태에서 영국과 프랑스가 소련과 전쟁을 시작한 것은 전적으로 미친 짓이었다고 지적했다. 물론 이면에 무언가 다른 이유가 있지 않았다면 말이다. 예를 들면 프랑스와 영국이 이제 막 시작한 이 전쟁을 반볼셰비키로 몰아가면서 가능한 빨리 독일과의 갈등을 잊고 정리하려 했다는 것처럼 말이다. 그 배경이 무엇이든, 군사작전은 너무 늦었고 아무런 결과도 낳지 못했다. 핀란드는 프랑스-영국 군대가 결성된 그 달에 항복했다.

결국 고요함을 깨뜨린 건 히틀러였다. 1940년 4월 9일에 그는 덴마크와 노르웨이를 침공했다. 이 사실을 접한 영국은 깜짝 놀랐다. 겨울 내내 독일과 비슷한 공격 계획을 세우고 있었기 때문이었다. 중립국 노르웨이는 독일 군수산업에서 매우 중요한 위치를 차지했다. 겨울에는 스웨덴에서 생산되는 주요 광물의 선적이 모두 노르웨이 항구에서 이루어졌다.

처칠은 1939년 9월 해군 원수가 되자마자 노르웨이 항구를 기습 점령하고, 기뢰를 이용해 독일의 수송 경로를 차단하자고 제안했다. 영국 또한 1940년 4월 초에 그 작전을 수행할 계획이었다. 독일 해군대장 에리히 레더Erich Raeder는 1939년 10월에 처칠과 같은 생각을 했다. 예컨대 항구를 보전하기 위해 노르웨이를 공격하려 한 것이었다. 결국 독일이 승리했다. 그들이 더 빠르고 더욱 잘 조직되어 있었기 때문이다. 영국은 스키도 없이 달랑 관광지도만 챙겨들고 한겨울의 노르웨이에 상륙했다. 분노한 영국 의회 의원들은 '버스를 놓쳤다!'라며 체임벌린을 비난했다. 이번 일의 실패로 체임벌린은 수상직에서 물러나고 처칠에게 길이 열렸다.

초고속 항복

히틀러의 대담한 공격 전략은 과거의 슐리펜 플랜Schlieffen Plan을 떠오르게 했다. 1914년에 그랬듯이, 독일 군대는 마치 낫을 휘두르는 형세로 북서유럽을 휘저었다. 하지만 이번에는 그 낫에 휘둘린 땅이 더 넓어져 저지대에 있는 국가들(네덜란드, 벨기에, 룩셈부르크를 의미함_옮간이 주)을 곧장 가로질렀다. 히틀러는 프랑스의 '정신적인 방식'에 쉽사리 동조할 수 있었고 영국과의 거짓 전쟁을 끝없이 연장시켜 협상을 통해 모든 폴란드 문제에서 벗어날 수도 있었다. 하지만 그것은 히틀러의 방식이 아니었다. 그가 가진 궁극적인 목표는 동쪽에 있었고, 그것은 폴란드와 소련에 독일 국민 생활권을 건설하는 것이었다. 그러나 또다시 두 개의 전선에서 싸우는 일을 피하기 위해 히틀러는 먼저 프랑스와 저지대 국가들을 제압하는 데 집중했다.

5월 10일 새벽 3시 15분에 첫 총성이 울렸다. 네덜란드 국경에 있는 니우에스한스 역에서 국경 수비대가 제거되었고, 독일 장갑 열차는 아무런 방해 없이 흐로닝언으로 달려갔다. 헤이그와 로테르담에서 요지를 점령하기 위해 전선 후방에 낙하산 부대가 침투했다. 독일 군사정보국 내에 있던 반항세력이 강력히 경고했음에도 네덜란드 정부는 불필요한 우려라며 일축했었다. 독일군은 여기저기에서 강한 저항에 부딪혔지만 기본적으로 네덜란드인은(150년 이상 자국 영토에서 전쟁을 해본 적이 없었기 때문에) 충격에 빠져 있었다. 그들은 네덜란드를 중립적인 국가, 따라서 누구도 침범할 수 없는 스위스 같은 나라라고 여기고 있었다. 또한 유사시에는 전략적으로 선별된 지역을 침수시켜 영국처럼 본토를 섬으로 바꿀 수 있다고 생각했다. 하지만 그날, 네덜란드인은 유럽에서 자신들이 차지하고 있던 특별한 위치(절반은 대륙 안에, 절반은 대륙 밖에)가 영원히 사라졌음을 깨달았다.

동시에 네덜란드에는 비군사적인 특징이 존재했다. 대다수의 국민에게는 '적'이라는 개념 자체가 완전히 낯선 것이었다. 작가 안톤 쿨렌Anton Coolen은 북브라반트 지방에서 순진한 그의 이웃들이 독일군 두세 명에게 길을 알려주었던 일에 대해 설명했다.

그들은 서둘러 차 주변으로 몰려들었고, 독일어로 된 질문을 알아들으려고 고개를 내밀었다. 몇몇 여자가 김이 나는 따끈한 커피를 쟁반에 받쳐 들고 나와 독일 군인들에게 갖다 주자, 그들은 지도를 접고 미소를 머금었다.

나는 나의 할아버지가 독일 침공 직후 자신의 딸, 즉 내 어머니에게 보낸 편지를 발견했다. 할아버지는 "정원은 지금 한창 아름다워 보이는구나. 제비꽃이 벌써 피었어. 나는 지금 집무실에 왕처럼 앉아 있단다. 이제 체념하고 새로운 상황을 받아들이는 연습을 할 거야. 너도 자신을 압도하는 모든 것에 만족하고 사는 연습을 하려무나"라고 적었다.

5월 14일 화요일에 로테르담에 폭격이 가해졌다. 게르니카와 바르샤바에 이은 독일 공군의 세 번째 대공습이었다. 도시 대부분이 돌무더기로 변했다. 약 900명의 시민이 죽었다. 독일이 위트레흐트에도 똑같은 공습을 감행하겠다고 위협하자, 그날 오후 헨리 빈켈만 장군이 항복을 선언했다. 그의 군대는 정확히 5일간 전쟁을 치렀다.

종말의 시작

벨기에의 레오폴 3세는 2주 후에 항복했다. 그때까지 최소 150만 명의 벨기에 국민이 프랑스로 피난을 떠났다. 벨기에 국왕의 결정은 프랑스의 북쪽 방어선에 구멍을 만들었고 릴 부근에 있던 프랑스 제1군은 방어 진지를 지킬 수 없었다.

동시에 국왕과 장관들 사이에는 전쟁 후에도 끝나지 않을 심각한 갈등이 생겨났다. 벨기에가 중립을 표방하는 것은 정치적으로 기정사실화되어 있었던 것이고 이것은 유럽 내 힘의 배치를 고려했을 때 합리적인 선택이었다. 하지만 벨기에 정부는 사력을 다해 싸울 준비가 되어 있었다. 반면 레오폴 국왕에게 중립은 신성한 원칙이자, 자신이 지닌 성향과도 가장 잘 부합하는 행동 노선이었다. 그는 오직 한 가지, 1914년에 일어났던 일을 되풀이하지 않는 것에만 집착했다. 모든 거리를 폐허로 만들고 군인들을 죽음으로 몰아가는 것은 전혀 불필요한 일이라고 생각했다. 영국으로 후퇴하기로 결정한 네덜란드의 빌헬미나 여왕과 달리 그는 유럽에서 전쟁을 계속하는 것이 무의미하다고 여겼다.

"아마 프랑스는 수일 내에 싸움을 개시할 것이오. 영국은 그들의 바다와 식민지에서 싸움을 계속하겠지. 하지만 나는 더 어려운 길을 선택했소."

5월 28일 이후, 벨기에 국왕은 자신을 히틀러의 전쟁 포로로 간주했다.

1940년 5월 10일 오후, 윈스턴 처칠이 영국 수상으로 임명되었다. 5일 후, 수요일 아침 7시 30분 처칠은 프랑스 총리 폴 레노의 전화를 받고 잠에서 깨어났다. 재앙이 임박해 있었다. 최소 7개의 독일 기갑사단이 아르덴을 돌파해 들어온 뒤 스당 근처에 있는 전원지대를 통과하고 있었다. 기갑사단 뒤에는 보병을 가득 실은 트럭들이 따르고 있었다. 레노는 종말이 시작됐다며 두려워했다. 더구나 '통과가 불가능하다'고 생각했던 아르덴을 돌파한 룬트슈테트 장군의 집단군 A는 1,800대가 넘는 탱크를 앞세운 데다, 약 300대의 슈투카 폭격기의 지원까지 받고 있었다.

레노의 전화를 받고 급히 파리로 날아간 처칠은 다음 날 프랑스 외무부에서 창밖을 내다보다 놀라운 광경을 목격했다. 그리고 그는 "나는 창문을 통해 프랑스의 덕망 있는 관리들이 손수레로 공문서를 실어다 커다란 모닥불 속에 밀어 넣는 것을 보았다"라고 아쉬워했다. 따라서 처칠은 프랑스에 추가적으로 10개의 전투기 편대를 지원해주었지만, 달가운 선택은 아니었다. 지원해준 병력이 자신에게도 곧 절실해질 것이란 사실을 알고 있었기 때문이다.

26

참담한 패배의 현장, 됭케르크

Dunkirk

전투의 향수

브륄리드페슈 근처에는 완만하게 경사진 아르덴 숲이 있다. 그 숲 한가운데에는 훌쩍 자란 나무에 둘러싸인 커다란 콘크리트 건물이 있고, 이 건물은 두 개의 두꺼운 철문과 한 개의 작은 간이 문을 갖고 있다. 마을 사람들은 이 구조물을 히틀러의 참호라 부르는데, 실제로 이곳은 1940년 6월 첫 주 동안 히틀러의 임시 본부로 사용됐다.

그 참호를 개조해 만든 작은 박물관에는 휴일에 브륄리 숲에서 촬영한 것으로 보이는 사진들이 걸려 있었다. 히틀러가 막사 앞에서 여러 장군과 느긋하게 상의하고 있는 사진, 그들이 매일 뉴스영화를 관람하던 마을 성당 앞에서 찍은 단체 사진, 그 사람들이 그대로 장소를 옮겨 괴링이 탄 비행기가 막 떠나려 하는 들판 가장자리에서 웃고 있는 단체 사진, 6월 17일에 사령관 전원이 라디오를 통해 페탱의 프랑스 항복 선언을 듣고 있는 사진 등이었다(라디오를 들은 뒤 히틀러는 평소에 기쁨을 표현하던 방식대로 자신의 허벅지를 찰싹 때렸다. 하지만 안타깝게도 그 사진은 없었다).

1940년 5월의 독일처럼 군사작전을 매끄럽게 진행한 예는 거의 없었다. 일반적인 추측과 달리, 연합군은 적어도 독일군만큼 강했거나 독일군보다 더 강했다. 히틀러는 90개가 채 안 되는 사단으로 싸웠다. 프랑스만 해도 그 이상 되는 병력을 동쪽 국경에 배치했고 영국, 폴란드, 벨기에, 네덜란드가 보유한 사단도 각각 40개가 넘었다. 연합군은 독일보다 2배 많은 중포병 부대와 1.5배 많은 탱크를 합동으로 운용할 수 있었다. 하지만 우리가 알아야 할 것은 독일군이 비행기를 최소 4,000대 이상 보유하고 있었던 반면 연합군은 고작 1,200대를 보유하고 있었다는 점이다. 그리고 그것이 결정적인 차이를 만들었다. 연합군은 과거의 전쟁을 기준으로 생각했고 독일군은 미래를 내다보며 전쟁을 구상했다.

프랑스는 마지노선을 믿고 낡은 지구전을 준비하고 있었던 반면, 독일은 기동성을 주축으로 한 전격전을 구상했다. 독일 군대는 말이나 사람이 따라잡을 수 없는 속도로, 즉 자동차를 이용해 시속 30~40킬로미터의 속도로 진격했다. 그들이 펼친 공수지원과 낙하산 부대 작전(예를 들면, 서부 네덜란드에서 보여주었던)은 이전까지 본 적이 없던 것들이었다. 독일군이 보유한 초현대식 급강하 폭격기는 어디서나 공포의 대상이었다. 진격이 이루어진 뒤에는 시체에서 코를 찌르는 냄새가 피어올랐고, 독일 장교들은 그것을 가리켜 '전투의 향수'라고 말했다.

1940년 5월 20일 오전 7시, 구데리안 장군이 이끄는 19육군 군단 소속의 탱크 사단 두 개가 페론을 벗어나 서쪽으로 진격했다. 10시가 되자 이 두 탱크 사단은 알베르에 도착했다. 소수의 영국군 병사들이 판지 상자로 만든 바리케이드를 쳐놓고 그들을 막으려 했다. 이 탱크 부대는 11시에 에도빌에 닿았고, 그곳에서 가짜 탄환으로 무장한 영국 포병대와 맞닥뜨렸다. 정오에는 선두에 선 사단이 아미앵을 점령했으며, 구데리안은 유명한 대성당을 보기 위해 그곳에서 잠깐 멈추었다. 그들은 4시에 보크네에 도착해 그곳에서 영국 파견군의 전체 지도 보관소를 점거했다. 그날 저녁 9시, 마침내 그들은 아브빌에 도착해 햇살이 저무는 바다를 볼 수 있었다.

그들은 그날 하루, 단 한 번의 이동으로 연합군의 모든 진지를 격파했다. 모두 합해서 100만 명이 넘는 영국군, 벨기에군, 프랑스 7군이 북해를 등 뒤에 두고 궁지에 몰리게 되었다. 민간인들은 일제히 달아났다. 1940년 6월까지 프랑스 인구의 4분의 1이 피난을 떠났다.

텅 빈 생블리몽

피카르디에서 나는 레지스탕스 재향군인국립협회 회장인 뤼시엔 가야르에게 전화했다. 그녀는 "지금 이사회 중이니 마침 잘되었군요. 얼른 오세요"라고 대답했다.

그녀의 집은 생블리몽의 작은 회색 교회 옆에 위치해 있었다. 그곳에는 나이 든 남자 3명이 탁자 주변에 앉아 있었는데, 그녀가 그 사람들을 차례로 소개시켜주었다.

"이분은 반독反獨유격대에 계셨고, 이분은 레지스탕스에서 일하셨고, 이분은 아버지가 독일군에 의해 처형되셨지요."

"그럼 당신은요?"

"언제부터인가 이 집은 영국군과 미국군 조종사들로 꽉 차 있었어요. 나는 그때 겨우 열다섯 살이었지만 나이에 비해 매우 어른스러워 보였죠."

탁자는 깨끗하게 타이핑된 회의록, 회계장부 담당자가 세밀하게 계산해놓은 종이들로 덮여 있었다. 그녀가 말했다.

"아, 자금이에요. 1950년대까지만 해도 회원이 1,000여 명에 달했어요. 지금은 겨우 130명이죠. 그나마 매년 줄어들고 있답니다."

생블리몽의 남자에게 전쟁은 1939년 9월 2일 동원통지서가 발송된 순간 시작되었다.

"아버지는 설탕 공장에서 일하셨기 때문에 전쟁에 나가지 않아도 되셨죠. 그 외에 특별한 사건은 없었어요. 적어도 1940년 5월 26일까지는 말이죠. 그 당시는 아직도 분명하게 기억해요. 그날은 일요일이었고, 내가 첫 영성체를 하는 날이었어요. 성당을 나서는데 아브빌에서 대포소리가 들렸죠. 우리는 다른 사람들처럼 며칠 후에 피난을 갔어요. 자동차나 말, 마차에 타거나 유모차를 밀면서 모두 남쪽으로 달아났지요. 정말이지 대단한 공황상태였어요. 1차 세계대전 때 겪었던 공포가 다시 고개를 들고 있었어요. 아버지는 자동차를 소유하고 있었어요. 우리는 도로변에 있는 쓰레기 더미나 건초 더미 속에서 잠을 잤어요. 어머니는 임신을 하셔서 배가 만삭이었죠. 결국 리모주에서 아기를 낳았어요."

생블리몽은 텅 비었다. 에브뢰에 거주하던 2만 명의 주민 가운데 겨우 200명만이 집에 남았고, 릴에서는 집 10채 중 9채가 빈 상태였다. 샤르트르에는 오직 800명만이 남아 있었다. 6월 10일 월요일에는 2만 명이 넘는 시민들이 파리 오스테를리츠 역에서 좀처럼 오지 않는 남행 열차를 기다리고 있었다. 충격적인 머리기사가 석간신문을 장식했다. 이탈리아가 전쟁에 참가해 프랑스의 남부지역을 침공했다는 소식이었다.

이틀 뒤, 스위스인 기자 에드몽 뒤부아는 파리 한복판에서 버려진 소떼와 마주쳤다. 소들이 내는 울음소리가 텅 빈 거리에 메아리쳤다. 그 주말에 독일군이 파리로 진격했는데 이미 300만 파리 시민 가운데 4분의 3이 피난을 떠난 뒤였다. 6월 26일 알베르트 슈페어가 랭스를 방문했을 때, 그곳은 이미 덧문들만 바람에 덜그럭거리는 유령도시로 변해 있었다.

> 마치 마을 사람들의 삶이 한순간에 정지된 듯, 식탁 위에는 여전히 유리잔과 접시, 날붙이, 손대지 않은 음식들이 놓여 있었다.

600~1,000만 명의 프랑스인이 보금자리를 등졌다. 미국인 기자 버지니아 카울스Virginia Cowles는 당시 파리에서 샤르트르까지 자동차를 운전하고 갔는데 곳곳에서 휘발유가 바닥 난 차들을 볼 수 있었다. 너무 고통스럽고 힘들어서 더는 나아갈 수 없던 노인들이 길바닥에 누워 있었다. 언덕길을 반 정도 올라가던 한 빵집 화물차가 갑자기 멈췄다. 운전석에는 여자가 앉아 있었다. 뒤에 있던 차들이 경적을 울려대

기 시작하자 그 여인은 차 밖으로 나와 4명의 아이들과 함께 연료를 구걸했다. 아무도 꿈쩍하지 않았다. 마침내 남자 3명이 시동이 꺼진 화물차를 길옆의 배수로로 밀어냈다. 화물차는 커다란 소음을 내며 옆으로 굴렀고, 지붕에 매여 있던 소지품들 또한 들판을 가로질러 데굴데굴 굴러갔다. 여인은 비명을 질렀고 사람들은 가던 길을 재촉했다. 카울스는 이 사람들이 파리 시민이라는 것을, 자유를 위해 이를 악물고 싸우고 맨손으로 바스티유를 기습했던 사람들의 후손이라는 것을 믿을 수 없었다고 적었다.

처음으로, 나는 프랑스에 무슨 일이 일어났는지를 이해하기 시작했다. 사기士氣는 믿음의 문제였다.

프랑스-영국 연합 결렬

당시 영불협력위원회 회장이던 장 모네는 런던에서 대담한 비상계획에 착수했다. 그는 프랑스와 영국이 하나가 되기를 바랐다. 1차 세계대전 때와 마찬가지로 양국의 공동 해상 공간이 이미 운영되고 있었지만 이번에 모네가 계획한 것은 그 이상이었다. 5쪽이 채 안 되는 보고서를 통해서 그는 두 나라를 연합하자고 제안했다. 양국이 소유한 군대, 정부, 의회, 경제, 식민지, 그 모든 것을 하나로 결합하자는 말이었다. 그러면 두 나라는 더는 단독으로 항복할 수 없었다. 최악의 경우, 프랑스 서부전선에서 독일에 저항하고 있는 2만 5,000명의 프랑스 군인이 영국으로 물러날 수 있었다. 그 뒤에는 새로운 연합 깃발 아래 싸움을 계속할 수 있었다. 마찬가지로, 프랑스 함대는 영국 항구로 가 그곳에서부터 새롭게 전투를 시작할 수 있었다.

▲ 프랑스 경제학자였던 장 모네는 유럽을 하나의 공동체로 만들기 위해 노력했다. 장 모네의 얼굴이 그려진 우표.

공동으로 작전을 수행하게 되면 프랑스와 영국은 독일보다 훨씬 많은 자원을 보유하게 되므로 장기적으로 봤을 때 결코 전쟁에서 질 리가 없다는 것이 모네의 생각이었다. 특히 그들이 미합중국으로부터 지원을 받을 수 있다면 더더욱 질 리가 없었다. 모네의 의도는 절박함에서 나온 단순한 절규가 아니었다. 훗날 그는 "우리에게 있어, 그 계획은 단순히 기회주의적인 호소나 한낱 형식적인 공문서가 아니었습니다. 운이 좋았다면 그것은 전쟁의 흐름을 바꿀 수도 있었던 행동이었습니다. 지금도 나는 그렇게 생각합니다"라고 회고했다.

모네는 처칠과 레노 두 사람과 모두 좋은 관계를 유지하고 있었고 그가 내놓은 구상은 (비록 독특하기는 했어도) 진지하게 검토되었다. 처칠은 자신의 전쟁 일기에 "처음 나의 반응은 부정적이었다"라고 썼다. 하지만 처칠은 그 제안을 내각에 소개하고 나서 "모든 당의 고루하고, 고지식하며, 닳고 닳은 정치가들이 거대한 계획에 매우 열정적으로 관심을 갖는 것"을 놀라서 지켜보았다. 그 계획은 제안에 따른 결과가 미칠 수 있는 모든 영향과 파급 효과가 아직 신중하게 고려되지도 않은 상태였다. 결국 처칠은 드골(그는 독단적으로 영국에 왔다)과 레노가 그랬듯이 그 계획을 신중하게 검토하는 데 동의했다.

그해 6월, 계획안에 대한 의사 결정이 빠르게 진행되었다. 모네는 6월 13일 목요일에 제안서 초안을 작성했다. 그다음 날 저녁이 되자 수정할 사항이 생겼다. "파리가 함락될지 모른다"가 "파리가 함락되었다"로 바뀌었다. 6월 16일 일요일, 최종 성명서의 초안이 완성되었다.

> 현대의 세계 역사상 가장 중대한 이 순간에 (…) 양국 정부는 프랑스와 영국이 더는 두 나라가 아니라 단 하나의 프랑스-영국 연합임을 선언합니다.

그날 저녁 일찍 드골은 그 문서를 가지고 당시 프랑스 행정부가 있던 보르도로 날아갔다. 처칠과 몇몇 내각 구성원들은 추가적인 서명을 위해 그날 밤 순양함을 타고 프랑스로 건너가기로 했다. 하지만 영국 장관들이 워털루 역에서 사우샘프턴행 기차에 탑승하자마자 레노가 사임했다는 소식이 들려왔다. 그뿐 아니라 프랑스 정부가 연합을 거부했다고도 했다. 따라서 전쟁의 양상은 그대로 굳어질 수밖에 없었다. 다음 총리로는 페탱이 임명되었다. 드골이 모네에게 전화를 걸어 "다 끝났습니다"라고 말했다. 처칠 역시 "더는 추진해봐야 소용없네. 난 돌아가네"라고 말하고는 기차에서 내려 집으로 돌아갔다. 그날 밤, 독일 폭격기 120대가 최초로 영국을 공격했고 영국 시민 9명이 사망했다.

무기력한 프랑스

폴 레노는 처칠과 같은 지도자가 될 수도 있었다. 히틀러를 현대판 칭기즈칸으로 간주했던 그는 국민들에게 전적인 헌신을 요구했고, 정부는 싸움을 계속해나가는 과정에서 '프랑스가 가진 모든 병력을 끌어모아 전쟁을 이끌어갈 것'이라고 약속했다. 하지만 문제는 대부분의 프랑스 사람들이 그를 싫어했다는 점이었다. 그는 뮌헨 협정에 반대(그 일로 그는 온건 보수파의 지지를 잃었다. 그는 전쟁을 찬성했다)했고 그로 인해 우파의 지지를 잃었다. 그는 중도 민주주의자였지만 사회주의 야당의 지지에 의지해 겨우 버티고 있었다.

그는 각종 묘책(그중 하나는 페탱을 부총리에 임명하는 것이었다)을 사용해 내각 안에서 자신의 지지율을 높이려 했다. 하지만 그가 지닌 어리석음은 무기력한 패배주의자들만 끌어들일 뿐이었다. 페탱은 영국 외무장관인 앤서니 이든Anthony Eden에게 "당신들은 육군이 없잖소"라고 비아냥거렸다.

"프랑스 육군이 실패한 마당에 당신네가 무엇을 할 수 있을까요?"

그 몇 주간 처칠은 비행기를 타고 4번이나 프랑스를 오가며 싸움을 계속하도록 필사적으로 설득하려 했다. 그는 프랑스가 거대 게릴라 단체를 조직해야 한다고 주장하며 그럴 경우 영국이 대대적으로 지원하겠다고 약속했다. 그는 "나치가 유럽을 지배할 수 있지만 그것은 끊임없이 저항하는 유럽일 것입니다"라고 말했다. 하지만 아무 소용이 없었다. 페탱은 게릴라전이 '프랑스의 파괴'를 의미한다고 생각했다. 베강 장군은 프랑스 군대가 항복하면 영국은 일주일도 안 돼 히틀러와 협상을 시작할 것이며, '프랑스를 닭 모가지 비틀 듯' 할 것이라고 주장했다.

6월 16일 일요일, 레노는 프랑스 내각에서 모네, 처칠 그리고 드골이 초안한 계획을 제출하고 비웃음거리가 되었다. 페탱은 영국과의 연합을 '시체와의 결혼'이라고 불렀다. 내각의 다른 구성원들은 프랑스가 영국의 식민지가 될까봐 두려워했다.

"차라리 나치의 속국이 되는 것이 낫겠습니다. 그러면 최소한 어떤 결과가 올지는 알 수 있죠."

곧이어 정부가 독일과 협상을 시작해야 한다는 주장이 제기되었다. 북아프리카에 망명정부를 구성해야 한다는 의견은 페탱에 의해 이미 안건에서 제외되었다. 그는 언제까지나 "프랑스 국민들과 함께 남아서, 국민들의 고통과 불행을 함께하겠다"고 말했다. 그는 은연중에 상황을 왜곡하고 있었다. 자신이 진정한 애국자이고 외국으로 망명해 투쟁을 계속하려는 사람들은 반역자라는 것이었다. 후에 드골은 실제로 결석재판에서 사형을 언도받았다.

레노는 그들이 말하는 모든 것들이 실제로 일어나는 것을 옆에서 지켜보고 싶지 않았다. 6월 17일 월요일 아침, 프랑스 국민은 라디오에서 페탱이 커다란 목소리로 레노가 사임했다고 말하는 것을 들었다. 또한 자신은 그 후임으로서 가능한 한 빨리 독일과의 전쟁을 준비하겠다고 말했다. 그러나 프랑스 군대는 항복했고 자국의 군기旗를 태워버렸으며 전사자들을 묻고 슬그머니 각자의 집으로 향했다.

이상한 패배

내 앞에는 책장이 너덜거리고 노랗게 색이 변한 소책자 한 권이 놓여 있다. 프랑스의 소시에테 데 지데시옹 출판사가 1946년에 출간한 《이상한 패배》라는 책이다. 1940년 여름에 프랑스인 중세학자 마르크 블로크Marc Bloch가 '비분강개하여' 집필한 수필 형식의 글이다. 유대인이자 레지스탕스 투사였던 마르크 블로크는 책을 완성한 뒤 6개월 후에 총을 난사하는 분대 앞에서 숨을 거두었다. 그러나 1940년 여름 그는 훌륭하고 순전한 분노를 보여주었고 그의 저서는 이른바 '5월 전쟁'을 역사적으로 분석하고자 할 때 여전히 훌륭한 토대를 제공한다.

오늘날에는 1940년에 있었던 프랑스 패배를 2차 세계대전의 중대한 전개 중 하나로 보는 것이 일반적이다. 그로 인해 히틀러가 서부유럽 장악의 길을 열었을 뿐만 아니라 동부로의 진격, 국외 추방, 강제노동수용소, 말살사업으로 가는 길을 개척했기 때문이다. 프랑스가 패배를 선언한 사건은 20세기에 매우 중심적인 역할을 차지하고 있다. 따라서 그 사건은 결코 피할 수 없었던 일로 여겨지기도 하는데 이것은 지나친 생각만은 아닌 것 같다.

블로크의 글은 우선적으로 당혹감을 보여준다. 당시의 유럽인들은 독일이 승리하리라고는 전혀 예상하지 못했다. 독일인을 포함한 어느 누구도 이 전쟁이 그렇게 쉽게 성공하리라고 상상하지 못했다. 5월 11일, 독일군 참모총장인 할더 장군이 아내에게 보낸 편지에서도 자신을 포함한 동료 대부분이 이번 전쟁을 '어리석고 무모하다'고 여긴다고 썼다. 심지어 히틀러조차도 매우 장기적인 전투를 예상하고 있었다.

반면 프랑스인 사이에서는 엄청난 자신감(그리고 블로크는 잊고 있던 이 점을 재차 강조한다)이 팽배해 있었다. 1939년 9월, 한 프랑스 고위 관리는 상급자에게 보고를 통해 "승리를 의심하는 사람은 아무도 없습니다. 다만 전쟁으로 인해 치러야 할 대가를 두려워할 뿐입니다"라고 말했다. 사람들은 심지어 히틀러가 감히 실제로 프랑스를 공격할 수 있을까 궁금해했다. 돌이켜 보건대, 이 제멋대로인 오만함이 패배의 주요한 원인 중 하나였다.

블로크가 말한 또 다른 패배 원인은 군사작전에 있었다. 예컨대 프랑스 사령관들은 유연성이 부족했고 영국군과의 공조관계는 형편없었으며 정보부에서 제공된 정보는 무시되었다. 프랑스인에게 용기는 충분했다. 프랑스군은 6월에, 됭케르크에서 후퇴하는 영국군을 엄호하기 위해 릴에서 맹렬하게 싸웠다. 소뮈르에서는 2,500명의 경무장한 사관학교 생도들이 (비록 큰 손실을 입기는 했어도) 독일 기갑사단의 진격을 이틀이나 저지하는 데 성공했다. 통계자료 역시 숨겨진 영웅적 행위들이 있었음을 보여준다. 전쟁이 발발하고 첫 6주 동안 프랑스 군인 12만 4,000명이 전사했고, 20만 명 이상이 부상당했다. 그 수치는 독일군 사상자 수의 약 2배, 영국군 사상자 수의 3배에 달한다.

마지막으로 블로크는 결정적인 원인을 지적했다. 1940년 5월에 프랑스는 침략자들을 최후의 1인까지 모조리 물리치겠다는 의지로 단결한 국가가 전혀 아니었다. 블로크는 자신과 동료 장교들의 경험을 토대로 프랑스 군대의 계급을 묘사했다.

중위: 친구, 대위: 동지, 사령관: 동료, 대령: 경쟁자, 대장: 적.

정치 현장에서도 상황은 크게 다르지 않았다.

뤼시엔 가야르는 8월 초에 비시 프랑스(패배 선언 이후의 프랑스 자치구역)와 점령된 프랑스(패배 선언 이후 독일이 점령한 지역)의 분계선을 넘어 고향으로 되돌아왔다며 "집에 돌아와 보니 상황이 매우 심각했어요. 우리가 떠나 있던 사이에 집은 약탈당하고, 모든 것이 뒤죽박죽이었어요"라고 말했다. 그녀의 아버지는 비록 자신의 두 발로 독일령 프랑스로 돌아오기는 했지만 프랑스가 점령되었다는 사실에 매우 괴로워했다. 그는 단독으로 사보타주를 위한 작은 행동들을 실천에 옮기기 시작했다. 나중에는 단체를 조직해 독일 군수품 기차를 탈선시키고, 드골과 연합하고, 오도 가도 못하게 된 조종사들에게 피난처를 제공했다. 하지만 처음 몇 년 동안 그는 특히 비통해했다.

"아버지에게 비시 프랑스의 존재는 반역과도 같았어요."

됭케르크의 기적

파멸로 치닫던 6주 동안 하나의 기적이 일어났다. 바로 됭케르크였다. 독일군의 빠른 진격 속도는 벨기에인과 프랑스인뿐 아니라 독일인 스스로도 감당하기 어려울 정도였다. 구데리안 장군의 19기갑사단이 덫을 놓고 영국군을 막 영불해협으로 몰아넣으려던 순간 히틀러에게서 공격을 중지하라는 명령이 하달되었다. 구데리안은 훗날 "우리는 할 말을 잃었습니다"라고 회고했다. 이미 저항이 거의 없는 상황이었다. 최전방에서는 이미 됭케르크의 첨탑이 보일 정도였다. 하지만 그

작전은 그렇게 3일이 지연되었고 히틀러 덕분에 영국군은 군대를 대피시키기에 충분한 시간을 얻었다.

그 구조작업은 영웅 드라마에 나오는 모든 요소를 갖추고 있었다. 해군 선박, 곧 부서질 것 같은 어선, 오래된 인명구조선, 유람선, 갈색 돛을 단 템스 강 바지선, 수많은 개인 요트로 구성된 기묘한 함대가 번개 같은 속도로 달려왔다. 1940년 5월 28일과 6월 4일 사이에, 이 함대는 22만 명의 영국 병사와 12만 명의 프랑스인 그리고 3만 4,000대의 자동차를 영국으로 실어 날랐다. 게다가 170마리의 개도 데려갔는데 영국 병사들이 부대의 마스코트를 버리고 떠나는 것을 원치 않았기 때문이었다.

역사적인 해석은 크게 엇갈린다. 한 영국인 참전 용사는 당시 상황을 연구하던 월터 로드Walter Lord에게 "내가 느낀 감정은 오히려 혐오감에 가까웠어요. 장교들이 권총을 버리는 모습이 보였습니다. 먼저 배에 타려고 싸우다가 동료가 쏜 총에 맞는 겁쟁이들도 봤습니다"라고 말했다.

똑같은 상황에 대해 한 해군 장병은 "그들이 보여준 용기 덕분에 우리는 보다 쉽게 일을 할 수 있었습니다. 나는 그들을 직접 만났다는 것, 그들과 같은 세대라는 것이 자랑스러웠습니다"라고 썼다. 현지 지휘관이었던 두 장교는 됭케르크에 있던 조직은 '절대적 혼란'과 '대실패', '불명예' 그 자체였다고 말했다. 그러나 한 연락장교는 됭케르크에서 '영국군은 천하무적의 군대'라는 증거를 보았다.

1999년 현재 됭케르크는 '콜레트 가족'이 상연되는 거대한 플라스틱 성채 모양의 극장, 비명을 지르는 아이, 땀 흘리는 엄마, 아이스크림

판매점, 흉한 아파트 건물과 함께 다른 바닷가 휴양지와 다름없는 모습을 하고 있다. 이 모든 모습들은 매일매일 이어지는 일상적인 숨 가쁨과 오리의 등에서 물이 굴러 떨어지듯 과거가 떨어져 나가는 삶으로 가득 차 있다.

됭케르크 해변은 유럽 역사에서 사소한 사건, 예컨대 한 개인이 저지른 판단 실수 하나가 역사의 흐름을 결정지은 아주 아슬아슬한 상황이 벌어졌던 장소 중 하나이다. 적에게 결정적인 한 방을 먹일 수 있었던 바로 그 순간에 왜 히틀러는 군대를 멈추라고 명령했을까? 이 명령에 대해 우리는 어떻게 생각해야 할까?

무엇보다 영국군 입장에서는 됭케르크가 매우 중요한 곳이었지만 독일군 입장에서는 그렇지 않았다. 독일군 참모들의 시선은 온통 파리로 향해 있었다. 1914년에 발생한 대혼란 이후, 파리는 그들이 가장 빨리 점령하고 싶은 도시였다. 군사적인 전략에 따른 이유들도 있었다. 구데리안이 이끌던 19기갑사단은 지나칠 정도로 빨리 움직였기 때문에 측면을 관리할 병력이나 군량이 부족했다. 그들에게는 잠깐 동안이라도 휴식이 필요했다. 게다가 독일군 고위 사령부는 됭케르크 주변 지역(나중에 발견된 측량 지도에서 보이듯)에 습지대가 발달해 있어 탱크가 부근의 수렁에 빠져 꼼짝 못할 수도 있다고 생각했다. 히틀러는 그러한 경고에 매우 민감했다. 어쨌든 그는 1차 세계대전 중 사단 전체가 진흙에 빠져 꼼짝 못하는 장면을 직접 목격한 적이 있었기 때문이었.

일부 역사학자는 히틀러의 행동에 대해 또 다른 심리학적인 설명을 덧붙인다. 예컨대 히틀러가 일부러 영국군이 탈출하도록 내버려두었을지도 모른다는 것이다. 당시는 아직 전쟁 초기였던 만큼 히틀러가 영국과의 협상을 희망했을 수도 있었기 때문이다. 영국군은 어떻게 해서든 유럽 대륙을 벗어날 것이고 히틀러는 그들의 독립과 제국을 인정해줄 터였다. 그는 산산이 짓밟히고 파괴된 영국이 훨씬 위험하다고 생각했다. 따라서 영국 군대가 됭케르크에서 무사히 후퇴한 것은 룬트슈테트가 내린 결론처럼 히틀러의 실수가 아니라 마음 깊은 곳에서 나온 그의 바람이었던 것이다.

프랑스의 참담한 패배는 부인할 수 없는 사실이었다. 히틀러의 성공에 자극받은 무솔리니는 이탈리아 군대를 이끌고 2차 세계대전에 참전했다(스페인과 포르투갈은 중립을 유지했다). 대다수 독일인은 승리를 통해 히틀러의 '천재성'을 재차 확인했다.

프랑스인에게 있어 전쟁의 패배는 제3공화국의 몰락과 비시에 설립된 부역정부를 의미했다. 이 패배로 인해 앞으로 수십 년 동안 프랑스를 대하는 영국과 미국의 태도가 결정되고, 영광과 명예와 조국을 중시하던 프랑스인들의 자아상이 망가질 것이었다.

27

처칠의 공장, 차트웰

Chartwell

전쟁광 처칠?

노엘 카워드Noel Coward의 희곡 〈우리 시대의 평화〉는 1947년 여름 런던에서 초연되었다. 이 작품은 역사적 사실에 바탕을 둔 공상과학의 일종이다. 시간적 배경은 독일이 영국을 정복한 직후인 1940년 11월부터 연합군이 다시 그곳을 해방시킨 1945년 5월까지이고 장소적 배경은 켄싱턴에 있는 한 술집이다. 이 연극은 해당 기간에 발생한 영국의 매국행위와 레지스탕스, 독일 점령군이 영국에서 수행한 역할에 관해 (우스꽝스럽고 무서울 정도로 정확하게) 이야기하고 있다.

이 연극 자체는 이미 잊힌 지 오래다. 오늘날 우리는 해피엔딩으로 끝난, 즉 유럽을 전쟁에 빠뜨린 악마 같은 히틀러가 당연히 패배하도록 정해진, 소름 끼치는 선과 악의 투쟁에 관한 이야기를 여전히 간직하고 있다.

어느 정도 일리가 있기는 하지만, 동시에 너무 안이한 이야기이기도 하다. 사실 히틀러는 그 전쟁에서 질 운명이 전혀 아니었다. 1940년 여름 유럽에는 평화로운 분위기가 흐르고 있었다. 유럽에서 가장 큰 갈등을 빚고 있었던 독일과 프랑스의 충돌 문제가 결론이 났기 때문이었다. 단지 영국만 독일의 패권에 대항해 승산 없는 싸움을 계속하고 있었다. 게다가 히틀러는 여전히 영국에 대단히 호의적인 생각을 갖고 있었다.

1940년, 부쿠레슈티에 있던 미국 언론인 로지에 발데크는 "프랑스가 몰락한 이유는 실업과 인플레이션, 디플레이션, 노동 불안, 당 이기주의 등을 해결하겠다던 민주주의의 약속이 20년간 이행되지 않은 것에 불만이 가득했기 때문이었다. 유럽은 스스로에게 싫증이 나고 이제껏 고수한 원칙들에 의심을 품게 된 찰나, 만족스럽지는 않지만 책임을 지지 않아도 되는 방식으로 모든 것이 진정되어가는 것에 일종의 안도감을 느끼고 있었다"라고 적었다.

로지에 발데크 백작 부인은 벨라 프롬Bella Fromm 못지않은 미국인이었다. 그녀는 로지 골트슈미트-그라펜베르크-울슈타인이라는 필명을 사용했다. 유대인 은행가의 딸로 태어나 수차례 이혼을 했고, 그 후에는 신문에 사교 칼럼을 썼다. 엄선된 집단 내에서 무리 없이 지냈으며 냉철한 판단력과 뛰어난 안목까지 겸비한 매력적인 여인이었다. 그녀는 1942년에 유럽에서 경험한 것들을 토대로 《아테네 팰리스》라는 책을 발간했다. 그녀는 오늘날 부쿠레슈티 힐튼 호텔의 예전 이름이었던 아테네 팰리스 호텔에서 7개월 동안 숙식하며 일을 병행했다.

루마니아는 수년간 철위대Iron Guard로 알려진 폭력적인 파시스트 조직을 운영했다. 1938년부터 루마니아는 엄격한 유대인차별법에 의해 통치되었다. 동시에 국왕 카롤 2세는 헝가리의 미클로스 호르티와 그리스의 이오니아스 메탁사스처럼 자신도 루마니아의 독재자가 되고자 했다. 1940년 봄 이래로 부쿠레슈티는 이온 안토네스쿠 원수가 이끄는 파시스트와 장군들의 연립정부에 의해 다스려지고 있었다.

그해 9월, 독일은 루마니아를 거의 점령하다시피 했는데 루마니아가 독일의 에너지 공급에 대단히 중요한 곳이었기 때문이다. 루마니아는 영토의 대부분을 헝가리에 이양했고, 카롤 국왕은 자리에서 물러났다. 실권은 안토네스쿠에게 넘어갔으며 그로써 무제한의 자유를 얻게 된 철위대는 계속해서 피비린내 나는 집단 학살을 주동했다. 1941년 6월, 루마니아는 독일이 소련을 기습하는 데 동참함으로써 전격적으로 전쟁에 개입하게 되었다.

하지만 1940년까지 루마니아는 여전히 중립국이었고, 6월에는 유럽 곳곳에서 온 사람들이 평소처럼 아테네 팰리스의 로비에 나란히 앉아 있었다. 거기에는 나이 든 루마니아 고위 인사와 새로운 급진 우파정부의 지도자, 미국인 기자와 외교관, 의기소침한 프랑스 대사가 있었다. '우아하게 지루해하는' 영국인들(외교관과 석유 기업가, 기자, 정보장교)은 그들만의 탁자에 앉아 있었고, 젊은 루마니아 귀족들은 바에 앉아 있었다. 또한 속삭이듯 말하는 독일군 장교 대표단과 기업가, 은행 총재, 대사관부육군무관을 위한 탁자가 항상 마련되어 있었다. 그리고 나치당원과 게슈타포 요원, 요란하게 떠드는 여자들이 사용하는 독일인을 위한 탁자가 하나 더 있었다. 나중에 독일군 장군들을 위한 탁자가 또 하나 추가되었는데 그들은 모두 한결같이 정중했다.

로지에 발데크는 "독일 장군들이 앉아 있는 모습을 보면 그들이 전쟁을 계획하러 그곳에 와 있다는 사실을 절대 믿을 수 없었다. 그들은 긴장하거나 흥분한 기색이 전혀 없었고 철저하게 지도를 확인하느라 밤을 꼬박 새웠다는 사실을 암시하는 어떠한 정황적인 증거도 찾을 수 없었다"라고 썼다.

발데크가 관찰한 내용들은 오늘날에도 많은 관심을 끌고 있다. 미국인 특유의 삼가는 태도를 가지고 있었음에도 그녀는 그 호텔에 있던 사람들을 비롯한 모든 것에 깊이 개입하고 있었다. 그녀는 자신이 유대인이라는 사실에 전혀 개의치 않고 승리에 도취한 독일인, 장군, 외교관, 젊은 장교들과 매일 밤 이야기를 나누었다.

그 몇 달 동안 그녀를 가장 놀라게 한 것은 그녀가 만났던 거의 모든 독일인이 가지고 있던 웅대한 기백이었다. 또한 "국가사회주의 혁명이 만들어낸 역동성이 히틀러가 거느린 모든 독일 군인과 관료들의 몸에 배어 있다"는 점이었다. 그것은 마치 중독 같았다며 그녀는 "모든 사람들이 자신의 일을 지금처럼 자유롭게 느껴보기는 처음이라고 말했다"라고 썼다.

그럼에도 그들이 보여주는 외교적인 수완은 결코 영리하지 못했다.

나치스는 정복에는 능했지만 정복한 것을 이용하는 데는 한심스러울 정도였다. 패자를 위한 것은 말할 것도 없거니와 자신들을 위해서도 그것을 이용할 줄 몰랐다.

그녀는 또한 이 젊고 지적인 독일인 세대가 조만간 당과 국가가 드러내는 한계 속에서 모순에 빠지고 말 것이라는 사실을 잘 알고 있었다.

하지만 그녀는 1940년 여름, 독일이 전례 없는 활력으로 유럽 대륙에 깊은 인상을 심어주는 광경을 한동안 지켜봤다.

> 유럽은 히틀러가 마음에는 들지 않지만 영리한 사람이라고 느꼈다. 그는 강한 독일을 만드는 데 상당한 성공을 거두었다. 그가 사용하는 방법을 따라하는 건 어떨까?

많은 유럽인들은 이와 비슷하게 생각했고 모두 자신들만의 방식으로 그것을 표현했다. 프랑스에서는 '히틀러식 평화'라는 말이 등장했다. 상류사회에서는 젊은 친위대과 독일군 장교를 저녁 식사에 초대하는 것이 금방 유행했다. 나치 친위대와 독일군 장교는 활기를 상징했다. 프랑스 사람들이 여태껏 본 적 없던 그 활기는 정체되고 낡은 프랑스에 새로운 생명을 불어넣어줄지도 몰랐다.

1940년 6월, 네덜란드의 반혁명당 당수이자, 전 수상이었던 헨드리크 콜레인은 이렇게 썼다.

> 진정한 기적이 일어나지 않는 한 독일이 유럽 대륙을 선도할 것이다. 그러므로 그들이 제시하는 사실을 그대로 수용하는 것이 건전하고 용인 가능한 정치적 현실주의인 것이다.

그는 상황이 안정되면, 독일의 주도 아래 유럽연합의 초기 전신 같은 새로운 유럽 무역체제를 만들려고 했다. 벨기에 사회주의당 당수 헨드리크 드 망도 유사한 의견을 내놓고 썩어가는 민주주의가 붕괴하고 있는 것은 '다행'이라고 말했다. 그의 견해에 따르면 '현실적인' 대안(그해 여름 '현실적인'이라는 단어가 상당히 많은 사람의 입에 오르내렸다)이란 국왕 레오폴 3세 치하에 독재정부를 구성하는 것이었다.

유사한 생각들이 영국에서도 나타났다. 5월 13일에 처칠은 하원에서 전설적인 '피, 땀 그리고 눈물'이란 연설을 했다.

"목표가 무엇이냐고요? 그것은 한마디로 표현됩니다. 바로 승리입니다. 어떤 희생을 감수하고서라도, 어떤 테러와 맞닥뜨린다 하더라도 또한 그 길이 아무리 멀고 험할지라도 우리는 승리해야 합니다. 승리 없이는 생존할 수 없기 때문입니다."

후에 이 연설은 주로 결의와 용기를 대변하는 고전적인 예로 인용되지만 실제로 연설이 이루어질 당시에 사람들은 시큰둥한 반응을 보였다. 해럴드 니콜슨은 일기에 "체임벌린은 의사당에 들어오면 열렬히 환영받았는데 처칠이 들어오면 박수소리가 작았다"라고 썼다. 당시 국왕 조지 6세와 보수당원을 포함한 많은 영국인이 처칠을 전쟁광이자 위험한 모험가로 여겼다. 히틀러와의 합의를 지지하는 거센 암류가 흐르고 있었다.

▲ 1940년, 영국의 보수당은 독일과 평화협정을 맺어야 한다는 유화론을 주장했지만 처칠은 독일과 싸워야 한다는 강경론을 주장했다.

존 루카치의 《런던에서의 5일》은 5월 24일 금요일부터 5월 28일 화요일까지 세상을 바꿨을지도 모를 5일간의 영국전시내각회의를 세밀하게 재구성한 책이다. 루카치의 결론은 자명하다. 1940년 5월 마지막 주, 히틀러는 서유럽 전체를 장악하기 일보 직전이었다. 영국은 히틀러가 충분히 받아들일 만한 평화 협정을 제시하려 했는데 오직 한 사람이 걸림돌이 되고 있었다. 바로 처칠이었다.

당시 영국전시내각에는 처칠 이외에 4명이 더 있었다. 그들 중 최소 2명은 유화론자라 할 수 있는 네빌 체임벌린과 핼리팩스 경이었다. 반면 노동당 대표 클레멘트 애틀리[1]와 아서 그린우드는 정부에서 일한 경험이 전혀 없는 사람들이었다. 5월 25일, 프랑스의 패배가 어느 정도 확실해지자 핼리팩스 경은 이탈리아에 '뇌물'을 보내 전쟁에 참여하는 것을 막고자 했다. 이를 위해 영국이 무엇을 양보해야 할지, 예컨대 지브롤터인지 몰타인지 알아내기 위해서 이탈리아 대사를 통해 조심스럽게 의사를 타진하기 시작했다. 그는 이탈리아가 히틀러와의 평화회담을 이끌어서 '유럽에 대한 전면적인 조약'으로 이어지도록 앞장서주기를 바랐다. 그렇게 되면 영국은 바다와 제국을 지킬 수 있고 독일은 대륙에서 마음대로 행동할 수 있었다. 히틀러라면 아마도 그러한 제안을 받아들일 것이었다. 그것은 카이저 빌헬름 2세와 독일제국 장관들이 1914년에 구상했던 역할 분담과 거의 유사했기 때문이다. 히틀러가 그 제안을 받아들인다면 네덜란드와 덴마크, 노르웨이(유럽의 제일 좋은 몫)는 베를린의 단호한 통치 아래 나치연방국이 될 수 있었다.

처칠은 이러한 모든 협상을 적극적으로 반대하고 나섰다. 그는 며칠 동안 동료들을 끊임없이 설득해 마침내 체임벌린을 자기편으로 끌어들이는 데 성공했다. 한편 체임벌린 역시 1938년 이후, 히틀러가 사악한 의도를 지니고 있음을 확신했다. 처칠은 믿었다. "우리가 히틀러의 요구를 들어주면 그는 영국을 완전히 자기 맘대로 할 것이다. 투쟁을 결행한 나라는 결국 다시 일어섰지만 순순히 항복한 나라는 모두 멸망했다."

1940년 5월에 영국이 소련이나 미국으로부터 대대적인 지원을 받지 않고도 독일을 이길 수 있다고 생각한 것은 맹목적인 낙관주의처럼 보였을 것이다. 하지만 영국은 독일이 천연자원의 부족으로 인해 다시 한 번 난관에 봉착할 것이라고 확신했다. 같은 달에 영국 작전참모들이 내놓은 전쟁계획에 따르면 독일에서는 1941년 말부터 독일 전체의 붕괴로 이어질 수 있는 심각한 위기가 시작될 것이었다. 이러한 전망은 영국이 1차 세계대전 때와 유사한 대규모 전쟁을 준비할 필요가 없다는 것을 의미했다. 그들은 1942년 이후 스스로 붕괴할 나치제국의 마지막 처리에만 신경 쓰면 될 일이었다.

결국 처칠은 정부 각료 25명 전원을 설득하는 데 성공했다.

"내가 단 한순간이라도 교섭이나 항복을 염두에 둔다면 여러분은 모두 일어나 나를 끌어내겠지요. 만약 이 오랜 섬나라의 역사가 마침내 끝나야 한다면 우리가 모두 피를 흘리고 땅바닥에 쓰러졌을 때에만 가능하도록 합시다."

처칠은 자신의 전쟁 일기에 당시 다양하고 경험 많은 정치가들 사이에서 일어났던 대혼란에 대해 기록했다.

꽤 많은 사람들이 탁자에서 일어나 내게 달려드는 것처럼 보였다. 그들은 환호했고 내 등을 두드리며 격려했다. 내가 중요한 이 순간에 조금이라도 흔들렸다면 틀림없이 내쳐졌을 것이다. 나는 모든 각료가 항복하기보다는 자신의 목숨과 가족, 재산을 희생할 각오가 되어 있었다고 확신한다.

차트웰을 찾아온 손님들

런던에서 남쪽으로 한 시간 남짓 내려가면 1924년부터 1964년까지 처칠이 많은 시간을 보냈던 사유지 차트웰이 있다. 이곳에서 그는 군사작전을 계획하고 정치적 동지들을 만나 점심을 먹었다. 또한 회고록과 역사서들을 저술하고 긴장감이 커지면 화실로 물러나 그림을 그렸다. 정치적인 바람이 잦아들면서부터는 벽돌을 쌓거나 지붕에 타일을 놓으며 여름 내내 이곳에 머물렀다. 차트웰은 언덕마루에 위치한 벽돌집 단지이고 주변에는 켄트 숲이 장엄한 경관을 연출한다. 사유지 안에는 '차트 웰Chart Well'이란 이름을 가진 작은 호수가 있다. 후에 처칠은 이 호수 옆에다 손수 수영장, 댐, 습지정원, 심지어 두 번째 호수 같은 것을 만들고는 했다.

그의 정치 운명이 아직 결정되지 않았던 1930년대에는 그런 일들을 하며 많은 시간을 보냈다. 금본위제도의 포기와 유화정치 그리고 인도의 지도자 간디에게 ("선동적인 미들 템플 지역 변호사이자 이제는 고행 수도자 흉내를 내는 (…) 반쯤 벗고 총독 관저 계단을 성큼성큼 걷는 사람"이라며) 퍼부은 비난은 처칠을 정치적 아웃사이더로 만들었다. 그의 아내 클레멘타인은 언젠가 "여러분은 아마 잘 모를 거예요. (…) 그이는 보통 사람들의 생활을 전혀 몰랐어요. 버스는 한 번도 타 본 적이 없고 지하철은 딱 한 번 타봤지요"라고 말하기도 했다.

1934년, 당시 사람들은 60세가 된 처칠을 골동품 취급하며 현실감각을 잃은 낭만적 보수주의자로 간주했다. 적어도 한 명 이상의 역사학자가, 만일 히틀러와 처칠이 둘 다 전쟁 발발 전에 죽었다면 히틀러는 괴팍한 반유대주의자였음에도 붕괴한 독일을 부활시킨 인물로 역사에 남았을 것이지만 처칠은 영국 정치계에 등장했던 또 한 명의 실패자로 치부되었을 것이라고 말했다.

차트웰은 여전히 처칠의 생전 모습을 보여주고 있다. 그곳에는 지나칠 정도로 많은 에너지를 담고 있는 귀족적인 운동장과 천부적인 역사학자의 서재, 어느 정도 재능을 지닌 화가의 화실, 감성적인 남자의 가

▲ 1924년부터 1964년까지 처칠이 많은 시간을 보냈던 차트웰의 모습이다. 처칠이 히틀러와의 전쟁을 준비한 곳도 바로 이곳이었다.

정이 있었다.

건물은 1930년대의 모습으로 복원되어 있었고 박물관으로 사용하기 위해 방 몇 개를 터 물건들을 옮겨다 놓은 상태였다. 내부 구조가 변하고 물건들의 위치가 바뀌어도 여전히 처칠은 어디에나 존재했다. 그가 오랜 시간 머물던 서재와 화실 창턱에 놓인 붓통, 딸 메리를 위해 순수 만들어준 장난감 집, 꼭대기 층에 있는 꽃무늬 벽지, 현관에 수집해둔 별난 지팡이들, 가족들이 식탁에 빨간 고양이를 앉혀놓고 아침 식사 하는 그림 등…. 연구실 뒤에 있는 처칠의 침실은 집에서 가장 작은 방이다. 침대 옆에는 편리한 회전식 독서대가 달려 있다. 아침에 그는 주로 이 침대에서 정무를 보았다. 큰 단추가 달린 커다란 '방공복'을 입고서, 곁에는 항상 묽은 위스키와 시가를 둔 채 보고서를 읽고 지시를 내리고 전화를 걸었다. 처칠의 전기 작가 마틴 길버트는 1970년, 처음 이 방에 들어왔을 때 여전히 담배 냄새가 남아 있었다고 말했다.

차트웰에는 두 개의 핵심적인 생활공간이 있었다. 주로 가족의 점심 식사가 이루어지던 아늑한 식당과 건물 꼭대기 층에 있던 큰 연구실이었다. 처칠은 이곳을 '공장'이라 불렀는데, 상당히 안락한 공간이었다. 그곳에는 두꺼운 기둥과 나무 천장, 밝은 창문, 책장, 벽난로가 갖춰져 있었고, 무엇보다 그가 태어난 블렌하임 팰리스를 그린 호화로운 그림이 단연코 눈에 띄었다. 처칠은 이곳에서 자신의 비서진, 조수들과 함께 일했다. 그들은 처칠의 서신왕래를 도왔고 필요한 자료를 조사했으며 처칠이 끊임없이 하는 말(그는 심지어 벽돌을 쌓는 비계 위에서도 편지로 쓸 말을 불러줬다)을 서신과 비망록, 책으로 만들었다. 그는 "들어와서 내 공장을 보시오"라고 말하며 자랑스럽게 자신의 공장을 소개시켜주고는 했다.

1929년에서 1939년까지 10년 동안 처칠이 에핑 지역구의 보수당 하원의원이었을 때 이 공장은 중심적인 역할을 담당했다. 마틴 길버트는 처칠이 이곳에서 예전 동료와 친구, 불만족한 관리, 정치적 동지들을 모아서 그들만의 '내각'을 구성하고 일종의 '비공식적인 반대 운동'을 펼쳤다고 기록했다. 당시 그는 정치가이자 기자이자 널리 호평받은 전기《말버러: 그의 생애와 시대》를 집필한 작가였다.

그의 삶은 전혀 고독하지 않았다. 그는 군사와 외교 문제에 해박했고 많은 사람들이 그가 제시하는 의견을 경청했으며 그가 기고한 무수한 기사가 유럽 전역의 신문에 실렸다. 1939년 4월 7일, 후에 수상이 되는 해럴드 맥밀런Harold Macmillan이 우연히 공장에 들렀을 때 이탈리아가 알바니아를 침략했다는 소식이 처칠에게 전해졌다. 순식간에 공장은 놀라운 에너지를 발산했다. 마치 차트웰이 정부의 중심인 것 같았다. 관련 지도들이 실려왔고 곧이어 수상이 도착했으며 해군 장관에게 긴급 전문이 보내졌다. 얼마 후에는 무솔리니의 공격행위를 저지할 전략이 세워졌다. 맥밀런은 "다른 사람들은 당황해서 우물쭈물하고 있었다. 오직 처칠 혼자 지휘하는 것 같았다"라고 당시를 회상했다.

처칠이 히틀러와의 대결, 예컨대 불가피할 뿐 아니라 회피해서도 안 된다고 생각한 그 전쟁을 준비한 곳도 바로 이 공장이었다. 결국 처칠의 깊은 내면에는 군인이 있었다(그의 전기 작가들은 거의 모두 이 점을 지적한다). 그는 루스벨트 같은 정치가가 아니었다. 루스벨트는 어쩔 수 없는 상황에서 전쟁을 벌인, 전쟁이 정치의 일부라고 생각하는 사람이었다. 하지만 처칠은 정반대였다. 그는 정치가 전쟁의 일부라고 생각하는 군인이었다. 군사작전은 모두 그와 논의되었다. 그는 강인하고 낭만적인 전형적인 전시지도자였다. 1945년 승전 이후 영국의 투표권자들은 즉시 처칠의 직위를 빼앗았다. 그것은 배은망덕이 아니라 처칠의 독특한 기질에 대한 타당한 반응이었다.

처칠은 1935년부터 이미 전쟁에 대비하고 있었다. 비밀리에 해당 관리와 장교로부터 영국 방위 실정에 대한 정보를 받았다. 마틴 길버트는 차트웰에 있는 방명록을 근거로 1935년 4월 7일 외무부의 독일 담당 부서장 랄프 비그람이 차트웰에 방문했다는 사실을 알 수 있었다. 갑자기 처칠에게 무슨 할 말이 있었을까? 그것은 수십 년 후 외무부가 당시의 자료를 공개하면서 밝혀졌다. 당시 영국비밀정보국은 독일 공군이 놀라울 정도로 급격히 성장하고 있다는 정보를 입수했다. 정보에 따르면 독일 공군은 이미 전쟁에 필요한 모든 준비를 갖춘 상태였다. 가장 최신 정보에 따르면 독일은 즉시 사용할 수 있는 비행기를 850대 정도 보유하고 있었지만, 영국에는 450대밖에 없었다. 하지만 이 보고를 받은 외무부의 상급 관리자들은 아무런 후속 조치도 취하지 않았다. 직원들은 그들의 태도에 경악했다. 1935년 5월 2일 처칠은 가차 없는 연설을 통해 정부를 맹렬히 비난했다.

처칠의 또 다른 정보원으로는 모턴Desmond Morton 경과 나중에 처웰Cherwell 경이 되는 린드만Frederick Lindemann이 있었다. 모턴은 영국산업정보국 국장이었다. 그는 차트웰에서 멀지 않은 곳에 살았기 때문에 주말이면 종종 독일산업생산성 또는 독일 해군, 독일 육군, 독일 공군에 대한 극비정보가 담긴 서류가방을 들고 푸른 들을 가로질러 처칠을 찾아왔다.

린드만은 옥스퍼드대학의 물리학 교수였다. 그는 처칠의 가장 친한 친구 중 한 명이었고 가족 구성원 모두에게 환영받는 손님이었다. 그는 군사적 측면에서 가치를 지니는 최신 기술에 대해 무척 잘 알고 있었다. 또한 린드만은 레이더 발명가인 로버트 왓슨-와트Robert Watson-Watt에 대한 지원을 강력하게 주장했는데 왓슨-와트는 1936년에 발명품 개발이 군 관료주의로 인해 교착상태에 빠지자 직접 처칠을 찾아오기도 했다.

린드만은 처칠에게 핵분열이 가져올 수 있는 엄청난 가능성을 지적해준 사람이기도 했다. 린드만이 들려준 핵분열 이야기에 깊은 감명을 받은 처칠은 석간지 〈팰맬 가제트〉에 '단박에 마을 전체를 날려버릴 수 있는' 고작 오렌지만 한 미래의 폭탄에 대해 논설을 썼다. 그는 또한 로켓이 지닌 가능성에도 깊은 관심을 가졌다. 그는 '끝이 보이지 않는 긴 대열을 이루며 적의 도시와 무기고, 야영지, 해군 공창 위로' 폭탄을 실어 나르는 '인간 조종사 없이도 무선이나 광선으로 조종 가능한 하늘을 나는 기계들'을 상상했다.

장 모네는 군수물자 생산 부문에서 눈에 띄지 않는 주역 중 한 명이었다. 모네는 자신의 회고록에 "1938년에 달라디에가 뮌헨에 갔을 때 그는 이미 독일이 언제든 파리에 폭격을 가할 수 있다는 사실을 알고 있었다"라고 썼다. 뮌헨 협정이 있은 지 일주일 후, 프랑스 정부는 비밀 임무를 맡겨 모네를 미국으로 보냈다. 10월 중순 대통령이 묵고 있던 허드슨 강변의 휴가별장은 손님들과 아이들로 어수선했고 그곳에서 모네는 루스벨트 대통령과 첫 회담을 가졌다. 루스벨트는 진작부터 히틀러가 평화를 위협하는 최대의 적이자 동시에 미국의 적이라 생각하고 있었지만 여전히 대다수 미국인들에게 그 사실을 납득시켜야 했다.

1940년 가을부터 1,000여 대의 비행기가 미국의 공장에서 조립되기 시작했다. 트럭, 지프, 탱크 또한 마찬가지였다. 미국인들이 모르는 사이에 군수물자가 준비되고 있었다. 1941년 미국이 곧장 전쟁에 뛰어들 수 있었던 이유가 바로 이것이었다. 대다수 미국인들이 코앞에 놓인 위험을 인식하지 못했던 1938년에 루스벨트와 모네 그리고 소수의 몇몇 사람들에 의해 이미 생산라인이 준비된 덕분이었다.

모네는 1940년의 봄에 대해 "우리는 험난한 여정을 향한 출발점에 서 있을 뿐이다. 하지만 작전 수행을 위한 기계는 이미 생산되기 시작했고, 그것은 결코 멈추지 않을 것이다"라고 썼다.

28

영국 공군의 목로주점, 브라스테드

Brasted

전쟁의 기운

1940년 한여름처럼 영국 특유의 일체감이 강했던 적도 없었다. 조지 6세는 프랑스가 함락되자 자신의 모후에게 "이제 예의바르게 대하고 옹석을 받아줘야 하는 동맹국이 없어져서" 정말 다행이라는 편지를 보냈다.

몇 세대 만에 또다시 영국은 대륙으로부터의 침략을 저지하기 위한 준비를 시작하고 있었다. 이정표와 도로 표지판이 치워졌다. 글라이더가 착륙하는 것을 막기 위해 골프장과 크리켓 경기장에 수레와 자동차, 침대, 나무 그루터기 등으로 장애물을 설치했다. 민간인들은 상륙이 감행되면 수프접시를 도로 위에 뒤집어놓으라는 지시를 받았다. 그것을 대對전차 지뢰로 착각하게 할 참이었다. 모든 사람이 의심의 대상이 되었다. 켄트에서는 한 영국군 조종사가 불가피하게 산울타리 한가운데 비상착륙을 하게 됐는데 즉시 '상당히 연로한 간호사'가 총을 들고 나타나 그를 위협한 일도 있었다. 당시 그녀는 장난감 소총을 들고 울타리를 넘어와 '아주 위협적인 태도로 그에게 총을 겨눴다.'

서식스 대학교에는 대중의 동향을 관찰하는 연구 기관 중 하나인 영국대중관찰기구가 조사한 많은 연구 자료가 보관되어 있다. 1940년 5월 16일, '오늘의 사기'를 조사한 관찰자들은 "국민들은 우리가 패한다는 생각은 전혀 염두에 두지 않는다. 이전에 있던 평화로움과 온화함은 어느 정도 깨진 듯 보이지만 여전히 괜찮아 보인다. 만일 그러한 평온함이 갑작스럽게 무너진다면 도덕적 파괴가 이어질 것이다"라고 기록했다. 5월 19일에는 "나치 침공이 가능할 수 있다는 두려움이 나타나기 시작한다. 오늘은 당혹감과 괴로움이 전보다 더 심하다. (…) 지난 며칠 동안 처칠이 한 연설의 결과는 (…) 안도감을 주고 있는데 그것은 상황이 심각하지 않기 때문이 아니라 국민들 스스로 최악의 상황에 대한 준비가 되어 있고 그것은 전혀 새로운 경험이 될 것이라는 사실을 알고 있기 때문이다."

작가 레베카 웨스트Rebbeca West는 6월의 어느 날 저녁 창백한 얼굴을 한 사람들이 리전트 공원에 앉아 있는 것을 보았다.

▲ 영국 런던에 있는 리전트 공원 입구이다.

그들 중 일부는 매우 진지한 태도로 장미꽃 향기를 맡았는데 그 행동은 마치 '장미란 이런 거야, 그 향기는 이렇지. 우리는 깊은 어둠 속에서 그걸 기억해야 돼'라고 말하는 것 같았다고 기록했다.

영국과 독일의 공중전

1940년 6월 8일, 독일군 폭탄이 처음으로 대런던Greater London, 특히 콜니 근처의 탁 트인 전원지역에 투하되었다. 염소 한 마리가 죽었다. 이후 몇 달 동안 영국 국민들은 매일같이 자신들의 머리 위에서 대규모 공중전이 전개되는 것을 지켜봤다. 해럴드 니콜슨은 친구들과 함께 시싱허스트 성의 정원에 앉아 있다가 '화살촉 모양으로 편대 비행하는 20여 마리의 작은 은색 물고기들' 같은 독일군 비행기를 목격했다. 점심때는 전투기들이 근접전을 펼쳤다. "기관총 소리가 들렸고 우리는 스피트파이어(영국 전투기) 몇 대가 하인켈 한 대를 공격하는 것을 보았다. 하인켈이 결정적인 타격을 입은 듯 흔들거렸다." 한 런던 시민은 클럽에서 팔에 붕대를 감은 젊은 남자와 이야기를 나누었다며 일기에 "아침에 바다에서 총을 맞고 같은 날 저녁 버클리 광장의 클럽에 있다니, 인생은 확실히 흥미진진하다"라고 썼다.

영국 공습은 실은 영불해협의 주도권을 놓고 벌인 전투였다. 훨씬 더 강력한 영국 함대가 바다에 있는 한 독일의 침공은 불가능했다. 독일군 상륙부대가 저지당하지 않고 영국해협을 건너기 위해서는 사전에 독일 공군이 영국 함대를 무력화시켜야만 했다. 하지만 이를 위해서는 무엇보다 먼저 영국 공군을 없애야 했다.

로버트 왓슨-와트가 개발한 발명품은 이 공중전을 승리로 이끄는 데 중요한 역할을 했다. 세계 최초로 일련의 레이더 기지들이 극비리에 영국 해안을 따라 건설되었다. 그 덕분에 영국 공군은 끊임없이 정찰 비행을 하지 않고도 독일군 비행기가 언제 어디로 오는지 알 수 있었다. 독일 공군의 기습 공격은 불가능했고 영국 조종사와 비행기는 불필요한 전력 소모를 줄이고 오직 전투에만 집중할 수 있었다.

하지만 독일 공군은 방대한 공군력을 갖추었음에도 전형적인 공중전, 특히 영국군에 맞선 공중전에는 준비가 되어 있지 않았다. 독일 전투기 메서슈미트 109는 영국의 허리케인보다 우수했고 스피트파이어와는 적어도 비슷한 성능을 갖추고 있었다. 하지만 장거리 전투에는 적합하지 않았다. 연료탱크가 너무 작아 비행기가 영국 상공에 머물 수 있는 시간이 30분밖에 되지 않았던 것이다.

그 후의 (런던과 다른 도시들에 가해진 독일군의 폭격을 일컫는) 런던대공습Blitz(독일어로 번개라는 뜻_옮긴이 주) 역시 임시변통에 의한 것이었다. 하인켈과 도르니어, 융커 폭격기들은 지상에 있는 부대와 공조해 작전을 수행하면서 적의 탱크와 보병을 공격하도록 고안되었다. 실전을 통해 이러한 비행기들이 커다란 산업국가를 초토화시키는 데 필요한 엄청난 양의 폭탄을 나르기에는 무리라는 사실이 드러났다.

결국 영국에 대한 독일의 침공계획은 덧없는 것으로 드러났다. 독일군은 상륙 작전을 훈련한 적이 전혀 없었고 부대를 수송할 능력도 부족했으며 아울러 상륙 작전을 펼치기 위한 주정도 거의 보유하고 있지 않았다. 그제야 독일군이 자랑하는 전격전이라는 동전의 다른 면이 드러났던 것이다. 독일군과 독일 전시경제는 짧은 시간 압도적인 에너지를 폭발시키는 데는 유리했지만 지루하고 진을 빼는 싸움에는 불리했다. 히틀러의 측근은 히틀러가 1940년 7월 말부터 이미 다른 곳으로 주의를 돌렸다고 말했다. 그곳은 바로 러시아였다.

켄트의 비긴힐 비행장 근처에 있는 술집 화이트 하트는 영국 공군 조종사들의 목로주점이었다. 그 건물은 이후에 확장되었지만 젊은 조종사들이 '격추 횟수'를 기록하던 술집 주변 지역은 여전히 그대로이다. 가끔씩 그들은 너무 피곤해 술에 취할 수도 없었다. 영국군 조종사들은 하루 동안 최대 6번 비행했다. 하늘에서 기관총을 발사하고 폭탄을 투하했으며 메서슈미트 109와 근접전을 벌이기도 했다. 때로는 부상을 입고 비행기에서 탈출해 히치하이크로 기지까지 돌아온 뒤 다음 날 아침 다시 비행기를 타곤 했다. 그들의 이름이 적힌 칠판이 여전히 벽에 걸려 있다. 젊은 조종사들은 하늘로 사라지기 전 "내 잔을 대신 들고 있어주게, 곧장 돌아올 테니까"라고 말하고는 했다.

1940년 여름 동안 영국 조종사의 평균 기대 수명은 4주, 길어야 5주였다.

29

대공습의 현장, 런던

London

폭탄 비가 내리다

오늘날 런던대공습의 실상은 노인들의 악몽과 소수의 전쟁박물관 속에서만 살아 있다. 런던에서 보편적인 역사적 관점이 얼마나 빨리 새로운 신화나 구경거리로 탈바꿈하는지 지켜보는 것은 정말 놀라운 일이다. 대륙에 있는 도시 박물관에서 이 특정 시기를 표현하는 핵심 단어는 침묵과 고요이다. 이들 박물관에 전시되어 있는 것도 대부분 사진 몇 장과 심하게 파괴된 마을을 축소해놓은 모형들, 불에 탄 물건 몇 개가 전부다. 하지만 런던은 매우 다르다.

현재 런던에서 가장 인기 있는 명소는 '실제 같은 체험'이 가능한 영국전쟁체험관이다. 몇 파운드의 입장료만 내면 전쟁 중인 거리를 직접 걸어볼 수도 있고 전시 라디오 방송을 들을 수도 있으며 동화 속에 나올 듯한 공습 대피소에 앉아 사이렌이 윙윙거리는 소리, 하인켈 폭격기가 폭격을 가하는 소리를 들을 수도 있다. 가장 압권은 폐허로 변한 주택 지구를 재구성해놓은 곳이다. 그곳에는 대공포화가 만들어내는 섬광과 아무렇게나 내팽개쳐진 팔다리, 깨진 수도관에서 물이 새는 침울한 소리까지 모든 것이 갖춰져 있다. 내 옆에 서 있는 남학생들이 감탄사를 내뱉는다.

"우와 멋있다!"

1940년 여름, 런던은 세계 제일의 대도시였다. 도시에 거주하는 인구수가 800만 명을 웃돌았다(뉴욕 시 인구가 거의 700만 명이었다). 영국인 5명 중 한 명이 런던에 살았다. 또한 대영제국을 가로지르는 모든 철로가 바로 이곳을 경유했다. 히틀러가 영국에 대한 해상 침공계획을 포기한 이후 런던은 독일 공군의 가장 명백한 폭격 대상이 되었다.

자존심에 상처를 입은 독일군은 명확한 계획도 없이 (영국 공습 후속으로) 런던대공습을 감행했다. 그해 여름 중반까지 독일군은 육군의 상륙 작전을 위해 먼저 영국 상공에 대한 주도권을 확보하는 데 주력했다. 독일 공군의 폭격도 주로 비행장과 군 시설에 집중되었다. 8월 24일, 일종의 실수로 독일 슈투카 폭격기 두 대가 런던 한가운데에 폭탄을 투하했다. 처칠은 이 기회를 놓치지 않았다. 런던 폭격에 대한 '보복'으로 80대의 영국 공군 폭격기가 베를린을 두들겼다. 히틀러는 분노했다.

향후 2주 동안 약 600대의 독일 폭격기가 영국의 도시와 공장, 비행장을 폭격하러 왔다. 그러던 9월 7일 오후 5시, 최초로 런던에 대한 대대적인 공격이 시작되었다. 부두가 1차 목표였지만 노동자 계층이 사

▲ 런던 웨스트민스터에 있는 버킹엄 궁전의 모습이다. 2차 세계대전 당시 독일군에 의해 폭격당했다.

는 지역, 특히 이스트엔드가 심한 피해를 입었다. 약 300명의 남자와 여자, 아이들이 죽었다. 다음 날 아침 처칠은 가장 심하게 폭격당한 공습 대피소를 방문했다. 그곳에서만 40명이 사망했다. 처칠은 울음을 터뜨렸다. 사람들은 "당신이 오실 줄 알았어요. 우리는 참을 수 있습니다. 그놈들에게 되갚아주세요!"라고 소리쳤다.

5일 후 처음으로 버킹엄 궁전이 폭격되었다. 폭격이 있은 뒤 엘리자베스 왕비가 말했다.

"나는 궁전이 폭격당해서 기쁩니다. 이제야 이스트엔드 시민들을 마주 대할 수 있을 것 같아요."

9월 29일 일요일, 소이탄이 시내에 비 오듯 쏟아졌다. 1666년 런던 대화재 때 재로 변했던 구역이 또다시 불길에 휩싸였다. 교회 19곳과 31개의 길드 홀 그리고 패터노스터로 거리 전체가 500만 권의 책과 함께 전소되었다. 9월 말까지 약 6,000명의 런던 시민이 죽고 1만 2,000명이 부상을 당했다. 해럴드 니콜슨은 자신을 프랑스 혁명 당시 콩시에르주리 왕궁에 갇혀 있던 포로에 비유하며 "매일 아침 친구들이 다시 나타나는 걸 보는 게 기쁘다"라고 말했다.

런던 중심가에 핀 야생 꽃 무더기

당시의 실상은 대중관찰기구의 보고서에서도 알 수 있다. 일부 런던 시민은 두려움 앞에 무릎을 꿇었다. 일부는 두려움에 굴하지 않고 분노를 삭이며 일상생활을 유지하려 애썼다. 어떤 사람들은 죽음에 대한 두려움을 농담과 노래로 달랬다. 자원 방공군 바버라 닉슨은 자신이 만난 최초의 희생자를 기억했다.

"길 한가운데 아기 유해가 있었어요. 창문을 통해 날아온 아기가 길에 떨어져 처참하게 죽은 거였어요."

대중관찰 기자인 셀리아 프렘린은 케이블 가街에 있던 폭격 대피소를 찾아가 폭격 첫날 분위기를 기록했다. "그들은 비명을 지르며 '못 견디겠어, 난 죽을 거야, 난 못 견뎌!'라고 말했다." 3일 후 그녀가 같은 폭격 대피소를 찾았을 때 사람들은 노래하고 있었다. 그 이유는 단순했다. "일단 3일에 걸친 폭격을 견디고 나면 4일째부터는 더는 불안감을 느끼지 않았던 것이다." 당시 열네 살이던 버나드 콥스는 9월 7일에 있었던 최초의 대규모 공습을 '불타는 세상'으로 기억했다. 아파트 1층에는 히스테리 상태의 여자들과 우는 아이들이 가득했다. 남자들은 카드

놀이를 하기 시작했고 여자들은 노래를 부르기 시작했다.

"하지만 20명쯤 되는 여자들이 천장을 향해 주먹을 흔들면서 폭격과 독일, 히틀러를 욕했어요."

1940년 10월, 독일 공군의 폭격 대상은 버밍엄과 셰필드, 헐, 글래스고, 플리머스 같은 도시들로 바뀌었다. 11월 14일 코번트리는 10시간 내내 폭격을 당했다. 이 폭격으로 인해 대성당은 폐허로 변하고 전체 가구의 3분의 1이 주거불능 상태가 되었다. 주민 550명이 사망하고 900명 정도가 치명적인 부상을 당했다. 폭격이 마을 사람들에게 미친 심리적인 영향은 다른 도시보다 훨씬 심각했다. 코번트리는 매우 작은 동네였기 때문에 마을의 모든 주민이 개인적으로 공격당했다고 느꼈다. 당시 대중관찰기구 기자가 기록한 글을 보면 공포, 공황, 히스테리 같은 표현들이 이전보다 훨씬 많이 사용되고 있다. "여자들이 울고 비명을 질렀다. 몸을 바들바들 떠는 사람도 있었고 길에서 그대로 실신한 사람도 있었다. 심지어 소방관을 공격하는 모습도 목격되었다."

겨울에는 독일 공군이 할 수 있는 일이 거의 없었다. 1941년 3월이 되자 하인켈과 융커 폭격기가 모두 쏟아져 나왔다. 가장 심하고 길었던 폭격이 1941년 5월 10일 토요일에 발생했다. 사람들이 '코번트리처럼 된'이라고 표현했듯이 웨스트민스터 대수도원과 런던탑, 조폐국이 심하게 피해를 입었고, 대영박물관에 있던 25만 권의 책이 불탔으며 영국 의회 의사당 북쪽 건물이 파괴되었다. 대략 1,500명의 런던 시민이 죽었고 전체 도시 도로의 3분의 1에 달하는 구간이 불통되었으며 한 곳을 제외한 모든 기차역이 폐쇄되고 15만 가구에 물과 가스, 전기 공급이 중단되었다.

그리고 폭격은 없었다. 독일 공군이 소련을 공격하기 위해 모든 비행기를 동쪽으로 보냈기 때문이었다. 이후로 3년간 휴지기가 이어졌다. 그 기간은 훗날 '한 줌의 빛도 없는 터널 한복판에 갇힌 상태'라고 언급된 음산하고 우중충한 좌절의 기간이었다.

세인트 메리 르보 교회와 세인트 폴 대성당 사이에 있는 번화한 상가와 사무실 밀집 지역 등 런던 중심가는 원시적인 상태가 되었다. 예컨대 도시는 진흙과 돌무더기, 무성한 풀로 뒤덮인 황무지와 평야로 탈바꿈했으며 다만 보행로로 이용되는 길 곳곳에 예전의 도로 이름이 남아 있을 뿐이었다. 브레드 가와 밀크 가에는 헨리 8세 시절 이후로는 머리를 내민 적이 없었던 은방울꽃과 금방망이 같은 야생 꽃들이 자라났다.

세계를 움직인 비밀 공간

1944년 2월, 당시 지친 런던 시민들이 '작은 런던대공습'이라고 부른 폭격이 시작되었다. 이번 폭격은 과거 영국이 독일에 가한 폭격의 보복 성격을 띠었다. 그리고 2차 세계대전의 마지막 여름에 전혀 새로운 것이 등장했다. 6월부터 작은 무인 제트기가 런던으로 날아들어 오기 시작한 것이다. V-1이라 불린 그 제트기는 제트 모터가 내는 윙윙거리는 소음과 폭탄이 투하되기 직전 기계가 멈추면서 생기는 갑작스런 고요함을 통해 식별이 가능했다. 순식간에 런던 시민들은 재차 한계 상황까지 몰리게 되었다. 그 무자비하고 치명적인 '로봇 폭탄'이 지닌 변덕스러움은 영국대공습이 가장 심했던 때보다 더욱 심각한 과민 증상을 유발시켰다.

몇 달 후 또 하나의 신무기가 (베르너 폰 브라운과 열광적인 기술자들의 제도판 밖으로) 모습을 드러냈다. 세계 최초의 장거리 미사일 V-2였다. V-2는 음속의 몇 배로 날아갔기 때문에, 네덜란드의 바세나르와 헤이그에 있는 발사대에서 런던까지 가는 데 겨우 몇 분밖에 걸리지 않았다. V-2는 대단한 첨단 무기였다. 그 미사일은 성층권 주변까지 날아갔고 몇 개의 정교한 유도장치까지 포함하고 있었다. 이 신기술 앞에서는 레이더나 공습 사이렌, 대공포화, 스피트파이어 전투기 등 모든 것이 무용지물이었다. V-2 미사일 하나로 도시의 거리 하나를 통째로 날려버리고 그곳에 사는 사람을 모두 죽일 수 있었다. 대략 1,000개의 V-2 중 마지막 V-2가 1945년 3월 말 런던을 공격해 토트넘 코트 로路에 있는 조지 화이트필드 목사의 18세기 예배당에 떨어졌다. 지금 그 자리에는 화이트필드 메모리얼 교회가 서 있다.

런던에서 10만이 넘는 가구가 파괴되었고 3만 명에 달하는 남자와 여자, 아이가 사망했다. 그러나 독일군은 주요한 목표물 가운데 하나였던 내각 전략회의실을 명중시키지는 못했다. 영국 정부가 전쟁을 지휘하던 비밀 지하 공간은 1945년 8월 16일 4시 58분 불이 꺼진 그 모습 그대로 남아 있다. 수십 년 동안 오직 내부인사들만 그 존재를 알고 있었지만 지금은 누구에게나 공개하고 있다. 심지어는 오후나 저녁 시간에 그곳의 방을 대여해 파티를 즐길 수도 있다.

전쟁이 진행되는 동안 모든 정보가 집중되었던 이 집합소는 크기가 겨우 신문 편집실 정도이고 생김새도 그와 비슷하다. 방 안에는 나무

책상과 지도, 철제 전등, 빨강·파랑·검정색 전화기들과 압정, 노끈 등이 놓여 있다. 관람객의 이동을 감안해 처칠의 사무실 크기를 다소 줄이고 처칠 부인의 사무실은 완전히 없애버렸다. 처칠이 개인적으로 사용하던 방에도 지도가 가득하다. 당시 중요한 손님이 찾아오면 영국 해안방위 시설을 보여주는 배치도에는 조심스럽게 커튼이 쳐졌다.

비밀스런 지도보다 더욱 비밀스러운 것이 있었다. 당시 매일같이 이곳으로 봉해진 노란 상자들이 배달돼왔는데 그것은 오직 처칠만이 열 수 있었다. 그 상자들에는 독일이 라디오를 통해 자국의 육군과 해군, 공군에 보내는 명령을 도청한 내용이 담겨 있었다. 독일 고위사령부는 외부인이 절대로 비밀문서를 해독하지 못하게 하기 위해서 '이니그마' 암호 생성기를 사용해 명령을 교묘하게 암호화했다. 독일군은 이 암호화 기기에 대단한 믿음을 가지고 있었다. 하지만 그들은 폴란드가 1928년에 이미 이 암호화 기기 한 대를 손에 넣어 (6년에 걸친 부단한 연구 끝에) 암호를 풀었다는 사실을 전혀 알지 못했다. 폴란드는 1939년 여름 이후 이것을 동맹국인 프랑스, 영국과 공유했다. 영국은 최초의 컴퓨터라 할 수 있는 일급 기밀 장비 '콜로서스'를 사용해 해독체계를 완성했다. 1940년 여름부터 독일의 계획과 부대 이동(길게는 며칠, 짧게는 몇 시간 만에)에 관한 모든 정보가 처칠과 그의 친구들에게 훤히 읽히고 있었다.

하지만 1941년 5월 1일, 영국 군함 세 척이 폭뢰를 이용해 독일 잠수함 한 정을 수면 위로 끌어올렸을 때 영국은 완벽한 이니그마를 확보할 수 있었다. 독일 잠수함 함장이 잠수함이 곧 바닥으로 가라앉을 것이므로 이니그마와 암호첩을 폐기할 필요가 없다고 생각한 덕분이었다. 잠수함 안에 들어간 두 명의 영국 수병은 타자기처럼 보이는 약간 기묘한 기계를 발견했다. 그들은 혹시 암호기계가 아닐까라는 의심이 들어 군함으로 가져왔지만 자신들이 가져온 물건이 앞으로 전쟁의 흐름을 바꾸게 될 것이라고는 꿈에도 생각하지 못했다. 그 군함이 영국에 온 지 일주일도 되지 않아 영국은 독일 잠수함 함대의 목표물, 위치, 연료 공급 같은 모든 종류의 정보에 접근할 수 있었다.

▲ 2차 세계대전 때 사용되었던 이니그마 암호기이다. 영국 수병 두 명이 침몰한 독일 잠수함에서 수거해온 이니그마 암호기는 2차 세계대전의 흐름을 바꾸어놓았다.

이로 인해 영국은 지극히 유리한 위치를 점하게 되었다. 이니그마 작전 덕분에 독일이 영국 침공을 계획했다가 취소한 일, 크레타 섬 상륙 계획, 소련을 대상으로 계획했던 시나리오와 그것의 실패, 이탈리아와 그리스에 대한 공격 계획 같은 많은 정보들을 알게 되었다. 그뿐 아니라 연합군은 현실적인 위험에 집중할 수 있었다. 즉 '비상사태'를 대비한 예비 군대의 규모를 줄이고 정규군의 비율을 늘릴 수 있었다.

내각 전략회의실의 가장 이상한 부분 중 하나는 화장실 문 뒤에 있는 작은 골방이다. 이곳은 처칠의 개인 화장실이 아니라 처칠과 루스벨트 대통령(놀랍도록 발전된 주파수 변환기와 70개가 넘는 라디오 주파수 덕분에)이 직접 통화할 수 있는 일급 기밀 전화선의 단말기가 있던 곳이다. 모든 사람들이 처칠의 개인 화장실이라고 생각했던 이 작은 방에서 1943년부터 1945년까지 세계가 지배되었다.

전쟁을 치르면서 처칠이 가장 많은 노력을 기울인 부분은 루스벨트와의 관계 그리고 전반적인 미국과의 관계였다. 그것은 루스벨트도 마찬가지였다. 1941년에 이미 루스벨트는 위스키를 마시고 시가를 피우는 영국 수상이 실제로 어떤 사람인지 알아보기 위해 가까운 친구이자 조언자인 해리 홉킨스Harry Hopkins를 영국으로 보냈다. 그것은 순조로운 시작이었다. 처칠과 홉킨스는 서로에게 진정한 호감을 갖게 되었고 이것은 곧 우정으로 발전해 처칠과 미국 대통령 사이에 개인적인 친분을 만들어주었다. 처칠은 루스벨트에게 "이렇게 신뢰할 만한 훌륭한 사절을 보내주어 정말 감사합니다"라고 편지를 보냈다. 홉킨스는 처칠이 지닌 정치적 수완과 계속된 폭격에도 영국 국민을 견디게 만드는 그의 침착성에 깊은 감명을 받았다. 그는 루스벨트에게 편지를 써서 처칠은 수상일 뿐 아니라 "배후에서 전쟁의 모든 전략과 진로를 이끄는 인물입니다. 그는 모든 계급과 계층의 영국민들을 사로잡고 있습니다"라고 자신의 의견을 전했다.

홉킨스는 한 달 이상 영국에 머물렀다. 예정보다 두 배나 긴 시간이었다. 그와 처칠은 많은 시간을 함께 보냈고, 가끔씩 밤을 새워 이야기를 나누었다. 또 홉킨스가 미국에서 가져온 새로운 댄스 음반을 함께 들었다. 처칠은 때때로 음악에 맞춰 발을 끌기도 했다. 두 사람을 모두 잘 알았던 장 모네는 "그것은 영미 관계의 전환점이었다. 두 나라의 운명은 이제 최고 수준의 책임감으로 연결되어 있었다"라고 썼다. 미국으로 떠나기 직전 글래스고에서 가진 만찬에서 홉킨스는 성경의 시구를 인용했다.

"당신이 가시는 곳에 나도 가고 당신이 머무는 곳에 나도 머물 것입니다. 당신의 백성이 내 백성이 되고 당신의 하느님이 내 하느님이 되실 것입니다."

그리고 그는 조용히 "마지막까지"라고 덧붙였다. 처칠은 눈물을 흘렸다.

하지만 이런 개인적인 유대감이 있었음에도 영국과 미국 사이에는 커다란 의견 차이가 남아 있었다. 처칠은 웅대하고 위압적인 방식으로 모든 영어 사용권 민주주의 국가들의 동맹을 꿈꾸었다. 그리고 그 동맹은 '미시시피 강처럼' 누구도 막을 수 없고 거침이 없으며 장대한 동맹이었다. 그러나 대다수의 미국인들에게는 또다시 유럽을 구하러 가는 것이 그다지 달갑지 않은 일이었다. 1941년 말까지 미국 의회 분위기는 불간섭주의였다. 1940년 9월 미국 국민 중 67퍼센트가 조만간 미국도 전쟁에 개입하게 될 것이라고 생각했지만 그럼에도 83퍼센트에 달하는 국민들이 실제로 전쟁에 참여하는 것은 반대했다. 따라서 루스벨트 대통령은 1940년 11월에 있을 대선에서 재선에 성공하기 위해 매우 조심스럽게 일을 처리해야 했다.

영국은 1차 세계대전 때 국력을 크게 상실해, 사실 장기전을 수행할 능력이 없었다. 부분적으로는 이런 상황이 유화정책의 배경이기도 했다. 체임벌린과 그의 동지들은 이 두 번째 전쟁으로 인해 영국이 재정적으로 붕괴하게 될까봐 두려워했으며, 실제로도 그럴 수 있는 상황이었다. 루스벨트는 영국이 미국의 군수물자를 분납방식으로 살 수 있게 하는 무기대여정책을 통해 그 상황을 구제해주었다. 루스벨트는 이렇게 말했다.

"당신은 이웃집에 불이 났을 때 당신이 가진 소방 호스의 가격을 놓고 흥정하지는 않을 겁니다. 우선 그것을 이웃에게 빌려주고 비용은 나중에 상의하겠지요."

1945년 이후, 그가 말한 비용에 관한 상의가 명확하게 진행되었다. 두 동맹국의 관계는 1930년대에 있었던 소련과 스페인 공화국의 관계를 떠오르게 한다. 무기대여정책은 영국을 구제했지만, A. J. P. 테일러의 표현대로 영국이 '동등한 동업자가 아닌 초라한 관계'가 되도록 만들었다. 있는 것을 나누어 쓰는 개념 따위는 애초에 없었다. 오히려 영국은 마지막 남은 달러를 빼앗겼고 중앙은행에는 금 보유고가 줄어들었다. 처칠은 미국이 전적으로 영국을 도울 것이라 생각했다. 하지만 미국은 대영제국을 도왔다기보다는 히틀러를 패배시키기 위해 처칠을 도운 것이었다. 테일러는 "영국은 2차 세계대전에서 승리하기 위해 자신의 전후 미래를 희생했다"고 썼다.

프롤로그

1 **유로화** | 2002년에 유럽연합 회원국들이 채택한 단일 통화. 오스트리아, 벨기에, 핀란드, 프랑스, 독일, 그리스, 아일랜드, 이탈리아, 룩셈부르크, 네덜란드, 포르투갈, 슬로베니아, 스페인이 유로화를 공식 통화로 받아들인 이른바 '유로존'의 회원국이다.

2 **1차 세계대전(1914~1918)** | 대전쟁이라고도 일컬어진다. 주로 유럽을 무대로 독일제국, 오스트리아–헝가리, 불가리아, 오스만제국이 영국, 프랑스, 러시아 연합군을 상대로 싸웠다. 이탈리아와 미국은 나중에 연합군에 가담했다. 군인과 민간인을 합해 약 1,000만 명이 사망한 것으로 추정된다. 1차 세계대전 결과 독일, 오스트리아–헝가리, 러시아, 오스만제국이 붕괴됐다.

3 **2차 세계대전(1939~1945)** | 나치스 독일·파시스트 이탈리아·일본이 영국·프랑스·소련·미국을 중심으로 한 연합군에 패한 세계 전쟁. 유럽에서는 1945년 5월에 독일이 항복하면서 2차 세계대전이 끝났다. 약 5,500만 명이 사망한 것으로 추정된다.

4 **요제프 스탈린(1879~1953)** | 소련 정치인. 1922년부터 1953년까지 러시아 공산당 서기장을 지냈다. 사반세기 동안 소련을 통치한 독재자이다. 경제개발 5개년 계획, 신속한 산업화, 강제 집단농장과 같은 정책을 시행해 소련을 초강대국으로 키웠다. 1930년대에는 공산당원을 무자비하게 숙청했다.

02

1 **알프레드 드레퓌스(1859~1935)** | 유대계 프랑스군 장교. 독일에 군사비밀을 제공했다는 음모로 기소됐다. 20세기로의 전환점에서 그의 재판과 투옥 과정이 정치적 스캔들로 발전하며 '드레퓌스 사건'으로 알려지게 됐다. 결국 프랑스 군부는 1906년에 드레퓌스를 복권시켰다.

03

1   **빌헬름 2세**(1859~1941) | 카이저 빌헬름이라고도 불린다. 독일 제국의 마지막 황제이다. 1888년부터 1918년까지 프로이센 왕을 지냈다. 절친한 친구인 프란츠 페르디난트가 암살당한 후, 결국 1차 세계대전으로 발전한 국지적 갈등에서 오스트리아-헝가리를 지지했다. 1918년 폐위당한 후 네덜란드로 망명했다.

2   **니콜라이 2세**(1868~1918) | 1894년부터 1917년까지 재위한 러시아 황제. 1917년, 2월 혁명이 일어난 뒤 강제로 퇴위당했다. 그리고 다음 해에 가족과 함께 처형되었다.

3   **장 모네**(1888~1979) | 프랑스 정치경제학자이자 뛰어난 영감을 지닌 전략가이다. 1940년, 윈스턴 처칠에게 프랑스와 영국이 힘을 합쳐야 한다는 대담한 계획을 제안했다. 유럽석탄철강공동체를 창설하자는 슈만 플랜의 기본 틀을 제시했고, 1952년에 초대 의장을 지냈다.

4   **해럴드 조지 니콜슨**(1886~1968) | 영국의 외교관·저술가·정치인. 1940년 처칠의 전쟁 정부에서 정보부 장관의 의회 담당 개인 비서를 지냈다. 영국의 군사 재무장을 지지하며, 체임벌린을 비판하고 뮌헨 협정을 반대한 극소수 인물 중 하나였다.

5   **에밀리 와일딩 데이비슨**(1872~1913) | 1913년 6월 4일 엡섬 더비에서 여성 참정권을 주장하며 조지 5세의 경주마 앞에 몸을 던진 여성운동가로 역사에 기록되어 있다. 나흘 후에 사망했다.

6   **데이비드 로이드 조지**(1863~1945) | 영국의 자유당 정치인. 1916년부터 1922년까지 총리를 지냈으며 1차 세계대전 후반부에 영국을 통치했다. 영국에 의료 및 실업보험을 도입하며 현대 복지국가의 초석을 놓았다.

04

1   **윈스턴 처칠(레너드 스펜서)**(1874~1965) | 영국의 정치인. 1940~1945년과 1951~1955년에 영국 총리를 지냈다. 나치스 독일과의 타협을 거부하고, 영국 국민을 2차 세계대전의 화마로 몰아넣었다.

2   **나치스** | 당수였던 아돌프 히틀러를 중심으로, 1933년부터 1945년까지 독일을 통치한 나치당(독일 국가사회주의노동당)을 가리킨다. 나치스는 민족주의와 인종차별, 반공산주의, 반유대주의, 독일 민족의 우월성을 근거로 영토 확장 정책을 추진했다.

3   **헤르만 빌헬름 괴링**(1893~1946) | 독일군 사령관이자 정치인이다. 나치당의 핵심 지도자, 히틀러의 가장 충성스러운 지지자였다. 게슈타포를 창설했고, 나치스 체제에 반대하는 세력을 '교정 치료' 하기 위해 강제수용소를 설립했다.

4 **크리스탈나흐트** | 나치스가 1938년 11월 9~10일 밤에 독일과 오스트리아 전역에서 자행한 조직적인 대학살. 이때 많은 유대인이 구타당해 죽고, 재물을 잃었다.

5 **바츨라프 하벨**(1936년생) | 체코의 극작가·정치인. 1989~1992년 체코슬로바키아 대통령, 1993~2003년 체코 공화국 초대 대통령을 지냈다. 비폭력저항을 주장하며, 1989년 체코슬로바키아에서 공산주의를 종식시킨 벨벳 혁명을 주도했다.

05

1 **프란츠 요제프**(1830~1916) | 1848~1916년 오스트리아 황제 겸 1867~1916년 헝가리 왕. 1908년 보스니아-헤르체고비나를 합병하면서 유럽을 정치적 긴장관계 속으로 몰아넣었다. 그 후유증으로 오스트리아 황태자 프란츠 페르디난트가 암살당하면서, 오스트리아와 독일은 1차 세계대전을 일으켰다.

2 **요제프 로트**(1894~1939) | 오스트리아 소설가·언론인. 합스부르크 왕국의 후반기 상황을 묘사한 《라데츠키 행진》, 유대인의 삶을 그린 소설 《욥》의 작가로 유명하다. 로트는 자신의 경험을 바탕으로 전쟁과 혁명, 사회 변혁에 대한 글을 썼다. 히틀러가 정권을 잡은 후, 어쩔 수 없이 조국을 떠나야 했고, 말년의 대부분을 파리에서 보냈다.

3 **프란츠 페르디난트**(1863~1914) | 오스트리아-헝가리제국의 왕위를 물려받기로 내정됐던 오스트리아 대공. 1914년 6월 28일 사라예보에서 가브릴로 프린치프에게 암살당했다. 그로 인해 오스트리아는 전쟁을 선포했고, 유럽이 1차 세계대전에 휘말리는 계기가 됐다.

4 **알베르트 슈페어**(1905~1981) | 독일 건축가·나치스 고위 관료. 뛰어난 조직가로 히틀러 정권에서 군수 장관을 지냈다. 뉘른베르크 재판에서 20년형을 선고받았다. 1966년에 석방된 슈페어는 두 권의 자서전을 발표했고, 1981년 노환으로 자연사했다.

06

1 **발터 라테나우**(1867~1922) | 독일 정치인. 1차 세계대전 당시 원자재 분배를 총괄한 산업가. 독일 민주당의 지원을 받아 1921년에는 재건부 장관, 1922년에는 외무부 장관이 됐다. 유대인이라는 신분, 그가 추구한 정책 때문에 1922년에 암살당했다.

2 **하리 케슬러 백작**(1868~1937) | 독일 외교관·출판업자·예술품 수집가. 1차 세계대전 이후 평화를 정착시키기 위해 헌신적으로 노력했다. 그러나 나치스가 권력을 잡은 직후 망명길에 올랐다. 1918년부터 1937년 사이에 일어난 다양한 문제를 광범위하게 다룬 일기는 당시 사건들에 대한 뛰어난 혜안을 보여준다.

3 **블라디미르 일리치 레닌**(1870~1924) | 러시아 공산당 창건자. 1917년 10월 혁명의 막후 주동자이며, 1917~1924년 소련의 최고 원수를 지냈다. 오늘날 레닌주의로 알려진 정치원리를 정리했다.

4 **보불전쟁** | 1870~1871년에 벌어진 프로이센과 프랑스의 전쟁이다. 독일을 통일하려는 프로이센과 그것을 저지하려는 프랑스가 충돌해 발생한 전쟁으로 프로이센의 승리로 끝났다.

08

1 **유럽연합** | 현재 27개국이 회원국으로 참여한 경제·사회 협의체이다. 자체 의회를 운영하고 단일 통화를 사용한다. 마스트리히트 조약이 발효된 1993년 11월 1일에 창설됐다. 현재 회원국은 오스트리아, 벨기에, 불가리아, 키프로스, 체코 공화국, 덴마크, 에스토니아, 핀란드, 프랑스, 독일, 헝가리, 아일랜드, 이탈리아, 라트비아, 리투아니아, 룩셈부르크, 몰타, 네덜란드, 폴란드, 포르투갈, 루마니아, 슬로바키아, 슬로베니아, 스페인, 스웨덴, 영국이다.

10

1 **앙리 필립 페탱**(1856~1951) | 프랑스 장군. 1940년부터 1944년까지 프랑스 비시 정부의 수반을 지냈다. 1차 세계대전 때 보여준 뛰어난 리더십으로 프랑스에서 전쟁 영웅 대접을 받았지만, 2차 세계대전 당시 독일에 협조함으로써 신망을 잃었다. 배신죄로 사형을 선고받았지만, 드골에 의해 종신형으로 감형되었다.

2 **베르사유 조약** | 1919년에 체결되어 1차 세계대전을 공식적으로 종결시킨 평화 조약. 패전국들의 영토를 재분할했으며, 이 조약에 포함된 전범 조항과 배상금 규정은 독일인에게 참을 수 없는 모멸감을 안겨주었다. 이 조약을 근거로 국제연맹이 창설됐다.

11

1 **제3제국** | 히틀러가 권력을 잡았던 시기의 독일제국을 가리킨다. 나치 독일이라고도 한다.

2 **베르마흐트**(방위군, 국방군) | 나치 독일의 육군 명칭. 2차 세계대전이 종식된 1945년, 베르마흐트 또한 해체됐다.

12

1 **멘셰비키** | 러시아어로 '소수파'라는 의미이다. 후진국인 러시아에 자본주의 체제를 도입하기 위해선 부르주아와 손을 잡을 수 있다는 입장을 취했다. 따라서 무장봉기나 프롤레타리아 독재를 주장하는 레닌의 볼셰비키와 대립할 수밖에 없었다.

2 **카를 베른가르도비치 라데크**(1885~1939) | 공산주의 선전전문가, 코민테른의 핵심 인물

이다. 1차 세계대전 당시 독일이 자금 지원 문제로 볼셰비키와 협상할 때 중요한 역할을 담당했고, 레닌과 독일을 연결하는 중간 고리 역할을 했다.

3 **프랭클린 델라노 루스벨트**(1882~1945) | 미국 민주당 정치인으로 1933년부터 1945년까지 미국 대통령을 지냈다. 나치스 독일을 물리치기 위해 영국을 금전적으로 지원하고 연합군에 무기를 보급하는 등 2차 세계대전에서 중요한 역할을 했다.

13

1 **10월 혁명** | 레닌이 1917년 10월에 주도한 쿠데타. 같은 해에 있었던 2월 혁명 이후 수립된 임시 정부로부터 볼셰비키가 권력을 찬탈했다. 내전이 뒤따랐고 소비에트 연방이 탄생했다.

2 **레온 트로츠키**(1879~1940) | 본명은 레프 다비도비치 브론슈타인. 공산주의 혁명가 · 정치인. 10월 혁명의 지도자이며, 적군赤軍 창설을 주도했다. 레닌의 뒤를 잇기 위한 권력투쟁에서 스탈린에게 패하, 소련에서 추방된 후 멕시코에 정착했지만, 그곳에서 암살당했다.

3 **굴라크** | 1930년부터 1955년까지 유지된 소련의 강제노동수용소. 범법자, 집산화 과정에서 체포된 농부, 정치범 등 수백만 명이 수용됐다.

14

1 **그리고리 라스푸틴** | 러시아의 성직자. 황태자의 혈우병을 고쳐 니콜라이 2세와 알렉산드라 황후의 총애를 얻었다. 황제와 황후의 총애를 등에 업은 라스푸틴은 방종한 생활을 했고, 이를 곱게 여기지 않은 귀족들에 의해 암살당했다.

2 **펠릭스 유수포프**(1887~1967) | 다른 귀족들과 모의해 니콜라이 2세와 알렉산드라 황후의 총애를 업고 날뛰던 그리고리 라스푸틴을 죽인 후 네바 강에 던진 것으로 잘 알려져 있다. 2월 혁명이 일어나기 직전 영국으로 갔가 프랑스 파리에서 생을 마감했다.

3 **니키타 세르게예비치 흐루시초프**(1894~1971) | 소련의 정치인. 스탈린의 뒤를 이어 1953년부터 1964년까지 소련 공산당 제1 서기로 활동했고, 1958년부터 1964년까지는 소련 총리를 지냈다. 1956년, 스탈린을 격하하는 역사적인 연설로 동구권의 개방 문제가 조금씩 논의되기 시작했다.

4 **레오니드 일리치 브레주네프**(1906~1982) | 소련의 정치인. 소련 공산당 서기장으로 1966년부터 1982년까지 18년 동안 소련의 실질적인 지도자였다. 1968년, 체코슬로바키아 침공을 주도했다.

15

1. **게슈타포(비밀국가경찰)** | 나치스 독일의 정치경찰로, 독일과 점령국에서 나치스에 반대하는 세력을 무자비하게 탄압했다. 유대인들은 게슈타포에 체포되면 강제수용소로 끌려갔다. 게슈타포는 유대인을 폴란드에 설치한 죽음의 수용소로 강제 이송하는 데에도 관여했다.

2. **몰로토프–리벤트로프 조약** | 독일 외무장관 리벤트로프와 소련 인민위원회 의장 몰로토프가 모스크바에서 맺은 상호불가침 조약이다. 독–소 불가침 조약으로 더 널리 알려져 있다.

3. **나토(NATO, 북대서양조약기구)** | 2차 세계대전 이후 동유럽에 주둔한 소련군과 군사적 균형을 맞추기 위해 1949년에 창설된 국제기구. 전 세계에서 군사적으로 가장 강력한 동맹이다.

16

1. **샤를 드골(앙드레 조제프 마리, 1890~1970)** | 프랑스 장군·정치인. 프랑스가 독일 점령에서 해방된 후, 1944년부터 1946년까지 임시정부 수반을 지냈고, 1959~1969년에는 제5공화국 대통령을 역임했다. 2차 세계대전 중에는 자유 프랑스군을 지휘했다. 1968년 5월에 일어난 학생 폭동 이후, 프랑스를 안정시키는 데 주된 역할을 한 인물로 기억된다.

2. **요제프 괴벨스(1898~1945)** | 나치스 독일의 정치인. 1933년부터 히틀러의 선전장관을 지냈다. 신문과 라디오 등 모든 문화매체를 동원해, 독일 국민에게 나치스 정권에 대한 좋은 이미지를 심어주는 데 주력했다.

3. **갈색 셔츠단** | 1921년에 히틀러가 창설한 나치당의 준군사 조직. '돌격대' 단원들. 무솔리니의 검은 셔츠단과 비슷하게 갈색 제복을 입었다. 히틀러가 정권을 장악하는 데 큰 역할을 했지만, 1934년에 단행된 '장도의 밤' 이후 정치적 역할이 크게 줄어들었다.

4. **돌격대(SA)** | 갈색 셔츠단으로 알려졌다. 장도의 밤이 있기 전까지, 나치스의 핵심 준군사 조직이었다.

5. **요아힘 폰 리벤트로프(1893~1946)** | 독일 정치인. 1938년부터 1945년까지 나치스 정권에서 외무장관을 지냈다. 몰로토프–리벤트로프 조약으로 알려진 독–소 불가침 조약은 그의 가장 큰 외교 성과로 여겨진다. 이 조약에 힘입어 히틀러는 1939년에 폴란드를 침공할 수 있었다. 뉘른베르크 재판에서 전범으로 인정돼 교수형에 처해졌다.

6. **친위대(SS)** | 1925년에 히틀러의 개인 경호부대로 창설된 나치스 특수 경찰. 1929년부터 1945년 해체될 때까지 하인리히 힘믈러의 지휘를 받은 친위대는 막강한 세력을 지닌 공안부대였다. 게슈타포가 친위대의 산하기관이었다. 강제수용소와 죽음의 수용소를 운영했다.

18

1 **아서 네빌 체임벌린**(1869~1940) | 영국 정치인으로 1937년부터 1940년까지 총리를 지냈다. 나치스 독일과 유화정책을 추진했고, 1938년에는 뮌헨 협정을 체결하며 히틀러의 요구를 거의 받아들였다. 1939년, 히틀러가 체코슬로바키아를 침공하자 체임벌린은 유화정책을 포기할 수밖에 없었다.

2 **베니토 무솔리니**(1883~1945) | 1922년부터 1943년까지 이탈리아 총리를 지낸 파시스트 독재자. '지도자'란 뜻의 '일 두체'라고 불렸다. 1940년, 나치스 독일 편에 서 2차 세계대전에 참전했다. 연합군이 이탈리아를 침공하자 탈출을 시도했지만 이탈리아 공산주의 빨치산에 체포돼 처형당했다.

19

1 **마르틴 보어만**(1900~1945?) | 나치스 독일의 당 지도자. 히틀러의 개인 비서로서 히틀러에게 전폭적인 신뢰를 얻었다. 히틀러의 최측근이었던 것으로 추정된다. 유대인 학살을 적극적으로 지지했다.

2 **에바 브라운**(1912~1945) | 아돌프 히틀러의 정부. 그녀는 베를린 전투가 한창일 때 히틀러와 결혼했다. 그리고 곧바로 자살했다.

20

1 **검은 셔츠단** | 1920년대에 이탈리아에서 무솔리니의 파시스트 운동을 지원한 준군사 조직으로 제복 색깔이 검은색이었다. 훗날 히틀러가 친위대원들에게 검은 제복을 입히고 똑같은 용어를 사용했다.

21

1 **프란시스코 프랑코**(1892~1975) | 스페인의 장군. 내전(1936~1939)으로 스페인 공화국을 전복시킨 국민군 지도자이다. 스페인 지도자를 자처하며, 1975년 사망할 때까지 군사독재정부를 이끌었다.

22

1 **조지 오웰**(1903~1950) | 에릭 아서 블레어Eric Arthur Blair의 필명. 영국 소설가·모험가. 스탈린 치하의 공산주의를 풍자한 《동물농장》, 미래에 닥칠 전체주의 국가를 예언한

《1984》로 유명하다. 《카탈로니아 찬가》는 스페인 파시스트 정권에 저항하는 의용군으로 활동했을 때 경험한 내용을 생생하게 그려낸 작품이다.

23

1 ETA(에테아, Euskadi Ta Askatasuna, '바스크족의 고향과 자유') | 스페인의 바스크족 분리주의 조직. 독립 국가를 세우기 위해 지금도 폭력투쟁을 계속하고 있다.

2 IRA(아일랜드 공화국군) | 북아일랜드에 대한 영국의 지배를 무력화할 목적에서 창설된 군사 조직이다. 아일랜드 공화국에 본부를 두고 있다.

24

1 뮌헨 협정 | 1938년 9월 29일 독일·영국·프랑스·이탈리아가 체결한 협정. 이 협정으로 체코슬로바키아 서부의 주데텐란트가 독일에 양도됐다. 그 후 히틀러는 체코 전부를 합병하고 폴란드까지 침공하며 2차 세계대전을 촉발시켰다.

25

1 미하일 세르게예비치 고르바초프(1931년생) | 소련 정치인. 1985년에 공산당 서기장으로 선출됐으나, 1990~1991년에는 소련 대통령을 역임했다. '글라스노스트'(개방)와 '페레스트로이카'(개혁)로 알려진 개혁 정책을 추진하며, 냉전을 종식시키는 데 결정적인 역할을 했다. 1991년에 일어난 쿠데타로 대통령직에서 물러났으며, 1990년에 노벨 평화상을 수상했다.

27

1 클레멘트 리처드 애틀리(1883~1967) | 애틀리 백작 1세. 영국 정치인으로 1945년부터 1951년까지 총리를 역임했다. 2차 세계대전 직후 애틀리의 노동당이 윈스턴 처칠의 보수당에 압도적인 승리를 거두었다. 애틀리의 노동당 정부는 영국에서 국민의료보험제도를 처음 시도했다.

찾아보기

ㄱ

가브릴로 프린치프 · 148, 149, 156, 158, 162, 163, 679
갈리폴리 · 149, 685
게르니카 · 501, 502, 578, 582, 584, 587, 590~593, 626, 685
게르트 폰 룬트슈테트 · 627, 644
게오르게 그로스 · 370, 371, 385, 396, 428
게오르그 리터 폰 쇠네러 · 130~132, 134, 136~138, 497
구스타프 노스케 · 382, 384, 390
구스타프 말러 · 116, 120, 129
구스타프 슈트레제만 · 406, 407, 417
굴라크 · 287, 681
그리고리 라스푸틴 · 296, 681
그리고리 소콜니코프 · 256, 287
그리고리 지노비예프 · 258, 259, 280, 287, 318, 320
글래스고 · 669, 674

ㄴ

나데주다 크루프스카야 · 252, 280, 288
나이젤 니콜슨 · 67~69, 232
나폴리 · 510
네바 강 · 294, 314, 325

네빌 체임벌린 · 652, 683
네이메헨 · 31
노르웨이 · 158, 622, 624, 651
뉘른베르크 · 363, 456, 679, 682
니스 · 501
니콜라이 2세 · 58, 150, 161, 251, 281, 296, 297, 310, 323, 324, 678, 681
니콜라이 수샤노프 · 281, 282
니콜라이 예멜리야노프 · 318, 320, 321
니키타 흐루시초프 · 317, 681

ㄷ

다르다넬스 · 225, 249
다하우 · 363, 364, 429, 458~463, 465, 486, 622
단치히 · 364, 408, 606, 615, 617
달렘 · 92
더글러스 헤이그 · 187
더블린 · 364
데이비드 로이드 조지 · 75, 678
덴마크 · 21, 240, 268, 337, 342, 344, 364, 458, 509, 622, 651, 680
도른 · 25, 26, 81~85, 141, 142, 239, 240, 242~244, 248, 249
됭케르크 · 142, 166, 170, 606, 607, 640~644
드레스덴 · 24, 93

찾아보기 · 685

딕 배런 · 166
딕스마위데 · 142, 165, 172, 200, 212

ㄹ

라르스 올로프 프란센 · 271
라마네르 · 501, 502, 529, 531, 532, 534, 535
라인 강 · 151, 414, 623
라인란트 · 610
라즐리프 · 318~321
라트비아 · 270, 337~339, 341~344, 346~352, 354~359, 365, 503, 622, 680
라파엘 비오 · 39
레닌 · 152, 250~261, 265~269, 272, 280~288, 294, 301, 304, 305, 307, 313, 318~320, 327, 328, 333, 375, 376, 382, 386, 389, 393, 423, 527, 679, 680, 681
레닌그라드 · 22, 272, 294, 365, 503
레오네 긴즈부르그 · 505, 520, 522
레오니드 브레주네프 · 317, 681
레오폴 3세 · 626, 650
레온 트로츠키 · 253, 286, 681
레온딩 · 26, 138
로렌 · 517
로버트 그레이브스 · 195, 206, 216, 228,
로버트 왓슨-와트 · 658, 663
로자 룩셈부르크 · 253, 376, 389
로지에 발데크 · 646, 648
로테 브라운 · 436
로테르담 · 587, 607, 625, 626
롱귀용 · 605, 606, 617, 618
루마니아 · 18, 27, 143, 234, 241, 365, 470, 503, 549, 647, 680
루블린 · 622

루이 바르타스 · 150, 153, 176, 177, 179, 180, 186, 193~196, 202, 208, 209, 211, 212, 214~219, 221, 224, 228
루이 블레리오 · 53, 54
루테니아 · 585
룩셈부르크 · 142, 240, 253, 376, 389~391, 437, 617~619, 622, 624, 677, 680
르 부르제 · 53
리가 · 239, 331, 338, 342, 346, 348, 350
리모주 · 606, 632
리스본 · 17, 26, 142, 240, 364, 502, 606
리에주 · 142
리크 반 덴 케르크호버 · 198
리투아니아 · 332, 334, 335, 337, 338, 340~343, 346, 347, 349, 350, 352, 355, 365, 503, 622, 680
리하르트 바그너 · 107, 120, 462, 469, 473
린 맥도널드 · 191, 192, 203
린츠 · 138, 491
릴 · 627, 633, 640,

ㅁ

마드리드 · 26, 142, 240, 364, 502, 542, 546, 548, 550, 553, 568, 579, 583, 584, 586, 587, 606
마르고트 프랑크 · 434
마르세유 · 19
마르셀 프루스트 · 41, 235
마르제 베스테르마니스 · 356, 358
마르크 블로크 · 639, 640
마르틴 보어만 · 485, 683
마르틴 보어만 주니어 · 496
마른 강 · 142, 166, 174, 224, 618

마를레네 디트리히 • 370, 428
마리누스 반 데르 후스 반 나테르스 • 31
마리누스 반 데어 루베 • 426, 439
마스트리히트 조약 • 680
마우트하우젠 • 451
마케도니아 • 148, 408
마틴 길버트 • 655~657
마틸다 크셰신스카야 • 281
마틸다 크셰신스카야 궁 • 284, 301, 304
마하트마 간디 • 521, 653
막심 고리키 • 281, 283, 309
막심 베강 • 619, 637
망누스 룬드퀴스트 • 262
모니카 앙굴로 • 584
모리스 팔레올로그 • 308, 310, 311
모스크바 • 24, 27, 143, 154, 223, 241, 292, 294, 299, 301, 302, 304, 312, 327, 342, 346, 365, 423, 503, 527, 602, 614, 621, 682
몰로토프-리벤트로프 조약 • 344, 622, 682
뮌헨 • 17, 24, 86, 93, 168, 227, 363, 364, 377, 381, 391, 396, 438, 440, 453, 458, 459, 462, 465, 470~475, 478, 502, 516, 517, 596~600, 606, 608, 611, 637, 658, 678, 683, 684
〈뮌헨 포스트〉 • 463~469, 480, 515
뮌헨 협정 • 596, 597, 599, 600, 608, 611, 637, 658, 678, 683, 684
미겔 앙헬 블랑코 • 595
미겔 프리모 데 리베라 • 546, 547, 550, 551, 555, 604
미하일 고르바초프 • 622, 684
미하일 바쿠닌 • 517, 542
밀라노 • 510, 513, 518, 522

밀턴 울프 • 571, 572, 574, 575, 577, 600

바르샤바 • 26, 104, 341, 364, 503, 587, 622, 626
바르셀로나 • 17, 35, 501, 502, 537, 541~544, 562, 563, 565, 567~570, 574, 583, 600, 601
바사로스베트 • 17, 19, 22~24
바스크 • 587~593, 595, 684
바스크인 • 587, 588, 590, 592~595
바실리 칸딘스키 • 370, 471, 473
바아키르셴 • 459, 461
바이마르 • 93, 384, 394, 408, 410, 411, 412, 417~419
바이에른 • 93, 169, 227, 381, 393, 438, 458, 465, 471~474, 476, 477
바츨라프 하벨 • 106, 679
바트 비스제 • 363, 364, 478
바티칸 • 98
반제 • 410, 431
발레 데 로스 카이도스 • 502, 557, 558
발터 라테나우 • 151, 390, 397, 430, 679
발터 벤야민 • 45, 46
뱌체슬라프 몰로토프 • 621, 622, 682
버밍엄 • 669
버지니아 울프 • 67, 68
버지니아 카울스 • 633, 634
베니토 무솔리니 • 475, 505, 507, 509, 511~529, 531, 533, 535, 537, 539, 541, 543, 545, 547, 549, 551, 552, 546~554, 597, 599, 601, 603, 611, 644, 656, 682, 683
베라 브리테인 • 151, 204, 206, 215, 222, 228

베르너 폰 브라운 · 621, 671
베르됭 · 24, 142, 149, 199, 200, 205~208,
  217, 618, 621
베르사유 조약 · 232, 234, 237, 394, 395,
  397, 405, 517, 608, 621, 680
베르톨트 브레히트 · 220, 370, 373, 401,
  427
베사라비아 · 622
베오그라드 · 148, 158, 361, 503, 510
벨기에 · 57, 155, 159, 166, 172, 179, 181,
  182, 184, 186, 189, 212, 213, 230, 240, 366,
  405, 506, 523, 570, 620, 622~624, 626, 627,
  630, 631, 640, 641, 650, 677, 680
벨라 프롬 · 398, 430, 481, 646
보르도 · 50, 606, 636
보몽 아멜 · 203
보스니아 · 148, 149, 157, 163
보스니아-헤르체고비나 · 679
보스포루스 · 145
부다페스트 · 17, 20, 26, 122, 159, 240, 364,
  503, 606
부쿠레슈티 · 241, 365, 503, 607, 646, 647
부퍼탈 · 87
불가리아 · 27, 107, 143, 225, 241, 365, 498,
  487, 503, 677, 680
붉은 여단 · 589
브란덴부르크 · 367, 445, 447, 496
브레네르 · 484, 509, 516
브레멘 · 391
브레스트-리토프스키 조약 · 327
브레슬라우 · 438
브뤼셀 · 26, 46, 114, 142, 152, 502
비보르크 · 303, 309

비시 · 24, 51, 641, 644, 680
비토리오 포아 · 504, 520
빅토르 아들러 · 129, 130
빅토리아 여왕 · 29, 57, 58, 61, 242, 296
빈 · 39, 42, 45, 104, 110~119, 121, 124,
  126, 128, 129, 131~138, 147, 156~158, 160,
  162, 223, 226, 236, 240, 295, 306, 349, 358,
  368, 370, 396, 456, 471, 474, 485, 491~493,
  496~498, 502
빌니우스 · 7, 24, 332~338, 340, 342, 343,
  352, 358, 408
빌레펠트 · 364, 433, 444, 448
빌바오 · 502, 542, 579, 581
빌헬름 2세 · 57, 58, 81~83, 93~95, 97, 98,
  224, 226, 242, 243, 296, 395, 651, 678
빌헬름 얀손 · 257, 258
빌헬름스하펜 · 381
빌헬미나 여왕 · 84, 627

사라예보 · 26, 124, 142, 147, 148, 157, 158,
  162, 240, 596, 598, 679
4월 테제 · 283
상트 라데군트 · 489, 494~496
상트페테르부르크 · 22, 27, 150, 154, 158,
  251, 279, 282, 289, 292~295, 297, 298, 301,
  303, 304, 306, 312, 325, 331, 345
생블리몽 · 606, 631~633
샤를 드 솔스 드 프레시네 · 50
샤를 드골 · 399, 589, 620, 636, 638, 641,
  680, 682
세르게이 예세닌 · 402
세르비아 · 111, 147, 148, 154, 157~160, 231,

361, 453, 510
소비부르 · 494
솜 강 · 17, 142, 176, 193, 194, 197, 199, 201, 202, 204, 206, 217
슈테판 츠바이크 · 56, 108, 112, 113, 119, 129, 160, 401, 430
스당 · 606, 607, 617, 627
스웨덴 · 21, 26, 142, 240, 251, 254, 259~266, 268~270, 273, 274, 284, 333, 337 364, 502, 509, 606, 624, 680
스위스 · 26, 76, 142, 201, 253, 255, 256, 258, 287, 578, 579, 625, 633
스칸디나비아 · 251, 254, 261, 337, 342, 623
스탈린 · 22, 287, 289, 313, 317, 320, 330, 345, 348, 374, 423, 528, 570, 574, 600, 602, 603, 621, 677, 681, 683
스탈린그라드 · 21, 24
슈테판 퀼 · 444, 447,449
스톡홀름 · 26, 142, 240, 250, 259~262, 264~269, 284, 285, 364, 502, 606
스티븐 존슨 · 342~344
스페인 내전 · 502, 538, 541, 554, 555, 562, 564, 571, 572, 581, 588, 599~601
슬로베니아 · 111, 149, 677, 680
시몬 비젠탈 · 443, 449, 465
시베리아 · 36, 164, 310, 341, 347, 348
시싱허스트 · 67~69, 232, 662

ㅇ

아돌프 로스 · 119, 127, 129
아돌프 히틀러 · 21, 98, 127, 137, 140, 168, 169, 213, 227, 246, 248, 275, 345, 349, 353, 379, 396, 399, 404, 411, 412, 419~427,
429, 430, 432, 436, 439~441, 446, 448, 450, 451, 456, 463,464, 467~475, 477, 479~491, 494~496, 515~518, 522, 525, 527, 546, 597, 599, 600, 608, 610~612, 615, 623~625, 627, 629, 630, 637, 646, 648~652, 654, 656, 658, 664, 666, 669, 676, 678~680, 682~684
아르놀트 쉰베르크 · 120, 370
아르덴 · 627, 629
아르투르 자이스 인크바르트 · 491
아르투르 치머만 · 222, 267
아르헨티나 · 230
아마야 아부 한나 · 276, 277
아미앵 · 183, 631
아브빌 · 631, 632
아순시온 가르멘디아 · 591
아우슈비츠 · 17, 24, 612
안네 프랑크 · 433, 434
안토니우 살라자르 · 552
안트웨르펜 · 142, 155, 168
알렉산더 코헨 · 54
알렉산드라 바실예바 · 31, 311
알바니아 · 18, 361, 453, 503, 656
알베르트 슈페어 · 137, 432, 455, 487, 33, 679
알자스 · 517
알퐁소 13세 · 546
알프레드 드레퓌스 · 34, 39~43, 135, 677
알프레트 되블린 · 370, 430
암스테르담 · 19, 24, 26, 28, 29, 32, 52, 142, 259, 262, 348, 364, 368, 427, 434, 435, 454, 472, 502, 606, 607,
앙드레 지드 · 37, 38, 41, 46, 427
앙리 바르뷔스 · 212

앨버트 더퓨 · 197
얄타 · 24
어니스트 헤밍웨이 · 572
에두아르 달라디에 · 475, 597, 598, 611, 658
에드워드 벨러미 · 32
에른스트 윙거 · 174, 178, 180, 196, 213, 413
에리히 루덴도르프 · 223, 224, 225, 367, 369, 378, 394, 396, 417, 469, 691
에릭 홉스봄 · 21
에밀 루베 · 35
에밀 졸라 · 40, 43, 335
에밀리 데이비슨 · 71, 73~75, 80, 678
에바 브라운 · 488, 683
에스토니아 · 270, 274, 305, 337, 339, 341, 342, 343, 346, 352, 355, 365, 503, 622, 680
에티오피아 · 516, 522
엥겔베르트 돌푸스 · 247, 490, 516
오데사 · 299, 312, 368, 503, 520
오버잘츠베르크 · 364, 485
오스발트 슈펭글러 · 101
오스카르 코코슈카 · 119
오스트리아 · 26, 94, 107, 111~113, 117, 119, 122, 125, 129, 133, 134, 137, 138, 142, 147~149, 154, 158~161, 223, 226, 231, 237, 240, 247, 268, 364, 401, 408, 458, 484, 489~492, 494, 497~499, 516, 517, 522, 524, 552, 677~680
오스트리아-헝가리제국 · 112, 122, 125, 226, 231
올가 라비치 · 257, 287
외젠 베베르 · 534, 535

요르요스 1세 · 57, 58
요아힘 폰 리벤트로프 · 424, 611, 612, 621, 682
요안니스 메타크사스 · 552
요제프 괴벨스 · 411, 414, 420, 482, 682
요제프 로트 · 112, 122, 124, 147, 163, 231, 368, 370~372, 391, 396, 400, 427, 679
요제프 폰 라데츠키 · 122
우드로 윌슨 · 222, 232, 233, 236, 237, 408
웨일스 · 588
위트레흐트 · 81, 626
윈스턴 처칠 · 85, 154, 196, 220, 225, 248, 398, 399, 521, 559, 599, 623, 624, 627, 628, 635~638, 645, 650~658, 661, 666, 667, 672~676, 678, 684
유고슬라비아 · 240, 361, 364, 503, 572, 601, 622
유럽석탄철강공동체 · 678
유럽연합 · 22, 189, 264, 272, 273, 400, 586, 649, 677, 680
유리 클레이너 · 304
이네사 아르망 · 257, 259, 288
이네스 미산 · 359
이라 클레이너 · 22, 24
이르판 오르가 · 144~146, 149, 225
이사도라 덩컨 · 402
이스라엘 · 42, 136, 366
이스탄불 · 17, 27, 143, 144, 241, 266, 365, 503, 607
이안 커쇼 · 467, 483
이온 안토네스쿠 · 647
2월 혁명 · 251, 267, 324, 325, 678, 681
ETA · 582~584, 587~590, 594, 595, 684

이프르 • 142, 165, 167, 168, 170, 171, 181, 186, 198, 200, 215
인도 • 56, 59, 61, 473, 521, 653
일리야 에렌부르크 • 328, 404
일본 • 7, 36, 61, 230, 306, 677

자르 강 • 408
자를란트 • 517
장 모네 • 62, 187, 188, 219, 399, 409, 634~636, 638, 658, 659, 674, 678
장 조레스 • 152, 153
잭 로저스 • 166, 167
제바스티안 하프너 • 94, 380, 382, 399, 410, 428
조르주 오스만 • 36, 46
조르주 클레망소 • 232, 233, 236
조제프 조프르 • 155, 186
조지 5세 • 58, 185, 678
조지 6세 • 650, 660
조지 오웰 • 562, 565~568, 570, 571, 573, 683
존 루카치 • 8, 138, 139, 651
주데텐란트 • 597, 610, 684
줄리오 안드레오티 • 507
지그문트 프로이트 • 120, 129, 498, 499
지타 세레니 • 456, 492, 493, 498

차트웰 • 606, 645, 653~657
찰스 부스 • 63~65
체르노빌 • 7
체코슬로바키아 • 106, 240, 364, 503, 597,
600, 601, 611, 679, 681, 683, 684
취리히 • 240, 251, 252, 254, 255, 282

카롤 2세 • 647
카를 라데크 • 253, 257, 258, 267, 268, 284, 287, 376, 384, 385, 388, 390, 680
카를 뤼거 • 132~134, 136, 138, 497
카를 리프크네히트 • 376, 384, 386, 388~391
카를 마르크스 • 63, 64, 307, 319, 321, 517, 540, 553, 565
카를 브란트 • 448
카를 셰플러 • 102
카를 크라우스 • 116, 120, 129, 134
카를로 로셀리 • 505, 520
카잔 • 307, 314
카프카스 • 223
케테 콜비츠 • 88, 102, 151, 169, 176, 220, 385, 391, 403, 429
켄트 • 661, 664
켈로그-브리앙 조약 • 408
코번트리 • 606, 669
코소보 • 147, 361, 453, 455, 536, 585
콘스탄티노플 • 144, 146, 149
쾨페니크 • 106~109, 380
쾰른 • 227, 358, 364, 424, 435, 438
쿠르트 아이스너 • 381, 393, 474
쿠르트 폰 슐라이허 • 424, 425, 431, 483
쿠를란트 • 337, 358
크라쿠프 • 104, 622
크레타 섬 • 673
크로아티아 • 226

찾아보기 • 691

클라우스 폰 슈타우펜베르크 · 615
클레멘스 아우구스트 폰 갈렌 · 443
클레멘트 애틀리 · 651, 684
클레스 안데르손 · 271~273
클레텐베르크 · 435
클로드 모네 · 41, 46
키예프 · 223, 312, 327, 337

ㅌ

터키 · 143, 147, 149, 154, 157, 225, 231, 236, 241, 365, 503, 607
테레지엔슈타트 · 149
테오도르 모렐 · 487
테오도르 헤르츨 · 42, 129, 135~137
테오필 고티에 · 46
토리노 · 504, 505, 520
트루시어 루홀트 · 436
트리아농 조약 · 234
티롤 · 490

ㅍ

파르부스 · 266~268, 284, 285, 287
파리 · 17, 26, 29, 34~37, 39, 42, 44~53, 62, 66, 86, 88, 92, 99, 114, 135, 142, 152, 174, 201, 206, 223, 224, 233, 240, 264, 296, 301, 303, 304, 306, 339, 345, 361, 364, 368, 371, 402, 406, 427, 428, 472, 502, 505, 547, 606, 628, 633, 634, 636, 643, 658, 679, 681
파셴달레 · 142, 181
파시즘 · 229, 426, 501, 505~507, 513~515, 517, 520~522, 524, 525, 549~552, 555, 560, 602, 621
파울 브라우네 · 445~447, 450

파울 클레 · 370, 471
파울 폰 힌덴부르크 · 367, 378, 408, 412, 420, 421, 425, 482
파트리크 바리에르 · 534, 536
팔레스타인 · 136, 137, 276, 408, 593
페론 · 180, 200, 631
페르디낭 포슈 · 185, 227
페르몽 요새 · 617, 618, 620
페트로그라드 · 143, 150, 241, 251, 254, 268, 280, 282, 283, 285, 289, 301, 304, 305, 308, 309, 314, 315, 327, 365, 376, 379, 383
펠릭스 유수포프 · 296, 308, 681
포르투갈 · 26, 142, 240, 364, 502, 544, 552, 606, 644, 677, 680
폴 레노 · 627, 628, 635~638
폴란드 · 20, 86, 100, 101, 112, 148, 226, 233, 234, 241, 252, 253, 257, 287, 292, 327, 337, 365, 451, 503, 611, 615, 616, 622, 625, 630, 672, 680, 682, 684
프라하 · 26, 110, 111, 142, 240, 358, 364, 502, 606
프란시스코 프랑코 · 545, 546, 552, 553, 555~560, 566, 567, 570, 574, 577, 581~583, 585, 587, 590, 593, 600, 601, 603, 683, 695
프란츠 야거슈테터 · 494~496
프란츠 요제프 1세 · 112, 122
프란츠 페르디난트 · 124, 156, 162, 163, 678, 679
프란츠 폰 파펜 · 421~425, 482, 483, 519
프란츠 푹스 · 140
프랑크푸르트 · 85, 240, 258, 364, 414, 433, 438
프랭클린 D. 루스벨트 · 264, 656, 658,

659, 673~675, 681
프레다피오 · 502, 511, 512, 515, 526, 527
프레더릭 린드만 · 657, 658
프로이센 · 58, 85, 94, 96, 99, 242, 245, 337,
   342, 378, 390, 411, 420, 421, 438, 525, 613,
   614, 678, 680
프로코피예프스크 · 293
프리드리히 에베르트 · 378, 382, 385, 386,
   389, 392~394
프리드리히 폰 보델슈빙 · 430, 443,
   446~450
프리모 레비 · 444
플리머스 · 669
피레네 · 49, 531, 540
피오렐로 헨리 라과디아 · 125
피카르디 · 201, 218, 631
피티림 소로킨 · 322
핀란드 · 27, 143, 241, 251, 268~281, 301,
   318, 327, 365, 503, 607, 622, 623, 677, 680
필라르 아즐로르 데 아라곤 · 551, 553
필립 페탱 · 219, 619, 620, 630, 636~638,
   680

229, 490
해럴드 니콜슨 · 67, 232~234, 236, 237, 598,
   650, 662, 668
해럴드 맥밀런 · 656
해리 홉킨스 · 674
헝가리 · 16, 17, 22, 26, 87, 111, 122, 124,
   125, 142, 147, 148, 226, 234, 240, 364, 368,
   549, 647, 679, 680
헤르만 괴링 · 224
헤르베르트 마르쿠제 · 321
헤이그 · 607, 625, 671
헨리크 입센 · 473
헬레네 베흐슈타인 · 466, 470, 473
헬싱키 · 27, 143, 241, 269~272, 274, 276,
   365, 503, 607
호르스트 베셀 · 414, 416, 430
호세 안토니오 프리모 데 리베라 ·
   550~553, 555~561, 604
호세 칼보 소텔로 · 554, 604
흐로닝언 · 625

ㅎ

하리 케슬러 · 152, 228, 384, 386~389, 392,
   398, 402, 417~419, 427, 679
하우튈스트 · 184
하인리히 히믈러 · 682
하인츠 구데리안 · 631, 641, 643
한국전쟁 · 8
한나 아렌트 · 133
한스 프랑크 · 467
합스부르크제국 · 111, 113, 121, 125, 130,

20세기 유럽을 걷다 **유럽사 산책 ❶**

지은이 헤이르트 마크
옮긴이 강주헌

1판 1쇄 발행 2011년 6월 20일
1판 9쇄 발행 2014년 12월 1일

발행처 도서출판 옥당
발행인 신은영

등록번호 제300-2008-26호
등록일자 2008년 1월 18일

주소 경기도 고양시 일산동구 무궁화로 11 한라밀라트 B동 215호
전화 (02)722-6826 팩스 (031)911-6486

값은 표지에 있습니다.
ISBN 978-89-93952-32-2 04920
     978-89-93952-31-5 04920 (전 2권)

홈페이지 www.okdangbooks.com
이메일 coolsey@okdangbooks.com

조선시대 홍문관은 옥 같이 귀한 사람과 글이 있는 곳이라 하여 옥당玉堂이라 불렸습니다.
도서출판 옥당은 옥 같은 글로 세상에 이로운 책을 만들고자 합니다.

이 도서의 국립중앙도서관 출판시도서목록(CIP)은
e-CIP 홈페이지(http://www.nl.go.kr/ecip)에서 이용하실 수 있습니다.
(CIP제어번호: CIP2011002220)